NOMOSEXAMINATORIUM

Dr. Andreas Köhler

Examinatorium Internationales Privatrecht

3. Auflage

Die Deutsche Nationalbibliothek verzeichnet diese Publikation in
der Deutschen Nationalbibliografie; detaillierte bibliografische
Daten sind im Internet über http://dnb.d-nb.de abrufbar.

ISBN 978-3-7560-0487-4 (Print)
ISBN 978-3-7489-3812-5 (ePDF)

3. Auflage 2024
© Nomos Verlagsgesellschaft, Baden-Baden 2024. Gesamtverantwortung für Druck
und Herstellung bei der Nomos Verlagsgesellschaft mbH & Co. KG. Alle Rechte, auch die
des Nachdrucks von Auszügen, der fotomechanischen Wiedergabe und der Übersetzung,
vorbehalten.

Vorwort

Das Internationale Privatrecht bleibt in Bewegung. Zwar trat auf europäischer Ebene – nach erheblichen Umwälzungen in den vorangegangenen Jahren – eine gewisse Konsolidierung ein, weitere kollisionsrechtsvereinheitlichende Gesetzesvorhaben sind jedoch bereits – etwa im Internationalen Abstammungsrecht – in Vorbereitung. Auch blieb der deutsche Gesetzgeber nicht untätig: Zum 1.1.2023 trat die Reform der Art. 7, 24 EGBGB in Kraft, mit welcher der Anknüpfung an den gewöhnlichen Aufenthalt erneut Vorzug vor der traditionellen Staatsangehörigkeitsanknüpfung gegeben wurde. Neue Fallkonstellationen brachte die COVID-19-Pandemie (etwa die grenzüberschreitende „Online-Eheschließung"), weiterhin ergingen wichtige höchstrichterliche Entscheidungen.

Die Neuauflage bringt das Lehrbuch auf den aktuellen Stand. Berücksichtigt wurden gesetzliche Neuerungen sowie aktuelle Rechtsprechung und Literatur. Aufgenommen wurden neue Fallbeispiele, zudem kurze Ausführungen zum Europäischen Nachlasszeugnis, welches sich in der Praxis zu einem unverzichtbaren Instrument zur grenzüberschreitenden Nachlassabwicklung entwickelte. Konzeption und Zielsetzung des Lehrbuchs blieben unverändert, so dass auf das (rückseitig abgedruckte) Vorwort zur Erstauflage verwiesen werden kann. Weiterhin richtet sich das Examinatorium in erster Linie an Studierende des Schwerpunktbereiches Internationales Privatrecht, daneben aber auch an (Erst- und Zweit-) Examenskandidaten, die sich mittels einer vertiefenden Darstellung auf die Prüfungen vorbereiten wollen.

Mein herzlicher Dank gilt unverändert meinem Lektor Herrn Dr. *Peter Schmidt*, der auch das Entstehen dieser Auflage mit Rat und Tat förderte. Den Leserinnen und Lesern danke ich für erfreuliche Rückmeldungen, zudem für wertvolle Hinweise und Anregungen. Diese sind weiterhin überaus willkommen und erreichen mich am besten unter *Andreas.Koehler@hs-ludwigsburg.de*.

Stuttgart, im August 2023 *Andreas Köhler*

Vorwort

Auszüge aus dem Vorwort zur 1. Auflage

Das vorliegende Examinatorium ging aus mehreren, an den Universitäten Tübingen und Passau gehaltenen Lehrveranstaltungen zum Internationalen Privatrecht hervor und behandelt den für dieses Schwerpunktfach relevanten Prüfungsstoff. Es richtet sich damit in erster Linie an Studierende des gleichnamigen Schwerpunktbereiches, die sich mittels einer vertiefenden Darstellung auf die universitäre Abschlussprüfung vorbereiten wollen. Darüber hinaus ist es aber auch für Examenskandidaten solcher Bundesländer von Nutzen, in denen das Internationale Privatrecht zum Examenspflichtstoff zählt.

Das Examinatorium ist nicht für den Einstieg konzipiert, sondern setzt gewisses Grundwissen voraus. Es will den Prüfungsstoff vertiefen, Problembewusstsein schärfen und systematisch-methodische Zusammenhänge verdeutlichen, die bei der Prüfungsvorbereitung leicht aus dem Blick geraten können, jedoch den Schlüssel zum Verständnis dieser – sicher nicht leichten – Rechtsmaterie liefern. Besonderes Augenmerk legt das Examinatorium daher auf die Vermittlung der kollisionsrechtlichen Grundlagen sowie der spezifischen kollisionsrechtlichen Methodik, deren sichere Beherrschung für eine problemorientierte, eigenständige Bearbeitung international-privatrechtlicher Fragestellungen von essentieller Bedeutung sind.

Aufbau und Darstellung des Buches sind von dem Anliegen geleitet, den Leserinnen und Lesern eine konzentrierte Prüfungsvorbereitung zu ermöglichen. Die Stoffvermittlung erfolgt – einem herkömmlichen Lehrbuch entsprechend – anhand allgemeiner Ausführungen, die jedoch mit zahlreichen Beispielsfällen veranschaulicht und vertieft werden. Prüfungsschemata sowie Wiederholungs- und Vertiefungsfragen runden das Examinatorium ab und ermöglichen zugleich eine schnelle Wiederholung des Stoffes.

Literatur zum IPR (Auswahl)

Lehrbücher: von Hoffmann/Thorn, Internationales Privatrecht, 9. Aufl. 2007; *Junker*, Internationales Privatrecht, 5. Aufl. 2022; *Kegel/Schurig*, Internationales Privatrecht, 9. Aufl. 2004; *Kropholler*, Internationales Privatrecht, 6. Aufl. 2006; *Rauscher*, Internationales Privatrecht, 5. Aufl. 2017. – *Zur Vertiefung: von Bar/Mankowski*, Internationales Privatrecht – Allgemeine Lehren (Band 1), 2. Aufl. 2003; *von Bar/Mankowski*, Internationales Privatrecht – Besonderer Teil (Band 2), 2. Aufl. 2019.
Übungsbücher: Brödermann/Rosengarten, Internationales Privat- und Zivilverfahrensrecht, 8. Aufl. 2019; *Hay/Rösler*, Internationales Privat- und Zivilverfahrensrecht, 5. Aufl. 2016; *Koch/Magnus/Winkler von Mohrenfels*, IPR und Rechtsvergleichung, 4. Aufl. 2010.
Fallbücher: Fuchs/Hau/Thorn, Fälle zum Internationalen Privatrecht, 5. Aufl. 2019; *Rauscher*, Klausurenkurs im Internationalen Privatrecht, 4. Aufl. 2019; *Coester-Waltjen/Mäsch*, Übungen in Internationalem Privatrecht und Rechtsvergleichung, 5. Aufl. 2017.
Zu aktuellen Entwicklungen in Rechtsprechung und Gesetzgebung vgl. insbesondere die fortlaufenden Jahresberichte von *Gössl* und zuvor von *Rauscher* (etwa: NJW 2022, 3750; NJW 2021, 3566; NJW 2020, 3632; NJW 2019, 3486; NJW 2018, 3421; NJW 2017, 3486; NJW 2016, 3493; NJW 2015, 3551; NJW 2014, 3619; NJW 2013, 3692; NJW 2012, 3490; NJW 2011, 3547), von *Wagner* (NJW 2023, 1779; NJW 2022, 1861; NJW 2021, 1926; NJW, 2020, 1864; NJW 2019, 1782; NJW 2018, 1793; NJW 2017, 1796; NJW 2016, 1774; NJW 2015, 1796; NJW 2014, 1862; NJW 2013, 1653; NJW 2012, 1333; NJW 2011, 1404) sowie von *Mansel/Thorn/Wagner* (etwa: IPRax 2023, 109; IPRax 2022, 97; IPRax 2021, 105; IPRax 2020, 97; IPRax 2019, 85; IPRax 2018, 121; IPRax 2017, 1; IPRax 2016, 1; IPRax 2015, 1; IPRax 2014, 1; IPRax 2013, 1; IPRax 2012, 1; IPRax 2011, 1).
Gesetzestexte: Jayme/Hausmann (Hrsg.), Internationales Privat- und Verfahrensrecht, 21. Aufl. 2022.

Inhaltsübersicht

Vorwort		5
Literatur zum IPR (Auswahl)		7
A.	Grundlagen des Internationalen Privatrechts	19
B.	Allgemeine Fragen bei der Bestimmung des anwendbaren Rechts	32
C.	Internationales Vertragsrecht	90
D.	Internationales außervertragliches Schuldrecht	133
E.	Internationales Sachenrecht	159
F.	Internationales Familienrecht	175
G.	Internationales Erbrecht	224
H.	Wiederholungs- und Vertiefungsfragen	255
Literaturverzeichnis		269
Stichwortverzeichnis		273

Inhalt

Vorwort	5
Literatur zum IPR (Auswahl)	7

A. Grundlagen des Internationalen Privatrechts — 19
  I. Begriff — 19
  II. Theoretische Grundlagen: Der Grund für ein allseitiges IPR — 19
  III. Die Internationalprivatrechtliche Gerechtigkeit — 22
    1. Allgemeines — 22
    2. Zusammenhang zwischen international- und materiellprivatrechtlicher Gerechtigkeit — 23
    3. Bestimmung der maßgeblichen Rechtsanwendungsinteressen — 24
  IV. Aufbau, Struktur und Erscheinungsformen von Kollisionsnormen — 26
    1. Selbstständige und unselbstständige Kollisionsnormen — 26
    2. Allseitige und einseitige Kollisionsnormen — 27
    3. Sonstige Erscheinungsformen von Kollisionsnormen — 30
      a) Mehrfachanknüpfungen — 30
      b) „Anknüpfungsleiter"; Anknüpfung an die „engste Verbindung" — 31
      c) Ausweichklauseln — 31

B. Allgemeine Fragen bei der Bestimmung des anwendbaren Rechts — 32
  I. Internationale Zuständigkeit — 32
  II. Die Ermittlung der maßgeblichen Rechtsgrundlage — 32
    1. Überblick — 32
    2. Normhierarchie — 34
    3. Besonderheiten bei der Auslegung europäischer und staatsvertraglicher Rechtsakte — 34
      a) Auslegung europäischer Rechtsakte — 34
      b) Auslegung staatsvertraglicher Rechtsakte — 36
  III. Anwendung von Kollisionsnormen: Qualifikation und „Disqualifikation" (Rechtsfortbildung), Anknüpfungsmomente — 37
    1. Qualifikation — 37
      a) Reichweite des kollisionsrechtlichen Anknüpfungsgegenstands — 37
      b) Qualifikationsentscheidung — 42
      c) „Disqualifikation" – Rechtsfortbildung im IPR — 43
    2. Anknüpfungsmomente — 46
      a) Rechtswahl — 46
      b) Gewöhnlicher Aufenthalt — 46
      c) Staatsangehörigkeit — 48
      d) Handlungsort — 49
      e) Erfolgsort — 50
      f) Belegenheitsort — 50
      g) Anknüpfungen an die „engste Verbindung" — 50
  IV. Gesamt- oder Sachnormverweisung — 51
    1. Allgemeines — 51
    2. Nationales IPR — 52
      a) Grundsatz: Gesamtverweisung — 52

			b) Ausnahmen	54
			aa) Sinnwidrigkeit gem. Art. 4 Abs. 1 S. 1 Hs. 2 EGBGB	54
			(1) Alternativanknüpfungen	54
			(2) Akzessorische Anknüpfungen	55
			(3) Anknüpfungen an die engste Verbindung	55
			bb) Rechtswahl	56
		3.	Europäisches IPR	56
			a) Grundsatz: Sachnormverweisung	56
			b) Ausnahme: Gesamtverweisung	57
			aa) Die Regelung des Art. 34 Abs. 1 EuErbVO	57
			bb) Renvoi auf das Recht eines Mitgliedstaates (lit. a)	58
			cc) Renvoi auf das Recht eines anderen (zweiten) Drittstaates (lit. b)	60
			dd) Beispielsfall und abschließender Überblick	60
		4.	Staatsvertragliches IPR	63
		5.	Sonderprobleme bei Vorliegen einer Gesamtverweisung	63
			a) „Versteckte" Verweisungen	63
			b) Verweisung kraft abweichender Qualifikation, „Qualifikationsverweisungen"	67
	V.	Rechtsspaltung		67
		1.	Interlokale Rechtsspaltung	68
			a) Europäisches IPR	68
			b) Nationales IPR	69
		2.	Interpersonale Rechtsspaltung	69
			a) Europäisches IPR	69
			b) Nationales IPR	70
		3.	Intertemporale Rechtsspaltung	70
	VI.	Vorfragen		70
	VII.	Ergebniskorrektur		75
		1.	Anpassung	76
		2.	Ordre public	78
			a) Zweck des ordre public, Methodik und Anwendungsvoraussetzungen	78
			b) Einzelfälle	81
		3.	Gesetzesumgehung (fraus legis)	83
	VIII.	Problem des Auslandssachverhaltes		85
		1.	Allgemeines	85
		2.	„Handeln unter falschem Recht"	86
		3.	Substitution	86
	IX.	Allgemeines Prüfungsschema für die Lösung internationaler Sachverhalte		87
C.	**Internationales Vertragsrecht**			90
	I.	Rechtsgrundlagen		90
	II.	UN-Kaufrechtsübereinkommen		90
		1.	Anwendungsbereich des UN-Kaufrechts	91
		2.	Regelungsbereich des UN-Kaufrechts	92
	III.	Die Rom I-VO		94
		1.	Sachlicher Anwendungsbereich der Rom I-VO	94
		2.	Die Bestimmung des Vertragsstatuts nach der Rom I-VO	95
			a) Rechtswahl (Art. 3 Rom I-VO)	96

	b)	Die objektive Bestimmung des Vertragsstatuts	101
		aa) Spezielle Regelanknüpfungen (Art. 4 Abs. 1 Rom I-VO)	101
		bb) Allgemeine Regelanknüpfungen (Art. 4 Abs. 2 Rom I-VO)	102
		cc) Ausweichklausel (Art. 4 Abs. 3 Rom I-VO)	104
		dd) Hilfsanknüpfung (Art. 4 Abs. 4 Rom I-VO)	106
	c)	Spezielle Regelungen der Vertragsanknüpfung	107
		aa) Allgemeines	107
		bb) Verbraucherverträge	108
	d)	Reichweite des Vertragsstatuts	110
3.	Sonderfragen		111
	a)	Eingriffsnormen	111
		aa) Verortung der Eingriffsnormenproblematik	111
		bb) Inländische Eingriffsnormen	112
		cc) Ausländische Eingriffsnormen	113
		dd) Weitere Problemfelder	118
		(1) Eingriffsnormen der lex causae	118
		(2) Eingriffsrechtliche Durchsetzung von Sonderprivatrecht	118
		(3) Die Behandlung mitgliedstaatlicher Eingriffsnormen	119
		(4) Ingmar-Entscheidung des EuGH	119
	b)	Formwirksamkeit von Verträgen	122
	c)	Rechts- und Geschäftsfähigkeit	123
	d)	Stellvertretung	124
		aa) Gewillkürte Stellvertretung	124
		(1) Rechtswahl (Art. 8 Abs. 1 EGBGB)	124
		(2) Die objektive Bestimmung des Vollmachtsstatuts (Art. 8 Abs. 2–5 EGBGB)	125
		(3) Reichweite des Vollmachtsstatuts	126
		bb) Gesetzliche Stellvertretung	127
	e)	Übertragung von Forderungen, Legalzession, Gesamtschuldnerausgleich, Aufrechnung	127
		aa) Abtretung	127
		bb) Gesetzlicher Forderungsübergang	129
		cc) Gesamtschuldnerausgleich	130
		dd) Aufrechnung	131
IV. Prüfungsschema Internationales Vertragsrecht			131

D. **Internationales außervertragliches Schuldrecht** — 133
  I. Rechtsgrundlagen — 133
  II. Rom II-VO — 133
   1. Sachlicher Anwendungsbereich — 133
   2. Die Bestimmung des auf außervertragliche Schuldverhältnisse anzuwendenden Rechts — 134
   3. Rechtswahl (Art. 14 Rom II-VO) — 135
   4. Die Bestimmung des Deliktsstatuts nach der Rom II-VO — 136
     a) Allgemeine Kollisionsnorm des Art. 4 Rom II-VO — 136
       aa) Allgemeine Regelanknüpfung (Art. 4 Abs. 1 Rom II-VO) — 137
       bb) Gemeinsamer gewöhnlicher Aufenthalt (Art. 4 Abs. 2 Rom II-VO) — 137
       cc) Ausweichklausel (Art. 4 Abs. 3 Rom II-VO) — 137

			b)	Besondere Kollisionsnormen für unerlaubte Handlungen	139

- b) Besondere Kollisionsnormen für unerlaubte Handlungen — 139
  - aa) Produkthaftung (Art. 5 Rom II-VO) — 139
  - bb) Wettbewerbsrecht (Art. 6 Rom II-VO) — 143
  - cc) Umweltschädigung (Art. 7 Rom II-VO) — 145
  - dd) Verletzung von Rechten des geistigen Eigentums (Art. 8 Rom II-VO) — 145
  - ee) Arbeitskampfmaßnahmen (Art. 9 Rom II-VO) — 146
- 5. Die Bestimmung des Bereicherungsstatuts nach der Rom II-VO — 146
- 6. Geschäftsführung ohne Auftrag („Negotiorum gestio") — 146
- 7. Verschulden bei Vertragsverhandlungen („Culpa in contrahendo") — 147
- 8. Reichweite des nach Art. 4–14 Rom II-VO bestimmten Rechts — 147
- 9. Sonderfragen — 148
  - a) Eingriffsnormen (Art. 16 Rom II-VO) — 148
  - b) Sicherheits- und Verhaltensregeln (Art. 17 Rom II-VO) — 149
  - c) Direktklage gegen den Versicherer des Haftenden (Art. 18 Rom II-VO) — 149
  - d) Legalzession, Gesamtschuldnerausgleich — 150

III. Nationales Recht: Art. 38–42 EGBGB — 150
  1. Rechtswahl (Art. 42 EGBGB) — 150
  2. Unerlaubte Handlung (Art. 40 EGBGB) — 150
     a) Allgemeine Regelanknüpfung (Art. 40 Abs. 1 EGBGB) — 150
     b) Spezielle Regelanknüpfung (Art. 40 Abs. 2 EGBGB) — 154
     c) Ausweichklausel (Art. 41 Abs. 1, Abs. 2 EGBGB) — 154
     d) Verstoß gegen die besondere ordre public-Regelung des Art. 40 Abs. 3 EGBGB — 155
  3. Ungerechtfertigte Bereicherung (Art. 38 EGBGB) und Geschäftsführung ohne Auftrag (Art. 39 EGBGB) — 156
IV. Prüfungsschema Internationales außervertragliches Schuldrecht — 157

E. Internationales Sachenrecht — 159
  I. Rechtsgrundlagen — 159
  II. Überblick über die Regelungen des Internationalen Sachenrechts — 159
  III. Die Bestimmung des Sachstatuts — 159
  1. Die allgemeine Regelung des Art. 43 EGBGB — 159
     a) Allgemeine Anknüpfungsregel (Art. 43 Abs. 1 EGBGB) — 159
        aa) Anknüpfung an die lex rei sitae — 159
        bb) Reichweite des Anknüpfungsgegenstands — 160
     b) Statutenwechsel (Art. 43 Abs. 2, Abs. 3 EGBGB) — 162
        aa) Bereits begründete dingliche Rechte (Art. 43 Abs. 2 EGBGB) — 163
        bb) (Noch) nicht abgeschlossene Erwerbstatbestände (Art. 43 Abs. 3 EGBGB) — 166
  2. Art. 45 EGBGB (Transportmittel) — 170
  3. Ausweichklausel (Art. 46 EGBGB) — 171
  4. Von Grundstücken ausgehende Einwirkungen (Art. 44 EGBGB) — 172
  IV. Sonderfragen — 173
  1. Formfragen (Art. 11 Abs. 4 EGBGB) — 173
  2. Stellvertretung (Art. 8 Abs. 6 EGBGB) — 173
  V. Prüfungsschema Internationales Sachenrecht — 174

Inhalt

F.	**Internationales Familienrecht**	**175**
I.	Überblick	175
II.	Internationales Eherecht	175
	1. Eheschließung	175
	a) Materielle Voraussetzungen der Eheschließung (Art. 13 Abs. 1, Abs. 2 EGBGB)	175
	b) Formelle Voraussetzungen der Eheschließung (Art. 11 Abs. 1 EGBGB, Art. 13 Abs. 4 EGBGB)	178
	c) Abgrenzung materieller und formeller Eheschließungsvoraussetzungen	179
	d) Rechtsfolgen einer materiell oder formell fehlerhaften Eheschließung	180
	e) Prüfungsschema Eheschließung	180
	2. Ehewirkungen	181
	a) Allgemeine Ehewirkungen (Art. 14 EGBGB)	181
	aa) Rechtswahl (Art. 14 Abs. 1 EGBGB)	181
	bb) Objektive Anknüpfung der allgemeinen Ehewirkungen (Art. 14 Abs. 2 EGBGB)	182
	b) Besondere Ehewirkungen: Eheliches Güterrecht (EuGüVO)	182
	aa) Sachlicher Anwendungsbereich der Güterverordnungen	183
	(1) Der europäische Güterrechtsbegriff: Abgrenzung zum nationalen Kollisionsrecht	183
	(2) Der Ehebegriff der EuGüVO	184
	(3) Ausnahmen	186
	bb) Die Bestimmung des Güterstatuts	187
	(1) Rechtswahl (Art. 22 EuGüVO)	188
	(2) Objektive Bestimmung des Güterstatuts (Art. 26 EuGüVO)	189
	(3) Reichweite des Güterstatuts (Art. 27 EuGüVO)	190
	cc) Sonderfragen	191
	(1) Vereinbarungen über den ehelichen Güterstand	191
	(2) Drittschutz (Art. 28 EuGüVO)	192
	(3) Eingriffsnormen (Art. 30 EuGüVO)	193
	(4) Anpassung dinglicher Rechte (Art. 29 EuGüVO)	194
	dd) Alte Rechtslage: Art. 15 EGBGB aF	194
	(1) Rechtswahl (Art. 15 Abs. 2, Abs. 3 EGBGB aF)	194
	(2) Objektive Bestimmung des Güterstatuts (Art. 15 aF iVm Art. 14 EGBGB aF)	195
	(3) Reichweite des Güterstatuts, Art. 3 a Abs. 2 EGBGB aF	196
	(4) Schutz Dritter (Art. 16 EGBGB aF)	196
	c) Prüfungsschema Ehewirkungen	197
	3. Ehescheidung	198
	a) Rechtsquellen	198
	b) Sachlicher Anwendungsbereich der Rom III-VO	198
	c) Die Bestimmung des auf die Scheidung und Trennung ohne Auflösung des Ehebandes anwendbaren Rechts	201
	aa) Rechtswahl	202
	bb) Objektive Bestimmung des Scheidungs- bzw. Trennungsstatuts	203

		d) Sonderfragen	204
		aa) Umwandlung einer Trennung ohne Auflösung des Ehebandes in eine Ehescheidung	204
		bb) Besondere ordre-public Regelung des Art. 10 Rom III-VO	205
		cc) Unterschiede beim nationalen Recht (Art. 13 Rom III-VO)	206
		e) Prüfungsschema Ehescheidung und Scheidungsfolgen	207
	4.	Eingetragene Lebenspartnerschaften, sonstige Lebensgemeinschaften und Verlöbnis	208
		a) Eingetragene Lebenspartnerschaften (Art. 17 b EGBGB)	208
		b) Gleichgeschlechtliche Ehen	210
		c) Eingetragene heterosexuelle Partnerschaft	210
		d) Verlöbnis	211
		e) Nicht formalisierte Lebensgemeinschaften	211
III.	Internationales Unterhaltsrecht		212
	1.	Rechtsquellen	212
	2.	Haager Protokoll über das auf Unterhaltspflichten anzuwendende Recht v. 23.11.2007	212
		a) Anwendungsbereich des HUP	212
		b) Die Bestimmung des Unterhaltsstatuts nach dem HUP	213
	3.	Prüfungsschema Internationales Unterhaltsrecht	214
IV.	Internationales Kindschaftsrecht		214
	1.	Rechtsquellen	214
	2.	Abstammung	215
	3.	Adoption	219
	4.	Wirkungen des Eltern-Kind-Verhältnisses, insbesondere KSÜ	220
		a) Allgemeines	220
		b) Haager Übereinkommen über den Schutz von Kindern v. 19.10.1996 (KSÜ)	220
	5.	Vormundschaft, Betreuung und Pflegschaft	221
	6.	Prüfungsschema Internationales Kindschaftsrecht	221

G. Internationales Erbrecht — 224
  I. Rechtsgrundlagen — 224
  II. Sachlicher Anwendungsbereich der EuErbVO — 224
  III. Die Bestimmung des auf die Rechtsnachfolge von Todes wegen anzuwendenden Rechts — 226
  IV. Die Bestimmung des Erbstatuts — 227
    1. Rechtswahl (Art. 22 EuErbVO) — 227
    2. Objektive Bestimmung des Erbstatuts (Art. 21 EuErbVO) — 229
    3. Reichweite des Erbstatuts — 230
  V. Die kollisionsrechtliche Behandlung von Verfügungen von Todes wegen — 236
    1. Materielle Wirksamkeitsvoraussetzungen von Verfügungen von Todes wegen (Errichtungsstatut) — 236
      a) Verfügungen von Todes wegen außer Erbverträge (Art. 24 EuErbVO) — 236
      b) Erbverträge (Art. 25 EuErbVO) — 237
      c) Reichweite des Errichtungsstatuts — 239
    2. Formelle Wirksamkeitsvoraussetzungen einer Verfügung von Todes wegen (Formstatut) — 240
      a) Maßgebliche Rechtsgrundlage — 240

			b) Formgültigkeit von Verfügungen von Todes wegen	241
			c) Änderung oder Widerruf einer Verfügung von Todes wegen	242
			d) Reichweite des Formstatuts	242
		3.	Beispielsfall	243
	VI.	Sonderfragen		245
		1.	Eingriffsnormen (Art. 30 EuErbVO)	245
		2.	Anpassung	247
			a) Anpassung dinglicher Rechte (Art. 31 EuErbVO)	247
			b) Kommorienten (Art. 32 EuErbVO)	249
			c) Erbenlose Nachlässe (Art. 33 EuErbVO)	250
	VII.	Exkurs: Das Europäische Nachlasszeugnis		251
		1.	Allgemeines	251
		2.	Wirkungen des Zeugnisses	251
			a) Vermutung der Richtigkeit	251
			b) Öffentlicher Glaube des ENZ	252
	VIII.	Prüfungsschema Internationales Erbrecht		253

H.	**Wiederholungs- und Vertiefungsfragen**	255
Literaturverzeichnis		269
Stichwortverzeichnis		273

A. Grundlagen des Internationalen Privatrechts

I. Begriff

Das IPR bestimmt, welche privatrechtlichen Normen einer *geltenden* staatlichen Rechtsordnung für die Beurteilung eines Sachverhaltes anzuwenden sind (vgl. Art. 3 Hs. 2 EGBGB). **International** ist der Gegenstand des IPR, nicht jedoch zwingend auch die Rechtsqualität seiner Normen selbst. Als Bestandteil der von jedem Staat in eigener rechtspolitischer Verantwortung zu treffenden zivilrechtlichen Gerechtigkeitsentscheidung stellt das IPR auch heute noch **grundsätzlich nationales Recht** dar, wenngleich die Kompetenzübertragung dieser Materie auf die EU und die Ratifikation zahlreicher, auf Rechtsvereinheitlichung gerichteter Staatsverträge diesen Grundsatz mittlerweile umkehren (vgl. hierzu Rn. 26). IPR ist **Privatrecht** und damit – ebenso wie das materielle Zivilrecht – dem gerechten Interessenausgleich *inter partes* verpflichtet. Dieses Ziel kann das IPR entsprechend seiner Funktion jedoch nur dadurch verwirklichen, dass es die für die Beurteilung eines zivilrechtlichen Sachverhaltes *angemessene* Rechtsordnung bestimmt (vgl. hierzu Rn. 8 ff.). Diese Aufgabe erfüllt das IPR regelmäßig mittels allseitiger Kollisionsnormen, die in- und ausländisches Recht gleichermaßen, also unter *denselben* Voraussetzungen berufen.

Hinweis: Nach seiner Funktion sowie seiner rechtspolitischen Zielsetzung lässt sich das Kollisionsrecht von **(materiellem) Sachrecht** abgrenzen.[1] Eine **Kollisionsnorm** trifft die Entscheidung über das *konkret anzuwendende Recht*, wählt also aus der Vielzahl der existierenden Rechtsordnungen diejenige aus, die nach ihrem Gerechtigkeitsideal die angemessene Entscheidungsgrundlage für die Beurteilung des in Frage stehenden Sachverhaltes darstellt.[2] Die maßgeblichen Erwägungsgründe, die der Gesetzgeber bei Aufstellung einer solchen Norm berücksichtigt hat, sind auf das Für und Wider der Anwendung einer bestimmten *Rechtsordnung* gerichtet, so dass eine Kollisionsnorm das Ergebnis einer durch den Gesetzgeber vollzogenen Gewichtung der jeweils tangierten *Rechtsanwendungsinteressen* darstellt (hierzu Rn. 9). Demgegenüber trifft eine **Sachnorm** eine Entscheidung in der „Sache", führt also einen sozialen Konflikt einer konkreten materiellrechtlichen Lösung zu.[3] Die hierbei seitens des Gesetzgebers berücksichtigten Interessen sind alleine auf die gerechte Lösung des vom Tatbestand einer Norm umschriebenen *Lebenssachverhalts* gerichtet, so dass sich Kollisions- und Sachnormen „rechtspolitisch [als] aliud"[4] gegenüberstehen.

II. Theoretische Grundlagen: Der Grund für ein allseitiges IPR

Dass es IPR *notwendigerweise* geben muss, folgt zunächst aus der formalen **Anerkennung ausländischen Rechts als „Recht"**:[5] Weil unsere Rechtsordnung dem Recht anderer Staaten ebenfalls Rechtsqualität zuspricht,[6] stehen unseren Sachnormen eine Viel-

---

[1] Grundlegend *Kegel*, FS Lewald (1953), 259 (270); vgl. auch *von Bar/Mankowski*, Band I: Allgemeine Lehren, § 4 Rn. 1 f., 13; *von Hoffmann/Thorn*, § 1 Rn. 3–4, § 4 Rn. 1–4; *Junker*, § 1 Rn. 5.
[2] *Kegel/Schurig*, § 2 I (S. 132).
[3] *Kegel/Schurig*, § 2 (S. 132); *von Bar/Mankowski*, Band I: Allgemeine Lehren, § 4 Rn. 2.
[4] *Kegel*, GS Ehrenzweig (1976), 51 (78).
[5] Grundlegend hierzu *Schurig*, S. 56, der diesen formalen Grund des IPR wohl am deutlichsten herausstellt. – Anders etwa *Lorenz*, Zur Struktur des internationalen Privatrechts, 1977, S. 60 ff., der den Grund des Kollisionsrechts aus dem Gleichheitsprinzip (Art. 3 GG) herleitet.
[6] Diese rechtspolitische Grundentscheidung kann nicht ernsthaft in Zweifel gezogen werden. Abgesehen davon, dass eine generelle Leugnung der Rechtsqualität ausländischen Rechts sicher völkerrechtswidrig wäre (vgl. *Kegel/Schurig*, § 1 III (S. 6)), geht de lege lata sowohl das nationale als auch das europäische

A. Grundlagen des Internationalen Privatrechts

zahl ausländischer Sachnormen gegenüber, welche den in Frage stehenden Lebenssachverhalt ebenfalls beurteilen *könnten*. Damit erfolgt – zumindest analytisch betrachtet – *jede* Normanwendung *vor dem Hintergrund inhaltlich konkurrierender Bestimmungen anderer Rechtsordnungen*, so dass jede Anwendung eines materiellen Rechtssatzes zugleich eine *kollisionsrechtliche Auswahlentscheidung* (zugunsten dieses und gleichzeitig zuungunsten anderer, inhaltlich konkurrierender Rechtssätze) erfordert.[7] Das IPR muss daher zumindest theoretisch in der Lage sein, über die An- oder Nichtanwendbarkeit eines *jeden* materiellen Rechtssatzes gleich welcher Rechtsordnung zu entscheiden.

Hinweis: Dies gilt im Übrigen auch für einen *reinen Inlandssachverhalt*. Denn dass ein Eigentumserwerb in Deutschland nach § 929 BGB zu beurteilen ist, ergibt sich nicht etwa „aus der Natur der Sache", sondern vielmehr aus dem stets vorgeschalteten Kollisionsrecht,[8] konkret aus Art. 43 Abs. 1 EGBGB. Freilich ist die Anwendung deutschen Rechts in einem Fall ohne Auslandsbezug eine „Selbstverständlichkeit",[9] die zumindest im Rahmen einer herkömmlichen Zivilrechtsklausur nicht weiter zu thematisieren ist.

3   Die **notwendige Existenz des IPR** gibt indes noch keine Antwort auf die Frage, *warum* ausländisches Recht überhaupt zur Anwendung gebracht werden sollte. Denn auch vor dem Hintergrund konkurrierender Rechtsordnungen könnte ein Staat ausschließlich sein eigenes Sachrecht anwenden, zumal dieses wohl stets mit dem Anspruch antreten dürfte, das materiell „beste" und „gerechteste" Recht zu sein. Dass wir – und praktisch auch sonst jeder Staat in der Welt – dennoch unter bestimmten Voraussetzungen ausländisches Recht zur Anwendung berufen, muss daher einen besonderen **Grund** haben. Lange Zeit wurde angenommen, dass die Ausgestaltung des IPR als allseitiges Kollisionsrecht auf höherrangigen, den einzelnen Staaten a priori vorgegebenen Prinzipien beruhe, dessen Grund also *heteronomer* Natur sei.[10]

Hinweis: So ging die sog. **internationalistische Schule** (Ende 19., Anfang 20. Jhdt.) davon aus, dass die Ausgestaltung des IPR zwingenden *völkerrechtlichen Vorgaben* unterliege, weil die An- oder Nichtanwendung ausländischen Rechts in die *Souveränität* des jeweiligen (Erlass-)Staates eingreifen könne; dem IPR müsse deswegen die Aufgabe zukommen, die legislativen Kompetenzbereiche der einzelnen Staaten anhand der *Personal- und Gebietshoheit* abzugrenzen, also den Zuständigkeitsbereich zu bestimmen, den jeder Staat mit materieller Gesetzgebung wahrnehmen kann.[11] Ein derartiger Begründungsansatz ist jedoch heute überholt. Abgesehen davon, dass sich dem Völkerrecht keine hinreichend konkreten Vorgaben entnehmen lassen, die ein ganzes kollisionsrechtliches System tragen könnten,[12]

  Kollisionsrecht davon aus, dass wir ausländisches „Recht" anwenden, sodass diesem selbstverständlich Rechtsqualität beigemessen wird.
7   *Kegel/Schurig*, § 1 III (S. 6 f.).
8   *Kegel/Schurig*, § 1 III (S. 6 f.); *von Hoffmann/Thorn*, § 1 Rn. 21–22.
9   Vgl. auch *Kegel/Schurig*, § 1 III (S. 7): „Antwort versteht sich von selbst".
10 Ausführlich *Kegel/Schurig*, § 1 IV 1 c (S. 14 ff.); *von Bar/Mankowski*, Band I: Allgemeine Lehren, § 3 Rn. 1 ff.; vgl. hierzu und zum Folgenden auch *Köhler*, S. 62 ff.
11 Vgl. etwa *C. L. von Bar*, IPR (Band 1), S. 1: „das internationale Privatrecht bestimmt die Competenz der Gesetzgebung der einzelnen Staaten für die privaten Rechtsverhältnisse"; *Zitelmann*, IPR (Band 1), S. 122–124; aus neuerer Zeit insbesondere *Bleckmann*, Die völkerrechtlichen Grundlagen des internationalen Kollisionsrechts, 1992, S. 38: Bei dem nationalen IPR handelt es sich „nur um eine Konkretisierung der Zuständigkeitsregeln des Völkerrechts"; insoweit nimmt der nationale Gesetzgeber „doppelfunktionell als Organ und Sachwalter Aufgaben der Völkerrechtsgemeinschaft wahr" (näher insbesondere S. 41–47, S. 59–62).
12 So stellte bereits das RG fest, dass ein mittels Völkerrecht begründetes IPR „eine völkerrechtlich sichere Abgrenzung des Machtbereiches der Staaten in der vielfachen Verschlingenheit von Personal- und Ge-

II. Theoretische Grundlagen: Der Grund für ein allseitiges IPR

geht bereits die Ausgangsprämisse dieser Ansicht fehl: Denn wenn ein Staat fremdes Recht anwendet, usurpiert er keinesfalls ausländische Legislativgewalt, sondern macht sich ausschließlich den materiellen Regelungsgehalt einer fremden Norm zu eigen, indem er diese mit einem eigenen *imperativen,* also hoheitlichen (Anwendungs-)Befehl ausstattet.[13] Diesen hoheitlichen Befehl kann der jeweilige Staat nur im Rahmen seiner Souveränität erteilen – was dann aber wiederum bedeutet, dass er die Souveränität des anderen Staates durch die An- oder Nichtanwendung seiner Rechtsnormen überhaupt nicht verletzen kann. *Konkrete* völkerrechtliche Vorgaben für das IPR bestehen daher nicht.

Demgegenüber herrscht heute weitestgehend Einigkeit, dass die **allseitige Ausgestaltung des IPR** keinen höherrangigen Geboten entspringt, sondern schlicht auf eine **autonome rechtspolitische Entscheidung** des jeweils kompetenten Gesetzgebers zurückzuführen ist. Den Grund für diese Entscheidung fasst *Kegel* pointiert zusammen: 4

> *„Das Beste taugt nicht für alle. Sonst müsste man stets das eigene Recht anwenden".*[14]

Hiermit ist treffend das **Grundbedürfnis einer Rechtsordnung** zum Ausdruck gebracht, *überhaupt* ausländisches Recht zur Anwendung zu bringen. Es folgt aus dem Umstand, dass der Gerechtigkeitsgehalt einer jeden Rechtsordnung *räumlich beschränkt*, nur auf die jeweilige Rechtsgemeinschaft bezogen ist, da jeder Gesetzgeber bei der Kodifikation „seines" materiellen Rechts zumindest regelmäßig alleine den sozialen, ökonomischen und kulturellen Besonderheiten der *eigenen* Rechtsgemeinschaft Rechnung trägt und den in Frage stehenden sozialen Konflikt auf *dieser Grundlage* löst. Dem positiven Recht ist daher eine **Selbstbeschränkung immanent** (sog. **räumliche Relativität des Rechts**),[15] die es ungeeignet werden lässt, zumindest *jegliche*, von deutschen Gerichten aufgrund ihrer internationalen Zuständigkeit zu beurteilende Sachverhalte mit Auslandsbezug „gerecht" zu entscheiden. 5

Beispiel: Ist von deutschen Gerichten etwa über die Wirksamkeit einer Ehe zu befinden, die zwei zum Zeitpunkt der Eheschließung in Teheran lebende Iraner im Iran geschlossen haben, wäre es schwerlich überzeugend, den Sachverhalt deutschem Sachrecht zu unterstellen und die Ehe mangels Beteiligung eines Standesbeamten (§ 1310 Abs. 1 S. 1 BGB) für unwirksam zu erklären, obwohl ein derartiges (Form-)Erfordernis im iranischen Recht nicht vorgesehen ist. Ein solches Ergebnis wäre schlicht „ungerecht", da die einschlägigen deutschen Regelungen den sozialen und kulturellen Besonderheiten dieses Falls nicht Rechnung tragen können; ihnen fehlt gewissermaßen die „Geschäftsgrundlage". 6

Die räumliche Relativität des eigenen Rechts kann somit iVm den Regelungen der internationalen Zuständigkeit zu einer Art „Gerechtigkeitsdefizit" führen, welches im Hinblick auf eine „gerechte" – und durch Zuständigkeitsregelungen *notwendig* gewordene – Entscheidung des Gerichtes ausgeglichen werden muss. Dieser Umstand macht es erforderlich, auch *andere*, von dem eigenen nationalen Recht *abweichende* Normen zur Anwendung zu bringen, die den tatsächlichen Gegebenheiten des zu entscheidenden Sachverhalts mit Auslandsbezug Rechnung tragen können. Welcher Art diese Normen sein sollen, ist zumindest im Ausgangspunkt offen. Theoretisch 7

---

bietshoheit gegeneinander (unterstelle), von der das heutige Völkerrecht noch weit entfernt ist", vgl. RGZ 95, 164 (165). – Zur Vertiefung *von Bar/Mankowski,* Band I: Allgemeine Lehren, § 3 Rn. 6.
13 *Schurig,* S. 54, 70–72, 91 Fn. 188.
14 *Kegel,* GS Ehrenzweig (1976), 51 (68); kritisch hierzu *von Bar/Mankowski,* Band I: Allgemeine Lehren, § 4 Rn. 4 Fn. 8.
15 *Von Bar/Mankowski,* Band I: Allgemeine Lehren, § 4 Rn. 4 Fn. 8; vgl. hierzu auch MüKoBGB/*Sonnenberger* (5. Aufl.), Einl. IPR Rn. 1 f.; *Looschelders,* Übersicht Rn. 17.

in Betracht käme die Ausbildung eines eigenständigen (nationalen) **materiellen Sonderrechts für Auslandssachverhalte**, das mit dem römischen *ius gentium* und dem englischen *law merchant* auf historische Vorbilder zurückblicken könnte[16] und auch im geltenden Recht (regelmäßig als internationales Einheitsrecht, etwa das UN-Kaufrecht) zumindest partiell zu finden ist. Allerdings ist die Leistungsfähigkeit eines solchen Ansatzes stark beschränkt und es würde angesichts der zu berücksichtigenden Fallkonstellationen den Rahmen dessen sprengen, was eine Kodifikation zu leisten im Stande ist.[17] Eine solche Lösung scheidet daher aus, es bedarf ihrer auch nicht, da außerhalb der Grenzen eines Staates bereits *Recht* existiert, das den jeweiligen sozialen und kulturellen Gegebenheiten Rechnung tragen kann. Auf *diese* Regelungen ist daher zur Beseitigung des „Gerechtigkeitsdefizits" zurückzugreifen, und zur Bewältigung dieser Aufgabe bedarf es eines kollisionsrechtlichen Systems, das in der Lage ist, unter der Vielzahl inhaltlich konkurrierender Sachrechtssätze der verschiedenen Rechtsordnungen diejenigen zu bestimmen, welche für die Beurteilung des in Frage stehenden Sachverhaltes *angemessen* sind. Der **Grund für ein allseitiges IPR** lässt sich damit schlicht auf die **„praktische Notwendigkeit"**[18] zurückführen, einen zivilrechtlichen Sachverhalt mit Auslandsbezug materiell stets „gerecht" zu entscheiden.[19]

III. Die Internationalprivatrechtliche Gerechtigkeit

1. Allgemeines

8 Bei der Bestimmung der kollisionsrechtlich angemessenen Rechtsordnung folgt das IPR seinem eigenen Gerechtigkeitsideal, der **internationalprivatrechtlichen Gerechtigkeit**, die darauf gerichtet ist, das aus der Relativität der eigenen Rechtsordnung resultierende „Gerechtigkeitsdefizit" am besten auszugleichen.[20] Aus der Erkenntnis, dass das jeweils geltende Recht grundsätzlich nur für einen Inlandssachverhalt angemessen ist, folgt, dass das „beste" Recht stets dasjenige ist, das mit dem Sachverhalt **am engsten verbunden** ist. Seit *Savigny* sieht man die **Aufgabe des IPR** daher darin,

> *„dass bei jedem Rechtsverhältniß dasjenige Rechtsgebiet aufgesucht werde, welchem dieses Rechtsverhältniß seiner eigenthümlichen Natur nach angehört oder unterworfen ist".*[21]

9 Da jedoch zweifelsfreie Anknüpfungsmomente, die jedem Rechtsverhältnis seinen „Sitz" unbestreitbar zuordnen, fehlen, bedarf es einer rechtspolitischen, *normativen* Entscheidung, die jeder Gesetzgeber mit der Kodifikation eines kollisionsrechtlichen Systems treffen muss. Diesem liegen als „Abwägungstopoi" *(Sonnenberger)*,[22] als „Vektoren der Rechtsbildung" *(Schurig)*[23] bestimmte **Rechtsanwendungsinteressen** zu-

---

16 Vgl. hierzu etwa *von Bar/Mankowski*, Band I: Allgemeine Lehren, § 2 Rn. 1–18.
17 Vgl. hierzu *von Bar/Mankowski*, Band I: Allgemeine Lehren, § 6 Rn. 93: „das Unterfangen wäre aber zum Scheitern verurteilt". Wie sollte man auch jegliche denkbare Interessenlage in einer Kodifikation berücksichtigen können?
18 *Von Bar/Mankowski*, Band I: Allgemeine Lehren, § 6 Rn. 93; vgl. auch MüKoBGB/*Sonnenberger* (5. Aufl.), Einl. IPR Rn. 1.
19 *Cheshire, North & Fawcett*, Private International Law, 14. Aufl. 2008, S. 5: „The fact is, of course, that the application of a foreign law implies no act of courtesy, no sacrifice of sovereignty. It merely derives from a desire to do justice".
20 Vgl. hierzu und zum Folgenden *Köhler*, S. 68–84.
21 *Savigny*, System des heutigen römischen Rechts (Band 8), 1849, S. 28.
22 MüKoBGB/*Sonnenberger* (5. Aufl.), Einl. IPR Rn. 86.
23 *Kegel/Schurig*, § 2 I (S. 133).

grunde, die für oder gegen die Anwendung einer bestimmten Rechtsordnung sprechen. Sie lassen sich mit *Kegel* insbesondere in Partei-, Verkehrs-, Gemein-[24] und Ordnungsinteressen unterteilen, wobei Letztere sowohl das dem IPR seit *Savigny* zugrunde liegende „formale Ideal" des äußeren Entscheidungseinklangs als auch des inneren Entscheidungseinklangs umfassen (vgl. hierzu im Einzelnen Rn. 11). Diese Rechtsanwendungsinteressen konstituieren die **internationalprivatrechtliche Gerechtigkeit**, die aufgrund ihres abweichenden rechtspolitischen Ziels von der **materiellprivatrechtlichen Gerechtigkeit** unterschieden werden kann: Erstere umfasst nur die rechtspolitischen Beweggründe, die für die *Anwendung einer bestimmten Rechtsordnung* sprechen, letztere alleine die Beweggründe, die zur *konkreten* Lösung eines zu beurteilenden sozialen Konflikts geführt haben. Die internationalprivatrechtliche Gerechtigkeit bewertet damit *nicht* unmittelbar Sachinteressen, sondern trifft die denknotwendig vorher zu treffende Teilentscheidung, welche materielle Gerechtigkeit in casu die „gerechte" ist.

2. Zusammenhang zwischen international- und materiellprivatrechtlicher Gerechtigkeit

Die funktionale Unterscheidung zwischen international- und materiellprivatrechtlicher Gerechtigkeit wirft die Frage nach ihrem inneren Zusammenhang auf. Verneint man einen solchen vollständig, läuft man Gefahr, das IPR in „höhere Gerechtigkeitsdimensionen"[25] zu verlegen und es von den Wertungen des Sachrechts vollständig zu lösen. Vergegenwärtigt man sich jedoch die bereits beschriebene Aufgabe des IPR, das *materiellrechtliche* „Gerechtigkeitsdefizit" der eigenen Rechtsordnung auszugleichen (vgl. Rn. 5 ff.), folgt bereits aus dieser Aufgabenstellung, dass dem IPR die materielle Gerechtigkeit nicht gleichgültig sein kann, ja sogar anders gewendet, dass es sich gerade *in ihren Dienst* stellen will, wenn es deren Unzulänglichkeiten auszugleichen bezweckt.[26] Die internationalprivatrechtliche Gerechtigkeit wird daher *maßgeblich* von der materiellrechtlichen Gerechtigkeit beeinflusst: Beide Aspekte dienen der zivilrechtlichen Gerechtigkeit und verfolgen den gerechten Interessenausgleich *inter partes* allein mit unterschiedlichen Mitteln.[27] Während Sachnormen *unmittelbar* die materielle Gerechtigkeit verwirklichen, kann das Kollisionsrecht dieser nur *mittelbar* Rechnung tragen, indem es den jeweiligen Sachnormen eine angemessene, dh ihrer materiellen Zwecksetzung entsprechende und verwirklichende kollisionsrechtliche Anknüpfung zur Verfügung stellt.

Hinweis: Diesen „inneren" Zusammenhang zwischen materiellem Recht und Kollisionsrecht verdeutlicht bereits ein kurzer Blick in das geltende Kollisionsrecht: Wenn etwa im Internationalen Vertragsrecht die Rechtswahl zur primären Anknüpfung erhoben wird (Art. 3 Rom I-VO; Parteiautonomie), stellt dies die kollisionsrechtliche Umsetzung der sachrechtlichen Privatautonomie dar. Dass die grundsätzlich gewährte Parteiautonomie wiederum

---

24 *Kegel* selbst bezeichnet diese als Macht- oder Staatsinteressen, vgl. etwa *Kegel*, FS Lewald (1953), 259 (279).
25 Begriff von *von Bar/Mankowski*, Band I: Allgemeine Lehren, § 6 Rn. 94. – So deutlich etwa *Mann*, FS Beitzke (1979), 607 (620): Das IPR sei „neutral"; es „ist mit der Bestimmung des für den gegebenen Sachverhalt relevanten Rechtssystems, nicht mit seinem Inhalt befasst".
26 Ähnlich *Lorenz*, Zur Struktur des internationalen Privatrechts, 1977, S. 62; vgl. auch *von Bar/Mankowski*, Band I: Allgemeine Lehren, § 6 Rn. 94: „Wo Kollisionsrecht sachrechtliche Wertungen durchkreuzt, ist es schlecht"; *Kropholler*, § 4 III 3 (S. 29): Die „internationalprivatrechtliche Gerechtigkeit [dient] stets der materiellrechtlichen". – Vgl. hierzu und zum Folgenden *Köhler*, S. 70–79.
27 Vgl. hierzu ausführlich *Kegel/Schurig*, § 2 I (S. 131 ff.); *von Bar/Mankowski*, Band I: Allgemeine Lehren, § 6 Rn. 94 ff.

durch Sonderanknüpfungen (etwa im Bereich des Verbraucherschutz- und Arbeitnehmerschutzrechts, vgl. Art. 6 Abs. 2 S. 2, Art. 8 Abs. 1 S. 2 Rom I-VO – hierzu Rn. 176) beschränkt wird, hat keinen Selbstzweck, sondern dient der kollisionsrechtlichen Verwirklichung besonderer, den entsprechenden Sachnormen zugrunde liegender materieller Schutzzwecke (konkret: Schutz des Schwächeren). Gleiches gilt für andere Bereiche: Wenn etwa im Internationalen Deliktsrecht an den Erfolgsort (als Ort der Rechtsgutsverletzung) angeknüpft wird (Art. 4 Abs. 1 Rom II-VO), trägt dies zum einen den den sachrechtlichen Vorschriften zugrunde liegenden Verkehrsschutzinteressen Rechnung, zum anderen – im Hinblick auf Distanzdelikte – der Ausgleichsfunktion des Deliktsrechts, die eine das Opfer begünstigende Anknüpfung nahelegt. Ebenso dienen sachenrechtliche Vorschriften maßgeblich dem Verkehrsschutzinteresse, was eine grundsätzliche Anknüpfung an das jeweilige Belegenheitsrecht (Art. 43 EGBGB) rechtfertigt und zur Ablehnung einer Rechtswahlmöglichkeit führt.

3. Bestimmung der maßgeblichen Rechtsanwendungsinteressen

11 Aus dem Zusammenhang zwischen international- und materiellprivatrechtlicher Gerechtigkeit folgt, dass die **Bestimmung der maßgeblichen Rechtsanwendungsinteressen**, die den kodifizierten Kollisionsnormen zugrunde liegen und die daher zugleich Grundlage für deren teleologische Anwendung (insbesondere im Rahmen der Qualifikation, vgl. Rn. 34 ff.) sowie ggf. notwendige Rechtsfortbildung (Eingriffsnormen, Stellvertretung vor Kodifikation des Art. 8 EGBGB usw, vgl. Rn. 42 ff.) bilden, unter Berücksichtigung des materiellen Rechts – genauer: der dominierenden **materiellen Normwecke** der konkret in Frage stehenden Normen – erfolgen muss. *Diese Normzwecke* sind daher daraufhin zu untersuchen, welche räumliche Anknüpfung diesen am besten Rechnung trägt, diese am besten *verwirklicht*.[28] Die auf solche Weise gewonnenen, von den konkreten Sachnormen folglich „*implizierten*"[29] kollisionsrechtlichen Rechtsanwendungsinteressen lassen sich einteilen in **Partei-, Verkehrs- und Gemeininteressen**, die wiederum bestimmte Anknüpfungsmomente nahelegen.

- **Parteiinteressen**
  Dienen Sachnormen in besonderem Maße dem Interesse *bestimmter* Personen (so etwa der gesamte Bereich des Vertragsrechts, darüber hinaus aber etwa auch das Personen-, Familien- und Erbrecht), entspricht es einer „sachnormzweckgerechten"[30] Anknüpfung, die Interessen der konkret geschützten Personen auch kollisionsrechtlich vorrangig zur Geltung zu verhelfen. Die insoweit implizierten kollisionsrechtlichen **Parteiinteressen** legen *aus diesem Grund* die Anwendung eines Rechts nahe, mit dem *die jeweilige Person* eng verbunden ist – als Anknüpfungsmomente in Betracht kommen daher grundsätzlich die **Staatsangehörigkeit** (als besonders „stabile" Anknüpfung), der **gewöhnliche Aufenthalt** (als eine im *tatsächlichen* Sinne enge Anknüpfung) sowie ggf. eine **Rechtswahl**.

- **Verkehrsinteressen**
  Tragen Sachnormen überwiegend Verkehrs(schutz)interessen Rechnung (etwa das Sachenrecht, das Deliktsrecht, aber auch das Stellvertretungsrecht), erfordert eine „sachnormzweckgerechte" Anknüpfung die Anwendung des Rechts desjenigen

---

28 *Roth*, Internationales Sicherungsvertragsrecht, 1985, S. 160 spricht von „sachnormzweck-gerechten" Anknüpfungen, RGRK/*Wengler* (Band VI 1), S. 226 von einem „sachnormgerecht[en]" Anknüpfungsmoment. – Vgl. hierzu auch *Köhler*, S. 79 ff.
29 Begriff von *Schurig*, vgl. etwa *Schurig*, RabelsZ 54 (1990), 217 (231).
30 Begriff von *Roth*, Internationales Sicherungsvertragsrecht, 1985, S. 160.

Staates, in dem diese Interessen konkret auf den Plan gerufen werden. Daher legen Verkehrsinteressen eine **territoriale Anknüpfung** nahe, die jedoch im Übrigen – je nach Ausprägung der fraglichen Sachnormen – weiter zu differenzieren ist (etwa der Belegenheitsort im Sachenrecht, der Erfolgsort im Deliktsrecht, der Gebrauchsort im Stellvertretungsrecht usw).

- **Gemeininteressen**
Sachnormen, die (überwiegend) öffentlichen Normzwecken Rechnung tragen, implizieren zuletzt Gemeininteressen; typische Fälle stellen insoweit sog. **Eingriffsnormen** dar, also etwa kartellrechtliche, ein- und ausfuhrrechtliche, devisenrechtliche oder kulturgüterschutzrechtliche Bestimmungen, die aus überindividuellen Gründen zivilrechtliche Rechtsfolgen (etwa die Nichtigkeit eines Vertrages) anordnen und insoweit in das Vertragsstatut „eingreifen" (vgl. hierzu im Einzelnen Rn. 198 ff.). Kollisionsrechtliche Gemeininteressen legen die Anwendung des Rechts desjenigen Staates nahe, dessen öffentliche Interessen konkret beeinträchtigt werden – insoweit kommt regelmäßig wiederum eine **territoriale Anknüpfung** (bspw. der tatsächliche Erfüllungsort, vgl. Art. 9 Abs. 3 Rom I-VO) in Betracht.

Von denjenigen kollisionsrechtlichen Anwendungsinteressen, die durch den konkreten Sachnormzweck impliziert werden, sind diejenigen kollisionsrechtlichen Interessen zu unterscheiden, die sich aus der spezifischen Aufgabe des IPR ergeben und Erstere begrenzen. Diese „begrenzenden Kräfte" lassen sich als **Ordnungsinteressen** zusammenfassen und sind – anders als die bereits erwähnten Interessen – auf die *rechtstechnische Durchführung des inhaltlichen Gerechtigkeitsideals des IPR* gerichtet. Sie haben die Aufgabe, das inhaltliche Ideal in einem rechtstechnisch handhabbaren Rahmen zu gewährleisten und können in bestimmten Situationen dazu führen, dass die durch einzelne Sachnormzwecke implizierten kollisionsrechtlichen Anwendungsinteressen zurückgedrängt werden, die fragliche Sachnorm also letztlich *abweichend* von diesen anzuknüpfen ist. Zu unterscheiden sind insoweit insbesondere: 12

- **Interesse an äußerem Entscheidungseinklang**
Das Interesse an äußerem Entscheidungseinklang wird häufig auch als das „**formale Ideal des IPR**" bezeichnet.[31] Nach diesem soll das IPR möglichst so ausgestaltet sein, dass internationale Sachverhalte *„dieselbe Beurtheilung zu erwarten haben, ohne Unterschied, ob in diesem oder jenem Staat das Urtheil gesprochen werde"* (*Savigny*).[32] Erstrebt wird damit größtmögliche Entscheidungs*gleichheit* unter den Staaten, damit „hinkende", also nur von einzelnen Staaten anerkannte Rechtsverhältnisse vermieden und keine Anreize für *forum shopping* gesetzt werden.[33] Dieses Ziel lässt sich etwa dadurch verwirklichen, dass der Gesetzgeber bei der Kodifikation von Kollisionsnormen international *gebräuchliche* – und damit akzeptanzfähige – Anknüpfungsmomente wählt.[34]

Hinweis: Für die *konkrete* Rechtsanwendungsfrage ist das Interesse an äußerem Entscheidungseinklang allerdings regelmäßig unergiebig:[35] Denn solange andere, inhaltlich divergierende nationale Kollisionsrechte existieren, lässt sich Entscheidungseinklang

---

31 So etwa *Kropholler*, § 6 (S. 36).
32 *Savigny*, System des heutigen römischen Rechts (Band 8), 1849, S. 27.
33 Hierzu *Kropholler*, § 6 I (S. 36 f.); *Kegel/Schurig*, § 2 II 3 a (S. 140).
34 *Kegel/Schurig*, § 2 II 3 a (S. 140).
35 *Kegel/Schurig*, § 2 II 3 a (S. 140); vgl. auch *Kropholler*, § 6 II (S. 38): „Ideal der Entscheidungsgleichheit ist *kein inhaltlich eindeutiger Gesichtspunkt*".

bestenfalls mit mehreren, niemals jedoch mit allen Staaten verwirklichen,[36] so dass zumindest *vollständiger* Entscheidungseinklang mittels des eigenen IPR nicht erreicht werden kann. Damit bleibt jedoch die Frage bestehen, mit *welchem* Staat Entscheidungseinklang erzielt werden soll, und *diese* Frage ist nur anhand weiterer (herkömmlicher) Anwendungskriterien zu beantworten – der *alleinige* Verweis auf den Entscheidungseinklang mit einem Staat zur Begründung einer kollisionsrechtlichen Anknüpfung ist daher regelmäßig zirkulär. Soweit jedoch nach *anderen* Kriterien ein maßgebliches Recht bestimmt ist, mag das Interesse an äußerem Entscheidungseinklang dafür streiten, die *konkrete Rechtsfrage in größtmöglicher Übereinstimmung mit dieser Rechtsordnung (lex causae) zu entscheiden* – dies etwa durch die Beachtung eines etwaigen Renvoi (vgl. hierzu Rn. 59 ff.) oder durch eine *unselbstständige* Vorfragenanknüpfung (jedoch zweifelhaft, vgl. hierzu Rn. 121 ff.).

- Interesse an innerem Entscheidungseinklang
  Demgegenüber ist das Interesse an innerem Entscheidungseinklang auf die **Widerspruchsfreiheit der** *eigenen* **Rechtsordnung** gerichtet; es resultiert aus der Kodifikationsidee selbst und liegt daher letztlich jeder Kodifikation zugrunde.

  Hinweis: Ebenso wie das Interesse an äußerem Entscheidungseinklang ist auch dieses Ordnungsinteresse nicht geeignet, eine konkrete Anknüpfung *originär* zu begründen. Das Interesse an innerem Entscheidungseinklang wird jedoch auf den Plan gerufen, wenn die (anderweitig begründete) Anknüpfungsentscheidung zu Normwidersprüchen führt (so etwa in typischen Anpassungskonstellationen, vgl. hierzu Rn. 127 ff.) bzw. auch nur führen *kann*: So mag das Interesse an innerem Entscheidungseinklang etwa dafür streiten, die Reichweite des anwendbaren Rechts möglichst weit zu fassen, damit der (durch eine parallele Anwendung mehrerer Rechtsordnungen hervorgerufenen) Gefahr von Normwidersprüchen antizipiert begegnet werden kann (dies etwa im Falle einer akzessorischen Anknüpfung, vgl. Rn. 184 ff.). Ebenso lässt sich dieses Interesse zur Begründung einer *selbstständigen* Vorfragenanknüpfung heranziehen (vgl. Rn. 121 ff.).

IV. Aufbau, Struktur und Erscheinungsformen von Kollisionsnormen

1. Selbstständige und unselbstständige Kollisionsnormen

13 Ein materielle Wertungen *verwirklichendes* Kollisionsrecht erfordert ein differenziertes System an Kollisionsnormen, das für einzelne Normgruppen spezifische, ihren Sachnormzwecken entsprechende Anknüpfungen zur Verfügung stellt. Auf Tatbestandsebene einer herkömmlichen (**selbstständigen**) **Kollisionsnorm** lassen sich daher insoweit zwei zentrale Elemente ausmachen: Zum einen der **Anknüpfungsgegenstand**, der die von der Kollisionsnorm erfassten Sachnormen regelmäßig anhand allgemeiner Systembegriffe beschreibt (zB Vertrag, unerlaubte Handlung; vgl. hierzu Rn. 34 ff.), zum anderen das **Anknüpfungsmoment**, welches die für die durch den Anknüpfungsgegenstand bezeichnete Normgruppe angemessene kollisionsrechtliche Anknüpfung bestimmt (zB gewöhnlicher Aufenthalt, vgl. hierzu Rn. 46 ff.) und damit die Bestimmung der anzuwendenden Rechtsordnung ermöglicht. Als **Rechtsfolge** stattet eine Kollisionsnorm die durch Anknüpfungsgegenstand und Anknüpfungsmoment bestimmten Normen mit einem eigenen Anwendungsbefehl aus, so dass diese unmittelbar auf den zu

---

36 *Kegel/Schurig*, § 2 II 3 a (S. 140).

beurteilenden Sachverhalt **anzuwenden** sind. Die Gesamtheit der von einer bestimmten Rechtsordnung hiernach anzuwendenden Sachnormen nennt man **Statut**.

Von selbstständigen Kollisionsnormen zu unterscheiden sind sog. **unselbstständige** („**Hilfs**"-)**Kollisionsnormen,** die den Tatbestand einer herkömmlichen Kollisionsnorm alleine ergänzen und daher nicht unmittelbar auf die Anwendung einer Rechtsordnung gerichtet sind. Beispiele hierfür stellen etwa Vorschriften dar, die den kollisionsrechtlichen Anknüpfungsgegenstand näher konkretisieren (etwa Art. 12 Rom I-VO, Art. 15 Rom II-VO, Art. 23 EuErbVO, Art. 27 EuGüVO bzw. EuPartVO), Vorgaben hinsichtlich der Beachtlichkeit ausländischen IPR (etwa Art. 20 Rom I-VO, Art. 24 Rom II-VO, Art. 11 Rom III-VO, Art. 34 EuErbVO, Art. 32 EuGüVO bzw. EuPartVO) oder hinsichtlich der Beachtlichkeit interlokaler bzw. interpersonaler Regelungen (etwa Art. 22 Rom I-VO, Art. 25 Rom II-VO, Art. 14, 15 Rom III-VO, Art. 36, 37 EuErbVO, Art. 33, 34 EuGüVO bzw. EuPartVO) enthalten.

Schaubild 1: **Aufbau einer Kollisionsnorm**

	Tatbestand		Rechtsfolge
	Anknüpfungsgegenstand	Anknüpfungsmoment	
Art. 4 Abs. 1 lit. a Rom I-VO	Kaufvertrag über bewegliche Sachen	gewöhnlicher Aufenthalt des Verkäufers	*Anwendung der kaufrechtlichen Regelungen des Aufenthaltsstaates* (**Vertragsstatut**)
Art. 4 Abs. 1 Rom II-VO	außervertragliches Schuldverhältnis aus unerlaubter Handlung	Ort des Schadenseintritts	*Anwendung der deliktischen Regelungen des Staates, in dem der Schaden eingetreten ist* (**Deliktsstatut**)
Art. 5 lit. a Rom III-VO	Ehescheidung und Trennung ohne Auflösung des Ehebandes	gemeinsamer gewöhnlicher Aufenthalt der Ehegatten zum Zeitpunkt der Anrufung des Gerichts	*Anwendung der scheidungsrechtlichen Regelungen des Aufenthaltsstaates* (**Scheidungsstatut**)
Art. 21 Abs. 1 EuErbVO	Rechtsnachfolge von Todes wegen	letzter gewöhnlicher Aufenthalt des Erblassers	*Anwendung der erbrechtlichen Regelungen des Aufenthaltsstaates* (**Erbstatut**)
[...]	[...]	[...]	[...]

Konkretisierende Hilfskollisionsnormen

- Art. 12 Rom I-VO, Art. 15 Rom II-VO, Art. 23 EuErbVO *(Konkretisierungen der Reichweite des jeweiligen Anknüpfungsgegenstands)*
- Art. 20 Rom I-VO, Art. 24 Rom II-VO, Art. 11 Rom III-VO, Art. 34 EuErbVO *(Beachtlichkeit ausländischen IPR)*
- Art. 22 Rom I-VO, Art. 25 Rom II-VO, Art. 14, 15 Rom III-VO, Art. 36, 37 EuErbVO *(Beachtlichkeit interlokaler bzw. interpersonaler Regelungen)*
- [...]

2. Allseitige und einseitige Kollisionsnormen

„Prototyp" einer selbstständigen Kollisionsnorm stellt die **allseitige Kollisionsnorm** dar, welche in- und ausländisches Recht gleichermaßen, also unter *denselben* Voraussetzungen beruft. Deren Struktur lässt sich am eindrücklichsten anhand des von *Schurig* entwickelten **Bündelungsmodells** verdeutlichen,[37] nach dem sich jede allseitige

---

[37] Grundlegend *Schurig*, S. 89–106 (Zusammenfassung S. 106–108); *ders.*, RabelsZ 54 (1990), 217, 231; *Kegel/Schurig*, § 6 II (S. 313–316); dem Bündelungsmodell folgend etwa *von Bar/Mankowski*, Band I: Allgemeine Lehren, § 4 Rn. 5 f., § 7 Rn. 139 ff.

Kollisionsnorm gedanklich als Bündel einzelner zusammengefasster **Element- bzw. Individualkollisionsnormen** begreifen lässt, die jeweils auf *einen* Rechtssatz bezogen sind und die dessen Anwendungsbereich einseitig festlegen.

16 **Beispiel:**[38] So lassen sich etwa die kollisionsrechtlichen Aussagen – § 1923 BGB ist anwendbar, wenn der Erblasser im Zeitpunkt seines Todes seinen gewöhnlichen Aufenthalt in Deutschland hatte, § 1924 BGB ist anwendbar, wenn der Erblasser im Zeitpunkt seines Todes seinen gewöhnlichen Aufenthalt in Deutschland hatte usw – insoweit zusammenfassen, dass die Gesamtheit der deutschen erbrechtlichen Vorschriften anzuwenden ist, wenn der Erblasser im Zeitpunkt seines Todes seinen gewöhnlichen Aufenthalt in Deutschland hatte – die gedanklichen Elementkollisionsnormen lassen sich „sachlich" bzw. „**national**" bündeln und berufen in ihrer Gesamtheit das jeweilige Statut. Erweitert man diese einseitige Bündelung auf andere Rechtsordnungen, indem etwa österreichisches Erbrecht zur Anwendung gebracht wird, wenn der Erblasser im Zeitpunkt seines Todes seinen gewöhnlichen Aufenthalt in Österreich hatte, französisches Erbrecht, wenn der Erblasser im Zeitpunkt seines Todes seinen gewöhnlichen Aufenthalt in Frankreich hatte usw, so erfolgt eine „**internationale**" Bündelung, wie sie Art. 21 Abs. 1 EuErbVO vornimmt: Die Rechtsnachfolge von Todes wegen unterliegt dem Recht des Staates, in dem der Erblasser im Zeitpunkt seines Todes seinen gewöhnlichen Aufenthalt hatte. Damit stellt sich jede allseitige Kollisionsnorm als Zusammenfassung oder **Bündelung einzelner, rechtssatzbezogener Elementkollisionsnormen** dar.

17 Da jede Kollisionsnorm das Ergebnis einer Abwägung der tangierten kollisionsrechtlichen Interessen durch den Gesetzgeber *für* eine spezielle, seitens des Anknüpfungsgegenstands näher gekennzeichnete Gruppe von Sachnormen darstellt, bedeutet dies zugleich, dass alle in einer allseitigen Kollisionsnorm zusammengefassten Elementkollisionsnormen *„auf einer vergleichbaren kollisionsrechtlichen Interessenabwägung* [für jeden einzelnen statutszugehörigen Rechtssatz] *beruhen, welche stets zu demselben Ergebnis (zu derselben abstrakten Anknüpfung) führt"*.[39] Jede statutszugehörige Sachnorm impliziert damit *dieselben* kollisionsrechtlichen Interessen, die zu *demselben* Anknüpfungsmoment führen, was wiederum ihre Zusammenfassung in einer allseitigen Kollisionsnorm ermöglicht. Damit sind die kollisionsrechtlichen Interessen nicht nur für die Bestimmung des Anknüpfungsmomentes relevant, sie bilden auch die **Kriterien der Bündelung** selbst[40] – sie sind nach *Schurig* der „Kitt", der die allseitige Kollisionsnorm als Bündel von Individualkollisionsnormen zusammenhält.[41] Zur diesbezüglichen Bedeutung für die Qualifikation vgl. Rn. 39 f.

---

38 Vgl. hierzu *Kegel/Schurig*, § 6 II (S. 314 f.).
39 *Schurig*, S. 103.
40 *Kegel/Schurig*, § 6 II 2 (S. 315); ebenso *von Bar/Mankowski*, Band I: Allgemeine Lehren, § 4 Rn. 5, § 7 Rn. 139.
41 *Kegel/Schurig*, § 7 III 3 b bb (S. 348); § 6 II 2 (S. 315): „So ist in Bezug auf alle Vorschriften, die unter das ‚Erbstatut' fallen, die kollisionsrechtliche Interessenabwägung zu dem Ergebnis gelangt, daß die Parteiinteressen des *Erblassers* den Ausschlag geben müssen: alle diese Bestimmungen werden angewandt, wenn der Erblasser [nunmehr: seinen letzten gewöhnlichen Aufenthalt in dem betreffenden Staat] hatte; daher ist eine vertikale Bündelung in diesem weiten Umfang möglich" (Aussage ursprünglich auf Art. 25 EGBGB aF bezogen).

IV. Aufbau, Struktur und Erscheinungsformen von Kollisionsnormen

Schaubild 2: **Struktur einer allseitigen Kollisionsnorm nach dem Bündelungsmodell** 18

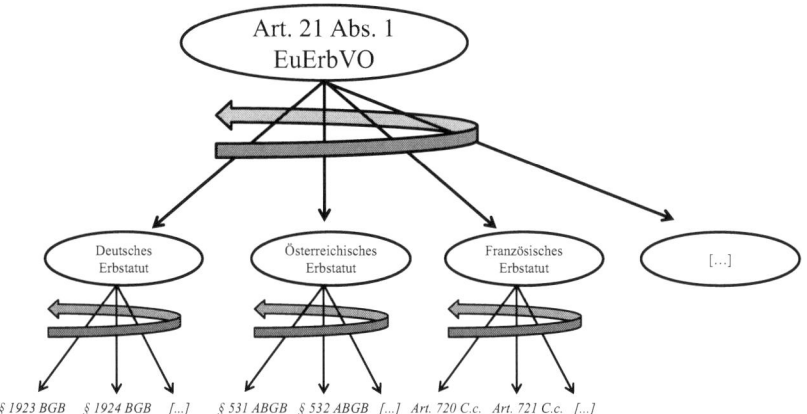

Von allseitigen Kollisionsnormen abzugrenzen sind **einseitige Kollisionsnormen**, welche auf die Anwendbarkeit einer einzelnen Norm oder Normengruppe einer *einzigen Rechtsordnung* (regelmäßig der lex fori, vgl. etwa Art. 9 S. 2, Art. 10 Abs. 2 S. 1 Nr. 2, Abs. 3 S. 1 Nr. 2, Art. 13 Abs. 2, Abs. 4 S. 1, Art. 17 Abs. 3, Abs. 4 S. 2, Art. 23 S. 2 EGBGB, nach altem Recht zudem Art. 7 Abs. 2, Art. 16 EGBGB a.F.) gerichtet sind. Strukturell unterscheiden sie sich von allseitigen Kollisionsnormen alleine durch ihren geringeren „Bündelungsgrad", da der Gesetzgeber diese nicht um eine internationale Bündelung erweitert hat. 19

Hinweis: In solchen Fällen fragt sich, ob die in Frage stehende einseitige Kollisionsnorm im Wege der Rechtsfortbildung zu einer *allseitigen* Kollisionsnorm erweitert werden kann. Diese Frage ist durch Auslegung der jeweiligen Norm zu beantworten:[42] Sie ist (nur) zu verneinen, wenn der Gesetzgeber mit der Kodifikation dieser speziellen Kollisionsnorm eine (systemwidrige) einseitige Bevorzugung der lex fori bezweckt (sog. **„Exklusivnorm"**). Dies ist bei den aktuell geltenden einseitigen Kollisionsnormen regelmäßig der Fall (etwa bei Art. 9 S. 2,[43] Art. 13 Abs. 2, Abs. 4 S. 1 EGBGB),[44] allseitig ausbaubar waren hingegen Art. 7 Abs. 2 EGBGB aF[45] sowie Art. 16 EGBGB aF[46] (vgl. hierzu auch Rn. 437).

---

42 Vgl. *von Hoffmann/Thorn*, § 4 Rn. 11.
43 BeckOK/*Mäsch* (67. Ed.), Art. 9 EGBGB Rn. 13.
44 *Kegel/Schurig*, § 6 I 3 (S. 303).
45 *Kegel/Schurig*, § 17 I 2 c (S. 560 f.); MüKoBGB/*Lipp*, Art. 7 EGBGB Rn. 109.
46 *Von Hoffmann/Thorn*, § 4 Rn. 11. – Vgl. zudem MüKoBGB/*Looschelders*, Art. 16 EGBGB aF Rn. 11.

20 Schaubild 3: **Struktur einer einseitigen Kollisionsnorm**

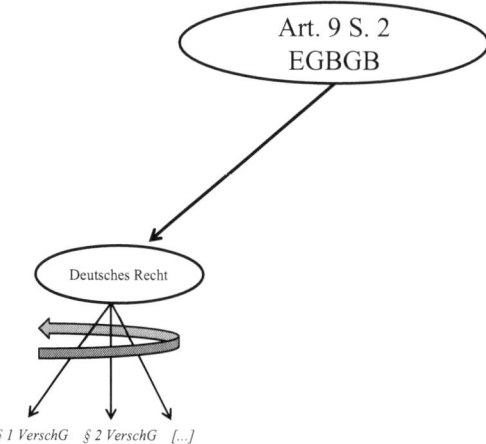

3. Sonstige Erscheinungsformen von Kollisionsnormen

21 Kollisionsnormen lassen sich zuletzt auch nach ihrem jeweiligen Anknüpfungssystem unterscheiden.

a) Mehrfachanknüpfungen

22 Gelegentlich knüpfen einzelne Kollisionsnormen nicht nur an ein, sondern zugleich an zwei oder auch mehrere Rechtsordnungen an, so dass diese ggf. kombiniert zur Anwendung zu bringen sind. Zweck einer derartigen Mehrfachanknüpfung ist die **Förderung eines bestimmten materiellen Interesses**. Insoweit ist zu unterscheiden zwischen

- **alternativen Anknüpfungen**, welche eine konkrete Rechtsfrage *alternativ* von mehreren Rechtsordnungen beurteilen lassen, um den Eintritt eines bestimmten materiellen Ergebnisses zu *begünstigen*; damit setzt sich stets das Recht mit den jeweils *geringsten* materiellen Anforderungen durch.

    Beispiele: So unterstellen etwa Art. 11 Abs. 1 EGBGB und Art. 11 Abs. 1 Rom I-VO Formfragen alternativ entweder dem Recht des Abschlussortes (Alt. 1) oder dem Geschäftsstatut (Alt. 2); ein solches Vorgehen begünstigt die Formwirksamkeit des Rechtsgeschäfts *(favor negotii)*. Gleiches gilt für die Beurteilung der formellen Wirksamkeit von Testamenten, welche ebenfalls alternativ anhand mehrerer Rechtsordnungen zu beurteilen ist (vgl. Art. 27 EuErbVO bzw. den – inhaltsgleichen, jedoch aufgrund von Art. 75 Abs. 1 UAbs. 2 EuErbVO weiterhin vorrangigen – Art. 1 HTestformÜ, sog. *favor testamenti*).

- **kumulativen Anknüpfungen**, welche eine konkrete Rechtsfrage *kumulativ* von mehreren Rechtsordnungen beurteilen lassen, um den Eintritt eines bestimmten materiellen Ergebnisses zu *erschweren*; damit setzt sich stets das Recht mit den jeweils *strengsten* materiellen Anforderungen durch. Eine solche Anknüpfung erfüllt zumeist eine besondere Schutzfunktion.

    Beispiel: Gem. Art. 23 EGBGB unterliegt die Zustimmung zu einer Statusänderungen des Kindes nicht nur dem für *diese* maßgeblichen Recht, sondern *zusätzlich* dem Recht des Staates, dem das Kind angehört. Dies dient dem Schutz des Kindes.

- **distributiven Anknüpfungen,** bei welchen eine konkrete Rechtsfrage im Hinblick auf die beteiligten Personen jeweils gesondert angeknüpft wird; auch in einem solchen Fall setzt sich das Recht mit den jeweils *strengsten* materiellen Anforderungen durch.

Beispiel: Gem. Art. 13 Abs. 1 EGBGB beurteilt sich die materielle Wirksamkeit einer Ehe nach dem *jeweiligen* Heimatrecht der Eheschließenden; sie ist daher (vorbehaltlich Art. 13 Abs. 2 EGBGB) nur wirksam, wenn *beide* Rechtsordnungen die Eheschließung gestatten.

b) „Anknüpfungsleiter"; Anknüpfung an die „engste Verbindung"

Teilweise sehen einzelne Kollisionsnormen unterschiedliche Anknüpfungen vor, die in einem **Rangverhältnis** stehen: Ist die primär vorgesehene Anknüpfung tatbestandlich erfüllt, ist der Sachverhalt einheitlich anhand der hiernach maßgeblichen Rechtsordnung zu beurteilen, anderenfalls muss hilfsweise auf die zusätzlich zur Verfügung gestellten Anknüpfungen abgestellt werden (vgl. insoweit Art. 14 Abs. 2 EGBGB). Der Gesetzgeber trifft mit einer solchen „Anknüpfungsleiter" (auch *„Kegel'sche Leiter"* genannt) eine klare Wertentscheidung: Die „allerengste" Verbindung" wird durch die primäre Anknüpfung zum Ausdruck gebracht, die nachrangigen Anknüpfungen sind zwar „schwächer", jedoch noch hinreichend „eng", um zumindest hilfsweise herangezogen werden zu können. Auf der „letzten Stufe" einer Anknüpfungsleiter steht zumeist eine Anknüpfung an die „engste Verbindung", die mangels Einschlägigkeit der vorrangigen Anknüpfungen im Einzelfall zu ermitteln ist (vgl. hierzu Rn. 74).

23

c) Ausweichklauseln

Neben einer Grundanknüpfung stellt der Gesetzgeber gelegentlich sog. Ausweichklauseln zur Verfügung (vgl. etwa Art. 4 Abs. 3 Rom I/II-VO, Art. 21 Abs. 2 EuErbVO), mittels derer von der primär vorgesehenen Grundanknüpfung abgegangen werden kann. Sie greifen ein, wenn sich aus der Gesamtheit der Umstände ergibt, dass der Sachverhalt eine **offensichtlich engere Verbindung** zu einer anderen als der nach der entsprechenden Regelanknüpfung anwendbaren Rechtsordnung aufweist; ist dies der Fall, kann die entsprechende Rechtsordnung zur Anwendung gebracht werden. Derartige Ausweichklauseln dienen in erster Linie der **Einzelfallgerechtigkeit.** Eine „starre" Anknüpfung soll vermieden werden, um dem Prinzip der „engsten Verbindung" auch im konkreten Einzelfall Rechnung tragen zu können. Da mit solchen Klauseln jedoch regelmäßig eine Einbuße an Rechtssicherheit einhergeht, müssen diese stets **restriktiv** angewandt werden. Ein besonderer, regelmäßig im Rahmen der entsprechenden Ausweichklauseln zu lösender Fall stellt die **akzessorische Anknüpfung** dar (vgl. hierzu Rn. 184 ff.).

24

Hinweis: Für eine weitergehende Konkretisierung der jeweiligen Ausweichklausel muss stets ihr Sinn und Zweck berücksichtigt werden. Diese dient bei Lichte betrachtet einer **teleologischen Korrektur**[47] der nach dem Wortlaut grundsätzlich einschlägigen Regelanknüpfung und ermöglicht die Neuanknüpfung eines atypischen Falls; diese ist letztlich *rechtsfortbildend* zu entwickeln, mag dieser Umstand auch mit der Kodifikation eines „Programmsatzes" (Anknüpfung an eine „wesentlich engere Verbindung") verschleiert worden sein.[48]

---

47 *Von Hoffmann/Thorn,* § 2 Rn. 54.
48 Vgl. hierzu allgemein *Kegel/Schurig,* § 6 I 4 a (S. 305 f.).

B. Allgemeine Fragen bei der Bestimmung des anwendbaren Rechts

I. Internationale Zuständigkeit

Literatur: *Adolphsen*, Europäisches Zivilverfahrensrecht, 3. Aufl. 2022; *Junker*, Internationales Zivilprozessrecht, 6. Aufl. 2023; *Linke/Hau*, Internationales Zivilverfahrensrecht, 8. Aufl. 2021; *Schack*, Internationales Zivilverfahrensrecht, 8. Aufl. 2021.

25 Die Anwendung des in Deutschland geltenden Kollisionsrechts setzt die **internationale Zuständigkeit deutscher Gerichte** voraus. Diese ist daher – soweit sie nach der Fallfrage nicht unterstellt werden kann – stets vorab zu prüfen. Die internationale Zuständigkeit ergibt sich vorrangig aus europäischen Rechtsakten, insbesondere

- der – für Zivil- und Handelssachen maßgeblichen – **EuGVVO (Brüssel Ia-VO)**[1] idF v. 12.12.2012 (Art. 4 ff. EuGVVO),
- der – für Entscheidungen in Ehesachen sowie über die elterliche Verantwortung anwendbaren – **EuEheVO (Brüssel IIb-VO)**[2] idF v. 25.6.2019 (Art. 3 ff. EuEheVO),
- der – für Entscheidungen in Gütersachen anwendbaren – **EuGüVO**[3] bzw. **EuPartVO**[4] (Art. 4 ff. EuGüVO bzw. EuPartVO),
- der – für Entscheidungen in Unterhaltssachen maßgeblichen – **EuUntVO**[5] (Art. 3 ff. EuUntVO),
- der – für Entscheidungen in Erbsachen anwendbaren – **EuErbVO**[6] (Art. 4 ff. EuErbVO)

sowie hilfsweise aus nationalem Recht (§§ 12 ff. ZPO, die – als „doppelfunktionale" Vorschriften – zugleich über die internationale Zuständigkeit befinden,[7] bzw. – für Entscheidungen im Rahmen der freiwilligen Gerichtsbarkeit – §§ 98 ff. FamFG), soweit keine vorrangig zu beachtenden Staatsverträge bestehen.

II. Die Ermittlung der maßgeblichen Rechtsgrundlage

1. Überblick

26 Die Lösung internationaler Sachverhalte wird dadurch erschwert, dass das IPR in zahlreichen, höchst unterschiedlichen Rechtsakten geregelt ist. Nach ihrer Herkunft lassen sich diese einteilen in

- Europäisches Kollisionsrecht
  Art. 81 AEUV gewährt dem europäischen Gesetzgeber eine umfassende Kompetenz auf dem Gebiet des Internationalen Zivil- und Verfahrensrechts, von der dieser in den letzten Jahren regen Gebrauch gemacht hat. Die wichtigsten kollisionsrechtlichen Rechtsgrundlagen europäischer Herkunft stellen dar:
  – die **Rom I-VO**, welche das vertragliche Kollisionsrecht zum Gegenstand hat

---

1 Abgedruckt bei *Jayme/Hausmann*, Nr. 160. – Vgl. hierzu etwa *Staudinger/Steinrötter*, JuS 2015, 1; *Nitsche*, JuS 2021, 727; *Weis/Rapp*, JA 2021, 95.
2 Abgedruckt bei *Jayme/Hausmann*, Nr. 162. – Zu der am 1.8.2022 in Kraft getretenen Neufassung der EuEheVO vgl. etwa *Garber/Lugani*, NJW 2022, 2225; *Hüßtege*, FamRZ 2022, 1591; *Flindt*, NZFam 2022, 669.
3 Abgedruckt bei *Jayme/Hausmann*, Nr. 33.
4 Abgedruckt bei *Jayme/Hausmann*, Nr. 39.
5 Abgedruckt bei *Jayme/Hausmann*, Nr. 161.
6 Abgedruckt bei *Jayme/Hausmann*, Nr. 61.
7 Hierzu etwa BGH NJW-RR 2007, 1570 (1572) mwN.

(vgl. hierzu Rn. 168 ff.),
- die **Rom II-VO**, die das außervertragliche Kollisionsrecht regelt (vgl. hierzu Rn. 248 ff.),
- die **Rom III-VO**, welche das auf die Ehescheidung bzw. Trennung ohne Auflösung des Ehebandes anwendbare Recht bestimmt (vgl. hierzu Rn. 439 ff.),
- die **EuErbVO**, welche das erbrechtliche Kollisionsrecht (Art. 20–38 EuErbVO) zum Gegenstand hat (vgl. hierzu Rn. 491 ff.), sowie zuletzt
- die **EuGüVO bzw. die EuPartVO**, welche das auf die ehelichen Güterstände bzw. die Güterstände eingetragener Partnerschaften anwendbare Recht bestimmt (vgl. hierzu Rn. 404 ff.).

Hinweis: Daneben sind weitere Rechtsakte in Vorbereitung, so insbesondere für den Bereich der **Drittwirkungen von Zessionen** (vgl. insoweit den Vorschlag der Europäischen Kommission für eine Verordnung über das auf die Drittwirkung von Forderungsübertragungen anzuwendende Recht,[8] hierzu noch Rn. 236 a) sowie für den Bereich des **Internationalen Abstammungsrechts** (vgl. insoweit den Kommissionsentwurf in Elternschaftssachen, hierzu noch Rn. 476).[9] Ob und ggf. wann diese Rechtsakte verabschiedet werden können, ist zum jetzigen Zeitpunkt indes offen.

■ Staatsvertragliches Kollisionsrecht

Darüber hinaus existieren auf dem Gebiet des IPR zahlreiche **kollisionsrechtsvereinheitlichende Staatsverträge**, mittels derer *internationaler* Entscheidungseinklang zwischen den jeweiligen Vertragsstaaten hergestellt werden soll. Zu nennen sind hier insbesondere die **Haager Übereinkommen**, die seitens der *Haager Konferenz für Internationales Privatrecht* ausgearbeitet wurden und international weite Verbreitung gefunden haben (bspw. das Haager Testamentsformübereinkommen, das Haager Unterhaltsprotokoll usw). Auf einzelne relevante Staatsverträge wird in dem jeweiligen Kontext näher eingegangen.

Hinweis: Nach dem dualistischen Völkerrechtsverständnis bedürfen Staatsverträge für ihre innerstaatliche Wirksamkeit stets eines nationalen Transformationsgesetzes (Art. 59 Abs. 2 S. 1 GG), welches der jeweils kompetente Gesetzgeber erlassen muss (für den Bereich des IPR ist dies mittlerweile die EU, der zugleich die völkerrechtliche Kompetenz zum Abschluss solcher Verträge zukommt). Von Deutschland (bzw. der EU) **nicht ratifizierte kollisionsrechtliche Staatsverträge** sind für deutsche Gerichte *nicht verbindlich*; sie können allenfalls zu beachten sein, wenn das Recht eines entsprechenden Vertragsstaates im Wege einer kollisionsrechtlichen (Gesamt-)Verweisung berufen ist und wir daher dessen (vereinheitlichtes) Recht anzuwenden haben.

■ Nationales Kollisionsrecht

Eine zentrale Rechtsquelle des IPR stellt trotz fortschreitender Europäisierung des IPR weiterhin das nationale Recht dar. Maßgebliche Rechtsgrundlage ist insoweit

---

[8] Vorschlag für eine Verordnung des Europäischen Parlaments und des Rates über das auf die Drittwirkung von Forderungsübertragungen anzuwendende Recht v. 12.3.2018, KOM (2018) 96. – Vgl. hierzu etwa MüKo-BGB/*Martiny*, Art. 14 Rom I-VO Rn. 50 ff.; zudem etwa *Einsele*, IPRax 2019, 477; *Hübner*, ZEuP 2019, 41; *Mankowski*, RIW 2018, 488; *Müller*, EuZW 2018, 522.
[9] Vorschlag für eine Verordnung des Rates über die Zuständigkeit, das anzuwendende Recht, die Anerkennung von Entscheidungen und die Annahme öffentlicher Urkunden in Elternschaftssachen sowie zur Einführung eines europäischen Elternschaftszertifikats v. 7.12.2022, KOM (2022) 695. – Vgl. hierzu etwa *Mansel/Thorn/Wagner*, IPRax 2023, 109 (121 ff.); *Budzikiewicz/Duden/Dutta/Helms/Mayer*, IPRax 2023, 425.

das **EGBGB** (Art. 3–47 EGBGB), einzelne Kollisionsnormen finden sich jedoch auch in Spezialgesetzen (etwa § 130 Abs. 2 GWB, §§ 32, 32 a UrhG usw).

2. Normhierarchie

27 Angesichts der zahlreichen, bei der Lösung internationaler Sachverhalte zu berücksichtigenden Regelungen verschiedener Herkunft ist die Beachtung der **Normhierarchie** essentiell. Vorrangig zu beachten sind insoweit stets **europäische Kollisionsrechtsakte**, da diese mit **Anwendungsvorrang** ausgestattet sind und aus diesem Grund *jeglichem* nationalen Recht vorgehen (deklaratorisch Art. 3 Nr. 1 EGBGB). Vom Anwendungsbereich des europäischen Rechts betroffen sind grundsätzlich auch **Staatsverträge**, weil diese zur innerstaatlichen Wirksamkeit stets eines nationalen Transformationsgesetzes bedürfen (Art. 59 Abs. 2 S. 1 GG) und daher ihrer Rechtsqualität nach nur einfaches Bundesrecht darstellen. Um den einzelnen Mitgliedstaaten die Wahrung ihrer völkerrechtlichen Verpflichtungen zu ermöglichen, sehen die europäischen Kollisionsrechtsakte indes regelmäßig **Öffnungsklauseln** zugunsten *bestehender* staatsvertraglicher Übereinkommen vor (Art. 25 Rom I-VO, Art. 28 Rom II-VO, Art. 19 Rom III-VO, Art. 75 EuErbVO, Art. 62 EuGüVO bzw. EuPartVO), so dass diese *im Ergebnis* dennoch europäischem Recht vorgehen. Soweit einzelne Rechtsbereiche europaweit noch nicht vereinheitlicht sind – sei es, weil es an einem solchen Rechtsakt generell fehlt (bspw. im internationalen Sachenrecht sowie im Eherecht) oder weil die fragliche Materie explizit aus dem Anwendungsbereich einer europäischen Kollisionsrechtsverordnung ausgenommen wurde –, ist zuletzt auf das **nationale IPR** zurückzugreifen; völkerrechtliche Verträge gehen diesem als *leges speciales* vor (deklaratorisch wiederum Art. 3 Nr. 2 EGBGB). Demnach ergibt sich für das IPR folgende **Prüfungsreihenfolge**:

(1) Staatsvertragliches IPR
(2) Europäisches IPR
(3) Nationales IPR

3. Besonderheiten bei der Auslegung europäischer und staatsvertraglicher Rechtsakte

28 Bei der Auslegung europäischer sowie staatsvertraglicher Rechtsakte sind bestimmte Eigenheiten zu beachten, die auf ihren besonderen rechtsvereinheitlichenden Zweck zurückzuführen sind.

a) Auslegung europäischer Rechtsakte

29 So sind europäische Rechtsakte stets **europarechtlich-autonom** auszulegen. Mit diesem Postulat geht in erster Linie die Notwendigkeit einer *einheitlichen* europäischen Begriffsbildung einher (zu Besonderheiten bei der Qualifikation des Anknüpfungsgegenstandes vgl. Rn. 34 ff.), welche unabhängig von dem jeweiligen nationalen Begriffsverständnis der einzelnen Mitgliedstaaten zu erfolgen hat, damit eine für alle Mitgliedstaaten *einheitliche Auslegung* gewährleistet werden kann.[10] Insoweit lassen sich jedoch grundsätzlich die aus dem nationalen Recht vertrauten Auslegungsmethoden heranziehen, wenngleich gewisse Besonderheiten bestehen:[11] So muss eine am **Wortlaut** der einzelnen Bestimmungen orientierte Auslegung, die den Bedeutungssinn des jeweils

---

[10] Näher hierzu Gebauer/Wiedmann/*Gebauer*, Kapitel 3 Rn. 12.
[11] Gebauer/Wiedmann/*Gebauer*, Kapitel 3 Rn. 8 ff.

II. Die Ermittlung der maßgeblichen Rechtsgrundlage

verwendeten Rechtsterminus erschließen will, *jegliche Sprachfassung* des fraglichen europäischen Rechtsakts berücksichtigen, da diese in Ermangelung einer einheitlichen Amtssprache allesamt verbindlich und damit für eine grammatikalische Auslegung gleichermaßen zugrunde zu legen sind. Im Rahmen einer **systematischen Auslegung** ist – neben der Binnenstruktur des jeweiligen europäischen Rechtsakts selbst, die Aufschluss über den Bedeutungsgehalt der einzelnen Vorschriften geben kann – insbesondere der *Auslegungszusammenhang* zu anderen, bislang erlassenen europäischen Rechtsakten aus dem Bereich des Internationalen Privat- *und* Verfahrensrechts (neben der Rom I/II/III-VO, der EuErbVO und der EuGüVO bzw. EuPartVO insbesondere auch die EuGVVO sowie die EuEheVO) zu beachten. Soweit diese Rechtsakte gleichlautende Rechtsbegriffe verwenden, kann deren – möglicherweise bereits seitens des EuGH konkretisierter – Bedeutungsgehalt im Wege einer einheitlichen Auslegung übertragen werden (vgl. etwa Erwägungsgrund 7 Rom I/II-VO, Erwägungsgrund 10 Rom III-VO), sofern die dem Rechtsbegriff zugrundeliegende spezifische Interessenlage vergleichbar ist.[12] Darüber hinaus ist die **teleologische Auslegung** auch bei der Auslegung europäischer Rechtsakte von zentraler Bedeutung. Zu beachten ist hier insbesondere, dass diese Rechtsakte auf eine *weitestmögliche Rechtsvereinheitlichung* gerichtet sind; Ausprägung hiervon ist der seitens des EuGH kreierte Auslegungsgrundsatz des *effet utile*, nach dem unionsrechtlichen Vorschriften bei Auslegungszweifeln die größtmögliche Wirkung zukommen soll.[13] Sinn und Zweck der einzelnen europäischen Normen lassen sich zudem auch den der Verordnung vorangestellten **Erwägungsgründen** entnehmen, die jedoch für sich genommen nicht verbindlich sind[14] und daher nur Anhaltspunkte für eine teleologische Interpretation liefern können. Zuletzt kommt auch der **historischen Auslegung** Bedeutung zu;[15] insoweit können die veröffentlichten Vorarbeiten der beteiligten europäischen Institutionen, also insbesondere „Grünbücher" sowie frühere Kommissionsvorschläge, herangezogen werden.

Hinweis: Auch im europäischen Recht bildet der – ggf. unter Hinzuziehung anderer Sprachfassungen zu ermittelnde – Wortlaut einer Regelung die methodische Grenze der Auslegung. Wird dieser bei der Anwendung einer Bestimmung überschritten, handelt es sich methodisch daher nicht (mehr) um eine Auslegung der fraglichen Bestimmung, sondern um **Rechtsfortbildung**. Eine solche erfordert – herkömmlichen Grundsätzen entsprechend – eine Regelungslücke sowie eine Vergleichbarkeit der Interessenlage; liegen diese Voraussetzungen vor, ist die Regelungslücke mittels systeminterner, also der Verordnung selbst zugrundeliegender Grundsätze kohärent, dh system- und methodenkonform zu schließen. Zu beachten ist indes, dass eine *europäische* Rechtsfortbildung nur dann in Betracht kommt, wenn eine „interne", also innerhalb des Anwendungs- und damit Regelungsbereiches der Verordnung zu verortende Regelungslücke vorliegt; nur eine solche unterliegt der (letztverbindlichen) Prüfungskompetenz des EuGH. Handelt es sich demgegenüber um eine „externe" Regelungslücke, muss diese Rechtsfrage nach Maßgabe des nationalen Rechts seitens der jeweiligen nationalen Gerichte letztverbindlich entschieden werden.

---

12 Zum Gebot der übergreifenden systematischen Auslegung nach Erwägungsgrund 7 Rom I-VO ausführlich *Coester-Waltjen*, IPRax 2020, 385 ff.
13 Vgl. hierzu etwa Gebauer/Wiedmann/*Gebauer*, Kapitel 3 Rn. 19: „Dieser Effektivitätsgrundsatz verlangt also ein Normverständnis, das eine Umgehung oder Aufweichung der Norm verhindert und ihr zur praktischen Durchsetzung verhilft".
14 Regelmäßig wird dies bereits durch deren Formulierung deutlich („sollen").
15 Gebauer/Wiedmann/*Gebauer*, Kapitel 4 Rn. 13.

30 Eine einheitliche europäische Auslegungsmethode kann alleine nicht gewährleisten, dass vereinheitlichtes europäisches Recht auch *in praxi* einheitlich angewandt wird. Hierfür bedarf es einer judikativen Instanz, die letztverbindlich über streitige Auslegungsfragen entscheidet und auf diese Weise eine Rechtszersplitterung aufgrund divergierender Anwendung der gemeinsamen Rechtsgrundlage verhindert. Für das vereinheitlichte europäische Unionsrecht nimmt diese Aufgabe der EuGH wahr, dem im Rahmen des **Vorabentscheidungsverfahrens** gem. Art. 267 AEUV ua Fragen zur Gültigkeit und Auslegung (ggf. auch Rechtsfortbildung) von Sekundärrechtsakten vorgelegt werden können bzw. – bei einem letztinstanzlichen, im konkreten Fall mit innerstaatlichen Rechtsbehelfen nicht mehr angreifbaren Urteil eines Mitgliedstaates – sogar vorgelegt werden *müssen*.[16]

b) Auslegung staatsvertraglicher Rechtsakte

31 Ebenso wie europäische Rechtsakte sind auch Staatsverträge **autonom**, also unabhängig von dem jeweiligen Begriffsverständnis der einzelnen Vertragsstaaten auszulegen, um eine für alle Vertragsstaaten einheitliche Auslegung zu gewährleisten.[17] Die insoweit bestehenden Eigenheiten ähneln wiederum denjenigen der **europarechtlich-autonomen** Auslegung, wenngleich einige Besonderheiten[18] zu bemerken sind: So muss sich eine am **Wortlaut** orientierte Auslegung grundsätzlich alleine an der jeweils *authentischen* Sprachfassung des Übereinkommens (regelmäßig Englisch und Französisch) orientieren,[19] da Übersetzungen des Übereinkommens streng gesehen nicht verbindlich sind (wenngleich freilich von diesen zunächst ausgegangen werden kann). Demgegenüber kommt einer **systematischen Auslegung**,[20] die über die Binnenstruktur des Staatsvertrages hinausgeht, regelmäßig nur geringe Bedeutung zu,[21] da es zumeist an anderen, im konkreten Zusammenhang mit diesem Übereinkommen stehenden Rechtsakten fehlt. Von zentraler Bedeutung ist jedoch wiederum die **teleologische Auslegung**,[22] in deren Rahmen dem rechtsvereinheitlichenden Zweck des Übereinkommens Rechnung zu tragen ist.[23] Eine **historische Auslegung** ist ebenfalls möglich,[24] sie wird jedoch dadurch erschwert, dass entsprechende Materialen nicht stets zugänglich und zudem häufig nicht ergiebig sind.[25]

Hinweis: Für die **Rechtsfortbildung** des staatsvertraglichen Kollisionsrechts gelten die obigen Ausführungen (Rn. 29) entsprechend, so dass auch insoweit ggf. zwischen „internen" und „externen" Regelungslücken zu entscheiden ist; nur in letzterem Falle kann die „Lücke" daher anhand nationaler Grundsätze geschlossen werden (für das UN-Kaufrecht vgl. Rn. 167).

---

16 Zum Vorabentscheidungsverfahren ausführlich *Haratsch/Koenig/Pechstein*, Europarecht, 9. Aufl. 2014, Rn. 562 ff.
17 Hierzu ausführlich *Kropholler*, § 9 V (S. 68 ff.).
18 Vgl. hierzu Art. 31–33 des – für die Auslegung von Staatsverträgen maßgeblichen – Wiener Übereinkommen über das Recht der Verträge v. 23.5.1969 (BGBl. 1985 II S. 927).
19 Vgl. Art. 33 Wiener VertrÜ.
20 Vgl. Art. 33 Abs. 2, 3 Wiener VertrÜ.
21 Vgl. *Kropholler*, § 9 V 1 b (S. 69).
22 Vgl. Art. 33 Abs. 1 Wiener VertrÜ.
23 *Kropholler*, § 9 V 1 e (S. 70).
24 Vgl. Art. 32 VertrÜ Wiener VertrÜ.
25 *Kropholler*, § 9 V 1 c (S. 70).

III. Anwendung von Kollisionsnormen

Anders als bei der Auslegung europäischer Rechtsakte fehlt es für den Bereich der staatsvertraglichen Abkommen zumeist[26] an einer zentralen gerichtlichen Instanz, die über streitige Auslegungsfragen (für alle Vertragsstaaten verbindlich) entscheiden kann. Die nationalen Gerichte haben daher bei der Auslegung eines Übereinkommens entsprechende Gerichtsentscheidungen *anderer* Vertragsstaaten selbstständig zu berücksichtigen – ein Umstand, der auch als **rechtsvergleichende Auslegung** bezeichnet und als solche in den Auslegungskanon aufgenommen wird.[27] Freilich sind deutsche Gerichte an ausländische Entscheidungen nicht im strengen Sinne gebunden und können daher – sofern notwendig – auch abweichende Entscheidungen treffen.

32

III. Anwendung von Kollisionsnormen: Qualifikation und „Disqualifikation" (Rechtsfortbildung), Anknüpfungsmomente

Ist die maßgebliche Rechtsgrundlage ermittelt, muss die für die rechtliche Beurteilung des Sachverhaltes maßgebliche Kollisionsnorm aufgefunden werden. Der **Anknüpfungsgegenstand** der kodifizierten Kollisionsnormen bedient sich regelmäßig bestimmter materiellrechtlicher Rechtsbegriffe (Vertrag, unerlaubte Handlung, Ehescheidung, Rechtnachfolge von Todes wegen usw), so dass der in Frage stehende Sachverhalt in einem ersten Schritt mittels dieser einzuordnen und die insoweit maßgebliche Kollisionsnorm zu ermitteln ist. Welche *konkreten*, tatbestandlich einschlägigen Sachnormen von der aufgefundenen Kollisionsnorm erfasst werden, ist eine Frage ihrer **Qualifikation**. Die angemessene räumliche Verknüpfung der für die vom Anknüpfungsgegenstand erfassten Sachnormen definiert das **Anknüpfungsmoment**, so dass mittels diesem die maßgebliche Rechtsordnung zu bestimmen ist.

33

1. Qualifikation

a) Reichweite des kollisionsrechtlichen Anknüpfungsgegenstands

Bei der Qualifikation geht es um die **Bestimmung der Reichweite des kollisionsrechtlichen Anknüpfungsgegenstands**,[28] der die von der jeweiligen Kollisionsnorm konkret erfassten Sachnormen mittels bestimmter materieller Rechtsbegriffe (vgl. Rn. 33) bezeichnet.[29] Da diese Rechtsbegriffe zumeist das spezifisch materiellrechtliche Verständnis des jeweiligen Gesetzgebers widerspiegeln, welches selbstverständlich nicht von allen Sachrechten der Welt geteilt werden muss, treten bei der Beurteilung internationaler Sachverhalte häufig **Qualifikationsprobleme** auf, zu deren Lösung die konkrete

34

---

26 Für den Bereich des IPR ist als Ausnahme das – noch staatsvertraglich vereinbarte – *Europäische Schuldvertragsübereinkommen v. 19.6.1980* (Vorgängerabkommen zur Rom I-VO) zu nennen, welches der EuGH kraft einer (ebenfalls staatsvertraglich vereinbarten) Sonderzuständigkeit letztverbindlich auslegen kann; vgl. das *Erste und Zweite Brüsseler Protokoll betreffend die Auslegung des am 19.6.1980 in Rom zur Unterzeichnung aufgelegten Übereinkommens über das auf vertragliche Schuldverhältnisse anzuwendende Recht durch den Gerichtshof der Europäischen Gemeinschaften v. 19.12.1988*.
27 So *Kropholler*, § 9 V 1 d (S. 70).
28 Vgl. *Kegel/Schurig*, § 7 III 1 (S. 336); *von Bar/Mankowski*, Band I: Allgemeine Lehren, § 7 Rn. 138.
29 Ob der (Anknüpfungs-)Gegenstand einer Kollisionsnorm das konkrete Lebensverhältnis, das sich aus diesem ergebende Rechtsverhältnis, die jeweilige Rechtsfrage oder die Sachnormen selbst bilden, ist – wenngleich für die konkrete Falllösung regelmäßig nicht von Relevanz – streitig. Nach vorzugswürdiger Ansicht setzt sich der Gegenstand einer Kollisionsnorm *sowohl* aus dem tatsächlichen Lebensverhältnis (mittels dessen die konkret einschlägige Kollisionsnorm zunächst aufzufinden ist) *als auch* aus Sachnormen (die unmittelbar unter den Anknüpfungsgegenstand zu subsumieren – bzw. konkreter: zu qualifizieren – sind) zusammen. – Ausführlich hierzu *von Bar/Mankowski*, Band I: Allgemeine Lehren, § 7 Rn. 179 f.; *Kegel*, FS Raape (1948), 13 ff.; *Schurig*, S. 83–88 jeweils mN.

Reichweite des Anknüpfungsgegenstands der in Frage stehenden Kollisionsnormen zu bestimmen ist. Zur Verdeutlichung der Problematik dienen folgende Beispielsfälle:

35 ▶ **Fall 1:** Der Syrer M und die Deutsche F heirateten 2002 in Damaskus (Syrien) und lebten anschließend dort. Da die Hochzeit nach islamischem Ritus erfolgte, vereinbarten F und M – entsprechend islamischen Gepflogenheiten – eine Morgengabe *(mahr)*, die aus einem Koran, einem Spiegel, einem Paar Kerzenträger und einer Summe von umgerechnet 30.000 Euro besteht. Nach der Trennung des Paares zieht F 2009 zurück nach Deutschland und beantragt 2016 die Scheidung; darüber hinaus verlangt sie von M, der weiterhin in Syrien lebt, Zahlung der Morgengabe. Nach welchem Recht ist der geltend gemachte Anspruch zu beurteilen? ◀

Bearbeitungshinweis: Die Morgengabe ist im syrischen Personalstatutsgesetz unter dem Titel „Die Ehewirkungen" (Art. 53 ff.) geregelt. Ein entsprechender Anspruch entsteht kraft Gesetzes und bezweckt, der Ehefrau eine wirtschaftliche Teilhabe an dem Vermögen des Mannes aufgrund der Ehe zu gewährleisten und diese im Falle einer Scheidung finanziell abzusichern. Ebenso ist davon auszugehen, dass das syrische IPR eine etwaige Kollisionsnormverweisung annehmen würde.

36 ▶ **Fall 2:**[30] A verlangt von B Zahlung aus einem von B ausgestellten Eigenwechsel, der in Tennessee auszubezahlen ist. B verweigert die Zahlung, da der Wechsel nach amerikanischem Recht verjährt ist. G wendet demgegenüber – zutreffend – ein, dass zumindest nach deutschem Recht keine Verjährung eingetreten ist. Welches Recht bestimmt über die Verjährung? ◀

Bearbeitungshinweis: Das Recht von Tennessee ordnet die Verjährung als ein prozessrechtliches Rechtsinstitut ein *(limitation of action)* und sieht daher keine materiellrechtlichen Verjährungsvorschriften vor. Für die Lösung des Falles ist davon auszugehen, dass das Recht von Tennessee eine etwaige Kollisionsnormverweisung annehmen würde.

37 ▶ **Lösung:** In beiden Fällen ist zunächst die jeweils einschlägige Kollisionsnorm aufzufinden.
In **Fall 1** ist das Rechtsinstitut der Morgengabe dem deutschen Sachrecht jedoch unbekannt und daher nicht mit den sachrechtlichen Kategorien des deutschen Rechts zu erfassen. Können die entsprechenden Normen dennoch unter die kodifizierten Kollisionsnormen qualifiziert werden? Zur Beantwortung dieser Frage muss die konkrete Reichweite der in Betracht kommenden Kollisionsnormen – insbesondere Art. 14 Abs. 2 Nr. 2 EGBGB[31] (**allgemeine Ehewirkung**), Art. 26 Abs. 1 lit. a EuGüVO (**Güterstand**; anzuwenden wäre freilich – mangels intertemporaler Anwendbarkeit der EuGüVO gem. Art. 69 Abs. 3 EuGüVO – Art. 15 Abs. 1, Art. 14 Abs. 1 Nr. 2 EGBGB aF iVm Art. 229 § 47 Abs. 1, 2 EGBGB), Art. 17 Abs. 1 EGBGB iVm Art. 8 lit. d Rom III-VO (**vermögensrechtliche Scheidungsfolge**), Art. 15 EuUntVO iVm Art. 3 Abs. 1 HUP (**Unterhalt**) oder auch Art. 4 Abs. 2 Rom I-VO (**Vertrag**) – bestimmt werden. Gleiches gilt in **Fall 2**: Die für die Wirkungen des Wechsels maßgebliche Kollisionsnorm des Art. 93 WG[32] verweist – nach hM im Wege einer Gesamtverweisung (vgl. hierzu Rn. 59 ff.) – auf das Recht von Tennessee, das die Verweisung nach dem Sachverhaltshinweis annimmt.

---

30 Nach RGZ 7, 21 *("Tennessee-Wechsel-Fall")*.
31 Intertemporal anzuwenden wäre genau besehen Art. 14 Abs. 1 Nr. 2 EGBGB aF, vgl. Art. 229 § 47 Abs. 1 EGBGB.
32 *Jayme/Hausmann*, Nr. 123.

Beurteilt sich auch die Frage nach der Verjährung nach diesem Recht, wenngleich es diese prozessual verortet? ◀

Wie die Reichweite des Anknüpfungsgegenstands konkret zu bestimmen ist, wurde seit der „Entdeckung" des Qualifikationsproblems durch *Kahn*[33] und *Bartin*[34] Ende des 19. Jhdt. kontrovers diskutiert. Wenngleich die einzelnen, hierzu entwickelten Lösungsansätze zumindest in ihrer reinen Form heute nicht mehr vertreten werden, ist ihre Kenntnis dennoch von Bedeutung, weil sie dem heutigen Verständnis des Qualifikationsproblems den Weg bereitet haben.[35] Zu erwähnen sind insoweit: 38

▪ **Qualifikation lege fori**
Nach diesem Ansatz sind die von einer Kollisionsnorm verwendeten Rechtsbegriffe mit denjenigen der materiellen **lex fori** – also des deutschen Sachrechts – *identisch*, so dass Letzteres über die Reichweite der fraglichen Kollisionsnorm entscheiden.

▶ **Lösung:** Folgt man diesem Lösungsansatz, könnten in **Fall 1** die für die Morgengabe maßgeblichen Vorschriften von vornherein nicht berufen werden, weil dieses Rechtsinstitut dem deutschen Sachrecht unbekannt ist und daher nicht von den materiellen Rechtsbegriffen der lex fori erfasst sein kann.
Anders in **Fall 2**: Versteht man den Anknüpfungsgegenstand des Art. 93 Abs. 1 WG („Wirkungen der Verpflichtungserklärungen") iSd deutschen Sachrechts, wären die maßgeblichen Sachnormen vom Umfang unserer Verweisung erfasst, da das deutsche Recht Verjährungsfragen materiellrechtlich einordnet (vgl. insoweit Art. 70 f. WG); damit wären die entsprechenden (prozessualen) Regelungen des Rechts von Tennessee berufen. ◀

Für ein derartiges Vorgehen mag als Argument die **Einheit der Rechtsordnung** angeführt werden, nach der gleichlautende Systembegriffe auch einheitlich auszulegen sind.[36] Da das IPR jedoch auch mit der lex fori **unbekannten Rechtsinstituten** umgehen muss, kann eine streng an den Begriffen der lex fori ausgerichtete Qualifikation nicht konsequent durchgehalten werden; in ihrer *reinen Form* ist sie daher abzulehnen. Dennoch enthält die lex fori-Qualifikation eine richtige Erkenntnis: Verwendet der Gesetzgeber zur Bezeichnung des Anknüpfungsgegenstandes einen Rechtsbegriff seines Sachrechts, liegt die Vermutung nahe, dass dieser zumindest im Ausgangspunkt entsprechend zu verstehen ist, im Übrigen aber einer vom Sachrecht emanzipierten, also *autonomen* Begriffsbildung zugänglich sein muss.[37]

Hinweis: Eine Qualifikation anhand der materiellen Systemkategorien der lex fori kommt grundsätzlich nur im Bereich des **nationalen Kollisionsrechts** in Betracht. Demgegenüber sind **europäische** sowie **staatsvertragliche Rechtsakte** bereits aufgrund ihres rechtsvereinheitlichenden Zwecks *autonom*, also unabhängig von dem jeweiligen Begriffsverständnis der einzelnen Mitglieds- bzw. Vertragsstaaten auszulegen (vgl. hierzu Rn. 29), so dass eine Qualifikation anhand sachrechtlicher Kategorien nur dann erwogen werden kann, wenn in den Mitglieds- bzw. Vertragsstaaten entsprechendes vereinheitlichtes Sachrecht existiert. So etwa in **Fall 2**: Zwar ist Art. 93 Abs. 1 WG staatsvertragli-

---

33 *Kahn*, in: *Lenel/Lewald* (Hrsg.): Abhandlungen zum internationalen Privatrecht (Band 1), 1 (95 ff.).
34 *Bartin*, Clunet 24 (1897), 225, 466, 720.
35 Vgl. hierzu auch *Kegel/Schurig*, § 7 III (S. 336–355); *von Hoffmann/Thorn*, § 6 Rn. 11–30; *von Bar/Mankowski*, Band I: Allgemeine Lehren, § 7 Rn. 138–177; *Kropholler*, § 16 f. (S. 121–130).
36 Vgl. *von Hoffmann/Thorn*, § 6 Rn. 13 („rechtslogisch konsequent").
37 *Kegel/Schurig*, § 7 III 2 a (S. 339).

cher Herkunft,[38] jedoch wurde auch das materielle Wechselrecht zwischen den Vertragsstaaten vereinheitlicht (nach dem Verjährungsvorschriften ebenfalls materiellrechtlich einzuordnen sind).[39] Auch im Rahmen des europäischen IPR ließe sich eine lex-fori-Qualifikation erwägen, soweit entsprechende *materielle Sekundärrechtsakte* bestehen.

- Qualifikation lege causae
Nach einem weiteren, von *Wolff* begründeten Ansatz hat „der deutsche Richter [...] einen ausländischen Rechtssatz so einzuordnen, wie ihn dasjenige ausländische Recht einordnet, das bei solcher Einordnung anwendbar ist".[40] Demnach wären die von einer Kollisionsnorm verwendeten Rechtsbegriffe nach der jeweiligen materiellen **lex causae** zu bestimmen, so dass das *zu berufende Sachrecht* über die Reichweite einer inländischen Kollisionsnorm zu befinden hätte.

▶ **Lösung:** In **Fall 1** müssten demzufolge alle in Betracht kommenden Rechte (nach den erwähnten Kollisionsnormen entweder syrisches oder deutsches Sachrecht) dahin gehend untersucht werden, wie die Morgengabe eingeordnet wird. Nach syrischem Recht (auf das Art. 14 Abs. 2 Nr. 2 EGBGB, Art. 26 Abs. 1 lit. a EuGüVO bzw. Art. 15 Abs. 1, Art. 14 Abs. 1 Nr. 2 EGBGB aF iVm Art. 229 § 47 Abs. 1, 2 EGBGB sowie Art. 4 Abs. 2 Rom I-VO verweisen würde) wird die Morgengabe als „allgemeine Ehewirkung" verstanden, so dass insoweit auf Art. 14 Abs. 2 Nr. 2 EGBGB abzustellen wäre. Demgegenüber verweisen Art. 17 Abs. 1 EGBGB iVm Art. 8 lit. d Rom III-VO sowie Art. 15 EuUntVO iVm Art. 3 Abs. 1 HUP auf deutsches Recht, dem die Morgengabe unbekannt ist; in einem solchen Falle führt eine strenge Qualifikation *lege causae* (die in diesem Falle die lex fori stellt) ebenfalls zur Nichtanwendbarkeit der entsprechenden Kollisionsnormen. Folglich bliebe es bei der Anwendung von Art. 14 Abs. 2 Nr. 2 EGBGB, so dass der Anspruch auf Zahlung einer Morgengabe syrischem Sachrecht unterliegt.
In **Fall 2** führt eine Qualifikation *lege causae* zu dem Ergebnis, dass die entsprechenden Verjährungsvorschriften von Tennessee *nicht* von der kollisionsrechtlichen Verweisung des Art. 93 Abs. 1 WG erfasst sind und auch nicht anderweitig berufen werden können, weil ausländisches Prozessrecht von deutschen Gerichten nicht zu beachten ist – Folge wäre eine *Unverjährbarkeit des Anspruchs* und damit ein Ergebnis, das von keiner der beteiligten Rechtsordnungen so vorgesehen wäre (Fall eines Normwiderspruchs; vgl. hierzu Rn. 127). ◀

Hinweis: Tatsächlich gelangte das RG in seiner *„Tennessee-Wechselfallentscheidung"* zu eben diesem, schlicht falschem Schluss.[41] Denn auch wenn man an der zweifelhaften Ausgangsprämisse einer *lex-causae*-Qualifikation festhält, wäre das hieraus resultierende Rechtsanwendungsergebnis zumindest[42] im Wege einer Anpassung (vgl. hierzu Rn. 127 ff.) zu korrigieren gewesen, da eine unverjährbare Forderung von *keiner* Rechtsordnung anerkannt wird.

---

38 Genfer Übereinkommen über die Bestimmung auf dem Gebiet des internationalen Wechselprivatrechts v. 7.6.1930 (teilweise abgedruckt bei *Jayme/Hausmann*, Nr. 120).
39 Vgl. Art. 70 f. des Genfer Übereinkommens über das Einheitliche Wechselgesetz v. 7.6.1930 (die von Art. 70 f. WG umgesetzt werden).
40 *Wolff*, Das Internationale Privatrecht Deutschlands, 3. Aufl. 1954, S. 54.
41 Vgl. bereits *Kahn*, in: *Lenel/Lewald* (Hrsg.): Abhandlungen zum internationalen Privatrecht (Band 1), 1 (104): die Annahme der Unverjährbarkeit einer Forderung sei „monströs" und „allem natürlichen Rechtsgefühl widerstrebend." – Pointiert auch *Ferid*, Internationales Privatrecht, 3. Aufl. 1986, Rn. 4–2 „unsterbliche Blamage des Reichsgerichts".
42 Im Originalfall wäre zudem noch eine „hypothetische Rückverweisung" auf deutsches Verjährungsrecht zu prüfen gewesen; vgl. zu diesem Problemfeld Rn. 93 ff.

III. Anwendung von Kollisionsnormen

Gegen eine Qualifikation lege causae spricht insbesondere, dass sie ohne Not **Normwidersprüche** hervorruft, die im Hinblick auf das Interesse an innerem Entscheidungseinklang nicht hingenommen werden können.[43] Ebenso wie die sachrechtlichen Rechtsbegriffe der lex fori sind auch diejenigen eines ausländischen Sachrechts nicht geeignet, funktional gleichgerichtete Sachnormen *jeglicher* Rechtsordnungen zu erfassen, so dass diese Ansicht zu Recht kaum Befürworter gefunden hat. Ihr zutreffender Kern liegt jedoch in der Erkenntnis, dass unsere Kollisionsnormen den **Eigenheiten ausländischen Rechts** gerecht werden und insbesondere auch uns unbekannte oder systematisch anders verortete Rechtsinstitute erfassen müssen.[44]

■ Rechtsvergleichende Qualifikation

Nach der von *Rabel*[45] entwickelten rechtsvergleichenden Qualifikation ist die sachliche Reichweite des Anknüpfungsgegenstandes **rechtsvergleichend zu ermitteln**, um zu einer möglichst universell gültigen Begriffsbildung zu gelangen.

▶ **Lösung:** So müsste in **Fall 1** rechtsvergleichend (also unter Bezugnahme aller islamisch geprägten Rechtsordnungen) ermittelt werden, wie die Morgengabe systematisch einzuordnen ist; Gleiches gilt in **Fall 2** für Fragen der Verjährung. ◀

Ein solcher Ansatz scheitert jedoch regelmäßig bereits an seiner **praktischen Undurchführbarkeit**, da schwerlich *alle* Rechtsordnungen der Welt (zumal diese stets Änderungen unterworfen sind) zur Bestimmung des Anknüpfungsgegenstandes herangezogen werden können.[46] Und selbst wenn dies für einzelne Fragen gelänge, wäre eine rechtsvergleichend ermittelte Begriffsbildung dem Vorwurf der Willkürlichkeit ausgesetzt, weil bei unterschiedlicher Einordnung vergleichbarer Rechtsinstitute in den verschiedenen Sachrechten eine Auswahlentscheidung getroffen werden müsste, für die sich keine überzeugenden Kriterien (Mehrheitsentscheidung? Qualität der sachrechtlichen Einordnung?) entwickeln lassen. Dennoch enthält der von *Rabel* vorgeschlagene Ansatz den das heutige Verständnis entscheidenden Gedanken, dass unsere Kollisionsnormen keinesfalls nur uns bekannte, da im eigenen Sachrecht ebenfalls vorhandene Sachnormen zum Gegenstand haben können, sondern dass unsere Kollisionsnormen vielmehr darauf angelegt sein müssen, „die Rechtserscheinungen der Welt zu umspannen, gleiche und ungleiche".[47] Der Anknüpfungsgegenstand ist daher nach seinem Sinn und Zweck darauf gerichtet, jegliche *funktional* entsprechenden Sachnormen gleich welcher Rechtsordnung zu erfassen, was nur mittels einer von den sachrechtlichen Kategorien *emanzipierten*, also **autonomen** Begriffsbildung erreicht werden kann.[48]

Aufbauend auf den Erkenntnissen der geschilderten Ansätze besteht heute zumindest im Ergebnis Einigkeit, dass die Bestimmung der Reichweite des kollisionsrechtlichen Anknüpfungsgegenstands stets **kollisionsrechtlich autonom**, also *unabhängig* von den materiellen Rechtsbegriffen der *lex fori* oder der *lex causae* zu erfolgen hat, gleich ob die fragliche Kollisionsnorm staatsvertraglichem, europäischem oder nationalem Kollisionsrecht entstammt. Maßgeblich sind insoweit alleine die der konkreten Kol-

---

43 *Von Hoffmann/Thorn*, § 6 Rn. 19–22; vgl. auch *Kegel/Schurig*, § 7 III 2 b (S. 342).
44 *Kegel/Schurig*, § 7 III 2 b (S. 342).
45 *Rabel*, RabelsZ 5 (1931), 241 ff.
46 Vgl. *von Hoffmann/Thorn*, § 6 Rn. 23–26.
47 *Rabel*, RabelsZ 5 (1931), 241 (258).
48 Vgl. auch *Kegel/Schurig*, § 7 III 3 a (S. 345).

lisionsnorm zugrunde liegenden **kollisionsrechtlichen Interessen**: Diese grenzen das „Bündel" einer allseitigen Kollisionsnorm (zum Bündelungsmodell vgl. Rn. 15 ff.) nach innen und nach außen ab[49] und bestimmen damit *abschließend* über die Reichweite des jeweiligen Anknüpfungsgegenstands.[50]

Hinweis: Aus diesem Grund ist eine *ausschließlich an sachrechtlichen Kategorien* orientierte Bestimmung des Anknüpfungsgegenstandes nicht möglich. Die seitens der herkömmlichen Kollisionsnormen verwendeten materiellrechtlichen Rechtsbegriffe können dem Anknüpfungsgegenstand daher alleine einen „äußeren Rahmen" setzen: Als „sprachliche[s.] Hilfsmittel der Bündelung"[51] dienen sie der Bezeichnung einer bestimmten, von dem konkreten Anknüpfungsgegenstand erfassten Normgruppe und ermöglichen damit in einem *ersten* Schritt, die jeweils einschlägigen Sachnormen aufzufinden – ob diese auch *in concreto* von dem jeweiligen Anknüpfungsgegenstand umfasst sind, muss einer teleologischen, den Sinn und Zweck der einzelnen Sachnormen berücksichtigenden kollisionsrechtlichen Interessenanalyse vorbehalten bleiben (vgl. hierzu sogleich Rn. 40). Dies gilt selbst dann, wenn der Gesetzgeber einzelne **Hilfskollisionsnormen** zur Verfügung stellt, mittels derer der kollisionsrechtliche Anknüpfungsgegenstand näher konkretisiert wird (für das europäische IPR etwa Art. 12 Rom I-VO, Art. 15 Rom II-VO, Art. 23 EuErbVO, Art. 27 EuGüVO bzw. EuPartVO).

b) Qualifikationsentscheidung

40 Die Bestimmung der Reichweite des Anknüpfungsgegenstandes alleine beantwortet jedoch noch nicht die Frage, ob eine bestimmte Sachnorm unter diesen erfolgreich qualifiziert werden kann. Vielmehr bedarf es zu deren Beantwortung einer **gesonderten kollisionsrechtlichen Interessenanalyse** *für* die entsprechende Sachnorm, welche aufgrund des oben Rn. 10 f. beschriebenen Zusammenhangs zwischen internationalprivatrechtlicher und sachrechtlicher Gerechtigkeit anhand der **materiellen Normzwecke** der betreffenden Sachnormen zu erfolgen hat. Diese Sachnormzwecke *implizieren* bestimmte kollisionsrechtliche Anwendungsinteressen (konkret: Partei-, Verkehrs- sowie Gemeininteressen), die zunächst zu ermitteln sind; entsprechen diese denjenigen kollisionsrechtlichen Interessen, denen die entsprechende Kollisionsnorm Rechnung trägt (und die in einem selbstständigen Schritt zu ermitteln sind), kann die Sachnorm *erfolgreich* unter diese qualifiziert werden, so dass der maßgebliche Anwendungsbefehl von dieser Kollisionsnorm ausgesprochen wird. Bildlich kann man den so verstandenen Qualifikationsvorgang dahin gehend beschreiben, dass zu prüfen ist, „ob die eine gewisse Sachnorm berufende Element-Kollisionsnorm Bestandteil der einen oder der anderen allseitigen Bündelung ist".[52]

41 ▶ **Lösung:** In **Fall 1** ist daher zunächst zu prüfen, welche konkreten Zwecke der Morgengabe zugrunde liegen – die systematische Einordung dieses Rechtsinstituts als „allgemeine Ehewirkung" im Rahmen des syrischen Sachrechts kann hierfür nur einen Hinweis liefern, bindet uns aber im Rahmen einer autonomen Qualifikation keineswegs. Entscheidend ist

---

49 *Von Bar/Mankowski*, Band I: Allgemeine Lehren, § 4 Rn. 5, § 7 Rn. 141.
50 Hierzu ausführlich *Kegel/Schurig*, § 7 III 3 b (S. 346 ff.); vgl. auch *von Bar/Mankowski*, Band I: Allgemeine Lehren, § 7 Rn. 139.
51 *Kegel/Schurig*, § 6 II 2 (S. 315 f.); ebenso *von Bar/Mankowski*, Band I: Allgemeine Lehren, § 7 Rn. 139 ff.
52 *Kegel/Schurig*, § 7 III 3 b bb (S. 348); vgl. auch *von Bar/Mankowski*, Band I: Allgemeine Lehren, § 7 Rn. 140: „Zu qualifizieren heißt, die einzelne Elementkollisionsnorm dem in Rede stehenden Bündel zuzuordnen oder nicht".

vielmehr der (vereinfachende)[53] Sachverhaltshinweis, dass die konkret in Frage stehende Morgengabe bezweckt, der Ehefrau eine (ehebedingte) wirtschaftliche Teilhabe an dem Vermögen des Mannes zu gewährleisten. Dieser Zweck ist nach unserem Verständnis *güterrechtlich* einzuordnen, so dass die entsprechenden syrischen Sachnormen *dieselben* kollisionsrechtlichen Interessen implizieren wie die entsprechenden güterrechtlichen Vorschriften des deutschen Rechts; die Morgengabe ist damit güterrechtlich zu qualifizieren,[54] so dass diese gem. Art. 26 Abs. 1 lit. a EuGüVO iVm Art. 32 EuGüVO (bzw. gem. Art. 15 Abs. 1, Art. 14 Abs. 1 Nr. 2 EGBGB aF iVm Art. 229 § 47 Abs. 1, 2 EGBGB; die Gesamtverweisung wird nach dem Sachverhaltshinweis angenommen) syrischem Sachrecht unterliegt.

Auch in **Fall 2** antizipiert die prozessuale Einordnung der Verjährung seitens des Rechts von Tennessee keine entsprechende Qualifikation. Vielmehr ist danach zu fragen, ob diese Einordung besonderen, im Rahmen der kollisionsrechtlichen Interessenprüfung relevanten Gründen geschuldet ist, was jedoch zu verneinen ist: Auch die *limitation of action* dient der Parteigerechtigkeit und dem Rechtsfrieden, verfolgt also bei funktionaler Betrachtung dieselben materiellrechtlichen Zwecke, denen auch die deutschen Verjährungsvorschriften Rechnung tragen. Damit implizieren diese Regelungen ebenfalls kollisionsrechtliche (Partei-)Interessen, denen Art. 93 Abs. 1 WG Rechnung trägt, so dass eine Qualifikation unter diese Kollisionsnorm möglich und das Recht von Tennessee zur Anwendung berufen ist. Da dieses unsere Gesamtverweisung annimmt (vgl. den Sachverhaltshinweis), unterliegt die Verjährung dem Sachrecht von Tennessee. ◀

c) „Disqualifikation" – Rechtsfortbildung im IPR

Der beschriebene Qualifikationsvorgang muss jedoch nicht immer „erfolgreich" sein, er kann auch zu dem Ergebnis führen, dass die in Frage stehende Sachnorm unter *keine* der kodifizierten Kollisionsnormen qualifiziert werden kann. Im Falle einer solchen **„Disqualifikation"** ist die kollisionsrechtliche Prüfung indes nicht zu Ende (etwa mit dem Ergebnis der generellen Unanwendbarkeit der betreffenden Sachnorm), sondern vielmehr zu prüfen, ob die im kollisionsrechtlichen System aufgefundene **Regelungslücke rechtsfortbildend zu schließen** ist.[55] Und dies lässt sich zumindest regelmäßig bejahen: Denn aus der Anerkennung fremden Rechts als „Recht" (vgl. hierzu bereits Rn. 2) folgt, dass das IPR grundsätzlich über die An- oder Nichtanwendbarkeit eines *jeden* materiellen Rechtssatzes der Welt entscheiden (können) muss.[56] Da das IPR trotz fortschreitender, insbesondere auf die europäische Rechtsvereinheitlichung zurückzuführender gesetzestechnischer Ausdifferenzierung immer noch eine – gemessen an der beschriebenen Aufgabe – geringe „Regelungsdichte" aufweist, die zwangsläufig Regelungslücken zur Folge hat, kann das kodifizierte IPR **niemals abschließend** sein; es ist vielmehr ein „offenes",[57] da potenziell auf jeglichen materiellen (in- und ausländi-

42

---

[53] Im Einzelnen kann die Morgengabe höchst unterschiedlichen Zwecken dienen, so dass je nach Ausgestaltung auch eine abweichende Einordnung in Betracht kommt. – Vgl. hierzu auch *von Hoffmann/Thorn*, § 6 Rn. 9; ausführlich *Wurmnest*, RabelsZ 2007 (71), 527 ff.
[54] Ebenso Soergel/*Schurig*, Art. 15 EGBGB Rn. 35; *Wurmnest*, RabelsZ 2007 (71), 527 (553 ff.). – AA (Maßgeblichkeit von Art. 14 EGBGB; die Entscheidung erging jedoch vor Inkrafttreten der EuGüVO) BGH NJW 2010 1528.
[55] So bereits *Kahn*, in: *Lenel/Lewald* (Hrsg.): Abhandlungen zum internationalen Privatrecht (Band 1), 161 (252): „Finden wir etwa bei dieser Prüfung [nach der Reichweite der Kollisionsnorm], daß gewisse Sachnormen in den Kreis der Kollisionsnorm nicht hineingehören, so ist damit die privatinternationale Untersuchung für diese Sachnormen nicht etwa beendigt, sondern sie fängt erst an. Wir haben nun zu forschen, welche andere Kollisionsnorm hier gilt". – Vgl. hierzu auch *Köhler*, S. 97 ff.
[56] Vgl. hierzu *Kegel/Schurig*, § 6 III (S. 316 ff.).
[57] *Kegel/Schurig*, § 6 III (S. 317).

schen) Rechtssatz bezogenes System und muss daher im Falle einer „Disqualifikation" mittels einer kohärenten, also system- *und* methodenimmanenten Rechtsfortbildung weiterentwickelt werden.

Hinweis: Ausgangspunkt für die kollisionsrechtliche **Rechtsfortbildung** bildet wiederum die „disqualifizierte" Norm selbst, deren materiellrechtliche Normzwecke festzustellen und hinsichtlich ihrer kollisionsrechtlichen Bedeutung zu untersuchen sind. Die auf diese Weise ermittelten, von der konkreten Sachnorm *implizierten* kollisionsrechtlichen Interessen legen bestimmte Anknüpfungsmomente nahe (vgl. hierzu Rn. 11), von denen das geeignetste auszuwählen ist. Freilich besteht hier regelmäßig ein gewisser Spielraum, der jedoch dadurch eingeschränkt wird, dass die kodifizierten Kollisionsnormen bestimmte Anknüpfungsmomente vorsehen: Diese sind als bereits kodifizierte Wertentscheidungen vorrangig heranzuziehen, um dem Gebot einer systemkonformen Rechtsfortbildung Rechnung zu tragen.

43 Ein anschauliches Beispiel für eine Rechtsfortbildung im IPR stellt – neben der an anderer Stelle zu behandelnden Eingriffsnormenproblematik (Rn. 198 ff.), dem ordre public (Rn. 132 ff.), der Anknüpfung der Drittwirkungen von Zessionen (Rn. 236 a ff.) sowie der kollisionsrechtlichen Behandlung von Sonderprivatrecht (Rn. 214 f.) – die Anknüpfung der (rechtsgeschäftlichen) **Stellvertretung** dar, die bis zur Kodifikation des Art. 8 EGBGB im Jahr 2017 nicht geregelt war. Zur Verdeutlichung dient insoweit

44 ▶ **Fall 3:** Geschäftsherr G aus Stuttgart bevollmächtigt im Mai 2017 den in Paris lebenden Privatmann V zum Abschluss eines Verkaufsgeschäftes in London mit seinem dort ansässigen Geschäftspartner D. V übt seine Vollmacht jedoch in Spanien aus. Welchem Recht unterliegen Fragen der Stellvertretung? ◀

45 ▶ **Lösung:** Mangels vorrangig zu beachtender Staatsverträge (das *Haager Übereinkommen über das auf Vertreterverträge und die Stellvertretung anzuwendende Recht* wurde von Deutschland nicht ratifiziert) und mangels Anwendbarkeit der Rom I-VO (vgl. Art. 1 Abs. 2 lit. g Rom I-VO) unterliegen vertretungsrechtliche Fragen weiterhin **deutschem IPR**. Da Art. 8 EGBGB gem. Art. 229 § 41 EGBGB intertemporal nicht auf Vollmachten anzuwenden ist, die vor dem 17.6.2017 erteilt wurden, und das nationale Recht bis zu diesem Zeitpunkt keine *kodifizierte* Kollisionsnorm vorsah, unter die entsprechende Sachnormen qualifiziert werden konnten, lag unter alter Rechtslage eine **Regelungslücke** vor,[58] die – mangels Eröffnung des Anwendungsbereiches der Rom I-Verordnung – im Wege **nationaler Rechtsfortbildung** zu schließen war. In Betracht kamen insoweit folgende Möglichkeiten:

(1) eine Anknüpfung an das **Recht des Wirkungslandes**[59] (also an das Recht desjenigen Staates, in dem die Vollmacht nach der internen Absprache zwischen G und V ausgeübt werden *sollte*, in casu: *englisches* Recht),

(2) eine Anknüpfung an das **Recht des Gebrauchsortes**[60] (also an das Recht desjenigen Staates, in dem die Vollmacht konkret ausgeübt worden *ist*; in casu: *spanisches* Recht),

(3) eine Anknüpfung an das **Recht des gewöhnlichen Aufenthalts des Vertretenen** (in casu: *deutsches* Recht),

---

58 Etwas anderes gilt nur, wenn man die von der Rechtsprechung entwickelten stellvertretungsrechtlichen Anknüpfungsgrundsätze bereits als Richter*recht* betrachten, wozu jedoch kein Anlass besteht.
59 So insbesondere die Rechtsprechung, vgl. etwa BGH NJW 2004, 1315 (1316); BGH NJW 1990, 3088.
60 *Kegel/Schurig*, § 17 V 2 a (S. 621); *Kropholler*, § 41 I 2 a (S. 306).

(4) eine Anknüpfung an das **Recht des gewöhnlichen Aufenthalts des Vertreters** (in casu: *französisches* Recht),

(5) eine Anknüpfung an das **Recht des Grundverhältnisses**[61] *(Auftrag)* zwischen Vertreter und Vertretenem (in casu: gem. Art. 4 Abs. 2 Rom I-VO iVm Art. 20 Rom I-VO *französisches* Sachrecht) sowie zuletzt

(6) eine Anknüpfung an das **Recht des Hauptgeschäfts**[62] *(Kaufvertrag)* zwischen Vertretenem und Geschäftspartner (in casu: gem. Art. 4 Abs. 1 lit. a Rom I-VO iVm Art. 20 Rom I-VO *deutsches* Sachrecht).

Stellungnahme: Ausgangspunkt für die Kollisionsnormbildung *modo legislatoris* bilden die materiellen Normzwecke der (im Hinblick auf die kodifizierten Kollisionsnormen) „disqualifizierten" Sachnormen; diese implizieren bestimmte kollisionsrechtliche Rechtsanwendungsinteressen, die daher in einem ersten Schritt festzustellen sind. Insoweit gilt zu berücksichtigen, dass das materielle Vertretungsrecht nicht nur die Interessen des Vertretenen einerseits und des Vertreters andererseits berücksichtigt, sondern insbesondere auch dem **Verkehrsschutz** Rechnung trägt (vgl. insbesondere §§ 171 ff. BGB). Stellvertretungsrechtliche Normen implizieren daher nicht nur kollisionsrechtliche Parteiinteressen, sondern maßgeblich auch **Verkehrsinteressen**, so dass eine *einseitig* an den Interessen des Vertretenen bzw. des Vertreters orientierte Anknüpfung auszuscheiden hat; **Anknüpfungsmöglichkeiten (3) bis (5)**, die *ausschließlich* den Parteiinteressen des Vertretenen (3), des Vertreters (4) oder beider (5) Rechnung tragen, jedoch Drittinteressen vollständig ignorieren, werden daher der konkret implizierten kollisionsrechtlichen Interessenlage nicht gerecht und sind deswegen abzulehnen. Entsprechendes gilt für eine Anknüpfung an das Recht des **Wirkungslandes (1)**. Diese vermag zwar den Erwartungen des Vertretenen, die Vollmacht werde in einem konkreten Land ausgeübt, Rechnung tragen, sie berücksichtigt jedoch nicht in hinreichendem Maße die *konkret* tangierten Verkehrsschutzinteressen, die sich alleine am **konkreten Gebrauchsort (2)** lokalisieren lassen. Anzuknüpfen war daher unter alter Rechtslage an das Recht desjenigen Staates, in welchem die Vollmacht *ausgeübt wurde*, also an **spanisches Recht**.[63] ◄

Hinweis: Soweit Art. 8 EGBGB in **Fall 3** intertemporal anzuwenden wäre, gelangte man zu entsprechenden Ergebnissen. Maßgeblich wäre – mangels Vorliegens einer vorrangig zu beachtenden Rechtswahl – gem. Art. 8 Abs. 5 S. 1 EGBGB das **Sachrecht des Gebrauchsortes**, also ebenfalls spanisches Recht. Eine Anknüpfung an das Recht des Wirkungslandes, welches unter den Voraussetzungen des Art. 8 Abs. 5 S. 2 EGBGB zur Anwendung gebracht werden kann, scheidet im vorliegenden Falle aus, weil D nicht wissen musste, dass die Vollmacht nach der internen Absprache zwischen G und V in England ausgeübt werden sollte.

---

61 Dies befürwortend *Mäsch*, Liber amicorum Schurig (2012), 147 ff.
62 So insbesondere MüKoBGB/*Spellenberg* (6. Aufl.), Vor Art. 11 EGBGB Rn. 81 ff.
63 Ob die unter alter Rechtslage rechtsfortbildend entwickelte Kollisionsnorm eine Gesamt- oder Sachnormverweisung aussprach, war streitig. Die ganz hM nahm – zumeist ohne nähere Begründung – eine Sachnormverweisung an (vgl. aber etwa *Kropholler*, § 41 II 4 (S. 308 f.); Soergel/*Lüderitz*, Art. 10 EGBGB Anh. Rn. 112), was jedoch zweifelhaft erschien, da das deutsche IPR dem – auch im Falle einer rechtsfortbildend entwickelten Kollisionsnorm zu beachtenden – Grundsatz der Gesamtverweisung (vgl. Art. 4 Abs. 1 S. 1 Hs. 1 EGBGB) folgt. Einer Sachnormverweisung konnte daher *systemkonform* nur mittels der Sinnwidrigkeitsklausel des Art. 4 Abs. 1 S. 1 Hs. 2 EGBGB begründet werden, für deren Eingreifen jedoch keine Anhaltspunkte ersichtlich sind (zu den insoweit anerkannten Fallgruppen vgl. Rn. 69 ff.). Daher erschien die Annahme einer Gesamtverweisung entgegen der hM vorzugswürdig (vgl. insoweit die 1. Auflage Rn. 45 aE). Art. 8 EGBGB spricht demgegenüber nunmehr explizit Sachnormverweisungen aus.

Zu Art. 8 EGBGB vgl. im Einzelnen Rn. 231 ff. Bereits an dieser Stelle sei hervorgehoben, dass Art. 8 EGBGB eine im Einzelfall stark differenzierende Regelung darstellt, welche den beschriebenen, in jeder einzelnen Fallgruppe konkret auf den Plan gerufenen kollisionsrechtlichen Interessen Rechnung trägt. Die Problematik zeigt anschaulich die Bedeutung der kollisionsrechtlichen Interessen für die Rechtsfortbildung einerseits sowie für die Auslegung kodifizierter Kollisionsnormen andererseits: Kodifizierte Kollisionsnormen sind das Produkt der – seitens des Gesetzgebers vollzogenen – Gewichtungen der konkret auf den Plan gerufenen kollisionsrechtlichen Interessen, so dass diese wiederum zur Auslegung der konkreten Normen (insbesondere für die Frage der Qualifikation) heranzuziehen sind. Fehlt es an einer kodifizierten Kollisionsnorm, sind die maßgeblichen kollisionsrechtlichen Interessen seitens des Rechtsanwenders selbstständig zu ermitteln und in eine konkrete Regelung – modo legislatoris – zu überführen. Damit schließt sich der Kreis.

2. Anknüpfungsmomente

46 Das geltende Recht sieht verschiedene Anknüpfungsmomente, von denen die wichtigsten im Folgenden hervorgehoben werden sollen.

a) Rechtswahl

47 In mehreren Fällen gestattet das geltende IPR den Parteien, das anzuwendende Recht zu wählen. Eine derartige **Rechtswahl** kann unbeschränkt, also auf potenziell jede *staatliche* Rechtsordnung der Welt bezogen sein (so im Vertragsrecht, Art. 3 Abs. 1 Rom I-VO), sie kann jedoch auch auf bestimmte (etwa Art. 5 Abs. 1 Rom III-VO, Art. 22 Abs. 1 EuGüVO bzw. EuPartVO, Art. 14 Abs. 1 EGBGB) oder gar nur eine einzige Rechtsordnung (Art. 22 Abs. 1 EuErbVO) beschränkt sein. Eine solche, auf dem Willen der Partei(en) fußende Anknüpfung dient dem *Parteiinteresse*.

Hinweis: Die **materielle Wirksamkeit** einer Rechtswahl bestimmt sich stets nach dem *hypothetisch* gewählten Recht, so dass dieses über deren Zustandekommen, Auslegung und insbesondere auch über die Folgen etwaiger Willensmängel zu entscheiden hat (vgl. etwa Art. 3 Abs. 5 iVm Art. 10 Rom I-VO). Die **formelle Wirksamkeit** einer solchen Erklärung richtet sich grundsätzlich nach der allgemeinen Vorschrift des Art. 11 Rom I-VO bzw. Art. 11 EGBGB, soweit keine besonderen Vorschriften (so etwa Art. 7 Rom III-VO, Art. 22 Abs. 2 EuErbVO, Art 23 EuGüVO bzw. EuPartVO) bestehen.

b) Gewöhnlicher Aufenthalt

48 Ein weiteres, insbesondere im Rahmen des europäischen IPR (vgl. etwa **Art. 21 Abs. 1 EuErbVO, Art. 4, Art. 6 Rom I-VO**) zentrales Anknüpfungsmoment stellt der – typischerweise ebenfalls Parteiinteressen Rechnung tragende – **gewöhnliche Aufenthalt** dar. Dieser Rechtsbegriff wird für das europäische Recht in Art. 19 Rom I-VO und Art. 23 Rom II-VO jedenfalls für Gesellschaften, Vereine, juristische Personen sowie gewerblich handelnde natürliche Personen näher konkretisiert: Hiernach gilt bei **Gesellschaften**, Vereinen oder juristischen Personen grundsätzlich der Ort der jeweiligen Hauptverwaltung als deren gewöhnlicher Aufenthalt (Art. 19 Abs. 1 UAbs. 1 Rom I-VO, Art. 19 Abs. 1 S. 1 Rom II-VO), bei Einschaltung einer **Zweigniederlassung**, Agentur oder sonstigen Niederlassung ist deren Sitz maßgeblich (Art. 19 Abs. 2 Rom I-VO, Art. 23 Abs. 1 S. 2 Rom II-VO). Geht es zuletzt um eine **gewerblich handelnde natür-**

liche Person, ist deren gewöhnlicher Aufenthalt am Ort ihrer Hauptniederlassung zu verorten (Art. 19 Abs. 1 UAbs. 2 Rom I-VO, Art. 23 Abs. 2 Rom II-VO).

Demgegenüber enthält das geltende Recht **keine Legaldefinition** des gewöhnlichen Aufenthalts von **privat handelnden natürlichen Personen**, so dass dessen Bestimmung Rechtsprechung und Lehre überlassen ist. Wenngleich im Einzelnen vieles umstritten ist,[64] kommt es bei dessen Bestimmung in erster Linie auf den **tatsächlichen Lebensmittelpunkt** der natürlichen Person an, welcher mittels einer Gesamtbeurteilung der Lebensumstände festzustellen ist.[65] Bei dieser wertenden Bestimmung sind alle relevanten Tatsachen zu berücksichtigen, so „insbesondere die Dauer, die Regelmäßigkeit und die Umstände des Aufenthalts in [dem betreffenden Staat] sowie die Gründe für diesen Aufenthalt",[66] zudem die Staatsangehörigkeit sowie die berufliche, familiäre und soziale Integration der Person in dem betreffenden Staat.[67] Für die Bestimmung des gewöhnlichen Aufenthalts sind demnach **sowohl objektive als auch subjektive Kriterien** maßgeblich: 49

- In *objektiver* Hinsicht muss zumindest ein **tatsächlicher Aufenthalt** („**körperliche Anwesenheit**")[68] gegeben sein, auf eine konkrete Dauer (etwa ein halbes Jahr)[69] oder die Rechtmäßigkeit des Aufenthalts[70] kommt es hingegen nicht an. Unschädlich ist auch eine vorübergehende Abwesenheit, soweit ein Rückkehrwille bestand.
- In *subjektiver* Hinsicht ist das Vorliegen eines ***animus manendi*** (**Bleibewille**) erforderlich,[71] also der nach außen manifestierte[72] Wille, seinen Lebensmittelpunkt am Ort des tatsächlichen Aufenthaltes auf Dauer zu begründen.[73]

Sind beide (nach vorzugswürdiger Ansicht: *konstitutive*) Voraussetzungen erfüllt, ist das Vorliegen eines gewöhnlichen Aufenthaltes zu bejahen.   50

Beispiele: Zieht eine natürliche Person dauerhaft in einen anderen Staat, wird ein neuer gewöhnlicher Aufenthalt bereits mit abgeschlossenem **Umzug** und körperlicher Anwesenheit vor Ort begründet.[74] Bei von Anfang an nicht auf Dauer angelegten Auslandsaufenthalten (**Auslandsstudium, beruflich bedingte Aufenthalte**) fehlt es demgegenüber an einem *animus manendi* als konstitutive Voraussetzung für die Begründung eines neuen gewöhnlichen Aufenthalts. Dies gilt grundsätzlich auch bei **mehrjährigen Auslandsaufenthalten**, wobei jedoch insoweit zu berücksichtigen ist, dass bei Vorliegen gewichtiger objektiver Kriterien (insbesondere bei beruflicher, familiärer und sozialer Integration in dem betreffenden Staat) das Vorliegen eines Bleibewillens ggf. vermutet werden kann. Bei *unfreiwilligen* Aufenthalten in einem fremden Staat (**etwa einer Strafhaft**)   51

---

64 Überblick bei *Hilbig-Lugani*, GPR 2014, 8 ff.
65 EuGH NJW 2009, 1868; EuGH IPRax 2012, 340; vgl. zudem Erwägungsgrund 23 S. 2 EuErbVO.
66 EuGH NJW 2009, 1868; EuGH IPRax 2012, 340; vgl. zudem Erwägungsgrund 23 S. 2 EuErbVO.
67 EuGH NJW 2009, 1868; EuGH IPRax 2012, 340; vgl. zudem Erwägungsgrund 24 S. 2, 3 EuErbVO.
68 EuGH NJW 2009, 1868.
69 EuGH IPRax 2012, 340 (343); vgl. hierzu *Baetge*, FS Kropholler (2008), 77 (81 f.).
70 Hierzu *Baetge*, FS Kropholler (2008), 77 (83 f.).
71 Ebenso *Weller*, in: *Leible/Unberath* (Hrsg.), Brauchen wir eine Rom 0-Verordnung?, 293 (317): „der nach außen erkennbare Wille, sich an einem Ort auf Dauer sozial zu integrieren, [hat] konstitutive Bedeutung für die Annahme des gewöhnlichen Aufenthalts"
72 *Weller*, in: *Leible/Unberath* (Hrsg.), Brauchen wir eine Rom 0-Verordnung?, 293 (317).
73 EuGH IPRax 2012, 340 (343): „Maßgebend für die Verlagerung des gewöhnlichen Aufenthalts in den Aufnahmestaat ist nämlich vor allem der Wille des Betreffenden, dort den ständigen oder gewöhnlichen Mittelpunkt seiner Interessen in der Absicht zu begründen, ihm Beständigkeit zu verleihen".
74 Vgl. auch EuGH 22.12.2010 – Rs. C-497/10 Rn. 51; *Baetge*, FS Kropholler (2008), 77 (85); wohl auch *Weller*, in: *Leible/Unberath* (Hrsg.), Brauchen wir eine Rom 0-Verordnung?, 293 (322). – AA indes Staudinger/*Spellenberg* (2015), Art. 3 Brüssel IIa-VO Rn. 77 (entscheidend sei die „soziale Integration der Person", die es abzuwarten gelte).

kommt die Begründung eines gewöhnlichen Aufenthalts hingegen mangels autonom gefassten Bleibewillens nicht in Betracht,[75] mag der tatsächliche Aufenthalt auch zeitlich unbegrenzt (etwa bei lebenslanger Freiheitstrafe) sein.

c) Staatsangehörigkeit

52 Ein insbesondere im nationalen Kollisionsrecht häufig gebrauchtes Anknüpfungsmoment (vgl. etwa Art. 7 Abs. 1, Art. 9 S. 1, Art. 10 Abs. 1, Abs. 2 Nr. 1, Abs. 3 Nr. 1, Art. 13 Abs. 1, Art. 14 Abs. 2 Nr. 3, Art. 19 Abs. 1 S. 2 EGBGB) stellt die **Staatsangehörigkeit** dar, welche als Ausdruck einer besonders starken Beziehung des Einzelnen zu einem bestimmten Staat wiederum allen voran Parteiinteressen Rechnung trägt.[76] Da die Staatsangehörigkeit zudem nur schwer gewechselt werden kann, beschreibt diese zugleich eine besonders stabile, zudem kaum manipulierbare Verbindung zu einer bestimmten Rechtsordnung.[77]

Hinweis: Regelmäßig lässt sich die Staatsangehörigkeit einer Person leicht feststellen,[78] so dass dieses Anknüpfungsmoment auch von Ordnungsinteressen getragen wird. Zu Besonderheiten bei der Vorfragenanknüpfung vgl. Rn. 121.

53 Im Rahmen der Anknüpfung an die Staatsangehörigkeit sind folgende **Problemfelder** zu beachten:

- **mehrfache Staatsangehörigkeit**
  Hat eine Person zwei oder gar mehrere Staatsangehörigkeiten (sog. Doppel- oder Mehrstaater), führt eine Anknüpfung an die Staatsangehörigkeit zu der Anwendung *mehrerer* Rechtsordnungen. Sofern die in Frage stehende Kollisionsnorm keine *alternative* Anknüpfung ermöglicht (so aber etwa Art. 22 Abs. 1 S. 2 EuErbVO), bedarf es daher einer Auswahlentscheidung zwischen den in Betracht kommenden Rechtsordnungen, die für den Bereich des **nationalen Kollisionsrechts** von der besonderen **Hilfskollisionsnorm des Art. 5 Abs. 1 EGBGB** getroffen wird. Hiernach ist zu unterscheiden: Besitzt die betreffende Person neben weiteren ausländischen **zugleich die deutsche Staatsbürgerschaft**, beansprucht diese gem. Art. 5 Abs. 1 S. 2 EGBGB Vorrang, so dass in einem solchen Falle selbst dann deutsches Recht anzuwenden ist, wenn die betreffende Person neben der Staatsangehörigkeit keine weiteren Bezugspunkte zu Deutschland hat.[79] Demgegenüber ist bei **Mehrstaatern, die nicht zugleich Deutsche sind,** gem. Art. 5 Abs. 1 S. 1 EGBGB stets auf die „**effektive**" **Staatsangehörigkeit** abzustellen, die mittels des Prinzips der engsten Verbindung zu ermitteln ist.

  Beispiele: Ist etwa die Ehefähigkeit eines deutsch-kanadischen Doppelstaaters zu beurteilen, führt die kollisionsrechtliche Verweisung des Art. 13 Abs. 1 EGBGB iVm Art. 5 Abs. 1 S. 2 EGBGB stets zu der Anwendung *deutschen* Rechts,[80] mag die betreffende Person auch seit ihrer Geburt in Kanada leben. Besitzt der Doppelstaater hingegen neben der kanadischen zu-

---

75 Ebenso *Weller*, in: *Leible/Unberath* (Hrsg.), Brauchen wir eine Rom 0-Verordnung?, 293 (323).
76 *Von Hoffmann/Thorn*, § 5 Rn. 10–12.
77 *Von Hoffmann/Thorn*, § 5 Rn. 13 f.
78 Vgl. *von Hoffmann/Thorn*, § 5 Rn. 15.
79 Ob die einseitige Bevorzugung der deutschen Staatsangehörigkeit bei Doppelstaatern, die zugleich die Staatsangehörigkeit eines weiteren EU-Mitgliedsstaates besitzen, gegen das Diskriminierungsverbot des Art. 18 AEUV verstößt, ist streitig; dies bejahend NK-BGB/*Makowsky/Schulze*, Art. 5 EGBGB Rn. 29. – AA Grüneberg/*Thorn*, Art. 5 EGBGB Rn. 3; differenzierend Staudinger/*Bausback* (2013), Anh. I zu Art. 5 EGBGB Rn. 30 ff.; ausführlich hierzu BGH NJW 2020, 3592 (3596).
80 Vgl. etwa BeckOGK/*Rentsch* (Stand 1.5.2023) Art. 13 EGBGB Rn. 34.

gleich die US-amerikanische Staatsbürgerschaft, ist zwischen den beiden in Betracht kommenden Rechtsordnungen eine Auswahlentscheidung mittels des *Prinzips der engsten Verbindung* zu treffen; hat die betreffende Person daher ihren (langjährigen) gewöhnlichen Aufenthalt in Kanada, ist für die Beurteilung der Ehefähigkeit gem. Art. 13 Abs. 1 EGBGB iVm Art. 5 Abs. 1 S. 1 EGBGB kanadisches Recht (Kollisionsnormverweisung gem. Art. 4 Abs. 1 S. 1 EGBGB, vgl. Rn. 386) berufen.

Außerhalb des nationalen Kollisionsrechts ist Art. 5 Abs. 1 S. 1 EGBGB indes nur anwendbar, wenn der betreffende europäische oder staatsvertragliche Rechtsakt einen Rückgriff auf nationales Recht gestattet. Fehlt es insoweit an einer ausdrücklichen Aussage,[81] wird man die Frage nach der kollisionsrechtlichen Behandlung von Mehrstaatern regelmäßig als vom Anwendungsbereich des jeweiligen Rechtsaktes erfasst ansehen und die maßgebliche Auswahlentscheidung im Wege *rechtsaktinterner Rechtsfortbildung* dahin gehend lösen können, dass stets auf die **effektive Staatsangehörigkeit** abzustellen ist. Eine einseitige Bevorzugung der deutschen Staatsangehörigkeit iSv Art. 5 Abs. 1 S. 2 EGBGB scheidet hingegen aufgrund des rechtsvereinheitlichenden Zwecks solcher Rechtsakte stets aus, mag der betreffende Rechtsakt auch auf Art. 5 Abs. 1 EGBGB verweisen (für die Rom III-VO vgl. Rn. 444, 448).

- Staatenlose

Ist eine Person staatenlos, führt die Anknüpfung an die Staatsangehörigkeit ins Leere. In einem solchen Falle greift jedoch das – sowohl europäischem als auch nationalem Recht vorrangige, daher stets zu beachtende – **New Yorker UN-Übereinkommen über die Rechtsstellung der Staatenlosen v. 28.9.1954**,[82] nach dessen Art. 12 Abs. 1 auf das Recht des Wohnsitzes oder – bei Nichtvorhandensein eines solchen – auf das Aufenthaltsrecht abzustellen ist.

Hinweis: Aufgrund des Anwendungsvorrangs von Staatsverträgen als *leges speciales* wird die Regelung des Art. 5 Abs. 2 EGBGB durch das genannte Übereinkommen verdrängt.

- Flüchtlinge

Handelt es sich bei der fraglichen Person um einen Flüchtling, ist das – wiederum sowohl europäischem als auch nationalem Recht vorrangige – **Genfer UN-Abkommen über die Rechtsstellung der Flüchtlinge v. 28.7.1951**[83] zu beachten. Hiernach bestimmt sich das Personalstatut von Flüchtlingen iSd Übereinkommens (Art. 1) ebenfalls nach dem Recht des Wohnsitzes oder – bei Nichtvorhandensein eines solchen – nach dem Aufenthaltsrecht (Art. 12 Abs. 1).

d) Handlungsort

Ein weiteres, regelmäßig Verkehrs-, aber auch Gemeininteressen Rechnung tragendes Anknüpfungsmoment stellt der **Ort dar, an dem bestimmte rechtserhebliche Handlungen vorgenommen werden.** Ein solches Anknüpfungsmoment findet im geltenden Recht insbesondere im (nationalen) Internationalen Deliktsrecht Verwendung (als Grundanknüpfung für die deliktische Haftung, vgl. Art. 40 Abs. 1 S. 1 EGBGB), aber etwa auch im Bereich des Eingriffsrechts (vgl. Art. 9 Abs. 3 Rom I-VO, der an den

---

[81] Vgl. aber etwa Erwägungsgrund 22 Rom III-VO.
[82] *Jayme/Hausmann*, Nr. 12.
[83] *Jayme/Hausmann*, Nr. 10.

tatsächlichen Erfüllungsort anknüpft). Darüber hinaus dient der Handlungsort zudem als alternative Anknüpfung zur Bestimmung des Formstatuts (vgl. Art. 11 EGBGB, Art. 11 Rom I-VO, Art. 27 EuErbVO).

e) Erfolgsort

55 Insbesondere im Bereich des Internationalen Deliktsrechts wird – neben dem Handlungsort – auch an den **Ort der Rechtsgutverletzung** angeknüpft. Dieses Anknüpfungsmoment dient ebenfalls Verkehrs-, ggf. auch Gemeininteressen, es trägt jedoch – anders als der (regelmäßig alleine für den Schädiger vorhersehbare) Handlungsort – den Interessen des *Geschädigten* Rechnung, der sich auf den Schutz einer für ihn vorhersehbaren Rechtsordnung verlassen können soll. Von Bedeutung ist diese Anknüpfung insbesondere für **Streudelikte**, bei denen Handlungs- und Erfolgsort auseinanderfallen (vgl. hierzu Rn. 316 ff.). Während das nationale Kollisionsrecht den Erfolgsort nur als optionale Anknüpfung zur Verfügung stellt (vgl. Art. 40 Abs. 1 S. 2 EGBGB), dient er im Rahmen der Rom II-VO als Grundanknüpfung für die deliktische Haftung (Art. 4 Abs. 1 Rom II-VO); Verwendung findet dieses Anknüpfungsmoment darüber hinaus etwa auch im Rahmen von Art. 6 Rom II-VO (in Form des sog. Auswirkungsprinzips).

f) Belegenheitsort

56 Der Ort der Belegenheit stellt das zentrale Anknüpfungsmoment des Internationalen Sachenrechts dar (Art. 43 Abs. 1 EGBGB, vgl. hierzu Rn. 334 ff.); dieses trägt in besonderem Maße Verkehrsinteressen Rechnung und ist zudem leicht festzustellen.[84]

g) Anknüpfungen an die „engste Verbindung"

57 Verbreitet knüpfen einzelne Kollisionsnormen (regelmäßig Ausweichklauseln oder Hilfskollisionsnormen, vgl. Rn. 23 f.) pauschal an die **„engste Verbindung"** an. Hierbei handelt es sich jedoch um eine „Leerformel",[85] da die Bestimmung der mit dem konkreten Sachverhalt am engsten verbundenen Rechtsordnung von jeglicher kollisionsrechtlichen Regelung bezweckt wird. Der Begriff der „engsten Verbindung" muss daher im Einzelfall (für die konkret in Frage stehenden Sachnormen) konkretisiert werden, was mittels der jeweils konkret implizierten kollisionsrechtlichen Interessen zu erfolgen hat; zu berücksichtigen sind insoweit grundsätzlich alle (Einzelfall-)Umstände, die eine räumliche Verbindung zu einer Rechtsordnung begründen können.

58 **Beispiel:** So sind etwa bei der kollisionsrechtlichen Beurteilung eines (unter Art. 4 Abs. 4 Rom I-VO zu qualifizierenden) Tauschvertrages insbesondere der gewöhnliche Aufenthalt der Parteien, die konkreten Erfüllungsorte, die Belegenheit des Vertragsgegenstandes, die Mitwirkung amtlicher Stellen bei dem Vertragsschluss (etwaige notarielle Beurkundungen) usw zu berücksichtigen. Führen diese Einzelfallumstände im Rahmen einer Gesamtschau zu einer bestimmten Rechtsordnung, ist diese gem. Art. 4 Abs. 4 Rom I-VO zur Anwendung berufen. Vgl. hierzu auch Rn. 190 f.

---

84 Vgl. *von Hoffmann/Thorn*, § 12 Rn. 9.
85 *Von Bar/Mankowski*, Band I: Allgemeine Lehren, § 7 Rn. 92; vgl. hierzu auch *Kegel/Schurig*, § 6 I 4 b (S. 305 f.).

IV. Gesamt- oder Sachnormverweisung

1. Allgemeines

Verweisen unsere Kollisionsnormen auf *ausländisches* Recht, muss stets geprüft werden, ob der kollisionsrechtliche Anwendungsbefehl alleine auf das materielle Recht dieses Staates gerichtet ist (sog. **Sachnormverweisung**) oder dessen IPR miteinbezieht (sog. **Kollisionsnorm- bzw. Gesamtverweisung**); nur in ersterem Falle kann das Sachrecht des von unserer Kollisionsnorm bezeichneten Staates unmittelbar zur Anwendung gebracht werden. Spricht unsere Kollisionsnorm hingegen eine Gesamtverweisung aus, obliegt die Bestimmung des anwendbaren Sachrechts dem berufenen ausländischen IPR: Dieses kann das eigene Sachrecht für maßgeblich erklären, unsere Verweisung also **annehmen**, daneben aber auch eine andere Rechtsordnung zur Anwendung berufen und damit einen **Renvoi** aussprechen. Verweist dieser Anwendungsbefehl wiederum auf unser Recht zurück, spricht man von einer **Rückverweisung** *(renvoi au premier degré)*, wird das Recht eines dritten Staates zur Anwendung berufen, von einer **Weiterverweisung** *(renvoi au second degré)*.

Beispiele: Art. 4 Abs. 1 Rom II-VO unterstellt deliktische Ansprüche im Wege einer **Sachnormverweisung** (Art. 24 Rom II-VO) dem Sachrecht desjenigen Staates, in dem der Verletzungserfolg der unerlaubten Handlung eingetreten ist. Dieses Recht ist daher auch dann anzuwenden, wenn der betreffende Staat ein anderes Recht (etwa das Recht des Handlungsortes) zur Anwendung berufen würde. Demgegenüber spricht etwa Art. 14 Abs. 2 Nr. 1 EGBGB eine **Gesamtverweisung** aus (Art. 4 Abs. 1 S. 1 Hs. 1 EGBGB), so dass zunächst das Kollisionsrecht desjenigen Staates zu prüfen ist, in dem beide Ehegatten ihren gewöhnlichen Aufenthalt haben; knüpft dieses hinsichtlich der allgemeinen Ehewirkungen ebenfalls an den gemeinsamen gewöhnlichen Aufenthalt der Ehegatten an, wird unsere Verweisung angenommen, so dass das Sachrecht dieses Staates zur Anwendung berufen ist. Knüpft das ausländische IPR hingegen abweichend an (etwa an die gemeinsame Staatsangehörigkeit der Ehegatten), ist dieser Verweisung zu folgen und das von ihr bezeichnete Recht anzuwenden.

Bei der Ausgestaltung der Kollisionsnormen als Gesamt- oder Sachnormverweisung ist der jeweils kompetente IPR-Gesetzgeber frei, dementsprechend unterschiedlich sind die in den einzelnen Kollisionsrechtsakten vorgesehenen Lösungen. Jedenfalls für das **nationale IPR** gilt der **Grundsatz der Gesamtverweisung** (Art. 4 Abs. 1 S. 1 EGBGB), Sachnormverweisungen sind nur in Ausnahmefällen vorgesehen (Art. 4 Abs. 1 S. 1 Hs. 2, Abs. 2 EGBGB). Demgegenüber ordnet das **europäische IPR** grundsätzlich **Sachnormverweisungen** an (vgl. Art. 20 Rom I-VO, Art. 24 Rom II-VO, Art. 11 Rom III-VO, Art. 32 EuGüVO bzw. EuPartVO), alleine die EuErbVO sieht mit Art. 34 Abs. 1 EuErbVO eine – aufgrund zahlreicher Ausnahmen (vgl. Art. 34 Abs. 2 EuErbVO) jedoch wieder stark eingeschränkte – Beachtlichkeit ausländischen IPR vor. Sachnormverweisungen finden sich zuletzt auch regelmäßig – wenngleich keineswegs zwingend – in **kollisionsrechtlichen Staatsverträgen**.

Hinweis: Wie die unterschiedlichen Regelungsmodelle der einzelnen kollisionsrechtlichen Rechtsakte widerspiegeln, ist die Beachtlichkeit eines Renvoi in rechtspolitischer Hinsicht stark umstritten.[86] Gegen die Anerkennung eines Renvoi werden vor allem **Praktikabilitätsinteressen** ins Feld geführt, da die (zusätzliche) Prüfung ausländischen Kollisionsrechts

---

86 Vgl. etwa *Solomon*, Liber amicorum Schurig (2012), 237 ff.; dezidiert gegen die Beachtlichkeit eines Renvoi *Mäsch*, RabelsZ 61 (1997), 285 ff. – Ausführlich hierzu *Sonnentag*, Der Renvoi im Internationalen Privatrecht, 2001, S. 95 ff.

einen Mehraufwand darstellt, der zugleich zu einer gewissen Rechtsunsicherheit führe. Demgegenüber rekurrieren die Befürworter eines Renvoi insbesondere auf das **Interesse an äußerem Entscheidungseinklang**, dem mit einer Gesamtverweisung Rechnung getragen werden kann. Und in der Tat sprechen für die Beachtlichkeit eines Renvoi gute Gründe: Zweck des Kollisionsrechts ist es, die für den konkreten Fall kollisionsrechtlich angemessene *materielle* Rechtsgrundlage zu bestimmen (vgl. Rn. 4 ff.). Wenn jedoch der Staat, auf den unsere Kollisionsnormen verweisen, sein eigenes Sachrecht aufgrund einer abweichenden kollisionsrechtlichen Entscheidung unangewendet lässt, trifft er der Sache nach schlicht eine *andere* materielle Entscheidung (nämlich diejenige eines anderen Staates, welche er sich durch einen autonomen kollisionsrechtlichen Anwendungsbefehl zu eigen macht). Wollen wir daher *materiell* so entscheiden wie der Staat, auf den unsere Kollisionsnormen verweisen, muss dessen Rechtsordnung *unverkürzt* – also unter Einschluss des IPR – zur Anwendung gebracht werden. Freilich kann diese Erwägung nicht dazu dienen, eine seitens des Gesetzgebers explizit angeordnete Sachnormverweisung teleologisch zu korrigieren.

2. Nationales IPR

a) Grundsatz: Gesamtverweisung

62 Im nationalen IPR gilt gem. Art. 4 Abs. 1 S. 1 Hs. 1 EGBGB der **Grundsatz der Gesamtverweisung**, so dass ein etwaiger, seitens des berufenen ausländischen IPR ausgesprochener Renvoi grundsätzlich zu beachten ist (zu Ausnahmen vgl. Rn. 68 ff.). Verweist das ausländische IPR auf unser Recht zurück, wird diese **Rückverweisung** gem. Art. 4 Abs. 1 S. 2 EGBGB *autonom abgebrochen* und deutsches Sachrecht berufen, verweist die ausländische Rechtsordnung auf das Recht eines dritten Staates, ist dieser **Weiterverweisung** – nach Maßgabe des erstberufenen ausländischen IPR – zu folgen. Dies gilt auch dann, wenn das ausländische IPR seinerseits im Wege einer Gesamtverweisung das IPR eines dritten Staates zur Anwendung beruft, das wiederum eine Rück- oder gar Weiterverweisung ausspricht.

63 ▶ **Fall 4:** Deutsches IPR verweist im Wege einer Gesamtverweisung auf das IPR des Staates A, der das IPR des Staates B für maßgeblich erklärt; dieser verweist wiederum auf das IPR des Staates A. Angenommen, Staat A und Staat B würden eine Rückverweisung auf ihr Recht – entsprechend Art. 4 Abs. 1 S. 2 EGBGB – jeweils bei sich autonom abbrechen – welches Recht ist zur Anwendung berufen? ◀

64 ▶ **Lösung:** Bei der Lösung des Falles ist zu berücksichtigen, dass das Kollisionsrecht des Erststaates (Staat A) „unverkürzt", also unter Einschluss etwaiger Abbruchregelungen zur Anwendung berufen wird, weil mit *diesem* Staat Entscheidungseinklang hergestellt werden soll. Folglich ist die Abbruchregelung des Staates A maßgeblich, so dass das Sachrecht des Staates A anzuwenden ist. ◀

65 Führt die Beachtlichkeit des Renvoi zu der Anwendung des Rechts eines **vierten oder gar eines weiteren Staates**, ist auch dieser Weiterverweisung – nach Maßgabe des erstberufenen Rechts – zu folgen.[87] Ein genereller Abbruch der Verweisung bei dem Recht des zweitberufenen Rechts, wie sie teilweise aus Praktikabilitätsgründen gefor-

---

[87] Vgl. *Kegel/Schurig*, § 10 IV 3 (S. 403); *von Hoffmann/Thorn*, § 6 Rn. 104.

IV. Gesamt- oder Sachnormverweisung

dert wird,[88] ist abzulehnen, da ein solches Vorgehen nicht nur willkürlich erscheint (warum kein Abbruch bei dem erst- bzw. drittberufenen Recht?), sondern insbesondere auch den Entscheidungseinklang mit der erstberufenen Rechtsordnung verfehlt, den Art. 4 Abs. 1 S. 1 EGBGB zu erreichen bezweckt.[89] Freilich gilt zu berücksichtigen, dass unüberschaubare Verweisungsketten in der Praxis zumeist ausgeschlossen sind, da die Anzahl der rechtspolitisch in Betracht kommenden kollisionsrechtlichen Anknüpfungsmomente beschränkt ist.[90]

Zur abschließenden Verdeutlichung der einzelnen Problemkonstellationen dient 66

▶ **Fall 5:** Angenommen, deutsches IPR verweist im Wege einer Gesamtverweisung auf
a) deutsches Recht,
b) das Recht eines ausländischen Staates, der die Verweisung annimmt,
c) das Recht eines ausländischen Staates, der auf deutsches Recht rückverweist,
d) das Recht eines ausländischen Staates, der seinerseits die Sachnormen eines dritten Staates beruft,
e) das Recht eines ausländischen Staates, der seinerseits das Kollisionsrecht eines dritten Staates beruft, der (1) sein eigenes Recht für anwendbar erklärt oder auf das Recht eines vierten Staates verweist, der wiederum entweder (2) die Verweisung annimmt oder (3) auf das Recht des dritten Staates zurückverweist. ◀

▶ **Lösung:** In **Variante a)** ist deutsches Sachrecht unmittelbar im Wege einer Sachnormverweisung berufen, da es sich bei Verweisungen auf deutsches Recht *stets* um Sachnormverweisungen handelt; begründen lässt sich dies mit einem Umkehrschluss aus Art. 4 Abs. 1 S. 1 EGBGB, wonach ausschließlich Verweisungen auf das Recht eines *anderen* Staates Gesamtverweisungen darstellen.[91] In **Variante b)** ist das Sachrecht des ausländischen Staates anzuwenden (Art. 4 Abs. 1 S. 1 EGBGB), in **Variante c)** die Rückverweisung auf deutsches Recht autonom abzubrechen (Art. 4 Abs. 1 S. 2 EGBGB) und in **Variante d)** der Weiterverweisung auf das Sachrecht des dritten Staates zu folgen (Art. 4 Abs. 1 S. 1 EGBGB). 67

Für **Variante e)** ist zu differenzieren: In **Untervariante (1)** ist unstreitig das Sachrecht des dritten Staates, in **Untervariante (2)** nach vorzugswürdiger Ansicht das Sachrecht des vierten Staates anzuwenden, da ein autonomer, von dem Wortlaut des Art. 4 Abs. 1 S. 1 EGBGB nicht gedeckter Abbruch der Verweisung bei dem Sachrecht des dritten Staates nicht in Betracht kommt (vgl. Rn. 65). In **Untervariante (3)** kommt es auf die Abbruchregelung des *ersten* Staates an, auf den wir verweisen, da mit diesem vollumfänglich Entscheidungseinklang hergestellt werden soll. Ein genereller Abbruch der Verweisung bei dem Sachrecht des *dritten* Staates, der neben der bereits erwähnten Argumentation teilweise auch auf eine entsprechende Anwendung von Art. 4 Abs. 1 S. 2 EGBGB gestützt wird (Folge: autonomer Abbruch der Verweisung bei demjenigen Staat, der als erstes zum zweiten Mal in der Verweisungskette auftritt),[92] kommt nicht in Betracht, da auch ein solcher Ansatz den

---

88 So *Kropholler*, § 24 II 4 (S. 175): „Die Prüfung weiterer Anknüpfungs- oder Renvoi-Regeln fremder Rechtsordnungen erscheint […] als ein zu hoher Preis für die Hoffnung auf internationale Entscheidungsgleichheit, der nicht gezahlt werden muss".
89 Vgl. auch *von Hoffmann/Thorn*, § 6 Rn. 103.
90 *Kegel/Schurig*, § 10 IV 1 (S. 402).
91 *Von Hoffmann/Thorn*, § 6 Rn. 76.
92 So etwa *Rauscher*, Rn. 357; vgl. auch *Junker*, § 8 Rn. 42; MüKoBGB/*von Hein* Art. 4 EGBGB Rn. 114 ff.

(von Art. 4 Abs. 1 S. 1 EGBGB bezweckten) Entscheidungseinklang mit der erstberufenen Rechtsordnung verfehlt.[93]

b) Ausnahmen

68 Der Grundsatz der Gesamtverweisung gilt im nationalen IPR nicht uneingeschränkt, vielmehr ordnen Art. 4 Abs. 1 S. 1 Hs. 2 EGBGB sowie Art. 4 Abs. 2 EGBGB zwei wichtige Ausnahmen an.

aa) Sinnwidrigkeit gem. Art. 4 Abs. 1 S. 1 Hs. 2 EGBGB

69 Eine Sachnormverweisung (vgl. Art. 4 Abs. 2 S. 1 EGBGB) liegt zunächst vor, wenn die Annahme einer Gesamtverweisung dem *Sinn der Verweisung* widerspricht (Art. 4 Abs. 1 S. 1 Hs. 2 EGBGB). Wann dies der Fall ist, ist im Einzelnen stark umstritten. Diskutiert werden folgende Fallgruppen:

(1) Alternativanknüpfungen

70 Kollisionsnormen, die alternativ mehrere Rechtsordnungen zur Anwendung berufen (etwa Art. 11, Art. 19 Abs. 1 EGBGB), dienen der Förderung eines bestimmten materiellen Zwecks (im Falle von Art. 11 EGBGB der *Begünstigung der Formwirksamkeit* durch Zurverfügungstellung möglichst zahlreicher Rechtsordnungen, sog. „favor negotii"). Dieser Zweck wird durch eine Gesamtverweisung jedenfalls dann durchkreuzt, wenn eine solche *konkret*[94] die Anzahl der anzuwendenden Rechtsordnungen reduzieren würde.

71 **Beispiel:** Art. 11 Abs. 1 EGBGB erklärt alternativ das Orts- sowie das Geschäftsrecht für anwendbar. Sollte etwa das zugleich berufene IPR des Ortsrechts auf das Geschäftsrecht weiterverweisen, wäre im Ergebnis nur *eine* Rechtsordnung anzuwenden, obwohl Art. 11 Abs. 1 EGBGB gerade zwei verschiedene (materielle) Rechtsordnungen zur Verfügung stellen will. In einem solchen Falle verstößt die Annahme einer Gesamtverweisung daher gegen den Sinn der Alternativanknüpfung, so dass es sich bei der von Art. 11 Abs. 1 Alt. 1 EGBGB ausgesprochenen Verweisung um eine Sachnormverweisung handelt.

72 Nach einer weitergehenden Ansicht soll es sich bei Alternativanknüpfungen demgegenüber **stets um Sachnormverweisungen** handelt, unabhängig davon, ob die Beachtlichkeit des Renvoi im konkreten Fall die Anzahl der zur Verfügung stehenden Anknüpfungen verkürzt oder nicht;[95] ausreichend für ein Eingreifen der Sinnwidrigkeitsklausel des Art. 4 Abs. 1 S. 1 Hs. 2 EGBGB ist somit bereits die *abstrakte* Gefahr einer Reduktion der alternativ zur Verfügung gestellten Rechtsordnung. Zur Begründung einer solchen Ansicht mag man auf das Interesse an innerem Entscheidungseinklang rekurrieren, welches eine einheitliche, für alle Fälle gültige Entscheidung der Renvoifrage ge-

---

93 So auch *von Bar/Mankowski*, Band I: Allgemeine Lehren, § 7 Rn. 225; *Kegel/Schurig*, § 10 IV 3 (S. 403); *von Hoffmann/Thorn*, § 6 Rn. 105.
94 *Kegel/Schurig*, § 10 V (S. 405); *Kropholler*, § 24 II 2 c (S. 171 f.); *Grüneberg/Thorn*, Art. 4 EGBGB Rn. 6; NK-BGB/*Freitag*, Art. 4 EGBGB Rn. 21.
95 So etwa *von Hoffmann/Thorn*, § 6 Rn. 113. – Demgegenüber nach dem Zweck der jeweiligen Kollisionsnorm differenzierend etwa *Kegel/Schurig*, § 10 V (S. 405); *Kropholler*, § 24 II 2 c (S. 171 f.): grundsätzlich Sachnormverweisung, Gesamtverweisung jedoch dann, wenn der von der betreffenden Kollisionsnorm verfolgte Begünstigungszweck durch die Annahme einer Sachnormverweisung nicht erreicht werden kann. – Ausführlich zum Ganzen Staudinger/*Hausmann* (2019), Art. 4 EGBGB Rn. 107 ff.; NK-BGB/*Freitag*, Art. 4 EGBGB Rn. 21.

IV. Gesamt- oder Sachnormverweisung

bieten kann, dagegen spricht jedoch das Interesse an äußerem Entscheidungseinklang mit dem erstberufenen Staat, dem Art. 4 Abs. 1 S. 1 EGBGB gerade Rechnung tragen will.

(2) Akzessorische Anknüpfungen

Akzessorische Anknüpfungen (etwa Art. 41 Abs. 2 Nr. 1 EGBGB, Art. 45 Abs. 2 S. 1 EGBGB) dienen der antizipierten Vermeidung von Normwidersprüchen, indem einheitlich *eine* Rechtsordnung für kollisionsrechtlich grundsätzlich unterschiedlich zu behandelnde, jedoch im Zusammenhang stehende Fragen zur Anwendung gebracht wird. Musterbeispiel stellen Fälle konkurrierender vertraglicher und deliktischer Ansprüche dar, die zur Vermeidung widersprüchlicher Ergebnisse *einem* Recht – konkret dem Vertragsstatut (vgl. Art. 41 Abs. 2 S. 1 EGBGB) – unterstellt werden. Würde man in solchen Fällen das Kollisionsrecht des für die Hauptfrage maßgeblichen Rechts berufen, liefe der mit der akzessorischen Anknüpfung verfolgte Zweck ins Leere, so dass es sich hierbei gem. Art. 4 Abs. 1 S. 1 Hs. 2 EGBGB um Sachnormverweisungen handelt.[96]

73

(3) Anknüpfungen an die engste Verbindung

Nach verbreiteter Ansicht sollen Anknüpfungen an die engste Verbindung generell Sachnormverweisungen darstellen, da die Bestimmung der engsten Verbindung eine differenzierte Einzelfallabwägung erfordere, die nicht wieder durch das ausländische IPR zunichtegemacht werden sollen. Dies gelte zumindest für **Ausweichklauseln**[97] (bspw. Art. 41 Abs. 1, Art. 46 EGBGB), daneben aber auch für **Hilfsanknüpfungen**[98] (bspw. Art. 14 Abs. 2 Nr. 4 EGBGB). Beides ist indes nach vorzugswürdiger Ansicht abzulehnen: Ausweichklauseln haben alleine den Zweck, den besonderen Umständen des Einzelfalls Rechnung zu tragen. Im Hinblick auf die abzuwägenden Rechtsanwendungsinteressen sind sie den herkömmlichen kodifizierten Kollisionsnormen, die im Übrigen ebenfalls an die engste, nur eben für den *typischen* Anwendungsfall kodifizierte Verbindung anknüpfen, *gleichwertig*, so dass eine differenzierende Behandlung nicht zu rechtfertigen ist; vielmehr muss es auch bei solchen Kollisionsnormen bei dem von Art. 4 Abs. 1 S. 1 Hs. 1 EGBGB festgelegten Grundsatz der Gesamtverweisung bleiben. Dies gilt erst recht für Hilfsanknüpfungen, die alleine subsidiär, also auf der *untersten* Stufe einer Anknüpfungsleiter, ein Recht zur Anwendung berufen – wenn es sich bei den vorrangigen Anknüpfungsentscheidungen (etwa Art. 14 Abs. 2 Nr. 1, Nr. 2 und Nr. 3 EGBGB) um Gesamtverweisungen handelt, kann die Annahme einer Sachnormverweisung schwerlich mit der besonderen Qualität der Anknüpfung an die engste Verbindung begründet werden. Auch für Hilfsanknüpfungen, die an die engste Verbindung anknüpfen, muss daher der von Art. 4 Abs. 1 S. 1 Hs. 1 EGBGB festgelegte Grundsatz der Gesamtverweisungen gelten.[99]

74

---

96 Ebenso *Kropholler*, § 24 II 2 d (S. 172); *von Hoffmann/Thorn*, § 6 Rn. 114. – AA (Gesamtverweisung) *Kegel/Schurig*, § 10 V (S. 405 f.).
97 Eine Sachnormverweisung annehmend etwa *Grüneberg/Thorn*, Art. 4 EGBGB Rn. 7; NK-BGB/*Freitag*, Art. 4 EGBGB Rn. 22; *Kropholler*, § 24 II 2 a (S. 170); *von Hoffmann/Thorn*, § 6 Rn. 116.
98 Eine Sachnormverweisung annehmend Erman/*Hohloch* (15. Aufl.), Art. 4 EGBGB Rn. 18. – AA die hM, vgl. nur *Grüneberg/Thorn*, Art. 4 EGBGB Rn. 7; NK-BGB/*Freitag*, Art. 4 EGBGB Rn. 22; Erman/*Stürner*, Art. 4 EGBGB Rn. 18.
99 So zu Recht *Kegel/Schurig*, § 10 V (S. 405 f.).

bb) Rechtswahl

75 Eine ausdrückliche Anordnung einer Sachnormverweisung sieht Art. 4 Abs. 2 S. 2 EGBGB für die Fälle einer Rechtswahl vor: Soweit einzelne Kollisionsnormen eine solche gestatten (Art. 10 Abs. 2, Abs. 3, Art. 14 Abs. 1, Art. 42 Abs. 1 EGBGB), verweisen diese daher ausschließlich auf das Sachrecht des mittels der Rechtswahl bestimmten Staates.

Hinweis: Auch wenn der Wortlaut von Art. 4 Abs. 2 S. 2 EGBGB etwas missverständlich ist, sollte man dieser Regelung indes kein generelles Verbot dahin gehend entnehmen, das Kollisionsrecht eines bestimmten Staates zu wählen. Denn eine solche (freilich höchst seltene) Erklärung lässt sich – nach Maßgabe des gewählten Rechts – regelmäßig als Rechtswahl zugunsten des *Sachrechts* desjenigen Staates auslegen, das seitens der konkret gewählten kollisionsrechtlichen Regelungen für anwendbar erklärt wird.

3. Europäisches IPR

a) Grundsatz: Sachnormverweisung

76 Anders als das nationale IPR sprechen die Kollisionsnormen der Rom I-VO, der Rom II-VO, der Rom III-VO, der EuGüVO bzw. EuPartVO explizit Sachnormverweisungen aus (vgl. Art. 20 Rom I-VO, Art. 24 Rom II-VO, Art. 11 Rom III-VO, Art. 32 EuGüVO bzw. EuPartVO), so dass etwaige Rück- oder Weiterverweisungen seitens des konkret berufenen ausländischen Rechts unbeachtlich sind. Gleiches gilt für die meisten Anknüpfungen der EuErbVO, wenngleich diese mit Art. 34 Abs. 1 EuErbVO zumindest in bestimmten Fällen eine Gesamtverweisung anordnet (vgl. hierzu Rn. 82 ff.).

77 Verweisen die europäischen Kollisionsnormen im Wege einer Sachnormverweisung auf ein **drittstaatliches Recht**, muss diese eindeutige gesetzgeberische Entscheidung hingenommen werden. Zweifelhaft ist die Ausgestaltung als Sachnormverweisung jedoch in denjenigen Fällen, in denen das europäische IPR die **Sachrechtsordnung eines Mitgliedstaates** beruft, dem die vorrangige Anwendung **kollisionsrechtsvereinheitlichender Staatsverträge** aufgrund entsprechender Öffnungsklauseln (Art. 25 Rom I-VO, Art. 28 Rom II-VO, Art. 19 Rom III-VO, Art. 75 EuErbVO, Art. 62 EuGüVO bzw. EuPartVO) weiterhin gestattet wird: Denn in einem solchen Falle würde dieser mitgliedstaatliche Vertragsstaat bei eigener Zuständigkeit die für ihn maßgeblichen staatsvertraglichen Regelungen anwenden (und damit zu einer von den europäischen Kollisionsnormen ggf. abweichenden, von allen anderen Mitgliedstaaten jedoch anzuerkennenden Entscheidung gelangen), jeglicher andere Mitgliedstaat jedoch bei eigener Zuständigkeit dessen Sachrecht – ein Ergebnis, das nicht nur den europäischen Entscheidungseinklang beeinträchtigt, sondern auch das *forum shopping* begünstigt,[100] dem die europäische Kollisionsrechtsvereinheitlichung gerade entgegenwirken will. Dies verdeutlicht

78 ▶ **Fall 6:** Der in Stuttgart wohnende A unternimmt zusammen mit dem in Genua lebenden B eine Ausflugsfahrt in die französischen Seealpen bei Nizza. Aufgrund grob fahrlässigen Verhaltens kommt A, der das in Italien zugelassene Kraftfahrzeug steuert, von der Straße ab und fährt gegen einen Baum. Bei dem Verkehrsunfall wird B schwer verletzt. ◀

---

100 Vgl. hierzu auch *Heinze*, FS Kropholler (2008), 105 (116 f.).

IV. Gesamt- oder Sachnormverweisung

▶ **Lösung:** Im vorliegenden Fall sind sowohl französische (Art. 7 Nr. 2 EuGVVO) als auch deutsche Gerichte (Art. 4 Abs. 1 EuGVVO) international zuständig. Würde B den A in Frankreich auf Schadensersatz verklagen, müssten französische Gerichte das – ua für Frankreich, nicht jedoch für Deutschland geltende – *Haager Übereinkommen über das auf Straßenverkehrsunfälle anzuwendende Recht v. 4.5.1971*[101] zur Anwendung bringen, da dieses für französische Gerichte trotz Geltung der Rom II-VO vorrangig zu beachten ist (Art. 28 Rom II-VO); berufen wäre nach diesem Übereinkommen italienisches Deliktsrecht (Art. 4 lit. a Spiegelstr. 2 Haager Übereinkommen). Wäre demgegenüber der Rechtsstreit von deutschen Gerichten zu entscheiden, hätten diese gem. Art. 4 Abs. 1 iVm Art. 24 Rom II-VO französisches Sachrecht anzuwenden – europäischer Entscheidungseinklang ließe sich daher trotz prozessualer und kollisionsrechtlicher Rechtsvereinheitlichung nicht erzielen. ◀

In derartigen Fällen erscheint eine – allerdings von der herkömmlichen Auffassung nicht vorgenommene – teleologische Korrektur der Art. 20 Rom I-VO, Art. 24 Rom II-VO, Art. 11 Rom III-VO, Art. 34 EuErbVO sowie Art. 32 EuGüVO bzw. EuPartVO erwägenswert.[102] Die beiden Ziele des europäischen Kollisionsrechts, einerseits europäischen Entscheidungseinklang herzustellen, andererseits den einzelnen Mitgliedstaaten völkerrechtskonformes Verhalten im Hinblick auf bereits geschlossene Staatsverträge zu ermöglichen, lassen sich nur vereinbaren (und – im Hinblick auf den Auslegungsgrundsatz des *effet utile* – „effektiv" durchsetzen), wenn die seitens des europäischen IPR angeordnete Beachtlichkeit eines Staatsvertrages für alle Mitgliedstaaten **gleichermaßen verbindlich** ist. Verweisen die Kollisionsnormen der Rom I-VO, Rom II-VO, Rom III-VO, der EuErbVO sowie der EuGüVO bzw. EuPartVO auf das Recht eines Mitgliedstaates, der aufgrund entsprechender Öffnungsklauseln bei eigener Zuständigkeit staatsvertragliches Kollisionsrecht zur Anwendung bringen würde, erscheint es daher vorzugswürdig, die seitens des europäischen IPR angeordneten Verweisungen auf diese Kollisionsnormen zu erstrecken, so dass jeder Mitgliedstaat in der Sache gleich entscheiden kann. Freilich müsste eine derartige teleologische Korrektur gegen den expliziten Wortlaut der genannten Bestimmungen erfolgen, was sich jedoch mit der geschilderten Erwägung begründen ließe. Letztverbindlich kann das hier aufgeworfene Problem indes alleine seitens des EuGH geklärt werden, dem insoweit eine originäre Prüfungskompetenz zukommt.

▶ **Lösung:** Folgt man der hier vertretenen Ansicht, hätten deutsche Gerichte in dem geschilderten Beispielfall trotz der Regelung des Art. 24 Rom II-VO das in Frankreich vorrangig zu beachtende Haager Straßenverkehrsübereinkommen anzuwenden. Berufen wäre somit stets italienisches Sachrecht, unabhängig davon, ob der B vor französischen oder deutschen Gerichten Klage erhebt. ◀

b) Ausnahme: Gesamtverweisung

aa) Die Regelung des Art. 34 Abs. 1 EuErbVO

Abweichend von den sonstigen europäischen Kollisionsrechtsakten ordnet Art. 34 EuErbVO unter bestimmten Voraussetzungen die Beachtlichkeit ausländischen IPR an, so dass in solchen Fällen etwaigen Rück- und Weiterverweisungen seitens der lex

---
[101] Abgedruckt bei *Jayme/Hausmann*, Nr. 100.
[102] Den hier vertretenen Ansatz für die Rom I-VO ebenfalls erwägend, im Ergebnis jedoch ablehnend *Dostal*, ZVertriebR 2019, 281 (283 f.).

causae Folge zu leisten ist. Auch wenn die allgemein gehaltene Fassung des Art. 34 EuErbVO die Gesamtverweisung als Grundsatz für die EuErbVO zu normieren scheint, täuscht dieser erste Eindruck: Zieht man die sehr weitgehende Ausnahmevorschrift des Abs. 2 in die Betrachtung mit ein, der bei Verweisungen der Art. 21 Abs. 2 (Ausweichklausel), Art. 22 (Rechtswahl), Art. 27 (Formgültigkeit von Verfügungen von Todes wegen), Art. 28 lit. a (Formgültigkeit einer Annahme- oder Ausschlagungserklärung) und Art. 30 EuErbVO (Eingriffsnormen) explizit die Beachtlichkeit eines Renvoi ausschließt, verbleibt als einziger Anwendungsfall des Art. 34 EuErbVO die Grundanknüpfung des **Art. 21 Abs. 1 EuErbVO** sowie die auf diese Vorschrift verweisenden Kollisionsnormen (Art. 24 Abs. 1, Abs. 3 S. 1, Art. 25, Art. 28 lit. a EuErbVO).

Hinweis: Voraussetzung für die Beachtlichkeit eines drittstaatlichen Renvoi im Rahmen der EuErbVO ist damit von vornherein, dass der **Erblasser seinen gewöhnlichen Aufenthalt in diesem Drittstaat** hat. Da sich in einem solchen Fall die internationale Zuständigkeit der mitgliedstaatlichen Gerichte alleine über Art. 10 EuErbVO *(subsidiäre Zuständigkeit)* und Art. 11 EuErbVO *(Notzuständigkeit)* begründen lässt, ist die Relevanz von Art. 34 Abs. 1 EuErbVO jedenfalls in reinen Nachlasssachen gering. Von Bedeutung ist Art. 34 Abs. 1 EuErbVO jedoch insbesondere im Rahmen von – selbstständig anzuknüpfenden (vgl. hierzu Rn. 122 ff.) – *erbrechtlichen Vorfragen*, die unabhängig von den restriktiven Zuständigkeitsregelungen der EuErbVO zu beurteilen sind, sowie bei der Beurteilung von *Verfügungen von Todes* wegen.

83 Die Annahme einer Gesamtverweisung setzt nach dem Wortlaut des Art. 34 Abs. 1 EuErbVO zunächst voraus, dass auf das Recht eines **Drittstaates** verwiesen wird. Hierunter sind neben allen Nicht-Mitgliedstaaten auch diejenigen Mitgliedstaaten zu verstehen, die an der EuErbVO nicht beteiligt sind (Irland und Dänemark).[103] Den Fall, dass das Recht eines *anderen* Mitgliedstaates für anwendbar erklärt wird, regelt Art. 34 Abs. 1 EuErbVO nicht, allerdings besteht insoweit auch keine Notwendigkeit, weil selbst der Rückgriff auf das – unter den Mitgliedstaaten ja gerade vereinheitlichte – Kollisionsrecht zur Anwendung des Sachrechts des jeweiligen Mitgliedstaates führt.[104] Darüber hinaus ist die von Art. 34 Abs. 1 EuErbVO angeordnete Verweisung auf ein drittstaatliches Kollisionsrecht stets **bedingt**: Sie ist nur zu beachten, soweit das drittstaatliche IPR

- auf das **Recht eines Mitgliedstaates** (lit. a) oder
- auf das **Recht eines anderen (zweiten) Drittstaates**, der sein eigenes Recht anwenden würde (lit. b),

rück- bzw. weiterverweist. Nimmt der Drittstaat hingegen die Verweisung an, erfolgt die Berufung seines Sachrechts – etwas umständlich – anhand der Kollisionsnormen der EuErbVO, die in diesem Falle (mangels Vorliegens der von Art. 34 Abs. 1 EuErbVO aufgestellten Bedingungen) eine *Sachnorm*verweisung auf dessen Recht aussprechen.

bb) Renvoi auf das Recht eines Mitgliedstaates (lit. a)

84 Verweist das drittstaatliche IPR auf das Recht eines Mitgliedstaates, sind im Rahmen von Art. 34 Abs. 1 lit. a EuErbVO *zwei Konstellationen* zu unterschieden: Handelt

---

103 Staudinger/*Hausmann* (2019), Art. 4 EGBGB Rn. 206; Grüneberg/*Thorn*, Art. 34 EuErbVO Rn. 3.
104 Vgl. auch Deixler-Hübner/Schauer/*Schwartze*, Art. 34 EuErbVO Rn. 8.

IV. Gesamt- oder Sachnormverweisung

es sich bei dieser Verweisung um eine **Sachnormverweisung**, sind (unstreitig) die Sachnormen dieses Mitgliedstaates anzuwenden, da das berufene drittstaatliche IPR – allgemeinen Grundsätzen entsprechend – so anzuwenden ist, wie dies durch den jeweiligen Erlassstaat erfolgt. Spricht das drittstaatliche Kollisionsrecht hingegen eine **Gesamtverweisung** aus, entsteht ein Verweisungszirkel („Ping-Pong-Spiel"),[105] der mittels einer **Abbruchregelung** durchbrochen werden muss. Allerdings sieht die EuErbVO – anders als das nationale Recht (Art. 4 Abs. 1 S. 2 EGBGB) – eine solche nicht vor,[106] so dass die insoweit bestehende (interne) Regelungslücke im Wege *unionsrechtlicher* Rechtsfortbildung zu schließen ist. Auf welche Weise dies zu geschehen hat, ist bislang offen und kann letztverbindlich alleine seitens des EuGH geklärt werden. Vorstellbar sind jedoch grundsätzlich **drei Lösungsansätze**:[107]

- ein autonomer Abbruch der Verweisung **bei der mitgliedstaatlichen Rechtsordnung**,[108] so dass stets diese anzuwenden ist,
- ein autonomer Abbruch **bei der drittstaatlichen Rechtsordnung**, so dass deren Sachrecht zur Anwendung berufen ist, oder
- eine Anwendung der Abbruchregelung des Drittstaates iSd (im anglo-amerikanischen Rechtskreis verbreiteten) *foreign-court*-Theorie,[109] so dass die Entscheidung über das konkret anwendbare Sachrecht dem Kollisionsrecht des Drittstaates überlassen wird.

Stellungnahme: Bei der Lösung dieser Problematik ist zu beachten, dass die Beachtlichkeit des Renvoi im Rahmen der EuErbVO – anders als im Rahmen des EGBGB – nicht zu einer vollumfänglichen Verwirklichung des internationalen Entscheidungseinklangs führen soll, sondern vielmehr Praktikabilitätsinteressen bei der Rechtsanwendung geschuldet ist,[110] denen am besten Rechnung getragen wird, wenn die zuständigen Gerichte die ihnen vertraute *lex fori* anwenden können („Heimwärtsstreben" als Ausfluss des Ordnungsinteresses an schneller und sicherer Entscheidung).[111] **Lösung 2** wird dieser Interessenlage nicht gerecht, da die Durchsetzung der eigenen, durch die Verweisung der EuErbVO konkretisierte kollisionsrechtliche Gerechtigkeitsentscheidung weder Entscheidungseinklang mit dem Drittstaat gewährleistet (eben weil wir dessen eigene Abbruchregelung unbeachtet lassen) noch die Anwendung der lex fori begünstigt, da ein solches Vorgehen *stets* zur Anwendung einer von der lex fori verschiedenen Rechtsordnung führt. Demgegenüber kann **Lösung 3** für sich in Anspruch nehmen, den Entscheidungseinklang mit dem Drittstaat vollumfänglich zu

85

---

105 *Kegel/Schurig*, § 10 III 1 (S. 393).
106 Vgl. auch Solomon, Liber amicorum Schurig (2012), 237 (242); Staudinger/*Hausmann* (2019), Art. 4 EGBGB Rn. 208.
107 Vgl. hierzu *Kegel/Schurig*, § 10 III 1 (S. 393 f.).
108 So etwa MüKoBGB/*Dutta*, Art. 34 EuErbVO Rn. 3; vgl. auch NK-BGB/*Looschelders*, Art. 34 EuErbVO Rn. 9 f.; Deixler-Hübner/Schauer/*Schwartze*, Art. 34 EuErbVO Rn. 11 f.
109 So Staudinger/*Hausmann* (2019), Art. 4 EGBGB Rn. 208. – Zur *foreign-court*-Theorie vgl. von Bar/Mankowski, Band I: Allgemeine Lehren, § 7 Rn. 216 f.; von Hoffmann/Thorn, § 6 Rn. 89; *Kegel/Schurig*, § 10 III 1 (S. 394).
110 Auch wenn Art. 34 EuErbVO nach Erwägungsgrundes 57 EuErbVO dem internationalen Entscheidungseinklang Rechnung trägt, macht die restriktive Fassung dieser Vorschrift deutlich, dass dieser nicht vollumfänglich verwirklicht werden soll, sondern alleine dann, wenn dies zugleich die Rechtsanwendung erleichtert (Art. 34 Abs. 1 lit. a EuErbVO) oder jedenfalls nicht erschwert (Art. 34 Abs. 1 lit. b EuErbVO); dem Interesse an äußerem Entscheidungseinklang wird damit nur Rechnung getragen, wenn der Renvoi zugleich von *anderen* Ordnungsinteressen (insbesondere an einer schnellen und sicheren Entscheidung) gestützt wird.
111 Vgl. hierzu *Kegel/Schurig*, § 2 II 3 b (S. 143).

verwirklichen, jedoch geht auch dieser Ansatz zulasten des (Ordnungs-)Interesses an der Anwendung der eigenen Rechtsordnung, da im Falle einer Rückverweisung auf die lex fori das drittstaatliche Recht angewandt werden müsste, wenn dessen Kollisionsrecht dies verlangt. Die Beachtung einer derartigen Abbruchregelung erscheint zweifelhaft, da diese ihrerseits bezweckt, die Rechtsanwendung durch die eigenen Gerichte zu erleichtern, und dieser Zweck in sein Gegenteil verkehrt wird, wenn mitgliedstaatliche Gerichte diese beachten und *ihretwegen* ausländisches Recht anwenden müssten.[112] Hinzu kommt, dass dieser Lösungsansatz versagt, wenn der Drittstaat selbst der *foreign-court*-Theorie folgt (vgl. hierzu Fall 7). Zu folgen ist daher **Lösung 1**, nach der *jede* im Rahmen von Art. 34 Abs. 1 lit. a EuErbVO beachtliche drittstaatliche Kollisionsnormverweisung auf das Recht eines Mitgliedstaates zur Anwendung von *dessen* Sachrecht führt.

cc) Renvoi auf das Recht eines anderen (zweiten) Drittstaates (lit. b)

86 Verweist das Kollisionsrecht des (ersten) Drittstaates auf das Recht eines weiteren (zweiten) Drittstaates, ist diese Weiterverweisung gem. Art. 34 Abs. 1 lit. b EuErbVO nur beachtlich, wenn das Kollisionsrecht des zweiten Drittstaates die Verweisung annimmt. Ist dies nicht der Fall, weil der zweite Drittstaat seinerseits auf das Recht eines *dritten* Drittstaates weiterverweist, tritt die von Art. 34 Abs. 1 lit. b EuErbVO aufgestellte Bedingung nicht ein, so dass es sich bei der ursprünglichen, von der EuErbVO ausgesprochenen Verweisung nunmehr um eine Sachnormverweisung handelt, die zur Anwendung des Sachrechts des ersten Drittstaates führt. Über den Wortlaut von Art. 34 Abs. 1 lit. b EuErbVO hinaus sind jedoch nach vorzugswürdiger, freilich umstrittener Ansicht **zwei Ausnahmen** zu machen: Verweist das Kollisionsrecht des zweiten Drittstaates auf ein *mitgliedstaatliches* Recht, entspricht dies der von Art. 34 Abs. 1 lit. a EuErbVO erfassten Konstellation, so dass es im Hinblick auf eine wertungsmäßig kohärente Auslegung dieser Regelung geboten erscheint, die Fälle gleich zu behandeln und somit eine Weiterverweisung des zweiten Drittstaates auf ein *mitgliedstaatliches* Recht ebenfalls für beachtlich zu erklären, um die Anwendung des eigenen Rechts zu fördern.[113] Eine teleologische Korrektur des Art. 34 Abs. 1 lit. b EuErbVO sollte zudem dann erfolgen, wenn der zweite Drittstaat auf den ersten Drittstaat zurückverweist, dieser jedoch das Recht des zweiten Drittstaates für maßgeblich erklärt (also oben beschriebener Lösung 2 folgt).[114] In diesem Falle sind die den internationalen Entscheidungseinklang einschränkenden Erwägungen nicht tangiert, da keine *weitere* Rechtsordnung zu prüfen ist, so dass mit dem ersten Drittstaat möglichst umfangreich Entscheidungseinklang hergestellt und daher seiner kollisionsrechtlichen Entscheidung gefolgt werden kann. Nach der Gegenauffassung wäre hingegen in beiden Fällen das Sachrecht des ersten Drittstaates berufen.

dd) Beispielsfall und abschließender Überblick

87 Zur Verdeutlichung der mit der Regelung des Art. 34 Abs. 1 EuErbVO einhergehenden Problemkonstellationen dient abschließender

---

[112] *Solomon*, Liber amicorum Schurig (2012), 237 (253).
[113] Ebenso Deixler-Hübner/Schauer/*Schwartze*, Art. 34 EuErbVO Rn. 15; MüKoBGB/*Dutta*, Art. 34 EuErbVO Rn. 5; vgl. auch NK-BGB/*Looschelders*, Art. 34 EuErbVO Rn. 12.
[114] Ebenso Deixler-Hübner/Schauer/*Schwartze*, Art. 34 EuErbVO Rn. 15. – AA MüKoBGB/*Dutta*, Art. 34 EuErbVO Rn. 5; NK-BGB/*Looschelders*, Art. 34 EuErbVO Rn. 11.

IV. Gesamt- oder Sachnormverweisung

▶ **Fall 7:** Der Deutsche A mit gewöhnlichem Aufenthalt in England stirbt am 3.1.2023; sein Nachlass umfasst – neben beweglichem Vermögen in England, Deutschland und Frankreich – zudem ein Ferienhaus in Frankreich und ein weiteres Haus in Serbien. Angenommen, deutsche Gerichte hätten über den Nachlass des A zu entscheiden – welchem Recht unterliegt die Rechtsnachfolge von Todes wegen, soweit A diesbezüglich keine Rechtswahl getroffen hat? ◀

Hinweis: Großbritannien ist ein Mehrrechtsstaat ohne einheitliches interlokales Kollisionsrecht. Englisches Kollisionsrecht unterstellt bewegliches Vermögen dem Aufenthaltsrecht, unbewegliches Vermögen dem Belegenheitsrecht. Hierbei handelt es sich um eine Gesamtverweisung; verweist das berufene Recht nach England zurück, folgen die englischen Gerichte der „*foreign court*-Theorie", wenden also die Abbruchregelung der lex causae an. Serbisches IPR unterstellt die Rechtsnachfolge von Todes wegen im Wege einer Gesamtverweisung dem Recht der Staatsangehörigkeit; Rückverweisungen auf serbisches Recht werden autonom abgebrochen.

▶ **Lösung:** Mangels Rechtswahl unterliegt der vorliegende Fall der Grundanknüpfung des Art. 21 Abs. 1 EuErbVO, der (iVm Art. 36 Abs. 2 lit. a EuErbVO) auf englisches Recht unter Einschluss des englischen Kollisionsrechts verweist (Art. 34 Abs. 1 EuErbVO). Für *bewegliches Vermögen* nimmt das englische Kollisionsrecht die Verweisung an, so dass die in England, Deutschland und Frankreich befindlichen beweglichen Vermögenswerte englischem Sachrecht (das – mangels Vorliegens der von Art. 34 Abs. 1 EuErbVO aufgestellten Bedingungen – im Wege einer autonomen Sachnormverweisung berufen ist, vgl. Rn. 83) zu unterstellen sind.

Hinsichtlich des **Ferienhauses in Frankreich** verweist das englische Recht auf das Belegenheitsrecht, also auf französisches Recht. Da das englische Kollisionsrecht eine **Gesamtverweisung** ausspricht, kommt es zu einem Verweisungszirkel, der mittels einer – rechtsfortbildend zu entwickelnden – **Abbruchregelung** durchbrochen werden muss. In Betracht kommen insoweit **drei Lösungsansätze:** (1) ein autonomer Abbruch der Verweisung bei der mitgliedstaatlichen Rechtsordnung, so dass französisches Sachrecht anzuwenden wäre, (2) ein autonomer Abbruch bei der drittstaatlichen Rechtsordnung, der die Anwendung englischen Sachrechts zur Folge hätte, oder (3) eine Anwendung der Abbruchregelung des Drittstaates iSd „*foreign-court*-Theorie", was jedoch – da das englische Kollisionsrecht selbst der *foreign-court*-Theorie folgt – zu keiner Lösung führen und daher zwangsläufig eine Entscheidung zugunsten Lösung 1 oder 2 erforderlich machen würde. Wie bereits dargelegt (vgl. im Einzelnen Rn. 85), ist Lösung 1 vorzuziehen, so dass die Rechtsnachfolge von Todes wegen im Hinblick auf das in Frankreich belegene Ferienhaus französischem Erbrecht zu unterstellen ist.

Hinsichtlich des **in Serbien belegenen Hauses** verweist das englische Kollisionsrecht auf das IPR von Serbien, das wiederum im Wege einer Gesamtverweisung auf deutsches Recht als das Recht der Staatsangehörigkeit weiterverweist. Würde man Art. 34 Abs. 1 lit. b EuErbVO wörtlich anwenden, müsste englisches Sachrecht zur Anwendung gebracht werden, da die von lit. b aufgestellte Bedingung nicht erfüllt ist. Ein solches Ergebnis vermag indes nicht zu überzeugen, da diese Konstellation wertungsmäßig der von lit. a erfassten Konstellation entspricht – nach vorzugswürdiger Ansicht (vgl. Rn. 86) ist der Wortlaut von Art. 34 Abs. 1 lit. b EuErbVO daher insoweit teleologisch zu reduzieren und der Weiterverweisung auf das Recht eines Mitgliedstaates zu folgen. Im Ergebnis ist hinsichtlich des in Serbien belegenen Ferienhauses somit deutsches Erbrecht anzuwenden. ◀

B. Allgemeine Fragen bei der Bestimmung des anwendbaren Rechts

Überblick über die im Rahmen von Art. 34 Abs. 1 EuErbVO möglichen Verweisungskonstellationen

90
1. unmittelbare Verweisung auf das Recht eines *Mitgliedstaates* (aufgrund der Zuständigkeitsregelungen nur im Falle erbrechtlicher Vorfragen relevant):
Nicht explizit geregelt; wohl Sachnormverweisung, kann aber stets offengelassen werden, weil auch die Annahme einer Gesamtverweisung zur Anwendung dieser mitgliedstaatlichen Rechtsordnung führt (in diesem Staat gilt die EuErbVO, so dass eine entsprechende Verweisung stets angenommen wird).
2. unmittelbare Verweisung auf das Recht eines *Drittstaates*:
   – Situation 1: *Annahme* der kollisionsrechtlichen Verweisung durch Drittstaat
   → unproblematisch, da wir Verweisung folgen; damit Anwendung des Sachrechts des Drittstaates.
   – Situation 2: *Rückverweisung* auf das Recht eines Mitgliedstaates (Art. 34 Abs. 1 lit. a EuErbVO):
     – Möglichkeit 1: Drittstaat ordnet Sachnormverweisung an
     → unproblematisch, da wir Verweisung folgen; damit Anwendung des Sachrechts des Mitgliedstaates, auf den der Drittstaat verweist.
     – Möglichkeit 2: Drittstaat ordnet Gesamtverweisung an
     → **Problem**, da Art. 34 Abs. 1 lit. a EuErbVO keine Abbruchregelung enthält; vorzugswürdige Lösung: autonomer Abbruch der Verweisung bei dem entsprechenden Mitgliedstaat, so dass dessen Sachrecht anzuwenden ist.
   – Situation 3: *Weiterverweisung* auf das Recht eines zweiten Drittstaates
     – Möglichkeit 1: Annahme der Verweisung durch diesen Drittstaat
     → unproblematisch, da wir Verweisung folgen (Art. 34 Abs. 1 lit. b EuErbVO); damit Anwendung des Sachrechts des zweiten Drittstaates.
     – Möglichkeit 2: zweiter Drittstaat ordnet Gesamtverweisung an
     → grundsätzlich Anwendung des Rechts des **ersten** Drittstaates, da die von Art. 34 Abs. 1 lit. b EuErbVO aufgestellte Bedingung nicht erfüllt ist und die ursprüngliche Verweisung auf den ersten Drittstaat daher als Sachnormverweisung ausgestaltet ist. Nach vorzugswürdiger Ansicht muss von diesem Grundsatz jedoch in zwei Fällen abgewichen werden:
       – Zweiter Drittstaat verweist auf das Recht eines Mitgliedstaates zurück
       → diese Situation entspricht wertungsmäßig der von Art. 34 Abs. 1 lit. a EuErbVO erfassten Konstellation, so dass entgegen dem Wortlaut des Art. 34 Abs. 1 lit. b EuErbVO das Sachrecht des entsprechenden Mitgliedstaates anzuwenden ist.
       – Zweiter Drittstaat verweist auf das Recht des ersten Drittstaates zurück
       → auch in diesen Fällen ist eine teleologische Korrektur geboten und der Verweisung entgegen dem Wortlaut des Art. 34 Abs. 1 lit. b EuErbVO zu folgen; spricht der zweite Drittstaat eine Sachnormverweisung auf das Recht des ersten Drittstaates aus, ist dieser zu folgen, verweist er im Wege einer Gesamtverweisung zurück, kommt es nach vorzugswürdiger Ansicht auf die Abbruchregelung des ersten Drittstaates an: Bricht dieser die Rückverweisung autonom ab, ist dessen Recht zur Anwendung berufen, setzt er seine ursprüngliche kollisionsrechtliche Entscheidung durch, kommt das Sachrecht des zweiten Drittstaates zur Anwendung.

IV. Gesamt- oder Sachnormverweisung

4. Staatsvertragliches IPR

Kollisionsrechtsvereinheitlichende Staatsverträge sprechen regelmäßig, jedoch keineswegs zwingend (vgl. etwa Art. 21 Abs. 2 KSÜ) Sachnormverweisungen aus. So verweisen zahlreiche Übereinkommen auf das *innerstaatliche Recht (loi interne)* eines Staates (vgl. etwa Art. 1 Abs. 1 HTestformÜ), teilweise ordnen diese den Ausschluss des Renvoi auch mittels einer eigenständigen Hilfskollisionsnorm (etwa Art. 12 HUP) an.

91

Soweit die Renvoifrage **nicht explizit geregelt ist**, muss die konkrete Ausgestaltung der kollisionsrechtlichen Verweisungsbefehle mittels **Auslegung** des in Frage stehenden Übereinkommens ermittelt werden – ein genereller Grundsatz, dass es sich bei kollisionsrechtlichen Verweisungen in Staatsverträgen stets um Sachnormverweisungen handelt, gibt es nach vorzugswürdiger Ansicht nicht.[115] Das häufig anzutreffende Argument, ein Renvoi beeinträchtige den Entscheidungseinklang unter den Vertragsstaaten, so dass dieser bereits nach dem Sinn und Zweck der rechtsvereinheitlichenden Rechtsakte ausgeschlossen sein müsse, vermag nicht zu überzeugen, da Entscheidungseinklang ebenso mittels einer (für alle teilnehmenden Staaten verbindlichen, also auf das Übereinkommen, keinesfalls auf die nationale Regelung des Art. 4 Abs. 1 Hs. 1 EGBGB gestützte) Gesamtverweisung erreicht werden kann.[116]

92

Anmerkung: Die Frage nach der konkreten Ausgestaltung des kollisionsrechtlichen Anwendungsbefehls muss nur geklärt werden, wenn das fragliche Übereinkommen als *loi uniforme* ausgestaltet ist, also auch das Recht eines *Nicht*-Vertragsstaats zur Anwendung kommen kann. Ist dies nicht der Fall, kann die Frage nach der konkreten Ausgestaltung des Verweisungsbefehls dahinstehen, weil auch ein Rückgriff auf das – inter partes ja gerade vereinheitlichte – Kollisionsrecht zur Anwendung derjenigen Rechtsordnung führt, die mittels einer Sachnormverweisung zur Anwendung berufen wäre.

5. Sonderprobleme bei Vorliegen einer Gesamtverweisung

a) „Versteckte" Verweisungen

Das Problem der sog. „versteckten" – oder allgemeiner: „hypothetischen" – Verweisung[117] stellt sich immer dann, wenn die im Wege der Gesamtverweisung berufene ausländische Rechtsordnung zwar keine herkömmlichen allseitigen Kollisionsnormen kennt, jedoch bei gegebener internationaler Zuständigkeit seiner eigenen Gerichte *stets* die eigene lex fori für anwendbar erklärt (so insbesondere im anglo-amerikanischen Rechtskreis in Familien- und Erbsachen; „lex-fori-Prinzip"). Da jegliche Rechtsanwendung – auch der jeweiligen lex fori – vor dem Hintergrund konkurrierender Rechtsordnungen einer kollisionsrechtlichen Entscheidung bedarf, liegt auch in diesen Fällen funktional eine – allerdings einseitige und „zuständigkeitsrechtlich determinierte"[118] – ausländische Kollisionsnorm zugunsten der jeweiligen lex fori vor,[119] die entweder ausdrücklich kodifiziert sein kann oder anderenfalls in den prozessrechtlichen Bestimmungen der ausländischen Rechtsordnung „versteckt" ist. Zu einer seitens des auslän-

93

---

115 AA *von Hoffmann/Thorn*, § 6 Rn. 107.
116 Vgl. hierzu ausführlich *Solomon*, Liber Amicorum Schurig (2012), 237 (242–244); eine Differenzierung zwischen Verweisungen auf Vertragsstaaten und Drittstaaten erwägend, jedoch im Ergebnis ablehnend *Kropholler*, § 24 III (S. 178 f.).
117 Vgl. hierzu *Kegel/Schurig*, § 10 VI (S. 409 ff.); *von Bar/Mankowski*, Band I: Allgemeine Lehren, § 7 Rn. 218 f.; *Kropholler*, § 25 (S. 179 ff.); *von Hoffmann/Thorn*, § 6 Rn. 83 ff.; *Rauscher*, Rn. 384 ff.
118 *Von Bar/Mankowski*, Band I: Allgemeine Lehren, § 7 Rn. 218.
119 Vgl. auch NK-BGB/*Freitag*, Art. 4 EGBGB Rn. 9.

dischen Kollisionsrechts explizit angeordneten Rück- oder Weiterverweisung auf eine andere Rechtsordnung kann es in diesen Fällen von vorneherein nicht kommen, weil der ausländische Staat *keinerlei* Entscheidung über die Anwendbarkeit *anderer*, von der lex fori verschiedener Rechtsordnungen getroffen hat, so dass *prima facie* das Sachrecht dieses Staates anzuwenden wäre, auch wenn dieser Staat – mangels eigener internationaler Zuständigkeit – niemals in der Sache entscheiden würde. Dies verdeutlicht

94 ▶ **Fall 8:** Der US-amerikanische Staatsangehörige A, der lange Jahre in Kalifornien lebte, jedoch mittlerweile seinen Wohnsitz in Deutschland begründet hat, möchte im Wege der Vertragsadoption in Kalifornien ein dort lebendes Kind B adoptieren. Welchem Recht unterliegt die Annahme als Kind? ◀

Hinweis: Auf Bundesebene existiert in den USA weder ein einheitliches IPR noch ein interlokales Kollisionsrecht, da insoweit eine Gesetzgebungskompetenz der einzelnen Bundesstaaten besteht. Kalifornien hat im Bereich des Familienrechts kein herkömmliches Kollisionsrecht iS allseitiger Verweisungsvorschriften kodifiziert, vielmehr wenden kalifornische Gerichte bei internationaler Zuständigkeit stets die eigene lex fori an. Für die Falllösung ist davon auszugehen, dass kalifornische Gerichte in Adoptionssachen ua dann eine internationale Zuständigkeit in Anspruch nehmen, wenn der *Annehmende* (hier: der US-Amerikaner A) seinen Wohnsitz in Kalifornien hat. Auch kann davon ausgegangen werden, dass eine Entscheidung deutscher Gerichte im vorliegenden Fall von Kalifornien anerkannt werden würde.

95 ▶ **Lösung:** Das für die Annahme als Kind maßgebliche Recht bestimmt sich nach Art. 22 EGBGB (vgl. hierzu Rn. 484). In der seit dem 31.3.2020 geltenden Fassung von Art. 22 EGBGB ist für die Anknüpfung entscheidend, ob die Annahme als Kind im Inland oder im Ausland erfolgt. Da die Vertragsadoption in Kalifornien und damit im Ausland erfolgen soll, unterliegt das Adoptionsstatut aus deutscher Sicht vorliegend dem Recht des Staates, in dem der *Anzunehmende* (hier: das Kind B) zum Zeitpunkt der Annahme seinen gewöhnlichen Aufenthalt hat. Hierbei handelt es sich gem. Art. 4 Abs. 1 S. 1 EGBGB um eine Gesamtverweisung, so dass (mangels Existenz eines einheitlichen US-amerikanischen Kollisionsrechts) gem. Art. 4 Abs. 3 S. 2 EGBGB kalifornisches Recht unter Einschluss seines IPR berufen ist. Da Kalifornien indes kein herkömmliches IPR kodifiziert hat, kalifornische Gerichte jedoch in Adoptionssachen bei eigener Zuständigkeit stets die lex fori zur Anwendung bringen, könnte dieser Umstand als Annahme unserer Verweisung zu verstehen sein, so dass kalifornisches Sachrecht anzuwenden wäre. ◀

96 Ein solches Ergebnis erscheint indes zweifelhaft. Denn der Grund für die ausschließliche Anwendung des eigenen Rechts liegt in diesen Fällen regelmäßig nicht in einer einseitigen Bevorzugung desselben begründet, sondern in der rechtspolitischen Überzeugung, dass die Anwendung der lex fori nicht nur für die eigenen, sondern auch für andere *ausländische* Gerichte die angemessene Entscheidungsgrundlage bei gegebener internationaler Zuständigkeit darstellt.[120] Die kollisionsrechtliche Abgrenzung der einzelnen Rechtsordnungen erfolgt damit ausschließlich über die Bestimmungen der internationalen Zuständigkeiten, was wiederum dazu führt, dass Entscheidungen ausländischer Gerichte seitens des dem lex-fori-Prinzip folgenden Staates anerkannt

---

120 *Kegel/Schurig*, § 10 VI (S. 410).

IV. Gesamt- oder Sachnormverweisung

werden, wenn jene nach seiner Sicht international zuständig sind.[121] Bei Lichte betrachtet handelt es sich hierbei somit alleine um einen andersartigen, funktional *prozessual* zu verortenden Regelungsmechanismus zur Lösung internationaler Sachverhalte. Diese Erkenntnis lässt Raum für folgende Überlegung: Wenn der dem lex-fori-Prinzip folgende Staat grundsätzlich bereit ist, auch ausländisches Recht (wenn auch nur im Rahmen seiner Anerkennungsvorschriften) zur Wirkung zu verhelfen, lässt sich der einseitigen Festlegung des kollisionsrechtlichen Anwendungsbereichs seiner lex fori der verallgemeinerungsfähige Gedanke entnehmen,[122] dass ausländisches Recht unter *denselben* Voraussetzungen zur Anwendung gebracht werden kann; anhand der die internationale Zuständigkeit des Drittstaates begründenden Umstände (etwa Staatsangehörigkeit, gewöhnlicher Aufenthalt, Wohnsitz usw) lässt sich daher in den genannten Fallkonstellationen jedenfalls *hypothetisch* eine (nach unserem funktionalen Verständnis) allseitige Kollisionsnorm ausbilden, welche die mutmaßliche kollisionsrechtliche Haltung des Drittstaates zum Ausdruck bringt.[123] Weist die auf diese Weise fingierte Kollisionsnorm auf das Recht des Forumsstaates zurück, wird diese **hypothetische Rückverweisung** nach zutreffender, ganz herrschender Ansicht[124] für beachtlich erklärt (eine Verweisung bei deutschem Recht somit abgebrochen), da der – zumindest konkretisierbare – kollisionsrechtliche Gehalt der ausländischen Rechtsordnung einer explizit angeordneten Rückverweisung entspricht und einer solchen daher gleichzustellen ist; dem „Heimwärtsstreben" kann daher in diesen Fällen Rechnung getragen werden.[125]

Hinweis: Anzumerken ist, dass diese rein hypothetische Erwägung in methodischer Hinsicht keine Rechtsfortbildung drittstaatlichen Rechts darstellt[126] (dieses weist überhaupt keine Regelungslücke auf, weil sich das Problem aus Sicht des Drittstaates mangels eigener Zuständigkeit nicht stellt), sondern zu einer **teleologischen Korrektur**[127] des Art. 4 Abs. 1 EGBGB bzw. des Art. 34 Abs. 1 lit. a EuErbVO führt (Analogie aufgrund identischer Interessenlage); in letzterem Falle unterliegt sie daher der vollen Prüfungskompetenz des für die letztverbindliche Auslegung von Sekundärrecht zuständigen EuGH.

Streitig sind indes die konkreten **Voraussetzungen** für die Beachtlichkeit einer „versteckten" Rückverweisung.[128] Teilweise wird verlangt, dass deutsche Gerichte aus Sicht des ausländischen Staates für den konkreten Fall international **ausschließlich zuständig** sein müssen,[129] da der ausländischen Rechtsordnung nur dann ein hinreichend konkreter kollisionsrechtlicher Gehalt entnommen werden kann, der die Gleichbehandlung

---

121 Zur Bedeutung des Anerkennungsrechts vgl. MüKoBGB/*von Hein*, Art. 4 EGBGB Rn. 65.
122 Dies wäre nur dann nicht möglich, wenn die Anwendung der lex fori auf einer einseitigen Bevorzugung derselben beruhte, die einseitige Kollisionsnorm also eine Exklusivnorm (hierzu *von Hoffmann/Thorn*, § 4 Rn. 13) darstellte, welche den Anwendungsbereich des eigenen Rechts systemwidrig ausdehnt; vgl. hierzu auch *von Bar/Mankowski*, Band I: Allgemeine Lehren, § 7 Rn. 218.
123 Vgl. *von Bar/Mankowski*, Band I: Allgemeine Lehren, § 7 Rn. 218 („allseitige ausländische Kollisionsnorm interpolier[en]").
124 Vgl. nur *Kegel/Schurig*, § 10 VI (S. 409 ff.); *von Bar/Mankowski*, Band I: Allgemeine Lehren, § 7 Rn. 218 f · *Kropholler*, § 25 (S. 179 ff.); abweichend MüKoBGB/*Sonnenberger* (5. Aufl.), Art. 4 EGBGB Rn. 42–55 (Entwicklung ersatzweiser Anknüpfungen).
125 *Kegel/Schurig*, § 10 VI (S. 410); Staudinger/*Hausmann* (2019), Art. 4 EGBGB Rn. 92 ff.
126 So zu Recht MüKoBGB/*Sonnenberger* (5. Aufl.), Art. 4 EGBGB Rn. 50.
127 Vgl. hierzu MüKoBGB/*Sonnenberger* (5. Aufl.), Art. 4 EGBGB Rn. 51 (jedoch mit anderem Ergebnis); Grüneberg/*Thorn*, Art. 4 EGBGB Rn. 2; *von Hoffmann/Thorn*, § 6 Rn. 85.
128 Vgl. hierzu *Kegel/Schurig*, § 10 VI (S. 412 f.); *von Bar/Mankowski*, Band I: Allgemeine Lehren, § 7 Rn. 219.
129 *Beitzke*, NJW 1960, 251.

von realer und hypothetischer Rückverweisung rechtfertigt. Rechtsprechung[130] und der überwiegende Teil der Literatur[131] lassen es demgegenüber genügen, wenn der Drittstaat eine **konkurrierende Zuständigkeit** unserer Gerichte anerkennt. Letzteres ist vorzuziehen, da eine konkurrierende Zuständigkeit im Rahmen der oben angestellten funktionalen Erwägung eine *alternative* Anknüpfung des ausländischen Rechts darstellt; weist eine solche kollisionsrechtliche Verweisung auf unser Recht zurück, entspricht deren Annahme herkömmlichem Vorgehen,[132] so dass auch insoweit eine Gleichbehandlung geboten ist.[133]

98 ▶ **Lösung Fall 8:** Auch wenn nach dem Bearbeitungshinweis der Wohnsitz des Annehmenden nur eine konkurrierende Zuständigkeit begründet, reicht dieser Umstand nach vorzugswürdiger Ansicht aus, *in casu* eine hypothetische Rückverweisung auf deutsches Recht anzunehmen, die gem. Art. 4 Abs. 1 S. 2 EGBGB autonom abgebrochen wird. Die Annahme als Kind unterliegt damit deutschem Sachrecht, nach dem indes keine Vertragsadoption möglich ist (vgl. § 1752 BGB). ◀

99 Ob demgegenüber eine **hypothetische Weiterverweisung** anzuerkennen ist, ist streitig.[134] Sieht man den Zweck einer Gesamtverweisung richtigerweise in der Herstellung des Entscheidungseinklangs mit demjenigen Staat, auf den unsere Kollisionsnormen erstmalig verweisen, bedarf es der Anerkennung einer hypothetischen Weiterverweisung gerade nicht, weil dieser Staat den konkreten Fall aufgrund seiner Zuständigkeitsregeln unter keinen Umständen entscheiden wird. Auch Ordnungsinteressen, die zur Begründung einer hypothetischen Rückverweisung herangezogen werden (konkret: das Interesse am „Heimwärtsstreben") sind nicht tangiert, so dass eine teleologische Korrektur von Art. 4 Abs. 1 S. 1 EGBGB bzw. Art. 34 Abs. 1 EuErbVO mittels hypothetischen Fortentwickelns der ausländischen Rechtsordnung nach vorzugswürdiger Auffassung nicht in Betracht kommt.

Abschließender Hinweis: Das Problem der „hypothetischen" Verweisung erlangte in der Praxis bislang überwiegend im Bereich des Internationalen Familienrechts (konkret bei Anwendbarkeit anglo-amerikanischer Rechtsordnungen) Bedeutung. Nachdem die Rom III-VO sowie die EuGüVO bzw. EuPartVO indes – anders als das alte nationale Recht – Sachnormverweisungen aussprechen und Art. 22 Abs. 1 EGBGB nF jedenfalls im Falle einer Inlandsadoption nunmehr ausschließlich auf deutsches Sachrecht verweist, ist der praktische Anwendungsbereich der „hypothetischen" Verweisung jedenfalls im Bereich des Internationalen Familienrechts nunmehr stark beschränkt. Weiterhin Bedeutung kommt der Rechtsfigur jedoch im Bereich des Internationalen Erbrechts (ebenfalls bei Anwendbarkeit anglo-amerikanischer Rechtsordnungen) zu.[135]

---

130 KG NJW 1960, 248 (250 f.) m. abl. Anm. *Beitzke*; implizit auch OLG Stuttgart FamRZ 1986, 687; OLG Hamburg FamRZ 2001, 916 (917); KG FamRZ 2007, 1561 (1563); KG FamRZ 2007, 1564 (1565).
131 Staudinger/*Hausmann* (2019), Art. 4 EGBGB Rn. 94; NK-BGB/*Freitag*, Art. 4 EGBGB Rn. 10; *Kegel/Schurig*, § 10 VI (S. 412 f.); *von Bar/Mankowski*, Band I: Allgemeine Lehren, § 7 Rn. 219; *Kropholler*, § 25 III (S. 182).
132 Alleine die – bei Vorliegen einer realen ausländischen Weiterverweisung sonst zwingend gebotene – Beachtung einer (hypothetischen) Weiterverweisung kommt nicht in Betracht.
133 Ebenso Staudinger/*Hausmann* (2019), Art. 4 EGBGB Rn. 94; vgl. auch *Rauscher*, Rn. 387.
134 Dies bejahend *Kegel/Schurig*, § 10 VI (S. 413 f.) – Ablehnend *Rauscher*, Rn. 389; Staudinger/*Hausmann* (2019), Art. 4 EGBGB Rn. 93.
135 Vgl. hierzu etwa Staudinger/*Hausmann* (2019), Art. 4 EGBGB Rn. 351 f.

b) Verweisung kraft abweichender Qualifikation, „Qualifikationsverweisungen"

Wird ausländisches Kollisionsrecht kraft einer Gesamtverweisung berufen, ist dieses – allgemeinen Grundsätzen entsprechend – so anzuwenden, wie dies durch die Gerichte des betreffenden Staates erfolgen würde. Qualifiziert das berufene ausländische IPR die ihm zugewiesene Rechtsfrage abweichend von unseren Systembegriffen, ist dem Verständnis des ausländischen Rechts daher zu folgen und die aus dessen Sicht einschlägige Kollisionsnorm anzuwenden.[136] Spricht diese Kollisionsnorm wiederum eine Rück- oder Weiterverweisung aus, ist eine solche **Verweisung kraft abweichender Qualifikation** – herkömmlichem Vorgehen entsprechend – beachtlich.

Beispiel: Verweisen wir etwa im Hinblick auf einen (nach vorzugswürdiger Auffassung güterrechtlich zu qualifizierenden, vgl. hierzu Rn. 507 ff.) pauschalisierten Zugewinnausgleichsanspruch (§ 1371 Abs. 1 BGB) unter Anwendung von Art. 15 Abs. 1, Art. 14 Abs. 1 Nr. 2 EGBGB aF iVm Art. 229 § 47 Abs. 1, 2 EGBGB (zum intertemporalen Anwendungsbereich der Kollisionsnormen der EuGüVO vgl. Rn. 406) im Wege einer Gesamtverweisung auf das Recht eines Staates, der einen solchen Anspruch erbrechtlich qualifiziert, ist dieser kollisionsrechtlichen Einordnung zu folgen, so dass dessen *erbrechtliche, nicht güterrechtliche* Kollisionsnormen zu prüfen sind. Verweisen diese weiter, ist dem Renvoi – wie stets – zu folgen.

Entsprechendes gilt für sog. „**Qualifikationsverweisungen**". Hierunter versteht man Konstellationen, in denen die berufene ausländische Kollisionsnorm alleine die Auslegung bestimmter Tatbestandsmerkmale einer anderen Rechtsordnung überlässt, der konkrete Regelungsgehalt der berufenen ausländischen Kollisionsnorm also (jedenfalls partiell) mittels einer weiteren Rechtsordnung bestimmt wird. Auch in diesen Fällen ist – dem Gebot der „originalgetreuen" Anwendung ausländischen Rechts entsprechend – der Verweisung zu folgen, die berufene ausländische Kollisionsnorm also so anzuwenden, wie dies durch die Gerichte des betreffenden Staates erfolgen würde.

Beispiel: Verbreitet überlassen ausländische Kollisionsnormen die Abgrenzung von beweglichem und unbeweglichem Vermögen einer anderen Rechtsordnung, regelmäßig der Belegenheitsrechtsordnung. Ist das Kollisionsrecht eines solchen Staates berufen, ist einer solchen Qualifikationsverweisung zu folgen, die Abgrenzung von beweglichem und unbeweglichem Vermögen also anhand der für maßgeblich erklärten Rechtsordnung vorzunehmen.

V. Rechtsspaltung

Soweit unsere Kollisionsnormen auf das Recht eines **Mehrrechtsstaates** (etwa USA, teilweise auch Großbritannien, Spanien) verweisen, muss die Frage beantwortet werden, welche der in Betracht kommenden Teilrechtsordnungen für die rechtliche Beurteilung des Sachverhaltes heranzuziehen ist. Diese Frage lässt sich entweder autonom, also anhand einer eigenständigen Hilfskollisionsnorm, oder nach Maßgabe des konkret berufenen ausländischen Rechts entscheiden, wobei alleine letzterer Weg Entscheidungseinklang mit dem jeweiligen ausländischen Staat verwirklichen kann. Das geltende Recht folgt insoweit keinem einheitlichen Lösungsansatz, sondern sieht vielmehr unterschiedliche Regelungsmodelle vor, die im Folgenden darzustellen sind.[137] Allgemein ist zwischen **interlokaler, interpersonaler und intertemporaler Rechtsspaltung** zu unterscheiden.

---

[136] Vgl. nur Staudinger/*Hausmann* (2019), Art. 4 EGBGB Rn. 79 ff.; *von Bar/Mankowski*, Band I: Allgemeine Lehren, § 7 Rn. 220; *von Hoffmann/Thorn*, § 6 Rn. 82.
[137] Zur Vertiefung *Eichel*, in: *Leible/Unberath* (Hrsg.), Brauchen wir eine Rom 0-Verordnung?, 397 ff.

1. Interlokale Rechtsspaltung

105 Von einer **interlokalen Rechtsspaltung** spricht man, wenn in einem Staat unterschiedliche Regelungen für verschiedene Gebietseinheiten gelten. Häufigster Grund für eine derartige Rechtsspaltung stellt – wie etwa in den USA – das Fehlen einer (zumindest umfassenden) bundesstaatlichen Kompetenz für den Bereich des Zivilrechts dar, in deren Folge die einzelnen Teilstaaten eigene Zivilrechtsordnungen erlassen haben.

a) Europäisches IPR

106 Im Rahmen der **Rom I-VO** sowie **Rom II-VO** ist die konkret anwendbare Teilrechtsordnung stets autonom, also *ohne Rückgriff* auf das interlokale Privatrecht des betreffenden Mehrrechtsstaates zu ermitteln. Gem. Art. 22 Abs. 1 Rom I-VO bzw. Art. 25 Abs. 1 Rom II-VO gilt jede Gebietseinheit des Mehrrechtsstaates als eigenständiger Staat, so dass die von den vertraglichen und außervertraglichen Kollisionsnormen gebrauchten Anknüpfungsmomente unmittelbar die maßgebliche (Teil-)Rechtsordnung bestimmen.

107 **Beispiel:** Ist der Verkäufer einer beweglichen Sache in Florida domiziliert, unterliegt der Vertrag mangels Rechtswahl gem. Art. 4 Abs. 1 lit. a Rom I-VO iVm Art. 20, Art. 22 Rom I-VO dem *Sachrecht von Florida*.

108 Gleiches gilt im Grundsatz für die **Rom III-VO**, welche mit Art. 14 lit. a, lit. b Rom III-VO ebenfalls eine autonome Bestimmung der maßgeblichen Teilrechtsordnung vornimmt. Anders als die Rom I-VO bzw. Rom II-VO gebraucht die Rom III-VO jedoch auch die Staatsangehörigkeit als Anknüpfungsmoment (Art. 5 Abs. 1 lit. d, Art. 8 lit. c Rom III-VO), mittels derer die maßgebliche Teilrechtsordnung nicht zugleich bestimmt werden kann (die Staatsangehörigkeit ermöglicht nur eine räumliche Zuordnung zum Gesamtstaat, nicht jedoch zugleich auch eine Zuordnung zu den einzelnen Teilstaaten). Daher bedarf es für dieses spezielle Anknüpfungsmoment einer weiteren Hilfsnorm, welche in Art. 14 lit. c Rom III-VO zu finden ist: Diese erklärt – *abweichend* von dem Grundsatz einer autonomen Bestimmung der Teilrechtsordnung – primär das interlokale Kollisionsrecht der lex causae für maßgeblich; nur in Ermangelung eines solchen ist eine autonome Auswahlentscheidung der maßgeblichen Teilrechtsordnung anhand einer gemeinsamen (Teil-)Rechtswahl der Ehegatten oder – soweit eine solche nicht getroffen wurde – anhand des Kriteriums der engsten Verbindung zu bestimmen.

109 **Beispiel:** Ist die Ehescheidung zweier US-Amerikaner mit letztem (langjährigen) gemeinsamen gewöhnlichen Aufenthalt in Florida von deutschen Gerichten zu beurteilen, unterliegt diese bei objektiver Anknüpfung des Scheidungsstatuts gem. Art. 8 lit. c Rom III-VO US-amerikanischem Sachrecht (Art. 11 Rom III-VO), das kein einheitliches interlokales Kollisionsrecht kennt. Zur Bestimmung der insoweit maßgeblichen Teilrechtsordnung bedarf es daher – mangels Vorliegens einer (Teil-)Rechtswahl – gem. Art. 14 lit. c Alt. 3 Rom III-VO einer autonomen Auswahlentscheidung anhand des Prinzips der engsten Verbindung, welches für den vorliegenden Fall zur Anwendung des Rechts von Florida (als langjähriger gemeinsamer Aufenthaltsstaat der Ehegatten) führt.

110 Demgegenüber überlässt die **EuErbVO** – ebenso wie die **EuGüVO** bzw. **EuPartVO** – in rechtspolitischer Abkehr zu den übrigen europäischen Kollisionsrechtsakten die Bestimmung der maßgeblichen Teilrechtsordnung im Grundsatz der *lex causae* (Art. 36 Abs. 1 EuErbVO, Art. 33 Abs. 1 EuGüVO bzw. EuPartVO); sieht dieses Recht indes kein eigenes interlokales Kollisionsrecht vor, ist die maßgebliche Teilrechtsordnung hilfsweise autonom zu bestimmen (Art. 36 Abs. 2 EuErbVO, Art. 33 Abs. 2 EuGüVO bzw. EuPartVO). In letzterem Falle ist zu unterscheiden: Ist das kollisionsrechtliche Anknüpfungsmoment zugleich geeignet, die maßgebliche Teilrechtsordnung zu bestimmen (sog. „durchschlagendes" Anknüpfungsmoment wie der gewöhnliche Aufenthalt oder die Belegenheit einer Sache, mittels derer auch eine Teilrechtsordnung lokalisiert werden kann), ist *diese* maßgeblich (Art. 36 Abs. 2 lit. a, c EuErbVO; Art. 36 Abs. 2 lit. a, c EuGüVO bzw. EuPartVO), bei Anknüpfung an die Staatsangehörigkeit ist die maßgebliche Teilrechtsordnung – ohne Rechtswahlmöglichkeit – mittels des Kriteriums der engsten Verbindung zu bestimmen. Für die – das HTestformÜ inkorporierende – Sonderregelung des Art. 27 EuErbVO (formelle Wirksamkeit von Verfügungen von Todes wegen) ist zuletzt die besondere (Art. 1 Abs. 2 HTestformÜ entsprechende) Regelung des Art. 36 Abs. 3 EuErbVO zu beachten, der im Falle einer interlokalen Rechtsspaltung wiederum primär das interlokale Kollisionsrecht des ausländischen Staates für anwendbar erklärt und nur hilfsweise eine (mittels der engsten Verbindung zu treffende) autonome Auswahlentscheidung anordnet.

b) Nationales IPR

Ein wiederum abweichendes Regelungsmodell findet sich zuletzt im Rahmen des **nationalen Rechts**. Gem. Art. 4 Abs. 3 S. 1 EGBGB sind Verweisungen, deren Anknüpfungsmomente *unmittelbar* die maßgebliche Teilrechtsordnung bezeichnen (also „durchschlagende" Anknüpfungsmomente wie der gewöhnliche Aufenthalt, die Belegenheit der Sache, Handlungs- und Erfolgsort usw), unmittelbar auf die maßgebliche Rechtsordnung zu beziehen, so dass die Auswahlentscheidung in einem solchen Falle *autonom* unter Ausschaltung des ausländischen interlokalen Kollisionsrechts getroffen wird. Gebraucht die konkret zu prüfende Kollisionsnorm hingegen ein „nicht-durchschlagendes" Anknüpfungsmoment wie die Staatsangehörigkeit, gilt primär das interlokale Kollisionsrecht des ausländischen Staates, mangels eines solchen ist die maßgebliche Teilrechtsordnung wiederum autonom mittels des Kriteriums der engsten Verbindung zu bestimmen.

111

2. Interpersonale Rechtsspaltung

Eine **interpersonale Rechtsspaltung** tritt auf, wenn ein Staat für einzelne Personengruppen – insbesondere für religiöse Gemeinschaften oder Ethnien – unterschiedliche materielle Regelungen erlässt. Auch im Hinblick auf deren Beachtlichkeit ist nach den einzelnen Rechtsakten zu unterscheiden.

112

a) Europäisches IPR

Im Rahmen der **Rom I- sowie Rom II-VO** wurde diese Frage nicht ausdrücklich geregelt, da insoweit wohl kein praktisches Bedürfnis gesehen wurde. Nichtsdestotrotz sind Fälle interpersonaler Rechtsspaltung auch im Anwendungsbereich dieser Verordnungen denkbar, so dass diese ggf. rechtsfortbildend gelöst werden müssen. Da interpersonale Regelungen letztlich spezielle Sachnormen darstellen, sind diese – mangels ausdrücklicher *abweichender* gesetzlicher Anordnung – von dem Verweisungsbefehl der jeweiligen Kollisionsnormen der Rom I- bzw. Rom II-VO erfasst, so dass das interpersonale Kollisionsrecht des Mehrrechtsstaates über die *in casu* anwendbaren Sachvorschriften zu entscheiden hat. Existiert ein solches nicht, dürfte – entsprechend Art. 15 S. 2 Rom III-VO, Art. 37 S. 2 EuErbVO sowie Art. 34 S. 2 EuGüVO bzw.

113

EuPartVO – hilfsweise autonom an diejenige Teilrechtsordnung anzuknüpfen sein, zu welcher der Sachverhalt die engste Verbindung aufweist.

114 Gleiches gilt im Ergebnis für die **Rom III-VO**, die **EuErbVO** sowie die **EuGüVO** bzw. **EuPartVO**, die insoweit jedoch explizite Regelungen vorsehen: Gem. Art. 15 S. 1 Rom III-VO, Art. 37 S. 1 EuErbVO sowie Art. 34 S. 1 EuGüVO bzw. EuPartVO ist im Falle einer interpersonalen Rechtsspaltung primär das interpersonale Kollisionsrecht des fraglichen Staates berufen, nur mangels eines solchen ist die maßgebliche Teilrechtsordnung autonom anhand der engsten Verbindung zu bestimmen (Art. 15 S. 2 Rom III-VO, Art. 37 S. 2 EuErbVO, Art. 34 S. 2 EuGüVO bzw. EuPartVO).

b) Nationales IPR

115 Im Bereich des **nationalen Rechts** sind Fälle interpersonaler Rechtsspaltung ebenfalls gem. Art. 4 Abs. 3 EGBGB zu beurteilen, so dass bereits geschilderte Grundsätze gelten. Freilich gilt insoweit zu berücksichtigen, dass das EGBGB keine zur Bestimmung der *interpersonal* maßgeblichen Teilrechtsordnung geeigneten Anknüpfungsmomente verwendet (diese differenzieren gerade *nicht* zwischen einzelnen Personengruppen), so dass keine vorrangig zu berücksichtigenden „durchschlagenden" Anknüpfungen bestehen. Maßgeblich ist damit – ebenso wie im Rahmen des europäischen IPR – primär das interpersonale Kollisionsrecht der lex causae (Art. 4 Abs. 3 S. 1 EGBGB), hilfsweise ist die maßgebliche Rechtsordnung mittels des Prinzips der engsten Verbindung zu ermitteln (Art. 4 Abs. 3 S. 2 EGBGB).

3. Intertemporale Rechtsspaltung

116 Zu einer intertemporalen Rechtsspaltung kommt es, wenn unterschiedliche Normen für unterschiedliche Zeiträume anzuwenden sind (häufigste Ursache: mit einer Gesetzesreform einhergehende Neuregelungen, die ab einem bestimmten Zeitpunkt gelten). Auch wenn eine diesbezügliche (ausdrückliche) Regelung in sämtlichen Kollisionsrechtsakten fehlt, ist die Frage, ob auf den Sachverhalt das alte oder neue Recht einer konkret berufenen Rechtsordnung anzuwenden ist, nach Maßgabe *dieser* Rechtsordnung zu entscheiden, da auch intertemporale Regelungen spezielle, von dem Verweisungsbefehl unserer Kollisionsnormen erfasste Sachnormen darstellen; maßgeblich ist damit stets das intertemporale Kollisionsrecht der *lex causae*.[138]

117 **Beispiel:** Ist österreichisches Recht gem. Art. 22 Abs. 1 S. 1 EuErbVO als Erbstatut berufen, obliegt die Entscheidung, ob der erbrechtliche Sachverhalt anhand der Neuregelungen des zum 1.1.2017 in Kraft getretenen Erbrechts-Änderungsgesetzes 2015 zu beurteilen ist, österreichischem Recht.

VI. Vorfragen

118 Ist über eine konkrete Rechtsfrage (etwa die Rechtsnachfolge von Todes wegen) zu entscheiden, berufen die hierfür maßgeblichen Kollisionsnormen alle unter diese zu qualifizierenden Regelungen einer Rechtsordnung, und *nur* diese (vgl. Rn. 34 ff.). Setzen die demnach anwendbaren (Sach- oder Kollisions-) Normen nach ihrem Tatbestand ihrerseits wiederum präjudizielle Rechtsfragen voraus (bspw. das Bestehen einer Ehe als Voraussetzung für ein Ehegattenerbrecht, ein wirksamer sachenrechtlicher Er-

---

[138] Vgl. auch *Rauscher*, Rn. 414.

VI. Vorfragen

werb als Voraussetzung für einen Erwerb kraft Erbgang usw), können die hierfür maßgeblichen Sachnormen nicht einfach der – *alleine* für die ursprüngliche (Haupt-)Frage berufenen – lex causae entnommen werden, weil (und freilich soweit) diese Normen *abweichende* kollisionsrechtliche Interessen implizieren und daher *nicht* unter die zunächst maßgebliche Kollisionsnorm qualifiziert werden können; sie sind daher nicht zugleich „mitberufen". Für solche materiellrechtlichen **Vorfragen**, die sich im Rahmen der rechtlichen Beurteilung einer sog. „Hauptfrage" stellen und insoweit „vorab" zu beantworten sind, muss die Frage nach der anwendbaren Rechtsordnung damit stets *erneut* gestellt werden.

Hinweis: Von Vorfragen terminologisch abzugrenzen sind zunächst sog. **Teile der Hauptfrage**. Hierbei handelt es sich um einzelne (ebenfalls vom Tatbestand der konkret anwendbaren Sachnorm vorausgesetzte) Rechtsfragen, die jedoch (im Unterschied zu Vorfragen) von der für die Hauptfrage maßgeblichen Kollisionsnorm erfasst werden (etwa die – deliktisch zu qualifizierende, vgl. Rn. 298 – Frage nach der Deliktsfähigkeit oder die – erbrechtlich zu qualifizierende, vgl. Art. 23 Abs. 2 lit. c EuErbVO – Frage nach der Erbfähigkeit). Die entsprechenden Sachnormen können daher unter die für die Hauptfrage maßgebliche Kollisionsnorm qualifiziert werden und sind damit Bestandteil des jeweiligen (Haupt-)Statuts, so dass die Frage nach der anwendbaren Rechtsordnung nicht erneut beantwortet werden muss.

Bildet die lex causae *deutsches* Recht, sind für die kollisionsrechtliche Beurteilung von Vorfragen (mangels einer Alternative) stets die in Deutschland geltenden Kollisionsnormen (völkerrechtlicher, europäischer oder nationaler Herkunft) anzuwenden (für die Frage nach dem Bestehen einer Ehe Art. 13, 11 EGBGB, für die Frage nach einem wirksamen sachenrechtlichen Erwerb Art. 43 EGBGB usw). Stellt die lex causae hingegen *ausländisches* Recht dar, ist im nationalen, europäischen sowie staatsvertraglichen IPR zumindest in bestimmten Konstellationen umstritten, ob für die kollisionsrechtliche Beurteilung der Vorfrage auf die Kollisionsnormen der lex fori oder auf diejenigen der lex causae abzustellen ist.[139]

Beispiel: Verweisen wir zur Beurteilung eines Ehegattenerbrechts gem. Art. 21 Abs. 1 EuErbVO auf das Recht des Staates X, ließe sich die Vorfrage nach dem Bestehen einer wirksamen Ehe (als tatbestandliche Voraussetzung eines Ehegattenerbrechts) entweder anhand von dem Art. 13, Art. 11 EGBGB bestimmten Recht oder nach demjenigen Recht entscheiden, das die entsprechenden, für die Wirksamkeit der Ehe maßgeblichen Kollisionsnormen des Staates X für anwendbar erklären. Alleine ein *unmittelbarer Rückgriff* auf das materielle Eherecht des Staates X scheidet aus, weil die eherechtlichen Vorschriften nicht unter Art. 21 Abs. 1 EuErbVO qualifiziert werden können.

Zur Lösung der Problematik werden folgende Ansätze vertreten:

- **selbstständige Vorfragenanknüpfung (hM):**[140]
  Vorfragen sind nach dem IPR der lex fori zu beantworten. Hierfür spricht insbesondere das **Interesse an *innerem* Entscheidungseinklang**, da nur eine selbstständi-

---

[139] Vgl. hierzu ausführlich *Kegel/Schurig*, § 9 (S. 373–386); *von Bar/Mankowski*, Band I: Allgemeine Lehren, § 7 Rn. 182–213; *Kropholler*, § 32 (S. 221–230), *von Hoffmann/Thorn*, § 6 Rn. 56–72.

[140] Vgl. etwa *Kegel/Schurig*, § 9 II 1 (S. 379–381); *von Bar/Mankowski*, Band I: Allgemeine Lehren, § 7 Rn. 192–206; *Rauscher*, Rn. 510 ff. – Auch die Rechtsprechung knüpft überwiegend selbstständig an, vgl. etwa BGH NJW 1981, 1900 (1901).

ge Vorfragenanknüpfung gewährleisten kann, dass dieselbe Rechtsfrage in jedem rechtlichen Kontext immer gleich entschieden wird (vgl. Rn. 123).

Ausnahmen: Eine Ausnahme von diesem Grundsatz besteht jedoch im Bereich des – öffentlich-rechtlich geprägten – Staatsangehörigkeitsrechts. Muss die **Staatsangehörigkeit** einer Person nach dem Recht eines ausländischen Staates ermittelt werden, sind Vorfragen, die in diesem Zusammenhang aufgeworfen werden (etwa das Vorliegen einer wirksamen Ehe, abstammungs- oder adoptionsrechtliche Fragen usw), nach wohl einhelliger Ansicht *unselbstständig anzuknüpfen*, damit die Frage nach der Angehörigkeit einer Person zu einem bestimmten Staat in voller Übereinstimmung mit dessen Gesetzen bestimmt werden kann; auf diesem Wege soll eine „aufgedrängte", also real nicht bestehende Staatsangehörigkeit verhindert werden.[141]

- Unselbstständige Vorfragenanknüpfung:[142]
Vorfragen sind grundsätzlich nach dem IPR der lex causae zu beantworten. Begründet wird diese Ansicht allen voran mit dem **Interesse an** *äußerem* **Entscheidungseinklang**, weil ein derartiger Ansatz Vorfragen in Übereinstimmung mit der jeweiligen lex causae entscheidet. Auf europäischer Ebene kommt hinzu, dass eine unselbstständige Anknüpfung *europäischen* Entscheidungseinklang umfänglich verwirklichen kann, da mittels einer solchen auch *nichtvereinheitlichte* Rechtsbereiche europaweit einheitlich behandelt werden könnten. Folglich könnten Urteile – und im Anwendungsbereich der EuErbVO auch Europäische Nachlasszeugnisse – in jedem Mitgliedstaat auf Grundlage desselben materiellen Rechts ergehen, selbst wenn die betreffenden Rechtsbereiche noch nicht vereinheitlicht wurden. Entsprechendes gilt für Staatsverträge.

Ausnahmen: Eine Ausnahme vom Grundsatz einer unselbstständigen Vorfragenanknüpfung nimmt diese Ansicht zunächst für Vorfragen an, die Gegenstand einer *eigenständigen*, entweder ausdrücklich kodifizierten (Art. 7 EGBGB, Art. 8 EGBGB, Art. 11 EGBGB bzw. Rom I-VO, Art. 27 EuErbVO usw) oder rechtsfortbildend entwickelten (etwa die Stellvertretung vor Inkrafttreten des Art. 8 EGBGB, vgl. Rn. 43 ff.) Kollisionsnorm der lex fori bilden. Würde man solche **Teilfragen** unselbstständig anknüpfen, verbliebe für die entsprechenden, eigens für die Beurteilung dieser Rechtsfragen kodifizierten bzw. entwickelten Kollisionsnormen kein relevanter Anwendungsbereich, was freilich im Ergebnis nicht sein kann – diese Kollisionsnormen der lex fori sind daher auch nach der Lehre der unselbstständigen Vorfragenanknüpfung zu beachten, so dass in solchen Fällen stets *selbstständig* anzuknüpfen ist. Gleiches gilt für sog. **Erstfragen**. Auch hierbei handelt es sich um Vorfragen, die jedoch bereits im Tatbestand einer inländischen Kollisionsnorm aufgeworfen werden und daher zwangsläufig *„erst"* einmal beantwortet werden müssen, damit eine anwendbare Rechtsordnung bestimmt werden kann (so ist etwa im Rahmen von Art. 19 Abs. 1 S. 3 EGBGB zuerst die Frage nach dem Bestehen der Ehe zu klären, bevor auf diese Anknüpfungsalternative abgestellt werden kann). Solche Erstfragen können (mangels bereits bestimmter lex causae) rein *faktisch* nur nach den

---

141 *Kegel/Schurig*, § 9 II 2 a (S. 382); *von Bar/Mankowski*, Band I: Allgemeine Lehren, § 7 Rn. 210; *Kropholler*, § 32 IV 2 b (S. 227), *von Hoffmann/Thorn*, § 6 Rn. 63.
142 Vgl. etwa *von Hoffmann/Thorn*, § 6 Rn. 71–72.

VI. Vorfragen

Kollisionsnormen der lex fori beurteilt werden,[143] so dass diese auch nach der Lehre der unselbstständigen Anknüpfung stets *selbstständig* anzuknüpfen sind.[144]

- **Vermittelnder Ansatz:**[145]
Bei der kollisionsrechtlichen Behandlung von Vorfragen ist nach dem **Grad des Auslandsbezugs** zu differenzieren: Überwiegt der Inlandsbezug, sind Vorfragen selbstständig anzuknüpfen, überwiegt der Auslandsbezug, ist der unselbstständigen Anknüpfung der Vorzug zu geben.

Ausnahmen: Auch nach dieser Ansicht sind **Teil- und Erstfragen** stets selbstständig, Vorfragen, die sich im Zusammenhang mit der Bestimmung der Staatsangehörigkeit stellen, stets unselbstständig anzuknüpfen.

Hinweis: Aus den vorangegangenen Ausführungen ergibt sich, dass der grundsätzliche Streit zwischen selbstständiger bzw. unselbstständiger Vorfragenanknüpfung nur entschieden (und damit in einer Klausur thematisiert) werden muss, wenn

- die betreffende präjudizielle Rechtsfrage nicht unter die für die Hauptfrage maßgebliche Kollisionsnorm zu qualifizieren ist (also keinen **„Teil der Hauptfrage"** bildet),
- das für die Hauptfrage maßgebliche Recht **nicht deutsches Recht** darstellt (in diesem Falle kommen a priori nur deutsche Kollisionsnormen zur Beurteilung der Vorfrage in Betracht) und
- es sich nicht um eine **Teil- oder Erstfrage** handelt, die nach allgemeiner Ansicht stets selbstständig anzuknüpfen ist.

Keiner Streitentscheidung bedarf es zuletzt, wenn die für die Vorfrage maßgeblichen Kollisionsnormen der lex causae *und* der lex fori aufgrund europäischer oder staatsvertraglicher Rechtsvereinheitlichung *identisch* sind.

Stellungnahme: Vorfragen sind nach vorzugswürdiger Ansicht stets **selbstständig** anzuknüpfen, unabhängig davon, ob das für die Hauptfrage maßgebliche Recht seitens des nationalen, europäischen oder staatsvertraglichen IPR bestimmt wird. Die Anwendung ausländischen Kollisionsrechts im Sinne einer unselbstständigen Vorfragenanknüpfung setzt konstruktiv zunächst voraus, dass diese Kollisionsnormen mittels eines *eigenständigen*, die kodifizierten Kollisionsnormen *umgehenden* kollisionsrechtlichen Anwendungsbefehls berufen werden, der jedoch von keiner existierenden Regelung explizit ausgesprochen wird und daher *rechtsfortbildend* entwickelt werden müsste.[146] Für eine derartige Rechtsfortbildung fehlt es allerdings regelmäßig bereits an einer **Regelungslücke**, da den kodifizierten Kollisionsnormen keinerlei Einschränkungen dahin gehend zu entnehmen sind, dass sie ausschließlich auf sog. Hauptfragen – und nicht zugleich auf *Vorfragen* – anzuwenden wären, zumal manche Kollisionsnormen (etwa Art. 7 EGBGB, Art. 11 EGBGB bzw. Art. 11 Rom I-VO, Art. 27 EuErbVO bzw. Art. 1 HTestformÜ usw) von vornherein alleine solche Rechtsfragen erfassen, die sich typischerweise nur als Vorfragen stellen.

Aber auch in der Sache kann eine unselbstständige Vorfragenanknüpfung nicht überzeugen. Die kollisionsrechtliche Gerechtigkeitsentscheidung muss der jeweils kompe-

---

143 Vgl. auch *von Bar/Mankowski*, Band I: Allgemeine Lehren, § 7 Rn. 186 („Erstfrage [hat] logischen Vorrang vor der Anknüpfung").
144 Ausführlich hierzu *von Hoffmann/Thorn*, § 6 Rn. 47–51.
145 Vgl. etwa *Kropholler*, § 32 IV 2 (S. 226 f.).
146 Vgl. *Kegel/Schurig*, § 9 II 1 (S. 379).

tente Gesetzgeber grundsätzlich in *eigener* rechtspolitischer Verantwortung, also *autonom* treffen, die systemwidrige Übernahme der kollisionsrechtlichen Gerechtigkeitsentscheidung eines ausländischen Staates (in Form seines IPR) bedarf daher einer besonderen Rechtfertigung.[147] Der (alleinige) Verweis auf den äußeren Entscheidungseinklang genügt insoweit nicht,[148] da eine unselbstständige Vorfragenanknüpfung zwar Entscheidungseinklang mit der für die Hauptfrage maßgeblichen Rechtsordnung gewährleisten kann, jedoch gerade nicht mit demjenigen Staat, dessen Recht *wir* aufgrund unserer eigenen (im Falle einer unselbstständigen Vorfragenanknüpfung außer Acht gelassenen) Kollisionsnormen für die Beurteilung des Sachverhaltes für angemessen halten. Warum man dennoch so verfahren sollte, entzieht sich regelmäßig einer systemkonformen Begründung, insbesondere besteht kein gesteigertes (Ordnungs-)Interesse an einer *realen Entscheidung*, dem man mit einer abhängigen Vorfragenanknüpfung Rechnung tragen müsste (anders nur im öffentlich-rechtlich geprägten Recht der Staatsangehörigkeit, vgl. hierzu Rn. 121). Vielmehr beeinträchtigt eine unselbstständige Vorfragenanknüpfung den **inneren Entscheidungseinklang** auf nicht hinnehmbare Weise: Denn unterstellt man die Entscheidung über eine Vorfrage (etwa hinsichtlich der Wirksamkeit einer Ehe) den Kollisionsnormen der jeweiligen lex causae, so sind hierfür stets *unterschiedliche* Kollisionsnormen maßgeblich – je nachdem, welcher Staat die lex causae stellt. Dieser Umstand kann dazu führen, dass *ein und dieselbe* Rechtsfrage – je nach rechtlichem Kontext – unterschiedlich zu beantworten ist, weil bspw. eine Ehe nach dem von Art. 13 EGBGB bestimmten Recht besteht, im konkreten Rechtskontext (etwa bei der Frage nach dem Bestehen eines Ehegattenerbrechts) jedoch verneint werden muss, weil die Kollisionsnormen der ausländischen lex causae zu einem Recht führen, nach dem die Ehevoraussetzungen nicht vorliegen – ein im Hinblick auf das Gebot einer wertungsmäßig *widerspruchsfreien* Rechtsordnung schwerlich überzeugendes Ergebnis,[149] das sich nur vermeiden lässt, wenn für alle (Haupt- und Vor-)Fragen die kodifizierten Kollisionsnormen der lex fori angewandt werden.

124 Gleiches gilt für das **europäische IPR**.[150] Dieses misst dem Interesse an äußerem Entscheidungseinklang zunächst weit weniger Bedeutung zu als das deutsche IPR, wie der Verzicht auf eine (jedenfalls umfassende) Anerkennung des Renvoi zeigt (vgl. hierzu Rn. 76 ff.). Wertungsmäßig wäre es daher kaum überzeugend, würde man einerseits die Beachtlichkeit ausländischen Kollisionsrechts ausschließen bzw. – im Rahmen der EuErbVO – erheblich einschränken, andererseits jedoch ausländisches Kollisionsrecht bei der Beurteilung einer Vorfrage (unter Inkaufnahme der hiermit einhergehenden Beeinträchtigung des inneren Entscheidungseinklangs) heranziehen. Einzuräumen ist, dass sich für eine unselbstständige Vorfragenanknüpfung im Rahmen des europäischen IPR zusätzlich auf das Interesse an *europäischem* **Entscheidungseinklang** abstellen lässt, da mittels einer solchen auch *nichtvereinheitlichte* Rechtsbereiche europaweit einheitlich angeknüpft werden[151] und damit sowohl Urteile als auch –

---

147 Vgl. hierzu *Köhler*, S. 208 mit Fn. 176.
148 Vgl. auch *Kegel/Schurig*, § 9 II 1 (S. 379 f.).
149 Vgl. *Kegel/Schurig*, § 9 II (S. 379–381): „Ein solches Ergebnis, das auf juristische Schizophrenie hinausläuft, widerspricht der Ordnungsaufgabe des Rechts".
150 So auch *Heinze*, FS Kropholler (2008), 105 (113 f.); *Solomon*, FS Spellenberg (2010), 355 (369 f.); *Kropholler*, § 32 VI 2 (S. 230). – Vgl. hierzu auch *Gössl*, ZfRV 2011, 65 ff.
151 *Heinze*, FS Kropholler (2008), 105 (113 f.); ebenso *Sonnenberger*, FS Kropholler (2008), 227 (241).

im Anwendungsbereich der EuErbVO – Europäische Nachlasszeugnisse[152] in jedem Mitgliedstaat auf Grundlage desselben materiellen Rechts ergehen könnten. Aber auch diese Erwägung führt nach vorzugswürdiger Ansicht zu keiner abweichenden Beurteilung: Denn die Beeinträchtigung des europäischen Entscheidungseinklangs liegt alleine in dem Umstand begründet, dass noch nicht *alle* kollisionsrechtlichen Rechtsbereiche vereinheitlicht sind; *dieses* Defizit vermag das europäische IPR jedoch nicht von sich aus überwinden, sondern kann alleine seitens des insoweit kompetenten europäischen Gesetzgebers durch Erlass weiterer Kollisionsrechtsakte beseitigt werden. Dass auch im europäischen IPR selbstständig angeknüpft werden muss, verdeutlicht insbesondere der Ausschluss einzelner, sich regelmäßig als Vorfrage stellender Rechtsbereiche aus dem Anwendungsbereich der europäischen Verordnungen (jeweils Art. 1 Abs. 2 Rom I/II/III-VO, EuErbVO, EuGüVO bzw. EuPartVO): Wenn diese Bereiche aus dem regulativen Anwendungsbereich der Verordnungen ausgenommen sind, *können* die europäischen Kollisionsnormen (zumal regelmäßig als Sachnormverweisungen ausgestaltet) keine entsprechenden Kollisionsnormen der lex causae berufen und diese zur Anwendung bringen. Ausdrücklich stellt dies der Ausschlusstatbestand des Art. 1 Abs. 2 Rom III-VO klar, der auch Vorfragen miteinbezieht und damit eine Entscheidung zugunsten der selbstständigen Vorfragenanknüpfung trifft (vgl. insoweit auch Erwägungsgrund 10 S. 5 Rom III-VO; für die EuGüVO bzw. EuPartVO vgl. Erwägungsgrund 21 EuGüVO bzw. EuPartVO). Dieser ist nach dem zuvor Gesagten als Bestätigung eines allgemeinen, *allen* europäischen Kollisionsrechtsakten zugrundeliegenden Prinzips zu verstehen und daher im Wege einer rechtsaktübergreifenden Auslegung auf andere europäische Kollisionsrechtakte zu übertragen.

Zuletzt ist eine unselbstständige Vorfragenanknüpfung auch im Rahmen von **Staatsverträgen** abzulehnen. Die allgemeine Erwägung, dass ein solches Vorgehen wiederum eine einheitliche Behandlung nichtvereinheitlichter Rechtsbereiche ermögliche und damit dem Entscheidungseinklang diene,[153] greift nach vorzugswürdiger Ansicht auch hier nicht durch, so dass Vorfragen ebenfalls selbstständig nach den entsprechenden Kollisionsnormen der lex fori zu behandeln sind.[154]

VII. Ergebniskorrektur

Ist das auf den Sachverhalt anzuwendende Recht bestimmt, können im Einzelfall Korrekturen des insoweit gefundenen Ergebnisses erforderlich werden. Kollisionsrechtliche Korrekturmechanismen stellen die **Anpassung**, der **ordre public-Vorbehalt** und die **Gesetzesumgehung (fraus legis)** dar.

---

[152] Dies für die EuErbVO insbesondere betonend *Dörner*, ZEV 2012, 505 (512 f.); ebenso *Dutta*, FamRZ 2013, 4 (13). – Allerdings kann aus der Einführung des Europäischen Nachlasszeugnisses gerade kein besonderes Argument *für* eine unselbstständige Vorfragenanknüpfung im Rahmen der EuErbVO hergeleitet werden. Zwar gehen mit dem Europäischen Nachlasszeugnis bestimmte materielle Wirkungen einher (vgl. Art. 69 EuErbVO), diese beeinträchtigen den europäischen Entscheidungseinklang jedoch keinesfalls stärker als die Wirkungen eines mit Rechtskraft ausgestatteten und (in allen Mitgliedstaaten anzuerkennenden) Urteils. Die Diskussion über die selbstständige oder unselbstständige Vorfragenanknüpfung muss sich daher im Hinblick auf eine kohärente Systembildung innerhalb des europäischen IPR darauf beschränken, ob man *generell* (also für *alle* europäischen Kollisionsrechtsakte) eine selbstständige Vorfragenanknüpfung annehmen soll oder nicht.
[153] In diesem Sinne etwa *Rauscher*, Rn. 520; *von Hoffmann/Thorn*, § 6 Rn. 64.
[154] So auch *Kropholler*, § 32 VI 2 (S. 230). – Ausführlich hierzu *von Bar/Mankowski*, Band I: Allgemeine Lehren, § 7 Rn. 208.

1. Anpassung

127 Die analytische Methode des IPR, nach der für jede aufgeworfene Rechtsfrage die für sie (kollisionsrechtlich) angemessene Rechtsordnung zu bestimmen ist, führt nicht selten dazu, dass bei der rechtlichen Beurteilung eines Sachverhaltes mit Auslandsbezug mehrere Rechtsordnungen nebeneinander zur Anwendung zu bringen sind (sog. *depeçage*). Da die jeweiligen nationalen Rechtsordnungen jedoch nicht aufeinander abgestimmt sind, kann deren kombinierte Anwendung zu Normwidersprüchen (in Form eines „Normenmangels" oder einer „Normenhäufung") führen, also zu einem Ergebnis, welches *keine* der beteiligten Rechtsordnungen so vorsehen würde, wären sie jeweils isoliert zur Entscheidung des gesamten Rechtsstreits berufen.

128 **Beispiel:** So kann der Zugewinnausgleich bei Tod eines Ehegatten in den einzelnen Rechtsordnungen nicht nur güterrechtlich (etwa durch Gewährung eines eigenständigen güterrechtlichen Anspruchs), sondern auch erbrechtlich (durch Gewährung einer erhöhten Erbquote) ausgestaltet sein. Sind zwei verschiedene Rechtsordnungen mit unterschiedlichen Regelungssystemen nebeneinander zur Anwendung berufen, kann dieser Umstand zu dem Ergebnis führen, dass der überlebende Ehegatte zweifach versorgt wird (dies, wenn sowohl das Güterstatut als auch das Erbstatut eine Kompensation vorsehen; Fall der „Normhäufung") oder überhaupt nicht (dies, wenn weder das Güterstatut noch das Erbstatut einen Ausgleich zusprechen, weil dieser von dem jeweils *nicht* berufenen Güter- bzw. Erbrecht vorgenommen wird; Fall des „Normenmangels"). Zur spezifischen Problematik des § 1371 Abs. 1 BGB vgl. ausführlich Rn. 507 ff.

129 Kommt es zu einem derartigen Normwiderspruch, muss dieser beseitigt werden. Methodisches Mittel hierfür stellt die sog. **Anpassung oder Angleichung** dar, die methodisch entweder auf der Ebene des Kollisionsrechts oder auf der Ebene des Sachrechts erfolgen kann.[155]

- Bei der **kollisionsrechtlichen Anpassung** erfolgt eine Korrektur des zunächst gefundenen Ergebnisses auf der Ebene des Kollisionsrechts dahin gehend, dass der Anwendungsbereich einer bestehenden Kollisionsnorm neu gefasst oder auch eine völlig neue Anknüpfung entwickelt wird;[156] auf diese Weise wird die fragliche Rechtsbeziehung nunmehr alleine *einem* Recht unterstellt und die Ursache des Normwiderspruchs damit unmittelbar beseitigt.[157]

  Beispiel: In obigem Beispiel ließe sich der Normwiderspruch kollisionsrechtlich dadurch beheben, dass entweder das Erbstatut dem für das Güterstatut maßgeblichen Recht unterstellt wird oder das für das Erbstatut maßgebliche Recht auch für güterrechtliche Fragen herangezogen wird; in beiden Fällen wird erreicht, dass *eine* (in sich schlüssige) Rechtsordnung auf den Sachverhalt angewandt werden kann.

- Bei der **sachrechtlichen Anpassung** erfolgt die Ergebniskorrektur demgegenüber ausschließlich auf der Ebene des materiellen Rechts durch Modifikation der anzuwendenden Sachnormen; deren Regelungsgehalt ist im Hinblick auf Beseitigung des Normwiderspruchs abzuändern, ggf. sind auch völlig neue Sachnormen rechtsfortbildend zu entwickeln.[158]

---

155 Vgl. hierzu ausführlich *Kegel/Schurig*, § 8 (S. 357–371); *von Bar/Mankowski*, Band I: Allgemeine Lehren, § 7 Rn. 249–257; *Kropholler*, § 34 (S. 234–240), *von Hoffmann/Thorn*, § 6 Rn. 31–39.
156 Diese muss sich jedoch stets an kollisionsrechtlichen Wertungen orientieren und damit systemkonform (etwa mittels Hilfsanknüpfungen iS einer *Kegel'schen* Leiter) erfolgen.
157 Vgl. etwa *Kegel/Schurig*, § 8 III 1 (S. 361).
158 Vgl. etwa *Kegel/Schurig*, § 8 III 1 (S. 361).

VII. Ergebniskorrektur

Beispiel: Nimmt man im obigen Beispiel die Anpassung sachrechtlich vor, bleibt die ursprüngliche kollisionsrechtliche Entscheidung unangetastet. Vielmehr ist eine angemessene Lösung durch Modifikation der anzuwendenden Normen (im Falle einer *Normenhäufung* mittels einer Kürzung der Erbquote bzw. des Zugewinnausgleichsanspruchs, im Falle eines Normenmangels mittels einer Erhöhung der Erbquote bzw. – vorzugswürdig, da es sich insoweit um eine güterrechtlich zu qualifizierende Frage handelt – mittels einer entsprechenden Anwendung der von dieser Rechtsordnung vorgesehenen güterrechtlichen Bestimmungen) zu erreichen. Vgl. hierzu auch Rn. 509 aE.

Welche dieser beiden Wege zu beschreiten ist, wird seitens des geltenden Rechts nur teilweise beantwortet. Spezielle Anpassungsregeln finden sich nur vereinzelt (insbesondere Art. 31–33 EuErbVO, die im erbrechtlichen Kontext besonders häufig auftretende Anpassungsfragen zum Gegenstand haben, vgl. hierzu ausführlich Rn. 535 ff.; zudem die – mit Art. 31 EuErbVO – identischen Regelungen des Art. 29 EuGüVO bzw. EuPartVO), so dass diese Problematik regelmäßig rechtsfortbildend zu lösen ist. Wie dies konkret zu erfolgen hat, ist umstritten. Vertreten wird insoweit 130

- ein grundsätzlicher **Vorrang der sachrechtlichen Anpassung**[159] sowie
- ein grundsätzlicher **Vorrang der kollisionsrechtlichen Anpassung**,

wobei nach beiden Ansätzen der jeweils andere Lösungsansatz zumindest hilfsweise herangezogen werden kann.

Stellungnahme: Bei der Lösung der Problematik ist zu beachten, dass jegliche Form der Anpassung einen erheblichen Eingriff in das kollisions- bzw. sachrechtliche Regelungsgefüge und damit in die zivilrechtliche Gerechtigkeitsentscheidung selbst darstellt, da im Falle eines korrekturbedürftigen Normwiderspruchs konkret anwendbare Normen in modifizierter Form angewandt bzw. gänzlich außer Acht gelassen werden müssen. Ein derartiger Eingriff in den Regelungsgehalt einzelner Normen rechtfertigt sich alleine aus der *konkreten* Notwendigkeit, eine widerspruchsfreie und damit „gerechte" Entscheidung zu treffen (dies gebieten Ordnungsinteressen), so dass dieses Ziel mit dem – *in casu* – **geringsten Eingriff in die rechtlichen Strukturen** zu erreichen ist.[160] Regelmäßig ist das geeignete Mittel hierfür die **sachrechtliche Anpassung**, da das materielle Recht differenziertere Korrekturen zulässt als die kollisionsrechtliche Grundentscheidung hinsichtlich der Anwendbarkeit einer Rechtsordnung, die im Rahmen einer kollisionsrechtlichen Anpassung vollständig übergangen wird. Damit ergibt sich ein **Vorrang der sachrechtlichen vor einer kollisionsrechtlichen Anpassung**,[161] wobei zu berücksichtigen ist, dass sich die sachrechtliche Anpassung stets an den materiellen Wertungen der beteiligten (also kollisionsrechtlich berufenen) Rechtsordnungen zu orientieren hat, um der kollisionsrechtlichen Entscheidung, eine bestimmte Rechtsordnung anzuwenden, weitestgehend zur Geltung zu verhelfen – dem Regelungsgehalt der sich widersprechenden Sachnormen ist damit weitestmöglich Rechnung zu tragen und geringstmöglich zu korrigieren. Kommt eine derartige Korrektur nicht in Betracht, weil der Normwiderspruch nur unter vollständiger Außerachtlassung des sachrechtlichen Regelungsgehalts einer der berufenen Sachnormen erfolgen kann (so etwa im Falle 131

---

159 Vgl. etwa *Kegel/Schurig*, § 8 III 1 (S. 361 f.); *Kropholler*, § 34 IV (S. 237–240), *von Hoffmann/Thorn*, § 6 Rn. 35.
160 *Kegel/Schurig*, § 8 III 1 (S. 361 f.); *Kropholler*, § 34 IV 2 (S. 238).
161 So auch *von Bar/Mankowski*, Band I: Allgemeine Lehren, § 7 Rn. 257 (kollisionsrechtliche Anpassung „enthält zu starke Eingriffe in das kollisionsrechtliche Gesamtgefüge"); ebenso *Looschelders*, Die Anpassung im Internationalen Privatrecht, 1995, S. 210 f., *ders.*, Vorbem. zu Art. 3–6 EGBGB, Rn. 60; für einen Vorrang der kollisionsrechtlichen Anpassung hingegen *Kropholler*, § 34 IV 2 d (S. 240;) *von Hoffmann/Thorn*, § 6 Rn. 36 f. (Schaffung neuer Sachnormen „ultima ratio").

sich widersprechender Todesvermutungen, vgl. Rn. 540 ff.), müssen ggf. *eigenständige* Sachnormen ohne Anbindung an eine beteiligte Rechtsordnung ausgebildet werden, die sich mit *Steindorff* als „Sachnormen im IPR"[162] bezeichnen lassen – ein Weg, der im speziellen Fall sich widersprechender Todesvermutungen von Art. 32 EuErbVO beschritten wird. Fehlt es an einer Art. 32 EuErbVO vergleichbaren sachrechtliche Anpassungsregelung und lässt sich eine solche auch nicht rechtsfortbildend entwickeln, ist der Normwiderspruch zuletzt auf kollisionsrechtlicher Ebene zu beseitigen.

2. Ordre public

132   Die Anwendung einer ausländischen Rechtsordnung ist nach den bekannten Worten von *Raape* stets „Sprung ins Dunkle",[163] da das ausländische Recht – jedenfalls im Hinblick auf seinen *konkreten* Regelungsgehalt – „unbesehen" zur Anwendung gebracht wird. Verstößt die Anwendung ausländischen Rechts indes *im Ergebnis* gegen **wesentliche Grundsätze des deutschen Rechts** (insbesondere gegen Grundrechte), kann dessen Anwendung nicht in Betracht kommen. Der in nahezu allen kollisionsrechtlichen Rechtsakten ausdrücklich vorgesehene Vorbehalt zugunsten des inländischen ordre public (im europäischen Recht: Art. 21 Rom I-VO, Art. 26 Rom II-VO, Art. 12 Rom III-VO, Art. 35 EuErbVO, Art. 31 EuGüVO bzw. EuPartVO, im nationalen Recht: Art. 6 EGBGB) ermöglicht in diesen Fällen daher eine entsprechende Ergebniskorrektur zur Wahrung dieser wesentlichen Grundsätze. Da es sich hierbei um ein allgemeines Rechtsprinzip handelt, bestehen keine Unterschiede hinsichtlich der Bestimmung des nationalen ordre public, gleich ob dieser im Rahmen des staatsvertraglichen, europäischen oder nationalen Kollisionsrechts zu konkretisieren ist.

Hinweis: Ein **Verstoß gegen den deutschen ordre public** liegt nach der Rechtsprechung des BGH vor, wenn „das Ergebnis der Anwendung des ausländischen Rechts zu den Grundgedanken der deutschen Regelungen und den in ihnen enthaltenen Gerechtigkeitsvorstellungen in so starkem Widerspruch steht, dass es nach inländischer Vorstellung untragbar erscheint"[164] (vgl. insoweit auch den auf dieser Rechtsprechung beruhenden Wortlaut des Art. 6 EGBGB).

a) Zweck des ordre public, Methodik und Anwendungsvoraussetzungen

133   Wesentliche Grundsätze einer Rechtsordnung stellen **fundamentale Gerechtigkeitsprinzipien** dar, die sich zwar nicht notwendig, jedoch regelmäßig aus höherrangigen Rechtssätzen – insbesondere Grundrechte, EMRK, Charta der Grundrechte der Europäischen Union oder auch europäische Grundfreiheiten – ergeben. Diese vorrangig zu beachtenden Rechtssätze stellen bestimmte *Anforderungen* an die Ausgestaltung der Zivilrechtsordnung (zivilrechtliche Reflexwirkung, mittelbare „Drittwirkung"), die sich jedoch zumeist nicht in *einer* konkreten zivilrechtlichen Sachnorm manifestieren, sondern als allgemeine Wertungsprinzipien der gesamten Zivilrechtsordnung zugrunde liegen. Da Ausgangspunkt der kollisionsrechtlichen Rechtsanwendungsfrage stets die kollisionsrechtlichen Interessen bilden, die durch die *konkreten* (dominierenden) Sachnormzwecke impliziert werden, werden die einer konkreten zivilrechtlichen Sachnorm (eben nur „auch") zugrundeliegenden allgemeinen Gerechtigkeitsprinzipien bei der

---

162   Vgl. *Steindorff*, Sachnormen im IPR, 1958; kritisch hierzu *Kegel/Schurig*, § 8 III 3 (S. 370 f.).
163   *Raape/Sturm*, Internationales Privatrecht (Band 1), 6. Aufl. 1977, § 13 I 1 (S. 199).
164   Vgl. nur BGH NJW 1993, 3269; grundlegend BGH NJW 1996, 369 (370) (zu Art. 30 EGBGB aF).

Bestimmung des anwendbaren Rechts regelmäßig ausgeblendet; die Anwendung der herkömmlichen Kollisionsnormen kann *deswegen* im Ergebnis zu ihrer Verletzung führen. **Zweck** des ordre public-Vorbehalts ist es daher, die durch die allgemeinen Kollisionsnormen nicht berücksichtigten fundamentalen Gerechtigkeitsprinzipien abzusichern und *im konkreten Fall* zur Anwendung zu verhelfen.[165]

Hinweis: Auf welchem methodischen Wege dies erfolgt, ist indes umstritten. Nach überwiegendem Verständnis stellen die einzelnen Vorbehaltsklauseln des ordre public **unselbstständige Kollisionsnormen** dar, welche die kollisionsrechtliche Berufung eines jeden ausländischen Rechts unter die (auflösende) Bedingung ihrer Vereinbarkeit mit wesentlichen materiellen Grundsätzen des nationalen Rechts stellen: Liegt ein ordre public-Verstoß vor, entfällt der auf die ausländischen Sachnormen bezogene kollisionsrechtliche Anwendungsbefehl, so dass die insoweit entstehende „Lücke" hinsichtlich der für die Beurteilung des Sachverhaltes erforderlichen Rechtsgrundlage im Sinne des nationalen ordre public geschlossen werden muss[166] – dies entweder durch Modifikation des ausländischen[167] oder des inländischen[168] Rechts (streitig), was jedoch im Ergebnis regelmäßig keinen Unterschied macht. Der ordre public erfüllt demnach eine rein **negative Funktion**:[169] Er wehrt die Anwendung ausländischen Rechts ab und durchbricht die internationalprivatrechtliche Gerechtigkeit zugunsten der materiellen Gerechtigkeit.[170] Einem solchen Verständnis begegnen indes Bedenken. Auch materielle, nicht weiter ausgeformte Rechtsgrundsätze einer Rechtsordnung sind vor dem Hintergrund konkurrierender Rechtsordnungen nur zu beachten, wenn sie *kollisionsrechtlich* berufen sind (vgl. Rn. 2). Um die von der überwiegenden Auffassung betonte negative Funktion erfüllen zu können, müssen die maßgeblichen Rechtssätze daher zunächst *positiv* berufen sein.[171] Für ihre Beachtlichkeit notwendig ist somit stets ein *kollisionsrechtlicher Anwendungsbefehl*, der – mangels Berücksichtigung der Grundsätze im Rahmen der herkömmlichen Kollisionsnormen und in Ermangelung spezieller Kollisionsnormen des ordre public (etwa Art. 13 Abs. 2, Abs. 3 S. 1, Art. 17 b Abs. 4, Art. 40 Abs. 3 EGBGB, Art. 10 Rom III-VO) – *rechtsfortbildend* zu entwickeln ist.[172] Die Problematik des ordre public entspricht damit der Eingriffsnormenproblematik (vgl. hierzu noch Rn. 198 ff.): Es geht um die kollisionsrechtliche Anwendbarkeit von (allerdings zunächst nicht weiter konkretisierten) Rechtsprinzipien, die von den herkömmlichen Kollisionsnormen nicht erfasst werden und denen daher vor dem Hintergrund konkurrierender Rechtsordnungen eine ihren materiellen Zwecken entsprechende Anknüpfung zur Verfügung gestellt werden muss.[173] Der einzige Unterschied besteht darin, dass der Gegenstand der Anknüpfung im Rahmen des ordre public zunächst nicht weiter bestimmt ist, sondern erst durch einen Vergleich des anhand der herkömmlichen Kollisionsnormen gefundenen Ergebnisses mit den Rechtsvor-

---

165 Vgl. auch BGH NJW 2022, 2547 (2548).
166 Vgl. etwa *Kropholler*, § 36 I (S. 244 f.); *von Hoffmann/Thorn*, § 6 Rn. 154.
167 BGH NJW 1993, 848 (850); ebenso *Kropholler*, § 36 V (S. 255); *von Hoffmann/Thorn*, § 6 Rn. 154.
168 *Von Bar/Mankowski*, Band I: Allgemeine Lehren, § 7 Rn. 285.
169 Vgl. hierzu ausführlich Staudinger/*Voltz* (2013), Art. 6 EGBGB Rn. 8–21; auch *Kropholler*, § 36 (S. 244 f.); *von Hoffmann/Thorn*, § 6 Rn. 142 f.
170 So insbesondere *Kegel* (7. Auflage), § 16 XI (S. 385); ders., FS Lewald (1953), 259 (278); vgl. auch *Kropholler*, § 36 (S. 244 f.); *von Hoffmann/Thorn*, § 6 Rn. 136 ff.
171 Vgl. hierzu ausführlich *Kegel/Schurig*, § 16 I (S. 516–520).
172 Vgl. hierzu ausführlich *Kegel/Schurig*, § 16 (S. 516–524); *Siehr*, RabelsZ 36 (1972), 93, 98–110; ebenso *Mankowski*, RIW 1996, 8 (10); bereits *Kahn*, in: Lenel/Lewald (Hrsg.): Abhandlungen zum internationalen Privatrecht (Band 1), 161 (251).
173 Vgl. hierzu *Köhler*, S. 88–101 (die Aussagen sind zwar primär auf Eingriffsnormen, also den „positiven" ordre public, bezogen, sie sind aber entsprechend übertragbar).

stellungen unserer Rechtsordnung ermittelt werden kann. „Stören"[174] wir uns an dem konkreten *Ergebnis der Rechtsanwendung*[175] (daher nicht: an dem abstrakten Norminhalt des ausländischen Rechtssatzes), kommt eine Verletzung wesentlicher deutscher Grundsätze in Betracht. Dies gibt Anlass, das insoweit maßgebliche Rechtsprinzip zu ermitteln, seine konkreten zivilrechtlichen Vorgaben festzustellen, um *im Anschluss daran* über die kollisionsrechtliche Anwendbarkeit des Grundsatzes mittels der herkömmlichen kollisionsrechtlichen Dogmatik zu entscheiden. Zusammen mit den (regelmäßig als positiver ordre public bezeichneten) Eingriffsnormen bildet der ordre public daher *„den noch unerkannten und den noch unfertigen Teil des internationalen Privatrechts"*.[176]

134 Ein Eingreifen des ordre public setzt unabhängig von dessen methodischer Einordnung zweierlei voraus: zum einen eine **Verletzung wesentlicher materieller Grundsätze** der lex fori (die nicht nur nationaler, sondern selbstverständlich auch staatsvertraglicher oder europäischer Herkunft sein können), zum anderen einen bestimmten **Inlandsbezug**,[177] der je nach Art des materiellen Rechtsgrundsatzes unterschiedlich beschaffen sein muss. Regelmäßig wird in diesem Zusammenhang von einer Wechselwirkung zwischen materiellem Grundsatz und Inlandsbezug gesprochen: Je „wichtiger" ersterer ist, desto geringere Anforderungen sind an den Inlandsbezug zu stellen, je weniger bedeutend er ist, desto stärker muss der Inlandsbezug sein (sog. **Relativität des ordre public**).[178] Diese Formulierung ist – wenngleich richtig – unpräzise: Der maßgebliche Inlandsbezug bestimmt sich als herkömmliches Anknüpfungsmoment[179] anhand der durch den in Frage stehenden materiellen Grundsatz implizierten kollisionsrechtlichen Interessen, so dass eine diesem Grundsatz *angemessene* kollisionsrechtliche Anknüpfung entwickelt werden muss;[180] je „wichtiger" ein Grundsatz ist, desto *mehr* Anknüpfungspunkte kommen in Betracht, an die uU geringere Anforderungen (ggf. bereits ausreichend: Zuständigkeit eines deutschen Gerichts, vgl. etwa Rn. 452) zu stellen sind.[181] Mit dem *BVerfG* lässt sich hinsichtlich des kollisionsrechtlichen Anwendungsbereichs deutscher Grundrechte daher formulieren, dass sich der – im Rahmen des ordre public zu bestimmende – räumliche Anwendungsbereich dieser Normen (hinsichtlich ihrer zivilrechtlichen Reflexwirkung) „nicht allgemein bestimmen" lässt; „[v]ielmehr ist jeweils durch Auslegung[182] der entsprechenden Verfassungsnorm festzustellen, ob sie nach Wortlaut, Sinn und Zweck für jede denkbare Anwendung hoheitlicher Gewalt innerhalb der Bundesrepublik gelten will oder ob sie bei Sachverhalten mit mehr oder weniger intensiver Auslandsbeziehung eine Differenzierung zulässt

---

174 Dies im hermeneutischen Sinne, vgl. hierzu *Siehr*, RabelsZ 36 (1972), 93 (109).
175 Vgl. auch BGH NJW 2022, 2547 (2549).
176 So bereits *Kahn*, in: *Lenel/Lewald* (Hrsg.): Abhandlungen zum internationalen Privatrecht (Band 1), 161 (251). – Vgl. heute insbesondere *Kegel/Schurig*, § 16 II (S. 524): „Hinter dem ordre-public-Begriff verbirgt sich also *zweites, kumulatives, noch unausgeformtes* kollisionsrechtliches Anknüpfungssystem für die *elementaren Rechtsprinzipien der eigenen Rechtsordnung*".
177 *Kegel/Schurig*, § 16 II (S. 521); *von Bar/Mankowski*, Band I: Allgemeine Lehren, § 7 Rn. 263 f.; *Kropholler*, § 36 II 2 (S. 246); *von Hoffmann/Thorn*, § 6 Rn. 152; vgl. auch BGH NJW 2022, 2547 (2551).
178 *Von Bar/Mankowski*, Band I: Allgemeine Lehren, § 7 Rn. 264; *Kropholler*, § 36 II 2 (S. 246); *von Hoffmann/Thorn*, § 6 Rn. 152.
179 Vgl. hierzu *Kegel/Schurig*, § 16 II (S. 521).
180 Der Sache nach auch *Kropholler*, § 36 II 2 (S. 246).
181 *Kegel/Schurig*, § 16 III 2 b (S. 527).
182 Auch wenn es hierbei *nicht* um Auslegung, sondern um die Entwicklung spezieller, auf die fragliche Norm bezogener einseitiger Kollisionsnormen, also um *Rechtsfortbildung* geht.

VII. Ergebniskorrektur

oder verlangt".[183] Entsprechendes gilt für Bestimmungen der EMRK, der europäischen Grundrechtscharta sowie für Grundfreiheiten.

Nach den vorangegangenen Ausführungen lässt sich das im Rahmen der ordre public-Kontrolle durchzuführende **Prüfungsprogramm** folgendermaßen präzisieren: 135

(1) **Feststellung,** dass das *konkrete,* durch die Anwendung der herkömmlichen Kollisionsnormen gefundene **Ergebnis** (*nicht* die ausländische Rechtsnorm als solche) zu einem **Verstoß gegen wesentliche materielle Grundsätze** des deutschen Rechts führt.

(2) **Konkretisierung des verletzten Grundsatzes,** also Bestimmung seiner konkreten zivilrechtlichen Vorgaben (als „gedachte" Sachnorm).

(3) Entscheidung über dessen **kollisionsrechtliche Anwendbarkeit** anhand der herkömmlichen kollisionsrechtlichen Methodik (kollisionsrechtliche Interessenprüfung hinsichtlich des materiellen Grundsatzes, hiernach Bestimmung des maßgeblichen Anknüpfungsmoments, also des maßgeblichen **Inlandsbezugs**).

Ist der in Frage stehende Grundsatz demnach in casu anwendbar, ist er *kumulativ* neben dem durch die herkömmlichen Kollisionsnormen bestimmten Recht berufen und setzt sich daher als „strengeres" Recht im Ergebnis gegen die entsprechende Regelung der lex causae durch.[184] 136

b) Einzelfälle

Verstöße gegen den ordre public treten in allen Rechtsbereichen auf. Besondere Bedeutung erlangt der ordre public-Vorbehalt jedoch im Bereich des Familien- und Erbrechts, da diese Materien stark verfassungsrechtlich geprägt und Ausdruck fundamentaler gesellschafts- und sozialpolitischer Wertungen sind. Zur Verdeutlichung der Problematik dienen folgende Beispielsfälle:[185] 137

▶ **Fall 9:** Der bereits wirksam verheiratete irakische Moslem M möchte in Deutschland eine weitere Ehe mit einer Irakerin eingehen. Ist dies möglich? ◀ 138

Hinweis: Das irakische IPR unterstellt die materiellen Wirksamkeitsvoraussetzungen der Ehe – ebenso wie Art. 13 Abs. 1 EGBGB – dem Heimatrecht des jeweiligen Verlobten. Nach irakischem Sachrecht sind Mehrehen möglich und auch die sonstigen Ehevoraussetzungen zu bejahen.

▶ **Lösung:** Die materiellen Wirksamkeitsvoraussetzungen der Eheschließung unterliegen dem von Art. 13 Abs. 1 EGBGB bestimmten Recht; anzuwenden ist hiernach (für beide Heiratswilligen) irakisches Sachrecht (die von Art. 13 Abs. 1 EGBGB gem. Art. 4 Abs. 1 S. 1 EGBGB ausgesprochene Gesamtverweisung wird seitens des irakischen IPR angenommen), nach dem die materiellen Ehevoraussetzungen zu bejahen sind. Allerdings scheitert die Eheschließung am ordre public (Art. 6 EGBGB): Der Grundsatz der Einehe als „Ausprägung eines als unantastbar empfundenen kulturellen Besitzes"[186] stellt einen wesentlichen Grundsatz des deutschen Rechts dar (Art. 6 GG, konkretisiert in § 1306 BGB), der vorliegend auch im konkreten Einzelfall verletzt wurde. Da ein hinreichender Inlandsbezug (die Ehe soll 139

---

183 So BVerfG NJW 1971, 1509 (1512) *(„Spanier-Beschluss").*
184 *Kegel/Schurig,* § 16 II (S. 524).
185 Fälle nach *von Hoffmann/Thorn,* § 6 Rn. 153.
186 *Gernhuber/Coester-Waltjen,* Familienrecht, 6. Auflage 2010, § 10 Rn. 10.

140 ▶ **Fall 10:** Der irakische Moslem M, der im Irak drei Irakerinnen wirksam geheiratet hat, zieht mit seiner Familie nach Deutschland und verstirbt dort nach einiger Zeit. Wie ist die Rechtsnachfolge von Todes wegen zu beurteilen? ◀

in Deutschland geschlossen werden) besteht, setzt sich dieser Grundsatz im Ergebnis durch, so dass eine Eheschließung in Deutschland nicht möglich ist. ◀

141 ▶ **Lösung:** Da M seinen letzten gewöhnlichen Aufenthalt in Deutschland hatte, unterliegt die Rechtsnachfolge von Todes wegen deutschem Recht (Art. 21 Abs. 1 EuErbVO). Im Rahmen der Prüfung der gesetzlichen Erbrechte der Ehefrauen (§ 1931 Abs. 1 BGB) ist die Wirksamkeit der jeweiligen Ehe als (selbstständig anzuknüpfende) Vorfrage zu beurteilen, die ebenfalls am ordre public scheitern könnte. Da die einzelnen Ehen jedoch im Irak geschlossen wurden, fehlt es hinsichtlich dieser konkreten Vorfrage an einem hinreichenden **Inlandsbezug**, so dass eine Korrektur des Rechtsanwendungsergebnisses auszuscheiden hat.[187] Damit ist allen Ehefrauen ein gesetzliches Erbrecht gem. § 1931 Abs. 1 BGB in gleicher Höhe zuzugestehen (was im Wege einer sachrechtlichen Anpassung zu bewerkstelligen ist). ◀

142 Prüfungsrelevante *ordre public*-Verstöße kommen darüber hinaus etwa in Betracht, wenn das berufene ausländische Recht

- einen **Strafschadensersatz** vorsieht (vgl. hierzu Rn. 327 f.),
- die **Eheschließung untersagt** (vgl. hierzu Rn. 388 ff.),
- eine **Handschuhehe** in der Form vorsieht, dass dem Stellvertreter eine *eigene* Auswahlentscheidung im Hinblick auf die seitens des Vertretenen zu heiratende Person zugestanden wird (vgl. hierzu Rn. 396),
- das Rechtsinstitut der **Scheidung überhaupt nicht kennt** oder einem der Ehegatten aufgrund seines Geschlechts **keinen gleichberechtigten Zugang zur Ehescheidung** gewährt (vgl. hierzu Rn. 451 ff.),
- eine Scheidung durch einseitige, nicht empfangsbedürftige Willenserklärung des Ehemannes ermöglicht (**talaq-Scheidung**),

    Hinweis: Ein wesentlicher Grundsatz des deutschen Rechts ist insoweit grundsätzlich zu bejahen (Art. 6 Abs. 1 GG, daneben ggf. auch Art. 3 Abs. 2 GG bzw. Art. 21, 23 EU-Grundrechtecharta, Art. 14 EMRK). Voraussetzung für einen ordre public-Verstoß ist jedoch eine Verletzung dieses Grundsatzes im konkreten Einzelfall (was nicht der Fall ist, wenn die Frau mit der Scheidung einverstanden ist), zudem das Vorliegen eines hinreichenden Inlandsbezugs, der regelmäßig durch die deutsche Staatsangehörigkeit bzw. einen gewöhnlichen Aufenthalts in Deutschland (zumindest eines) der Ehegatten vermittelt wird.

- **kein gesetzliches Erbrecht aufgrund von Religionsverschiedenheit** vorsieht,[188]

    Hinweis: Ein wesentlicher Grundsatz des deutschen Rechts ist zu bejahen (Art. 3 Abs. 3 S. 1 GG als absolutes Differenzierungsverbot,[189] daneben auch Art. 21 EU-Grundrechtecharta, Art. 14 EMRK). Voraussetzung für einen ordre public-Verstoß ist jedoch wiederum

---

187 Im Ergebnis ebenso *von Hoffmann/Thorn*, § 6 Rn. 153; *Kegel/Schurig*, § 16 III 2 b (S. 528); vgl. auch *Kropholler*, § 36 II 2 (S. 246).
188 Vgl. etwa Art. 6 des ägyptischen Gesetzes Nr. 77/1943: keine Erbfolge zwischen einem Muslim und Nichtmuslim. – Hierzu OLG Hamm ZEV 2005, 436 mAnm *Lorenz*; OLG Frankfurt ZEV 2011, 135.
189 OLG Hamm ZEV 2005, 436 (437).

eine Verletzung dieses Grundsatzes im konkreten Einzelfall, was etwa dann zu verneinen ist, wenn der Ausschluss von dem – allerdings positiv festzustellenden – Willen des Erblassers getragen wird, da auch nach deutschem Recht in diesem Sinne hätte *testiert* werden können.[190] Ein maßgeblicher Inlandsbezug ist in diesen Fällen jedenfalls dann gegeben, wenn der von der Erbfolge Ausgeschlossene Deutscher ist oder seinen gewöhnlichen Aufenthalt in Deutschland hat.

- weiblichen Erben **geringere gesetzliche Erbquoten** zugesteht als männlichen Erben,[191]

Hinweis: Ein wesentlicher Grundsatz des deutschen Rechts ist auch insoweit grundsätzlich zu bejahen (Art. 3 Abs. 2 GG, daneben auch Art. 21, 23 EU-Grundrechtscharta, Art. 14 EMRK). Voraussetzung für einen ordre public-Verstoß ist jedoch stets eine Verletzung dieses Grundsatzes im konkreten Einzelfall (was etwa dann nicht der Fall ist, wenn ohnehin *nur* weibliche Erben in Betracht kommen, oder wiederum, wenn der Ausschluss von dem Willen des Erblassers getragen wird).[192] Auch in diesen Fällen ist ein maßgeblicher Inlandsbezug jedenfalls dann gegeben, wenn die Erbin Deutsche ist oder ihren gewöhnlichen Aufenthalt in Deutschland hat.

- oder kein **Pflichtteilsrecht** kennt.

Hinweis: Ein wesentlicher Grundsatz des deutschen Rechts ist nach vorzugswürdiger Ansicht ebenfalls grundsätzlich zu bejahen, da die Erbrechtsgarantie des Art. 14 Abs. 1 S. 1 iVm Art. 6 Abs. 1 GG eine „grundsätzlich unentziehbare und bedarfsunabhängige wirtschaftliche Mindestbeteiligung der Kinder des Erblassers an dessen Nachlass" gewährleistet.[193] Der maßgebliche Inlandsbezug ist wiederum jedenfalls dann zu bejahen, wenn das nicht pflichtteilsberechtigte Kind Deutscher ist oder seinen gewöhnlichen Aufenthalt in Deutschland hat.

3. Gesetzesumgehung (fraus legis)

Sachverhalte mit Auslandsbezug eröffnen den Parteien zahlreiche Gelegenheiten, auf die kollisionsrechtliche Anknüpfungsentscheidung einzuwirken. Teilweise räumt ihnen das IPR selbst die Rechtsmacht ein, das auf den Sachverhalt anwendbare Recht zu wählen, die Parteien können jedoch auch im Falle einer objektiven Anknüpfung eigenmächtig die für diese Anknüpfung maßgeblichen *tatsächlichen Umstände* beeinflussen (etwa durch Begründung eines neuen gewöhnlichen Aufenthalts, durch Wechsel der Staatsangehörigkeit usw), um auf diesem Wege die Anwendung einer ihnen genehmen Rechtsordnung herbeizuführen. In derartigen Fällen fragt sich, ob diese Umgehungshandlung eine zulässige Ausnutzung der gesetzlich gewährten Gestaltungsmöglichkeiten darstellt oder als rechtsmissbräuchliche **Gesetzesumgehung (fraus legis)** zu werten

143

---

190 Vgl. hierzu etwa OLG Hamm ZEV 2005, 436 (439).
191 Vgl. hierzu etwa OLG München NJW-RR 2021, 138; OLG Hamburg, FamRZ 2015, 1232 mAnm *Köhler*; OLG München NJW-RR 2012, 1096; OLG Düsseldorf NJW-RR 2009, 732.
192 OLG Düsseldorf ZEV 2009, 190 (191); ebenso OLG Hamm ZEV 2005, 436 (439); OLG München NJW-RR 2021, 138 (139).
193 BVerfG NJW 2005, 1561. – So nunmehr auch BGH NJW 2022, 2547 (2549 ff.); vgl. auch OLG Köln ZEV 2021, 698 (700) (Vorinstanz); zudem bereits KG ZEV 2008, 440 (441). – Anders noch BGH NJW 1993, 1920 (1921) (die Entscheidung erging indes vor dem genannten Urteil des BVerfG). – Ausführlich hierzu Staudinger/*Voltz* (2013), Art. 6 EGBGB Rn. 190.

ist, in deren Folge die *umgangenen* Rechtssätze zur Anwendung zu bringen sind.[194] Das Rechtsinstitut der Gesetzesumgehung[195] stellt einen *systemimmanenten*, auf teleologischer Rechtsanwendung basierenden Korrekturmechanismus dar, der sowohl im Rahmen des staatsvertraglichen, europäischen (vgl. insoweit Erwägungsgrund 26 EuErbVO, Erwägungsgrund 26 EuGüVO bzw. EuPartVO) als auch nationalen IPR in Betracht zu ziehen ist. Allgemein anerkannte **Voraussetzungen** für die Annahme einer Gesetzesumgehung sind:[196]

(1) ein *umgangener* Rechtssatz (also eine Rechtsnorm, die ohne die Umgehungshandlung erfüllt *wäre*),

(2) ein *ergangener* Rechtssatz (also eine Rechtsnorm, die aufgrund der Umgehungshandlung erfüllt *ist*),

(3) eine **Umgehungshandlung**,

(4) eine **Umgehungsabsicht** und – als *zentrale Voraussetzung* –

(5) die **Unangemessenheit** des konkreten Vorgehens (Rechtsmissbrauch), was unter Berücksichtigung des Sinns und Zwecks sowohl des ergangenen als auch umgangenen Rechtssatzes zu bestimmen ist.

144 Wann eine unzulässige Gesetzesumgehung zu bejahen ist, muss mittels einer **Einzelfallprüfung** festgestellt werden.[197] Ihre Annahme ist auf **krasse Ausnahmefälle** beschränkt und insbesondere in denjenigen Fällen ausgeschlossen, in denen das Gesetz den Parteien selbst Gestaltungsspielräume gewährt (dies etwa im Falle der **Rechtswahl**)[198] oder ein bestimmtes materielles Ergebnis fördern will (dies insbesondere im Falle einer **Alternativanknüpfung**).

145 **Beispiel:** So schließt es etwa der seitens Art. 11 EGBGB bzw. Art. 11 Rom I-VO gewährte *favor negotii* aus, den Parteien die bewusste Wahl eines bestimmten Abschlussortes entgegenzuhalten.[199]

146 Auch ist die Annahme einer Gesetzesumgehung regelmäßig in den Fällen eines **bewussten Wechsels der Staatsangehörigkeit**[200] **oder des gewöhnlichen Aufenthalts** ausgeschlossen, da die (in der Regel strengen) Anforderungen an die Begründung einer Staatsangehörigkeit sowie die umfassende Einzelfallfeststellung des gewöhnlichen Aufenthalts keinen Raum für missbräuchliches Vorgehen lassen. Einen möglichen Anwendungsfall der Gesetzesumgehung stellt demgegenüber der in der Literatur diskutierte und von französischen Gerichten entschiedene *Leslie Caron*-Fall[201] dar, in welchem ein amerikanischer Erblasser eine in Frankreich belegene Immobilie in eine nach amerikanischem Recht gegründete *corporation* überführte, um (nach französischem Recht bestehende) Pflichtteilsansprüche seiner Kinder zu verhindern. Hier mag man im Wege einer Gesetzesumgehung die – konkret umgangenen – französischen Pflichtteilsvorschriften zur Anwendung bringen,[202] allerdings dürfte sich auch dieser Fall jedenfalls

---

194 Vgl. insoweit *Kegel/Schurig*, § 14 I (S. 476): Gesetzesumgehung ist „im Graubereich zwischen kreativer Tatbestandsplanung und Missbrauch rechtlicher Möglichkeiten angesiedelt".
195 Vgl. hierzu ausführlich *Kegel/Schurig*, § 14 (S. 475–494); *von Bar/Mankowski*, Band I: Allgemeine Lehren, § 7 Rn. 128–137; *Kropholler*, § 23 (S. 156–162), *von Hoffmann/Thorn*, § 6 Rn. 122–135.
196 Vgl. *Kegel/Schurig*, § 14 II (S. 478), § 14 III (S. 480–482).
197 Hierzu *Kegel/Schurig*, § 14 II (S. 480–482).
198 Etwa *Grüneberg/Thorn*, Vor Art. 3 EGBGB Rn. 26.
199 Etwa *Grüneberg/Thorn*, Vor Art. 3 EGBGB Rn. 26.
200 *Kegel/Schurig*, § 14 IV (S. 485); *von Hoffmann/Thorn*, § 6 Rn. 128.
201 Cour de cassation Rev.crit.dr.i.p. 1986, 66; hierzu *Kegel/Schurig*, § 1 I 5 (S. 4), § 14 II (S. 480).
202 *Von Hoffmann/Thorn*, § 6 Rn. 130.

bei Zuständigkeit deutscher Gerichte *ohne* Rückgriff auf eine Gesetzesumgehung – nämlich im Rahmen des (kollisionsrechtlichen oder anerkennungsrechtlichen) ordre public (vgl. Rn. 142 aE) – angemessen lösen lassen. Damit ergibt sich für das Rechtsinstitut der Gesetzesumgehung allenfalls nur ein sehr kleiner, **auf extreme Ausnahmefälle beschränkter Anwendungsbereich**.

Hinweis: Ebenfalls kein Fall der Gesetzesumgehung liegt vor, wenn das Vorliegen des für die kollisionsrechtliche Entscheidung maßgeblichen Anknüpfungsmoments nur *vorgetäuscht* wird, etwa weil in einem Kaufvertrag ein (im Rahmen von Art. 11 Rom I-VO relevanter) nicht zutreffender Abschlussort angegeben[203] oder ein gefälschter Pass, aus dem sich eine in Wirklichkeit nicht bestehende Staatsangehörigkeit ergibt, vorgelegt wird. Solche Fälle der **Simulation** stellen ein Problem der richtigen Sachverhaltsfeststellung, nicht der richtigen Sachnormanwendung dar.[204]

VIII. Problem des Auslandssachverhaltes

1. Allgemeines

Auch wenn die maßgebliche Rechtsordnung bestimmt ist, kann ein Sachverhalt mit Auslandsbezug **Besonderheiten tatsächlicher Art** aufweisen, die möglicherweise eine – im Hinblick auf einen „reinen" Inlandssachverhalt – modifizierte Anwendung des materiellen Rechts erforderlich werden lassen.[205]

Beispiele: So hängt etwa die Bemessung des Bedarfs einer unterhaltsberechtigten Person auch von den tatsächlichen Lebenshaltungskosten ab; lebt der Anspruchsberechtigte indes nicht in Deutschland, sondern in einem Land mit einem (deutlich) geringeren Lebenshaltungskostenindex, ist dieser (tatsächlichen) Besonderheit eines Auslandssachverhaltes auch bei Anwendbarkeit deutschen Rechts Rechnung zu tragen und ein (im Vergleich zu einem „reinen" Inlandssachverhalt) geringerer Betrag zuzusprechen.[206] Darüber hinaus sieht das BGB teilweise selbst ausdrückliche Regelungen vor, welche den Besonderheiten eines – deutschem Recht unterliegenden – Sachverhalts mit Auslandsbezug Rechnung tragen (so etwa § 1944 Abs. 3 BGB, der die Ausschlagungsfrist bei einer Erbschaft mit Auslandsbezug auf sechs Monate verlängert, um den insoweit erschwerten Umständen bei der Ermittlung der Verhältnisse Rechnung zu tragen).

Allgemein spricht man in solchen Fällen von dem Problemfeld des **Auslandssachverhaltes**. Da es sich hierbei – zumindest außerhalb der kodifizierten Fälle – um eine Frage der „richtigen" Anwendungen bzw. Auslegung konkret anwendbarer Sachnormen handelt, wirft dieses zumindest *in methodischer Hinsicht* keine besonderen Schwierigkeiten auf: Dem rechtlich zu würdigenden Sachverhalt liegen alleine besondere, in einem reinen Inlandssachverhalt regelmäßig *nicht* gegebene tatsächliche Besonderheiten zugrunde, denen im Rahmen des anwendbaren Rechts nach *dessen* Grundsätzen Rechnung zu tragen ist. Das Problemfeld des Auslandssachverhaltes ist damit ausschließlich auf **sachrechtlicher Ebene** zu verorten.

---

203 Vgl. *von Hoffmann/Thorn*, § 6 Rn. 133.
204 *Kegel/Schurig*, § 14 VIII 1 (S. 491).
205 Vgl. hierzu *Kegel/Schurig*, § 1 VIII 2 b (S. 61–63); *von Hoffmann/Thorn*, § 1 Rn. 129.
206 *Grüneberg/von Pückler*, § 1610 BGB Rn. 2.

Hinweis: An einigen Stellen weist das kodifizierte Kollisionsrecht selbst auf diese Problematik hin (vgl. etwa Art. 12 Abs. 2 Rom I-VO,[207] Art. 17 Rom II-VO,[208] Art. 43 Abs. 3 EGBGB).[209] Dieser Umstand darf jedoch nicht darüber hinwegtäuschen, dass die Art und Weise der konkreten Berücksichtigung solcher besonderen Sachumstände ausschließlich dem konkret anwendbaren Sachrecht unterliegt, die entsprechenden Vorschriften also nur deklaratorischen Charakter haben.

2. „Handeln unter falschem Recht"

150 (Nur) eine besondere Ausprägung dieses Problemfeldes stellt die – insbesondere im Bereich des internationalen Erbrechts relevante – Fallgruppe des sog. **„Handelns unter falschem Recht"** dar, in welcher der Erblasser inhaltlich nach kollisionsrechtlich nicht anwendbarem Recht testiert hat.[210] In solchen Fällen ist – nach Maßgabe des auf die Rechtsnachfolge von Todes wegen tatsächlich anzuwendenden Rechts – dem (auch anhand der fälschlicherweise für anwendbar gehaltenen Rechtsordnung zu ermittelnden) Erblasserwillen so weit wie möglich Rechnung zu tragen.[211]

151 **Beispiel:** Wurde etwa ein Vindikationslegat nach französischem Recht bei Anwendbarkeit *deutschen* Erbrechts verfügt, ist dieses als herkömmliches (nur schuldrechtlich wirkendes) Vermächtnis iSv §§ 2147, 2174 BGB *auszulegen* (§ 2084 BGB). Da die EuErbVO jedoch die Möglichkeit einer **konkludenten Rechtswahl** des Erbstatuts vorsieht (Art. 22 Abs. 2 EuErbVO), ist in solchen Fällen stets zu prüfen, ob die Errichtung eines inhaltlich auf eine bestimmte Rechtsordnung bezogenen Testaments nicht zugleich als konkludente Rechtswahl zugunsten dieses Rechts zu werten ist (zu den diesbezüglichen Voraussetzungen vgl. Rn. 499 f.); ist dies der Fall, wurde unter „richtigem Recht" gehandelt, so dass sich das beschriebene Problem nicht stellt.

3. Substitution

152 Eine weitere Erscheinungsform des Auslandssachverhaltes stellt zuletzt das Problemfeld der **Substitution** dar.[212] In dessen Rahmen ist die Frage zu klären ist, ob ein von einer Sachnorm vorausgesetzter Rechtsbegriff durch einen entsprechenden Rechtsbegriff einer *anderen* Rechtsordnung ausgefüllt werden kann.[213]

153 **Beispiele:** Wird eine – gem. Art. 11 Abs. 1 Rom I-VO deutschem Recht unterliegende – notarielle Beurkundung von einem *ausländischen* Notar vorgenommen (sog. **Auslandsbeurkundung**), fragt sich, ob trotz dieses besonderen Umstands die notarielle Form iSd deutschen Rechts gewahrt wurde. Substitutionsprobleme stellen sich zudem häufig auch bei der Beurteilung von Vorfragen, da insoweit zunächst die (regelmäßig zu bejahende) Frage zu klären ist, ob das seitens des Tatbestands der jeweiligen Norm vorausgesetzte präjudizielle Rechtsverhältnis überhaupt durch ein ausländischem Recht unterliegendes Rechtsverhältnis ausgefüllt werden kann (etwa: genügt für das von § 1371 Abs. 1 BGB vorausgesetzte Erbrecht auch ein Erbrecht iS einer ausländischen Rechtsordnung? Vgl. hierzu Rn. 509).

---

[207] Hierzu Rn. 197.
[208] Hierzu Rn. 300 ff.
[209] Hierzu Rn. 353.
[210] Vgl. etwa *Kegel/Schurig*, § 1 VIII 2 d (S. 66).
[211] *Kegel/Schurig*, § 1 VIII 2 d (S. 66).
[212] Vgl. hierzu *Kegel/Schurig*, § 1 VIII 2 e (S. 66 f.); *von Bar/Mankowski*, Band I: Allgemeine Lehren, § 7 Rn. 239–245; *Kropholler*, § 33 (S. 231–234); *von Hoffmann/Thorn*, § 6 Rn. 40 f.
[213] Vgl. *Kegel/Schurig*, § 1 VIII 2 e (S. 66 f.); *Kropholler*, § 33 I 1 (S. 231); *von Hoffmann/Thorn*, § 6 Rn. 40.

Methodisch handelt es sich auch hierbei um ein Problem der **Auslegung**[214] der konkret anzuwendenden Sachnorm, welches nach den Auslegungsgrundsätzen des berufenen Rechts zu lösen ist. Jedenfalls für das deutsche Sachrecht lässt sich eine Substituierbarkeit inländischer durch ausländische Rechtsbegriffe regelmäßig bejahen;[215] Voraussetzung für eine Substitution ist jedoch stets, dass der ausländische Rechtsbegriff dem inländischen **funktionell vergleichbar** und damit **gleichwertig** ist.[216]

154

Beispiel: So wahrt eine notarielle Auslandsbeurkundung grundsätzlich dann das entsprechende Formerfordernis des deutschen Rechts, „wenn die ausländische Urkundsperson nach Vorbildung und Stellung im Rechtsleben eine der Tätigkeit des deutschen Notars entsprechende Funktion ausübt und für die Errichtung der Urkunde ein Verfahrensrecht zu beachten hat, das den tragenden Grundsätzen des deutschen Beurkundungsrechts entspricht".[217]

155

IX. Allgemeines Prüfungsschema für die Lösung internationaler Sachverhalte

1. Internationale Zuständigkeit deutscher Gerichte

156

Voraussetzung für die Anwendung des in Deutschland geltenden Kollisionsrechts (nationaler, europäischer oder staatsvertraglicher Herkunft) ist die **internationale Zuständigkeit** der deutschen Gerichte. Diese ist daher stets vorab festzustellen.

2. Die Bestimmung des anwendbaren Rechts

a) Auffinden der maßgeblichen Rechtsgrundlage

Das IPR kennt zahlreiche Rechtsquellen staatsvertraglicher, europäischer oder nationaler Herkunft, deren Anwendungsbereiche ggf. zunächst abzugrenzen sind; insoweit ist die Beachtung der Normhierarchie von größter Bedeutung (vgl. hierzu Rn. 26 ff.). Vorrangig zu berücksichtigen sind insoweit stets

- **staatsvertragliche Rechtsakte**, da diese – trotz „nationaler" Rechtsqualität (vgl. Art. 58 Abs. 2 S. 1 GG) – aufgrund entsprechender Öffnungsklauseln des europäischen Kollisionsrechts weiterhin vorrangig zur Anwendung zu bringen sind, andernfalls
- **europäische Rechtsakte**, die nationales Recht kraft ihres unionsrechtlichen Anwendungsvorrangs in ihrem Anwendungsbereich verdrängen, sowie zuletzt
- **nationales Kollisionsrecht**.

b) Anwendung der maßgeblichen Kollisionsnorm

Ist die maßgebliche Rechtsgrundlage ermittelt, muss mittels des in Frage stehenden Lebenssachverhaltes die einschlägige Kollisionsnorm aufgefunden werden. Anschließend sind folgende Prüfungsschritte veranlasst:

---

[214] *Kegel/Schurig*, § 1 VIII 2 e (S. 67); *von Bar/Mankowski*, Band I: Allgemeine Lehren, § 7 Rn. 240; *Kropholler*, § 33 I 1 (S. 231).
[215] Vgl. auch *Kropholler*, § 33 II (S. 231); *von Bar/Mankowski*, Band I: Allgemeine Lehren, § 7 Rn. 243.
[216] *Von Bar/Mankowski*, Band I: Allgemeine Lehren, § 7 Rn. 239; *Kropholler*, § 33 II (S. 232 f.); *von Hoffmann/Thorn*, § 6 Rn. 41.
[217] Vgl. BGH NJW 2014, 2026 (2027) (hinsichtlich Formvorschriften des GmbHG).

(aa) **Prüfung der einschlägigen Kollisionsnorm**
- Bestimmung der konkreten Reichweite des **Anknüpfungsgegenstands** (Frage der Qualifikation, vgl. hierzu Rn. 34 ff.)
- Bestimmung des **Anknüpfungsmoments** (vgl. hierzu Rn. 46 ff.)

(bb) **Gesamt- oder Sachnormverweisung?**
Während es sich bei Verweisungen auf deutsches Recht stets um Sachnormverweisungen handelt (vgl. für das nationale Recht Art. 4 Abs. 1 S. 1 EGBGB, der eine Gesamtverweisung nur bei Maßgeblichkeit des Rechts eines „anderen Staates" anordnet), muss bei Maßgeblichkeit einer ausländischen Rechtsordnung stets geprüft werden, ob die konkret anzuwendende Kollisionsnorm eine Gesamt- oder Sachnormverweisung ausspricht. Insoweit ist zu differenzieren:

- Das nationale IPR spricht **grundsätzlich Gesamtverweisung** aus (vgl. Art. 4 Abs. 1 S. 1 EGBGB), sofern nicht ein besonderes materielles Interesse die *Sinnwidrigkeit* begründet (Art. 4 Abs. 1 S. 1 Hs. 2 EGBGB) oder eine *Rechtswahl* (Art. 4 Abs. 2 S. 2 EGBGB) vorliegt (vgl. hierzu Rn. 62 ff.).
- Demgegenüber ordnet das **europäischen IPR** grundsätzlich Sachnormverweisungen an (vgl. Rn. 76 ff.), eine einzige (klausurrelevante) Ausnahme findet sich für die EuErbVO (vgl. Art. 34 EuErbVO; vgl. hierzu Rn. 82 ff.).
- Auch im Bereich des **staatsvertraglichen IPR** wurden überwiegend Sachnormverweisungen kodifiziert, wenngleich auch hier einzelne Ausnahmen bestehen können.

(cc) **Verweisungen auf das Recht eines Mehrrechtsstaates**
Wird auf das Recht eines Mehrrechtsstaates verwiesen, müssen im Falle einer interlokalen oder interpersonalen Rechtsspaltung die insoweit maßgeblichen, teilweise erheblich differierenden entsprechenden Bestimmungen des jeweiligen Rechtsaktes beachtet werden. Demgegenüber unterliegen Fragen der intertemporalen Anwendbarkeit einzelner Regelungen der lex causae stets diesem Recht. Vgl. hierzu im Einzelnen Rn. 104 ff.

c) **Ergebniskorrektur**
Ist das auf den Sachverhalt anzuwendende Recht nach den herkömmlichen Kollisionsnormen bestimmt, können im Einzelfall dennoch Korrekturen des insoweit gefundenen Ergebnisses erforderlich werden. Kollisionsrechtliche Korrekturmechanismen stellen

- die **Anpassung** (vgl. Rn. 127 ff.),
- der **ordre public-Vorbehalt** (vgl. Rn. 132 ff.) und
- die **Gesetzesumgehung** (vgl. Rn. 143 ff.)

dar.

d) **Anwendung des berufenen Sachrechts**
Bei der Anwendung des berufenen Sachrechts ist insbesondere darauf zu achten,

- ob dieses **Vorfragen** aufwirft (bspw. das Bestehen einer Ehe als Voraussetzung für ein Ehegattenerbrecht); ist dies der Fall, muss die Frage nach dem anwendbaren Recht stets *erneut* anhand der Kollisionsnormen der lex fori gestellt werden (sog. selbstständige Anknüpfung; umstritten, vgl. hierzu Rn. 118 ff.),

IX. Allgemeines Prüfungsschema für die Lösung internationaler Sachverhalte

- ob dieses aufgrund der Besonderheiten des Auslandssachverhaltes ggf. in modifizierter Form angewandt werden muss (**Problem des Auslandssachverhalts, Substitution**, vgl. hierzu Rn. 147 ff.).

C. Internationales Vertragsrecht

I. Rechtsgrundlagen

157 Maßgebliche Rechtsgrundlage des Internationalen Vertragsrechts bildet die **Rom I-VO**, die in allen Mitgliedstaaten mit Ausnahme von Dänemark[1] seit dem 17.12.2009 (Art. 20 UAbs. 2 Rom I-VO) gilt und das – noch staatsvertraglich vereinbarte, in Deutschland mittels Art. 27–35 EGBGB aF umgesetzte – *Römische EWG-Übereinkommen über das auf vertragliche Schuldverhältnisse anzuwendende Recht v. 19.6.1980*[2] ersetzt (Art. 24 Rom I-VO). Weiterhin vorrangig zu berücksichtigen sind einzelne Staatsverträge (vgl. Art. 25 Rom I-VO), von denen der wichtigste das – sachrechtsvereinheitlichende – **Wiener UN-Übereinkommen über Verträge über den internationalen Warenkauf v. 11.4.1980 (UN-Kaufrecht)**[3] darstellt (Rn. 158 ff.). Zu erwähnen ist darüber hinaus das – ebenfalls sachrechtsvereinheitlichende – *UNIDROIT-Übereinkommen über das internationale Factoring v. 28.5.1988*,[4] welches neben den schuldrechtlichen Aspekten des Factoring-Vertrags auch die verfügungsrechtliche Übertragung der Forderung, also die Forderungsabtretung als solche, zum Gegenstand hat.[5] Soweit der Anwendungsbereich der Rom I-VO nicht eröffnet ist und die betreffende Rechtsfrage nicht von einem anderen vorrangigen Kollisionsrechtsakt erfasst wird, ist zuletzt auf **nationales Kollisionsrecht** zurückzugreifen, das insbesondere Fragen der Rechts- und Geschäftsfähigkeit (jedoch vorbehaltlich Art. 13 Rom I-VO) sowie Fragen der Stellvertretung zu beurteilen hat.

II. UN-Kaufrechtsübereinkommen

Literatur: *Schroeter*, Internationales UN-Kaufrecht, 7. Aufl. 2022; *Daun*, Grundzüge des UN-Kaurechts, JuS 1997, 811 (Teil 1), 998 (Teil 2). – *Kommentare:* Staudinger/*Magnus*, Wiener UN-Kaufrecht (CISG), 2017; *Schlechtriem/Schwenzer* (Hrsg.), Kommentar zum Einheitlichen UN-Kaufrecht, 7. Aufl. 2019. – *Zu aktuellen Entwicklungen:* vgl. insbesondere die fortlaufenden Berichte von *Pilz* (etwa NJW 2021, 3636; NJW 2019, 2516; NJW 2017, 2449; NJW 2015, 2548) sowie von *Magnus* (etwa ZEuP 2020, 645; ZEuP 2017, 140; ZEuP 2015, 159). – *Didaktische Beiträge: Pika*, Schwerpunktbereich – IPR und Rechtsvergleichung: Das Rechtsbehelfssystem des CISG, JuS 2016, 781. – *Übungsklausuren: Kränzle/Sakka*, Schwerpunktbereichsklausur – UN-Kaufrecht, Internationales Privat- und Zivilverfahrensrecht, JuS 2017, 529; *Scheuch*, „Mozartbitter", JA 2019, 900.

158 Grenzüberschreitende **Kaufverträge über bewegliche Sachen** unterliegen vorrangig dem (insbesondere im Hinblick auf seinen Anwendungsbereich prüfungsrelevanten) **UN-Kaufrecht**, das für die Bundesrepublik Deutschland am 1.1.1991 in Kraft getreten ist. Es gilt heute in 95 Staaten,[6] darunter in nahezu allen EU-Mitgliedstaaten (jedoch mit Ausnahme von Irland, Malta, Portugal; zudem gilt das UN-Kaufrecht *nicht* im Vereinigten Königreich).

---

1 Vgl. Erwägungsgrund 46. – Entgegen Erwägungsgrund 46 beteiligte sich das Vereinigte Königreich an der Rom I-VO.
2 Vgl. *Jayme/Hausmann*, Nr. 70.
3 Abgedruckt bei *Jayme/Hausmann*, Nr. 77.
4 Abgedruckt bei *Jayme/Hausmann*, Nr. 78. – Vgl. hierzu etwa *Basedow*, ZEuP 1997, 615 ff.; zudem BeckOGK/*Köhler* (Stand 1.9.2023), Art. 4 Rom I-VO Rn. 483 ff.
5 Ferrari/*Mankowski* IntVertragsR Art. 1 FactÜ Rn. 9; BeckOGK/*Köhler* (Stand 1.9.2023), Art. 4 Rom I-VO Rn. 483.
6 Vgl. im Einzelnen *Jayme/Hausmann*, Nr. 77 (Fn. 1); zudem BeckOGK/*Köhler* (Stand 1.9.2023), Art. 4 Rom I-VO Rn. 53.1.

II. UN-Kaufrechtsübereinkommen

1. Anwendungsbereich des UN-Kaufrechts

Der Anwendungsbereich des UN-Kaufrechts ist in Art. 1–6 UN-Kaufrecht geregelt. Diese Bestimmungen legen nicht nur den sachrechtlichen, sondern zugleich auch den **kollisionsrechtlichen Anwendungsbereich** des Übereinkommens fest, da dieses – als materielles Sonderrecht für den internationalen Warenkauf – nach seinem Sinn und Zweck *stets*, also gerade *unabhängig* von einer weiteren kollisionsrechtlichen Entscheidung anwendbar sein soll. Daher enthalten Art. 1 ff. UN-Kaufrecht zugleich („versteckte") einseitige Kollisionsnormen,[7] die sich aufgrund der Öffnungsklausel des Art. 25 Abs. 1 Rom I-VO gegenüber Art. 3 f. Rom I-VO als *leges speciales* durchsetzen und das materielle UN-Kaufrecht zur Anwendung berufen.

159

Im Einzelnen ist das UN-Kaufrecht anzuwenden, wenn dessen **räumlicher, sachlicher und zeitlicher Anwendungsbereich** eröffnet ist und die Parteien dessen Geltung nicht explizit ausgeschlossen haben. Der **räumliche Anwendungsbereich des UN-Kaufrechts** ist gem. Art. 1 Abs. 1 UN-Kaufrecht eröffnet, wenn die Vertragsparteien ihre Niederlassung (Art. 10 UN-Kaufrecht) in verschiedenen Staaten haben **und**

160

- diese Staaten Vertragsstaaten sind (lit. a) **oder**
- die Regeln des IPR (also Art. 3, 4 Rom I-VO) zur Anwendung des Rechts eines Vertragsstaates führen (lit. b), der *keinen* Vorbehalt nach Art. 95 UN-Kaufrecht[8] erklärt hat.

Beispiel: Kauft ein englischer Großhändler bei einem deutschen Unternehmen Waren, ist die Anwendungsalternative des Art. 1 Abs. 1 lit. a UN-Kaufrecht *nicht* erfüllt, da zwar Deutschland, nicht jedoch das Vereinigte Königreich Vertragsstaat ist. Dennoch unterliegt der Kaufvertrag dem UN-Kaufrecht, weil Art. 4 Abs. 1 lit. a Rom I-VO zu der Anwendung deutschen Rechts und damit zu dem Recht eines Vertragsstaates führt; der räumliche Anwendungsbereich des Übereinkommens ist damit gem. Art. 1 Abs. 1 lit. b UN-Kaufrecht eröffnet.

Sachlich ist das Übereinkommen gem. Art. 1 Abs. 1 UN-Kaufrecht auf **Kaufverträge über Waren** (iS *beweglicher körperlicher* Sachen, daher nicht: Immobilien, Forderungen, Immaterialgüterrechte usw) anwendbar. Ebenfalls erfasst werden Werklieferungsverträge, soweit das kaufvertragliche Element überwiegt (vgl. Art. 3 Abs. 1 Hs. 2 UN-Kaufrecht). **Nicht anzuwenden** ist das Übereinkommen hingegen auf Verträge, die *nach ihrem Schwerpunkt als Dienstverträge* (Art. 3 Abs. 2 UN-Kaufrecht) zu qualifizieren sind. Darüber hinaus sind aus dem sachlichen Anwendungsbereich des Übereinkommens gem. Art. 2 UN-Kaufrecht **ausgenommen**

161

- **Verbrauchsgüterkäufe** (allerdings nur soweit der Abschluss eines solchen für den Verkäufer bei Vertragsschluss erkennbar war, vgl. Art. 2 lit. a UN-Kaufrecht),
- Käufe im Rahmen von **Versteigerungen** (lit. b) oder aufgrund von **gerichtlichen Vollstreckungsmaßnahmen** (lit. c), darüber hinaus
- Käufe von **Wertpapieren** oder **Zahlungsmitteln** (lit. d),
- von **See- und Binnenschiffen, Luftkissen- und Luftfahrzeugen** (lit. e) sowie zuletzt
- von **elektrischer Energie** (lit. f).

---

7 Ebenso Rauscher/*Thorn*, Art. 4 Rom I-VO Rn. 13. – AA Erman/*Stürner*, Art. 4 Rom I-VO Rn. 10 (Einheitsrecht komme „von selbst als Einheitsrecht zur Anwendung"); vgl. auch *Magnus*, IPRax 2010, 27 (32).
8 Einen solchen Vorbehalt haben erklärt: Armenien, China, Laos, Singapur, Slowakei, St. Vincent und die Grenadinen sowie die Vereinigten Staaten von Amerika.

162 Der **zeitliche Anwendungsbereich** ist in Art. 100 UN-Kaufrecht geregelt. Maßgeblicher Zeitpunkt ist hiernach das Inkrafttreten des Übereinkommens in dem nach Art. 1 Abs. 1 UN-Kaufrecht bestimmten Vertragsstaat, so dass alle Verträge, die zu oder nach diesem Zeitpunkt abgeschlossen worden sind, der rechtlichen Beurteilung des UN-Kaufrechts unterfallen.

163 Liegen die räumlichen, sachlichen und zeitlichen Anwendungsvoraussetzungen vor, bleibt es den Parteien dennoch überlassen, die **Geltung des UN-Kaufrechts auszuschließen** (Art. 6 UN-Kaufrecht); das Übereinkommen folgt insoweit einer „opt-out"-Lösung.[9] Ein solcher Ausschluss kann ausdrücklich (etwa: *„Dieser Vertrag unterliegt deutschem Recht unter Ausschluss des UN-Kaufrechts", „Auf diesen Vertrag finden ausschließlich die Regelungen des BGB Anwendung"*) oder konkludent erfolgen.

Hinweis: *Kein* Fall einer konkludenten Abwahl des UN-Kaufrechts liegt jedoch vor, wenn die Parteien schlicht das Recht eines Vertragsstaates gewählt haben (etwa: *„Dieser Vertrag unterliegt deutschem Recht"*);[10] denn gewählt ist in diesem Falle die materielle Rechtsordnung *als Ganzes*, also *unter Einschluss* des UN-Kaufrechts.[11]

164 Haben die Parteien demgegenüber die Geltung des UN-Kaufrecht vereinbart, **ohne dass dessen Anwendungsvoraussetzungen erfüllt sind**, entfaltet diese Vereinbarung *keine* kollisionsrechtliche – dh keine die herkömmlichen Kollisionsnormen *verdrängende* – Wirkung. Ein „opt-in" gestattet das Übereinkommen gerade nicht, so dass einer derartigen Vereinbarung ausschließlich *materiellrechtliche* Wirkung – iS einer *privatautonomen* Vereinbarung des UN-Kaufrechts – zugesprochen werden kann (sog. materiellrechtliche Verweisung, vgl. hierzu auch Rn. 173);[12] als solche bleibt sie jedoch den durch die zwingenden Bestimmungen des Vertragsstatuts gezogenen Grenzen unterworfen.

165 **Beispiel:** Vereinbaren die in unterschiedlichen Vertragsstaaten domizilierten Parteien eines Verbrauchsgüterkaufs die Geltung des UN-Kaufrechts, scheitert dessen Anwendbarkeit an Art. 2 lit. a UN-Kaufrecht. Allerdings lässt sich eine derartige Wahl als *privatautonome* Vereinbarung des UN-Kaufrechts mit der Folge deuten, dass die *dispositiven* Regelungen des objektiv (gem. Art. 6 Abs. 1 Rom I-VO bzw. – bei Nichtvorliegen dessen situativer Anwendungsvoraussetzungen – gem. Art. 4 Abs. 1 lit. a Rom I-VO) bestimmten Vertragsstatuts abbedungen wurden; demnach ist der Vertragsinhalt anhand der Regelungen des UN-Kaufrechts zu beurteilen (etwa im Hinblick auf die Kaufpreiszahlung gem. Art. 53, 62 UN-Kaufrecht), soweit zwingende Regelungen des Vertragsstatuts (Verbraucherschutzrecht usw) dem nicht entgegenstehen.

2. Regelungsbereich des UN-Kaufrechts

166 Das UN-Kaufrecht stellt kein abgeschlossenes, sämtliche Aspekte des Internationalen Warenkaufs erfassendes Regelwerk dar, sondern regelt im Wesentlichen alleine Fragen
- des **Vertragsschlusses** (Teil II: Art. 14–24 UN-Kaufrecht)
- der **Formwirksamkeit** (vgl. Art. 11 UN-Kaufrecht, der insoweit Formfreiheit anordnet) sowie

---

9 Staudinger/*Magnus* (2017), Art. 6 UN-Kaufrecht Rn. 8.
10 Vgl. hierzu mit ausführlichen Nachweisen Schlechtriem/Schwenzer/*Ferrari* Art. 6 UN-Kaufrecht Rn. 22; auch Staudinger/*Magnus* (2017), Art. 6 UN-Kaufrecht Rn. 24.
11 Vgl. etwa BGH NJW 1999, 1259 (1260); BGH NJW 1997, 3309 (3310).
12 Ausführlich hierzu Schlechtriem/Schwenzer/*Ferrari* Art. 6 UN-Kaufrecht Rn. 40–43.

- der **Vertragsdurchführung**, also die aus dem Warenkauf erwachsenden Rechte und Pflichten der Vertragsparteien (Teil III: Art. 25–88 UN-Kaufrecht), insbesondere das **Leistungsstörungsrecht**.

Hinweis: Ist eine IPR-Klausur anhand der materiellen Regelungen des UN-Kaufrechts zu lösen, reicht zumeist eine Lektüre der einschlägigen Bestimmungen. Verinnerlicht werden sollte jedoch die Systematik des UN-Kaufrechts, die im Wesentlichen derjenigen des deutschen Kaufrechts (§§ 433 ff. BGB) entspricht. Für eine vertiefte Darstellung des Übereinkommens ist auf die vor Rn. 158 angegebene Literatur zu verweisen.

Soweit eine bestimmte Rechtsfrage seitens des Übereinkommens nicht explizit geregelt ist, muss stets geklärt werden, ob diese *innerhalb oder außerhalb des Regelungsbereichs* zu verorten ist: In ersterem Falle entscheidet das UN-Kaufrecht *abschließend* über die betreffende Rechtsfrage; fehlt es insoweit an einer ausdrücklichen Regelung, ist diese „**interne Regelungslücke**" gem. Art. 7 Abs. 2 Alt. 1 UN-Kaufrecht mittels allgemeiner, dem Übereinkommen selbst zugrundeliegender Grundsätze zu schließen. Liegt hingegen eine „externe", also *außerhalb* des Regelungsbereichs des Übereinkommens zu verortende **Regelungslücke** vor, muss die betreffende Rechtsfrage nach dem materiellen Recht desjenigen Staates beurteilt werden, das die hierfür maßgeblichen Kollisionsnormen für anwendbar erklären.

167

Hinweis: Die insoweit notwendige Abgrenzung kann im Einzelfall Schwierigkeiten bereiten. Eindeutig um „**externe Lücken**" handelt es sich jedenfalls

- gem. Art. 4 S. 2 lit. a UN-Kaufrecht bei Fragen der **materiellen Gültigkeit des Vertragsschlusses** (etwa der Rechts- und Geschäftsfähigkeit, die – vorbehaltlich Art. 13 Rom I-VO – anhand des von Art. 7 EGBGB bestimmten Rechts zu beurteilen sind, der Anfechtung aufgrund eines Erklärungs- bzw. Inhaltsirrtums sowie der Vertragsnichtigkeit aufgrund von Sittenwidrigkeit usw, die anhand des nach Art. 3 f. Rom I-VO bestimmten Vertragsstatuts zu bestimmen sind),
- gem. Art. 4 S. 2 lit. b UN-Kaufrecht bei **sachenrechtlich zu qualifizierenden Fragen** (die anhand des von Art. 43 EGBGB bestimmten Rechts zu beurteilen sind),
- gem. Art. 5 UN-Kaufrecht bei der **Haftung des Verkäufers für Personenschäden**, die durch die Ware verursacht wurden (insoweit gilt das Vertragsstatut, etwaige deliktisch zu qualifizierende Ansprüche sind gem. Art. 5 Abs. 2 S. 2 Rom II-VO vertragsakzessorisch anzuknüpfen),
- bei Fragen der **Stellvertretung** (vgl. hierzu Rn. 43 ff.) sowie der (anhand des Vertragsstatuts zu beurteilenden) **Verjährung**.

Problematische Fälle sind insbesondere

- die **Anfechtung aufgrund eines Irrtums über verkehrswesentliche Eigenschaften** (§ 119 Abs. 2 BGB), die nach hM *innerhalb* des Regelungsbereichs des UN-Kaufrechts zu verorten ist und von den – insoweit abschließenden – Regelungen bzgl. der Haftung für die Vertragswidrigkeit der Ware (vgl. hierzu Art. 35 ff. UN-Kaufrecht) verdrängt wird,[13]

---

13 Schlechtriem/Schwenzer/*Ferrari* Art. 4 UN-Kaufrecht Rn. 24.

- die **Höhe der Verzugszinsen**, die nach wohl hM – mangels ausdrücklicher Regelung (vgl. Art. 78 UN-Kaufrecht) sowie der Möglichkeit, konkrete Zinssätze kraft interner Rechtsfortbildung zu entwickeln – dem jeweiligen Vertragsstatut zu entnehmen ist,[14] sowie
- Fragen nach der **Beachtlichkeit von AGB**, die nur im Hinblick auf ihre *wirksame Einbeziehung* dem UN-Kaufrecht unterfallen (Art. 14 ff. UN-Kaufrecht), im Hinblick auf ihre *inhaltliche Angemessenheit* jedoch anhand des jeweiligen Vertragsstatuts zu beurteilen sind.[15]

III. Die Rom I-VO

Literatur zur Rom I-VO: *Leible/Lehmann*, Die Verordnung über das auf vertragliche Schuldverhältnisse anzuwendende Recht („Rom I"), RIW 2008, 528; *Magnus*, Die Rom I-Verordnung, IPRax 2010, 27; *Mankowski*, Die Rom I-Verordnung – Änderungen im europäischen IPR für Schuldverträge, IHR 2008, 133; *Pfeiffer*, Neues Internationales Vertragsrecht – Zur Rom I-Verordnung, EuZW 2008, 622. – Didaktische Beiträge: *Kindt*, Grundfälle zur Rom I-VO, JuS 2020, 102 (Teil 1), 220 (Teil 2); *Schmidt*, Grundlagen des europäischen Internationalen Privatrechts, Jura 2011, 117; *Staudinger/Steinrötter*, Europäisches Internationales Privatrecht: Die Rom-Verordnungen, JA 2011, 241.

1. Sachlicher Anwendungsbereich der Rom I-VO

168 Soweit keine Staatsverträge vorrangig zu beachten sind (Art. 25 Rom I-VO), bestimmt sich das auf den Vertrag anwendbare Recht nach der Rom I-VO, deren sachlicher Anwendungsbereich für sämtliche **vertragliche Schuldverhältnisse** in Zivil- und Handelssachen eröffnet ist (vgl. Art. 1 Abs. 1 Rom I-VO). Für eine vertragliche Einordnung ist – in Abgrenzung zum Anwendungsbereich der Rom II-VO – entscheidend, dass das Schuldverhältnis auf einer **freiwillig eingegangenen Verpflichtung**[16] beruht; unerheblich ist hingegen, ob diese Verpflichtung aus einem (zweiseitigen) Vertrag oder einseitigen (Auslobung, Preisausschreiben) Rechtsgeschäft resultiert.[17]

Hinweis: Problematisch ist in diesem Zusammenhang insbesondere die Qualifikation von **Gewinnzusagen** (vgl. § 661a BGB), die *unabhängig* von einer rechtsgeschäftlichen Willenserklärung einen Anspruch auf Zahlung des versprochenen Preises begründen, soweit sie nur bei dem Empfänger den Eindruck eines Preisgewinns vermitteln. Nach überwiegender Ansicht soll es sich auch hierbei um eine – zumindest im weiteren Sinne – *freiwillig* eingegangene Verpflichtung handeln, da die Ausschreibung des Gewinns auf einer freien Entscheidung des Unternehmers beruhe;[18] maßgeblich wäre somit regelmäßig das nach Art. 6 Rom I-VO bestimmte Recht, vertreten wird jedoch auch (aufgrund des spezifisch öffentlichen Normzwecks von § 661a BGB, unerwünschte Geschäftspraktiken zu unterbinden)[19] eine eingriffsrechtliche Qualifikation iSv Art. 9 Rom I-VO.[20] Nach vorzugswürdiger Ansicht scheitert indes eine vertragliche Qualifikation, gerade *weil* § 661a BGB einen Anspruch

---

14 Vgl. etwa Staudinger/*Magnus* (2017), Art. 78 UN-Kaufrecht Rn. 14 f. – Für eine Lösung auf Basis des Einheitsrechts hingegen Schlechtriem/Schwenzer/*Ferrari* Art. 78 UN-Kaufrecht Rn. 36 (mit ausführlicher Darstellung des Streits Rn. 27 ff.).
15 Schlechtriem/Schwenzer/*Ferrari* Art. 4 UN-Kaufrecht Rn. 20.
16 Vgl. MüKoBGB/*Martiny*, Art. 1 Rom I-VO Rn. 7; Staudinger/*Magnus* (2021), Art. 1 Rom I-VO Rn. 29; BeckOGK/*Paulus* (Stand 1.3.2023), Art. 1 Rom I-VO Rn. 30.
17 MüKoBGB/*Martiny*, Art. 1 Rom I-VO Rn. 7.
18 Vgl. MüKoBGB/*Junker*, Art. 1 Rom II-VO Rn. 22; MüKoBGB/*Martiny*, Art. 4 Rom I-VO Rn. 291; Staudinger/*Magnus* (2021), Art. 1 Rom I-VO Rn. 29.
19 MüKoBGB/*Schäfer* § 661a BGB Rn. 1.
20 Staudinger/*Magnus* (2021), Art. 4 Rom I-VO Rn. 526 ff. – Zum alten Recht BGH NJW 2006, 230 (232 f.).

unabhängig von einer rechtsgeschäftlichen Willenserklärung begründet. Maßgeblich ist damit die Rom II-VO, wenngleich aufgrund des besonderen öffentlichen Normzwecks von § 661a BGB keine (herkömmliche) deliktische Qualifikation (Art. 4 Rom II-VO),[21] sondern eine eingriffsrechtliche Qualifikation (Art. 16 Rom II-VO) vorzugswürdig erscheint.[22]

Aus dem Regelungsbereich der Rom I-VO gem. Art. 1 Abs. 2 Rom I-VO explizit **ausgeschlossen** sind insbesondere 169

- die **Rechts-, Geschäfts- und Handlungsfähigkeit** von natürlichen Personen (lit. a), die – vorbehaltlich Art. 13 Rom I-VO – dem von Art. 7 EGBGB bestimmten Recht unterliegt,
- **familienrechtlich** (lit. b), **güterrechtlich** (lit. c) oder **gesellschaftsrechtlich** (lit. f) zu qualifizierende Schuldverhältnisse, die den insoweit maßgeblichen (nationalen bzw. – bei Anwendbarkeit der EuGüVO/EuPartVO – europäischen) Kollisionsnormen zu unterstellen sind,
- Verpflichtungen aus **Wechseln, Schecks, Eigenwechseln** und anderen handelbaren Wertpapieren (lit. d), für die insbesondere die Kollisionsnormen des Wechsel-[23] bzw. Scheckgesetzes[24] zu beachten sind,
- **stellvertretungsrechtliche Fragen** (lit. g), die weiterhin nationalem Kollisionsrecht, insbesondere Art. 8 EGBGB, unterliegen (Rn. 231 ff.),
- die Gründung von „**Trusts**" sowie die dadurch geschaffenen Rechtsbeziehungen zwischen den Verfügenden, den Treuhändern und den Begünstigten (lit. h) sowie
- **Schuldverhältnisse aus Verhandlungen vor Abschluss eines Vertrages** (lit. i), deren kollisionsrechtliche Behandlung kraft der Verweisung des Art. 12 Abs. 1 Rom II-VO dennoch regelmäßig dem von Art. 3 f. Rom I-VO bestimmten Recht unterliegt (Rn. 296).

2. Die Bestimmung des Vertragsstatuts nach der Rom I-VO

Das Vertragsstatut bestimmt sich nach den Regelungen der Art. 3–8 Rom I-VO. Vorrangig zu berücksichtigen ist stets eine **Rechtswahl** (Art. 3 Rom I-VO), mangels einer solchen ist das auf den Vertrag anzuwendende Recht objektiv nach **Art. 4 Rom I-VO** zu bestimmen. Für einzelne Vertragstypen – Beförderungsverträge (Art. 5 Rom I-VO), Verbraucherverträge (Art. 6 Rom I-VO), Versicherungsverträge (Art. 7 Rom I-VO) sowie für Individualarbeitsverträge (Art. 8 Rom I-VO) – bestehen darüber hinaus Sonderregelungen, die spezielle Vorgaben für die Bestimmung des Vertragsstatuts enthalten. Die Reichweite des Vertragsstatuts regeln im Einzelnen die unselbstständigen Hilfskollisionsnormen der Art. 10 Abs. 1, Art. 12 Abs. 1 Rom I-VO. 170

Hinweis: Bei allen kollisionsrechtlichen Verweisungen der Rom I-VO handelt es sich gem. Art. 20 Rom I-VO um **Sachnormverweisungen**, so dass etwaige Rück- und Weiterverweisungen seitens eines ausländischen IPR unbeachtlich sind. Wird auf das Recht eines **Mehrrechtsstaates** verwiesen, bestimmt sich die maßgebliche Teilrechtsordnung bei interlokaler Rechtsspaltung nach Art. 22 Abs. 1 Rom I-VO, bei interpersonaler sowie intertemporaler Rechtsspaltung ist die *lex causae* maßgeblich (vgl. Rn. 113, 116). **Vorfragen** sind nach

---

21 So aber NK-BGB/*Leible*, Art. 4 Rom I-VO Rn. 163.
22 BeckOGK/*Köhler* (Stand 1.9.2023), Art. 4 Rom I-VO Rn. 411.
23 *Jayme/Hausmann*, Nr. 123.
24 *Jayme/Hausmann*, Nr. 124.

vorzugswürdiger Ansicht stets **selbstständig anzuknüpfen** (allgemein hierzu Rn. 122 ff.). Verweisen die Kollisionsnormen der Rom I-VO auf ausländisches Recht, steht dessen Anwendung unter dem Vorbehalt des **ordre public** (Art. 21 Rom I-VO).

a) Rechtswahl (Art. 3 Rom I-VO)

171 Art. 3 Rom I-VO gestattet den Parteien eine umfassende, *nicht* auf bestimmte Rechtsordnungen beschränkte Rechtswahl und „verlängert" damit die sachrechtliche Privatautonomie in das Kollisionsrecht (sog. **Parteiautonomie**).

172 Die Parteien können eine Rechtswahl

- gem. Art. 3 Abs. 1 S. 2 Rom I-VO **ausdrücklich oder konkludent** treffen,

  Hinweis: Bei der Annahme einer konkludenten Rechtswahl ist zu beachten, dass sich diese gem. Art. 3 Abs. 1 S. 2 Rom I-VO „eindeutig" – also mit hinreichender Sicherheit – aus den konkreten Umständen ergeben muss. Ein Indiz stellt insoweit etwa die Vereinbarung eines ausschließlichen Gerichtsstands (vgl. Erwägungsgrund 12) oder die Bezugnahme auf Vorschriften einer bestimmten Rechtsordnung dar, daneben können auch Umstände wie ein gemeinsamer gewöhnlicher Aufenthalt, eine gemeinsame Staatsangehörigkeit, der vereinbarte Erfüllungsort usw Rückschlüsse auf eine konkludente Rechtswahl zulassen. Wichtig ist jedoch, dass diese Indizien für sich alleine genommen regelmäßig *keine* konkludente Rechtswahl begründen können – dies liefe auf eine Fiktion hinaus, die mit dem Eindeutigkeitskriterium des Art. 3 Abs. 1 S. 2 Rom I-VO unterbunden werden soll.

- gem. Art. 3 Abs. 1 S. 3 Rom I-VO auf den **ganzen Vertrag** beziehen oder auch nur für einen **Teil desselben** treffen,

  Hinweis: Eine Teilrechtswahl kommt nur im Hinblick auf *abspaltbare* Rechtsfragen (etwa die Frage nach der Erfüllung, Leistungsstörung, Verjährung usw)[25] in Betracht. Eine Vertragsspaltung ist demgegenüber ausgeschlossen, wenn einzelne Vertragsteile in einem untrennbaren materiellen Zusammenhang stehen (etwa die synallagmatische Verknüpfung der einzelnen Vertragsleistungen,[26] die unterschiedlichen Ansprüche des Leistungsstörungsrechts[27] usw), da deren getrennte Beurteilung zu (dann im Wege der Anpassung zu korrigierenden) Normwidersprüchen führen würde.

- gem. Art. 3 Abs. 2 S. 1 Rom I-VO **nachträglich** vereinbaren.

  Hinweis: Eine nachträgliche Rechtswahl wird häufig im Rahmen des Prozesses getroffen. Die Rechtsprechung ist bei der Annahme einer solchen sehr großzügig; verhandeln die Parteien übereinstimmend auf der Grundlage des deutschen Sachrechts, soll hierin regelmäßig eine (konkludente) nachträgliche Rechtswahl zugunsten deutschen Rechts liegen.[28]

---

25 Vgl. hierzu etwa MüKoBGB/*Martiny*, Art. 3 Rom I-VO Rn. 69 f.; BeckOGK/*Wendland* (Stand 1.9.2022), Art. 3 Rom I-VO Rn. 198.1.
26 Grüneberg/*Thorn*, Art. 3 Rom I-VO Rn. 10; BeckOGK/*Wendland* (Stand 1.9.2022), Art. 3 Rom I-VO Rn. 198.2.
27 BeckOGK/*Wendland* (Stand 1.9.2022), Art. 3 Rom I-VO Rn. 198.2.
28 Vgl. etwa BGH NJW 1993, 385 (386). – Ausführlich hierzu BeckOGK/*Wendland* (Stand 1.9.2022), Art. 3 Rom I-VO Rn. 179 ff.

III. Die Rom I-VO

Bei einer Rechtswahl handelt es sich um einen **materiellrechtlichen (Verweisungs-)Vertrag mit kollisionsrechtlicher Wirkung**,[29] dessen Wirksamkeit stets eigenständig zu prüfen ist. Art. 3 Abs. 5 Rom I-VO verweist hierfür auf Art. 10, Art. 11 sowie auf Art. 13 Rom I-VO, so dass Fragen der **materiellen Wirksamkeit** (Auslegung der Willenserklärungen, Folgen etwaiger Willensmängel usw) anhand des *hypothetisch* gewählten Rechts, Fragen der **formellen Wirksamkeit** anhand des von Art. 11 Rom I-VO bestimmten Rechts zu beurteilen sind. Besondere **Zulässigkeitsvoraussetzungen** bestehen nicht, vielmehr können die Parteien im Rahmen von Art. 3 Rom I-VO *jegliche* Rechtsordnung der Welt zur Anwendung berufen, also gerade auch ein „neutrales" Recht wählen, zu dem der Sachverhalt keinerlei Beziehungen aufweist. Allerdings gestattet Art. 3 Rom I-VO ausschließlich die Wahl einer **geltenden staatlichen Rechtsordnung**.[30] Wählen die Parteien daher ein *nichtstaatliches Recht* (UNIDROIT-Grundsätze, *Principles of European Contract Law*, *Draft Common Frame of Reference*, religiöses Recht, das nicht zugleich staatliches Recht darstellt, *„lex mercatoria"* usw), entfaltet diese „Wahl" auf kollisionsrechtlicher Ebene keine Wirkung, so dass die anwendbare Rechtsordnung *objektiv* nach Art. 4 Rom I-VO zu bestimmen ist. Zu beachten ist jedoch, dass einer Wahl nichtstaatlichen Rechts *sachrechtliche Wirkung* zukommen kann, wenn diese – nach Maßgabe des jeweiligen Vertragsstatuts – als privatautonome Vereinbarung der entsprechenden Regelungen zu bewerten ist. Eine solche **materiellrechtliche Verweisung** ist indes nur im Rahmen der – seitens des jeweiligen Vertragsstatuts gewährten – Privatautonomie möglich, so dass die zwingenden, also *nicht-dispositiven Regelungen* dieser Rechtsordnung stets zu beachten bleiben.

▶ **Fall 11:** Verkäufer V mit gewöhnlichem Aufenthalt in Deutschland verkauft Waren an den serbischen Händler K. Die Geltung des UN-Kaufrechts wurde ausgeschlossen, gewählt wurde jedoch das Gemeinsame Europäische Kaufrecht, das nur als – mittlerweile wieder verworfener[31] – Kommissionsentwurf vorliegt. Welchem Recht unterliegt der Kaufvertrag? ◀

▶ **Lösung:** Mangels Anwendbarkeit des UN-Kaufrechts (Art. 6 UN-Kaufrecht) unterliegt der Vertrag gem. Art. 4 Abs. 1 lit. a Rom I-VO deutschem Sachrecht (Art. 20 Rom I-VO). Eine – stets vorrangig zu berücksichtigende – Rechtswahl iSv Art. 3 Rom I-VO liegt nicht vor, da es sich bei dem gewählten Entwurf zum Gemeinsamen Europäischen Kaufrecht nicht um ein *geltendes* staatliches Recht handelt. Dennoch ist der Kaufvertrag anhand der Regelungen des Gemeinsamen Europäischen Kaufrechts (iVm §§ 241 Abs. 1, 311 Abs. 1 BGB) zu beurteilen, da die entsprechende Vereinbarung als *privatautonome Abbedingung* der entsprechenden dispositiven Regelungen des deutschen Rechts (§§ 433 ff. BGB) zu verstehen ist; als solche ist sie jedoch an die Grenzen des zwingenden deutschen Rechts gebunden, so dass dieses beachtlich bleibt. ◀

Die von Art. 3 Rom I-VO gewährte Parteiautonomie gilt **nicht grenzenlos**. Einschränkungen bestehen aufgrund folgender Regelungen:

- **Art. 3 Abs. 3 Rom I-VO („Inlandssachverhalt")**
  Liegt ein reiner Inlandssachverhalt vor, der neben einer Rechtswahl zugunsten ausländischen Rechts keine Bezugspunkte zu einem *anderen* Staat aufweist, würde

---

[29] *Rauscher*, Rn. 1197.
[30] Vgl. etwa *Rauscher*, Rn. 1188.
[31] Vgl. Anhang II Nr. 60 zur Mitteilung der Kommission zum Arbeitsprogramm für 2015 v. 16.12.2014, KOM (2014) 910 endg. – Vgl. hierzu etwa BeckOGK/*Köhler* (Stand 1.9.2023), Art. 4 Rom I-VO Rn. 257 ff.

die Gewährung einer unbeschränkten Parteiautonomie dazu führen, dass sich die Parteien den **zwingenden Vorschriften** des jeweiligen Rechts kraft einer schlichten Rechtswahl entledigen könnten. Um dieses Ergebnis zu vermeiden, ordnet Art. 3 Abs. 3 Rom I-VO im Wege einer Sonderanknüpfung deren Beachtlichkeit an, so dass das Vertragsverhältnis in einem solchen Fall an den **zwingenden Bestimmungen** dieser Rechtsordnung zu messen ist.

▶ **Fall 12:** Zwei deutsche Unternehmer schließen in Deutschland einen in München zu erfüllenden Vertrag, der eine Rechtswahl zugunsten libanesischen Rechts vorsieht. Sind die deutschen AGB-Regelungen zu beachten? ◀

▶ **Lösung:** Grundsätzlich unterliegt der zwischen den Parteien geschlossene Vertrag gem. Art. 3 Abs. 1 S. 1 Rom I-VO libanesischem Sachrecht (Art. 20 Rom I-VO). Da es sich bei den AGB-Regelungen des deutschen Rechts jedoch um zwingendes, nicht kraft Vereinbarung abdingbares Recht handelt und der Sachverhalt ausschließlich Bezüge zu Deutschland aufweist, sind diese gem. Art. 3 Abs. 3 Rom I-VO zur Anwendung berufen, so dass der Vertrag an diesen Regelungen zu messen ist. ◀

▪ Art. 3 Abs. 4 Rom I-VO („**Binnenmarktsachverhalt**")
Eine Art. 3 Abs. 3 Rom I-VO entsprechende Regelung enthält Art. 3 Abs. 4 Rom I-VO für Sachverhalte, die *ausschließlich* Beziehungen zu EU-Mitgliedstaaten aufweisen. Liegt ein solcher **Binnenmarktsachverhalt** vor, soll die Wahl einer drittstaatlichen Rechtsordnung nicht dazu führen, dass die zwingenden Bestimmungen des Gemeinschaftsrechts abbedungen werden können. Art. 3 Abs. 4 Rom I-VO ordnet daher deren Beachtlichkeit an, was konstruktiv wiederum im Wege einer **Sonderanknüpfung** der entsprechenden Sachnormen erfolgt. Fraglich kann jedoch sein, *welche* Umsetzungsvorschriften konkret anzuwenden sind. Dies verdeutlicht

▶ **Fall 13:** H ist für den in Deutschland ansässigen Unternehmer U als Handelsvertreter in Österreich tätig. Der Handelsvertretervertrag enthält eine Rechtswahl zugunsten des Rechts von Kalifornien sowie eine ausschließliche Gerichtsstandsvereinbarung zugunsten deutscher Gerichte. Welchem Recht unterliegt die Frage nach einem etwaigen Ausgleichsanspruch des Handelsvertreters bei Vertragsbeendigung? ◀

Bearbeitungshinweis: Das Handelsvertreterrecht wurde europaweit mit der Handelsvertreterrichtlinie vereinheitlicht, die mit Art. 17 einen entsprechenden Ausgleichsanspruch vorsieht. Die Richtlinie wurde sowohl in das deutsche als auch in das österreichische Recht umgesetzt. Für die Falllösung ist davon auszugehen, dass nach deutschem Recht (§ 89 b HGB) ein Anspruch in Höhe von 50.000 Euro besteht, das österreichische Recht (§ 24 HVertrG) hingegen einen Anspruch in Höhe von 60.000 Euro gewährt. Nach dem Sachrecht von Kalifornien ist ein solcher Anspruch bereits dem Grunde nach ausgeschlossen.

▶ **Lösung:** Die seitens der Parteien getroffene Rechtswahl führt zu der Anwendung kalifornischen Sachrechts (Art. 3 Rom I-VO iVm Art. 20, Art. 22 Abs. 1 Rom I-VO), das jedoch keinen Ausgleichsanspruch für Handelsvertreter vorsieht. Allerdings weist der vorliegende Sachverhalt – mit Ausnahme der Rechtswahl zugunsten kalifornischen Rechts – ausschließliche Bezüge zu EU-Mitgliedstaaten auf, so dass die Regelung des Art. 3 Abs. 4 Rom I-VO zu beachten ist, welche die zwingenden Vorschriften des Gemeinschaftsrechts „rechtswahlfest" ausgestaltet. Da eine unmittelbare Anwendung der Handelsvertreterrichtlinie jedoch ausscheidet (dies bereits deswegen, weil Richtlinien keine unmittelbare

Drittwirkung zwischen Privaten entfalten können),[32] ist zu klären, welche *konkreten Umsetzungsvorschriften* der Handelsvertreterrichtlinie anzuwenden sind. Die ganz hM stellt insoweit – mit Verweis auf den Wortlaut von Art. 3 Abs. 4 Rom I-VO (Anwendung der gemeinschaftlichen Bestimmungen „gegebenenfalls in der von dem Mitgliedstaat des angerufenen Gerichts umgesetzten Form") – auf die entsprechenden *Umsetzungsvorschriften der lex fori* ab,[33] so dass im Fall deutsches Recht anzuwenden und H 50.000 Euro zuzusprechen wäre. Allerdings erscheint ein solches Vorgehen von dem Wortlaut des Art. 3 Abs. 4 Rom I-VO nicht zwingend gefordert und zudem wenig überzeugend, weil die Vermittlungstätigkeit als solche ausschließlich in Österreich erfolgte.[34] Da mangels Rechtswahl zweifellos die entsprechenden Umsetzungsvorschriften von Österreich anzuwenden wären (Art. 4 Abs. 1 lit. b Rom I-VO), sollte dieser kollisionsrechtlichen Wertung entgegen der hM auch im Rahmen von Art. 3 Abs. 4 Rom I-VO Rechnung getragen werden,[35] so dass der Ausgleichsanspruch des H nach vorzugswürdiger Ansicht österreichischem Sachrecht zu unterstellen ist; H kann daher Zahlung von 60.000 Euro verlangen. Zu den Besonderheiten der *Ingmar*-Rechtsprechung vgl. Rn. 218 ff. ◀

■ **Art. 6 Abs. 2 S. 2 Rom I-VO, Art. 8 Abs. 1 S. 2 Rom I-VO**
Liegt ein Verbrauchervertrag iSv Art. 6 Abs. 1 Rom I-VO vor und sind die situativen Anwendungsvoraussetzungen dieser speziellen Kollisionsnorm erfüllt (vgl. hierzu im Einzelnen Rn. 193 ff.), kann eine Rechtswahl gem. Art. 6 Abs. 2 S. 2 Rom I-VO nicht dazu führen, dass dem Verbraucher der Schutz durch die zwingenden (verbraucherschützenden) Bestimmungen seines Aufenthaltsrechts entzogen werden; diese sind daher im Wege einer **Sonderanknüpfung** *zusätzlich* zur Anwendung berufen, so dass sich das *für den Verbraucher günstigere* Recht durchsetzt *(Günstigkeitsprinzip)*. Entsprechendes gilt gem. Art. 8 Abs. 1 S. 2 Rom I-VO für Individualarbeitsverträge.

▶ **Fall 14:** Der in Regensburg lebende Rentner R sucht seit längerem eine Heizdecke. Fündig wird er auf der Internetseite des chinesischen Großhändlers G, die in deutscher Sprache gehalten ist und damit wirbt, dass die angebotenen Produkte „garantiert" innerhalb von 5 Tagen in jede deutsche Stadt geliefert werden können. Überzeugt von der Qualität der Heizdecke „warm-up 5000", bestellt R diese bei G unter Verwendung der genannten Internetseite. Die wirksam einbezogenen AGB enthalten eine – ebenfalls wirksame – Rechtswahl zugunsten chinesischen Rechts. Kann R den Vertrag auch dann widerrufen, wenn die tatbestandlichen Voraussetzungen für einen Widerruf nach chinesischem Recht nicht erfüllt sind? ◀

▶ **Lösung:** Grundsätzlich unterliegt der Vertrag kraft Rechtswahl chinesischem Sachrecht (Art. 3 Abs. 1 S. 1 iVm Art. 20 Rom I-VO), das für den konkreten Fall keine Widerrufsmöglichkeit vorsieht. Allerdings handelt es sich bei dem vorliegenden Vertrag um einen Verbrauchervertrag iSv Art. 6 Abs. 1 Rom I-VO, dessen situative Anwendungsvoraussetzungen ebenfalls erfüllt sind (ein Ausrichten iSv Art. 6 Abs. 1 lit. b Rom I-VO ist zu bejahen, da G mit seiner Internetseite gezielt deutsche Kunden erreichen will; vgl. hierzu auch Rn. 195). Damit sind die zwingenden verbraucherschützenden Bestimmungen des

---

32 Vgl. EuGH NJW 1994, 2473 *(Faccini Dori)*. – Allgemein hierzu Gebauer/Wiedmann/*Wiedmann*, Kapitel 2 Rn. 48 f.
33 Vgl. etwa MüKoBGB/*Martiny*, Art. 3 Rom I-VO Rn. 99; Staudinger/*Magnus* (2021), Art. 3 Rom I-VO Rn. 163; Grüneberg/*Thorn*, Art. 3 Rom I-VO Rn. 5.
34 Vgl. hierzu auch die Kritik von *Leibe/Lehmann*, RIW 2008, 528 (534).
35 So der Vorschlag von *Leibe/Lehmann*, RIW 2008, 528 (534), jedoch nicht mit dieser Konsequenz.

deutschen (Aufenthalts-)Rechts ebenfalls zur Anwendung berufen, so dass R den Kaufvertrag gem. § 355 iVm §§ 312 g, 312 c BGB widerrufen kann. ◂

- **Art. 46 b EGBGB**
Für bestimmtes **verbraucherschützendes Richtlinienrecht** sieht Art. 46 b EGBGB eine weitere, Art. 6 Rom I-VO ergänzende Kollisionsnorm vor, mittels derer die nationalen Umsetzungsnormen der von Art. 46 b EGBGB abschließend[36] aufgezählten europäischen Richtlinien – konkret: der *Klausel-Richtlinie* (Abs. 3 Nr. 1), der *Richtlinie über den Fernabsatz von Finanzdienstleistungen* (Abs. 3 Nr. 2), der *Verbraucherkredit-Richtlinie* (Abs. 3 Nr. 3) sowie der *Teilzeitnutzungs-Richtlinie* (Abs. 4) – gesondert angeknüpft werden. Da es sich bei Art. 46 b EGBGB selbst um eine **nationale Umsetzungsvorschrift** der in den genannten Richtlinien enthaltenen Kollisionsnormen handelt, ist diese besondere, ebenfalls zu einer Einschränkung der Rechtswahlfreiheit führende Kollisionsnorm auch unter Geltung der Rom I-VO zu beachten (vgl. insoweit die entsprechende Öffnungsklausel des Art. 23 Rom I-VO). Allerdings wird Art. 46 b EGBGB nach herrschender Ansicht sowohl von Art. 6 Rom I-VO[37] als auch von Art. 3 Abs. 4 Rom I-VO[38] verdrängt, so dass dieser Vorschrift nur ein kleiner Anwendungsbereich verbleibt; ihr kommt daher in erster Linie eine **Auffangfunktion** zu.

Hinweis: Bei der Anwendung des Art. 46 b EGBGB ist zu beachten, dass dieser zwei unterschiedliche Anknüpfungen vorsieht. So sind die nationalen Umsetzungsvorschriften der von Art. 46 b Abs. 3 EGBGB genannten Richtlinien gem. Art. 46 b Abs. 1 EGBGB gesondert anzuknüpfen, wenn die Parteien das *Recht eines Drittstaates* **gewählt haben**, der Vertrag jedoch einen *engen Zusammenhang* (vgl. insoweit die Regelbeispiele des Art. 46 b Abs. 2 EGBGB) zu dem entsprechenden Umsetzungsstaat (der auch ein Vertragsstaat des Europäischen Wirtschaftsraums darstellen kann) aufweist; anzuwenden sind insoweit die konkreten *Umsetzungsvorschriften desjenigen Staates*, zu dem die *engste Verbindung* besteht.[39] Hiervon abweichende Anknüpfungsgrundsätze gelten für die nationalen Umsetzungsvorschriften der **Teilzeitnutzungs-Richtlinie** (umgesetzt mit §§ 481 ff. BGB): Diese werden gem. Art. 46 b Abs. 4 EGBGB **unabhängig von dem Vorliegen einer Rechtswahl** im Wege einer Sonderanknüpfung zur Anwendung berufen, wenn das (somit subjektiv *oder* objektiv bestimmte) Vertragsstatut das Recht eines Drittstaates darstellt und die weiteren (räumlichen) Voraussetzungen der Art. 46 b Abs. 4 Nr. 1, Nr. 2 EGBGB erfüllt sind; da die Teilzeitnutzungsrichtlinie zu einer Vollharmonisierung der mitgliedstaatlichen Rechtsordnungen geführt hat, lassen sich die jeweiligen *Umsetzungsvorschriften der lex fori* unmittelbar anwenden (vgl. insoweit Art. 12 Abs. 2 Teilzeitnutzungsrichtlinie, der von Art. 46 b Abs. 4 EGBGB umgesetzt wird). Zu beachten ist zuletzt, dass für beide Anknüpfungen nach vorzugswürdiger, für Art. 46 b Abs. 1 EGBGB jedoch umstrittener[40] Ansicht das *Günstigkeitsprinzip gilt*, so dass sich – ebenso wie im Rahmen von Art. 6 Abs. 2 S. 2 Rom I-VO – die für den Verbraucher *günstigeren* Regelungen durchsetzen.

---

36 Vgl. MüKoBGB/*Martiny*, Art. 46 b EGBGB Rn. 84.
37 MüKoBGB/*Martiny*, Art. 46 b EGBGB Rn. 107 f.; *Rauscher*, Rn. 1267.
38 MüKoBGB/*Martiny*, Art. 46 b EGBGB Rn. 106; Staudinger/*Magnus* (2021), Art. 46 b EGBGB Rn. 25.
39 Vgl. *Rauscher*, Rn. 1275.
40 Wie hier MüKoBGB/*Martiny*, Art. 46 b EGBGB Rn. 12; Staudinger/*Magnus* (2021), Art. 46 b EGBGB Rn. 26. – AA (Durchsetzung des von Art. 46 b Abs. 1 EGBGB berufenen Richtlinienrechts auch dann, wenn das *gewählte* Recht *günstigere* Regelungen für den Verbraucher vorsieht) Grüneberg/*Thorn*, Art. 46 b EGBGB Rn. 5; *Rauscher*, Rn. 1277.

- **Art. 9 Rom I-VO (Eingriffsnormen)**
Eine Einschränkung erfährt die Rechtswahl zuletzt im Hinblick auf sog. Eingriffsnormen (Art. 9 Rom I-VO); solche Regelungen setzen sich sowohl gegen ein subjektiv als auch objektiv bestimmtes Statut durch und sind daher (im Rahmen ihrer jeweiligen kollisionsrechtlichen Anwendungsvoraussetzungen) stets zu beachten. Zu weiteren Einzelheiten vgl. Rn. 198 ff.

b) Die objektive Bestimmung des Vertragsstatuts

Liegt keine (wirksame) Rechtswahl vor, bestimmt sich das auf den Vertrag anzuwendende Recht (vorbehaltlich Art. 5–8 Rom I-VO) *objektiv* nach **Art. 4 Rom I-VO**. Diese Regelung folgt einer klaren Regelungsstruktur, der zugleich die Prüfungsreihenfolge zu entnehmen ist. Im Einzelnen enthält Art. 4 Rom I-VO

177

- vorrangig zu beachtende **spezielle Regelanknüpfungen** (Abs. 1) für die wichtigsten Vertragstypen,
- eine **allgemeine Regelanknüpfung** (Abs. 2) für die übrigen Vertragstypen,
- eine auf die Regelanknüpfungen des Abs. 1 und 2 bezogene, diese in Ausnahmefällen korrigierende **Ausweichklausel** (Abs. 3) sowie zuletzt
- eine **Hilfsanknüpfung** (Abs. 4) für diejenigen Fälle, in denen das auf den Vertrag anzuwendende Recht nicht nach Abs. 1 und Abs. 2 bestimmt werden kann.

aa) Spezielle Regelanknüpfungen (Art. 4 Abs. 1 Rom I-VO)

Für die objektive Bestimmung des Vertragsstatuts ist somit zunächst von den **speziellen Regelanknüpfungen des Art. 4 Abs. 1 Rom I-VO** auszugehen. Dieser sieht für

178

- **Kaufverträge über bewegliche Sachen** (lit. a),

    Hinweis: Vorrangig zu beachten ist hier jedoch stets das UN-Kaufrecht (vgl. Rn. 158 ff.).

- **Dienstleistungsverträge** (lit. b),

    Hinweis: Unter einem – europarechtlich-autonom auszulegenden – **Dienstleistungsvertrag** iSv lit. b ist jeglicher Vertrag zu verstehen, dessen vertragscharakteristische Leistung in der **Durchführung einer bestimmten Tätigkeit gegen Entgelt** liegt.[41] Der Anknüpfungsgegenstand ist demnach weit: Er umfasst nicht nur die Dienstverträge iSd deutschen Rechts, sondern auch jegliche Formen von (erfolgsbezogenen) **Werkverträgen**, Vermittlungsverträgen sowie Geschäftsbesorgungsverträgen.[42] Nach vorzugswürdiger Ansicht *nicht erfasst* sind demgegenüber **unentgeltliche Tätigkeitsverträge** (Auftrag usw), die jedoch gem. Art. 4 Abs. 2 Rom I-VO[43] ebenfalls dem Aufenthaltsrecht der die Tätigkeit unentgeltlich erbringenden Person zu unterstellen sind.

- Verträge, die ein **dingliches Recht an unbeweglichen Sachen** (lit. c) sowie die **Miete oder Pacht unbeweglicher Sachen** zum Gegenstand haben (lit. c, d),

---

41 Vgl. EuGH NJW 2009, 1865 (1866); EuGH EuZW 2014, 181 (183). – Diese Urteile ergingen zwar zu Art. 5 Nr. 1 lit. b EuGVVO aF, die Aussagen sind jedoch im Wege einer rechtsaktübergreifenden Auslegung (vgl. hierzu Rn. 29) auf Art. 4 Abs. 1 lit. b Rom I-VO übertragbar.
42 *Pfeiffer* EuZW 2008, 622 (625); *Magnus*, IPRax 2010, 27 (36); vgl. auch MüKoBGB/*Martiny*, Art. 4 Rom I-VO Rn. 49 ff.; Staudinger/*Magnus* (2021), Art. 4 Rom I-VO Rn. 40.
43 Ebenso Rauscher/*Thorn*, Art. 4 Rom I-VO Rn. 35. – AA (Maßgeblichkeit von Art. 4 Abs. 1 lit. b) indes MüKoBGB/*Martiny*, Art. 4 Rom I-VO Rn. 40, 45; Staudinger/*Magnus* (2021), Art. 4 Rom I-VO Rn. 40.

Hinweis: Ob der Vertragsgegenstand als **beweglich oder unbeweglich** zu qualifizieren ist, bestimmt sich nach vorzugswürdiger Ansicht *kollisionsrechtlich-autonom*,[44] also insbesondere *nicht* anhand der sachrechtlichen Kategorien des jeweiligen Belegenheitsrechts.[45] Behandelt dieses daher bestimmte Gegenstände als Immobilien (so etwa gelegentlich bei Flugzeugen oder Schiffen),[46] die nach unserem – autonomem – Verständnis als *bewegliche* Sachen zu qualifizieren sind, unterliegt der Vertrag der für *bewegliche* Sachen maßgeblichen Anknüpfung (bei einem Kauf Art. 4 Abs. 1 lit. a Rom I-VO, bei einer Miete Art. 4 Abs. 2 Rom I-VO).

- **Franchiseverträge** (lit. e), **Vertriebsverträge** (lit. f), Verträge über den Kauf beweglicher Sachen durch **Versteigerung** (lit. g) sowie für Verträge über **Finanzinstrumente** iSv Art. 4 Abs. 1 Nr. 17 der Richtlinie 2004/39/EG

typisierte Regelanknüpfungen vor, von denen alleine bei Vorliegen einer offensichtlich engeren Verbindung zu einer anderen Rechtsordnung abgewichen werden kann (Art. 4 Abs. 3 Rom I-VO). Inhaltlich folgen die speziellen Regelanknüpfungen entweder dem Prinzip der charakteristischen Leistung[47] (so Art. 4 Abs. 1 lit. a, lit. b, lit. e sowie lit. f Rom I-VO) oder stellen kodifizierte Fälle der Ausweichklausel dar (so Art. 4 Abs. 1 lit. c, lit. d, lit. g sowie lit. h Rom I-VO), so dass es sich bei diesen um *deklaratorische*, allein der Rechtssicherheit dienende **Konkretisierungen des Art. 4 Abs. 2 bzw. Art. 4 Abs. 4 Rom I-VO** handelt.

Hinweis: Die Zuordnung des konkret infrage stehenden Vertragsverhältnisses zu den normierten Vertragstypen kann Schwierigkeiten bereiten, sofern der Vertrag Elemente verschiedener Vertragstypen aufweist (etwa ein Mietvertrag, der auch untergeordnete kaufrechtliche Elemente zum Gegenstand hat). In diesen Fällen bedarf es einer **Schwerpunktbetrachtung**:[48] Kann der Vertrag hiernach einer der von Art. 4 Abs. 1 Rom I-VO genannten Katalogverträge zugeordnet werden, ist dieser unter die entsprechende Regelanknüpfung zu qualifizieren (im Beispiel Art. 4 Abs. 1 lit. c Rom I-VO); lässt sich hingegen **kein eindeutiger Vertragsschwerpunkt** bestimmen, weil die einzelnen vertraglichen Elemente allesamt gleichwertig sind (so etwa regelmäßig bei einem Hotelübernachtungsvertrag, der gleichwertige miet-, dienstleistungs- sowie kaufrechtliche Elemente aufweist), ist auf die allgemeine Regelanknüpfung des Art. 4 Abs. 2 Rom I-VO abzustellen.

bb) Allgemeine Regelanknüpfungen (Art. 4 Abs. 2 Rom I-VO)

179 Kann das Vertragsverhältnis *keiner* der Katalogverträge des Art. 4 Abs. 1 lit. a-h Rom I-VO zugeordnet werden – sei es, weil dieses von keinem der spezifizierten Vertragstypen erfasst wird (etwa der Rechtskauf, Bürgschaften, Darlehensverträge usw), sei es, weil es sich um einen gemischten Vertrag handelt, der sich auch *schwerpunktmäßig* keinem bestimmten Vertragstyp zuweisen lässt –, ist das auf dieses Vertragsverhältnis anzuwendende Recht nach der **allgemeinen Regelanknüpfung des Art. 4 Abs. 2 Rom I-VO** zu bestimmen. Anzuwenden ist hiernach das Aufenthaltsrecht derjenigen Partei, welche die **vertragscharakteristische Leistung** erbringt. Hierbei handelt es sich

---

[44] Ebenso NK-BGB/*Leible*, Art. 4 Rom I-VO Rn. 26.
[45] BeckOGK/*Köhler* (Stand 1.9.2023), Art. 4 Rom I-VO Rn. 67 ff., 92. – AA Rauscher/*Thorn*, Art. 4 Rom I-VO Rn. 60; vgl. auch MüKoBGB/*Martiny*, Art. 4 Rom I-VO Rn. 119.
[46] Staudinger/*Magnus* (2021), Art. 4 Rom I-VO Rn. 46.
[47] Hierzu Rn. 179.
[48] Vgl. Erwägungsgrund 19 S. 3. – Siehe auch BeckOGK/*Köhler* (Stand 1.9.2023), Art. 4 Rom I-VO Rn. 48 ff.; Staudinger/*Magnus* (2021), Art. 4 Rom I-VO Rn. 31, 101; *ders.*, IPRax 2010, 27 (37.).

um die *vertragsprägende*,⁴⁹ also *vertragstypische*⁵⁰ Leistung, welche den Schwerpunkt des konkret in Frage stehenden Vertrags bildet.⁵¹

Hinweis: Das Art. 4 Abs. 2 Rom I-VO zugrundeliegende **Prinzip der charakteristischen Leistung**⁵² begünstigt kollisionsrechtlich den die vertragscharakteristische Leistung erbringenden Vertragspartner. Dies lässt sich damit rechtfertigen, dass diese Partei regelmäßig die aufwändigere,⁵³ zudem auch regelungsintensivere⁵⁴ Vertragspflicht trifft. Sie ist daher auch in kollisionsrechtlicher Hinsicht schutzwürdiger als ihr regelmäßig nur auf Zahlung einer Geldsumme verpflichteter Vertragspartner, so dass deren kollisionsrechtlichen Parteiinteressen der Vorzug zu geben ist.

Die **Bestimmung der vertragscharakteristischen Leistung** ist in der Regel unproblematisch möglich. Bei einem **entgeltlichen Austauschvertrag** stellt diese stets die *gegen Geld erbrachte Leistung*⁵⁵ (Veräußerung, Tätigkeit, Gebrauchsüberlassung, Übernahme einer Bürgschaft usw) dar; die *Geldleistung* als solche ist demgegenüber regelmäßig nicht vertragsprägend,⁵⁶ weil diese alleine das synallagmatisch verknüpfte Entgelt für eine bestimmte, insoweit vertragsprägende Leistung bildet. 180

Hinweis: Eine Ausnahme besteht jedoch dann, wenn der Vertrag auf die **Überlassung von Geld** gerichtet ist. So erbringt bei einem Darlehensvertrag stets der Darlehensgeber die vertragscharakteristische Leistung, weil die Gegenleistung (der vereinbarte Zins) bei wertender Betrachtung nur das *Entgelt für die Geldüberlassung* darstellt und dem Vertrag daher nicht „sein spezifisches Gepräge" verleihen kann.⁵⁷

Schwierigkeiten kann die Bestimmung der charakteristischen Leistung indes bei **gemischten Verträgen** bereiten, in deren Rahmen *beide Vertragspartner* charakteristische, sich also nicht (nur) in einer Geldleistung erschöpfende Leistungen zu erbringen haben. Auch in solchen Fällen ist zunächst zu versuchen, mittels einer **Schwerpunktbetrachtung**⁵⁸ die für den *gesamten* Vertrag charakteristische Leistung zu bestimmen; scheitert ein solches Vorgehen, muss zuletzt auf die Hilfsanknüpfung des Art. 4 Abs. 4 Rom I-VO abgestellt werden. 181

Beispiel: Ist ein gemischter Vertrag mit Kauf- und Tauschelementen zu beurteilen (etwa ein Lizenztausch unter Ausgleich der Wertdifferenz), kommt es für dessen kollisionsrechtliche Einordnung auf die Höhe der Ausgleichszahlung an: Soweit diese nicht gänzlich unerheblich ist, lässt sich ein solcher Vertrag aufgrund seines Schwerpunkts regelmäßig als Kaufvertrag qualifizieren, der – im Falle eines Lizenzkaufs – gem. Art. 4 Abs. 2 Rom I-VO zu beurteilen ist. Korrespondiert mit der Tauschleistung hingegen eine zu vernachlässigende Geldzahlung (etwa Zahlung eines „symbolischen Euros"), stehen sich zwei *gleichwertige Leistungen* gegenüber, so dass der Vertrag unter Rückgriff auf Art. 4 Abs. 4 Rom I-VO anzuknüpfen ist. 182

---

49 *Kropholler*, § 52 III 2 (S. 468): „Leistung, die dem Vertrag sein rechtliches Gepräge gibt".
50 MüKoBGB/*Martiny*, Art. 4 Rom I-VO Rn. 176, 178.
51 Vgl. auch Staudinger/*Magnus* (2021), Art. 4 Rom I-VO Rn. 113.
52 Grundlegend hierzu *Schnitzer*, Handbuch des Internationalen Privatrechts II, 1958, S. 639–646; *ders* RabelsZ 38 (1974), 317 (323 ff.); *Vischer*, Internationales Vertragsrecht (1. Aufl.), 1962, S. 108 ff.
53 Vgl. *Kegel/Schurig*, § 18 I 1 d (S. 662); *Kropholler*, § 52 III 2 a (S. 468) („verwickeltere" Leistung).
54 *Kropholler*, § 52 III 2 a (S. 468).
55 BeckOGK/*Köhler* (Stand 1.9.2023), Art. 4 Rom I-VO Rn. 152.
56 Rauscher/*Thorn*, Art. 4 Rom I-VO Rn. 78.
57 BeckOGK/*Köhler* (Stand 1.9.2023), Art. 4 Rom I-VO Rn. 152; Rauscher/*Thorn*, Art. 4 Rom I-VO Rn. 79.
58 Vgl. Erwägungsgrund 19 S. 3. – Siehe auch BeckOGK/*Köhler* (Stand 1.9.2023), Art. 4 Rom I-VO Rn. 154; MüKoBGB/*Martiny*, Art. 4 Rom I-VO Rn. 185, 192, 196.

cc) Ausweichklausel (Art. 4 Abs. 3 Rom I-VO)

183 Art. 4 Abs. 1, Abs. 2 Rom I-VO kodifiziert keine „starren" Anknüpfungen, sondern vielmehr *Regel*anknüpfungen, die einer Korrektur über die Ausweichklausel des Art. 4 Abs. 3 Rom I-VO zugänglich sind. Voraussetzung für deren Eingreifen ist das Vorliegen einer **offensichtlich engeren Verbindung** zu einer *anderen* als der von der entsprechenden Regelanknüpfung bezeichneten Rechtsordnung, was mittels einer umfassenden Einzelfallfeststellung ermittelt werden muss. Grundsätzlich ist bei der Anwendung der Ausweichklausel jedoch Zurückhaltung geboten: Sie darf nicht dazu führen, dass die – mit der Kodifikation von *vorhersehbaren* Regelanknüpfungen angestrebte (Erwägungsgrund 16 S. 1) – Rechtssicherheit beeinträchtigt wird, so dass Art. 4 Abs. 3 Rom I-VO stets **restriktiv** gehandhabt werden muss.

> **Hinweis:** Bei der **Bestimmung der engsten Verbindung** können grundsätzlich **alle auslandsbezogenen Einzelfallumstände** herangezogen werden, die eine räumliche Verknüpfung des Vertrages zu einer bestimmten Rechtsordnung begründen können.[59] In Betracht kommen in erster Linie Gegebenheiten, die auf den **konkreten Leistungsaustausch** bezogen sind, also etwa der Erfüllungsort, der gewöhnliche Aufenthalt der Parteien (als derjenige Ort, an dem regelmäßig Leistungshandlungen vorgenommen werden) sowie die Belegenheit des Vertragsgegenstandes,[60] daneben aber auch außerhalb der konkreten vertraglichen Vereinbarung liegende Gegebenheiten wie eine ggf. erforderliche Mitwirkung von amtlichen Stellen[61] (Registerbehörden, Genehmigungsbehörden usw) und der Ort der Vertragsverhandlungen sowie des Vertragsschlusses.[62] Führt die anhand solcher Umstände vorgenommene Gesamtbetrachtung zu dem Ergebnis, dass der Vertrag mit einer *anderen* als der von der grundsätzlich einschlägigen Regelanknüpfung bezeichneten Rechtsordnung *wesentlich* enger verbunden ist, ist diese gem. Art. 4 Abs. 3 Rom I-VO zur Anwendung berufen. Ein typischer Anwendungsfall der Ausweichklausel stellt etwa ein sog. **„Platzkauf"** dar, der unmittelbar nach Vertragsschluss an Ort und Stelle abgewickelt wird (Kauf eines Souvenirs auf einem Markt); ein solcher Kaufvertrag ist (entgegen Art. 4 Abs. 1 lit. a Rom I-VO) gem. Art. 4 Abs. 3 Rom I-VO regelmäßig dem jeweiligen Ortsrecht zu unterstellen.

184 Eine wichtige, im Rahmen von Art. 4 Abs. 3 Rom I-VO zu lösende (vgl. Erwägungsgrund 20 S. 2) Problematik stellt die Fallgruppe der **vertragsakzessorischen Anknüpfung** an bereits bestehende Verträge dar. Bei dieser geht es um die Frage, ob einzelne Verträge im Wege der Ausweichklausel einem Recht unterstellt werden können, das für einen *anderen* Vertrag maßgeblich ist. Grundsätzlich gilt, dass jedes rechtlich selbstständige Vertragsverhältnis in kollisionsrechtlicher Hinsicht ebenfalls *selbstständig* zu beurteilen ist. Der Umstand, dass die Vertragsparteien bereits zu einem früheren Zeitpunkt miteinander Verträge geschlossen haben, ist für die Anknüpfung des konkret in Frage stehenden Vertrages regelmäßig unerheblich, da er für sich genommen keine *konkrete räumliche Verknüpfung* zu einer bestimmten Rechtsordnung zu begründen vermag. Etwas anderes gilt jedoch, wenn zwei Verträge in einem sehr **engen inhaltlichen Zusammenhang** stehen. In diesem Fall kann die Anwendung unterschiedlicher Rechtsordnungen zu (Norm-)Widersprüchen führen, die sich mittels einer einheitlichen Anknüpfung beider Verträge antizipiert vermeiden ließen. Für ein solches Vorgehen

---

59 Vgl. EuGH IPRax 2015, 559.
60 Vgl. Rauscher/*Thorn*, Art. 4 Rom I-VO Rn. 136, der jedoch *ausschließlich* auf solche Kriterien abstellen will.
61 AA Rauscher/*Thorn*, Art. 4 Rom I-VO Rn. 141.
62 NK-BGB/*Leible*, Art. 4 Rom I-VO Rn. 73. – AA Rauscher/*Thorn*, Art. 4 Rom I-VO Rn. 140.

spricht das (Ordnungs-)Interesse an innerem Entscheidungseinklang;[63] als Ausnahme von dem Grundsatz der selbstständigen kollisionsrechtlichen Behandlung rechtlich eigenständiger Verträge kommt eine akzessorische Anknüpfung jedoch nur in Betracht, wenn

- das Vertragsverhältnis, an das akzessorisch angeknüpft werden soll, einen *dominierenden Charakter* für den konkret zu beurteilenden Vertrag entfaltet,[64] dieses also bei materieller Betrachtung als **Hauptvertrag**[65] zu qualifizieren ist,
- beide Verträge zwischen *denselben Parteien* geschlossen wurden, also **Parteiidentität** besteht,[66] *und*
- beide Verträge **inhaltlich eng miteinander verflochten** sind.[67]

Liegen diese Voraussetzungen vor, kann der in Frage stehende Vertrag gem. Art. 4 Abs. 3 Rom I-VO dem für den Hauptvertrag maßgeblichen Recht unterstellt werden. Verdeutlichen sollen dies folgende Beispielsfälle:

▶ **Fall 15:** Vertriebshändler V mit Sitz in Deutschland schloss mit G (Sitz in Frankreich) einen Vertriebsvertrag, der ihn zum Vertrieb von Waren, die G zur Verfügung zu stellen hat, verpflichtet. Der Vertriebsvertrag ist als Rahmenvertrag ausgestaltet, der ausschließlich die Vertriebsmodalitäten, nicht jedoch zugleich die konkret zu überlassenden Waren zum Gegenstand hat. Im Hinblick auf die ausfüllenden, rechtlich selbstständigen Einzelverträge enthält der Rahmenvertrag eine Erfüllungsortbestimmung sowie eine Ausschlussklausel im Hinblick auf das UN-Kaufrecht, daneben Mindestabnahmeverpflichtungen sowie einzelne Rabattstufen. V bestellt bei G neue Waren, die ihm sogleich geliefert werden. Welchem Recht unterliegt dieser Kaufvertrag? ◀

▶ **Lösung:** Mangels Anwendbarkeit des UN-Kaufrechts (Art. 6 UN-Kaufrecht) unterliegt der Kaufvertrag grundsätzlich dem von Art. 4 Abs. 1 lit. a Rom I-VO (iVm Art. 19 Abs. 1 UAbs. 2 Rom I-VO) bestimmten Recht, so dass französisches Sachrecht (Art. 20 Rom I-VO) anzuwenden wäre. Fraglich ist jedoch, ob der Vertrag gem. Art. 4 Abs. 3 Rom I-VO eine wesentlich engere Verbindung zu dem Recht eines anderen Staates aufweist. Nach Erwägungsgrund 20 S. 2 Rom I-VO ist insoweit ua zu berücksichtigen, ob der betreffende Vertrag in einer sehr engen Verbindung zu einem anderen Vertrag besteht. Dies lässt sich vorliegend bejahen: Der Kaufvertrag dient der Ausfüllung eines zwischen den Parteien geschlossenen Rahmenvertrages, der bereits konkrete Vorgaben für die später zu schließenden Kaufverträge enthält; beide Verträge weisen daher *eine enge inhaltliche Verflechtung* auf, deren kollisionsrechtlich durch eine akzessorische Anknüpfung an das für den dominierenden Rahmenvertrag maßgebliche Recht Rechnung zu tragen ist. Da der Rahmenvertrag gem. Art. 4 Abs. 1 lit. f Rom I-VO (iVm Art. 19 Abs. 1 UAbs. 2 Rom I-VO) deutschem Sachrecht (Art. 20 Rom I-VO) unterliegt, ist dieses gem. Art. 4 Abs. 3 Rom I-VO somit auch für den Kaufvertrag maßgeblich. ◀

---

63 Vgl. auch Rauscher/*Thorn*, Art. 4 Rom I-VO Rn. 148, 151 („Grundsatz der materiellen Harmonie").
64 Rauscher/*Thorn*, Art. 4 Rom I-VO Rn. 148, vgl. auch NK-BGB/*Leible*, Art. 4 Rom I-VO Rn. 76: Vertrag muss „eindeutig im Vordergrund" stehen, wohingegen der akzessorisch anzuknüpfende Vertrag diesem „offensichtlich untergeordnet" ist.
65 Staudinger/*Magnus* (2021), Art. 4 Rom I-VO Rn. 136.
66 Vgl. Rauscher/*Thorn*, Art. 4 Rom I-VO Rn. 150. – AA (Parteiidentität nicht zwingend) Staudinger/*Magnus* (2021), Art. 4 Rom I-VO Rn. 136.
67 Rauscher/*Thorn*, Art. 4 Rom I-VO Rn. 151. – Weitergehend Staudinger/*Magnus* (2021), Art. 4 Rom I-VO Rn. 136 (wirtschaftlicher Zusammenhang reiche aus).

188 ▶ **Fall 16:** Bürge B (gewöhnlicher Aufenthalt in Deutschland) verpflichtet sich gegenüber G, für eine Verbindlichkeit des D einzustehen. Die Verbindlichkeit resultiert aus einem zwischen D und G geschlossenen Kaufvertrag, der französischem Recht unterliegt. Welches Recht ist auf den Bürgschaftsvertrag anzuwenden, wenn eine Anwendung von Art. 6 Rom I-VO ausscheidet? ◀

189 ▶ **Lösung:** Da der Bürgschaftsvertrag keiner der Katalogverträge des Art. 4 Abs. 1 Rom I-VO zugeordnet werden kann, bestimmt sich das auf einen solchen Vertrag anzuwendende Recht nach Art. 4 Abs. 2 Rom I-VO. Die vertragscharakteristische Leistung wird seitens des Bürgen erbracht, so dass Art. 4 Abs. 2 Rom I-VO zu der Anwendung deutschen Sachrechts (Art. 20 Rom I-VO) führt. Fraglich ist jedoch, ob der Bürgschaftsvertrag mittels einer – im Rahmen von Art. 4 Abs. 3 Rom I-VO zu begründenden (vgl. Erwägungsgrund 20 S. 2 Rom I-VO) – **akzessorischen Anknüpfung** dem für die Verpflichtung zwischen D und G maßgeblichen französischen Recht zu unterstellen ist. Eine solche kommt jedoch nach vorzugswürdiger Ansicht nur in Betracht, wenn die einheitlich anzuknüpfenden Verträge zwischen *denselben Parteien* geschlossen wurden, wenn also **Personenidentität** besteht (vgl. Rn. 184). Dieses Erfordernis folgt zunächst aus der Parallelvorschrift des Art. 4 Abs. 3 S. 2 Rom II-VO, der eine entsprechende, im Wege einer rechtsaktübergreifenden Auslegung[68] auf Art. 4 Abs. 3 Rom I-VO übertragbare Klarstellung vorsieht („Rechtsverhältnis *zwischen* den Parteien"), zum anderen auch aus einer *teleologischen Betrachtung*: Denn würde man Vertragsverhältnisse, an denen – wie im Falle der Bürgschaft – *unterschiedliche Parteien* beteiligt sind, akzessorisch anknüpfen, führte dies dazu, dass die Parteiinteressen einer Partei vollständig unberücksichtigt blieben. Da Ordnungsinteressen, die eine akzessorische Anknüpfung tragen (Rn. 184), im Hinblick auf ein zuvörderst materielle Wertungen verwirklichendes IPR (vgl. hierzu Rn. 10 ff.) keine *konkret* implizierten Parteiinteressen zurückzudrängen vermögen,[69] lässt sich ein solches Ergebnis nicht rechtfertigen, es verstieße vielmehr gegen das – auch in das Kollisionsrecht zu „verlängernde" – Verbot von Verträgen zulasten Dritter,[70] so dass eine akzessorische Anknüpfung in Fällen der Drittbeteiligung stets ausscheiden muss. Damit ist der zwischen B und G geschlossene Bürgschaftsvertrag selbstständig anzuknüpfen und deutschem Recht (Art. 4 Abs. 2 Rom I-VO) zu unterstellen. ◀

dd) Hilfsanknüpfung (Art. 4 Abs. 4 Rom I-VO)

190 Auf die Hilfsanknüpfung des Art. 4 Abs. 4 Rom I-VO ist zuletzt zurückzugreifen, wenn die von Art. 4 Abs. 1 bzw. Abs. 2 Rom I-VO vorgesehenen, stets vorrangig zu beachtenden Regelanknüpfungen „versagen", weil dem in Frage stehenden Vertrag **keine vertragstypische Leistung** entnommen werden kann, mittels derer das anwendbare Recht bestimmt werden könnte. Paradebeispiel stellt insoweit der **Tauschvertrag** dar, bei dem sich zwei *gleichwertige Vertragsleistungen* gegenüberstehen – in einem solchen Falle kann das von Art. 4 Abs. 2 Rom I-VO vorgesehene Prinzip der charakteristischen Leistung zur Bestimmung des auf diesen Vertrag anwendbaren Rechts nicht herangezogen werden, so dass es einer Hilfsanknüpfung bedarf, die Art. 4 Abs. 4 Rom I-VO zur Verfügung stellt: Anzuwenden ist hiernach das Recht desjenigen Staates, zu dem der Vertrag **die engste Verbindung** aufweist.

---

[68] Vgl. Erwägungsgrund 7 Rom I-VO.
[69] Hierzu allgemein *Köhler*, S. 83.
[70] So Rauscher/*Thorn*, Art. 4 Rom I-VO Rn. 150; vgl. auch MüKoBGB/*Martiny*, Art. 4 Rom I-VO Rn. 304.

Zur Bestimmung der engsten Verbindung sind – ebenso wie im Rahmen von Art. 4 Abs. 3 Rom I-VO – **alle Einzelfallumstände** heranzuziehen, die eine räumliche Verknüpfung des Vertrages zu einer bestimmten Rechtsordnung begründen können, insbesondere ein gemeinsamer gewöhnlicher Aufenthalt, ein gemeinsamer Erfüllungsort, die Belegenheit des Vertragsgegenstandes, etwaige Mitwirkungen amtlicher Stellen usw (vgl. Rn. 183). Soweit sich hiernach ein räumlicher Bezug zu einer bestimmten Rechtsordnung begründen lässt, ist diese gem. Art. 4 Abs. 4 Rom I-VO zur Anwendung berufen. 191

Hinweis: Für das **praktische Vorgehen bei der Konkretisierung des Art. 4 Abs. 4 Rom I-VO** bietet sich in einem ersten Schritt eine Prüfung dahin gehend an, welche Rechtsordnung(en) Art. 4 Abs. 1 bzw. Abs. 2 Rom I-VO für die synallagmatisch verknüpften Leistungen bei jeweils isolierter Betrachtung zur Anwendung berufen würden: Führen diese zu der Maßgeblichkeit *ein und derselben Rechtsordnung*, bedarf es keiner weiteren Auswahlentscheidung, so dass diese Rechtsordnung auch im Rahmen von Art. 4 Abs. 4 Rom I-VO anzuwenden ist. Schließen etwa zwei *in demselben Staat* domizilierte Vertragspartner einen Tauschvertrag über bewegliche Sachen, führen die einzelnen (Tausch-)Leistungen bei isolierter Betrachtung zu der Maßgeblichkeit des gemeinsamen Aufenthaltsrechts (Art. 4 Abs. 1 lit. a Rom I-VO); dieses ist damit auch im Rahmen von Art. 4 Abs. 4 Rom I-VO zur Anwendung zu bringen, um der mit Art. 4 Abs. 1 lit. a Rom I-VO getroffenen Wertentscheidung Rechnung zu tragen.

c) Spezielle Regelungen der Vertragsanknüpfung

aa) Allgemeines

Neben den allgemeinen Regelungen der Art. 3 f. Rom I-VO sieht die Rom I-VO spezielle Kollisionsnormen für 192

- Beförderungsverträge (Art. 5 Rom I-VO),
- Verbraucherverträge (Art. 6 Rom I-VO),
- Versicherungsverträge (Art. 7 Rom I-VO) sowie für
- Individualarbeitsverträge (Art. 8 Rom I-VO)

vor, welche stets vorrangig zu beachten sind. Diese gestatten allesamt eine – stets vorrangig zu beachtende – **Rechtswahl** gem. Art. 3 Rom I-VO (vgl. Art. 5 Abs. 1 S. 1, Abs. 2 S. 1, Art. 6 Abs. 2 S. 1, Art. 7 Abs. 2 UAbs. 1, Art. 8 Abs. 1 S. 1 Rom I-VO), wenngleich gewisse Einschränkungen zu beachten sind (vgl. Art. 7 Abs. 3 Rom I-VO sowie insbesondere Art. 6 Abs. 2 S. 2, Art. 8 Abs. 1 S. 2 Rom I-VO). Im Falle einer **objektiven Vertragsanknüpfung** gehen diese besonderen Kollisionsnormen Art. 4 Rom I-VO bereits nach dessen Wortlaut vor, so dass auf Art. 4 Rom I-VO nur zurückgegriffen werden kann, wenn der Anwendungsbereich dieser speziellen Kollisionsnormen nicht eröffnet ist (etwa aufgrund der Bereichsausnahmen Art. 6 Abs. 4 Rom I, Art. 7 Abs. 1 S. 2 Rom I-VO) oder deren Anwendung aus sonstigen Gründen scheitert. Von besonderer Klausurrelevanz ist die Kollisionsnorm des Art. 6 Rom I-VO, auf die im Folgenden näher einzugehen ist.

bb) Verbraucherverträge

193 Verträge zwischen Verbrauchern und Unternehmern unterfallen vorrangig der besonderen Kollisionsnorm des Art. 6 Rom I-VO. Soweit dessen Anwendungsvoraussetzungen erfüllt sind, unterliegt ein solcher Vertrag

- primär dem von den Parteien **gewählten Recht** (Art. 6 Abs. 2 S. 1 Rom I-VO), wenngleich die verbraucherschützenden Vorschriften des Staates, in dem der Verbraucher seinen gewöhnlichen Aufenthalt hat, im Wege einer *Sonderanknüpfung* zusätzlich zur Anwendung berufen werden (Art. 6 Abs. 2 S. 2 Rom I-VO, vgl. Rn. 176
- **mangels einer Rechtswahl** dem Aufenthaltsrecht des Verbrauchers (Art. 6 Abs. 1 Rom I-VO).

194 Die Anwendung des Art. 6 Rom I-VO setzt – neben dem Vorliegen eines Verbrauchervertrages – voraus, dass

- der Unternehmer seine berufliche oder gewerbliche Tätigkeit entweder in dem Aufenthaltsstaat des Verbrauchers **ausübt** oder
- diese Tätigkeit auf diesen Staat – etwa in Form gezielter Werbung oder eines konkreten Angebots an den Verbraucher – **ausrichtet**.

195 Die Bestimmung des letzteren Kriteriums kann insbesondere in solchen Fällen problematisch sein, in denen sich der Unternehmer einer **Website** bedient, um seine Waren, Dienstleistungen usw anzupreisen. Grundsätzlich gilt, dass die bloße Abrufbarkeit einer weltweit zugänglichen Internetseite, die abstrakt zu einem Vertragsschluss führen kann, noch *kein* Ausrichten iSv Art. 6 Abs. 1 lit. b Rom I-VO zu begründen vermag.[71] Um den Anwendungsbereich von Art. 6 Rom I-VO nicht ausufern zu lassen, ist vielmehr erforderlich, dass der Unternehmer seine Tätigkeit mittels der Internetseite konkret auf einen bestimmten Staat ausrichtet, um dort *gezielt* Kunden zu gewinnen. Dies muss im Rahmen einer Gesamtwürdigung ermittelt werden.

Hinweis: Einzelne, jedoch nicht abschließende Kriterien, die im Rahmen dieser Gesamtwürdigung ggf. zu berücksichtigen sind, hat der EuGH in der **„Alpenhof"-Entscheidung**[72] konkretisiert. Maßgebliche Kriterien zur Bestimmung des „Ausrichtens einer Tätigkeit" stellen hiernach insbesondere dar:[73]

- „der internationale Charakter der Tätigkeit,
- die Angabe von Anfahrtsbeschreibungen von anderen Mitgliedstaaten aus zu dem Ort, an dem der Gewerbetreibende niedergelassen ist,
- die Verwendung einer anderen Sprache oder Währung als der in dem Mitgliedstaat der Niederlassung des Gewerbetreibenden üblicherweise verwendeten Sprache oder Währung,
- die Angabe von Telefonnummern mit internationaler Vorwahl,
- die Tätigung von Ausgaben für einen Internetreferenzierungsdienst, um in anderen Mitgliedstaaten wohnhaften Verbrauchern den Zugang zur Website des Gewerbetreibenden oder seines Vermittlers zu erleichtern,

---

71 Vgl. insoweit auch Erwägungsgrund 24 Rom I-VO; zudem EuGH NJW 2011, 505 (510).
72 EuGH NJW 2011, 505. – Diese (zu Art. 15 EuGVVO aF ergangenen) Entscheidung ist auf Art. 6 Rom I-VO im Wege einer rechtsaktübergreifenden Auslegung übertragbar.
73 EuGH NJW 2011, 505 (510).

- die Verwendung eines anderen Domänennamens oberster Stufe als desjenigen des Mitgliedstaats der Niederlassung des Gewerbetreibenden und die Erwähnung einer internationalen Kundschaft, die sich aus in verschiedenen Mitgliedstaaten wohnhaften Kunden zusammensetzt."

Kausalität zwischen der eingesetzten Internetseite und dem späteren Vertragsschluss ist demgegenüber **nicht zwingend erforderlich.**[74] Lässt sich eine solche feststellen, stellt dieser Umstand jedoch nach dem EuGH zumindest ein Indiz für einen Vertragsschluss im Rahmen der beruflichen bzw. gewerblichen Tätigkeit des Unternehmers dar.[75]

Zu beachten sind zuletzt die besonderen **Ausschlussgründe des Art. 6 Abs. 4 Rom I-VO.** Hiernach kann auf die besondere Kollisionsnorm **nicht abgestellt werden**, wenn der Verbrauchervertrag

- als **Dienstleistungsvertrag** (iSv Art. 4 Abs. 1 lit. b Rom I-VO) zu qualifizieren ist **und** die dem Verbraucher geschuldete Dienstleistung *ausschließlich* in einem anderen als dem Aufenthaltsstaat des Verbrauchers zu erbringen ist,

  ▶ **Fall 17:** Unternehmer U aus Konstanz bietet Segelkurse am Bodensee an, bei denen sämtliche Unterrichtsleistungen in Konstanz erbracht werden. Um auch Kunden im benachbarten Frankreich zu gewinnen, schaltet U bei einer Elsässer Tageszeitung eine – in französischer Sprache verfasste – Werbeanzeige, die auf sein Angebot aufmerksam machen soll. Der in Colmar (Frankreich) lebende F bucht aufgrund dieser Anzeige einen solchen Kurs. Welchem Recht unterliegt der Vertrag? ◀

  ▶ **Lösung:** Auch wenn die Anwendungsvoraussetzungen des Art. 6 Abs. 1 Rom I-VO (Verbrauchervertrag sowie Ausrichten der Tätigkeit auf Frankreich) vorliegend erfüllt sind, kommt eine Anwendung von Art. 6 Rom I-VO aufgrund des besonderen Ausschlusstatbestands des Art. 6 Abs. 4 lit. a Rom I-VO nicht in Betracht: Die dem F gegenüber zu erbringenden Dienstleistungen sind ausschließlich in Deutschland, also in einem anderen als dem Aufenthaltsstaat des F zu erbringen, so dass der Vertrag gem. Art. 4 Abs. 1 lit. b Rom I-VO deutschem Sachrecht (Art. 20 Rom I-VO) zu unterstellen ist. ◀

- als **Beförderungsvertrag** (iSv Art. 5 Rom I-VO) einzuordnen ist, der *keinen* (von Art. 6 Rom I-VO erfassten) Pauschalreisevertrag iSd Pauschalreise-Richtlinie (umgesetzt in §§ 651 a ff. BGB) darstellt,

- als **Vertrag über ein dingliches Recht an einer Immobilie** oder als **Miet- bzw. Pachtvertrag über eine Immobilie** (jeweils iSv Art. 4 Abs. 1 lit. c Rom -VO) zu qualifizieren ist, der *keinen* (von Art. 6 Rom I-VO erfassten) Teilzeitnutzungsvertrag iSd Teilzeitnutzungs-Richtlinie (umgesetzt in §§ 481 ff. BGB) darstellt,

  Hinweis: Liegt ein Teilzeitnutzungsvertrag vor, ist bei Anwendbarkeit eines drittstaatlichen Rechts zudem die spezielle einseitige Kollisionsnorm des Art. 46 b Abs. 4 EGBGB zu beachten, der Art. 12 Teilzeitnutzungs-Richtlinie umsetzt und daher gem. Art. 23 Rom I-VO weiterhin vorrangig anzuwenden ist.

- **Rechte und Pflichten im Zusammenhang mit Finanzinstrumenten** (iSv Art. 4 Abs. 1 lit. h Rom I-VO) begründet oder die Ausgabe solcher Instrumente zum Gegenstand hat, soweit es sich hierbei nicht um die Erbringung einer (von Art. 6 Rom I-VO er-

196

---

[74] EuGH NJW 2013, 3504 (3505). – Vgl. auch *Junker*, § 15 Rn. 40.
[75] Vgl. hierzu EuGH NJW 2013, 3504 (3505).

fassten) Finanzdienstleistung (etwa der Kauf von Aktien durch eine Bank) handelt, oder zuletzt
- einen **Vertrag über Finanzinstrumente** (iSv Art. 4 Abs. 1 lit. h Rom I-VO) darstellt, der im Rahmen eines multilateralen Systems (klassische Parkettbörsen, elektronische Handelssysteme wie XETRA, EUREX usw) geschlossen wurde.

d) Reichweite des Vertragsstatuts

197 Das nach Art. 3–8 Rom I-VO bestimmte Recht erfasst die **Gesamtheit der vertraglichen Bestimmungen einer Rechtsordnung,** so dass das Vertragsstatut grundsätzlich für alle vertragsrelevanten Rechtsfragen maßgeblich ist. Sein Umfang wird mittels der – allerdings nicht als abschließend zu verstehenden – unselbstständigen Kollisionsnormen der **Art. 10 Abs. 1, Art. 12 Abs. 1 Rom I-VO** näher konkretisiert: Hiernach unterliegen dem Vertragsstatut insbesondere

- das **Zustandekommen sowie die Wirksamkeit des Vertrages** (Art. 10 Abs. 1 Rom I-VO), wobei die Sonderanknüpfung des Art. 10 Abs. 2 Rom I-VO zu beachten ist,

    Hinweis: Art. 10 Abs. 2 Rom I-VO sieht unter bestimmten Voraussetzungen eine **ergänzende Anknüpfung** des Aufenthaltsrechts hinsichtlich der Frage nach dem Zustandekommen des Vertrages vor, um die Vertragsparteien zu schützen: Diese sollen sich darauf verlassen können, dass einer von ihr abgegebenen Erklärung kein *weitergehender* (rechtlicher) Erklärungswert beigemessen wird, als dies nach dem jeweiligen Aufenthaltsrecht (als „vertrautes" Recht) der Fall wäre. Bedeutung erlangt Art. 10 Abs. 2 Rom I-VO insbesondere für die Frage, ob das **Schweigen einer Partei** (etwa auf ein kaufmännisches Bestätigungsschreiben)[76] als Zustimmung zum Vertrag gewertet werden kann – auch wenn dies nach dem Vertragsstaut (vgl. Art. 10 Abs. 1 Rom I-VO) zu bejahen wäre, scheitert die Annahme eines Vertragsschlusses, soweit die betreffende Erklärung der Partei nach ihrem Aufenthaltsrecht nicht als Zustimmung zum Vertrag zu werten ist *und* sich diese Partei darauf beruft.

zudem gem. Art. 12 Abs. 1 Rom I-VO
- die **Vertragsauslegung** (lit. a),
- **Fragen nach der Erfüllung** der vertraglich vereinbarten Verpflichtungen (lit. b) sowie die mit einer vollständigen oder teilweisen Nichterfüllung dieser Verpflichtungen einhergehenden Folgen (lit. c),

    Hinweis: Zu beachten ist in diesem Zusammenhang **Art. 12 Abs. 2 Rom I-VO**. Nach dieser besonderen Regelung ist hinsichtlich der Art und Weise der Erfüllung sowie – im Falle mangelhafter Erfüllung – der seitens des Gläubigers zu treffenden Maßnahmen das Recht des (tatsächlichen)[77] Erfüllungsortes auch dann zu *berücksichtigen*, wenn der Vertrag *nicht* diesem Recht unterliegt. Anders als Art. 10 Abs. 2 begründet Art. 12 Abs. 2 Rom I-VO jedoch keine „echte" Sonderanknüpfung,[78] sondern enthält vielmehr eine besondere (jedoch deklaratorische, vgl. Rn. 149) Regelung für den **Auslandssachverhalt,** nach der *tatsächliche* Umstände am Erfüllungsort – etwa Feiertage, Geschäftszeiten

---

76 Vgl. Grüneberg/*Thorn,* Art. 10 Rom I-VO Rn. 5; *Kropholler,* § 52 I 3 a (S. 459); *von Hoffmann/Thorn,* § 10 Rn. 86.
77 MüKoBGB/*Spellenberg* Art. 12 Rom II-VO Rn. 183.
78 AA Staudinger/*Magnus* (2021), Art. 12 Rom I-VO Rn. 93.

usw[79] – im Rahmen des nach herkömmlichem Vorgehen bestimmten Vertragsstatuts zu beachten sind.[80]

- die verschiedenen **Arten des Erlöschens** einer Verpflichtung sowie die Verjährung und die Rechtsverluste, die sich aus dem Ablauf einer Frist ergeben (lit. d), darüber hinaus
- die **Rechtsfolgen einer Vertragsnichtigkeit** (lit. e).

3. Sonderfragen

a) Eingriffsnormen

aa) Verortung der Eingriffsnormenproblematik

Art. 9 Rom I-VO regelt die kollisionsrechtliche Behandlung sog. **Eingriffsnormen** (zum Begriff vgl. Art. 9 Abs. 1 Rom I-VO) für den Bereich des Internationalen Vertragsrechts. Gemeint sind hiermit insbesondere kartellrechtliche, ein- und ausfuhrrechtliche, devisenrechtliche oder kulturgüterschutzrechtliche Normen, die aufgrund ihrer zivilrechtlichen Rechtsfolge (etwa die Nichtigkeit eines Vertrages) in zivilrechtliche Rechtsverhältnisse „eingreifen"; solche Normen sind unter bestimmten Voraussetzungen auch dann anzuwenden, wenn diese einem *anderen* als dem für das Vertragsstatut maßgebliche Recht entstammen.

198

Wenngleich die Eingriffsnormenproblematik im Rahmen des Internationalen Vertragsrechts ihre größte praktische Bedeutung entfaltet, ist diese jedoch keineswegs auf diesen Bereich beschränkt. Vielmehr handelt es sich hierbei um ein **allgemeines, sämtliche Rechtsgebiete erfassendes Problemfeld** (vgl. insoweit auch Art. 16 Rom II-VO, Art. 30 EuErbVO, Art. 30 EuGüVO bzw. EuPartVO), zu dessen dogmatischer Einordnung Folgendes zu bemerken ist: Eingriffsnormen gehören – auch wenn dies gelegentlich angenommen wird – nicht dem Öffentlichen Recht an.[81] Sie entstammen zwar dessen „Dunstkreis", weil sie überwiegend öffentlichen Interessen Rechnung tragen (nach dem Wortlaut von Art. 9 Abs. 1 Rom I-VO *politischen, sozialen oder wirtschaftlichen* Interessen), sie sehen jedoch *zivilrechtliche* Rechtsfolgen vor, so dass sie nach allen gängigen Abgrenzungstheorien jedenfalls insoweit dem Zivilrecht zuzuordnen sind.[82] Daher unterfällt die kollisionsrechtliche Behandlung der Eingriffsnormen nicht etwa dem – aus dem Anwendungsbereich der europäischen Verordnungen stets ausgenommenen – Internationalen Öffentlichen Recht,[83] sondern dem Internationalen Privatrecht, so dass sich dieses originär mit deren kollisionsrechtlicher Behandlung auseinandersetzen muss. Soweit solche Normen **vertragliche Rechtsfolgen** vorsehen (neben der bereits erwähnten Vertragsnichtigkeit etwa auch die Leistungspflicht als solche modifizierende Bestimmungen wie gesetzliche Mindest- oder Höchstpreise, gesetzlich geregelte Vergütungssätze usw), fallen sie in den regulativen Anwendungsbereich der Rom I-VO, so dass diese über deren kollisionsrechtliche An- oder Nichtanwendbarkeit entscheiden muss. Wie der entsprechenden Legaldefinition des Art. 9 Abs. 1 Rom I-VO

199

---

[79] MüKoBGB/*Spellenberg* Art. 12 Rom II-VO Rn. 186; *Rauscher*, Rn. 1340.
[80] Vgl. *von Hoffmann/Thorn*, § 10 Rn. 88.
[81] Vgl. hierzu *Köhler*, S. 40–49; *ders.*, in: *Binder/Eichel* (Hrsg.), Internationale Dimensionen des Wirtschaftsrechts, 199 (207).
[82] *Köhler*, S. 46–49.
[83] So aber etwa *Kegel/Schurig*, § 2 IV 1 (S. 148), § 23 (S. 1090 ff.); *von Hoffmann/Thorn*, § 10 Rn. 94; vgl. auch *Maultzsch*, RabelsZ 75 (2011), 60 (90 f.).

zu entnehmen ist, stellt das **Charakteristikum einer Eingriffsnorm** deren besondere, überwiegend öffentlichen Interessen Rechnung tragenden Sachnormzwecke dar. Solche Sachnormen implizieren **kollisionsrechtliche Gemeininteressen**, so dass sie *aus diesem Grund* nicht unter die (ausschließlich Parteiinteressen berücksichtigenden) Art. 3 ff. Rom I-VO qualifiziert werden können; diese insoweit „disqualifizierten" Sachnormen bedürfen damit vor dem Hintergrund konkurrierender Rechtsordnungen einer gesonderten, ihren Sachnormzwecken entsprechenden[84] und zumeist *rechtsfortbildend* zu entwickelnden kollisionsrechtlichen Anknüpfung,[85] die Art. 9 Rom I-VO ausdrücklich sicherstellen will. Im Einzelnen nimmt Art. 9 Rom I-VO eine Differenzierung zwischen der Behandlung *inländischer* (Abs. 2) und *ausländischer* (Abs. 3) Eingriffsnormen vor, der im Folgenden nachzugehen ist.

bb) Inländische Eingriffsnormen

200 Wenngleich der diesbezüglichen Regelung des Art. 9 Abs. 2 Rom I-VO keine konkreten Anwendungsvoraussetzungen für **inländische Eingriffsnormen** entnommen werden können, besteht der Sache nach weitestgehend Einigkeit, dass solche Normen stets dann zur Anwendung zu bringen sind, wenn ein hinreichender, regelmäßig iSd Auswirkungsprinzips zu konkretisierender **Inlandsbezug** besteht.[86]

201 **Beispiel:** Verpflichtet sich der deutsche Geschäftsmann A gegenüber dem saudi-arabischen Kunstsammler B zur Lieferung einer Skulptur, deren Ausfuhr das Gesetz zum Schutz deutschen Kulturgutes gegen Abwanderung untersagt, ist der Vertrag gem. § 134 BGB iVm den Vorschriften des KultgSchG auch dann unwirksam, wenn der Vertrag ausländischem Recht unterliegt. Die entsprechende Verbotsvorschrift des deutschen Rechts ist anhand einer – rechtsfortbildend zu entwickelnden – *einseitigen* Kollisionsnorm zur Anwendung berufen, da ein hinreichender Inlandsbezug zu Deutschland besteht.

Hinweis: Im Einzelnen ist streitig, ob der für die eingriffsrechtliche Durchsetzung erforderliche kollisionsrechtliche Anwendungsbefehl im Rahmen des *nationalen oder europäischen Rechts* zu entwickeln ist. Ersteres ist anzunehmen, wenn man mit der hM Art. 9 Abs. 2 Rom I-VO die Funktion einer Öffnungsklausel zugunsten inländischer, auf Eingriffsnormen iSv Art. 9 Abs. 1 Rom I-VO bezogener Kollisionsnormen zugesteht.[87] Nach der Gegenauffassung handelt es sich bei Art. 9 Abs. 2 Rom I-VO demgegenüber um eine „unfertige" Generalklausel, *innerhalb* derer der insoweit maßgebliche kollisionsrechtliche Anwendungsbefehl zu entwickeln ist.[88] Bedeutung hat dieser Streit insbesondere für die Frage, in welchem Ma-

---

84 Vgl. hierzu auch EuGH 31.1.2019 – Rs. C-149/18 = EuZW 2019, 134: Eine Eingriffsnorm liegt vor, wenn „auf der Grundlage einer ausführlichen Analyse des Wortlauts, der allgemeinen Systematik, des Telos sowie des Entstehungszusammenhangs dieser Vorschrift fest, dass ihr in der innerstaatlichen Rechtsordnung eine derartige Bedeutung zukommt, dass ein Abweichen von [den herkömmlichen Kollisionsnormen] als gerechtfertigt erscheint." – Dies ist bei einer Verjährungsvorschrift, die herkömmlichen Zwecken (Rechtsfrieden inter partes) dient, nicht der Fall (vgl. EuGH aaO), da eine solche Regelung unter die herkömmlichen Kollisionsnormen qualifiziert werden kann.
85 Näher hierzu *Köhler*, S. 88–101.
86 Vgl. etwa Staudinger/*Magnus* (2021), Art. 9 Rom I-VO Rn. 81 ff.; MüKoBGB/*Martiny*, Art. 9 Rom I-VO Rn. 109, 124. – AA BeckOGK/*Maultzsch* (Stand 1.3.2023), Art. 9 Rom I-VO Rn. 85.
87 Staudinger/*Magnus* (2021), Art. 9 Rom I-VO Rn. 12; MüKoBGB/*Martiny*, Art. 9 Rom I-VO Rn. 108; differenzierend BeckOGK/*Maultzsch* (Stand 1.3.2023), Art. 9 Rom I-VO Rn. 8 ff.
88 *Köhler*, S. 103 ff.; dem folgend *Schurig*, in: Mansel (Hrsg.), Internationales Privatrecht im 20. Jhdt., 2014, 5 (19 f.); *Hemler*, Die Methodik der „Eingriffsnorm" im modernen Kollisionsrecht, 2019, 191 ff.; vgl. auch *Rentsch*, in: Bauerschmidt/Fassbender/Müller/Siehr/Unseld (Hrsg.), Konstitutionalisierung in Zeiten globaler Krisen, 2015, 255 (290 ff., 297 ff.).

cc) Ausländische Eingriffsnormen

Demgegenüber ist die kollisionsrechtliche Behandlung **ausländischer Eingriffsnormen** seit langem höchst streitig. Hintergrund hierfür ist der Umstand, dass solche Normen dem öffentlichen Interesse eines *ausländischen* Staates Rechnung tragen, das sich nicht nur kontradiktorisch zu den Parteiinteressen, sondern auch zu den *eigenen* nationalen Staatsinteressen verhalten kann. Allgemein besteht daher Zurückhaltung gegenüber der Anwendung solcher Bestimmungen, und auch Art. 9 Abs. 3 Rom I-VO bezieht insoweit keine eindeutige Stellung: Denn nach dieser Regelung *können* Eingriffsnormen des Erfüllungsstaates *Wirkung verliehen werden*, soweit diese die Erfüllung des Vertrags unrechtmäßig (also regelmäßig nichtig) werden lassen; bei dieser – letztlich dem Rechtsanwender überlassenen – Entscheidung sind Art und Zweck dieser Normen sowie die mit ihrer An- oder Nichtanwendung einhergehenden Folgen zu *berücksichtigen*. Auf den ersten Blick erscheint Art. 9 Abs. 3 Rom I-VO daher als „Leerformel", die insbesondere **drei Problemfelder** aufwirft. Zur Verdeutlichung dient

202

▶ **Fall 18:**[89] Die Kunsthändlerin A aus Passau schließt mit dem Kunsthändler B aus Linz (Österreich) einen Kaufvertrag über ein etwa 2.000 Jahre altes Keramikmodell mit der Bezeichnung „Großer Wagen mit Pferd". Da sich die Keramik zum Zeitpunkt des Vertragsschlusses noch in China befand, veranlasste B die Lieferung aus China direkt nach Passau. Danach verlangt B Zahlung des vereinbarten Kaufpreises. A hingegen weigert sich; sie verweist darauf, dass die Ausfuhr der Keramik gegen das chinesische Kulturgüterschutzgesetz verstoßen habe und der Vertrag daher nichtig sei. Kann B Zahlung des Kaufpreises verlangen? ◀

203

Bearbeitungshinweis: Für die Lösung des Falles ist davon auszugehen, dass die Ausfuhr des Keramikmodells aus China alleine gegen das chinesische Kulturgüterschutzgesetz, nicht zugleich gegen entsprechende österreichische oder deutsche Gesetze verstößt. Wären chinesische Gerichte zur Entscheidung berufen, würde das Ausfuhrverbot konkret angewandt und der Vertrag somit für nichtig befunden werden. Die Geltung des UN-Kaufrechts wurde ausgeschlossen.

▶ **Lösung:** Ob B Zahlung des vereinbarten Kaufpreises verlangen kann, unterliegt gem. Art. 4 Abs. 1 lit. a Rom I-VO *österreichischem* Sachrecht (Art. 20 Rom I-VO), das gem. Art. 10 Abs. 1 Rom I-VO grundsätzlich auch über die Wirksamkeit des Vertrages zu befinden hat. Da das österreichische Recht nach dem Sachverhaltshinweis die Ausfuhr der Keramik nicht sanktioniert, wäre der Vertrag hiernach als wirksam zu betrachten, so dass B Zahlung des Kaufpreises verlangen könnte. Allerdings handelt es sich bei dem – überwiegend öffentlichen Interessen (Kulturgüterschutz) Rechnung tragenden – chinesischen Verbotsgesetz um eine Eingriffsnormen iSv Art. 9 Abs. 1 Rom I-VO, deren Beachtlichkeit anhand der von Art. 9 Abs. 3 Rom I-VO aufgestellten Voraussetzungen zu beurteilen ist. ◀

204

Zunächst muss aufgrund der von Art. 9 Abs. 3 Rom I-VO gewählten Formulierung, nach der ausländischen Eingriffsnormen ggf. *Wirkung zu verleihen* ist, die Frage geklärt werden, ob solche Normen *überhaupt* im herkömmlichen Sinne **zur Anwendung**

205

---

89 Angelehnt an OGH, 30.6.2010 – 9 Ob 76/09 f. – Einen vergleichbaren Fall hatte der BGH fast 40 Jahre zuvor zu entscheiden, vgl. BGH NJW 1972, 1575 *(„Nigerianischer Maskenfall")*.

gebracht werden können. Nach der bisherigen, jedoch vor Inkrafttreten der Rom I-VO ergangenen Rechtsprechung des BGH war dies ausgeschlossen, vielmehr sollten ausländische Eingriffsnormen ausschließlich *im Rahmen des anwendbaren Sachrechts* zu berücksichtigen sein – dies insbesondere im Rahmen der Sittenwidrigkeitsklausel (§ 138 BGB),[90] darüber hinaus aber auch im Rahmen des Leistungsstörungsrechts (§§ 275,[91] 313 BGB).[92] Diesen Weg hält auch der EuGH für gangbar.[93]

206 ▶ **Lösung Fall 18:** Folgt man dieser Rechtsprechung, könnte das entsprechende chinesische Verbotsgesetz zwar nicht angewandt, jedoch ggf. im Rahmen des österreichischen Vertragsstatuts *materiellrechtlich* berücksichtigt werden. So entschied der BGH in einem vergleichbaren Fall *("Nigerianischer-Maskenfall")*, dass die Umgehung eines ausländischen Gesetzes, „das die Erhaltung des künstlerischen Erbes im Ursprungsland und […] den Schutz des Landes vor einer Ausplünderung durch ausländische Kunstliebhaber [sowie] durch Händler bezweckt", als verwerflich betrachtet werden müsse, „da sie dem nach heutiger Auffassung allgemein zu achtenden Interesse aller Völker an der Erhaltung von Kulturwerten an Ort und Stelle zuwiderhandelt". Folgt man dieser Rechtsprechung, wäre der Vertrag gem. § 879 Abs. 1 österreichisches ABGB nichtig, so dass der Kaufpreisanspruch des B zu versagen wäre. ◀

207 Ein derartiger Begründungsansatz begegnet jedoch Bedenken: Wird auf den *normativen Gehalt* einer *ausländischen* Eingriffsnorm zur Begründung der Sittenwidrigkeit iSv § 138 BGB (bzw. entsprechender Vorschriften des jeweils konkret anwendbaren Vertragsstatuts) abgestellt, geht es der Sache nach um eine *„echte" kollisionsrechtliche Anwendung* der betreffenden Bestimmung, da eben diese und nicht die entsprechende Eingriffsnorm eines *anderen* Staates materiellrechtlich „berücksichtigt" wurde. Damit ist dieser Lösungsansatz **funktional** letztlich **auf kollisionsrechtlicher Ebene** zu verorten, mag dies auch durch die Anwendung der materiellen Sittenwidrigkeitsklausel „versteckt" worden sein.[94]

Hinweis: Eine „echte" *materiellrechtliche* Berücksichtigung ausländischer Eingriffsnormen kommt hingegen nur in Betracht, wenn es um deren **faktische Auswirkungen** geht. So hatte das RG zur Zeit des 1. Weltkriegs über den Erfüllungsanspruch eines deutschen Klägers gegenüber einer englischen Beklagten zu entscheiden, die sich vor Kriegsbeginn zur Lieferung eines Gerbstoffes verpflichtete, den Vertrag jedoch nach Kriegsausbruch nicht mehr erfüllen wollte, da das Vereinigte Königreich zwischenzeitlich ein gegen den deutschen Feind gerichtetes, strafsanktioniertes Handelsverbot erlassen hatte. Eine *Anwendung* des – gezielt gegen Deutschland gerichteten – *Trading with the Enemy Act* 1914 schied für das RG verständlicherweise aus (bemüht wurde insoweit der *ordre public*), allerdings stellte das

---

90 BGH NJW 1961, 822 *("Borax")*; BGH NJW 1962, 1436 *("Borsäure")*; BGH NJW 1972, 1575 *("Nigerianische Masken")*; BGH NJW 1985, 2405 *("Schmiergeld")*.
91 Etwa RGZ 91, 46 (47); 91, 260 (261–263); 93, 182 (184); 161, 296 (300f.). – Aus der neueren Rspr: OLG Frankfurt a. M. NJW 2018, 3591 = IPRax 2019, 321 mAnm *Thorn*, IPRax 2019, 301; OLG München NJW-RR 2020, 1061 = IPRax 2023, 182 mAnm *Kronenberg* IPRax 2023, 155.
92 BGH NJW 1984, 1746 *("Iranischer Bierlieferungsfall")*.
93 EuGH 18.10.2016 – Rs. C-135/15 *(Griechenland/Nikiforidis)* = NJW 2017, 141: „Art. 9 dieser Verordnung verbietet es jedoch nicht, Eingriffsnormen eines anderen Staates als des Staates des angerufenen Gerichts oder des Staates, in dem die durch den Vertrag begründeten Verpflichtungen erfüllt werden sollen oder erfüllt worden sind, als tatsächliche Umstände zu berücksichtigen, soweit eine materielle Vorschrift des nach den Bestimmungen dieser Verordnung auf den Vertrag anwendbaren Rechts dies vorsieht."
94 Vgl. etwa *Hentzen*, RIW 1988, 508 (509): Lösungsansatz des BGH läuft „dogmatisch unsauber unter falscher Etikette". – Ausführlich *Schurig*, RabelsZ 54 (1990), 217 (240 ff.); vgl. hierzu und zum Folgenden auch *Köhler*, S. 174 ff.; *ders.*, in: Binder/Eichel (Hrsg.), Internationale Dimensionen des Wirtschaftsrechts, 199 (202 ff.).

RG zutreffend fest, dass es in dem vorliegenden Fall nicht allein um die Frage nach einer kollisionsrechtlichen Anwendung dieses englischen Gesetzes gehe, sondern auch um die *faktischen Zwänge*, welchen die Beklagte aufgrund des sanktionierten Verbotes unterliege und vor denen man bei der Anwendung des deutschen Leistungsstörungsrechtes nicht „die Augen [...] verschließen"[95] dürfe: „Und wenn [das für die Ermittlung der tatsächlichen Sachumstände zuständige Berufungsgericht] zu dem Ergebnis gelangt, dass das englische Gesetz mit seinen schweren Strafandrohungen, in Verbindung mit der strengen Zensur und den scharfen Kontrollmaßregeln der englischen Regierung, einen so starken Hinderungsgrund für die Erfüllung der Kontrakte seitens der Beklagten dargestellt hat, dass ihr diese billigerweise nicht zugemutet werden konnte, dass also **Unmöglichkeit der Erfüllung** vorlag, so hat es das englische Gesetz *nicht angewendet* sondern nur entschieden, ob dieses im Sinne des deutschen Rechtes ein Hindernis für die Vertragserfüllung gebildet, eine *tatsächliche Unmöglichkeit* für sie geschaffen hat".[96] Methodisch ist eine derartige *materiellrechtliche* Berücksichtigung ausländischer Normen dem Problemfeld des **Auslandssachverhaltes** zuzuordnen,[97] das nicht das europäische IPR, sondern das jeweils anwendbare Sachrecht zu lösen hat (vgl. hierzu Rn. 147 ff.). In diesem Sinne ist richtigerweise auch die bereits genannte Entscheidung des EuGH 18.10.2016 – C-135/15 *(Griechenland/Nikiforidis)* zu verstehen.

Geht es somit im Rahmen von Art. 9 Abs. 3 Rom I-VO um eine „echte" **Normanwendung** ausländischer Eingriffsnormen, ist weiter zu klären, anhand welcher **Voraussetzungen** diese zur Anwendung zu bringen sind. Auch insoweit ist ein Rekurs auf Art. 9 Abs. 3 S. 2 Rom I-VO wenig hilfreich, jedoch besteht weitestgehend Einigkeit, dass die kollisionsrechtliche Anwendung ausländischer Eingriffsnormen – neben einer hinreichenden (wiederum iSd Auswirkungsprinzips zu konkretisierenden) **räumlichen Verbindung zu dem Erlassstaat (Anknüpfungsmoment)** – ein besonderes **Anwendungsinteresse** voraussetzt.[98] Dieses zusätzliche Anwendungskriterium rechtfertigt sich daraus, dass typisches Eingriffsrecht Domäne „egoistischer"[99] Staatspolitik ist und daher gerade *wegen* seines besonderen *materiellen Regelungsgehalts* nicht einfach unbesehen anhand einer engen Verbindung zur Anwendung gebracht werden kann, sondern ein – positiv festzustellendes – Interesse an der Anwendung solcher Bestimmungen bestehen muss. Ein solches Anwendungsinteresse lässt sich nach vorzugswürdiger Ansicht unter **zwei Voraussetzungen** bejahen:

- In materieller Hinsicht ist **zunächst erforderlich**, dass die fraglichen Normen mit den Wertungen der eigenen Rechtsordnung kompatibel sind (sog. **shared value approach**).[100] Hierfür bedarf es einer *materiellrechtlichen* „Sympathieprüfung", anhand derer sich ermitteln lässt, ob wir die mit der ausländischen Bestimmung

208

---

95 RGZ 93, 182 (184).
96 RGZ 93, 182 (184).
97 So auch *Schurig*, RabelsZ 54 (1990), 217 (241 f.).
98 MüKoBGB/*Sonnenberger* (5. Aufl.), Einl. IPR Rn. 58; *ders.*, IPRax 2003, 104 (114); *Schurig*, RabelsZ 54 (1990), 217 (239). – Vgl. hierzu und zum Folgenden auch *Köhler*, S. 235–261; *ders.*, in: *Binder/Eichel* (Hrsg.), Internationale Dimensionen des Wirtschaftsrechts, 199 (208–218).
99 Hierzu *Kegel/Schurig*, § 2 IV 1 (S. 149): „Staatseingriffe in private Rechtsverhältnisse dienen dem Leben und Gedeih oder, anders ausgedrückt, dem Wohl des Staates. Staaten sind egoistisch. Sie haben kein primäres Interesse daran, das Wohl anderer Staaten zu fördern".
100 *Kropholler*, § 52 X 3 (S. 506 f.): „gewisse[r] Interessen- oder Wertegleichklang"; *Schurig*, RabelsZ 54 (1990), 217 (239 f.): „Interessengleichheit" und „internationale Interessensympathie"; vgl. auch *Kegel/Schurig*, § 23 I 3 (S. 1096 f.).

verfolgten Zwecke *teilen*, weil wir in entsprechenden Fällen ebenso unsere – vergleichbaren – öffentlichen Interessen zulasten privater Interessen durchsetzen.[101]

Hinweis: Die Annahme einer „Interessensympathie" scheidet stets aus, wenn die ausländische Eingriffsnorm gezielt gegen den eigenen Staat (so etwa bei dem *Trading with the Enemy Act* 1914, vgl. Rn. 207) oder gegen die eigene Werteordnung[102] gerichtet ist.

- Als **zweite Voraussetzung** ist zu verlangen, dass der Erlassstaat die in Frage stehende Norm selbst in casu kollisionsrechtlich anwenden würde, da eine Durchsetzung seiner (legitimen) Interessen dann nicht in Betracht kommen kann, wenn diese überhaupt nicht tangiert sind.[103] Der von Art. 9 Abs. 3 Rom I-VO ausgesprochene kollisionsrechtliche Anwendungsbefehl ist daher **bedingt ausgesprochen**, „bedingt nämlich dadurch, dass der betreffende Staat die Durchsetzung selbst (kollisionsrechtlich) will".[104]

▶ **Lösung Fall 18:** Eine kollisionsrechtliche Anwendung des chinesischen Verbotsgesetzes kommt somit nur in Betracht, wenn neben einem hinreichenden, im konkreten Fall aufgrund der Versendung der Keramik aus China zu bejahenden räumlichen Bezug zu dem Erlassstaat *zugleich* ein besonderes kollisionsrechtliches **Interesse an der Anwendung der ausländischen Eingriffsnorm** festzustellen ist. Auch von einem solchen lässt sich für den vorliegenden Fall ausgehen: Der Kulturgüterschutz ist, wie der BGH im Rahmen des Nigerianischen-Maskenfalls ausgeführt hat, ein „allgemein zu achtende[s.]", damit auch von der deutschen Rechtsordnung geteiltes „Interesse aller Völker", so dass dem Interesse Chinas an der Anwendung seines Kulturgüterschutzgesetzes Rechnung getragen werden kann. Da China dieses Gesetz selbst im konkreten Fall anwenden würde, kommt dessen *Anwendung* vor deutschen Gerichten grundsätzlich in Betracht. ◀

209 Eine letzte Problematik folgt zuletzt aus dem Umstand, dass der Wortlaut des Art. 9 Abs. 3 Rom I-VO nur die Anwendung ausländischer Eingriffsnormen des *Erfüllungsortes* zu gestatten scheint, welche die Erfüllung zudem *unrechtmäßig* werden lassen. Die wohl überwiegende Ansicht entnimmt dieser Einschränkung eine „**Sperrwirkung**" dahin gehend, dass ausländische Eingriffsnormen, die diese Voraussetzungen nicht erfüllen, von vornherein nicht zur Anwendung gebracht werden können.[105] Begründet wird dies insbesondere damit, dass Art. 9 Abs. 3 Rom I-VO einen **Begrenzungszweck** verfolge,[106] der jedoch weder in den für die Auslegung des Art. 9 Rom I-VO relevanten Gesetzgebungsmaterialien noch in dem insoweit maßgeblichen Erwägungsgrund 37 Rom I-VO einen Niederschlag gefunden hat.[107] Dieser Auffassung hat sich der EuGH

---

101 Hierzu näher *Köhler*, S. 235–258; *ders.*, in: *Binder/Eichel* (Hrsg.), Internationale Dimensionen des Wirtschaftsrechts, 199 (213–217).
102 Aus der neueren Rspr: etwa ein ausländisches Gesetz, das Verträge mit israelischen Staatsangehörigen verbietet (kuwaitisches Einheitsgesetz zum Israel-Boykott), vgl. hierzu OLG München NJW-RR 2020, 1061 = IPRax 2023, 182 mAnm *Kronenberg* IPRax 2023, 155; zuvor bereits OLG Frankfurt a. M. NJW 2018, 3591 = IPRax 2019, 321 mAnm *Thorn*, IPRax 2019, 301.
103 Vgl. nur MüKoBGB/*Sonnenberger* (5. Aufl.), Einl. IPR Rn. 60; MüKoBGB/*Martiny*, Art. 9 Rom I-VO Rn. 116; hierzu *Köhler*, S. 258–261; *ders.*, in: *Binder/Eichel* (Hrsg.), Internationale Dimensionen des Wirtschaftsrechts, 199 (217 f.).
104 Näher hierzu *Schurig*, RabelsZ 54 (1990), 217, 238; ebenso MüKoBGB/*Sonnenberger* (5. Aufl.), Einl. IPR Rn. 60.
105 MüKoBGB/*Martiny*, Art. 9 Rom I-VO Rn. 113; Staudinger/*Magnus* (2021), Art. 9 Rom I-VO Rn. 123; *ders.*, IPRax 2010, 27 (42); *Freitag*, IPRax 2009, 109 (115).
106 *Mankowski*, IHR 2008, 133 (148).
107 Vgl. hierzu MüKoBGB/*Sonnenberger* (5. Aufl.), Einl. IPR Rn. 50; *Köhler*, S. 265 ff. – AA *Mankowski*, IHR 2008, 133 (148).

– jedenfalls in Bezug auf Einschränkung „Erfüllungsort" – angeschlossen. Freilich führt die Annahme einer „Sperrwirkung" zu einer bedenklichen Beschränkung der Beachtlichkeit ausländischen Eingriffsrechts, der teilweise wiederum – durchaus zu Recht[108] – mit einer **weiten Auslegung des Erfüllungsortsbegriffes** begegnet wird (dies etwa dahin gehend, dass der Erfüllungsort sämtliche Orte erfasst, an denen faktische Erfüllungshandlungen vorgenommen wurden).[109] Einer solchen bedarf es hingegen nicht, wenn man mit der vorzugswürdigen Gegenansicht – entgegen dem EuGH – eine „Sperrwirkung" ablehnt und Art. 9 Abs. 3 Rom I-VO nur als **Teilkodifikation ohne abschließenden Charakter** begreift.[110]

▶ **Lösung Fall 18:** Gesteht man Art. 9 Abs. 3 Rom I-VO mit dem EuGH eine „Sperrwirkung" zu, käme eine Anwendung des chinesischen Verbotsgesetzes nur in Betracht, wenn man den Begriff des Erfüllungsortes weit auslegt und insoweit sämtliche Orte miteinbezieht, an denen Erfüllungshandlungen (konkret: das Versenden der Ware aus China) vorgenommen werden. Lehnt man eine Sperrwirkung hingegen von vornherein ab, bedarf es einer solchen weiten Auslegung nicht; das chinesische Verbotsgesetz ist hiernach bereits dann anzuwenden, wenn die allgemeinen Anwendungsvoraussetzungen für ausländische Eingriffsnormen (hinreichender räumlicher Bezug zum Erlassstaat, Anwendungsinteresse) erfüllt sind. Da dies für den vorliegenden Fall zu bejahen ist (vgl. Rn. 208), ist der zwischen A und B geschlossene Kaufvertrag aufgrund des konkret anzuwendenden chinesischen Verbotsgesetzes nichtig; ein Kaufpreisanspruch des B besteht somit nicht. ◀

Zusammenfassend lässt sich damit festhalten: Eine ausländische Eingriffsnorm ist im Wege einer gesonderten Anknüpfung nach Art. 9 Abs. 1, Abs. 3 Rom I-VO zur Anwendung berufen, wenn

- es sich bei dieser um eine **Eingriffsnorm iSv Art. 9 Abs. 1 Rom I-VO** handelt (und – bei Annahme einer „Sperrwirkung" – die zusätzlichen Voraussetzungen des Art. 9 Abs. 3 S. 1 Rom I-VO erfüllt),
- ein hinreichender, regelmäßig iSd Auswirkungsprinzips zu konkretisierender **räumlicher Bezug** des Sachverhaltes zu dem betreffenden Erlassstaat der Eingriffsnorm vorliegt sowie
- ein – positiv festzustellendes – **Anwendungsinteresse** besteht, das zu bejahen ist, wenn die Zwecke der ausländischen Eingriffsnorm mit den Wertungen der eigenen Rechtsordnung kompatibel sind und der Erlassstaat diese Norm im konkreten Fall zur Anwendung bringen würde.

Liegen diese Voraussetzungen vor, ist die entsprechende Norm im herkömmlichen Sinne **anzuwenden**; andernfalls kommt alleine eine materiellrechtliche Berücksichtigung im Rahmen des konkret anwendbaren Sachrechts in Betracht (vgl. Rn. 207).

---

108 Vgl. hierzu *Köhler*, S. 222–230.
109 Wie der Erfüllungsort im Rahmen von Art. 9 Abs. 3 Rom I zu bestimmen ist, ist höchst streitig. Neben der erwähnten (kollisionsrechtlich-autonomen) Erfüllungsortbestimmung wird teilweise auf den – nach dem Vertragsstatut zu bestimmenden – *rechtlichen* Erfüllungsort abgestellt oder der prozessuale Erfüllungsortsbegriff des Art. 7 Nr. 1 lit. b EuGVVO herangezogen. – Vgl. hierzu *Freitag*, IPRax 2009, 109 (113 f.). – Zur vorzugswürdigen Lösung vgl. *Köhler*, S. 222–230.
110 So etwa MüKoBGB/*Sonnenberger* (5. Aufl.), Einl. IPR Rn. 50; *Rühl*, FS Kropholler (2008), 187 (206 f.); *Köhler*, S. 265 ff.

dd) Weitere Problemfelder

(1) Eingriffsnormen der lex causae

213 Nach teilweise vertretener Auffassung sollen Eingriffsnormen der jeweiligen *lex causae* stets, also unabhängig von den Kriterien des Art. 9 Rom I-VO zur Anwendung zu bringen sein (sog. „**Schuldstatutstheorie**").[111] Eine solche Ansicht ist indes abzulehnen: Wie aufgezeigt, stellt das Charakteristikum einer Eingriffsnorm deren besonderen materiellen Normzweck dar, der eine Qualifikation unter die herkömmlichen vertraglichen Kollisionsnormen verhindert; folglich *können* Art. 3 ff. Rom I-VO Eingriffsnormen der *lex causae* nicht zugleich mitberufen, so dass diese den herkömmlichen Anwendungsvoraussetzungen des Art. 9 Rom I-VO unterworfen sind.[112]

(2) Eingriffsrechtliche Durchsetzung von Sonderprivatrecht

214 Ebenfalls umstritten ist, ob Normen des **Sonderprivatrechts** (insbesondere verbraucher- oder arbeitnehmerschützende Bestimmungen, soziales Mietrecht usw) im Wege einer eingriffsrechtlichen Sonderanknüpfung gegen das – subjektiv oder objektiv bestimmte – Vertragsstatut durchgesetzt werden können. Teilweise wird dies bejaht, da solche Normen zumindest auch öffentlichen Interessen Rechnung tragen (Schutz des Schwächeren), denen auch in kollisionsrechtlicher Hinsicht Rechnung zu tragen sei. Nach vorzugswürdiger Ansicht ist indes zu differenzieren: Soweit der Gesetzgeber für das Sonderprivatrecht eigenständige Kollisionsnormen vorgesehen hat (so Art. 6, Art. 8 Rom I-VO), sind diese als *abschließend* zu betrachten, so dass zumindest verbraucher- und arbeitnehmerschützendes Sonderprivatrecht keiner *eingriffsrechtlichen* **Sonderanknüpfung zugänglich** sind.[113] Soweit es jedoch an einer entsprechenden, den besonderen Zwecken des Sonderprivatrechts Rechnung tragenden Kollisionsnorm fehlt (so insbesondere im Bereich des **sozialen Mietrechts**), kann – nach vorzugswürdiger Ansicht im Wege einer (Gesamt-)Analogie zu Art. 6 Abs. 2 S. 2, Art. 8 Abs. 1 S. 2 Rom I-VO, nicht jedoch über Art. 9 Rom I-VO – eine Sonderanknüpfung begründet werden.

215 **Beispiel:** Wird ein Mietvertrag über einen in Deutschland belegenen Wohnraum kraft Rechtswahl ausländischem Recht unterstellt, sind die deutschen Bestimmungen des sozialen Mietrechts im Wege einer Sonderanknüpfung zur Anwendung zu bringen – nach hM gem. Art. 9 Abs. 1, Abs. 2 Rom I-VO,[114] nach vorzugswürdiger Ansicht aufgrund einer Gesamtanalogie zu Art. 6 Abs. 2 S. 2, Art. 8 Abs. 1 S. 2 Rom I-VO, die zu einer alternativen Sonderanknüpfung der mieterschützenden Bestimmungen des (objektiv gem. Art. 4 Abs. 1 lit. c Rom I-VO berufenen) Belegenheitsrechts führt.[115]

---

111 *Lando/Nielsen*, CMLRev. 45 (2008), 1687 (1719); *Magnus*, IPRax 2010, 27 (42); zum alten Recht insbesondere *Mann*, RabelsZ 21 (1956), 1 (3).
112 Ebenso Rauscher/*Thorn*, Art. 9 Rom I Rn. 107; *Mankowski*, IHR 2008, 133 (148); *Maultzsch*, RabelsZ 75 (2011), 60 (96).
113 Im Ergebnis hM, vgl. etwa Grüneberg/*Thorn*, Art. 9 Rom I-VO Rn. 8; *Freitag*, IPRax 2009, 109 (115 f.). – Zur alten Rechtslage etwa *Kropholler*, § 52 IX 3 a (S. 501); von Hoffmann/*Thorn*, § 10 Rn. 96. – Vgl. hierzu *Köhler*, S. 134 ff.
114 Vgl. etwa MüKoBGB/*Martiny*, Art. 9 Rom I-VO Rn. 94, 128; Staudinger/*Magnus* (2021), Art. 9 Rom I-VO Rn. 155; Rauscher/*Thorn*, Art. 9 Rom I-VO Rn. 64.
115 BeckOGK/*Köhler* (Stand 1.9.2023), Art. 4 Rom I-VO Rn. 299 f.

III. Die Rom I-VO

(3) Die Behandlung mitgliedstaatlicher Eingriffsnormen

Fraglich ist zudem, ob Eingriffsnormen anderer EU-Mitgliedstaaten einer besonderen kollisionsrechtlichen Behandlung unterliegen. Während dies von der wohl hM abgelehnt wird,[116] gelangt eine verbreitet vertretene Ansicht zu einer – von den Anwendungskriterien des Art. 9 Abs. 3 Rom I-VO gelösten – **Anwendungspflicht** hinsichtlich mitgliedstaatlicher Eingriffsnormen, die entweder aus dem Grundsatz der loyalen Zusammenarbeit (Art. 4 Abs. 3 AEUV) hergeleitet[117] oder sekundärrechtlich begründet[118] wird. Jedenfalls ersterer Begründungsansatz wurde seitens des EuGH abgelehnt, eine sekundärrechtliche Anwendungspflicht im Rahmen der Entscheidung indes nicht diskutiert.[119] Folgt man (vorzugswürdig) letzterer Auffassung, bedarf es für die Anwendung mitgliedstaatlicher Eingriffsnormen – ebenso wie bei der Durchsetzung inländischer Eingriffsnormen – ausschließlich einer hinreichenden *räumlichen Verknüpfung* zu dem betreffenden mitgliedstaatlichen Erlassstaat, nicht jedoch einer gesonderten Feststellung eines Anwendungsinteresses.[120]

216

Beispiel: Wären in Beispielsfall Rn. 201 aufgrund einer Gerichtsstandsvereinbarung französische Gerichte zur Entscheidung berufen, müssten diese das deutsche Verbotsgesetz bei Annahme einer – primär- oder sekundärrechtlichen – Anwendungspflicht ohne Prüfung der weiteren Voraussetzungen des Art. 9 Abs. 3 Rom I-VO unmittelbar zur Anwendung bringen. Nach der Gegenauffassung bedürfte es demgegenüber einer positiven Feststellung des Anwendungsinteresses, das jedoch konkret zu bejahen wäre (auch Frankreich „sympathisiert" mit dem Kulturgüterschutz).

217

(4) Ingmar-Entscheidung des EuGH

Besonderheiten bestehen zuletzt für den Bereich des Handelsvertreterrechts. Hier entschied der EuGH in seiner (klausurrelevanten) *Ingmar-Entscheidung*, dass die auf der Handelsvertreterrichtlinie[121] beruhenden Umsetzungsnormen hinsichtlich eines Ausgleichsanspruchs des Handelsvertreters bei Vertragsbeendigung (für das deutsche Recht § 89b HGB, der Art. 17–19 der Handelsvertreterrichtlinie umsetzt) **eingriffsrechtlich** zu qualifizieren sind, da diese über den Schutz des Handelsvertreters hinaus „die Niederlassungsfreiheit und einen unverfälschten Wettbewerb im Binnenmarkt" schützen,[122] also primär *wettbewerbsrechtliche Normzwecke* verfolgen. Auch wenn ein derartiger Normzweck freilich zweifelhaft erscheint (nach herkömmlicher Ansicht handelt es sich bei dem Ausgleichsanspruch schlicht um eine „kapitalisierte, synallag-

218

---

116 Vgl. etwa MüKoBGB/*Martiny*, Art. 9 Rom I-VO Rn. 32; *Hauser*, Eingriffsnormen in der Rom I-VO, 2012, S. 139 ff.
117 So insbesondere *Roth*, EWS 2011, 314 (326); *ders.*, FS Dause (2014), 315 (329 ff.); *Fetsch*, Eingriffsnormen und EG-Vertrag, 2002, S. 319–378.
118 *Köhler*, S. 309 ff.; *Hemler*, Die Methodik der „Eingriffsnorm" im modernen Kollisionsrecht, 2019, 191 ff.
119 EuGH 18.10.2016 – Rs. C-135/15 *(Griechenland/Nikiforidis)* = NJW 2017, 143 f.: „Die Prüfung des in Art. 4 III EUV niedergelegten Grundsatzes der loyalen Zusammenarbeit kann [in Bezug auf die Anwendung ausländischer Eingriffsnormen] zu keinem anderen Ergebnis führen. Dieser Grundsatz erlaubt es einem Mitgliedstaat nämlich nicht, die ihm durch das Unionsrecht auferlegten Verpflichtungen zu umgehen und gestattet es dem vorlegenden Gericht daher nicht, den abschließenden Charakter der in Art. 9 der Rom I-VO enthaltenen Aufzählung der Eingriffsnormen, denen Wirkung verliehen werden kann, außer Acht zu lassen, um den im Ausgangsverfahren in Rede stehenden griechischen Eingriffsnormen als Rechtsvorschriften Wirkung zu verleihen."
120 Näher hierzu *Köhler*, S. 309 ff.
121 Richtlinie 86/653/EWG des Rates vom 18.12.1986 zur Koordinierung der Rechtsvorschriften der Mitgliedstaaten betreffend die selbstständigen Handelsvertreter.
122 EuGH NJW 2001, 2007 (2008).

matische Restvergütung für den Aufbau des Kundenstamms",[123] der ausschließlich der Gerechtigkeit *inter partes* dient und daher grundsätzlich *keiner* eingriffsrechtlichen Sonderanknüpfung zugänglich ist),[124] müssen diese seitens des EuGH (letzt-)verbindlich festgestellten Normzwecke im Wege einer **richtlinienkonformen Auslegung** auch den entsprechenden nationalen Umsetzungsnormen zugrunde gelegt werden, so dass sie diesen Normzwecken entsprechend anzuknüpfen sind.[125] Verdeutlicht werden soll dies anhand von

219 ▶ **Fall 19:**[126] Die französische Gesellschaft A war für die in Kalifornien ansässige *Eaton Leonard Technologies Inc.* (B) als selbständige Handelsvertreterin in Frankreich tätig, der Handelsvertretervertrag unterlag kraft Rechtswahl kalifornischem Recht. Nach Beendigung des Handelsvertretervertrages fordert A von B einen finanziellen Ausgleich für die von ihr vermittelten und noch bestehenden Geschäftsverbindungen. Angenommen, deutsche Gerichte sind kraft einer Gerichtsstandsvereinbarung zur Entscheidung berufen – welchem Recht unterliegt der von A geltend gemachte Ausgleichsanspruch? ◀

Bearbeitungshinweis: Für die Fallbearbeitung ist davon auszugehen, dass das Recht von Kalifornien den von A geltend gemachten Anspruch nach Beendigung eines Handelsvertretervertrages nicht kennt, jedoch sowohl das französische als auch das deutsche Recht einen solchen Anspruch vorsehen. Dieser basiert auf der Handelsvertreterrichtlinie und wurde in Frankreich mit **Art. L 134-12 Code de commerce** und in Deutschland mit **§§ 89 b, 92 c HGB** umgesetzt. Für die Bearbeitung kann unterstellt werden, dass sowohl nach französischem als auch nach deutschem Recht der geltend gemachte Anspruch dem Grunde nach besteht, die französischen Umsetzungsvorschriften jedoch einen etwas höheren Ausgleichsanspruch gewähren als die entsprechenden deutschen Regelungen.

220 ▶ **Lösung:** Vertragliche Ansprüche aus dem Handelsvertretervertrag unterliegen vorrangig dem von den Parteien gewählten Recht (Art. 3 Rom I-VO), mithin *kalifornischem* Sachrecht (Art. 20 Rom I-VO), das den geltend gemachten Ausgleichsanspruch nicht vorsieht. Ein solcher kann daher nur zugesprochen werden, wenn die entsprechenden französischen oder deutschen Umsetzungsbestimmungen der Handelsvertreterrichtlinie im Wege einer kollisionsrechtlichen Sonderanknüpfung berufen werden könnten. Eine solche kommt unter folgenden Gesichtspunkten in Betracht:

– **Art. 3 Abs. 4 Rom I-VO**

Eine Sonderanknüpfung gem. Art. 3 Abs. 4 Rom I-VO setzt zunächst voraus, dass der Sachverhalt ausschließlich Bezugspunkte zu einem oder mehreren Mitgliedstaaten aufweist („Binnenmarktsachverhalt", vgl. Rn. 176). Da im vorliegenden Fall jedoch eine Partei ihren Sitz in einem Nichtmitgliedstaat (USA) hat, weist der Sachverhalt auch Bezüge zu einem Drittstaat auf, so dass eine Sonderanknüpfung gem. Art. 3 Abs. 4 Rom I-VO scheitert.

– **Art. 6 Abs. 2, Art. 8 Abs. 1 Rom I-VO**

Eine Sonderanknüpfung zwingenden Rechts neben dem subjektiv bestimmten Vertragsstatut gewähren darüber hinaus Art. 6 Abs. 2 S. 2 Rom I-VO sowie Art. 8 Abs. 1 S. 2 Rom I-VO,

---

123 So etwa Hopt/*Hopt* § 89 b HGB Rn. 2; vgl. auch MüKoHGB/*Ströbl* § 89 b HGB Rn. 2 f.
124 Vgl. hierzu *Köhler*, S. 154 ff. – Ausführliche Kritik auch bei *Schwarz*, ZVglRWiss 101 (2002), 45 (60–65); *Schurig*, FS Jayme (2004), 837 (844); *Michaels/Kamann*, EWS 2001, 301 (305).
125 *Köhler*, S. 154 ff.
126 In dem der Ingmar-Entscheidung zugrunde liegenden Sachverhalt ging es um eine britische Gesellschaft (Ingmar GB Ltd.), die als selbständige Handelsvertreterin im Vereinigten Königreich tätig war. Der Fall wurde im Hinblick auf das Ausscheiden des Vereinigten Königreichs aus der EU abgewandelt.

jedoch scheidet auch deren Anwendung aus, da die als selbstständige Handelsvertreterin tätige A weder Verbraucherin iSd Art. 6 Rom I-VO noch unselbstständige, also weisungsgebundene und damit abhängige Arbeitnehmerin iSd Art. 8 Rom I-VO[127] ist.

- **§ 92 c Abs. 1 HGB als spezielle Kollisionsnorm?**

Erwogen werden könnte darüber hinaus, ob aus der besonderen Regelung des § 92 c Abs. 1 HGB ein spezieller *kollisionsrechtlicher* Anwendungsbefehl herzuleiten ist. Aus dieser Bestimmung ergibt sich, dass § 89 b HGB dann (international?) zwingendes Recht darstellt, wenn der Handelsvertreter seine Tätigkeit für den Unternehmer nach dem Vertrag *innerhalb* des Gebietes der europäischen Gemeinschaft auszuüben hat. Eine kollisionsrechtliche Bedeutung von § 92 c Abs. 1 HGB wird indes überwiegend abgelehnt,[128] aber auch wenn sich dieser Regelung eine spezielle Kollisionsnorm entnehmen ließe, könnte diese unter Geltung der vorrangigen Rom I-VO nicht (mehr) zur Anwendung gebracht werden, da die Handelsvertreterrichtlinie selbst keine Kollisionsnormen vorsieht[129] und die – somit *nicht* von der Richtlinie gedeckte, daher rein *nationalem* Recht entstammende – Kollisionsnorm die besondere Öffnungsklausel des Art. 23 Rom I-VO nicht passieren könnten.[130]

- **Eingriffsrechtliche Durchsetzung gem. Art. 9 Rom I-VO**

Fraglich ist zuletzt, ob die den Ausgleichsanspruch begründenden Bestimmungen einer eingriffsrechtlichen Sonderanknüpfung gem. Art. 9 Rom I-VO zugänglich sind. Legt man das gewöhnliche Verständnis zugrunde, nach dem diese Bestimmungen Ausprägung der herkömmlichen Vertragsgerechtigkeit *inter partes* darstellen (vgl. Rn. 218), scheidet deren gesonderte Anknüpfung indes aus, weil diese Bestimmungen in einem solchen Falle *ausschließlich kollisionsrechtliche Parteiinteressen* implizierten und daher *erfolgreich* unter die herkömmlichen vertraglichen Kollisionsnormen qualifiziert werden könnten. Zu bedenken ist jedoch, dass der (für die Auslegung von Sekundärrecht letztverbindlich zuständige) EuGH den Vorschriften bzgl. des Handelsvertreterausgleichs eine primär *wettbewerbsrechtliche Funktion* zugestanden hat (Rn. 218), die im Hinblick auf das Gebot richtlinienkonformer Auslegung nunmehr den entsprechenden Umsetzungsvorschriften zugrunde gelegt werden muss;[131] da diese somit *überwiegend öffentlichen Interessen* Rechnung tragen, implizieren diese Bestimmungen folglich auch überwiegend kollisionsrechtliche **Gemeininteressen**, so dass sie *nicht* unter Art. 3 Rom I-VO qualifiziert werden können, sondern im Wege einer eingriffsrechtlichen Sonderanknüpfung durchgesetzt werden müssen. Fraglich ist insoweit nur, *welche* konkreten Umsetzungsvorschriften im vorliegenden Fall zur Anwendung zu bringen sind. Zu denken ist zunächst an die **deutsche Umsetzungsvorschrift** des § 89 b HGB. Deren Anwendung als (inländische) Eingriffsnorm (Art. 9 Abs. 2 Rom I-VO) setzt jedoch einen *hinreichenden räumlichen Bezug zu Deutschland* (vgl. Rn. 200) voraus, der im vorliegenden Fall (einziger Bezugspunkt zu Deutschland stellt die Gerichtsstandsvereinbarung zugunsten deutscher Gerichte dar) nicht anzunehmen ist; eine Sonderanknüpfung des § 89 b HGB scheidet damit aus. In Betracht kommt vielmehr eine Anwendung der entsprechenden **französischen Umsetzungsvorschrift** (konkret: Art. L 134-12 Code de commerce), die jedoch – als *ausländische* Eingriffsnorm – den strengeren Anforderungen des Art. 9 Abs. 3 Rom I-VO (vgl. hierzu Rn. 211) unterworfen ist. Erforderlich ist insoweit zunächst ein *hinreichender räumlicher Bezug* zu Frankreich, der *in casu* aufgrund der dort erfolgten Vermittlertätigkeit

---

127 Vgl. etwa MüKoBGB/*Martiny*, Art. 8 Rom I-VO Rn. 22.
128 Vgl. etwa Hopt/*Hopt* § 92 c HGB Rn. 1; ebenso *Freitag/Leible*, RIW 2001, 287 (288).
129 Vgl. hierzu etwa *Freitag/Leible*, RIW 2001, 287 (288); *Roth*, FS Spellenberg (2010), 309 (318); *Schurig*, FS Jayme (2004), 837 (839); *Reich*, NJW 1994, 2128 (2130).
130 *Köhler*, S. 156.
131 Vgl. *Schurig*, FS Jayme (2004), 837 (837–847); *Sonnenberger*, IPRax 2003, 104 (109 f.).

der A bejaht werden kann, sowie – wenngleich gerade im Falle einer mitgliedstaatlichen Eingriffsnorm umstritten (vgl. Rn. 216) – ein besonderes *Anwendungsinteresse*, das ebenfalls besteht (eine „Interessensympathie" folgt bereits aus dem Umstand, dass die deutsche Rechtsordnung mit § 89 b HGB eine entsprechende Regelung vorsieht, darüber hinaus würden französische Gerichte die betreffende Regelung bei eigener Zuständigkeit nach Art. 9 Abs. 2 Rom I-VO im konkreten Fall anwenden; damit kann der Streit im Hinblick auf eine besondere Behandlung mitgliedstaatlicher Eingriffsnormen dahinstehen). Lässt man diese Anwendungskriterien mit der vorzugswürdigen Ansicht (Rn. 209) genügen, ist Art. L 134-12 Code de commerce zur Anwendung berufen, so dass der geltend gemachte Anspruch zuzusprechen ist. ◂

Hinweis: Etwas anderes gilt indes, wenn man mit der hM Art. 9 Abs. 3 Rom I-VO eine „Sperrwirkung" (Rn. 209) zugesteht: Da Art. L 134-12 Code de commerce nicht zur „Unrechtmäßigkeit" des Vertrages führt, sondern vielmehr einen Anspruch *begründet*, erfüllt diese Norm *nicht* die von Art. 9 Abs. 3 S. 1 Rom I-VO aufgestellten Kriterien, so dass deren Anwendung bei konsequenter Beachtung dieser Prämisse ausscheiden müsste. Da französische Gerichte diese Norm bei *eigener* Zuständigkeit indes gem. Art. 9 Abs. 2 Rom I-VO zur Anwendung bringen könnten, erscheint eine derartige Beschränkung bereits im Hinblick auf die hiermit einhergehende Beeinträchtigung des europäischen Entscheidungseinklangs höchst zweifelhaft und ist daher abzulehnen.

b) Formwirksamkeit von Verträgen

221 Die formelle Wirksamkeit schuldrechtlicher Verträge beurteilt sich – als stets selbstständig anzuknüpfende Teilfrage (vgl. Rn. 121) – nach dem von Art. 11 Rom I-VO bestimmten Recht. Um die Formwirksamkeit zu begünstigen *(favor negotii)*, sieht der Grundtatbestand des Art. 11 Abs. 1 Rom I-VO eine **alternative Anknüpfung** (vgl. Rn. 22) vor, die entweder das **Geschäftsstatut** (Alt. 1) oder das **Recht des Abschlussortes** (Alt. 2) für maßgeblich erklärt; ein Vertrag ist damit bereits dann formgültig, wenn er die Formerfordernisse *nur einer der alternativ berufenen Rechtsordnungen* erfüllt. Zu beachten ist darüber hinaus die Regelung des Art. 11 Abs. 2 Rom I-VO, welche bei Distanzverträgen die Anzahl der zur Verfügung stehenden Rechte erweitert.

222 **Beispiel:** A (gewöhnlicher Aufenthalt in Deutschland) und B (gewöhnlicher Aufenthalt in Frankreich) schließen telefonisch einen Vertrag, der kraft Rechtswahl schweizerischem Recht unterliegt; zum Zeitpunkt des Vertragsschlusses befindet sich A in Italien, B in Serbien. Der Vertrag ist formwirksam, wenn er entweder die Formerfordernisse des schweizerischen (Art. 11 Abs. 2 Alt. 1 Rom I-VO), des italienischen (Art. 11 Abs. 2 Alt. 2 Rom I-VO), serbischen (Art. 11 Abs. 2 Alt. 2 Rom I-VO), deutschen (Art. 11 Abs. 2 Alt. 3 Rom I-VO) oder französischen (Art. 11 Abs. 2 Alt. 3 Rom I-VO) Rechts erfüllt.

223 Liegt ein **einseitiges Rechtsgeschäft** vor (etwa eine Auslobung, ein Preisausschreiben usw), ist die besondere Regelung des Art. 11 Abs. 3 Rom I-VO anzuwenden. Hiernach ist ein solches Rechtsgeschäft formwirksam, wenn es entweder die Formerfordernisse des (regelmäßig gem. Art. 4 Abs. 2 Rom I-VO zu bestimmenden) Geschäftsstatuts (Alt. 1), des Rechts des Vornahmeortes (Alt. 2) oder des Rechts am gewöhnlichen Aufenthalt des das einseitige Rechtsgeschäft Vornehmenden (Alt. 3) erfüllt.

224 **Ausnahmen** von dem von Art. 11 Abs. 1–3 Rom I-VO gewährten *favor negotii* bestehen für **Verbraucherverträge** iSv Art. 6 Rom I-VO, deren Formwirksamkeit gem. Art. 11 Abs. 4 Rom I-VO ausschließlich dem Aufenthaltsrecht des Verbrauchers unter-

stellt wird, sowie für **immobilienbezogene Verträge** iSv Art. 4 Abs. 1 lit. c Rom I-VO, soweit der Staat, in dem die unbewegliche Sache belegen ist, international zwingende,[132] also als Eingriffsnormen zu qualifizierende (vgl. hierzu Rn. 198 ff.) Formvorschriften vorsieht. Ist dies der Fall, beurteilt sich die Formwirksamkeit des Vertrages gem. Art. 11 Abs. 5 Rom I-VO ausschließlich nach den Formvorschiften des Belegenheitsstaates, andernfalls ist das nach Art. 11 Abs. 1, Abs. 2 Rom I-VO maßgebliche Recht anzuwenden.

▶ **Fall 20:** Während eines Urlaubs an der Costa de la Luz verkauft der Passauer P sein Ferienhaus im Bayerischen Wald an den Stuttgarter S. Der Vertrag wurde von beiden Parteien in Jerez (Spanien) geschlossen; die Schriftform wurde gewahrt, eine notarielle Beurkundung unterblieb jedoch. Ist der Kaufvertrag formgültig, wenn das spanische Recht bei Grundstücksverträgen die Schriftform ausreichen lässt? ◀

▶ **Lösung:** Die Formwirksamkeit schuldrechtlicher Verträge unterliegt grundsätzlich dem von Art. 11 Abs. 1 Rom I-VO bestimmten Recht, so dass alternativ das Geschäftsstatut (in casu gem. Art. 4 Abs. 1 lit. c Rom I-VO deutsches Recht) oder das Recht des Abschlussortes (in casu spanisches Recht) anzuwenden ist. Da die Form nach spanischem Recht gewahrt wurde, wäre der Vertrag somit formwirksam geschlossen. Fraglich ist jedoch, ob der von Art. 11 Abs. 1 Rom I-VO gewährte *favor negotii* aufgrund der vorrangigen Sonderregelung des Art. 11 Abs. 5 Rom I-VO ausgeschlossen ist. Voraussetzung hierfür wäre, dass es sich bei dem Formerfordernis des § 311 b Abs. 1 S. 2 BGB um eine international zwingende Bestimmung handelt, was jedoch nach vorzugswürdiger Ansicht zu verneinen ist: § 311 b Abs. 1 S. 2 BGB verfolgt ausschließlich eine Warn-, Beweis- und Beratungsfunktion,[133] dient also ausschließlich dem gerechten Interessenausgleich *inter partes* und keinen (überwiegend) öffentlichen Interessen. Eine (eingriffsrechtliche) Durchsetzung dieser (allein intern) zwingenden Bestimmung des deutschen Rechts über Art. 11 Abs. 5 Rom I-VO kommt daher nicht in Betracht, so dass der Kaufvertrag formgütig zustande gekommen ist. ◀

c) **Rechts- und Geschäftsfähigkeit**

Die Rechts- und Geschäftsfähigkeit von natürlichen Personen ist aus dem Anwendungsbereich der Rom I-VO gem. Art. 1 Abs. 2 lit. a Rom I-VO ausgenommen und unterliegt dem von **Art. 7 EGBGB** bestimmten Recht; maßgeblich ist hiernach das Recht der Staatsangehörigkeit (Rechtsfähigkeit) bzw. das Recht des gewöhnlichen Aufenthalts (Geschäftsfähigkeit), wobei etwaige Rück- und Weiterverweisungen zu beachten sind (Art. 4 Abs. 1 EGBGB). Aus Gründen des Verkehrsschutzes sieht die Rom I-VO jedoch mit Art. 13 Rom I-VO eine Sonderregelung vor, nach der sich eine rechts-, geschäfts- oder handlungs*unfähige* Person auf diese Unfähigkeit nicht berufen kann, wenn

- sich beide Vertragsparteien bei Vertragsschluss **in demselben Staat** befinden,
- nach dem Recht dieses Staates die **Rechts-, Geschäfts- oder Handlungsfähigkeit zu bejahen ist** *und*
- der andere Vertragspartner **keine Kenntnis oder fahrlässige Unkenntnis** von der nach einem anderen Recht bestehenden Rechts-, Geschäfts- oder Handlungsunfähigkeit hat.

---
132 MüKoBGB/*Spellenberg*, Art. 11 Rom I-VO Rn. 73.
133 Vgl. etwa Grüneberg/*Grüneberg* § 311 b BGB Rn. 2.

228 Ist dies der Fall, sind die entsprechenden Vorschriften des Abschlussortes im Wege einer Sonderanknüpfung berufen.

229 **Beispiel:** Der nach seinem (gem. Art. 7 Abs. 2 S. 1 EGBGB ermittelten) Aufenthaltsrecht beschränkt geschäftsfähige 18-jährige M schließt mit dem gutgläubigen V in Deutschland einen Kaufvertrag. Der Vertrag ist ohne Einschränkungen wirksam, da M nach deutschem Recht bereits mit 18 Jahren unbeschränkt geschäftsfähig ist und die entsprechende Regelung gem. Art. 13 Rom I-VO zur Anwendung berufen ist.

d) Stellvertretung

230 Ebenfalls aus dem Anwendungsbereich der Rom I-VO ausgenommen (vgl. Art. 1 Abs. 2 lit. g Rom I-VO) sind Fragen der Stellvertretung, die somit weiterhin unter Rückgriff auf das nationale Kollisionsrecht zu beantworten sind.

aa) Gewillkürte Stellvertretung

231 Für die **gewillkürte Stellvertretung** sieht das deutsche Kollisionsrecht mit Art. 8 EGBGB erstmalig eine eigenständige Kollisionsnorm vor, welche seit dem 17.6.2017 gilt. Vor der Kodifikation dieser Regelung bestand für diesen Rechtsbereich eine weitreichende Regelungslücke, welche durch Rechtsfortbildung geschlossen werden musste (vgl. hierzu Rn. 43 ff.). Der neugefasste Art. 8 EGBGB orientiert sich im Wesentlichen an den bisherigen, von Rechtsprechung und Lehre entwickelten Anknüpfungsgrundsätzen, bringt jedoch insbesondere mit der Einführung einer vorrangig zu beachtenden, den Parteiinteressen sämtlicher Beteiligter Rechnung tragenden **Rechtswahl** auch eine wesentliche Neuerung. Art. 8 EGBGB gilt grundsätzlich für sämtliche Vertragsarten, ausgenommen sind gem. Art. 8 Abs. 7 EGBGB jedoch **Börsengeschäfte und Versteigerungen**, für welche somit weiterhin eine Regelungslücke besteht; diese Lücke sollte mittels einer – den Verkehrsinteressen Rechnung tragenden – Anknüpfung an das jeweilige Recht des Börsen- bzw. Versteigerungsortes geschlossen werden,[134] wobei – in entsprechender Anwendung von Art. 8 Abs. 1 EGBGB – eine Rechtswahl zugelassen werden sollte.[135] Hinsichtlich der **gewillkürten Stellvertretung bei Verfügungen über Grundstücke oder Rechte an Grundstücken** sieht Art. 8 Abs. 6 EGBGB zuletzt eine Sonderregelung vor, welche das jeweils maßgebliche Sachstatut (Art. 43 Abs. 1, Art. 46 EGBGB) – ohne Möglichkeit einer Rechtswahl – zur Anwendung beruft (vgl. auch Rn. 381 a).

(1) Rechtswahl (Art. 8 Abs. 1 EGBGB)

231a Zur Bestimmung des Vollmachtsstatuts gem. Art. 8 Abs. 1 EGBGB vorrangig zu beachten ist

- eine **Rechtswahl**,

welche entweder **einseitig** von dem Vollmachtgeber getroffen (S. 1) oder zwischen allen Beteiligten, also zwischen Vollmachtgeber, Bevollmächtigtem und Drittem und damit **dreiseitig** vereinbart werden kann (S. 2). Eine einseitige Rechtswahl gem. S. 1 kann – anders als die dreiseitige Rechtswahl gem. S. 2 – nur *vor Ausübung der Vollmacht*

---

[134] *Junker,* § 14 Rn. 41; *Grüneberg/Thorn,* Art. 8 EGBGB Rn. 4.
[135] So auch BeckOGK/*Mankowski* (Stand 1.10.2019), Art. 8 EGBGB Rn. 185. – AA *Grüneberg/Thorn,* Art. 8 EGBGB Rn. 4 (keine Rechtswahl möglich).

getroffen werden, zudem setzt deren Wirksamkeit voraus, dass sie *sowohl dem Dritten als auch dem Bevollmächtigten bekannt ist*; andernfalls entfaltet die einseitige Rechtswahl keine Wirkung, so dass das Vollmachtsstatut objektiv anzuknüpfen ist. Eine – jederzeit, also auch *nachträglich* mögliche – dreiseitige Rechtswahl geht einer einseitigen stets vor, vgl. Art. 8 Abs. 1 S. 3 EGBGB. Bei den Verweisungen handelt es sich – wie stets im Falle einer Rechtswahl (Art. 4 Abs. 2 S. 2 EGBGB) – um Sachnormverweisungen.

Beispiel: Geschäftsherr G aus Stuttgart bevollmächtigt den in Paris lebenden V zum Abschluss eines Verkaufsgeschäftes in London mit seinem Geschäftspartner D, G wählt für die Stellvertretung (einseitig) deutsches Recht. Die Rechtswahl entfaltet gem. Art. 8 Abs. 1 S. 1 EGBGB Wirkung, wenn diese *vor Ausübung der Vollmacht* und *sowohl dem Dritten (D) als auch dem Bevollmächtigten (V) bekannt ist*, andernfalls ist das Vollmachtsstatut objektiv anzuknüpfen. Vereinbaren alle Beteiligte (also G, V und D) ggf. zu einem späteren Zeitpunkt die Geltung schweizerischen Vertretungsrechts, ist diese Rechtswahl gem. Art. 8 Abs. 1 S. 3 EGBGB einer einseitigen Rechtswahl vorrangig, so dass schweizerisches Sachrecht (Art. 4 Abs. 2 S. 2 EGBGB) anzuwenden wäre.

(2) Die objektive Bestimmung des Vollmachtsstatuts (Art. 8 Abs. 2–5 EGBGB)

Liegt keine (wirksame) Rechtswahl vor, ist das **Vollmachtsstatut objektiv zu bestimmen**. Art. 8 EGBG sieht insoweit ein **differenzierendes** – einerseits dem Verkehrsinteresse, andererseits den Parteiinteressen der Beteiligten Rechnung tragendes – **Anknüpfungssystem** vor, welches für drei typisierte Fallgruppen spezielle, stets vorrangig zu beachtende Anknüpfungen (Abs. 2–4) vorsieht und die übrigen Fälle einer allgemeinen Auffangklausel (Abs. 5) unterstellt. In allen Fällen handelt es sich, wie sich aus dem jeweiligen Wortlaut ergibt, um Sachnormverweisungen. Im Einzelnen:

231b

Handelt der Bevollmächtigte

- **in Ausübung seiner unternehmerischen Tätigkeit**, also als Unternehmer (etwa ein Handelsvertreter, Rechtsanwalt etc), ist gem. Art. 8 Abs. 2 EGBGB das Sachrecht seines **gewöhnlichen Aufenthalts** bei Ausübung der Vollmacht maßgeblich,
- **als Arbeitnehmer des Vollmachtgebers** (etwa ein Prokurist), sind gem. Art. 8 Abs. 3 EGBGB die Sachvorschriften des Staates anzuwenden, in dem der **Vollmachtgeber seinen gewöhnlichen Aufenthalt** bei Ausübung der Vollmacht hat,
- weder in Ausübung seiner unternehmerischen Tätigkeit noch als Arbeitnehmer des Vollmachtgebers, wurde diesem jedoch eine **auf Dauer, also auf einen längeren (ggf. auch zeitlich befristeten) Zeitraum angelegte Vollmacht** erteilt, sind gem. Art. 8 Abs. 4 EGBGB die Sachvorschriften des Staates anzuwenden, in dem der Bevollmächtigte von der Vollmacht **gewöhnlich Gebrauch macht**.

Alle drei genannten Anknüpfungen stehen unter dem (dem Verkehrsinteresse dienenden)[136] **Vorbehalt**, dass der das Anknüpfungsmoment beschreibende Ort **für den Dritten erkennbar** ist. Ist er es nicht, ist die spezielle Anknüpfung nicht anwendbar und somit auf die allgemeine Auffangklausel des Art. 8 Abs. 5 EGBGB abzustellen.

Beispiel: Geschäftsherr G aus Stuttgart bevollmächtigt den in Paris ansässigen Rechtsanwalt V zum Abschluss eines Vergleichsvertrages in London mit seinem Geschäftspartner D. Mangels vorrangig zu beachtender Rechtswahl unterliegt die Stellvertretung gem. Art. 8 Abs. 2 EGBGB

---

[136] *Junker*, § 14 Rn. 45.

französischem Sachrecht, soweit der französische Kanzleisitz für D erkennbar war. War er es nicht, ist das Vollmachtsstatut gem. Art. 8 Abs. 5 EGBGB zu bestimmen.

231c Wurde keine vorrangig zu beachtende Rechtswahl getroffen und sind die speziellen Anknüpfungsregeln der Abs. 2–4 nicht anzuwenden, ist auf die **allgemeine Auffangklausel des Art. 8 Abs. 5 EGBGB** abzustellen. Gem. Art. 8 Abs. 5 S. 1 EGBGB grundsätzlich berufen sind insoweit

- die Sachvorschriften des Staates, in dem der Bevollmächtigte von seiner Vollmacht im Einzelfall Gebrauch macht, also das **Recht des Gebrauchsortes**.

Beispiel: Geschäftsherr G aus Stuttgart bevollmächtigt den in Paris lebenden Privatmann V zum Abschluss eines Verkaufsgeschäftes mit seinem Geschäftspartner D aus New York; der Vertrag wird in London unter Beteiligung von V und D geschlossen. Anzuwenden ist gem. Art. 8 Abs. 5 S. 1 EGBGB englisches Stellvertretungsrecht.

Die Anknüpfung an den Gebrauchsort dient in erster Linie dem Verkehrsinteresse (vgl. hierzu Rn. 45). Aus Gründen der Parteiinteressen der weiteren Beteiligten ist von dieser Grundregel jedoch abzuweichen,

- wenn der Dritte und der Bevollmächtigte wissen mussten (Maßstab: grobe Fahrlässigkeit),[137] dass **von der Vollmacht nur in einem bestimmten Staat Gebrauch gemacht werden sollte**; in diesem Falle sind gem. Art. 8 Abs. 5 S. 2 EGBGB zum Schutz des Vollmachtgebers die Sachvorschriften dieses Staates anzuwenden;

Beispiel: Geschäftsherr G aus Stuttgart bevollmächtigt den in Paris lebenden Privatmann V zum Abschluss eines Verkaufsgeschäftes in London mit seinem Geschäftspartner D aus New York; der Vertrag sollte, was alle Beteiligten bekannt war, in London geschlossen werden, zum Vertragsschluss kommt es jedoch im Rahmen einer zufälligen Begegnung von V und D auf dem Flughafen in Amsterdam. Anzuwenden ist gem. Art. 8 Abs. 5 S. 2 EGBGB englisches Stellvertretungsrecht.

- wenn der **Gebrauchsort für den Dritten nicht erkennbar** ist; in diesem Falle sind gem. Art. 8 Abs. 5 S. 3 EGBGB die Sachvorschriften des Staates anzuwenden, in dem der **Vollmachtgeber** im Zeitpunkt der Ausübung der Vollmacht **seinen gewöhnlichen Aufenthalt** hat.

Beispiel: Geschäftsherr G aus Stuttgart bevollmächtigt den in Paris lebenden Privatmann V zum Abschluss eines Verkaufsgeschäftes mit seinem Geschäftspartner D aus New York; der Vertrag wird telefonisch geschlossen, zum Zeitpunkt des Vertragsschlusses befand sich V urlaubsbedingt in Portugal, was D nicht wusste. Anzuwenden ist gem. Art. 8 Abs. 5 S. 3 EGBGB deutsches Stellvertretungsrecht.

(3) Reichweite des Vollmachtsstatuts

231d Das **Vollmachtsstatut** ist umfassend, insbesondere entscheidet es über die wirksame Erteilung der Vollmacht, ihre Zulässigkeit (etwa im Hinblick auf ein Insichgeschäft), ihren (ggf. durch Auslegung zu ermittelnden) Umfang sowie über ihre Beendigung (Widerruf etc).[138] Fraglich ist indes, ob Art. 8 EGBGB auch die **Duldungs- und Anscheinsvollmacht** erfasst. Der Wortlaut schweigt hierzu, dennoch sollte diese Frage bejaht werden. Für die Duldungsvollmacht ergibt sich dies bereits aus dem Umstand, dass es

---

137 Vgl. Grüneberg/Thorn, Art. 8 EGBGB Rn. 3.
138 Vgl. Grüneberg/Thorn, Art. 8 EGBGB Rn. 6; von Bar/Mankowski, Band II: Besonderer Teil, § 1 Rn. 1066; Junker, § 14 Rn. 51.

sich bei einer solchen um eine – *konkludent* erteilte – rechtsgeschäftliche Vollmacht handelt, der Anwendungsbereich des Art. 8 EGBGB also unmittelbar eröffnet ist. Für die Anscheinsvollmacht ließe sich zwar eine deliktische Qualifikation (Art. 12 Rom II-VO) erwägen,[139] jedoch ist auch diese nach vorzugswürdiger Auffassung unter Art. 8 EGBGB zu qualifizieren, da sie jedenfalls in ihrer *Rechtswirkung* einer herkömmlichen Vollmacht gleichsteht.[140] Damit verliert sich der Grund einer Differenzierung. Im Regelfall führt die Qualifikation unter Art. 8 EGBGB zu der Anwendung des Rechts des **Gebrauchsortes**, also zu der Anwendung des Rechts desjenigen Staates, in dem der Rechtsschein *konkret* entstanden ist. Dies entspricht den auf den Plan gerufenen Verkehrsinteressen und der bislang herrschenden Auffassung.[141]

Nicht unter Art. 8 EGBGB zu qualifizieren sind zuletzt die Folgefragen einer **Vertretung ohne Vertretungsmacht**. Soweit es an einer Vollmacht fehlt (was anhand des nach Art. 8 EGBGB bestimmten Rechts zu beantworten ist), unterliegt die – deliktisch zu qualifizierende – Frage nach einer etwaigen **Haftung des Vertreters ohne Vertretungsmacht** (§ 179 Abs. 1 BGB) grundsätzlich der Rom II-VO, wenngleich diese Frage stets im Wege der Ausweichklausel gem. Art. 4 Abs. 3 S. 2 Rom II-VO dem auf den abgeschlossenen Vertrag anzuwendenden Recht zu unterstellen ist.[142] Gleiches gilt im Ergebnis für die Frage, ob der Geschäftsherr den Vertrag kraft **Genehmigung** (entsprechend dem deutschen Recht, § 177 Abs. 1 BGB) an sich ziehen kann; hierbei handelt es sich um eine *originär vertragsrechtlich zu qualifizierende Frage* (Zustandekommen des Vertrages, vgl. Art. 10 Abs. 1 Rom I-VO), so dass auch insoweit das auf den konkreten Vertrag anzuwendende Recht maßgeblich ist.[143]

bb) Gesetzliche Stellvertretung

Keine besondere Regelung findet die **gesetzliche Stellvertretung**. Diese unterliegt vielmehr demjenigen Recht, das auf die jeweilige Rechtsbeziehung zwischen Vertreter und Vertretenem anzuwenden ist. Für die gesetzliche Vertretungsmacht der Eltern gegenüber dem Kind ist daher das nach Art. 16 ff. KSÜ bzw. Art. 21 EGBGB bestimmte Recht maßgeblich (vgl. Rn. 487),[144] die gesetzliche Vertretungsmacht des Vormunds unterliegt dem Vormundschaftsstatut (vgl. Rn. 489).[145] Die Vertretungsmacht von Gesellschaftern und Organen juristischer Personen folgt zuletzt dem Gesellschaftsstatut.[146]

232

e) Übertragung von Forderungen, Legalzession, Gesamtschuldnerausgleich, Aufrechnung

aa) Abtretung

Welches Recht bei einer Forderungsabtretung Anwendung findet, regelt die besondere Kollisionsnorm des Art. 14 Rom I-VO. Diese unterstellt die Fragen der Abtretung

233

---

139 So *von Bar/Mankowski*, Band II: Besonderer Teil, § 1 Rn. 1073 (im Ergebnis jedoch ablehnend).
140 Ebenso *von Bar/Mankowski*, Band II: Besonderer Teil, § 1 Rn. 1071 ff.; vgl. auch Grüneberg/*Thorn*, Art. 8 EGBGB Rn. 6.
141 Vgl. etwa *von Hoffmann/Thorn*, § 7 Rn. 53; *Kropholler*, § 41 I 3 (S. 308); *Kegel/Schurig*, § 17 V 2 a (S. 621).
142 Ebenso *von Bar/Mankowski*, Band II: Besonderer Teil, § 1 Rn. 1075; vgl. auch *Rauscher*, Rn. 1142. – AA (Vollmachtsstatut) etwa Grüneberg/*Thorn*, Art. 8 EGBGB Rn. 6.
143 *Von Bar/Mankowski*, Band II: Besonderer Teil, § 1 Rn. 1075; *Rauscher*, Rn. 1142; insoweit auch Grüneberg/*Thorn*, Art. 8 EGBGB Rn. 6.
144 *Rauscher*, Rn. 1140; *von Hoffmann/Thorn*, § 7 Rn. 47; *Kropholler*, § 42 I 1 (S. 318).
145 *Rauscher*, Rn. 1140; *von Hoffmann/Thorn*, § 7 Rn. 47.
146 *Rauscher*, Rn. 1140; *von Hoffmann/Thorn*, § 7 Rn. 47.

grundsätzlich dem für das Vertragsverhältnis zwischen Zedent und Zessionar maßgeblichen Recht (Art. 14 Abs. 1 Rom I-VO, **Abtretungsstatut**), sieht jedoch für einzelne Aspekte der Forderungsübertragung eine gesonderte Anknüpfung an das auf die abzutretende Forderung anwendbare Recht (sog. **Forderungsstatut**) vor. Diesem unterliegen gem. Art. 14 Abs. 2 Rom I-VO

- Fragen im Hinblick auf die **Übertragbarkeit der Forderung**,
- das **Verhältnis zwischen Zessionar und Schuldner**,
- die Voraussetzungen, unter denen die Übertragung dem Schuldner **entgegengehalten** werden kann, sowie
- die **befreiende Wirkung einer Leistung** durch den Schuldner.

234 Die gesonderte Anknüpfung des Art. 14 Abs. 2 Rom I-VO dient dem **Schutz des Schuldners**,[147] der durch den Wechsel der Forderungszuständigkeit nicht schlechter gestellt werden soll. Dies verdeutlicht

235 ▶ **Fall 21 a:** K (gewöhnlicher Aufenthalt in Frankreich) erwirbt im Wege eines Rechtskaufs eine Forderung des V (gewöhnlicher Aufenthalt in Deutschland) gegen S (gewöhnlicher Aufenthalt in Österreich), die schweizerischem Recht unterliegt. Das schweizerische Recht sieht ein Abtretungsverbot vor. Ist die Abtretung wirksam? ◀

236 ▶ **Lösung:** Die Abtretung der Forderung unterliegt gem. Art. 14 Abs. 1 Rom I-VO grundsätzlich dem für den Rechtskauf zwischen V und K anwendbaren Recht, das im Falle einer objektiven Anknüpfung gem. Art. 4 Abs. 2 Rom I-VO deutsches Recht (als Aufenthaltsrecht des V, der die vertragscharakteristische Leistung erbringt) darstellt. Für die Frage nach der Übertragbarkeit der Forderung bleibt demgegenüber gem. Art. 14 Abs. 2 Rom I-VO das Forderungsstatut maßgeblich, so dass die Abtretung *in casu* unwirksam ist. ◀

236a Demgegenüber wird die Anknüpfung der **Drittwirkungen von Zessionen** im Rahmen der Rom I-VO nicht ausdrücklich geregelt. Zwar enthielt der Vorentwurf zur Rom I-VO eine entsprechende Regelung (Art. 13 Abs. 3 Rom I-VO-Entwurf),[148] jedoch fand diese – auf Druck des Vereinigten Königreichs – keinen Einzug in die endgültige Fassung. Nach (durchaus zweifelhafter) Auffassung des EuGH[149] liegt insoweit eine externe, also außerhalb des Anwendungsbereiches der Rom I-VO zu verortende Regelungslücke vor, welche das **nationale Recht** einstweilen zu schließen hat. Ein **Vorschlag der Europäischen Kommission für eine Verordnung über das auf die Drittwirkung von Forderungsübertragungen anzuwendende Recht**,[150] welcher die Regelungslücke auf europäischer Ebene schließen soll, liegt seit dem 12.3.2018 vor, wurde jedoch bislang nicht verabschiedet (vgl. Rn. 26).

236b Für die – mangels kodifizierter Kollisionsnorm im EGBGB mittels Rechtsfortbildung zu entwickelnde (hierzu allgemein Rn. 42 ff.) – Anknüpfung von Drittwirkungen kommen grundsätzlich folgende Möglichkeiten in Betracht:

---

147 *Rauscher*, Rn. 1349; vgl. auch Staudinger/*Hausmann* (2021), Art. 14 Rom I-VO Rn. 42.
148 Vorschlag für eine Verordnung des Europäischen Parlaments und des Rates über das auf vertragliche Schuldverhältnisse anzuwendende Recht (Rom I) v. 15.12.2005, KOM (2005) 650.
149 EuGH 9.10.2019 – C-548/18 *(BGL BNP Paribas SA/TeamBank AG Nürnberg)* = NJW 2019, 3368 mAnm *Kieninger*, NJW 2019, 3353. – Vgl. hierzu auch MüKoBGB/*Martiny*, Art. 14 Rom I-VO Rn. 20, 38 a.
150 Vorschlag für eine Verordnung des Europäischen Parlaments und des Rates über das auf die Drittwirkung von Forderungsübertragungen anzuwendende Recht v. 12.3.2018, KOM (2018) 96. – Vgl. hierzu etwa MüKoBGB/*Martiny*, Art. 14 Rom I-VO Rn. 50 ff.; zudem etwa *Einsele*, IPRax 2019, 477; *Hübner*, ZeuP 2019, 41; *Mankowski*, RIW 2018, 488; *Müller*, EuZW 2018, 522.

- eine akzessorische Anknüpfung an das **Abtretungsstatut**,[151]
- eine akzessorische Anknüpfung an das **Forderungsstatut**[152] sowie
- eine Anknüpfung an das **Aufenthaltsrecht des Zedenten**,[153]

wobei letztere Auffassung vorzugswürdig ist. Dies verdeutlicht

▷ **Fall 21 b:** Die in Trier lebende S schloss mit der Bank A aus Frankfurt einen deutschem Recht unterliegenden Darlehensvertrag, der durch Abtretung einer luxemburgischen Recht unterliegenden Forderung gesichert war. Kurze Zeit später trat S die den Darlehensvertrag sichernde Forderung im Zuge eines kraft Rechtswahl italienischen Rechts unterliegenden Forderungskaufes an B ab. Angenommen, beide Abtretungen sind nach dem jeweiligen Abtretungsstatut wirksam: Welches Recht entscheidet über den Vorrang der konkurrierenden Abtretungen? ◁

236c

▷ **Lösung:** Die Frage der Drittwirkung von Zessionen wurde von Art. 14 Rom I nicht geregelt, vielmehr liegt eine Regelungslücke vor, welche im Rahmen des nationalen Rechts zu schließen ist (Rn. 236 a). Würde man diese Frage das (erste oder zweite) Abtretungsstatut entscheiden lassen (*in casu:* deutsches oder italienisches Recht), blieben die Interessen entweder des ersten oder zweiten Zessionars unberücksichtigt, eine (deswegen erwägenswerte) kumulative Anwendung der jeweiligen Abtretungsstatute führte ggf. zu Normwidersprüchen und wäre im Falle weiterer Abtretungen auch nicht handhabbar *(Interesse an innerem Entscheidungseinklang).* Würde man hingegen akzessorisch an das Forderungsstatut anknüpfen, führte dies zwar zur Anwendung einer einheitlichen Rechtsordnung für die Drittwirkung (*in casu:* luxemburgisches Recht), jedoch vermag auch dieser Weg den konkret auf den Plan gerufenen *Verkehrsinteressen* nicht Rechnung zu tragen, zumal das Forderungsstatut im Falle einer (stets möglichen) Rechtswahl für Dritte nicht vorhersehbar wäre; auch vermag eine Anknüpfung an das Forderungsstatut die Fälle der Vorausabtretung, bei denen ein solches noch nicht feststeht, nicht zu lösen, so dass dieser Weg abzulehnen ist. Vorzugswürdig ist vielmehr eine **Anknüpfung an das Aufenthaltsrecht des Zedenten** (*in casu:* deutsches Recht): Diese Lösung entspricht dem Interesse aller potentiell beteiligter Dritter, mithin dem Verkehrsinteresse, führt zur Anwendung einer einheitlichen, für Dritte vorhersehbaren Rechtsordnung und vermag zudem die Fälle einer Vorausabtretung zu erfassen. Eine entsprechende Anknüpfung sah daher auch Art. 13 Abs. 3 Rom I-VO-Entwurf vor, zudem nunmehr Art. 4 Abs. 1 des Vorschlags der Europäischen Kommission für eine Verordnung über das auf die Drittwirkung von Forderungsübertragungen anzuwendende Recht. ◁

236d

bb) Gesetzlicher Forderungsübergang

Fälle der Legalzession erfasst Art. 15 Rom I-VO. Befriedigt ein Dritter aufgrund einer *nachrangigen* eigenständigen Verpflichtung (etwa aufgrund einer von diesem übernommenen Bürgschaft) die Forderung eines Gläubiger gegenüber dessen Schuldner, ist dem für die Verpflichtung des Dritten gegenüber dem Gläubiger maßgeblichen Recht zu entnehmen, ob und in welchem Umfang der Dritte die Forderung des Gläubigers gegen den Schuldner geltend machen kann (sog. **Zessionsgrundstatut**). Ob die – im Wege der Legalzession ggf. übergegangene – Forderung jedoch tatsächlich besteht, welchen

237

---

151 So etwa *Flessner*, IPRax 2009, 35 (40).
152 *Mankowski*, IHR 2008, 133 (149).
153 MüKoBGB/*Martiny*, Art. 14 Rom I-VO Rn. 37 mwN.

Inhalt sie hat oder ob sie konkret durchsetzbar ist, unterliegt hingegen weiterhin dem für die Forderung maßgeblichen Recht, also dem **Forderungsstatut**.[154]

238 ▶ **Fall 22:** Gläubiger G (gewöhnlicher Aufenthalt in Frankreich) hat gegenüber dem Schuldner S (gewöhnlicher Aufenthalt in den Niederlanden) eine Forderung aus einem – gem. Art. 4 Abs. 1 lit. a Rom I-VO französischem Recht unterliegenden – Kaufvertrag iHv 5.000 Euro, für die B (gewöhnlicher Aufenthalt in Deutschland) gegenüber G aus geschäftlichem Interesse bürgt. Kann B nach Befriedigung der Forderung Regress bei S nehmen? ◀

239 ▶ **Lösung:** Ob B den S in Anspruch nehmen kann, unterliegt gem. Art. 15 Rom I-VO dem für die Verpflichtung des B gegenüber G maßgeblichen Recht. Diese Verpflichtung resultiert aus einem Bürgschaftsvertrag, der im Falle einer objektiven Anknüpfung gem. Art. 4 Abs. 2 Rom I-VO dem Aufenthaltsrecht des (die vertragscharakteristische Leistung erbringenden) B unterliegt; anzuwenden ist damit deutsches Sachrecht (Art. 20 Rom I-VO), so dass der gesetzliche Forderungsübergang gem. § 774 Abs. 1 BGB zu beurteilen ist. Da die Forderung hiernach auf B übergegangen ist, kann B den S in Anspruch nehmen. ◀

240 ▶ **Abwandlung Fall 22:** Angenommen, die Forderung ist nach französischem Recht verjährt, nach deutschem Recht nicht. Kann S sich gegenüber einer Inanspruchnahme durch B erfolgreich auf eine Verjährung berufen? ◀

241 ▶ **Lösung:** Dem von Art. 15 Rom I-VO bestimmten Recht unterliegt zudem die Frage, in welchem Umfang B den S in Anspruch nehmen kann. Nach dem insoweit maßgeblichen deutschen Recht (§§ 412, 404 BGB) kann S dem B Einwendungen, die aus dem Vertragsverhältnis zwischen S und G resultieren, entgegenhalten. Ob eine solche Einwendung (die auch die Einrede der Verjährung erfasst)[155] besteht, ist demgegenüber selbstständig anhand des für die konkrete Forderung maßgeblichen Rechts zu bestimmen. Da auf diese laut Sachverhalt französisches Recht anzuwenden und hiernach der Anspruch verjährt ist, kann S die Zahlung gegenüber B verweigern. ◀

cc) Gesamtschuldnerausgleich

242 Der Gesamtschuldnerausgleich ist Gegenstand von Art. 16 Rom I-VO. Hiernach unterliegt die Frage nach einem etwaigen Ausgleichsanspruch des leistenden Schuldners gegenüber den anderen Gesamtschuldnern dem Recht, das auf die *Verpflichtung dieses Schuldners* gegenüber dem Gläubiger anzuwenden ist (S. 1). Von praktischer Relevanz ist dieser Stichentscheid zugunsten des (zuerst) leistenden Schuldners, wenn die Verpflichtung der einzelnen Gesamtschuldner **unterschiedlichen** Rechten unterliegt; in diesem Falle soll der Leistende „mit der Anwendung ‚seines' Schuldstatuts auf den anschließenden Regress belohnt" werden.[156] Zu beachten ist freilich, dass die übrigen Gesamtschuldner gem. Art. 16 S. 2 Rom I-VO berechtigt sind, dem zuerst leistenden Schuldner diejenigen Verteidigungsmittel (etwa eine Aufrechnung)[157] entgegenzuhalten, die ihnen nach dem für ihre jeweilige Verpflichtung maßgeblichen Recht zugestanden haben.

---

154 *Rauscher*, Rn. 1357.
155 Allgemein hierzu MüKoBGB/*Martiny*, Art. 15 Rom I-VO Rn. 14; vgl. zum alten Recht auch *Kropholler*, § 42 VIII 2 (S. 495).
156 So anschaulich Grüneberg/*Thorn*, Art. 16 Rom I-VO Rn. 4; vgl. auch Staudinger/*Hausmann* (2021), Art. 16 Rom I-VO Rn. 8.
157 MüKoBGB/*Martiny*, Art. 16 Rom I-VO Rn. 12.

Beispiel: Unterliegt die Verpflichtung der Gesamtschuldner S 1 und S 2 gegenüber G unterschiedlichen Rechtsordnungen (für S 1 deutschem Recht, für S 2 ukrainischem Recht) und leistet S 1 *zuerst*, unterliegt der Gesamtschuldnerausgleich zwischen S 1 und S 2 gem. Art. 16 S. 1 Rom I-VO deutschem Sachrecht (Art. 20 Rom I-VO). Der in Anspruch genommene S 2 kann dem S 1 jedoch nach Art. 16 S. 2 Rom I-VO diejenigen **Verteidigungsmittel** entgegenhalten, die ihm nach ukrainischem Recht zustünden.

dd) Aufrechnung

Fragen der Aufrechnung (deren Voraussetzungen, das Bestehen etwaiger Aufrechnungsverbote usw)[158] unterstellt Art. 17 Rom I-VO dem für die Gegenforderung maßgeblichen Recht. Dies dient dem Schutz des Aufrechnungsgegners.[159]

Beispiel: A hat eine französischem Recht unterliegende Forderung gegen B, der seinerseits eine – deutschem Recht unterliegende – Forderung gegen A hat. Rechnet A gegen diese Forderung auf, unterliegt die Aufrechnung gem. Art. 17 Rom I-VO deutschem Sachrecht.

IV. Prüfungsschema Internationales Vertragsrecht

1. Vorrangige Staatsverträge

Gem. Art. 25 Abs. 1 Rom I-VO weiterhin vorrangig zu beachten ist insbesondere

- das **UN-Kaufrecht** (vgl. Rn. 158 ff.).

2. Rom I-VO

a) Anwendungsbereich

- **räumlich:** alle Mitgliedstaaten mit Ausnahme von Dänemark
- **sachlich:** vertragliche Schuldverhältnisse in Zivil- und Handelssachen (Art. 1 Rom I-VO; vgl. Rn. 168 f.)
- **zeitlich:** anwendbar auf Verträge, die ab dem 17.12.2009 geschlossen wurden (Art. 28 Rom I-VO)

b) Die Bestimmung des Vertragsstatuts (vgl. Rn. 170 ff.)

Art. 3, Art. 4 Rom I-VO; bei Vorliegen einer wirksamen *Rechtswahl* gem. Art. 3 Rom I-VO geht diese vor. Vorrangig zu beachten sind jedoch stets die *besonderen Kollisionsnormen* für Beförderungsverträge (Art. 5 Rom I-VO), Verbraucherverträge (Art. 6 Rom I-VO), Versicherungsverträge (Art. 7 Rom I-VO) sowie für Individualarbeitsverträge (Art. 8 Rom I-VO). Die *Reichweite des Vertragsstatuts* wird durch Art. 10 Abs. 1, Art. 12 Abs. 1 Rom I-VO näher bestimmt.

Bei allen Verweisungen handelt es sich gem. Art. 20 Rom I-VO um *Sachnormverweisungen*; bei Verweisungen auf das Recht eines *Mehrrechtsstaates* ist Art. 22 Rom I-VO zu beachten.

Sonderregelungen bestehen insbesondere für

- **Eingriffsnormen** (Art. 9 Rom I-VO; vgl. Rn. 198 ff.),
- die **Form** (Art. 11 Rom I-VO; vgl. Rn. 221 ff.),

---

158 MüKoBGB/*Spellenberg*, Art. 17 Rom I-VO Rn. 17 ff.
159 Grüneberg/*Thorn*, Art. 17 Rom I-VO Rn. 2.

- die **Rechts-, Geschäfts- und Handlungsfähigkeit** (Art. 13 Rom I-VO; vgl. Rn. 227), die jedoch grundsätzlich dem von Art. 7 EGBGB bestimmten Recht unterliegt,
- die **Abtretung** (Art. 14 Rom I-VO; vgl. Rn. 233 ff.), die **Legalzession** (Art. 15 Rom I-VO; vgl. Rn. 237 ff.), den **Gesamtschuldnerausgleich** (Art. 16 Rom I-VO; vgl. Rn. 242 f.) sowie die **Aufrechnung** (Art. 17 Rom I-VO; vgl. Rn. 224 f.).

c) Ergebniskorrektur

- **Anpassung** (unterliegt den allgemeinen Grundsätzen, vgl. Rn. 127 ff.)
- **ordre public-Vorbehalt** (Art. 21 Rom I-VO, vgl. Rn. 132 ff.)
- **Gesetzesumgehung** (unterliegt den allgemeinen Grundsätzen, vgl. Rn. 143 ff.)

d) Anwendung des berufenen Sachrechts

- **Vorfragen** (sind nach vorzugswürdiger Ansicht *selbstständig* anzuknüpfen, vgl. Rn. 118 ff.)
- **Problem des Auslandssachverhaltes** (zu beachten: Sonderregelung des Art. 12 Abs. 2 Rom I-VO, vgl. Rn. 197; allgemein hierzu Rn. 147 ff.)

3. Nationales Recht

Dem nationalen Recht unterliegen weiterhin insbesondere Fragen

- der **Rechts- und Geschäftsfähigkeit** (wobei insoweit Art. 13 Rom I-VO zu beachten ist, vgl. Rn. 227) sowie
- der **Stellvertretung** (vgl. Rn. 230 ff.).

D. Internationales außervertragliches Schuldrecht

I. Rechtsgrundlagen

Die kollisionsrechtliche Behandlung außervertraglicher Schuldverhältnisse unterliegt vorrangig der **Rom II-VO**, die für alle Mitgliedstaaten mit Ausnahme von Dänemark[1] seit dem 11.1.2009 gilt (Art. 32 Rom II-VO).[2] Für die aus dem Anwendungsbereich der Rom II-VO ausgenommen, jedoch außervertraglich zu qualifizierenden Bereiche – konkret: Persönlichkeitsrechtsverletzungen (Art. 1 Abs. 2 lit. g Rom II-VO) sowie die Haftung für Schäden durch Kernenergie (Art. 1 Abs. 2 lit. f Rom II-VO) – bleibt es bei der Anwendung des **nationalen Rechts** (Art. 40–42 EGBGB), das zudem für Altfälle (Schadenseintritt vor dem 11.1.2009) heranzuziehen ist. Besondere, unter Geltung der Rom II-VO vorrangig zu beachtende **Staatsverträge** (Art. 28 Rom II-VO) bestehen nicht, allerdings kann ggf. das – für Deutschland nicht verbindliche – Haager Straßenverkehrsübereinkommen von Bedeutung sein (vgl. hierzu Rn. 77 ff.).

247

II. Rom II-VO

Literatur zur Rom II-VO: *von Hein*, Europäisches Internationales Deliktsrecht nach der Rom II-Verordnung, ZEuP 2009, 6; *Junker*, Die Rom II-Verordnung: Neues Internationales Deliktsrecht auf europäischer Grundlage NJW 2007, 3675; *Kadner Graziano*, Das auf außervertragliche Schuldverhältnisse anzuwendende Recht nach Inkrafttreten der Rom II-Verordnung, RabelsZ 73 (2009), 1; *Leible/Lehmann*, Die neue EG-Verordnung über das auf außervertragliche Schuldverhältnisse anzuwendende Recht („Rom II"), RIW 2007, 721; *Wagner*, IPRax, Die neue Rom-II-Verordnung, 2008, 1. – *Didaktische Beiträge: Lehmann/Duczek*, Grundfälle zur Rom II-VO, JuS 2012, 681 (Teil 1), 788 (Teil 2); *Schmidt*, Grundlagen des europäischen Internationalen Privatrechts, Jura 2011, 117; *Staudinger/Steinrötter*, Europäisches Internationales Privatrecht: Die Rom-Verordnungen, JA 2011, 241.

1. Sachlicher Anwendungsbereich

Der sachliche Anwendungsbereich der Rom II-VO ist für außervertragliche Schuldverhältnisse in Zivil- und Handelssachen (Art. 1 Abs. 1 Rom II-VO) und damit – in Abgrenzung zum Anwendungsbereich der Rom I-VO (vgl. Rn. 168) – für *unfreiwillig eingegangene Verpflichtungen* eröffnet, die sich konkret aus einer unerlaubten Handlung (unter Einschluss der Gefährdungshaftung, vgl. Erwägungsgrund 11 S. 3), ungerechtfertigten Bereicherung, Geschäftsführung ohne Auftrag *(„Negotiorum gestio")* oder aus einem Verschulden bei Vertragsverhandlungen *(„Culpa in contrahendo")* ergeben (Art. 2 Abs. 1 Rom II-VO). Darüber hinaus erfasst die Rom II-VO auch **Unterlassungsansprüche** (vgl. Art. 2 Abs. 2 Rom II-VO).

248

Ausdrücklich aus dem Anwendungsbereich **ausgenommen** sind jedoch gem. Art. 1 Abs. 2 Rom II-VO insbesondere solche außervertraglichen Schuldverhältnisse,

249

- deren *Rechtsgrund* sich aus einem **Familienverhältnis** bzw. einem diesem vergleichbaren Verhältnis ergibt,[3] also insbesondere (dem HUP unterfallende) Unterhaltsansprüche (lit. a),

---

1 Vgl. Erwägungsgrund 40 sowie Art. 1 Abs. 4 Rom II-VO.
2 Zum zeitlichen Anwendungsbereich der Rom II-VO vgl. EuGH NJW 2012, 441.
3 MüKoBGB/*Junker*, Art. 1 Rom II-VO Rn. 27; Grüneberg/*Thorn*, Art. 1 Rom II-VO Rn. 10.

Hinweis: Von dieser Bereichsausnahme *nicht erfasst* werden *allgemeine*, nicht spezifisch familienrechtlich zu qualifizierende Schädigungen (etwa unerlaubte Handlungen zwischen Familienangehörigen),[4] die daher dem seitens der Rom II-VO bestimmten Recht unterliegen.

- die **güterrechtlich, erbrechtlich** (lit. b) oder **gesellschaftsrechtlich** (lit. d) zu qualifizieren und die daher den insoweit maßgeblichen Kollisionsnormen zu unterstellen sind,

darüber hinaus auch außervertragliche Schuldverhältnisse

- aus handelbaren Wertpapieren, insbesondere **Wechseln, Schecks, Eigenwechseln** (lit. c),
- aus den Beziehungen zwischen den Verfügenden, den Treuhändern und den Begünstigten eines durch Rechtsgeschäft errichteten „**Trusts**" (lit. e),

Hinweis: Von dieser Bereichsausnahme wiederum *nicht erfasst* werden allgemeine, nicht spezifisch trustrechtlich zu qualifizierende Schädigungen (etwa ein Betrug des Treuhänders gegenüber dem Begünstigten),[5] die daher nach der Rom II-VO zu beurteilen sind.

- aus **Schäden durch Kernenergie**, die vorrangig staatsvertraglichen Regelungen,[6] andernfalls dem nach Art. 40 ff. EGBGB bestimmten Recht unterliegen, sowie
- aus der **Verletzung der Privatsphäre oder der Persönlichkeitsrechte**, einschließlich der Verleumdung, die ebenfalls weiterhin nationalem Kollisionsrecht unterfallen (vgl. hierzu Rn. 307 ff.).

Hinweis: Der Ausschluss von Persönlichkeitsrechtsverletzungen aus dem Anwendungsbereich der Rom II-VO ist keinen sachlichen Gründen, sondern vielmehr alleine dem Umstand geschuldet, dass sich die Mitgliedstaaten auf keine bestimmte kollisionsrechtliche Regelung einigen konnten.[7] Weiterhin bestehen jedoch Bemühungen für eine europäische Lösung,[8] so dass eine entsprechende Kollisionsnorm möglicherweise im Zuge einer Revision der Rom II-VO aufgenommen wird.

2. Die Bestimmung des auf außervertragliche Schuldverhältnisse anzuwendenden Rechts

250 Das auf außervertragliche Schuldverhältnisse anzuwendende Recht bestimmt sich nach Art. 4–14 Rom II-VO. Im Einzelnen sieht die Rom II-VO Kollisionsnormen für unerlaubte Handlungen (Art. 4–9 Rom II-VO), für ungerechtfertigte Bereicherungen (Art. 10 Rom II-VO), für die Geschäftsführung ohne Auftrag (Art. 11 Rom II-VO) sowie für Verschulden bei Vertragsverhandlungen (Art. 12 Rom II-VO) vor, wenngleich in den meisten Fällen eine – stets vorrangig zu beachtende – Rechtswahl getroffen werden kann (Art. 14 Rom II-VO).

---

4 Grüneberg/*Thorn*, Art. 1 Rom II-VO Rn. 10.
5 MüKoBGB/*Junker*, Art. 1 Rom II-VO Rn. 41.
6 Vgl. hierzu MüKoBGB/*Junker*, Art. 1 Rom II-VO Rn. 42; Grüneberg/*Thorn*, Art. 40 EGBGB Rn. 9.
7 Hierzu *Leible/Lehmann*, RIW 2007, 721 (723 f.).
8 Vgl. insoweit den Bericht des Rechtsausschusses v. 2.5.2012 mit Empfehlungen an die Kommission zur Änderung der Verordnung (EG) Nr. 864/2007 über das auf außervertragliche Schuldverhältnisse anzuwendende Recht („Rom II") (2009/2170(INI)), der die Kodifikation einer eigenständigen Kollisionsnorm für „außervertragliche Schuldverhältnisse aus einer Verletzung der Privatsphäre oder der Persönlichkeitsrechte einschließlich Verleumdung" (Art. 5 a) vorschlägt.

Hinweis: Bei allen kollisionsrechtlichen Verweisungen der Rom II-VO handelt es sich gem. Art. 24 Rom II-VO um **Sachnormverweisungen**, so dass etwaige Rück- und Weiterverweisungen seitens eines ausländischen IPR unbeachtlich sind (zu einer möglichen Ausnahme vgl. Rn. 77 ff.). Wird auf das Recht eines **Mehrrechtsstaates** verwiesen, bestimmt sich die maßgebliche Teilrechtsordnung bei interlokaler Rechtsspaltung nach Art. 25 Abs. 1 Rom II-VO, bei interpersonaler sowie intertemporaler Rechtsspaltung ist die *lex causae* maßgeblich (vgl. Rn. 113, 116). **Vorfragen** sind nach vorzugswürdiger Ansicht stets **selbstständig anzuknüpfen** (allgemein hierzu Rn. 122 ff.). Verweisen die Kollisionsnormen der Rom II-VO auf ausländisches Recht, steht dessen Anwendung unter dem Vorbehalt des **ordre public** (Art. 26 Rom II-VO).

3. Rechtswahl (Art. 14 Rom II-VO)

Mit Ausnahme von Ansprüchen aus Wettbewerbsverletzungen (Art. 6 Abs. 4 Rom II-VO) sowie aus Verletzungen von Immaterialgüterrechten (Art. 8 Abs. 3 Rom II-VO) unterliegen außervertragliche Schuldverhältnisse vorrangig dem von den Parteien gewählten Recht. Art. 14 Rom II-VO ermöglicht insoweit eine freie, nicht auf bestimmte Rechtsordnungen beschränkte **Rechtswahl**, die jedoch – als wesentlicher Unterschied zu Art. 3 Rom I-VO – grundsätzlich nur **nachträglich**, also *nach* Eintritt des schadensbegründenden Ereignisses getroffen werden kann. Eine **vorherige Rechtswahl** kommt gem. Art. 14 Abs. 1 UAbs. 1 lit. b Rom II-VO hingegen nur in Betracht, 251

- wenn die Parteien einer **kommerziellen Tätigkeit** nachgehen

    Hinweis: Dieses Kriterium ist nach überwiegender Ansicht einschränkend dahin gehend auszulegen, dass die Parteien die Rechtswahl *in Ausübung* ihrer selbstständigen beruflichen oder gewerblichen Tätigkeit treffen müssen.[9] Ist die Rechtswahl hingegen alleine der Privatsphäre zuzurechnen, kann diese nur *nachträglich* vereinbart werden.

- *und* die **Rechtswahl frei ausgehandelt**, also nicht etwa mittels einseitig einbezogener AGB vereinbart wurde.

Im Übrigen besteht weitestgehend Parallelität zu Art. 3 Rom I-VO. So können die Parteien eines außervertraglichen Schuldverhältnisses eine nach Art. 14 Abs. 1 Rom II-VO zulässige Rechtswahl 252

- **ausdrücklich oder konkludent** treffen (Abs. 1 UAbs. 1),
- nach überwiegender, wenngleich umstrittener Meinung nur auf einen (abgrenzbaren) **Teil des außervertraglichen Schuldverhältnisses** beziehen[10] sowie
- eine einmal getroffene Rechtswahl **nachträglich** aufheben oder abändern.[11]

Im Hinblick auf das Zustandekommen und die Wirksamkeit der Rechtswahl sieht Art. 14 Rom II-VO keine eigenständigen Regelungen vor, so dass Art. 3 Abs. 5 Rom I-VO (iVm Art. 10, Art. 11 und Art. 13 Rom I-VO) entsprechend heranzuziehen ist;[12] Fragen der **materiellen** Wirksamkeit unterliegen damit dem *hypothetisch* gewählten 253

---

9 MüKoBGB/*Junker*, Art. 14 Rom II-VO Rn. 23; Grüneberg/*Thorn*, Art. 14 Rom II-VO Rn. 8; *Wagner*, IPRax 2008, 1 (13).
10 MüKoBGB/*Junker*, Art. 14 Rom II-VO Rn. 37; BeckOK/*Spickhoff* (67. Ed.), Art. 14 Rom II-VO Rn. 2.
11 MüKoBGB/*Junker*, Art. 14 Rom II-VO Rn. 24; BeckOK/*Spickhoff* (67. Ed.), Art. 14 Rom II-VO Rn. 4.
12 BeckOK/*Spickhoff* (67. Ed.), Art. 14 Rom II-VO Rn. 3; Grüneberg/*Thorn*, Art. 14 Rom II-VO Rn. 11; nunmehr ebenso MüKoBGB/*Junker*, Art. 14 Rom II-VO Rn. 26 (anders noch MüKoBGB/*Junker* (5. Aufl.), Art. 14 Rom II-VO Rn. 26: lex fori).

Recht, Fragen der **formellen Wirksamkeit** dem von Art. 11 Rom I-VO bestimmten Recht.

254 Auch Art. 14 Rom II-VO gewährt **keine grenzenlose Parteiautonomie**. Eine wichtige Einschränkung erfährt diese zunächst mittels der Regelung des Art. 14 Abs. 1 UAbs. 2 aE, nach der die Rechtswahl **Rechte Dritter unberührt lässt**, also stets nur Wirkungen *inter partes* entfaltet.

Hinweis: Von Bedeutung ist dieser Vorbehalt etwa für – Direktansprüchen ausgesetzten – Versicherungsgesellschaften, die aufgrund einer zwischen den Parteien des außervertraglichen Schuldverhältnisses getroffenen Rechtswahl jedenfalls nicht schlechter gestellt werden sollen;[13] daher kann mittels einer solchen Rechtswahl weder ein versicherungsrechtlicher Direktanspruch erstmalig begründet oder inhaltlich beeinflusst (etwa im Hinblick auf die Anspruchshöhe) werden.[14] Von einer Rechtswahl unberührt bleiben zudem **abgeleitete Ansprüche Dritter** (etwa § 844 BGB), die ebenfalls stets anhand des objektiv bestimmten Statuts zu beurteilen sind.[15]

255 Darüber hinaus ist die von Art. 14 Rom II-VO gewährte Rechtswahl den bereits aus dem Internationalen Vertragsrecht bekannten Einschränkungen unterworfen. So kann diese bei Vorliegen eines reinen **Inlandssachverhaltes** nicht zur Derogation der zwingenden Vorschriften dieses Staates (Art. 14 Abs. 2 Rom II-VO), bei Vorliegen eines **Binnenmarktsachverhaltes** nicht zur Derogation der zwingenden Bestimmungen des Gemeinschaftsrechts (Art. 14 Abs. 3 Rom II-VO) führen (vgl. hierzu Rn. 176). Von einer Rechtswahl unberührt bleiben zuletzt deliktische **Eingriffsnormen** (Art. 16 Rom II-VO), die stets unabhängig von dem – subjektiv oder objektiv bestimmten – Statut zur Anwendung zu bringen sind (vgl. auch Rn. 198 ff.).

4. Die Bestimmung des Deliktsstatuts nach der Rom II-VO

256 Das auf **außervertragliche Schuldverhältnisse aus unerlaubter Handlung** (einschließlich Gefährdungshaftung) anzuwendende Recht bestimmt sich nach den Regelungen der Art. 4–8, Art. 14 Rom II-VO. Mangels einer (wirksamen) Rechtswahl unterliegen deliktische Ansprüche grundsätzlich dem seitens der **allgemeinen Kollisionsnorm des Art. 4 Rom II-VO** bestimmten Recht, soweit nicht die spezielleren deliktischen Kollisionsnormen für Produkthaftung (Art. 5 Rom II-VO), für Wettbewerbsrechtsverletzungen (Art. 6 Rom II-VO), Umweltschädigungen (Art. 7 Rom II-VO), Verletzungen von Rechten am geistigen Eigentum (Art. 8 Rom II-VO) oder für Arbeitskampfmaßnahmen (Art. 9 Rom II-VO) vorrangig zur Anwendung zu bringen sind.

a) Allgemeine Kollisionsnorm des Art. 4 Rom II-VO

257 Die allgemeine deliktische Kollisionsnorm des Art. 4 Rom II-VO sieht im Einzelnen

- eine **allgemeine Regelanknüpfung** (Abs. 1),
- eine **spezielle**, Abs. 1 verdrängende **Regelanknüpfung** (Abs. 2) sowie

---

[13] Allgemeine Meinung, vgl. nur MüKoBGB/*Junker*, Art. 14 Rom II-VO Rn. 49. – Ob mittels einer nachträglichen Rechtswahl die Rechtsstellung des Versicherers hingegen *ohne seine Zustimmung verbessert* werden kann, ist streitig; dies ablehnend etwa Rauscher/*Picht*, Art. 14 Rom II-VO Rn. 46; Rauscher/*Picht*, Art. 18 Rom II-VO Rn. 4.
[14] MüKoBGB/*Junker*, Art. 14 Rom II-VO Rn. 49, Art. 18 Rom II-VO Rn. 10.
[15] MüKoBGB/*Junker*, Art. 14 Rom II-VO Rn. 49.

- eine auf die Regelanknüpfungen des Abs. 1 und 2 bezogene, diese in Ausnahmefällen korrigierende **Ausweichklausel** (Abs. 3) vor.

aa) Allgemeine Regelanknüpfung (Art. 4 Abs. 1 Rom II-VO)

Art. 4 Abs. 1 Rom II-VO unterstellt deliktische Ansprüche dem Recht desjenigen Staates, in dem der Schaden *eingetreten* ist. Wie sich der weitergehenden Präzisierung des Abs. 1 entnehmen lässt, nach der sowohl der Handlungsort als auch der Ort indirekter Schadensfolgen (Folgeschäden) im Rahmen der allgemeinen Regelanknüpfung unbeachtlich sind, ist unter dem Ort des Schadenseintritts der **Erfolgsort** und damit derjenige Ort zu verstehen, an dem das konkret geschützte Rechtsgut unmittelbar verletzt worden ist („Ort des Primärschadens"). Bedeutung hat diese – von Art. 40 Abs. 1 EGBGB abweichende – rechtspolitische Grundentscheidung für sog. **Distanzdelikte**, bei denen Handlungs- und Erfolgsort in verschiedenen Staaten zu lokalisieren sind.

▶ **Fall 23:** Der in Passau lebende P lässt auf der deutschen Uferseite des Inn seine neu erworbene Flugdrohne kreisen. Nach kurzer Zeit verliert P jedoch die Kontrolle über das Fluggerät, das sodann auf österreichischer Seite abstürzt und den österreichischen Wanderer W schwer verletzt. W wird daraufhin in das Passauer Krankenhaus verbracht und dort behandelt; während seines Klinikaufenthaltes erleidet W – als Folge des Unfalls – zudem einen Schlaganfall, der weitere Behandlungskosten verursacht. Welchem Recht unterliegen etwaige Schadensersatzansprüche des W? ◀

▶ **Lösung:** Ansprüche aus unerlaubter Handlung unterliegen grundsätzlich dem von Art. 4 Abs. 1 Rom II-VO bestimmten Recht. Anzuwenden ist hiernach das Recht desjenigen Staates, in dem der Schaden unmittelbar eingetreten, das Rechtsgut also konkret verletzt worden ist (Erfolgsort). Die primäre Rechtsgutverletzung (Eingriff in die körperliche Integrität) ist vorliegend in Österreich zu lokalisieren, der Handlungsort (Deutschland) sowie insbesondere der Ort, an dem *weitere*, durch das primär schädigende Ereignis erst hervorgerufene Schäden eingetreten sind (in casu ebenfalls Deutschland), bleiben außer Betracht, so dass im vorliegenden Fall österreichisches Sachrecht (Art. 24 Rom II-VO) anzuwenden ist. ◀

bb) Gemeinsamer gewöhnlicher Aufenthalt (Art. 4 Abs. 2 Rom II-VO)

Sind Schädiger und Geschädigter in demselben Staat domiziliert, wird die allgemeine Regelanknüpfung von Art. 4 Abs. 2 Rom II-VO im Wege der Spezialität verdrängt; anzuwenden ist hiernach das Recht des **gemeinsamen gewöhnlichen Aufenthalts**.

▶ **Fall 24:** Urlauber A aus München verliert auf einer mallorquinischen Straße die Kontrolle über sein Auto und verletzt dabei den in Stuttgart lebenden Urlauber B. Welches Recht ist anzuwenden? ◀

▶ **Lösung:** Einschlägig ist vorliegend die spezielle Regelanknüpfung des Art. 4 Abs. 2 Rom II-VO, welche zur Anwendung deutschen Sachrechts (Art. 24 Rom II-VO) als das Recht des gemeinsamen gewöhnlichen Aufenthalts von Schädiger und Geschädigtem führt. ◀

cc) Ausweichklausel (Art. 4 Abs. 3 Rom II-VO)

Die Regelanknüpfungen des Art. 4 Abs. 1 und Abs. 2 Rom II-VO sind in besonders gelagerten Einzelfällen einer Korrektur über die – allerdings stets restriktiv zu handhabende – Ausweichklausel des Art. 4 Abs. 3 Rom II-VO zugänglich. Voraussetzung für deren Eingreifen ist das Vorliegen einer **wesentlich engeren Verbindung** zu einer anderen Rechtsordnung, was im Rahmen einer Einzelfallprüfung festgestellt werden muss. Ein Abweichen von den Regelanknüpfungen kommt insbesondere dann in Betracht, wenn das nach Art. 4 Abs. 1 Rom II-VO bestimmte Recht für den Schädiger *nicht vorhersehbar* war.

265 ▶ **Fall 25:**[16] Die Rumänin T stirbt in Italien bei einem von S verursachten Autounfall. Als V, der in Rumänien lebende Vater der T, die Nachricht über den Tod seiner Tochter erfährt, erleidet er einen Schock, der zu einer behandlungsbedürftigen Gesundheitsschädigung führt. Welchem Recht unterliegen etwaige Schadensersatzansprüche des V? ◀

266 ▶ **Lösung:** Deliktische Ansprüche des V gegen S unterliegen grundsätzlich dem von Art. 4 Abs. 1 Rom II-VO bestimmten Recht; anzuwenden ist hiernach das Recht desjenigen Staates, in welchem der Primärschaden konkret eingetreten ist. Stellt man insoweit mit dem EuGH auf die von S gegenüber T begangene Rechtsgutsverletzung ab, wäre der Primärschaden in Italien zu lokalisieren und damit italienisches Sachrecht (Art. 24 Rom II-VO) anzuwenden; die Gesundheitsschädigung des V stellte sich bei dieser Betrachtung als *indirekte* Schadensfolge dar, die im Rahmen der allgemeinen Regelanknüpfung unbeachtlich ist.[17] Eine solche Sichtweise greift jedoch zu kurz, da das im Verhältnis zwischen T und S bestimmte Recht allenfalls über die Frage Auskunft zu geben vermag, ob Dritten *aufgrund der gegenüber T begangenen Rechtsgutsverletzung* Ansprüche zugestanden werden können, nicht jedoch zugleich darüber, ob V *aufgrund einer gegenüber ihm begangenen Rechtsgutsverletzung* (in casu: Beeinträchtigung seiner Gesundheit) *eigenständige Ansprüche* gegen S geltend machen kann. Letztere Frage bedarf daher nach vorzugswürdiger Ansicht einer **gesonderten Anknüpfung**,[18] so dass im Verhältnis V-S grundsätzlich ein eigenständiges Deliktsstatut zu bestimmen ist. Würde man solche Fälle der mittelbaren Rechtsgutsverletzung jedoch gem. Art. 4 Abs. 1 Rom II-VO stets dem Recht des jeweiligen Erfolgsortes (in casu: Rumänien) unterstellen, führte dies zu einem – für den Schädiger S – völlig unvorhersehbaren und damit zufälligen Rechtsanwendungsergebnis, das im Wege der Ausweichklausel des Art. 4 Abs. 3 Rom II-VO zugunsten einer Anknüpfung an den konkreten Handlungsort zu korrigieren ist;[19] anzuwenden ist damit italienisches Sachrecht (Art. 24 Rom II-VO). ◀

267 Den wohl wichtigsten Anwendungsfall der Ausweichklausel bildet jedoch die Fallgruppe der **akzessorischen Anknüpfung**, welche mit Art. 4 Abs. 3 S. 2 Rom II-VO (anders als im Rahmen der Rom I-VO, vgl. Rn. 184 ff.) eine ausdrückliche Regelung erfahren hat. Hiernach können deliktische Ansprüche dem für ein – zwischen den Parteien bereits bestehendes – Rechtsverhältnis maßgeblichen Recht unterstellt werden, sofern dieses Rechtsverhältnis mit der unerlaubten Handlung **in einem engen Zusammenhang** steht.

Hinweis: Wie bereits erwähnt (Rn. 184), dient eine akzessorische Anknüpfung dem (Ordnungs-)Interesse an innerem Entscheidungseinklang, da mit einer solchen Normwidersprüche, die bei einer isolierten Behandlung der jeweiligen Rechtsverhältnisse (und damit einhergehender *dépeçage*) auftreten könnten, antizipiert vermieden werden sollen. Insoweit wird man das von Art. 4 Abs. 3 S. 2 Rom II-VO aufgestellte Erfordernis einer „engen Verbindung" dahin gehend verstehen können, dass das fragliche Rechtsverhältnis mit der –

---

16 Angelehnt an EuGH NJW 2016, 466 mAnm *Staudinger*.
17 EuGH NJW 2016, 466 (467 f.).
18 Grüneberg/*Thorn*, Art. 15 Rom II-VO Rn. 8.
19 Ebenso Grüneberg/*Thorn*, Art. 15 Rom II-VO Rn. 8; im Ergebnis auch EuGH NJW 2016, 466.

akzessorisch anzuknüpfenden – unerlaubte Handlung in einem engen *inhaltlichen* (dh auch rechtlichen) Zusammenhang steht, wie dies etwa bei konkurrierenden Ansprüchen der Fall ist (vgl. Rn. 269 f.). Nicht ausreichend ist jedenfalls eine Rechtsbeziehung, die in keinerlei Zusammenhang zu dem jeweiligen Delikt steht.

Eine akzessorische Anknüpfung deliktischer Ansprüche kommt insbesondere im Hinblick auf **vertragliche Sonderbeziehungen** in Betracht, möglicherweise aber etwa auch im Falle familien- oder gesellschaftsrechtlicher Beziehungen zwischen Schädiger und Geschädigtem.[20] Ob ein rein tatsächliches Verhältnis ausreicht, ist streitig, nach vorzugswürdiger Ansicht jedoch bereits im Hinblick auf den insoweit eindeutigen, ein *Rechts*verhältnis voraussetzenden Wortlaut des Art. 4 Abs. 3 S. 2 Rom II-VO zu verneinen.[21]

268

▶ **Fall 26:** Anwalt A aus Frankfurt (Oder) beauftragt den in Schwiebus (Polen) ansässigen Handwerker H zur Reparatur der Heizungsanlage in seiner Frankfurter Kanzlei. Während der Arbeiten zerstört der unachtsame H eine in der Kanzlei befindliche, im Eigentum des B stehende Ming-Vase, für die B sodann Schadensersatz verlangt. Welchem Recht unterliegen etwaige Ansprüche des B? ◀

269

▶ **Lösung:** In Betracht kommen vorliegend Ansprüche aus Vertrag und Delikt. Vertragliche Ansprüche unterliegen – mangels Rechtswahl sowie mangels Vorliegens der Voraussetzungen des Art. 6 Rom I-VO – gem. Art. 4 Abs. 1 lit. b Rom I-VO (der – stets autonom zu bestimmende – kollisionsrechtliche Dienstleistungsbegriff erfasst auch Werkverträge, vgl. Rn. 178) polnischem Sachrecht (Art. 20 Rom I-VO), für deliktische Ansprüche wäre gem. Art. 4 Abs. 1 Rom II-VO grundsätzlich deutsches Sachrecht (Art. 24 Rom II-VO) berufen. Da die unerlaubte Handlung jedoch im Rahmen einer dem B vertraglich geschuldeten Leistung begangen wurde, stehen etwaige vertragliche und deliktische Schadensersatzansprüche in einem Konkurrenzverhältnis, das im Falle einer *dépeçage* zu Normwidersprüchen führen kann; daher sind die deliktisch zu qualifizierenden Ansprüche gem. Art. 4 Abs. 3 S. 1, 2 Rom II-VO **im Wege einer akzessorischen Anknüpfung** dem für den Werkvertrag maßgeblichen Recht zu unterstellen, so dass sämtliche, hinsichtlich der Zerstörung der Ming-Vase in Betracht zu ziehende Schadensersatzansprüche des B einheitlich polnischem Sachrecht unterworfen sind. ◀

270

b) Besondere Kollisionsnormen für unerlaubte Handlungen

Art. 5–8 Rom II-VO sehen für einzelne Deliktstypen besondere, inhaltlich von Art. 4 Rom II-VO teils abweichende, teils konkretisierende Kollisionsnormen vor, die der allgemeinen Kollisionsnorm des Art. 4 Rom II-VO als *leges speciales* stets vorgehen.

271

aa) Produkthaftung (Art. 5 Rom II-VO)

Soweit die Parteien keine – stets vorrangige – Rechtswahl gem. Art. 14 Rom II-VO getroffen haben, unterliegt die kollisionsrechtliche Behandlung **außervertraglicher Schuldverhältnisse aus Produkthaftung** der besonderen Kollisionsnorm des Art. 5 Rom II-VO. Diese sieht fünf, in einem **Rangverhältnis** stehende Regelanknüpfungen vor (Art. 5 Abs. 1 Rom II-VO), die allesamt einer Korrektur über eine Ausweichklausel des Art. 5 Abs. 2 Rom II-VO zugänglich sind. Im Einzelnen gilt:

272

---

20 Vgl. hierzu MüKoBGB/*Junker*, Art. 4 Rom II-VO Rn. 51 ff.; Rauscher/*Pabst*, Art. 4 Rom II-VO Rn. 112 f.
21 Vgl. auch Rauscher/*Pabst*, Art. 4 Rom II-VO Rn. 114 f.; MüKoBGB/*Junker*, Art. 14 Rom II-VO Rn. 54.

273　Auszugehen ist zunächst von der speziellen Regelung des **Art. 4 Abs. 2 Rom II-VO**, die aufgrund des diesbezüglichen, von Art. 5 Abs. 1 UAbs. 1 Rom II-VO angeordneten Verweises („unbeschadet des Art. 4 Abs. 2 Rom II-VO") vorrangig zu beachten bleibt; Ansprüche aus Produkthaftung unterliegen daher

- primär dem Recht des **gemeinsamen gewöhnlichen Aufenthalts** von Geschädigtem und Anspruchsgegner.

  Hinweis: Bei dem Anspruchsgegner kann es sich im Falle einer Produkthaftung nicht nur um den Hersteller selbst, sondern auch um weitere, dem Hersteller gleichgestellte Personen (Händler, Importeure, Lieferanten usw) handeln. Welche Personen einer Produkthaftung konkret unterworfen sind, ergibt sich stets aus dem – nach Art. 5 Rom II-VO erst zu bestimmenden – materiellen Recht (für das deutsche Recht vgl. § 4 ProdHaftG), so dass eine abschließende kollisionsrechtliche „Definition" des Anspruchsgegners nicht möglich ist; Art. 5 Rom II-VO begnügt sich daher, diesen schlicht als diejenige Person zu beschreiben, deren Haftung geltend gemacht wird.

274　Sind Geschädigter und Anspruchsgegner nicht in *demselben* Staat domiziliert, greift die **Anknüpfungsleiter des Art. 5 Abs. 1 Rom II-VO**. Hiernach ist vorrangig

- das **Aufenthaltsrecht des Geschädigten** (Art. 5 Abs. 1 UAbs. 1 lit. a Rom II-VO),
- hilfsweise das **Recht desjenigen Staates, in dem das Produkt erworben wurde** (Art. 5 Abs. 1 UAbs. 1 lit. b Rom II-VO), sowie zuletzt
- hilfsweise das Recht des **Erfolgsorts** (Art. 5 Abs. 1 UAbs. 1 lit. c Rom II-VO) anzuwenden,

wobei jede dieser Anknüpfungen voraussetzt, dass das **Produkt zugleich in dem jeweiligen Staat in den Verkehr gebracht** wurde. Ein Inverkehrbringen ist zu bejahen, wenn das Produkt in dem betreffenden Staat – nicht zwingend durch den Hersteller selbst, sondern etwa auch durch zwischengeschaltete (selbstständige) Händler, Importeure usw – erstmalig an einen Endnutzer abgegeben wurde.[22]

275　▶ **Fall 27:** Hersteller H aus München produziert einen verunreinigten Impfstoff gegen Hühnerpest, der über einen österreichischen Zwischenhändler auch an griechische Unternehmen verkauft wird, was H – der die Zulassung des Impfstoffs in Griechenland aktiv betrieben hat – auch wusste. Der in Athen lebende Tierarzt T erwarb diesen Impfstoff von einem Händler und impfte mit diesem die Hühner des – ebenfalls in Athen lebenden – G, die in der Folge verstarben. Welchem Recht unterliegen etwaige Ansprüche des G gegen H? ◀

276　▶ **Lösung:** Mangels Rechtswahl (Art. 14 Rom II-VO) und mangels eines gemeinsamen gewöhnlichen Aufenthalts von H und G (Art. 5 Abs. 1 iVm Art. 4 Abs. 2 Rom II-VO) unterliegen etwaige Ansprüche aus Produkthaftung gem. Art. 5 Abs. 1 UAbs. 1 lit. a Rom II-VO primär dem Recht desjenigen Staates, in dem die geschädigte Person zum Zeitpunkt des Schadenseintritts ihren gewöhnlichen Aufenthalt hatte. Voraussetzung hierfür ist jedoch, dass das Produkt in diesem Staat zugleich in den Verkehr gebracht wurde, was vorliegend zu bejahen ist: Die Abgabe des Produktes an den Endnutzer (G) erfolgte in Griechenland, also in demjenigen Staat, in dem der Geschädigte zugleich seinen gewöhnlichen Aufenthalt hat. Anzuwenden ist damit griechisches Sachrecht (Art. 24 Rom II-VO). ◀

22　Vgl. MüKoBGB/*Junker*, Art. 5 Rom II-VO Rn. 29; ausführlich Rauscher/*Pabst*, Art. 5 Rom II-VO Rn. 75 ff.

II. Rom II-VO

Streitig ist jedoch die Frage, ob die Anwendung der Regelanknüpfungen des UAbs. 1 lit. a-lit. c voraussetzt, dass das **schadensstiftende Produkt** *selbst* in dem betreffenden Staat in den Verkehr gebracht wurde,[23] oder ob es genügt, wenn in diesem Staat **gleichartige Produkte** (also Produkte *derselben* Gattung)[24] an Endkunden abgegeben wurden. Wenngleich für erstere Ansicht sowohl der Wortlaut des UAbs. 1 als auch Erwägungsgrund 20 S. 3 Rom II-VO herangezogen werden können, die beide von dem schadensstiftenden Produkt auszugehen scheinen, lässt die hM das Inverkehrbringen eines gleichartigen Produkts in dem betreffenden Staat ausreichen, überträgt also die entsprechende Gleichstellung des UAbs. 2 auch auf UAbs. 1, um den Interessen des Geschädigten in stärkerem Maße Rechnung zu tragen.[25] Dem ist jedenfalls dann zuzustimmen, wenn die entsprechenden Produkte *identisch* sind. Verdeutlicht werden soll dies anhand

▶ **Fall 28:** Hersteller H aus Deutschland vertreibt identische, mit demselben Produktionsfehler behaftete Heizkörper in Deutschland, Frankreich und der Schweiz. Endkunde E erwirbt einen solchen Heizkörper in Genf (Schweiz) und verbringt diesen an seinen gewöhnlichen Aufenthalt in Grenoble (Frankreich). Kurze Zeit darauf überhitzt der Heizkörper aufgrund des Produktionsfehlers, was zu Schäden an der Wohnungseinrichtung des E führt. Welchem Recht unterliegen etwaige Ansprüche des E gegen H? ◀

▶ **Lösung:** Fraglich ist im vorliegenden Fall, ob auf die Anknüpfung des Art. 5 Abs. 1 UAbs. 1 lit. a Rom II-VO abgestellt werden kann. Verlangt man für deren Anwendung, dass das schadensstiftende Produkt *selbst* in dem Aufenthaltsstaat des Geschädigten in den Verkehr gebracht worden ist, wäre dies zu verneinen (und somit auf Art. 5 Abs. 1 UAbs. 1 lit. b Rom II-VO abzustellen), da E das Produkt nicht in seinem Aufenthaltsstaat erworben hat. Dieses Ergebnis ist jedoch zweifelhaft, da identische Produkte auch in Frankreich vertrieben wurden und der Schaden daher ebenso gut durch ein in Frankreich erworbenes Produkt hätte verursacht werden können. Um die Interessen des Geschädigten (denen im Rahmen der Grundanknüpfung des Art. 4 Abs. 1 Rom II-VO mit der Anwendung seines Aufenthaltsrechts Rechnung getragen werden würde) nicht über Gebühr einzuschränken, erscheint es vielmehr vorzugswürdig, das Inverkehrbringen gleichartiger Produkte im Rahmen des Art. 5 Abs. 1 UAbs. 1 Rom II-VO ausreichen zu lassen, so dass die Ansprüche des E gem. Art. 5 Abs. 1 UAbs. 1 lit. a Rom II-VO französischem Sachrecht (Art. 24 Rom II-VO) zu unterstellen sind. ◀

Eine **Anwendung der von UAbs. 1 vorgesehenen Regelanknüpfungen scheidet hingegen stets aus**, wenn der Anspruchsgegner das Inverkehrbringen des Produkts in dem jeweiligen, von UAbs. 1 lit. a-lit. b bezeichneten Staat **vernünftigerweise nicht voraussehen** konnte, dieser also *weder positive Kenntnis noch fahrlässige Unkenntnis* von dem Inverkehrbringen in dem konkreten Staat hatte;[26] in einem solchen Falle unterstellt Art. 5 Abs. 1 UAbs. 2 Rom II-VO Ansprüche aus Produkthaftung zuletzt

---

[23] So etwa *von Hein*, ZeuP 2009, 6 (26 ff.).
[24] MüKoBGB/*Junker*, Art. 5 Rom II-VO Rn. 27.
[25] MüKoBGB/*Junker*, Art. 5 Rom II-VO Rn. 27; ausführlich hierzu Rauscher/*Pabst*, Art. 5 Rom II-VO Rn. 81 ff.
[26] Vgl. etwa Grüneberg/*Thorn*, Art. 5 Rom II-VO Rn. 11.

- dem Recht desjenigen Staates, in dem der **Anspruchsgegner seinen gewöhnlichen Aufenthalt** hat.

281 ▶ **Abwandlung Fall 27:** Angenommen, H hat in Griechenland erfolglos die Zulassung des Impfstoffs betrieben und konnte auch nicht wissen, dass dieser in Griechenland verkauft wird. Welchem Recht unterliegen etwaige Ansprüche des G gegen H? ◀

282 ▶ **Lösung:** In der Abwandlung kommt eine Anwendung von Art. 5 Abs. 1 UAbs. 1 lit. a-lit. c Rom II-VO nicht in Betracht, da H das Inverkehrbringen des Impfstoffs in Griechenland nicht voraussehen konnte; anzuwenden ist damit gem. Art. 5 Abs. 1 UAbs. 2 Rom II-VO deutsches Sachrecht (Art. 24 Rom II-VO). ◀

283 Von Art. 5 Abs. 1 Rom II-VO **nicht ausdrücklich geregelt** ist zuletzt der Fall, dass das schädigende Produkt in *keinem* der in UAbs. 1 lit. a-c bezeichneten Staaten in den Verkehr gebracht wurde. Auf welche Weise diese **Regelungslücke** zu schließen ist, ist streitig – vertreten wird entweder

- ein Rückgriff auf die allgemeine Kollisionsnorm des **Art. 4 Rom II-VO**[27] oder
- eine entsprechende Anwendung des **Art. 5 Abs. 1 UAbs. 2 Rom II-VO** (hM).[28]

284 Letzteres ist vorzuziehen, da eine Anwendung des (grundsätzlich an den Erfolgsort anknüpfenden) Art. 4 Rom II-VO zu Wertungswidersprüchen mit Art. 5 Abs. 1 UAbs. 1 lit. c Rom II-VO führen würde, der eine Erfolgsortanknüpfung alleine unter der *zusätzlichen Voraussetzung* eines Inverkehrbringens des schädigenden Produkts in dem betreffenden Staat gestattet.[29]

285 Wie bereits erwähnt, sind alle von Art. 5 Abs. 1 Rom II-VO vorgesehenen Regelanknüpfungen (und damit auch die – vorrangig zu berücksichtigende – Verweisung auf Art. 4 Abs. 2 Rom II-VO)[30] einer Korrektur über die **Ausweichklausel des Art. 5 Abs. 2 Rom II-VO** zugänglich. Voraussetzung für deren Eingreifen ist – wie stets – das Vorliegen einer *wesentlich engeren Verbindung* zu einer anderen als der von der jeweiligen Regelanknüpfung bezeichneten Rechtsordnung, was mittels einer Einzelfallprüfung festzustellen ist. Besondere Bedeutung erlangt die Ausweichklausel – neben den Fällen einer akzessorischen Anknüpfung an ein zwischen den Parteien bereits bestehendes Rechtsverhältnis (Art. 5 Abs. 2 S. 2 Rom II-VO, vgl. hierzu bereits Rn. 267 ff.) – insbesondere in solchen Fällen, in denen nicht der Erwerber selbst, sondern eine andere Person (sog. „bystander") geschädigt wird. Die Problematik verdeutlicht

286 ▶ **Fall 29:** Der in München lebende M erwarb in Seoul (Südkorea) einen von dem chinesischen Unternehmen C produzierten, allein in China und Südkorea in den Verkehr gebrachten Feuerwerkskörper, den er auf einer Silvesterfeier in München zündete. Aufgrund eines Defektes explodierte der Feuerwerkskörper jedoch bereits am Boden und verletzte den sich zufällig in der Nähe aufhaltenden G. Welchem Recht unterliegen etwaige Ansprüche des G gegen C? ◀

---

27 BeckOK/*Spickhoff* (66. Ed.), Art. 5 Rom II-VO Rn. 12.
28 Vgl. etwa MüKoBGB/*Junker*, Art. 5 Rom II-VO Rn. 48; Grüneberg/*Thorn*, Art. 6 Rom II-VO Rn. 11; *von Hein* ZeuP 2009, 6 (28).
29 Vgl. NK-BGB/*Lehmann*, Art. 5 Rom II-VO Rn. 95; *Leible/Lehmann*, RIW 2007, 721 (728).
30 Verneint man in diesen Fällen einen Rückgriff auf Art. 5 Abs. 2 Rom II-VO, käme – der insoweit inhaltsgleiche – Art. 4 Abs. 3 Rom II-VO zum Zuge; vgl. etwa MüKoBGB/*Junker*, Art. 5 Rom II-VO Rn. 50.

▶ **Lösung:** Mangels Rechtswahl (Art. 14 Rom II-VO), eines gemeinsamen gewöhnlichen Aufenthalts (Art. 5 Abs. 1 iVm Art. 4 Abs. 2 Rom II-VO) sowie eines Inverkehrbringens des Feuerwerkskörpers in dem Aufenthaltsstaat des G (Art. 5 Abs. 1 UAbs. 1 lit. a Rom II-VO) unterliegt die kollisionsrechtliche Behandlung etwaiger Ansprüche aus Produkthaftung grundsätzlich Art. 5 Abs. 1 UAbs. 1 lit. b Rom II-VO, der zumindest nach seinem Wortlaut erfüllt ist;[31] anzuwenden wäre daher südkoreanisches Sachrecht (Art. 24 Rom II-VO). Da dieses Rechtsanwendungsergebnis für den an dem Erwerb des Produkts unbeteiligten G indes zufällig wäre, bedarf dieses nach vorzugswürdiger Ansicht einer Korrektur über die Ausweichklausel (Art. 5 Abs. 2 Rom II-VO) zugunsten des *Erfolgsortrechts*;[32] anzuwenden ist daher deutsches Sachrecht. ◀

287

Hinweis: Ob die Anknüpfungsalternative des Art. 5 Abs. 1 UAbs. 1 lit. b Rom II-VO *überhaupt* Ansprüche eines *„bystander"* erfasst, ist streitig,[33] kann jedoch regelmäßig dahinstehen, da *sämtliche* Anknüpfungen des Art. 5 Abs. 1 Rom II-VO einer Korrektur über die Ausweichklausel zugänglich sind. Von Bedeutung ist indes die Frage, ob eine Korrektur zugunsten des Erfolgsortrechts für *jegliche* unbeteiligte Dritte veranlasst ist. So wird dies teilweise hinsichtlich enger Familienangehöriger oder (abhängiger) Arbeitnehmer des Produkterwerbers verneint,[34] deren Produkthaftungsansprüche daher (vorbehaltlich anderweitiger, das Eingreifen der Ausweichklausel rechtfertigender Umstände) der allgemeinen Regelanknüpfung des Art. 5 Abs. 1 Rom II-VO zu unterstellen wären.

bb) Wettbewerbsrecht (Art. 6 Rom II-VO)

Wettbewerbsrechtliche Ansprüche unterfallen der besonderen Kollisionsnorm des Art. 6 Rom II-VO, die eine *Rechtswahl gem. Art. 14 Rom II-VO ausschließt* (Art. 6 Abs. 4 Rom II-VO) und *keiner Korrektur über eine Ausweichklausel zugänglich* ist. Für die kollisionsrechtliche Anknüpfung ist danach zu unterscheiden, ob der geltend gemachte Anspruch lauterkeits- oder kartellrechtlich zu qualifizieren ist.

288

- **Lauterkeitsrechtliche Ansprüche** unterstellt Art. 6 Abs. 1 Rom II-VO vorrangig dem Recht desjenigen Staates, in dessen Gebiet die Wettbewerbsbeziehungen oder die kollektiven Interessen der Verbraucher beeinträchtigt worden sind bzw. – im Falle von Unterlassungsansprüchen – wahrscheinlich beeinträchtigt werden. Gemeint ist damit der jeweilige **Markt**, auf den sich das unlautere Verhalten *konkret auswirkt*. Sind mehrere Märkte betroffen, führt Art. 6 Abs. 1 Rom II-VO zu der *kumulierten Anwendung mehrerer Rechtsordnungen*, die jedoch stets alleine die Auswirkungen auf den jeweiligen Markt zu beurteilen haben (**sog. Mosaikbetrachtung**).

  ▶ **Fall 30:** Das deutsche Unternehmen U startet in Frankreich, der Schweiz sowie in Österreich eine unlautere Werbekampagne gegen den belgischen Konkurrenten K, der daraufhin Schadensersatz gegen U geltend macht. Anhand welcher Rechtsordnung(en) ist der geltend gemachte Anspruch zu beurteilen? ◀

  ▶ **Lösung:** Lauterkeitsrechtliche Ansprüche unterliegen – soweit sie auch Kollektivinteressen berühren – der besonderen Kollisionsnorm des Art. 6 Abs. 1 Rom II-VO, der

---

31 Vgl. auch NK-BGB/*Lehmann*, Art. 5 Rom II-VO Rn. 67.
32 Grüneberg/*Thorn*, Art. 5 Rom II-VO Rn. 13; vgl. auch NK-BGB/*Lehmann*, Art. 5 Rom II-VO Rn. 108; *Leible/Lehmann*, RIW 2007, 721 (728); *von Hein*, ZeuP 2009, 6 (29). – AA (entsprechende Anwendung des Art. 5 Abs. 1 S. 2 Rom II-VO) MüKoBGB/*Junker*, Art. 5 Rom II-VO Rn. 52.
33 Dies ablehnend etwa MüKoBGB/*Junker*, Art. 5 Rom II-VO Rn. 37; Grüneberg/*Thorn*, Art. 5 Rom II-VO Rn. 9.
34 So etwa Grüneberg/*Thorn*, Art. 5 Rom II-VO Rn. 13.

solche Ansprüche dem Recht des jeweiligen Marktortes unterstellt. Anzuwenden ist im vorliegenden Fall daher sowohl französisches, schweizerisches als auch österreichisches Sachrecht (Art. 24 Rom II-VO), jedoch alleine bezogen auf den jeweiligen (Teil-)Markt;[35] im Rahmen des jeweils anwendbaren Rechts können daher alleine diejenigen Schadenspositionen geltend gemacht werden, die konkret auf dem jeweiligen (Teil-)Markt entstanden sind. ◀

Eine **Ausnahme von der Marktortanknüpfung** ordnet Art. 6 Abs. 2 Rom II-VO jedoch für solche Fälle an, in denen das unlautere Wettbewerbsverhalten *ausschließlich die Interessen eines bestimmten Wettbewerbers* – und damit nicht zugleich Kollektivinteressen – beeinträchtigt (dies etwa bei einer – alleine gegen einen bestimmten Wettbewerber gerichteten – Industriespionage, Bestechung usw).[36] Hier entspricht die Interessenlage im Wesentlichen den von Art. 4 Rom II-VO erfassten Konstellationen, so dass solche Fälle gem. Art. 6 Abs. 2 Rom II-VO der allgemeinen deliktischen Kollisionsnorm unterstellt werden.

Hinweis: Entgegen dem Wortlaut von Art. 6 Abs. 4 Rom II-VO wird in den Fällen des Art. 6 Abs. 2 Rom II-VO eine Rechtswahl gem. Art. 14 Rom II-VO verbreitet für möglich gehalten.[37] Ob es sich bei dem fehlenden Verweis auf Art. 14 Rom II-VO wirklich um ein Redaktionsversehen handelt,[38] erscheint jedoch angesichts des eindeutigen Wortlauts von Art. 6 Abs. 4 Rom II-VO zweifelhaft. Da die Rechtswahl im außervertraglichen Schuldrecht generell eine Ausnahme darstellt, sollte diese nach vorzugswürdiger Ansicht *keine Ausdehnung* erfahren.[39]

▪ **Außervertragliche Schuldverhältnisse aus Kartellrechtsverstößen** unterstellt Art. 6 Abs. 3 lit. a Rom II-VO ebenfalls dem Recht des jeweils beeinträchtigten Marktes. Sind mehrere (Teil-)Märkte betroffen, führt auch dies im Grundsatz zu der Anwendung mehrerer Rechtsordnungen, jedoch wiederum nur bezogen auf die in dem jeweiligen Staat entstandenen Schäden (**Mosaikbetrachtung**, vgl. hierzu auch Rn. 318). Abweichend von Art. 6 Abs. 1 Rom II-VO gewährt Art. 6 Abs. 3 lit. b Rom II-VO dem Geschädigten in solchen Fällen jedoch ein **Optionsrecht zugunsten des Sitzrechts des Schädigers**, anhand dessen der gesamte, also in allen Staaten eingetretene Schaden geltend gemacht werden kann. Voraussetzung für die Vermeidung einer Mosaikbetrachtung ist jedoch stets, dass der Schädiger an seinem Sitz (Art. 4 EuGVVO) verklagt wird und der Markt dieses Staates „unmittelbar und wesentlich", also *spürbar* beeinträchtigt ist (S. 1).[40] Werden mehrere Schädiger in diesem Staat verklagt, kann der gesamte Schaden allerdings nur dann einheitlich anhand der lex fori dieses Staates beurteilt werden, wenn die letztgenannte Voraussetzung für *jeden* Schädiger zu bejahen ist.

▶ **Fall 31:** Das deutsche Unternehmen A trifft mit dem österreichischen Unternehmen B eine kartellrechtswidrige Absprache, aufgrund derer das französische Unternehmen C Schadensersatz verlangt. Angenommen, die Abrede wirkt sich auf Deutschland, Öster-

---

35 Vgl. *Leible/Lehmann*, RIW 2007, 721 (729).
36 *Leible/Lehmann*, RIW 2007, 721 (729); vgl. auch *Rauscher*, Rn. 1452 („Verstöße, welche den Markt zwar abstrakt tangieren, aber unmittelbar nur den Mitbewerber treffen").
37 *Leible/Lehmann*, RIW 2007, 721 (730 f.); *Grüneberg/Thorn*, Art. 6 Rom II-VO Rn. 19.
38 So *Grüneberg/Thorn*, Art. 6 Rom II-VO Rn. 19.
39 So zu Recht *von Hein*, RabelsZ 2009, 461 (500); ablehnend auch *Rauscher*, Rn. 1452.
40 Vgl. *Grüneberg/Thorn*, Art. 6 Rom II-VO Rn. 21.

reich sowie Frankreich gleichermaßen spürbar aus – welchem Recht unterliegt der Schadensersatzanspruch des C? ◀

▶ **Lösung:** Bleibt es bei der Grundanknüpfung des Art. 6 Abs. 3 lit. a Rom II-VO, unterliegt der Schadensersatzanspruch des C sowohl deutschem, österreichischem als auch französischem Kartelldeliktsrecht, jedoch jeweils beschränkt durch den in dem jeweiligen Staat eingetretenen Schaden. Verklagt C die Unternehmen A und B gemeinsam vor deutschen Gerichten, kann C gem. Art. 6 Abs. 3 lit. b Rom II-VO den gesamten, durch das kartellrechtswidrige Verhalten von A und B verursachten Schaden jedoch auch auf deutsches Recht stützen. ◀

cc) Umweltschädigung (Art. 7 Rom II-VO)

Außervertragliche Schuldverhältnisse aus einer Umweltschädigung oder aus einem hierdurch hervorgerufenen Personen- oder Sachschaden unterliegen – mangels einer hier wiederum vorrangig zu beachtenden Rechtswahl gem. Art. 14 Rom II-VO – gem. Art. 7 Rom II-VO grundsätzlich dem von Art. 4 Abs. 1 Rom II-VO bestimmten Recht; maßgeblich ist damit das Recht des **Erfolgsortes**. Abweichend von der allgemeinen Kollisionsnorm des Art. 4 Rom II-VO gestattet Art. 7 Rom II-VO dem Geschädigten, bei Vorliegen eines Distanzdeliktes das Recht des **Handlungsorts** zur Anwendung zu bringen; dieses (einseitige, Art. 40 Abs. 1 S. 1, S. 2 EGBGB entsprechende) Bestimmungsrecht kann jedoch gem. Art. 46 a EGBGB nur im ersten Rechtszug bis zum Ende des frühen ersten Termins (§ 275 ZPO) oder dem Ende des schriftlichen Vorverfahrens (§ 276 ZPO) ausgeübt werden. Eine Korrektur dieser beiden Anknüpfungen kommt – mangels Ausweichklausel – nicht in Betracht.

▶ **Fall 32:** Der Passauer A entsorgt auf seinem direkt an der österreichischen Landesgrenze belegenen Grundstück belasteten Altmüll, der auch das in Österreich belegene Grundstück des B kontaminiert. Welchem Recht unterliegen etwaige Ansprüche des B? ◀

▶ **Lösung:** Mangels (gemeinsamer) Rechtswahl unterliegen Ansprüche des B gem. Art. 7 Rom II-VO grundsätzlich dem Recht des Erfolgsortes und damit österreichischem Sachrecht (Art. 24 Rom II-VO). Soweit B jedoch für das Recht des Handlungsortes optiert (Art. 7 Rom II-VO iVm Art. 46 a EGBGB), kommt dieses zur Anwendung; anzuwenden wäre in diesem Falle deutsches Sachrecht. ◀

Hinweis: Art. 44 EGBGB unterstellt (ggf. konkurrierende, jedoch sachenrechtlich zu qualifizierende) immissionsschutzrechtliche Ansprüche ebenfalls dem Deliktsstatut (vgl. Rn. 377 ff.); damit ist das nach Art. 7 Rom II-VO bestimmte Recht zugleich für solche Ansprüche (etwa aus § 1004 BGB) maßgeblich.

dd) Verletzung von Rechten des geistigen Eigentums (Art. 8 Rom II-VO)

Verletzung von Rechten des geistigen Eigentums unterliegen gem. Art. 8 Abs. 1 Rom II-VO grundsätzlich dem Recht des jeweiligen **Schutzlandes**, bei Verletzungen von gemeinschaftsweit einheitlichen Rechten des geistigen Eigentums ist jedoch gem. Art. 8 Abs. 2 Rom II-VO der jeweilige Handlungsort maßgeblich. Eine Rechtswahl gem. Art. 14 Rom II-VO ist in beiden Fällen ausgeschlossen (Abs. 3), eine Ausweichklausel nicht vorgesehen.

Hinweis: Zu beachten ist darüber hinaus, dass dem nach Art. 8 Rom II-VO bestimmten Recht gem. Art. 13 Rom II-VO nicht nur deliktische, sondern auch bereicherungsrechtliche Ansprüche sowie solche aus einer Geschäftsführung ohne Auftrag unterstellt werden; dies vermeidet eine *dépeçage* und hiermit einhergehende Qualifikationsprobleme.

ee) Arbeitskampfmaßnahmen (Art. 9 Rom II-VO)

293　Mangels einer – hier wiederum möglichen – Rechtswahl gem. Art. 14 Rom II-VO unterliegen außervertragliche Schuldverhältnisse aus Arbeitskampfmaßnahmen primär dem Recht des gemeinsamen gewöhnlichen Aufenthalts von Haftendem und Geschädigtem (Art. 9 iVm Art. 4 Abs. 2 Rom II-VO, andernfalls gem. Art. 9 Rom II-VO dem Recht desjenigen Staates, in dem die Arbeitskampfmaßnahmen erfolgen (sollen). Auch von diesen Anknüpfungen kann in Ermangelung einer Ausweichklausel nicht abgegangen werden.

5. Die Bestimmung des Bereicherungsstatuts nach der Rom II-VO

294　Soweit die Parteien keine vorrangig zu beachtende Rechtswahl gem. Art. 14 Rom II-VO getroffen haben, unterliegen bereicherungsrechtliche Ansprüche dem von Art. 10 Rom II-VO bestimmten Recht. Diese Regelung folgt einer klaren, die Prüfungsreihenfolge zugleich präjudizierenden Regelungsstruktur und enthält im Einzelnen

- eine vorrangig zu berücksichtigende **akzessorische Regelanknüpfung** (Abs. 1) an das Statut eines zwischen den Parteien bestehenden Rechtsverhältnisses (insbesondere aus Vertrag oder einer unerlaubten Handlung), soweit dieses mit der ungerechtfertigten Bereicherung in einem inhaltlichen Zusammenhang steht (insbesondere konkurrierende Ansprüche), des Weiteren
- eine **subsidiäre Regelanknüpfung** (Abs. 2) an das Recht des gemeinsamen gewöhnlichen Aufenthalts von Bereicherungsgläubiger und Bereicherungsschuldner, soweit das anzuwendende Recht nicht nach Abs. 1 bestimmt werden kann,
- eine weitere **subsidiäre**, bei Nichtanwendbarkeit der Abs. 1 und Abs. 2 greifende **Regelanknüpfung** (Abs. 3) an das Recht des Staates, in dem die ungerechtfertigte Bereicherung *eingetreten* ist, sowie zuletzt
- eine auf die Regelanknüpfungen des Abs. 1–3 bezogene, diese in Ausnahmefällen korrigierende **Ausweichklausel** (Abs. 4).

6. Geschäftsführung ohne Auftrag („Negotiorum gestio")

295　Mangels vorrangig beachtlicher Rechtswahl (Art. 14 Rom II-VO) unterliegen außervertragliche Schuldverhältnisse aus Geschäftsführung ohne Auftrag dem von Art. 11 Rom II-VO bestimmten Recht. Die Regelung des Art. 11 Rom II-VO entspricht nahezu wortgleich Art. 10 Rom II-VO und sieht im Einzelnen ebenfalls

- eine (vorrangige) **akzessorische Regelanknüpfung** (Abs. 1) an das Statut eines zwischen den Parteien bestehenden Rechtsverhältnisses, mangels eines solchen
- eine **subsidiäre Regelanknüpfung** (Abs. 2) an das Recht des gemeinsamen gewöhnlichen Aufenthalts der Parteien, andernfalls
- eine weitere **subsidiäre Regelanknüpfung** (Abs. 3) an das Recht des Staates, in dem die Geschäftsführung *erfolgte*, sowie zuletzt

- eine auf die Regelanknüpfungen des Abs. 1–3 bezogene, diese in Ausnahmefällen korrigierende **Ausweichklausel** (Abs. 4) vor.

7. Verschulden bei Vertragsverhandlungen („Culpa in contrahendo")

Ansprüche aus Verschulden bei Vertragsverhandlungen sind aus dem Anwendungsbereich der Rom I-VO ausgenommen (vgl. Art. 1 Abs. 2 lit. Rom I-VO) und unterliegen – mangels vorrangig zu beachtender Rechtswahl (Art. 14 Rom II-VO) – der besonderen Kollisionsnorm des **Art. 12 Rom II-VO**. Der europäische Gesetzgeber hat damit die – im Rahmen des nationalen Rechts lange Zeit umstrittene – Frage nach der Qualifikation solcher Ansprüche zugunsten einer **außervertraglichen Einordnung** entschieden. Dennoch findet das nach Art. 3 ff. Rom I-VO bestimmte Recht regelmäßig Anwendung, da **Art. 12 Abs. 1 Rom II-VO** außervertragliche Schuldverhältnisse aus Verhandlungen vor Abschluss eines Vertrages

296

- *primär* dem Recht unterstellt, das auf den Vertrag anzuwenden ist oder anzuwenden gewesen wäre, wenn er geschlossen worden wäre.

Kann das anzuwendende Recht nicht nach Abs. 1 bestimmt werden (dies insbesondere im Hinblick auf die Haftung vertragsfremder Dritter), greift die **Anknüpfungsleiter des Art. 12 Abs. 2 Rom II-VO**, die inhaltlich der allgemeinen Kollisionsnorm des Art. 4 Rom II-VO entspricht. Vorrangig zu beachten ist hiernach

297

- eine Anknüpfung an den **gemeinsamen gewöhnlichen Aufenthalt** der Beteiligten (lit. b), mangels eines solchen
- eine Anknüpfung an den **Erfolgsort** (lit. a), wenngleich beide Anknüpfungen wiederum einer Korrektur über
- eine **Ausweichklausel** (lit. c) zugänglich sind.

8. Reichweite des nach Art. 4–14 Rom II-VO bestimmten Rechts

Der Verweisungsumfang der außervertraglichen Kollisionsnormen wird mittels der – nicht abschließenden – unselbstständigen Kollisionsnorm des **Art. 15 Rom II-VO** näher konkretisiert. Hiernach entscheidet das von Art. 4–14 Rom II-VO bestimmte Recht insbesondere über

298

- den **Grund und Umfang der Haftung** einschließlich der Bestimmung derjenigen Personen, die für ihre Handlungen (etwa im Hinblick auf ihre konkrete Form der Beteiligung, ihre Deliktsfähigkeit[41] usw) haftbar gemacht werden können (lit. a),
- **Haftungsausschlüsse und -beschränkungen** (etwa zwischen Ehegatten oder Familienmitgliedern)[42] sowie die „Teilung der Haftung", also das **Mitverschulden**,[43] (lit. b),

Hinweis: Im Hinblick auf einen **vertraglich vereinbarten Haftungsausschluss** ist zu unterscheiden: Ob und in welchem Umfang ein solcher (wirksam) vereinbart wurde, unterliegt als – stets selbstständig anzuknüpfende, vertraglich zu qualifizierende – Vorfrage dem nach Art. 3 ff. Rom I-VO bestimmten Recht. Demgegenüber hat das für das

---

41 MüKoBGB/*Junker*, Art. 15 Rom II-VO Rn. 10; Rauscher/*Picht*, Art. 15 Rom II-VO Rn. 8.
42 NK-BGB/*Nordmeier*, Art. 15 Rom II-VO Rn. 9.
43 MüKoBGB/*Junker*, Art. 15 Rom II-VO Rn. 12.

außervertragliche Schuldverhältnis maßgebliche Statut darüber zu befinden, ob und in welchem Umfang dieses einer privatautonomen Modifikation zugänglich ist.[44]

- sämtliche **schadensrechtlichen Fragen,** insbesondere das Bestehen, die Art (materieller oder immaterieller Schaden, entgangener Gewinn)[45] sowie die Bemessung des Schadens einschließlich der Frage nach der konkreten Form der Kompensation durch Naturalrestitution oder Geldleistung[46] (lit. c),
- die Maßnahmen, die ein Gericht zur Vorbeugung (**Unterlassungsansprüche,**[47] Auskunftsansprüche),[48] zur Beendigung oder zum Ersatz des Schadens (etwa Gegendarstellungsansprüche)[49] anordnen kann (lit. d),
- die **Übertragbarkeit** und **Vererbbarkeit** des schadensrechtlichen Anspruchs (lit. e),
- die Personen, die – aufgrund einer gegenüber einem *anderen* begangenen Rechtsgutsverletzung – Anspruch auf Ersatz eines **persönlich erlittenen Schadens** haben (etwa Schmerzensgeldansprüche für Angehörige, die *unabhängig* von einer eigenen Rechtsgutsverletzung gewährt werden; lit. f),

Hinweis: Nach vorzugswürdiger Ansicht unterliegt dem – im Verhältnis zwischen Geschädigtem und Schädiger bestimmten – Deliktsstatut alleine die Frage, ob *Dritten* aufgrund einer gegenüber dem *Geschädigten* begangenen Rechtsgutsverletzung (immaterielle) Ansprüche zustehen. Geht es hingegen um die Frage, ob ein Dritter aufgrund einer *eigenständigen*, ihm gegenüber (mittelbar) begangenen Rechtsgutsverletzung Schadensersatz geltend machen kann („pathologische Schockschäden"), ist diese Frage selbstständig anzuknüpfen und allenfalls im Wege der Ausweichklausel dem für den „Primärschaden" maßgeblichen Recht zu unterstellen (vgl. Rn. 266).

- die **Haftung für Handlungen Dritter,** etwa für Verrichtungsgehilfen (§ 831 BGB), (lit. g) sowie
- sämtliche **rechtshindernde, -vernichtende** oder **-hemmende Einwendungen** des Schuldners gegen eine Inanspruchnahme aus dem außervertraglichen Schuldverhältnis (lit. h).[50]

9. Sonderfragen

a) Eingriffsnormen (Art. 16 Rom II-VO)

299 Ebenso wie im Rahmen des Internationalen Vertragsrechts sind auch deliktische Eingriffsnormen, die aufgrund ihrer Rechtsfolge Vorgaben für außervertragliche Schuldverhältnisse enthalten, im Wege einer (rechtsfortbildenden) Sonderanknüpfung unabhängig von dem nach Art. 4ff. Rom II-VO bestimmten Recht unter den bereits geschilderten Voraussetzungen (Rn. 198ff.) zur Anwendung zu bringen. Unstreitig ist dies zumindest im Ergebnis für inländische Eingriffsnormen; ob darüber hinaus auch **ausländische Eingriffsnormen** zur Anwendung zu bringen sind, erscheint aufgrund des Fehlens einer Art. 9 Abs. 3 Rom I-VO vergleichbaren Regelung zweifelhaft, sollte

---

44 NK-BGB/*Nordmeier*, Art. 15 Rom II-VO Rn. 10.
45 Grüneberg/*Thorn*, Art. 15 Rom II-VO Rn. 5.
46 NK-BGB/*Nordmeier*, Art. 15 Rom II-VO Rn. 11.
47 MüKoBGB/*Junker*, Art. 15 Rom II-VO Rn. 20; Rauscher/*Picht*, Art. 15 Rom II-VO Rn. 13.
48 Grüneberg/*Thorn*, Art. 15 Rom II-VO Rn. 6.
49 MüKoBGB/*Junker*, Art. 15 Rom II-VO Rn. 20.
50 NK-BGB/*Nordmeier*, Art. 15 Rom II-VO Rn. 23; vgl. auch MüKoBGB/*Junker*, Art. 15 Rom II-VO Rn. 25.

jedoch nach vorzugswürdiger Ansicht bejaht werden.[51] Zu den insoweit maßgeblichen Anwendungskriterien vgl. 202 ff.

b) Sicherheits- und Verhaltensregeln (Art. 17 Rom II-VO)

Eine spezielle Regelung für den **Auslandsachverhalt** (vgl. hierzu Rn. 149) enthält Art. 17 Rom II-VO: Hiernach sind Sicherheits- und Verhaltensregeln, die am Ort und zum Zeitpunkt des haftungsbegründenden Ereignisses gelten, faktisch im Rahmen des anwendbaren Rechts zu berücksichtigen, auch wenn es sich hierbei *nicht* um das Ortsrecht handelt.

▶ **Fall 33:** Die deutschen Urlauber A und B verunglückten bei einer gemeinsamen Autofahrt in Südafrika, da A, der das vor Ort gemietete Auto steuerte, das in Südafrika geltende Linksfahrgebot missachtete. Ist ein Schadensersatzanspruch des B begründet? ◀

▶ **Lösung:** Schadensersatzansprüche des B unterliegen im vorliegenden Fall gem. Art. 4 Abs. 2 Rom II-VO deutschem Sachrecht (Art. 24 Rom II-VO). Bei der Verschuldensprüfung im Rahmen von § 823 BGB, § 18 StVG ist dem tatsächlichen Umstand des in Südafrika geltenden Linksfahrgebots gem. Art. 17 Rom II-VO Rechnung zu tragen und das Verhalten des A daran zu messen, auch wenn südafrikanisches Recht in casu nicht anwendbar ist. Da A somit die im Verkehr erforderliche Sorgfalt missachtet hat, ist er zum Schadensersatz verpflichtet. ◀

c) Direktklage gegen den Versicherer des Haftenden (Art. 18 Rom II-VO)

Die Frage, ob und unter welchen Voraussetzungen der Geschädigte seinen Anspruch **unmittelbar gegen den Versicherer des Haftenden** geltend machen kann, unterliegt gem. Art. 18 Rom II-VO **alternativ** entweder dem auf das außervertragliche Schuldverhältnis zwischen Geschädigtem und Haftenden gem. Art. 4 ff. Rom II-VO maßgeblichen Recht oder dem auf den Versicherungsvertrag anzuwendenden Recht. Im Übrigen bleibt es bei den herkömmlichen Anknüpfungen.

Beispiel: Ist ein Verkehrsunfall zu regulieren, unterliegt die Frage nach dem Bestehen eines versicherungsrechtlichen Direktanspruchs dem von Art. 18 Rom II-VO bestimmten Recht. Welche konkreten Leistungen hingegen der Versicherer zu erbringen hat, ist – als Frage des Versicherungsvertragsverhältnisses – dem Versicherungsvertragsstatut zu entnehmen.[52] Muss der Versicherer hiernach für alle gegen seinen Versicherten bestehenden gesetzlichen Ansprüche einstehen, ist deren Bestehen – im Wege einer stets selbstständig anzuknüpfenden Vorfrage – anhand des jeweiligen Deliktsstatuts zu prüfen.

Zu beachten ist zuletzt, dass eine zwischen Geschädigtem und Haftendem getroffene Rechtswahl Rechte Dritter unberührt lässt (Art. 14 Abs. 1 UAbs. 2 aE Rom II-VO). Die Wahl einer – einen Direktanspruch des Geschädigten erst begründenden – Rechtsordnung ist daher im Rahmen von Art. 18 Rom II-VO unbeachtlich, so dass insoweit stets auf das objektiv bestimmte Recht abzustellen ist.[53]

---

[51] Grüneberg/*Thorn*, Art. 16 Rom II Rn. 3; *von Hein*, ZeuP 2009, 6 (24); *Leible/Lehmann*, RIW 2007, 721 (726). – AA („Sperrwirkung") etwa *Wagner*, IPRax 2008, 1 (15); Rauscher/*Picht*, Art. 16 Rom II-VO Rn. 9; nunmehr auch MüKoBGB/*Junker*, Art. 16 Rom II Rn. 25.
[52] *Junker*, JZ 2008, 169 (177).
[53] MüKoBGB/*Junker*, Art. 18 Rom II-VO Rn. 10; vgl. auch Rauscher/*Picht*, Art. 18 Rom II-VO Rn. 4.

d) Legalzession, Gesamtschuldnerausgleich

306 Spezielle Regelungen sieht die Rom II-VO zuletzt für den gesetzlichen Forderungsübergang (Art. 19 Rom II-VO) sowie für den Gesamtschuldnerausgleich (Art. 20 Rom II-VO) vor. Diese entsprechen den Regelungen der Art. 15 und Art. 16 Rom I-VO, so dass auf die diesbezüglichen Ausführungen verwiesen werden kann (Rn. 237 ff.).

III. Nationales Recht: Art. 38–42 EGBGB

307 Soweit der Anwendungsbereich der Rom II-VO *nicht* eröffnet ist, unterliegt die kollisionsrechtliche Behandlung außervertraglicher Schuldverhältnisse weiterhin nationalem Recht. Dieses sieht mit Art. 38–42 EGBGB entsprechende Kollisionsnormen vor, die jedoch angesichts der eng gefassten Bereichsausnahmen der Rom II-VO nur noch auf die (allerdings von vorrangig zu beachtenden Staatsverträgen überlagerte)[54] Haftung für Schäden aus Kernenergie (vgl. Art. 1 Abs. 2 lit. f Rom II-VO) sowie – letztlich einzig prüfungsrelevant – auf **Persönlichkeitsrechtsverletzungen** (vgl. insoweit Art. 1 Abs. 2 lit. g Rom II-VO) anzuwenden sind.

1. Rechtswahl (Art. 42 EGBGB)

308 Auch im Rahmen des nationalen Kollisionsrechts unterliegen Ansprüche aus außervertraglichen Schuldverhältnissen primär dem von den Parteien gewählten Recht. Zu beachten ist insoweit, dass Art. 42 EGBGB – anders als Art. 14 Rom II-VO – ausschließlich eine **nachträgliche Rechtswahl** gestattet.

2. Unerlaubte Handlung (Art. 40 EGBGB)

309 Liegt keine (wirksame) Rechtswahl vor, bestimmt sich das Deliktsstatut objektiv nach **Art. 40 EGBGB**, soweit die von dieser Kollisionsnorm vorgesehenen Anknüpfungen nicht im Wege der Ausweichklausel des Art. 41 EGBGB zu korrigieren sind.

a) Allgemeine Regelanknüpfung (Art. 40 Abs. 1 EGBGB)

310 Die allgemeine Regelanknüpfung des Art. 40 Abs. 1 S. 1 EGBGB unterstellt deliktische Ansprüche dem Recht desjenigen Staates, in dem der Schädiger gehandelt hat. Anders als im Rahmen von Art. 4 Abs. 1 Rom II-VO dient damit der **Handlungsort als primäres Anknüpfungsmoment**, jedoch gestattet Art. 40 Abs. 1 S. 2 EGBGB dem Geschädigten bei Vorliegen eines Distanzdeliktes, das Recht des **Erfolgsorts** mittels einseitiger, im ersten Rechtszug bis zum Ende des frühen ersten Termins (§ 275 ZPO) oder dem Ende des schriftlichen Vorverfahrens (§ 276 ZPO) abzugebender Erklärung (Art. 40 Abs. 1 S. 3 EGBGB) zur Anwendung zu bringen.

Hinweis: Die Rechtsnatur des von Art. 40 Abs. 1 S. 2 EGBGB vorgesehenen Bestimmungsrechts ist streitig: Teilweise wird dieses als prozessrechtliches Institut,[55] teilweise als kollisionsrechtliches Gestaltungsrecht[56] begriffen. Aufgrund der mit erster Ansicht einhergehenden Nachteile (keine außerprozessuale Wahrnehmungsmöglichkeit, keine Wahrnehmungsmöglichkeit vor ausländischen Gerichten, unterschiedliche Ausübung des Bestimmungs-

---

54 Vgl. hierzu MüKoBGB/*Junker*, Art. 1 Rom II-VO Rn. 42; Grüneberg/*Thorn*, Art. 40 EGBGB Rn. 9.
55 BeckOK/*Spickhoff* (66. Ed.), Art. 40 EGBGB Rn. 28; *Lorenz*, NJW 1999, 2215 (2217).
56 *Kropholler*, § 53 IV 2 b (S. 526 f.); *von Hoffmann/Thorn*, § 11 Rn. 25; *Looschelders*, Art. 40 EGBGB Rn. 33.

rechtes in verschiedenen Verfahren gegen denselben Beklagten)⁵⁷ erscheint die Annahme eines originär kollisionsrechtlichen Gestaltungsrechts vorzugswürdig, zumal auch die systematische Stellung von Art. 40 Abs. 1 S. 3 EGBGB gegen eine prozessuale Qualifikation spricht.

Unter dem **Handlungsort** iSv Art. 40 Abs. 1 S. 1 EGBGB ist derjenigen Ort zu verstehen, an dem die für die Rechtsgutsverletzung ursächliche Handlung konkret in die Außenwelt getreten ist; er ist von solchen Orten abzugrenzen, an denen (kollisionsrechtlich unbeachtliche) Vorbereitungshandlungen vorgenommen wurden.⁵⁸   311

Beispiel: Bei Persönlichkeitsrechtsverletzungen, die mittels Veröffentlichung eines rufschädigenden Berichtes begangen wurden, ist der Handlungsort an dem jeweiligen Veröffentlichungsort (bei Print- und Onlineveröffentlichungen regelmäßig der Verlagssitz, bei Fernseh- und Rundfunkberichten der Sitz des Senders) zu lokalisieren.⁵⁹ Unerheblich ist hingegen, in welchem Staat der rufschädigende Bericht recherchiert, verfasst oder redigiert wurde, wenngleich zu beachten bleibt, dass auch Vorbereitungshandlungen eine eigenständige, rechtlich selbstständig zu würdigende Persönlichkeitsrechtsverletzung darstellen können (etwa die nicht genehmigte Fotoaufnahme einer Person, die der Vorbereitung eines rufschädigenden Berichts dient).   312

Demgegenüber beschreibt der **Erfolgsort** – ebenso wie im Rahmen von Art. 4 Abs. 1 Rom II-VO – denjenigen Ort, an dem das konkret geschützte Rechtsgut unmittelbar verletzt worden ist;⁶⁰ der Ort, an dem bloße Schadensfolgen („indirekte Schäden" iSv Art. 4 Abs. 1 Rom II-VO) eingetreten sind, ist ebenfalls unbeachtlich.   313

Schwierigkeiten bereitet die Bestimmung des Erfolgsorts jedoch bei Verletzungen des **Persönlichkeitsrechts**, da die „Belegenheit" dieses Rechtsguts – mangels greifbaren physischen Substrats⁶¹ – nur normativ bestimmt werden kann.⁶² Insoweit ist nach den einzelnen Erscheinungsformen von Persönlichkeitsrechtsverletzungen zu differenzieren: Wird das **Persönlichkeitsrecht ohne Eingriff in die Sozialbeziehung** einer Person verletzt (also durch Verletzungshandlungen, die unmittelbar gegenüber dem Verletzten ohne Miteinbeziehung Dritter erfolgen – etwa Beleidigungen, Verletzungen der Privatsphäre usw), lässt sich der Erfolgsort grundsätzlich an dem **tatsächlichen Aufenthaltsort** des Geschädigten lokalisieren.   314

Beispiele: Beleidigt der Franzose F den Deutschen D am Telefon oder mittels eines in das Nachbarland übersandten Briefs, ist der Erfolgsort in Deutschland zu verorten, soweit sich D dort zum Zeitpunkt der Beleidigung aufgehalten hat. Alleine in denjenigen Fällen, in denen der konkrete Aufenthaltsort für den Schädiger *nicht vorhersehbar* ist (F ruft D auf seinem Mobiltelefon an, der sich gerade zufällig in den USA befindet; D liest den an seinen gewöhnlichen Aufenthalt adressierten Brief auf einer Geschäftsreise in China), bedarf es einer – nach vorzugswürdiger Ansicht im Rahmen der Ausweichklausel des Art. 41 EGBGB vorzunehmenden⁶³ – Korrektur dieses Anknüpfungsergebnisses regelmäßig zugunsten des (vorhersehbaren) Rechts am Ort des gewöhnlichen Aufenthalts.   315

---

57 Vgl. *Looschelders*, Art. 40 EGBGB Rn. 33; hierzu auch *Lorenz*, NJW 1999, 2215 (2217).
58 *Von Hoffmann/Thorn*, § 11 Rn. 27; vgl. auch *Kropholler*, § 53 IV 1 a (S. 522); *Kegel/Schurig*, § 18 IV 1 a bb (S. 726 f.).
59 *MuKoBGB/Junker*, Art. 40 EGBGB Rn. 74; vgl. auch *von Hoffmann/Thorn*, § 11 Rn. 28; *Kropholler*, § 53 V 4 (S. 541 f.).
60 *Von Hoffmann/Thorn*, § 11 Rn. 30; *Kropholler*, § 53 IV 1 b (S. 523).
61 Staudinger/*von Hoffmann* (2001), Art. 40 EGBGB Rn. 59.
62 Die Möglichkeit der Bestimmung eines Erfolgsortes indes gänzlich ablehnend *von Bar*, Internationales Privatrecht (Band 2), 1991, Rn. 664.
63 AA für letzteres Beispiel *von Hoffmann/Thorn*, § 11 Rn. 31 (Ort der Briefzustellung ist bereits der Erfolgsort, so dass es eines Rückgriffs auf die Ausweichklausel nicht bedarf).

316 Etwas anderes gilt indes, wenn das **Persönlichkeitsrecht mittels eines Eingriffs in den Sozialbezug** einer Person verletzt wird (dies etwa durch eine ehrverletzende Berichterstattung in Presse, Fernsehen, Rundfunk oder Onlinemedien); in solchen Fällen lässt sich der Erfolgsort grundsätzlich überall dort lokalisieren, wo andere Personen von der Verletzungshandlung erfahren.[64] Dieser Umstand kann zu einer **Vielzahl von Erfolgsorten** führen (sog. „Streudelikte").

317 **Beispiel:** Die Berliner Boulevardzeitschrift B veröffentlicht in ihrer Printausgabe einen ehrverletzenden Bericht über den seit einigen Jahren in London lebenden S, einen ehemaligen Fußballspieler des 1. FC Bayern. Das Hauptverbreitungsgebiet dieser Zeitschrift liegt in Deutschland, es werden jedoch auch zahlreiche Exemplare dieser Ausgabe in anderen europäischen Staaten (insbesondere in Frankreich und Großbritannien; hier in der jeweiligen Landessprache) verkauft. Optiert S gem. Art. 40 Abs. 1 S. 2 EGBGB für die Maßgeblichkeit des Erfolgsortrechtes, kommt eine Anwendung von deutschem, französischem oder englischem Recht in Betracht. Wird der ehrverletzende Bericht zusätzlich auf der Onlineseite der Zeitschrift veröffentlicht, kommt als Erfolgsort grundsätzlich jeder Staat in Betracht, an dem die Internetseite abgerufen wird.

318 Wie in solchen Fällen zu verfahren ist, ist streitig. Als Lösungsmöglichkeiten werden diskutiert

- eine **kumulierte Anwendung** *sämtlicher* Erfolgsortrechte, jedoch jeweils beschränkt auf solche Schäden, die in dem jeweiligen Staat aufgrund der dort eingetretenen Rechtsgutsverletzung konkret entstanden sind (sog. **Mosaikbetrachtung**, da erst durch Anwendung aller Erfolgsortrechte der ganze Schaden als „zusammengesetztes Mosaik" ersetzt werden kann)[65]

  Hinweis: Hintergrund dieser Ansicht bildet die *Shevill*-Entscheidung des EuGH, nach der die Kognitionsbefugnis der gem. Art. 7 Nr. 2 EuGVVO am Erfolgsort zuständigen Gerichte im Falle von Pressedelikten dahin gehend beschränkt ist, dass sie nur über den in dem jeweiligen Staat entstandenen Schaden urteilen können.[66] Soweit deutsche Gerichte an diesen Grundsatz gebunden sind, ermöglicht eine kollisionsrechtliche Mosaikbetrachtung daher einen – grundsätzlich begrüßenswerten – **Gleichlauf zwischen internationaler Zuständigkeit und anwendbarem Recht**. Freilich gilt zu bedenken, dass ein solcher Gleichlauf nur erreicht werden kann, wenn der Geschädigte am Erfolgsort klagt, der zumindest im Falle von Internetdelikten *nicht zugleich* der Haupterfolgsort ist. In allen anderen Fällen (Zuständigkeit deutscher Gerichte gem. Art. 7 Nr. 2 EuGVVO als Gerichte am Handlungsort bzw. – im Falle von Internetdelikten[67] – auch am Haupterfolgsort, Zuständigkeit gem. Art. 4 Abs. 1 EuGVVO, Zuständigkeit nach nationalem Recht) greift die im Rahmen der *Shevill*-Entscheidung entwickelte Beschränkung der Kognitionsbefugnis nicht ein, so dass deutsche Gerichte bei entsprechender Zuständigkeit nach Maßgabe der Mosaikbetrachtung mehrere Erfolgsortrechte zur Anwendung bringen müssten.

---

64 Staudinger/*von Hoffmann* (2001), Art. 40 EGBGB Rn. 59; MüKoBGB/*Junker*, Art. 40 EGBGB Rn. 78; vgl. auch *von Hoffmann/Thorn*, § 11 Rn. 32.
65 *Kegel/Schurig*, § 18 IV 1 a bb (S. 732); *Kropholler*, § 53 V 4 (S. 542); vgl. auch MüKoBGB/*Junker*, Art. 40 EGBGB Rn. 32 ff.; *Looschelders*, Art. 40 EGBGB Rn. 33.
66 EuGH NJW 1995, 1881 (1882); vgl. hierzu etwa *Klöpfer*, JA 2013, 165 (167). – Zu Persönlichkeitsrechtsverletzungen im Internet vgl. zuletzt EuGH NJW 2022, 765 = IPRax 2023, 62 mAnm *Kohler*, IPRax 2023, 14.
67 Vgl. hierzu EuGH NJW 2012, 137.

- sowie die **Anwendung nur *eines* Erfolgsortrechts**, das entweder
  - seitens des Geschädigten **bestimmt** werden kann (dies entsprechend Art. 40 Abs. 1 S. 2, 3 EGBGB),[68]
  - anhand des **Günstigkeitsprinzips** zu ermitteln ist (so dass das für den Geschädigten *materiell günstigste Recht* zur Anwendung zu bringen wäre),[69]
  - oder im Wege einer objektiven **Schwerpunktbetrachtung** auszuwählen ist, wobei in letzterem Falle wiederum streitig ist, ob der Schwerpunkt der Persönlichkeitsrechtsverletzung in dem **Hauptverbreitungsstaat der Berichterstattung**[70] oder in dem gewöhnlichen Aufenthaltsstaat des Geschädigten[71] zu lokalisieren ist.

Stellungnahme: Persönlichkeitsrechtsverletzungen mit mehreren Erfolgsorten sind, soweit der Geschädigte für die Anwendung des Erfolgsortrechts optiert, nach vorzugswürdiger Ansicht einem Recht, und zwar regelmäßig dem **Recht des gewöhnlichen Aufenthalts des Geschädigten** zu unterstellen. Eine kumulierte Anwendung mehrerer Rechtsordnungen, wie sie von den Vertretern einer Mosaikbetrachtung vorgeschlagen wird, führt nicht nur vermehrt zu Normwidersprüchen, sondern ist – insbesondere im Falle von Internetdelikten, in deren Rahmen potenziell *jegliche* Rechtsordnung der Welt zur Anwendung gebracht werden könnte – auch **praktisch nicht durchführbar**, zumal es für die Feststellung einer Persönlichkeitsrechtsverletzung regelmäßig einer Güter- und Interessenabwägung im Einzelfall bedarf, die im Rahmen *jeder* anzuwendenden Rechtsordnung zu leisten wäre.

319

Hinweis: Auch vermag der von den Vertretern einer Mosaikbetrachtung angebrachte Verweis auf die *Shevill*-Entscheidung des EuGH (vgl. Rn. 318) nicht zu überzeugen: Denn dieser – zu Art. 5 Nr. 3 EuGVÜ (Art. 7 Nr. 2 EuGVVO) ergangenen – Entscheidung lagen *spezifisch zuständigkeitsrechtliche* Erwägungen zugrunde (konkret: Begrenzung des *forum shopping* im Falle von Streudelikten), die *nicht* für das Kollisionsrecht gelten. Eine Übertragung dieser Entscheidung auf das (zumal nationale, stets *autonom* auszulegende) Kollisionsrecht ist damit weder geboten noch sinnvoll, weil der mit der Mosaikbetrachtung einhergehende (praktische) Vorteil eines Gleichlaufs zwischen internationaler Zuständigkeit und anwendbarem Recht nur auf wenige Konstellationen beschränkt ist (vgl. Rn. 318) und für die übrigen Fälle in sein Gegenteil verkehrt wird, wenn deutsche Gerichte bei Ausübung des Bestimmungsrechtes iSv Art. 40 Abs. 1 S. 1, 2 EGBGB jegliche Erfolgsortrechte zur Anwendung berufen müssten.

Persönlichkeitsrechtsverletzungen mit mehreren Erfolgsorten sind daher – in Übereinstimmung mit dem Wortlaut des Art. 40 Abs. 1 S. 2 EGBGB, der alleine die Anwendung *eines* Erfolgsortrechtes gestattet – bei Ausübung des Bestimmungsrechtes nur **einer Rechtsordnung** zu unterstellen. Deren Auswahl kann indes weder dem Geschädigten selbst überlassen noch (objektiv) anhand des Günstigkeitsprinzips getroffen werden, da ersterer Ansatz zu einer Überprivilegierung des Geschädigten führen[72] und letzterer wiederum an seiner praktischen Durchführbarkeit scheitern würde. Die notwendige Auswahlentscheidung muss somit anhand einer **Schwerpunktbetrachtung** getroffen werden, mittels derer ein „Haupterfolgsort" zu bestimmen ist. Dieser lässt sich

320

---

68 BeckOK/*Spickhoff* (66. Ed.), Art. 40 EGBGB Rn. 26, 39; *Spickhoff*, IPRax 2000, 1 (5).
69 Dies erwägend, jedoch im ablehnend *Spickhoff*, IPRax 2000, 1 (5).
70 *Klöpfer*, JA 2013, 165 (171).
71 Staudinger/*von Hoffmann* (2001), Art. 40 EGBGB Rn. 61; *von Hoffmann/Thorn*, § 11 Rn. 32.
72 So könnte der Geschädigte im Falle eines Internetdelikts potenziell jegliche Rechtsordnung der Welt nach Belieben zur Anwendung berufen.

regelmäßig am **gewöhnlichen Aufenthaltsort des Geschädigten** verorten, da in diesem Staate – unabhängig von dem konkreten Hauptverbreitungsort der ehrverletzenden Äußerung – am stärksten in den Sozialbezug des Verletzten eingegriffen wird.[73]

321 **Beispiel Rn. 317:** In obigem Beispielsfall lässt sich der „Haupterfolgsort" somit in England lokalisieren, auch wenn der Hauptverbreitungsort der Zeitschrift in Deutschland liegt. Gleiches gilt im Hinblick auf die Internetveröffentlichung.

322 Zu beachten ist zudem, dass es sich bei **beiden Anknüpfungen** des Art. 40 Abs. 1 EGBGB – entsprechend dem allgemeinen Grundsatz des Art. 4 Abs. 1 S. 1 EGBGB – um **Gesamtverweisungen** handelt, so dass etwaige Rück- und Weiterverweisungen seitens des ausländischen IPR beachtlich sind.

Hinweis: Zumindest für die Erfolgsortanknüpfung des Art. 40 Abs. 1 S. 2 EGBGB ist dies umstritten.[74] So wird eine Sachnormverweisung teilweise damit begründet, dass das Bestimmungsrecht iSv Art. 40 Abs. 1 S. 2, 3 EGBGB einer *Rechtswahl* entspreche, die gem. Art. 4 Abs. 2 S. 2 EGBGB als Sachnormverweisung zu behandeln ist.[75] Da es sich bei dem Bestimmungsrecht jedoch nur um eine *einseitige* „Wahl" handelt und Art. 4 Abs. 2 S. 2 EGBGB explizit eine *inter partes* getroffene Rechtswahl voraussetzt, käme allenfalls eine *analoge Anwendung* des Art. 4 Abs. 2 S. 2 EGBGB in Betracht, die jedoch – aufgrund der Existenz der allgemeinen Regelung des Art. 4 Abs. 1 S. 1 EGBGB und damit mangels Vorliegens einer Regelungslücke – abzulehnen wäre.[76] Eine Sachnormverweisung ließe sich für die Erfolgsortanknüpfung daher allenfalls mittels der Sinnwidrigkeitsklausel des Art. 4 Abs. 1 S. 1 Hs. 2 EGBGB begründen, deren Eingreifen jedoch – mangels Einschlägigkeit einer entsprechenden Fallgruppe (vgl. hierzu Rn. 68 ff.) – nach vorzugswürdiger Ansicht abzulehnen ist.

b) Spezielle Regelanknüpfung (Art. 40 Abs. 2 EGBGB)

323 Ebenso wie im Rahmen von Art. 4 Rom II-VO wird die Grundanknüpfung des Art. 40 Abs. 1 EGBGB verdrängt, wenn die Parteien ihren gewöhnlichen Aufenthalt in *demselben Staat* haben. In diesem Fall beruft die **spezielle Regelanknüpfung des Art. 40 Abs. 2 EGBGB** das Recht des gemeinsamen gewöhnlichen Aufenthalts zur Anwendung, jedoch – anders als im Rahmen von Art. 4 Abs. 2 Rom II-VO – im Wege einer **Gesamtverweisung**[77] (Art. 4 Abs. 1 S. 1 EGBGB).

c) Ausweichklausel (Art. 41 Abs. 1, Abs. 2 EGBGB)

324 Weist der Sachverhalt eine wesentlich engere Verbindung zu einer *anderen* als der von den Regelanknüpfungen des Art. 40 Abs. 1 bzw. Abs. 2 EGBGB für maßgeblich erklärten Rechtsordnungen auf, kann diese mittels der Ausweichklausel des Art. 41 EGBGB zur Anwendung gebracht werden. Ebenso wie im Rahmen von Art. 4 Abs. 3

---

73 Vgl. Staudinger/*von Hoffmann* (2001), Art. 40 EGBGB Rn. 61.
74 Für eine Gesamtverweisung etwa BeckOK/*Spickhoff* (66. Ed.), Art. 40 EGBGB Rn. 47; *Looschelders*, Art. 40 EGBGB Rn. 18; *Schurig*, GS Lüderitz (2000), 699 (709). – AA (Sachnormverweisung) etwa MüKoBGB/*Junker*, Art. 40 EGBGB Rn. 121; Staudinger/*Hausmann* (2019), Art. 4 EGBGB Rn. 405 ff.; Grüneberg/*Thorn*, Art. 40 EGBGB Rn. 2. – Ausführlich hierzu *von Hein*, ZvglRWiss 99 (2000), 251 (263 ff.).
75 Vgl. etwa Staudinger/*von Hoffmann* (2001), Vor Art. 40 EGBGB Rn. 70 (analoge Anwendung von Art. 4 Abs. 2 S. 2 EGBGB).
76 So zu Recht *von Hein*, ZvglRWiss 99 (2000), 251 (266); ebenso Staudinger/*Hausmann* (2019), Art. 4 EGBGB Rn. 412. – AA Staudinger/*von Hoffmann* (2001), Vor Art. 40 EGBGB Rn. 70.
77 MüKoBGB/*Junker*, Art. 40 EGBGB Rn. 122.

Rom II-VO kommt ein Eingreifen der Ausweichklausel insbesondere dann in Betracht, wenn die Regelanknüpfungen des Art. 40 Abs. 1 EGBGB zu einer für den Schädiger **unvorhersehbaren Rechtsordnung** führt (vgl. Rn. 264) oder zwischen Geschädigtem und Schädiger eine Sonderbeziehung besteht, an die **akzessorisch angeknüpft** werden kann (Art. 41 Abs. 1 Nr. 1 EGBGB).

Hinweis: Wie im Rahmen von Art. 4 Abs. 3 Rom II-VO setzt eine akzessorische Anknüpfung gem. Art. 41 Abs. 1 Nr. 1 EGBGB voraus, dass die fragliche Sonderbeziehung mit der Verletzungshandlung in einem engen Zusammenhang steht (vgl. Rn. 267). Von besonderer Relevanz sind insoweit wiederum vertragliche Sonderbeziehungen (etwa ein Interviewvertrag, in dessen Folge es zu einer Persönlichkeitsrechtsverletzung kommt), daneben können aber etwa auch familienrechtliche Sonderbeziehungen zu beachten sein (dies etwa, wenn die familiäre Beziehung zur Veröffentlichung vertraulicher Informationen missbraucht wurde).[78]

Nach vorzugswürdiger, jedoch umstrittener Ansicht spricht auch die Ausweichklausel des Art. 41 EGBGB grundsätzlich eine **Gesamtverweisung** aus (vgl. Rn. 74); eine Ausnahme besteht insoweit alleine für die Fälle einer akzessorischen Anknüpfung (Art. 41 Abs. 2 Nr. 1 EGBGB), die im Hinblick auf das Ordnungsinteresse an innerem Entscheidungseinklang dem für das jeweilige Rechtsverhältnis maßgeblichen **Sachrecht** zu unterstellen sind (vgl. Rn. 73).

325

d) Verstoß gegen die besondere ordre public-Regelung des Art. 40 Abs. 3 EGBGB

Zu beachten ist zuletzt die besondere Vorbehaltsklausel des Art. 40 Abs. 3 EGBGB, welche der Konkretisierung der allgemeinen ordre-public-Klausel des Art. 6 EGBGB dient. Nach dieser kann ein ausländischem Deliktsrecht unterliegender Anspruch nicht geltend gemacht werden, wenn dieser

326

- wesentlich weiter geht als zur angemessenen Entschädigung des Verletzten erforderlich (Nr. 1),
- offensichtlich anderen Zwecken als einer angemessenen Entschädigung des Verletzten dient (Nr. 2) oder
- haftungsrechtlichen Regelungen eines für die Bundesrepublik Deutschland verbindlichen Übereinkommens widersprechen (Nr. 3).

Im Hinblick auf Persönlichkeitsverletzungen relevant sind einzig die ersten beiden Vorbehaltsalternativen, welche eine **Abwehr exorbitanter Schadensersatzansprüche** bezwecken. Eine klare Abgrenzung beider Alternativen erscheint jedoch schwer, da ein Schadensersatzanspruch, der wesentlich weiter geht, als es zur angemessenen Entschädigung erforderlich wäre, gleichzeitig offensichtlich anderen Zwecken dienen dürfte.[79] Auch fragt sich, ob für Art. 40 Abs. 3 Nr. 2 EGBGB überhaupt ein relevanter Anwendungsbereich besteht, da Regelungen mit reinem Strafcharakter (etwa Geldstrafen mit Beugecharakter) bereits auf der Ebene der Qualifikation ausgesondert werden können und (deliktisch zu qualifizierende) Regelungen mit *untergeordnetem* Strafcharakter auch dem deutschen Recht – zumal im Bereich des Persönlichkeitsrechts – nicht unbekannt sind.

327

---

78 Vgl. MüKoBGB/*Junker*, Art. 40 EGBGB Rn. 85.
79 Von Hoffmann/*Thorn*, § 6 Rn. 59; Staudinger/*von Hoffmann* (2001), Art. 40 EGBGB Rn. 417; MüKoBGB/*Junker*, Art. 40 EGBGB Rn. 113.

Hinweis: So erfordere der verfassungsmäßige Schutzauftrag des Art. 1, 2 GG nach Ansicht des BGH, bei Persönlichkeitsrechtsverletzungen eine Entschädigung anzuerkennen, die neben der Genugtuung auch der Prävention diene und darüber hinaus auch noch „fühlbar" (durch Berücksichtigung der Gewinnerzielung bei der Schadensbemessung) sein müsse, so dass ein „echter Hemmungseffekt" von dieser ausgehe.[80] Macht man hiermit Ernst, muss dieser Umstand auch auf kollisionsrechtlicher Ebene berücksichtigt werden: Denn selbst wenn Art. 40 Abs. 3 Nr. 2 EGBGB offensichtlich den klassischen Grundsatz der Schadenskompensation verteidigen will, nach dem unter Beachtung der strengen Trennung von strafrechtlicher Sanktion und zivilrechtlichem Ausgleich im Zivilrecht nur diejenigen Schäden ersetzt werden sollen, die dem Geschädigten auch tatsächlich entstanden sind, beruft Art. 40 Abs. 3 Nr. 2 EGBGB als Ausprägung des ordre public nicht statisch, sondern dynamisch einen deutschen Grundsatz, der sich wie dargestellt weiterentwickelt hat.[81]

328 Für Art. 40 Abs. 3 Nr. 2 EGBGB hat dieser Umstand wohl weitgehende Bedeutungslosigkeit zur Folge, da selbst Vergeltungszwecke als Abgrenzungskriterium nicht taugen (denn diese bilden die untrennbare Kehrseite der Prävention) und eine Schwerpunktprüfung – wie viel Prävention, wie viel Entschädigung einer bestimmten Schadenshöhe zugrunde liegt (sofern man eine solche überhaupt als mit Nr. 2 vereinbar betrachtet) – undurchführbar erscheint. Daher läuft es im Ergebnis auf eine *summenmäßige Überprüfung* der Ansprüche (gemessen am deutschen Standard) hinaus, die jedoch Gegenstand von Art. 40 Abs. 3 Nr. 1 EGBGB ist.[82] Insoweit ist zu beachten, dass ausländischem Recht unterliegende Ansprüche *wesentlich* weiter gehen müssen als diejenigen, die das deutsche Recht zugestehen würden, und auch dem deutschen Recht fremde Haftungsfolgen – bspw. die Veröffentlichung des Urteils auf Kosten des Klägers – nicht von vorneherein unbeachtlich sind.[83] Ab welcher konkreten Höhe ein Anspruch gegen den deutschen ordre public verstößt, kann nicht pauschal festgelegt werden; ein – in der Literatur diskutierter – Rückgriff auf die zu Wucherzinsen entwickelten Maßstäbe (ordre-public-Widrigkeit bei 100 %iger Überschreitung)[84] vermag allenfalls eine grobe Orientierung geben, jedoch keine Einzelfallprüfung unter Berücksichtigung der Relativität des ordre public ersetzen.

3. Ungerechtfertigte Bereicherung (Art. 38 EGBGB) und Geschäftsführung ohne Auftrag (Art. 39 EGBGB)

329 Eigenständige Kollisionsnormen enthält das EGBGB zuletzt für Ansprüche aus ungerechtfertigter Bereicherung (Art. 38 EGBGB) sowie aus Geschäftsführung ohne Auftrag (Art. 39 EGBGB), die jedoch mit Inkrafttreten der Rom II-VO nahezu bedeutungslos geworden sind. Einziger praktischer Anwendungsfall bilden Kondiktionsansprüche im Hinblick auf Eingriffe in das Persönlichkeitsrecht, die – mangels einer stets vorrangig zu beachtenden Rechtswahl (Art. 42 EGBGB) – gem. Art. 38 Abs. 2 EGBGB im Wege einer Gesamtverweisung (Art. 4 Abs. 1 S. 1 EGBGB) dem Recht des Eingriffsortes zu unterstellen sind. Bei einem Auseinanderfallen von Handlungs- und Erfolgsort wird Art. 40 Abs. 1 EGBGB entsprechend herangezogen, so dass auch ohne Rückgriff auf die Ausweichklausel stets Gleichlauf mit dem (ggf. für konkurrierende deliktische An-

---

80 BGH NJW 1996, 984 (985).
81 Vgl. hierzu auch Staudinger/*von Hoffmann* (2001), Art. 40 EGBGB Rn. 420.
82 Vgl. auch *Hay*, FS Stoll (2001), 521 (529).
83 Staudinger/*von Hoffmann* (2001), Art. 40 EGBGB Rn. 422.
84 Vgl. Staudinger/*von Hoffmann* (2001), Art. 40 EGBGB Rn. 423.

sprüche maßgeblichen) Deliktsstatut erzielt wird. Damit erübrigt sich auch die Frage nach einer deliktischen oder bereicherungsrechtlichen Qualifikation einzelner Ansprüche.

IV. Prüfungsschema Internationales außervertragliches Schuldrecht

1. Vorrangige Staatsverträge   330
keine

2. Rom II-VO

a) Anwendungsbereich

- **räumlich:** alle Mitgliedstaaten mit Ausnahme von Dänemark
- **sachlich:** außervertragliche Schuldverhältnisse in Zivil- und Handelssachen (Art. 1 Rom I-VO, vgl. Rn. 248 ff.)
- **zeitlich:** anwendbar auf schadensbegründende Ereignisse, die ab dem 11.1.2009 eingetreten sind (Art. 31, Art. 32 Rom II-VO)

b) Die Bestimmung des auf außervertragliche Schuldverhältnisse anzuwendenden Rechts

- **Deliktsstatut** (vgl. Rn. 256 ff.): Art. 4, Art. 14 Rom II-VO; bei Vorliegen einer wirksamen *Rechtswahl* gem. Art. 14 Rom II-VO geht diese vor. Zu beachten sind jedoch stets die *besonderen Kollisionsnormen* für Produkthaftung (Art. 5 Rom II-VO), Wettbewerbsrechtsverletzungen (Art. 6 Rom II-VO), Umweltschädigungen (Art. 7 Rom II-VO), Verletzungen von Rechten am geistigen Eigentum (Art. 8 Rom II-VO) oder für Arbeitskampfmaßnahmen (Art. 9 Rom II-VO).
- **Bereicherungsstatut** (vgl. Rn. 294): Art. 10, Art. 14 Rom II-VO; bei Vorliegen einer wirksamen *Rechtswahl* gem. Art. 14 Rom II-VO geht diese vor.
- **Statut der Geschäftsführung ohne Auftrag** (vgl. Rn. 295): Art. 11, Art. 14 Rom II-VO; bei Vorliegen einer wirksamen *Rechtswahl* gem. Art. 14 Rom II-VO geht diese vor.
- **Verschulden bei Vertragsverletzungen** (vgl. Rn. 296): Art. 12, Art. 14 Rom II-VO; bei Vorliegen einer wirksamen *Rechtswahl* gem. Art. 14 Rom II-VO geht diese vor.

Die *Reichweite des anzuwendenden Rechts* bestimmt sich nach Art. 15 Rom II-VO (vgl. Rn. 298). Bei allen Verweisungen handelt es sich gem. Art. 24 Rom II-VO um *Sachnormverweisungen* (zu einer Ausnahme vgl. Rn. 77 ff.); bei Verweisungen auf das Recht eines Mehrrechtsstaates ist Art. 25 Rom II-VO zu beachten.

Sonderregelungen bestehen insbesondere für

- **Eingriffsnormen** (Art. 16 Rom II-VO; vgl. Rn. 299),
- die Direktklage **gegen den Versicherer des Haftenden** (Art. 18 Rom II-VO; vgl. Rn. 303 ff.),
- die **Form** (Art. 21 Rom II-VO),
- die **Legalzession** (Art. 19 Rom II-VO) sowie den **Gesamtschuldnerausgleich** (Art. 20 Rom II-VO).

c) Ergebniskorrektur
- **Anpassung** (unterliegt den allgemeinen Grundsätzen, vgl. Rn. 127 ff.)
- **ordre public-Vorbehalt** (Art. 26 Rom II-VO, vgl. Rn. 132 ff.)
- **Gesetzesumgehung** (unterliegt den allgemeinen Grundsätzen, vgl. Rn. 143 ff.)

d) Anwendung des berufenen Sachrechts
- **Vorfragen** (sind nach vorzugswürdiger Ansicht *selbstständig* anzuknüpfen, vgl. Rn. 118 ff.)
- **Problem des Auslandssachverhaltes** (zu beachten: Sonderregelung des Art. 17 Rom II-VO für *Sicherheits- und Verhaltensregeln*, vgl. Rn. 300 ff.; allgemein hierzu Rn. 147 ff.)

3. Nationales Recht

Dem nationalen Recht kommt insbesondere für *Persönlichkeitsrechtsverletzungen* Bedeutung zu. Diese unterliegen bei *deliktischer Qualifikation*
- **Art. 40–42 EGBGB** (vgl. Rn. 308 ff.),

bei *bereicherungsrechtlicher Qualifikation*
- **Art. 38 EGBGB** (vgl. Rn. 329).

E. Internationales Sachenrecht

I. Rechtsgrundlagen

Das Internationale Sachenrecht ist in Art. 43–46 EGBGB geregelt; vorrangig zu beachtende europäische oder staatsvertragliche Kollisionsrechtsakte bestehen nicht.

331

II. Überblick über die Regelungen des Internationalen Sachenrechts

Das Sachstatut bestimmt sich grundsätzlich nach der allgemeinen Kollisionsnorm **des Art. 43 EGBGB**, soweit nicht die speziellere Kollisionsnorm des **Art. 45 EGBGB** für Transportmittel greift. Eine Rechtswahl ist in beiden Fällen ausgeschlossen, allerdings kommt eine Korrektur dieser Anknüpfungen über die **Ausweichklausel des Art. 46 EGBGB** in Betracht. Eine besondere, im Falle ihres Eingreifens stets vorrangig zu berücksichtigende Regelung sieht zuletzt Art. 44 EGBGB vor, der (sachenrechtlich zu qualifizierende) Ansprüche wegen Grundstücksimmissionen den entsprechenden Regelungen der Rom II-VO unterstellt.

332

III. Die Bestimmung des Sachstatuts

1. Die allgemeine Regelung des Art. 43 EGBGB

Art. 43 EGBGB enthält

333

- die **allgemeine Anknüpfungsregel** für das Internationale Sachenrecht (Abs. 1) sowie
- Sonderregelungen für den Fall eines **Statutenwechsels** (Abs. 2, 3),

die in eng umgrenzten Ausnahmefällen allesamt einer Korrektur über die **Ausweichklausel** des Art. 46 EGBGB zugänglich sind (Rn. 367 ff.).

a) Allgemeine Anknüpfungsregel (Art. 43 Abs. 1 EGBGB)

aa) Anknüpfung an die lex rei sitae

Die Grundanknüpfung des Art. 43 Abs. 1 EGBGB unterstellt sachenrechtlich zu qualifizierende Fragen (vgl. Rn. 337 ff.) im Interesse des Verkehrsschutzes dem Recht desjenigen Staates, in welchem sich die fragliche Sache befindet; anzuwenden ist damit die jeweilige Belegenheitsrechtsordnung *(lex rei sitae)* zum Zeitpunkt des jeweiligen **sachenrechtlich relevanten Vorgangs**, unabhängig davon, ob es sich um eine bewegliche oder unbewegliche Sache handelt. Bei dieser Verweisung handelt es sich nach dem allgemeinen Grundsatz des Art. 4 Abs. 1 S. 1 EGBGB um eine **Gesamtverweisung**, wenngleich Rück- und Weiterverweisung seitens der Belegenheitsrechtsordnung aufgrund der weiten Verbreitung der *lex-rei-sitae*-Anknüpfung praktisch sehr selten sind.[1]

334

▶ **Fall 34:** E veräußert in der Schweiz seinen Fotoapparat an A, den dieser sodann in Österreich an den B weiterveräußert. Kurze Zeit später kommt der Fotoapparat dem B abhanden und wird schließlich von C in Deutschland gutgläubig erworben. Welchem Recht unterliegen die einzelnen Erwerbstatbestände? ◀

335

▶ **Lösung:** Die Veräußerung E-A unterliegt gem. Art. 43 Abs. 1 EGBGB schweizerischem Recht, das die Gesamtverweisung annimmt (Art. 4 Abs. 1 S. 1 EGBGB iVm Art. 100 S. 1

336

---

[1] Vgl. auch *von Hoffmann/Thorn*, § 12 Rn. 8.

schweizerisches IPRG). Demgegenüber unterliegt die Veräußerung A-B gem. Art. 43 Abs. 1 EGBGB österreichischem Recht (das die Gesamtverweisung ebenfalls annimmt, vgl. § 31 Abs. 1 österreichisches IPRG), der etwaige gutgläubige Erwerb des C ist anhand des deutschen Sachenrechts zu beurteilen (Art. 43 Abs. 1 EGBGB). ◄

bb) Reichweite des Anknüpfungsgegenstands

337 Das nach Art. 43 EGBGB bestimmte Sachstatut entscheidet über **alle sachenrechtlichen Fragestellungen**, also über Entstehung und Inhalt, etwaige Änderungen sowie den Übergang und Untergang dinglicher Rechte.[2] Insbesondere bestimmt das jeweilige Belegenheitsrecht den Kreis der zulässigen dinglichen Rechte *(numerus clausus)*.

338 **Beispiel:** Der in Schärding (Österreich) lebende A überträgt der Passauer Bank B im Wege einer Sicherungsübereignung mittels Besitzkonstituts das Eigentum an seinem in Österreich befindlichen KFZ. Die Wirksamkeit der Sicherungsübereignung unterliegt gem. Art. 43 Abs. 1 EGBGB österreichischem Recht, welches die von Art. 43 Abs. 1 EGBGB angeordnete Gesamtverweisung annimmt (§ 31 Abs. 1 österreichisches IPRG). Anzuwenden ist damit österreichisches Sachenrecht, das jedoch eine Sicherungsübereignung mittels Besitzkonstituts (als unzulässige Umgehung des Besitzpfandrechts) untersagt; die Sicherungsübereignung ist damit im vorliegenden Fall unwirksam.

339 Dem Sachstatut unterliegen zudem *sämtliche*, dh sowohl rechtsgeschäftliche als auch gesetzliche **Erwerbstatbestände**, so dass das jeweilige Belegenheitsrecht über die diesbezüglichen Voraussetzungen abschließend entscheidet. Besonderheiten sind bei einem rechtsgeschäftlichen **Eigentumserwerb** zu beachten, der sich rechtsvergleichend betrachtet auf drei unterschiedlichen Wegen[3] vollziehen kann:

- Trennungs- und Abstraktionsprinzip
Nach dem **Trennungs- und Abstraktionsprinzip**, das in seiner reinen Form alleine in Deutschland, zumindest für den Eigentumserwerb *beweglicher* Sachen jedoch auch in Griechenland gilt, stellen Kausalgeschäft (etwa ein Kaufvertrag) und dinglicher Erwerbsvorgang zwei *unterschiedliche* (Trennungsprinzip), *hinsichtlich ihrer Wirksamkeit nicht verknüpfte* (Abstraktionsprinzip) Rechtsgeschäfte dar. Der rechtsgeschäftliche Eigentumserwerb setzt daher – neben einem Übertragungsakt (Übergabe iSv § 929 S. 1 BGB, Art. 1034 griechisches ZGB, Eintragung in das Grundbuch iSv § 925 BGB) – alleine eine von dem (dem Erwerb zugrundeliegenden) Kausalgeschäft zu unterscheidende **dingliche Einigung** voraus, die *sachenrechtlich* zu qualifizieren und damit anhand der Belegenheitsrechtsordnung (als Teil der Hauptfrage) zu beurteilen ist.[4]

▶ **Fall 35:** Der Hamburger H erwirbt von dem griechischen Kunsthändler K eine originalgetreue Nachbildung einer antiken Zeus-Statue; die Übereignung erfolgt in Athen, der Kaufvertrag untersteht kraft Rechtswahl deutschem Recht. Welchem Recht unterliegt die Frage, ob H Eigentum erworben hat? ◄

▶ **Lösung:** Für den vorliegenden Fall verweist Art. 43 Abs. 1 EGBGB im Wege einer Gesamtverweisung (Art. 4 Abs. 1 S. 1 EGBGB) auf griechisches IPR, das die Verweisung

---

2 *Kropholler*, § 54 I 3 (S. 555); *von Hoffmann/Thorn*, § 12 Rn. 20; *Rauscher*, Rn. 1537.
3 Vertiefend hierzu etwa *Ferrari*, ZeuP 1993, 52 ff.
4 *Kropholler*, § 54 I 3 b (S. 556).

annimmt; anzuwenden ist damit griechisches Sachrecht. Gem. Art. 1034 ZGB[5] setzt der Eigentumserwerb beweglicher Sachen (ebenso wie im Rahmen von § 929 S. 1 BGB) eine Übergabe sowie eine dingliche Einigung voraus, die beide anhand des griechischen Sachstatuts zu beurteilen sind. ◄

- „Titulus-modus"-Prinzip
Demgegenüber setzt der Eigentumserwerb nach dem (etwa in der Schweiz, Österreich und den Niederlanden geltenden) **„titulus-modus-Prinzip"** – neben einem Übertragungsakt (sog. *modus*, etwa eine Übergabe oder eine Grundbucheintragung) – zugleich die Wirksamkeit des Kausalgeschäfts (sog. *titulus*) voraus, so dass beide Rechtsgeschäfte *zwar getrennt, jedoch hinsichtlich ihrer Wirksamkeit verknüpft* sind. Im Rahmen des dinglichen Erwerbstatbestands ist daher auch die Wirksamkeit des dem Erwerb zugrundeliegenden Kausalgeschäfts zu prüfen, was im Wege einer *selbstständigen* Vorfragenanknüpfung[6] anhand des für *dieses* Kausalgeschäft maßgeblichen Rechts (Art. 3 ff. Rom I-VO) zu erfolgen hat.

▶ **Fall 36:** A erwirbt von B (gewöhnlicher Aufenthalt in Österreich) ein in der Schweiz befindliches Gemälde, das A in der Schweiz übergeben wird. Welchem Recht unterliegt die Frage, ob A Eigentum erworben hat? ◄

▶ **Lösung:** Der Eigentumserwerb unterliegt gem. Art. 43 Abs. 1 EGBGB schweizerischem Sachrecht (Art. 4 Abs. 1 S. 1 EGBGB iVm Art. 100 S. 1 schweizerisches IPRG), das für den rechtsgeschäftlichen Erwerb beweglicher Sachen – neben dem Übergang des Besitzes – zugleich einen wirksamen Kausalvertrag voraussetzt.[7] Ob ein solcher vorliegt, ist im Wege einer *selbstständigen* Vorfragenanknüpfung zu beurteilen, so dass über diese Frage das – gem. Art. 4 Abs. 1 lit. a Rom I-VO iVm Art. 20 Rom I-VO bestimmte – österreichische Vertragsstatut zu befinden hat. ◄

Hinweis: Gelegentlich wird diese Vorfrage *unselbstständig* angeknüpft, und dies sogar von den Vertretern einer grundsätzlich selbstständigen Vorfragenanknüpfung.[8] Begründet wird dies insbesondere damit, dass die – mit einer unselbstständigen Vorfragenanknüpfung ggf. einhergehende – unterschiedliche Behandlung *derselben* Rechtsfrage (konkret: Wirksamkeit des Kausalgeschäfts) im Kontext eines Eigentumserwerbs unschädlich sei, da dieser nach deutschem Recht eben unabhängig von dem Kausalgeschäft erfolge;[9] der innere Entscheidungseinklang werde daher nicht beeinträchtigt, so dass dem Interesse an äußerem Entscheidungseinklang stattgegeben werden könne. Eine solche Begründung vermag indes nicht zu überzeugen, da *jede* unterschiedliche Behandlung *ein und derselben* Rechtsfrage den inneren Entscheidungseinklang beeinträchtigt; die Frage ist damit nur, ob ein solcher aufgrund besonderer Umstände zu *rechtfertigen* ist,[10] was jedoch aufgrund der generellen Bedenken, die gegen eine unselbstständige Anknüpfung sprechen (vgl. Rn. 118 ff.), abzulehnen ist.

---

5 Vgl. Art. 1034 griechisches ZGB: „Zur Übertragung des Eigentums an einer beweglichen Sache sind erforderlich die Übergabe des Besitzes der Sache vom Eigentümer an den Erwerber und die Einigung beider Teile, dass das Eigentum übergehen soll".
6 Vgl. MüKoBGB/*Wendehorst*, Art. 43 EGBGB Rn. 86; BeckOGK/*Prütting/Zimmermann* (Stand 1.12.2022), Art. 43 EGBGB Rn. 46; Grüneberg/*Thorn*, Art. 43 EGBGB Rn. 4. – AA (unselbstständige Vorfragenanknüpfung) *Kegel/Schurig*, § 9 II f. (S. 385).
7 Grundlegend hierzu schweizerisches Bundesgericht (BG) v. 29.11.1929, BGE 55 II, 302 (306–309).
8 So insbesondere *Kegel/Schurig*, § 9 II f. (S. 385).
9 Vgl. hierzu *Kegel/Schurig*, § 9 II f. (S. 385).
10 Dies etwa im Hinblick auf das Interesse an der Durchsetzbarkeit der eigenen gerichtlichen Entscheidung in dem Belegenheitsstaat, die im Falle vollständigen Entscheidungseinklangs mit dem betreffenden Staat

- **Konsensualprinzip**
Nach dem (insbesondere im romanischen Rechtskreis verbreiteten, etwa in Frankreich und Italien geltenden) **Konsensual- bzw. Einheitsprinzip** bedarf es für einen rechtsgeschäftlichen Eigentumserwerb keines besonderen Übertragungsakts, sondern *ausschließlich* eines wirksamen Kausalgeschäfts. Ob ein solches vorliegt, ist wiederum im Wege einer selbstständigen Vorfragenanknüpfung anhand des für das Kausalgeschäft maßgeblichen Rechts zu beurteilen.[11]

▶ **Abwandlung Fall 36:** Wie ist zu entscheiden, wenn sich das Gemälde in Frankreich befindet und dort übergeben wird? ◀

▶ **Lösung:** In der Abwandlung unterliegt die Frage nach einem Eigentumserwerb gem. Art. 43 Abs. 1 EGBGB französischem Recht, das die Gesamtverweisung ebenfalls annimmt. Nach französischem Sachrecht bedarf es für einen Eigentumserwerb alleine eines wirksamen Kausalgeschäftes (Art. 711 Code civil),[12] dessen Wirksamkeit daher gem. Art. 4 Abs. 1 lit. a Rom I-VO iVm Art. 20 Rom I-VO nach österreichischem Sachrecht zu beurteilen ist. ◀

340 Nach dem jeweiligen Belegenheitsrecht beurteilt sich darüber hinaus auch die Frage, unter welchen Voraussetzungen und auf welche Weise die dingliche Rechtsposition gegenüber Dritten geltend gemacht werden kann.[13] Der *lex rei sitae* unterliegen damit jegliche Formen von **Rechtsverwirklichungsansprüchen** (dingliche Herausgabeansprüche, Ansprüche auf Unterlassung und Beseitigung der Rechtsbeeinträchtigung, wobei in letzterem Falle die spezielle Regelung des Art. 44 EGBGB zu beachten bleibt – vgl. Rn. 377 ff.). **Nicht erfasst** sind demgegenüber *rein relativ wirkende Ansprüche*, die alleine an die *Verletzung einer dinglichen Rechtsposition* anknüpfen. Dies gilt insbesondere für **Ansprüche aus einem Eigentümer-Besitzer-Verhältnis** (§§ 987 ff. BGB), die nach vorzugswürdiger, jedoch umstrittener Ansicht *außervertraglich* zu qualifizieren sind und daher den entsprechenden Kollisionsnormen der Rom II-VO unterliegen (Schadensersatzansprüche Art. 4 Rom II-VO, Verwendungs- und Nutzungsersatzansprüche Art. 10 Rom II-VO, soweit keine – vorrangig zu beachtende – Rechtswahl getroffen wurde).[14]

b) Statutenwechsel (Art. 43 Abs. 2, Abs. 3 EGBGB)

341 Gelangt eine Sache in einen anderen Staat, ändert sich zugleich das – stets anhand der *aktuellen* Belegenheitsrechtsordnung zu ermittelnde – Sachstatut. Damit tritt aufgrund eines schlichten Gebietswechsels ein **Statutenwechsel** ein, der besondere Folgefragen aufwerfen kann. Diese sind Gegenstand von Art. 43 Abs. 2, Abs. 3 EGBGB.

---

gefördert werden könnte. – Zu Recht kritisch gegenüber diesem „Effektivitätsargument" *Kropholler*, § 54 I 1 (S. 555).
11 Vgl. MüKoBGB/*Wendehorst*, Art. 43 EGBGB Rn. 86; BeckOGK/*Prütting/Zimmermann* (Stand 1.12.2022), Art. 43 EGBGB Rn. 46; Grüneberg/*Thorn*, Art. 43 EGBGB Rn. 4; *von Hoffmann/Thorn*, § 12 Rn. 21. – AA (unselbständige Vorfragenanknüpfung) *Kegel/Schurig*, § 9 II f. (S. 385).
12 Art. 711 Code civil: „La propriété des biens s'acquiert [...] par l'effet des obligations".
13 MüKoBGB/*Wendehorst*, Art. 43 EGBGB Rn. 96; *Rauscher*, Rn. 1537.
14 Ebenso BeckOGK/*Prütting/Zimmermann* (Stand 1.12.2022), Art. 43 EGBGB Rn. 127 ff.; dies erwägend, jedoch offenlassend MüKoBGB/*Wendehorst*, Art. 43 EGBGB Rn. 105. – AA (sachenrechtliche Qualifikation) BGH NJW 2009, 2824 (2825); *Kropholler*, § 54 I 3 a (S. 556).

III. Die Bestimmung des Sachstatuts

Hinweis: Ein Statutenwechsel kommt praktisch nur im Hinblick auf bewegliche Sachen in Betracht, wenngleich er für unbewegliche Sachen (etwa aufgrund der Verschiebungen einer Landesgrenze) nicht a priori ausgeschlossen ist.

aa) Bereits begründete dingliche Rechte (Art. 43 Abs. 2 EGBGB)

342 Ob und mit welchem Inhalt dingliche Rechte an einer Sache entstanden sind, beurteilt die jeweilige Belegenheitsrechtsordnung zum Zeitpunkt des sachenrechtlich relevanten Vorgangs (Art. 43 Abs. 1 EGBGB, vgl. Rn. 334). Wurde hiernach ein dingliches Recht an einer Sache **begründet**, bleibt die dingliche Rechtsposition grundsätzlich auch dann erhalten, wenn die fragliche Sache in einen anderen Staat verbracht wird (sog. **Schutz „wohlerworbener Rechte"**).[15]

343 **Beispiel:** A erwirbt in Frankreich eine Uhr. Ist der Eigentumserwerb nach französischem Recht wirksam, bleibt A auch dann Eigentümer der Uhr, wenn diese in einen Staat verbracht wird, nach dessen Recht die Voraussetzungen für einen Eigentumserwerb nicht vorgelegen hätten. Veräußert A die Uhr in *diesem* neuen Belegenheitsstaat jedoch weiter, ist dieser *neue* sachenrechtliche Vorgang wiederum ausschließlich anhand der zum Zeitpunkt der Veräußerung maßgeblichen Belegenheitsrechtsordnung zu beurteilen.

344 Besondere Probleme treten jedoch auf, wenn nach dem ursprünglichen Belegenheitsrecht dingliche Rechte begründet wurden, die der aktuellen Belegenheitsrechtsordnung **nicht oder nicht in gleicher Weise bekannt** sind. Verdeutlicht werden soll dies anhand von

345 ▶ **Fall 37:**[16] Der in Straßburg lebende A räumt dem ebenfalls in Straßburg lebenden B ein – nach französischem Recht wirksam begründetes – besitzloses Registerpfandrecht an seinem KFZ ein. Kurze Zeit später zieht A nach Baden-Baden um. Kann B das nach französischem Recht wirksam begründete Pfandrecht an dem nunmehr in Deutschland belegenen KFZ im Wege einer Pfändung geltend machen? ◀

Hinweis: Weitere (prüfungsrelevante) Beispiele für Rechte, die dem deutschen Sachenrecht unbekannt sind, stellen etwa italienische Autohypotheken,[17] relativ-wirkende Eigentumsvorbehalte[18] (hierzu Rn. 363 ff.) sowie Lösungsrechte des gutgläubigen Käufers nach schweizerischem Recht[19] (hierzu Rn. 348) dar.

346 Würde man der *lex rei sitae unbekannte* dingliche Rechtspositionen ohne Einschränkung zur Anwendung verhelfen, führte dies zu einer Beeinträchtigung des sachenrechtlichen *numerus clausus* der neuen Belegenheitsrechtsordnung, die im Interesse des Verkehrsschutzes nicht stets hingenommen werden kann. **Art. 43 Abs. 2 EGBGB** bestimmt daher, dass *nach ausländischem Recht bereits begründete dingliche Rechte nicht im Widerspruch zu der aktuellen Belegenheitsrechtsordnung ausgeübt werden können.*

Hinweis: Aus dieser Regelung ergibt sich zweierlei: Zunächst stellt Art. 43 Abs. 2 EGBGB zweifelsfrei fest, dass jegliche, nach ausländischem Recht wirksam begründete dinglichen Rechte von der neuen Belegenheitsrechtsordnung **anzuerkennen sind**, mögen sie dieser auch gänzlich unbekannt sein. Eine Grenze zieht alleine der ordre public-Vorbehalt des

---

[15] Vgl. etwa MüKoBGB/*Wendehorst*, Art. 43 EGBGB Rn. 125; *von Hoffmann/Thorn*, § 12 Rn. 30.
[16] Vgl. hierzu BGH NJW 1963, 1200.
[17] BGH NJW 1991, 1415. – Vgl. auch *Kropholler*, § 54 III 1 a (S. 560); *von Hoffmann/Thorn*, § 12 Rn. 31.
[18] BGH NJW 1991, 1415. – Vgl. auch *Kropholler*, § 54 III 1 a (S. 560); *von Hoffmann/Thorn*, § 12 Rn. 31.
[19] *Kropholler*, § 54 III 1 a (S. 560).

Art. 6 EGBGB, wenngleich insoweit anzumerken ist, dass der neueren deutschen Rechtsprechung keine Fälle zu entnehmen sind, in denen einem dem deutschen Recht unbekannten Rechtsinstitut die Anerkennung versagt worden ist.[20] Darüber hinaus folgt aus Art. 43 Abs. 2 EGBGB, dass die **Wirkungen einer dinglichen Rechtsposition** im Falle ihrer Ausübung stets *durch die aktuelle Belegenheitsrechtsordnung begrenzt* werden. Im Ergebnis läuft dies auf eine **gesonderte Anknüpfung der Belegenheitsrechtsordnung** hinaus, was zu Normwidersprüchen führen kann. Treten solche Widersprüche auf, sind diese – ebenso wie im Rahmen von Art. 31 EuErbVO (vgl. hierzu Rn. 536 ff.) – im Wege einer **Anpassung** zu korrigieren, so dass mit Art. 43 Abs. 2 EGBGB zugleich ein besonderer Fall der Anpassungsproblematik (allgemein hierzu Rn. 127 ff.) einhergeht.

347 Im Einzelnen setzt die Anwendung des – allseitig formulierten – Art. 43 Abs. 2 EGBGB zunächst voraus, dass das betreffende dingliche Recht in dem aktuellen Belegenheitsstaat **ausgeübt**, die dingliche Rechtsposition also *geltend gemacht wird* (etwa in Form eines Herausgabeanspruchs, eines Verwertungsrechtes, einer Registereintragung usw). Darüber hinaus muss diese Geltendmachung zu einem *konkreten* **Normwiderspruch** mit der jeweiligen Belegenheitsrechtsordnung führen, der in einem letzten Schritt **mittels einer Anpassung** zu beseitigen ist.

348 ▶ **Lösung Fall 37:** Macht B das KFZ-Pfandrecht in Deutschland geltend, führt dies zu einem Widerspruch mit dem deutschen (Belegenheits-)Recht, da dieses die anzuerkennenden Sachenrechtstypen *abschließend* definiert (*numerus clausus* des Sachenrechts) und ein besitzloses KFZ-Pfandrecht gerade nicht vorsieht. Damit ist der Anwendungsbereich von Art. 43 Abs. 2 EGBGB eröffnet. ◀

Hinweis: Zu beachten ist jedoch, dass nicht jede Geltendmachung eines unbekannten Rechtsinstituts zu einem Normwiderspruch führen muss. Wurde etwa ein – dem deutschen Recht grundsätzlich unbekanntes – **Lösungsrecht** gem. Art. 934 Abs. 2 schweizerisches ZGB begründet, nach dem der Eigentümer einer abhanden gekommenen Sache von dem gutgläubigen Erwerber nur Herausgabe der Sache verlangen kann, wenn er diesem den (an den Veräußerer) bezahlten Preis vergütet, kann sich der gutgläubige Erwerber auch dann uneingeschränkt auf diese Rechtsposition berufen, wenn die Sache nach Deutschland gelangt.[21] Denn bei funktionaler Betrachtung gewährt das schweizerische Lösungsrecht dem gutgläubigen Erwerber alleine ein dingliches Zurückbehaltungsrecht, das dem deutschen Recht grundsätzlich ebenfalls bekannt ist (vgl. § 1000 BGB); ein *konkreter* Widerspruch zu der deutschen Belegenheitsrechtsordnung besteht insoweit nicht, so dass diese Rechtsposition in Deutschland uneingeschränkt geltend gemacht werden kann.[22]

349 Wie die im Anwendungsbereich des Art. 43 Abs. 2 EGBGB erforderliche Anpassung konkret durchzuführen ist, wird – ebenso wie im Rahmen von Art. 31 EuErbVO (vgl. Rn. 536) – nicht einheitlich beurteilt. Vertreten werden insoweit zwei Grundpositionen:
- Nach der klassischen **Transpositionslehre** sind dem aktuellen Belegenheitsrecht unbekannte dingliche Rechte in funktionsäquivalente Sachrechtstypen der *lex fori* formell überzuleiten;[23] das dingliche Recht wird damit *dauerhaft* (dh auch mit Wir-

---

20 Vgl. *von Hoffmann/Thorn*, § 12 Rn. 32; auch MüKoBGB/*Wendehorst*, Art. 43 EGBGB Rn. 165; *Looschelders*, Art. 43 EGBGB Rn. 52; *Kropholler*, § 54 III 1 a (S. 560).
21 Vgl. *Kropholler*, § 54 III 1 a (S. 560).
22 *Kropholler*, § 54 III 1 a (S. 560).
23 So etwa Soergel/*Lüderitz*, Art. 38 EGBGB Anh. II Rn. 50.

kungen für künftige Statutenwechsel)²⁴ in ein der aktuellen *lex rei sitae* bekanntes Rechtsinstitut umgewandelt.

▶ **Lösung Fall 37:** Folgt man der strengen Lesart der Transpositionslehre, müsste das besitzlose französische Registerpfandrecht in eine dingliche Rechtsposition umgewandelt werden, die in dem konkreten Fall auch nach deutschem Recht hätte begründet werden können. Insoweit kommt alleine eine Transposition in ein **Sicherungseigentum**,²⁵ nicht jedoch eine Umwandlung in ein besitzloses Pfandrecht in Betracht, da Letzteres nur in bestimmten Fällen (Vermieterpfandrecht gem. § 562 BGB, Gastwirtpfandrecht gem. § 704 BGB usw) entstehen kann. Eine Verwertung müsste daher nach den für das Sicherungseigentum geltenden Vorschriften erfolgen. ◀

■ Demgegenüber bleibt nach der heute herrschenden **Hinnahmetheorie** das ausländische Recht als solches grundsätzlich erhalten, alleine seine *Wirkungen* werden einem funktionsäquivalenten Sachenrechtstyp der Belegenheitsrechtsordnung (mittels einer entsprechenden Anwendung der jeweils passenden Normen) gleichgestellt.²⁶ Ein solches Vorgehen ermöglicht nicht nur eine flexible Anpassung der ausländischen Rechtsposition an inländische Verhältnisse, sondern stellt zugleich sicher, dass das dingliche Recht bei einem erneuten Statutenwechsel in seiner ursprünglichen Ausgestaltung erhalten bleibt (vgl. Rn. 350).

▶ **Fall 37:** Folgt man der **Hinnahmetheorie**, wäre das französische Registerpfandrecht alleine im Hinblick auf seine *Rechtswirkungen* einem funktionsäquivalenten dinglichen Recht des deutschen Rechts gleichzustellen. Damit kommt nicht nur eine Behandlung als Sicherungseigentum (das im Hinblick auf die hiermit einhergehende Rechtsstellung weiter reicht als das französische Registerpfandrecht), sondern auch als – dem deutschen Recht in anderem Kontext ebenfalls bekanntes – **besitzloses Pfandrecht** in Betracht, das dem französischen Registerpfandrecht hinsichtlich seiner Wirkungen besser entspricht. Eine Verwertung kann daher nach den für Pfandrechte geltenden Vorschriften erfolgen. ◀

Stellungnahme: Nach vorzugswürdiger Ansicht ist der **Hinnahmetheorie** zu folgen. Alleine diese wird der Regelung des Art. 43 Abs. 2 EGBGB gerecht, nach dem ausländische Rechte grundsätzlich anzuerkennen und nur in ihren *Wirkungen* durch die jeweilige Belegenheitsrechtsordnung zu beschränken sind. Zweck des Art. 43 Abs. 2 EGBGB ist es, den *numerus clausus* der jeweiligen Belegenheitsrechtsordnung zu bewahren; hierfür bedarf es jedoch keiner dauerhaften Transposition des unbekannten Rechtsinstitutes,²⁷ sondern vielmehr alleine einer entsprechenden *Wirkungsbeschränkung*, die das fremde Recht als solches unangetastet lässt. Nur ein solches Vorgehen stellt sicher, dass eine nach ausländischem Recht begründete dingliche Rechtsposition seine volle Rechtswirkung entfalten kann, wenn die betreffende Sache wieder in den Ursprungsstaat gelangt.

Hinweis: Zu gänzlich unangemessenen Ergebnissen führt die Transpositionslehre insbesondere dann, wenn das ausländische Recht **keinem funktionsäquivalenten Recht der lex**

350

---

24 MüKoBGB/*Wendehorst*, Art. 43 EGBGB Rn. 153.
25 So (hinsichtlich einer Autohypothek nach italienischem Recht) BGH NJW 1991, 1415 (1416).
26 So etwa MüKoBGB/*Wendehorst*, Art. 43 EGBGB Rn. 158 f.; Staudinger/*Mansel* (2015), Art. 43 EGBGB Rn. 1264 f.; *von Hoffmann/Thorn*, § 12 Rn. 31; Rauscher, Rn. 1582.
27 Vgl. hierzu ausführlich MüKoBGB/*Wendehorst*, Art. 43 EGBGB Rn. 153–159; *Looschelders*, Art. 43 EGBGB Rn. 51.

fori zugeordnet werden kann. Wird etwa ein – im Wege einer Sicherungsübereignung wirksam übertragener – Gegenstand von Deutschland nach Österreich verbracht, müsste das Sicherungseigentum bei strenger Betrachtung untergehen, da eine Transposition mangels Vorhandenseins eines funktionsäquivalenten Sachenrechtstypus (nach österreichischem Recht ist eine Sicherungsübereignung als Umgehung des Faustpfandrechtes unzulässig) scheitert. Bei diesem Ergebnis müsste es selbst dann bleiben, wenn der Gegenstand zu einem späteren Zeitpunkt wieder nach Deutschland verbracht wird – denn ein bereits untergegangenes Recht bleibt auch im Falle einer erneuten Transposition ein rechtliches *Nullum*. Ein solcher, mit der klassischen Transpositionslehre einhergehender **„Reinigungseffekt"**[28] vermag nicht zu überzeugen; vielmehr bleibt das ursprüngliche Sicherungseigentum gem. Art. 43 Abs. 2 EGBGB bei jedem Statutenwechsel erhalten und entfaltet daher wieder seine volle Rechtswirksamkeit, wenn der Gegenstand in einen – diese Rechtswirkungen anerkennenden – Staat verbracht wird.

bb) (Noch) nicht abgeschlossene Erwerbstatbestände (Art. 43 Abs. 3 EGBGB)

351 Wurde eine dingliche Rechtsposition unter dem bisherigen Belegenheitsrecht *nicht begründet*, ist im Falle der Verbringung der Sache in einen anderen Staat danach zu unterscheiden, ob der sachenrechtliche Vorgang bereits abgeschlossen war oder nicht. Soweit Ersteres der Fall ist, bleibt es – herkömmlichen Grundsätzen entsprechend – ausschließlich bei der Anwendung des bisherigen Belegenheitsrechts (sog. **einfacher Statutenwechsel**), so dass die dingliche Rechtsänderung (vorbehaltlich seiner erneuten Vornahme) endgültig gescheitert ist; eine „Heilung durch Statutenwechsel" kommt insoweit nicht in Betracht.[29]

352 **Beispiel:** A erwirbt in Österreich eine bewegliche Sache. Führt der (in Österreich abgeschlossene) Erwerbsvorgang nach österreichischem Belegenheitsrecht mangels wirksamen Kaufvertrags *nicht* zu einem Eigentumserwerb des A, bleibt es bei diesem Ergebnis auch dann, wenn A die Sache später nach Deutschland verbringt; der Umstand, dass A unter Geltung der neuen Belegenheitsrechtsordnung Eigentum erworben hätte (§ 929 S. 1 BGB), ist unbeachtlich und „heilt" keineswegs den gescheiterten Eigentumserwerb.[30]

353 Ist der sachenrechtliche Vorgang zum Zeitpunkt der Verbringung der Sache in einen anderen Staat indes *noch nicht abgeschlossen*, weil Teile des sachenrechtlichen Tatbestands erst *nach* dem Eintritt des Statutenwechsels verwirklicht wurden (sog. **qualifizierter Statutenwechsel**), muss entschieden werden, welche der beteiligten Rechtsordnungen *insgesamt* über die dingliche Rechtsänderung zu befinden hat. Eine ausdrückliche Regelung findet sich insoweit nicht, jedoch lässt sich Art. 43 Abs. 3 EGBGB entnehmen, dass solche Fälle stets anhand der **neuen Belegenheitsrechtsordnung** zu beurteilen sind.[31]

Hinweis: Art. 43 Abs. 3 EGBGB erfasst nach seinem Wortlaut nur gestreckte Erwerbstatbestände, bei denen die betreffende Sache *in das Inland* (und damit nach Deutschland) verbracht wird; in solchen Fällen sind gem. Art. 43 Abs. 3 EGBGB im Ursprungsstaat bereits verwirklichte Teile des Erwerbstatbestandes wie inländische zu behandeln. Dieser – nur einseitig formulierten – Regelung lassen sich zwei Aussagen entnehmen. Zum einen setzt

---

28 So *Kegel/Schurig*, § 19 III (S. 772 f.).
29 *Von Hoffmann/Thorn*, § 12 Rn. 33; vgl. auch *Kropholler*, § 54 III 1 (S. 559).
30 Vgl. *von Hoffmann/Thorn*, § 12 Rn. 30.
31 Vgl. auch *Kropholler*, § 54 III 2 (S. 562).

III. Die Bestimmung des Sachstatuts

Art. 43 Abs. 3 EGBGB implizit voraus, dass der Eigentumserwerb bei gestreckten Erwerbstatbeständen stets anhand des *neuen* (deutschen) Belegenheitsrechts zu beurteilen ist; dieser **kollisionsrechtliche Gedanke** ist **allseitig auszubauen**, so dass nicht-abgeschlossene sachenrechtliche Tatbestände *stets* dem neuen (in- und ausländischen) Sachstatut zu unterstellen sind. Zum anderen stellt Art. 43 Abs. 3 EGBGB explizit klar, dass im Rahmen des deutschen Sachenrechts auslandsbezogene Sachumstände zu berücksichtigen sind, enthält also eine (allerdings rein deklaratorische)[32] **Regelung im Hinblick auf den Auslandssachverhalt**. Da diese (materiellrechtlich zu verortende, vgl. Rn. 149) Frage dem jeweils anwendbaren Sachrecht unterliegt, kann alleine *diese* Normaussage nicht a priori auf andere Rechtsordnungen übertragen werden, so dass insoweit stets das ausländische Sachstatut zu befragen ist. Soweit diesem indes keine gegenteilige Aussage entnommen werden kann, lässt sich – mangels ausdrücklicher Regelung (so aber etwa Art. 102 Abs. 1 des schweizerischen IPRG, vgl. Rn. 361) – regelmäßig unterstellen, dass das ausländische Recht im gleichen Sinne entscheidet.[33]

Verdeutlicht werden soll die Problematik anhand folgender **Beispielsfälle**:

▶ **Fall 38:** A kauft von B eine Uhr, die B zu einem späteren Zeitpunkt übergibt; der Kaufvertrag unterliegt kraft Rechtswahl (Art. 3 Abs. 1 Rom I-VO) deutschem Recht. Welches Recht ist im Hinblick auf den Eigentumserwerb anzuwenden, wenn sich die Uhr zum Zeitpunkt des Vertragsschlusses 354

a) in **Frankreich** befand, Einigung und Übergabe jedoch in **Deutschland** erfolgte?
b) in **Griechenland** befand, Einigung und Übergabe jedoch in **Deutschland** erfolgte?
c) in der **Schweiz** befand, Einigung und Übergabe jedoch in **Deutschland** erfolgte?
d) in der **Schweiz** befand, die Einigung in der Schweiz und die Übergabe in **Deutschland** erfolgte? ◀

▶ **Lösung Variante a):** Da nach französischem Recht das Eigentum mit Abschluss eines wirksamen Kaufvertrages übergeht (vgl. Rn. 339), ist A bereits unter Geltung der alten Belegenheitsrechtsordnung (Art. 43 Abs. 1 iVm Art. 4 Abs. 1 S. 1 EGBGB, französisches IPR nimmt die Gesamtverweisung an) Eigentümer der Uhr geworden. Der sachenrechtliche Tatbestand war damit bereits vor dem Statutenwechsel abgeschlossen, so dass es auf die Regelung des Art. 43 Abs. 3 EGBGB nicht ankommt. ◀ 355

▶ **Lösung Variante b):** Das griechische Recht folgt im Hinblick auf den Eigentumserwerb beweglicher Sachen dem Abstraktionsprinzip (vgl. Rn. 339); unter Geltung der alten Belegenheitsrechtsordnung konnte daher kein Eigentum erworben werden, so dass der Eigentumserwerb gem. Art. 43 Abs. 1 EGBGB dem neuen (deutschen) Belegenheitsrecht unterliegt. Da Einigung und Übergabe in Deutschland erfolgten, fehlt es an einem – bereits in Griechenland verwirklichten, gem. Art. 43 Abs. 3 EGBGB im Rahmen des § 929 S. 1 BGB zu berücksichtigenden – auslandsbezogenen Sachumstand. ◀ 356

▶ **Lösung Variante c):** Das schweizerische Recht folgt im Hinblick auf den Eigentumserwerb dem Titulus-Modus-Prinzip (vgl. Rn. 339), unter Geltung der alten Belegenheitsrechtsordnung konnte daher (mangels Übergabe) noch kein Eigentum erworben werden, so dass der Eigentumserwerb ebenfalls gem. Art. 43 Abs. 1 EGBGB dem neuen (deutschen) Belegen- 357

---

32 Vgl. auch MüKoBGB/*Wendehorst*, Art. 43 EGBGB Rn. 167: bloße „Interpretationshilfe für deutsches Sachrecht".
33 Ebenso MüKoBGB/*Wendehorst*, Art. 43 EGBGB Rn. 168.

heitsrecht unterliegt. Da der Kaufvertrag im Rahmen des deutschen Rechts für die Frage nach einem dinglichen Rechtserwerb unerheblich ist, fehlt es auch hier an einem – bereits in der Schweiz verwirklichten, gem. Art. 43 Abs. 3 EGBGB im Rahmen des § 929 S. 1 BGB zu berücksichtigenden – auslandsbezogenen Sachumstand. ◂

358 ▸ **Lösung Variante d):** Auch in dieser Variante unterliegt der Eigentumserwerb gem. Art. 43 Abs. 1 EGBGB dem neuen (deutschen) Belegenheitsrecht. Allerdings ist bei der Anwendung des § 929 S. 1 BGB die – in der Schweiz bereits erfolgte – dingliche Einigung gem. Art. 43 Abs. 3 EGBGB als auslandsbezogener Sachumstand zu berücksichtigen,[34] ihre materielle Wirksamkeit jedoch nach deutschem Belegenheitsrecht zu beurteilen. ◂

359 ▸ **Fall 39:** Der Schweizer A erwirbt in Zürich gutgläubig eine Uhr, die dem E gestohlen wurde. 3 Jahre später zieht A nach Konstanz, wo er die Uhr weitere 8 Jahre als Eigentümer besitzt. Kann E von A zu diesem Zeitpunkt noch Herausgabe der Uhr verlangen? ◂

Bearbeitungshinweise: Das schweizerische Recht unterstellt Erwerb und Verlust dinglicher Rechte an beweglichen Sachen ebenfalls der *lex rei sitae* zum Zeitpunkt des jeweiligen sachenrechtlichen Vorgangs (Art. 100 S. 1 IPRG). Ein gutgläubiger Eigentumserwerb scheidet vorliegend aus, eine Ersitzung kommt nur in Betracht, wenn die „fremde bewegliche Sache ununterbrochen und unangefochten während fünf Jahren in gutem Glauben als Eigentum" besessen wird (Art. 728 ZGB).

360 ▸ **Lösung:** Dingliche Herausgabeansprüche unterliegen gem. Art. 43 Abs. 1 EGBGB dem jeweiligen Belegenheitsrecht, mithin deutschem Sachrecht. Ein Anspruch aus § 985 Abs. 1 BGB ist jedoch ausgeschlossen, wenn E zwischenzeitlich das Eigentum an der Uhr verloren hat. Letztere Frage ist – da es sich hierbei um einen eigenständigen sachenrechtlichen Vorgang handelt – im Wege einer selbstständigen Vorfrageanknüpfung anhand des nach Art. 43 Abs. 1 EGBGB für diesen Vorgang bestimmte Sachstatut zu beantworten. Unter Geltung des ursprünglichen schweizerischen Sachstatuts (das schweizerische IPR nimmt unsere Gesamtverweisung gem. Art. 100 S. 1 IPRG an) trat ein Eigentumsverlust des E mangels Ablauf der 5-jährigen Ersitzungsfrist des Art. 728 ZGB nicht ein. Da A die Uhr auch nach deren Verbringung in das Inland weiterhin gutgläubig als Eigenbesitzer besessen hat, liegt jedoch ein *nicht abgeschlossener Erwerbstatbestand* vor, der *insgesamt* anhand der neuen Belegenheitsrechtsordnung – und damit nach deutschem Recht – zu beurteilen ist. Insoweit ist die Regelung des Art. 43 Abs. 3 EGBGB zu beachten, nach der die im Ausland bereits verstrichene Ersitzungsfrist im Rahmen von § 937 BGB zu berücksichtigen ist. Damit besaß A die Uhr 11 Jahre als gutgläubiger Eigenbesitzer, so dass dieser gem. § 937 BGB das Eigentum an der Uhr erworben hat; ein Herausgabeanspruch des E besteht somit nicht. ◂

361 ▸ **Abwandlung Fall 39:** Angenommen, A hat die Uhr 3 Jahre in Deutschland und anschließend 3 Jahre in der Schweiz gutgläubig als Eigenbesitzer besessen. Kann E von A Herausgabe der Uhr verlangen? ◂

Ergänzender Bearbeitungshinweis: Art. 102 Abs. 1 des schweizerischen IPRG bestimmt: „Gelangt eine bewegliche Sache in die Schweiz und ist der Erwerb oder der Verlust eines dinglichen Rechts an ihr nicht bereits im Ausland erfolgt, so gelten die im Ausland eingetretenen Vorgänge als in der Schweiz erfolgt."

---

[34] MüKoBGB/*Wendehorst*, Art. 43 EGBGB Rn. 166.

III. Die Bestimmung des Sachstatuts

▶ **Lösung:** Auch in der Abwandlung scheitert der – gem. Art. 43 Abs. 1 EGBGB schweizerischem Recht unterliegende – Herausgabeanspruch des E, da A Eigentum an der Uhr erworben hat. Letztere Frage unterliegt – wiederum als selbstständig anzuknüpfende Vorfrage – schweizerischem Recht, das als neues Belegenheitsrecht über nicht abgeschlossene Erwerbstatbestände zu befinden hat. Da gem. Art. 102 Abs. 1 des schweizerischen IPRG die in Deutschland bereits verstrichene Ersitzungsfrist ebenfalls zu berücksichtigen ist, hat A nach 5 Jahren Eigentum an der Uhr erworben. ◀

▶ **Fall 40:** M betreibt ein erlesenes Kunst- und Antiquitätengeschäft in München. Im Februar 2023 bietet ihm sein langjähriger Geschäftspartner P aus Rom ein frühbarockes Gemälde des italienischen Malers Caravaggio zum Kauf an, das sich zu diesem Zeitpunkt noch in der Galerie des G in Rom befindet. M ist sofort begeistert, gibt aber zu bedenken, dass er aufgrund schlecht laufender Geschäfte nicht in der Lage ist, sogleich den Kaufpreis aufzubringen. M und P vereinbaren daher mündlich Ratenzahlung und Lieferung unter Eigentumsvorbehalt nach Deutschland. Als das Gemälde in München eintrifft, wird es sogleich von dem Gläubiger G des M gepfändet. P ist entsetzt und will dagegen vorgehen. Kann sich P gegenüber G erfolgreich auf seine Eigentümerstellung berufen? Prozessuale Fragen sind nicht zu erörtern. ◀

Bearbeitungshinweise: Das italienische IPR beurteilt sachenrechtliche Fragen nach der lex rei sitae (Art. 51 Abs. 1 italienisches IPRG). Nach Art. 1524 Abs. 1 des italienischen Codice civile kann ein Eigentumsvorbehalt Gläubigern des Käufers nur dann entgegengehalten werden, „wenn er sich aus einer Urkunde mit eindeutigem, vor der Pfändung liegendem Datum ergibt". Der Nachweis eines solchen eindeutigen Datums hat strenge Voraussetzungen und ist im Wesentlichen nur durch beglaubigte Unterschriften oder registrierte Vertragsurkunden zu führen (Art. 2704 Abs. 1 Codice civile). Fehlt es hieran, entfaltet der Eigentumsvorbehalt nur (relative) Wirkung inter partes und kann Dritten nicht entgegengehalten werden.

▶ **Lösung:** Dass P sich im Rahmen der Zwangsvollstreckung erfolgreich auf seine Eigentümerstellung berufen kann, setzt die Vereinbarung eines Eigentumsvorbehalts mit Wirkung gegenüber Dritten voraus. Ob ein solcher vereinbart wurde, unterliegt – als sachenrechtlich zu qualifizierende Frage – dem von Art. 43 ff. EGBGB bestimmten Recht. Da mit der Verbringung des Gemäldes nach Deutschland ein Statutenwechsel erfolgte, ist jedoch vorab zu klären, ob die Entstehung des Eigentumsvorbehalts anhand des alten Belegenheitsrechts (gem. Art. 43 Abs. 1 EGBGB iVm Art. 4 Abs. 1 S. 1 EGBGB sowie Art. 51 Abs. 1 italienisches IPRG italienisches Sachrecht) oder anhand des neuen Belegenheitsrechts (gem. Art. 43 Abs. 1 EGBGB deutsches Recht) zu beurteilen ist.
Der BGH unterstellte diese Frage in einer ähnlich gelagerten, jedoch noch vor Inkrafttreten des Art. 43 EGBGB ergangenen Entscheidung[35] grundsätzlich dem **alten Belegenheitsrecht**, was im vorliegenden Fall zu der Annahme eines *rein relativ wirkenden* Eigentumsvorbehalts (Art. 1524 Abs. 1, Art. 2704 Abs. 1 Codice civile) führen würde; da auch der deutschen Rechtsordnung relativ (un)wirksame Rechtsgeschäfte bekannt sind (§§ 135, 136, 883 II BGB), könnte ein solcher – dem deutschen Recht grundsätzlich fremder – Eigentumsvorbehalt auch unter neuem deutschen Belegenheitsrecht gem. Art. 43 Abs. 2 EGBGB geltend gemacht werden.[36] Zweifellos ist ein relativer Eigentumsvorbehalt für P völlig wertlos. In der genannten Entscheidung entnahm der BGH daher der Parteiabrede (im Wege ergän-

---

35 BGH NJW 1966, 879 *(„Strickmaschinenfall")*.
36 Vgl. BGH NJW 1966, 879 (880).

zender Auslegung) den Inhalt, dass die Parteien mit Besitzbegründung durch den Käufer einen voll wirksamen Eigentumsvorbehalt für den Verkäufer begründen wollten;[37] dies sei – unter Geltung des neuen (deutschen) Belegenheitsrechts – als **konkludent vereinbarte Sicherungsrückübereignung mittels antizipierten Besitzkonstituts (§ 930 BGB)** zu verstehen, so dass der Verkäufer vollwirksames Sicherungseigentum nach deutschem Recht erworben habe.[38]

Einer solchen – freilich fiktiven – sachrechtlichen Konstruktion bedarf es jedoch nicht: Da das Gemälde gem. der zwischen M und B getroffenen Parteiabrede nach Deutschland übersandt werden sollte, liegt ein **gestreckter Erwerbsvorgang** vor, der *insgesamt* nach dem neuen Belegenheitsrecht zu beurteilen ist (vgl. Art. 43 Abs. 3 EGBGB);[39] folglich obliegt die Frage nach dem Entstehen eines wirksamen Eigentumsvorbehalts ausschließlich deutschem Recht, nach dem im vorliegenden Fall ein Eigentumsvorbehalt mit *erga omnes*-Wirkung entstanden ist. P kann sich daher gegenüber G erfolgreich auf seine Eigentümerstellung berufen. ◄

2. Art. 45 EGBGB (Transportmittel)

365 Eine Ausnahme von der Belegenheitsanknüpfung ordnet die besondere, Art. 43 EGBGB vorrangige Kollisionsnorm des Art. 45 EGBGB für **dingliche Rechte an Luft-, Wasser- und Schienenfahrzeugen** an, die – vorbehaltlich der Ausweichklausel (Art. 46 EGBGB) – im Wege einer Gesamtverweisung (Art. 4 Abs. 1 S. 1 EGBGB) dem **Recht des jeweiligen Herkunftsstaates** unterstellt werden. Der Grund für diese besondere Anknüpfung ergibt sich aus dem Umstand, dass die von Art. 45 Abs. 1 EGBGB genannten Transportmittel bestimmungsgemäß ihren aktuellen Belegenheitsort ändern und eine Anknüpfung an die *lex rei sitae* daher zu zufälligen, damit unangemessenen Ergebnissen führen kann. Art. 45 Abs. 1 EGBGB, den man als besondere Ausprägung der Ausweichklausel deuten kann,[40] wählt daher ein – von einem Ortswechsel nicht beeinflusstes, damit stabiles – Anknüpfungsmoment, das

- für **Luftfahrzeuge** (Flugzeuge, Zeppeline, Heißluftballons usw)[41] auf das Recht ihrer Staatszugehörigkeit (und damit das Recht des Registrierungsstaates),
- für **Wasserfahrzeuge** (Seeschiffe, Binnenschiffe, Luftkissenfahrzeuge usw)[42] primär auf das Recht des Registrierungsstaates, hilfsweise auf das Recht des Heimathafens oder das Recht des Heimatortes, sowie
- für **Schienenfahrzeuge** (insbesondere Eisenbahnen, daneben aber etwa auch Magnetschwebebahnen)[43] auf das Recht des Zulassungsstaates verweist.

366 Für **andere, nicht von Art. 45 Abs. 1 EGBGB erfasste Fahrzeuge** kommt eine analoge Anwendung *nicht* in Betracht; vorbehaltlich besonderer, im Rahmen der Ausweichklausel des Art. 46 EGBGB zu berücksichtigender Umstände bleibt es daher bei der Grundanknüpfung des Art. 43 Abs. 1 EGBGB.[44]

---

37 BGH NJW 1966, 879 (880).
38 BGH NJW 1966, 879 (880 f.).
39 Vgl. auch *Kropholler*, § 54 III b (S. 564); *von Hoffmann/Thorn*, § 12 Rn. 34.
40 Vgl. auch MüKoBGB/*Wendehorst*, Art. 45 EGBGB Rn. 1.
41 Vgl. etwa MüKoBGB/*Wendehorst*, Art. 45 EGBGB Rn. 17.
42 Vgl. etwa MüKoBGB/*Wendehorst*, Art. 45 EGBGB Rn. 20.
43 Vgl. etwa MüKoBGB/*Wendehorst*, Art. 45 EGBGB Rn. 23 f.
44 Vgl. *Rauscher*, Rn. 1607; *Kropholler*, § 54 V 1 (S. 566); *von Hoffmann/Thorn*, § 12 Rn. 42. – Vgl. auch MüKoBGB/*Wendehorst*, Art. 45 EGBGB Rn. 25.

III. Die Bestimmung des Sachstatuts

Hinweis: Eine (praktisch nur für Schiffsgläubigerrechte relevante)[45] Sonderregelung enthält Art. 45 Abs. 2 EGBGB zuletzt für **gesetzliche Sicherungsrechte** an den von Abs. 1 genannten Transportmitteln; deren Entstehen unterliegt gem. Art. 45 Abs. 2 S. 1 EGBGB – abweichend von den allgemeinen Grundsätzen – dem für die zu sichernde Forderung maßgeblichen Recht, das im Wege einer **Sachnormverweisung**[46] berufen wird (Art. 4 Abs. 1 S. 1 Hs. 2 EGBGB – Fallgruppe einer akzessorischen Anknüpfung, vgl. Rn. 73). Für die **Rangfolge** mehrerer Sicherungsrechte verweist Art. 45 Abs. 2 S. 1 EGBGB hingegen auf die allgemeine Regelung des Art. 43 Abs. 1 EGBGB, so dass hierüber (vorbehaltlich einer Korrektur über Art. 46 EGBGB) das jeweilige Belegenheitsrecht zu entscheiden hat.

3. Ausweichklausel (Art. 46 EGBGB)

Die von Art. 43 und Art. 45 EGBGB vorgesehenen Anknüpfungen sind einer Korrektur über die Ausweichklausel des Art. 46 EGBGB zugänglich. Voraussetzung für deren Eingreifen ist – wie stets – das Vorliegen einer **wesentlich engeren Verbindung** zu einer *anderen* als der von Art. 43 bzw. Art. 45 EGBGB bezeichneten Rechtsordnung, die mittels der Ausweichklausel (nach vorzugswürdiger, jedoch umstrittener Ansicht im Wege der Gesamtverweisung, vgl. Rn. 74) zur Anwendung gebracht werden kann. Bei der im Rahmen von Art. 46 EGBGB notwendigen **Einzelfallprüfung** ist zu beachten, dass das Sachenrecht in besonderem Maße Verkehrsinteressen impliziert, denen grundsätzlich über die Belegenheitsanknüpfung Rechnung getragen wird. Ein **Abweichen von der Grundanknüpfung** des Art. 43 EGBGB kommt daher nur in Betracht, wenn die *konkret* implizierten Verkehrsinteressen im Einzelfall derart geschwächt sind, dass ein Festhalten an der Belegenheitsanknüpfung zu einem sachfremden Ergebnis führt. Dies ist insbesondere für solche Fälle anzunehmen, in denen der Rechtsverkehr des aktuellen Belegenheitsstaates nicht tangiert wird.[47]

▶ **Fall 41:** Die Frankfurter A und B unternehmen eine von einem deutschen Veranstalter durchgeführte Busreise von Frankfurt nach Rom. Während der Busreise verkauft A dem B seine Uhr; zum Zeitpunkt der Übereignung befand sich der Bus auf der Autobahn in der Nähe der Stadt Chur (Schweiz). ◀

▶ **Lösung:** Grundsätzlich unterliegt der Eigentumserwerb in vorliegendem Fall gem. Art. 43 EGBGB (iVm Art. 4 Abs. 1 S. 1 EGBGB sowie Art. 100 Abs. 1 schweizerischem IPRG) schweizerischem Sachrecht. Da jedoch vorliegend keine Drittinteressen der aktuellen Belegenheitsrechtsordnung tangiert sind (der Bus bildet insoweit eine „Belegenheitsenklave"),[48] ist im Wege der Ausweichklausel das gemeinsame gewöhnliche Aufenthaltsrecht[49] und somit deutsches Recht zur Anwendung berufen. ◀

An einer hinreichend engen Verbindung zu der jeweiligen Belegenheitsrechtsordnung fehlt es regelmäßig auch dann, wenn sich eine Sache bestimmungsgemäß auf dem Transport durch mehrere Staaten befindet *(res in transitu)*; in diesen Fällen bleibt das Recht des jeweiligen (regelmäßig zufälligen) Transitstaates zumindest dann außer

---

45 Vgl. Grüneberg/*Thorn*, Art. 45 EGBGB Rn. 3.
46 Grüneberg/*Thorn*, Art. 45 EGBGB Rn. 1.
47 *Von Hoffmann/Thorn*, § 12 Rn. 12; vgl. auch *Kropholler*, § 54 VI (S. 567).
48 *Looschelders*, Art. 46 EGBGB Rn. 20.
49 *Looschelders*, Art. 46 EGBGB Rn. 20. – AA (Recht des Ausgangsortes der Busreise, was in Fall 41 jedoch ebenfalls zur Anwendung deutschen Rechts führt) *von Hoffmann/Thorn*, § 12 Rn. 12.

Betracht, wenn in diesem Staat kein eigenständiges, Drittinteressen hervorrufendes Rechtsgeschäft vorgenommen wird.[50]

371 ▶ **Fall 42:** Der Passauer A kauft bei dem in Madrid lebenden B eine Vase, die der B nach Passau versendet. Welchem Recht unterliegt die Frage nach einem wirksamen Eigentumserwerb, wenn die Vase über Frankreich nach Deutschland gelangt? ◀

372 ▶ **Lösung:** Anzuwenden ist in casu deutsches Recht (Art. 43 Abs. 1 EGBGB). Das ursprüngliche (spanische) Belegenheitsrecht bleibt außer Betracht, weil nach diesem noch kein Eigentum an der Vase begründet wurde (Spanien folgt dem Titulus-modus-Prinzip, vgl. Rn. 339) und damit ein offener, stets anhand des Bestimmungsstaates zu beurteilender sachenrechtlicher Erwerbstatbestand vorliegt (vgl. Rn. 353). Auch scheidet eine Anwendung französischen Rechts gem. Art. 46 EGBGB aus, mag nach diesem auch – aufgrund des hier geltenden Konsensualprinzips, vgl. Rn. 339 – ein Eigentumserwerb eingetreten sein. ◀

373 Ein allgemeiner Grundsatz, nach dem *res in transitu* stets dem Recht am jeweiligen Zielort zu unterstellen sind, besteht demgegenüber nach vorzugswürdiger Ansicht nicht; vielmehr bleibt es bei der jeweiligen Belegenheitsanknüpfung, wenn in dem Transitland konkret Drittinteressen auf den Plan gerufen werden.[51]

374 ▶ **Abwandlung Fall 42:** Angenommen, der Transporteur T verkauft die für den A bestimmte Vase während des Transports in Frankreich an den gutgläubigen G. Welchem Recht unterliegt die Frage nach einem etwaigen gutgläubigen Erwerb des G? ◀

375 ▶ **Lösung:** Soweit Drittinteressen an dem konkreten Belegenheitsort betroffen sind, kommt eine Abweichung von der Grundanknüpfung des Art. 43 Abs. 1 EGBGB nicht in Betracht; anzuwenden ist damit gem. Art. 43 Abs. 1 EGBGB (iVm Art. 4 Abs. 1 S. 1 EGBGB, französisches IPR nimmt die Gesamtverweisung an) französisches Sachrecht. ◀

376 Anzumerken ist zuletzt, dass einer inter partes getroffenen **Rechtswahl** im Rahmen von Art. 46 EGBGB keine Bedeutung beizumessen ist.[52] Auch scheidet eine **akzessorische Anknüpfung** des Erwerbsgeschäftes an das – für den zugrundeliegenden Schuldvertrag maßgebliche – Vertragsstatut stets aus, da eine ausschließlich an den Parteiinteressen orientierte Anknüpfung den konkret implizierten Verkehrsinteressen nicht Rechnung tragen kann.

4. Von Grundstücken ausgehende Einwirkungen (Art. 44 EGBGB)

377 Eine spezielle, Art. 43 EGBGB vorrangige Kollisionsnorm sieht Art. 44 EGBGB zuletzt für – sachenrechtlich zu qualifizierende, daher aus dem Anwendungsbereich der Rom II-VO ausgeschlossene – **Ansprüche aufgrund Grundstücksimmissionen** vor. Solche Ansprüche (nach deutschem Recht etwa § 862, § 906 Abs. 2, § 1004 BGB)[53] unterstellt Art. 44 EGBGB im Wege einer – nationalem Recht entstammenden – Verweisung den **entsprechenden Vorschriften der Rom II-VO**, damit Gleichlauf mit dem Deliktsstatut erreicht werden kann. Ein solcher ist sinnvoll, da immissionsschutzrechtliche und

---

50 *Rauscher*, Rn. 1600 ff.; vgl. auch *Kropholler*, § 54 IV (S. 564 f.); *von Hoffmann/Thorn*, § 12 Rn. 39 f.
51 *Von Hoffmann/Thorn*, § 12 Rn. 40; vgl. auch *Rauscher*, Rn. 1604.
52 Vgl. hierzu *von Hoffmann/Thorn*, § 12 Rn. 10 f.; zumindest als „Indiz" berücksichtigend *Kropholler*, § 54 VI (S. 567).
53 *Rauscher*, Rn. 1557.

delikische Ansprüche nicht selten in engem Zusammenhang stehen und damit Qualifikations- und Anpassungsprobleme vermieden werden können.[54]

Ansprüche, die sich aus beeinträchtigenden, von einem Grundstück ausgehenden Einwirkungen ergeben, unterliegen daher ungeachtet ihrer deliktischen oder sachenrechtlichen Qualifikation vorrangig dem von **Art. 14 Rom II-VO** bestimmten Recht; mangels einer Rechtswahl ist grundsätzlich das nach **Art. 4 Rom II-VO** bestimmte Recht maßgeblich, im Falle einer Umweltschädigung kommt jedoch **Art. 7 Rom II-VO** zur Anwendung. Bei allen Verweisungen handelt es sich um Sachnormverweisungen (Art. 24 Rom II-VO).

▶ **Fall 43:** Der Passauer A ist Eigentümer eines direkt an der österreichischen Landesgrenze belegenen Grundstücks, das mit größeren, teilweise bereits morschen Bäumen bepflanzt ist. Bei einem Sturm fällt einer der Bäume auf das in Österreich belegene Grundstück des B. Welchem Recht unterliegen etwaige Beseitigungsansprüche des B? ◀

▶ **Lösung:** Aufgrund der besonderen Kollisionsnorm des Art. 44 EGBGB sind Ansprüche aufgrund von Grundstücksimmissionen ungeachtet ihrer konkreten (sachenrechtlichen oder deliktischen) Qualifikation einheitlich dem Deliktsstatut zu unterstellen. Vorliegend findet daher gem. Art. 4 Abs. 1 Rom II-VO österreichisches Sachrecht (Art. 24 Rom II-VO) Anwendung. ◀

IV. Sonderfragen

1. Formfragen (Art. 11 Abs. 4 EGBGB)

Für Formfragen ist die **spezielle Regelung des Art. 11 Abs. 4 EGBGB** zu beachten; hiernach unterliegt die formelle Wirksamkeit sämtlicher sachenrechtlicher Rechtsgeschäfte **ausschließlich dem jeweiligen Sachstatut**.

2. Stellvertretung (Art. 8 Abs. 6 EGBGB)

Die gewillkürte Stellvertretung bei **Verfügungen über Grundstücke oder Rechte an Grundstücken** unterliegt gem. Art. 8 Abs. 6 EGBGB dem für das jeweilige dingliche Recht maßgebliche Sachstatut, so dass diese *akzessorisch* anzuknüpfen ist.[55] Zu beachten ist, dass sich die Sonderregelung des Art. 8 Abs. 6 EGBGB alleine auf das **dingliche Rechtsgeschäft** bezieht (etwa eine Auflassungsvollmacht),[56] nicht jedoch zugleich auf das dem dinglichen Rechtsgeschäft zugrunde liegende Verpflichtungsgeschäft; insoweit gilt, herkömmlichem Vorgehen entsprechend, Art. 8 Abs. 1–5 EGBGB.

---

54 Grüneberg/*Thorn*, Art. 44 EGBGB Rn. 1; vgl. auch MüKoBGB/*Wendehorst*, Art. 44 EGBGB Rn. 1.
55 *Von Bar/Mankowski*, Band II: Besonderer Teil, § 1 Rn. 1056.
56 BeckOGK/*Mankowski* (Stand 1.10.2019), Art. 8 EGBGB Rn. 167.

V. Prüfungsschema Internationales Sachenrecht

382 1. Vorrangige Staatsverträge
keine

2. Europäische Verordnungen
keine

3. Nationales Recht

a) Die Bestimmung des Sachstatuts

Allgemeine Kollisionsnorm: Art. 43 Abs. 1 EGBGB, bei einer Verbringung der Sache in einen *anderen* Staat sind die besonderen Regelungen des Art. 43 Abs. 2, Abs. 3 EGBGB zu beachten (vgl. Rn. 341 ff.); eine Korrektur über die Ausweichklausel des Art. 46 EGBGB kommt – in seltenen Fällen – in Betracht (vgl. Rn. 367 ff.).

Vorrangige Sonderregelungen bestehen

- für **Luft-, Wasser-** sowie **Schienenfahrzeuge** (Art. 45 EGBGB, der wiederum eine Korrektur über die Ausweichklausel des Art. 46 EGBGB zugänglich ist; vgl. Rn. 365 ff.) sowie
- für (*sachenrechtlich* zu qualifizierende) **Grundstücksimmissionen** (Art. 44 EGBGB, vgl. Rn. 377 ff.), die den entsprechenden Kollisionsnormen der Rom II-VO unterstellt werden.

Stets selbstständig anzuknüpfen sind **Formfragen**, die gem. Art. 11 Abs. 4 EGBGB jedoch im Wege einer akzessorischen Anknüpfung dem Sachstatut unterstellt werden. Gleiches gilt für die gewillkürte Stellvertretung bei **Verfügungen über Grundstücke oder Rechte an Grundstücken**, vgl. Art. 8 Abs. 6 EGBGB.

Bei allen Verweisungen mit Ausnahme des Art. 44 EGBGB handelt es sich nach vorzugswürdiger Ansicht gem. Art. 4 Abs. 1 S. 1 EGBGB um *Gesamtverweisungen*; bei Verweisungen auf das Recht eines *Mehrrechtsstaates* ist Art. 4 Abs. 3 EGBGB zu beachten.

b) Ergebniskorrektur

- **Anpassung** (zu beachten ist insoweit Art. 43 Abs. 2 EGBGB; im Übrigen gelten die allgemeinen Grundsätze, vgl. Rn. 342 ff.; allgemein hierzu Rn. 127 ff.)
- **ordre public-Vorbehalt** (Art. 6 EGBGB, vgl. Rn. 132 ff.)
- **Gesetzesumgehung** (unterliegt den allgemeinen Grundsätzen, vgl. Rn. 143 ff.)

c) Anwendung des berufenen Sachrechts

- **Vorfragen** (sind nach vorzugswürdiger Ansicht *selbstständig* anzuknüpfen, vgl. Rn. 118 ff.)
- **Problem des Auslandssachverhaltes** (zu beachten: Sonderregelung des Art. 43 Abs. 3 EGBGB für gestreckte Erwerbstatbestände, vgl. Rn. 353; allgemein hierzu Rn. 147 ff.).

F. Internationales Familienrecht

I. Überblick

Das Internationale Familienrecht – konkret: das **Eherecht** (I.), das **Unterhaltsrecht** (II.) sowie das **Kindschaftsrecht** (III) – ist im nationalen Recht in **Art. 13–24 EGBGB** geregelt. Allerdings werden die nationalen Kollisionsnormen von zahlreichen **internationalen Übereinkommen** überlagert, auf die in dem jeweiligen Kontext einzugehen sein wird. Für *alle* Bereiche des Internationalen Familienrechts ist jedenfalls das **deutsch-iranische Niederlassungsübereinkommen v. 17.2.1929**[1] vorrangig zu beachten, das bei ausschließlicher Beteiligung von Iranern zur Anwendung des jeweiligen Heimatrechts führt.

383

II. Internationales Eherecht

Gegenstand des Internationalen Eherechts bildet die **Eheschließung** (Rn. 385 ff.), die allgemeinen und besonderen (güterrechtlichen) **Ehewirkungen** (Rn. 399 ff.) sowie die **Ehescheidung** (Rn. 439 ff.). Die folgenden Ausführungen beziehen sich auf verschiedengeschlechtliche Ehen, zu den Besonderheiten bei gleichgeschlechtlichen Ehen vgl. Rn. 462 f.

384

1. Eheschließung

Vorbehaltlich des *deutsch-iranischen Niederlassungsübereinkommens v. 17.2.1929* bestimmt sich das auf die Eheschließung anwendbare Recht nach **nationalem Kollisionsrecht**.[2] Insoweit ist zwischen **materiellen und formellen Ehevoraussetzungen** zu unterscheiden.

385

a) Materielle Voraussetzungen der Eheschließung (Art. 13 Abs. 1, Abs. 2 EGBGB)

Die *materiellen* Eheschließungsvoraussetzungen (insbesondere: Ehefähigkeit, Ehemündigkeit, Fehlen von Willensmängeln bei der Eheschließung, Ehehindernisse usw) unterstellt Art. 13 Abs. 1 EGBGB im Wege einer Gesamtverweisung (Art. 4 Abs. 1 S. 1 EGBGB) für *jeden* Eheschließenden („Verlobten") dem Recht desjenigen Staates, dem dieser zum Zeitpunkt der Eheschließung angehört. Führt diese *distributive* Anknüpfung (Rn. 22) zu der Maßgeblichkeit zweier *unterschiedlicher* Rechtsordnungen, kann eine Ehe nur geschlossen werden, wenn *beide Heimatrechtsordnungen* die Eheschließung gestatten; damit setzt sich das jeweils *strengere* Recht durch.

386

Beispiel: Wollen die deutsche Staatsangehörige F und der französische Staatsangehörige M heiraten, sind die materiellen Eheschließungsvoraussetzungen gem. Art. 13 Abs. 1 EGBGB nach ihrem *jeweiligen* Heimatrecht zu beurteilen. Für F ist damit deutsches Sachrecht maßgeblich, für M französisches Recht, das die Gesamtverweisung (Art. 4 Abs. 1 S. 1 EGBGB) annimmt. Die Ehe kann daher nur geschlossen werden, wenn *sowohl das deutsche als auch das französische Recht* die Eheschließung gestattet.

387

---

[1] Teilweise abgedruckt bei *Jayme/Hausmann*, Nr. 22. – Vgl. hierzu etwa *Schotten/Wittkowski*, Das deutsch-iranische Niederlassungsabkommen im Familien- und Erbrecht, FamRZ 1995, 264.

[2] Das im Verhältnis zu Italien zu beachtende *Haager Abkommen zur Regelung des Geltungsbereiches der Gesetze auf dem Gebiet der Eheschließung v. 12.6.1902* (abgedruckt bei *Jayme/Hausmann*, Nr. 30; vgl. hierzu etwa MüKoBGB/*Coester* (7. Aufl.), Art. 13 EGBGB Anh. Rn. 1–5) wurde nunmehr gekündigt, die Kündigung wurde mit Ablauf des 1.6.2019 wirksam.

Hinweis: Auch wenn die materiellen Ehevoraussetzungen gem. Art. 13 Abs. 1 EGBGB für jeden Eheschließenden *gesondert* festzustellen sind, kann die jeweils berufene Rechtsordnung nicht nur **einseitige**, dh die jeweilige Person betreffende Ehehindernisse (etwa die Ehemündigkeit, vgl. hierzu noch Rn. 391 a) vorsehen, sondern auch **zweiseitige**, dh beide Eheschließende betreffende **Ehehindernisse** enthalten.[3] Paradebeispiel für ein zweiseitiges Ehehindernis stellt das Verbot der Doppelehe dar (im deutschen Recht § 1306 BGB), das auch dann zu beachten ist, wenn eine nicht verheiratete Deutsche einen bereits verheirateten Mann heiratet, dessen Heimatrecht die Mehrehe gestattet.

388 Kann eine Ehe nach dem von Art. 13 Abs. 1 EGBGB bestimmten Recht **nicht geschlossen** werden, beruft Art. 13 Abs. 2 EGBGB (als **besondere Ausprägung des ordre-public-Vorbehalts**)[4] deutsches Recht, wenn

- ein Eheschließender seinen gewöhnlichen Aufenthalt in Deutschland hat oder die deutsche Staatsangehörigkeit besitzt (Nr. 1 = **Konkretisierung des maßgeblichen Inlandsbezugs**),

- die Eheschließenden zumutbare Schritte zur Beseitigung des Ehehindernisses unternommen haben (Nr. 2 = **Konkretisierung des Prüfungspunktes „Verstoß im Ergebnis"**),

    Hinweis: Diese Voraussetzung ist nur von Relevanz, wenn die jeweilige Heimatrechtsordnung überhaupt eine erfolgversprechende Abhilfemöglichkeit zur Verfügung stellt (etwa durch die Möglichkeit, einen Dispens zu beantragen);[5] besteht eine solche nicht, ist die Beseitigung des Ehehindernisses a priori unzumutbar und muss daher nicht betrieben werden. Im Übrigen ist der unbestimmte Rechtsbegriff der Unzumutbarkeit insbesondere im Lichte der Grundrechte zu konkretisieren: Unzumutbarkeit iSv Nr. 2 wäre daher etwa anzunehmen, wenn die Ehegatten alleine durch einen Religionswechsel die materiellen Ehevoraussetzungen erfüllen könnten (Art. 4 GG).[6]

- und es mit der Eheschließungsfreiheit (Art. 6 Abs. 1 GG) unvereinbar ist, die Eheschließung zu versagen (Nr. 3 = **Konkretisierung des wesentlichen Grundsatzes des deutschen Rechts**).

    Hinweis: Die besondere ordre-public-Regelung des Art. 13 Abs. 2 EGBGB geht auf den „*Spanier-Beschluss*" des BVerfG[7] zurück, nach dem ein Verstoß gegen Art. 6 GG zu bejahen ist, wenn das Recht des Heimatstaates eines Eheschließenden die Heirat deswegen untersagt, weil dieser Staat ein in Deutschland ergangenes Scheidungsurteil nicht anerkennt und die erneute Eheschließung daher aus dessen Sicht ein Verstoß gegen das Verbot der Mehrehe darstellt. Art. 13 Abs. 2 Hs. 2 EGBGB bestimmt daher, dass „die frühere Ehe eines Verlobten nicht entgegen[steht], wenn ihr Bestand durch eine hier erlassene oder anerkannte Entscheidung beseitigt oder der Ehegatte des Verlobten für tot erklärt ist."

389 Liegen alle Voraussetzungen des Art. 13 Abs. 2 Nr. 1-Nr. 3 EGBGB vor, ist deutsches Recht *alleine* im Hinblick auf das ordre-public-widrige Ehehindernis berufen; für die *übrigen* materiellen Ehevoraussetzungen bleibt es bei der Anwendbarkeit des (ordre-

---

3 Vgl. hierzu auch *Kropholler*, § 44 I 1 (S. 331 f.); *von Hoffmann/Thorn*, § 8 Rn. 2.
4 MüKoBGB/*Coester*, Art. 13 EGBGB Rn. 24.
5 Soergel/*Schurig*, Art. 13 EGBGB Rn. 54; *Looschelders*, Art. 13 EGBGB Rn. 20.
6 Soergel/*Schurig*, Art. 13 EGBGB Rn. 54; *Looschelders*, Art. 13 EGBGB Rn. 21.
7 BVerfG NJW 1971, 1509.

II. Internationales Eherecht

public-konformen) ausländischen Sachrechts.[8] Soweit die besondere ordre-public-Regelung nicht einschlägig ist, lässt sich stets auf die **allgemeine Vorbehaltsklausel des Art. 6 EGBGB** zurückgreifen.[9] Ein solcher Rückgriff kommt auch dann in Betracht, wenn sich der konkret verletzte Grundsatz des deutschen Rechts nicht primär aus der von Art. 6 Abs. 1 GG gewährten Eheschließungsfreiheit, sondern aus anderen Grundrechten ergibt. Dies verdeutlicht

▶ **Fall 44:** M, ein deutscher Katholik, und F, eine Irakerin muslimischen Glaubens, beide mit gewöhnlichem Aufenthalt in Deutschland, möchten heiraten. Liegen die materiellen Ehevoraussetzungen vor? ◀

Bearbeitungshinweis: Das irakische Recht unterstellt die materiellen Ehewirkungen dem Recht der Staatsangehörigkeit. Es ist davon auszugehen, dass das irakische Eherecht eine Heirat zwischen einer muslimischen Frau und einem Nicht-Muslim untersagt und dieses Ehehindernis nicht durch zumutbare Schritte beseitigt werden kann.

▶ **Lösung:** Die Grundanknüpfung des Art. 13 Abs. 1 EGBGB verweist für die materiellen Ehevoraussetzungen im Wege einer Gesamtverweisung (Art. 4 Abs. 1 S. 1 EGBGB) auf das Heimatrecht des jeweiligen Verlobten, so dass die materiellen Ehevoraussetzungen für F anhand irakischen Sachrechts (das irakische IPR nimmt dies Gesamtverweisung an), für M anhand deutschen Sachrechts zu beurteilen sind. Da das irakische Recht der F die Heirat eines Nichtmuslim untersagt (*zweiseitiges* Ehehindernis), kann die Ehe nach dem von Art. 13 Abs. 1 EGBGB bestimmten Recht nicht geschlossen werden. Ein solches Ergebnis verstößt indes gegen den ordre public: Die Versagung der Eheschließung aufgrund Religionsverschiedenheit verletzt nicht nur die Eheschließungsfreiheit (Art. 6 Abs. 1 GG), sondern insbesondere Art. 4 GG sowie Art. 3 Abs. 3 S. 1 GG (iVm Art. 21 EU-Grundrechtscharta, Art. 14 EMRK), so dass dieses Rechtsanwendungsergebnis auch im Rahmen der *allgemeinen ordre public-Klausel des Art. 6 EGBGB* korrigiert werden kann.[10] Da ein hinreichender Inlandsbezug vorliegt, ist das irakische Ehehindernis *nicht* zu beachten. M und F können die Ehe somit schließen. ◀

Besonderheiten bestehen zuletzt in Bezug auf die **Ehemündigkeit**. Diese – als materielle Eheschließungsvoraussetzung zu qualifizierende – Frage unterliegt zwar Art. 13 Abs. 1 EGBGB, zu beachten ist jedoch insoweit die mit dem sog. „Gesetz zur Bekämpfung von Kinderehen"[11] eingeführte **Sonderregelung des Art. 13 Abs. 3 EGBGB**: Unterliegt die Ehemündigkeit eines Verlobten nach Art. 13 Abs. 1 EGBGB ausländischem Recht, ist die Ehe gem. Art. 13 Abs. 3 EGBGB nach deutschem Recht (Nr. 1) unwirksam, wenn der Verlobte im Zeitpunkt der Eheschließung das 16. Lebensjahr nicht vollendet hatte, und (Nr. 2) aufhebbar, wenn der Verlobte im Zeitpunkt der Eheschließung das 16., aber nicht das 18. Lebensjahr vollendet hatte. Bei dieser Regelung handelt es sich um eine weitere **besondere Ausprägung des (positiven) ordre public**, welche die Grundsätze des deutschen Rechts (§ 1303 BGB) ohne näher eingegrenzten Inlandsbezug (für die Anwendung von Art. 13 Abs. 3 EGBGB reicht die schlichte Zuständigkeit eines deutschen Gerichts bzw. einer Behörde) unbedingt zur Anwendung bringt. Rechtspoli-

---

[8] MüKoBGB/*Coester*, Art. 13 EGBGB Rn. 25.
[9] MüKoBGB/*Coester*, Art. 13 EGBGB Rn. 34; *Looschelders*, Art. 13 EGBGB Rn. 28.
[10] Vgl. auch Soergel/*Schurig*, Art. 13 EGBGB Rn. 73; MüKoBGB/*Coester*, Art. 13 EGBGB Rn. 34, 88. – Für eine Anwendung von Art. 13 Abs. 2 EGBGB *Looschelders*, Art. 13 EGBGB Rn. 58.
[11] Vgl. hierzu etwa *Majer*, NZFam 2017, 537; *Bongartz*, NZFam 2017, 541.

tisch begegnet Art. 13 Abs. 3 EGBGB Bedenken,[12] angesichts des eindeutigen gesetzgeberischen Willens scheidet ein Rückgriff auf die herkömmlichen Grundsätze des ordre public (im Hinblick auf das Kriterium eines hinreichenden Inlandsbezuges) indes aus. Zu beachten ist, dass das **BVerfG** Art. 13 Abs. 3 EGBGB mit Beschluss v. 1.2.2023 **wegen eines Verstoßes gegen Art. 6 GG für verfassungswidrig erklärt hat**, die Norm ist jedoch – bis zu einer in Bälde zu erwartenden Neuregelung durch den Gesetzgeber, längstens aber bis zum 30.6.2024 – aktuell noch weiterhin anzuwenden.[13]

b) **Formelle Voraussetzungen der Eheschließung (Art. 11 Abs. 1 EGBGB, Art. 13 Abs. 4 EGBGB)**

392 Im Hinblick auf die kollisionsrechtliche Behandlung *formeller* Eheschließungsvoraussetzungen (insbesondere: notwendige Beteiligung eines Standesbeamten, Erfordernis der gleichzeitigen Anwesenheit der Eheschließenden usw) ist danach zu unterscheiden, ob die Ehe im In- oder Ausland geschlossen wird.

393 Erfolgt die **Eheschließung in Deutschland**, gilt die besondere (einseitige) Kollisionsnorm des **Art. 13 Abs. 4 EGBGB**. Hiernach sind die deutschen Formvorschriften (§§ 1310–1312 BGB) zwingend zur Anwendung berufen (S. 1), so dass eine Ehe in Deutschland grundsätzlich nur vor einem Standesbeamten geschlossen werden kann (§ 1310 BGB). Eine Ausnahme gilt alleine dann, wenn *keiner* der Eheschließenden die deutsche Staatsangehörigkeit besitzt: In einem solchen Falle gestattet Art. 13 Abs. 4 S. 2 EGBGB den Eheschließenden, die Ehe vor einer – von der Regierung des Heimatstaates einer der Eheschließenden – ordnungsgemäß ermächtigten Person (etwa Konsuln, Geistliche oder Offiziere)[14] in der nach dem Recht dieses Staates vorgeschriebenen Form zu schließen.

394 Wird die Ehe hingegen **im Ausland** geschlossen, bleibt es bei der allgemeinen Regelung des **Art. 11 Abs. 1 EGBGB**; für formelle Fragen der Eheschließung ist damit – grundsätzlich im Wege einer Gesamtverweisung (streitig, vgl. Rn. 70 ff.) – alternativ das gem. Art. 13 Abs. 1 EGBGB bestimmte Geschäftsrecht (bei Maßgeblichkeit zweier Rechtsordnungen sind diese kumulativ zu prüfen)[15] oder das Recht des Eheschließungsortes zur Anwendung berufen.

394a In bestimmten Fällen kann die Bestimmung des Eheschließungsortes Schwierigkeiten bereiten, dies etwa im Falle einer – nach manchen Rechtsordnungen möglichen – Eheschließung mittels Stellvertretung bei Abwesenheit der Eheschließenden[16] (zur sog. Handschuhehe vgl. noch Rn. 396) oder einer Eheschließung mittels Videoübertragung bei Aufenthalt der Eheschließenden in einem anderen Staat oder gar zwei anderen Staaten.[17] Nach zutreffender Auffassung des BGH kommt es insoweit stets auf den **Ort der Trauungshandlung** an,[18] also auf den Ort, an dem die maßgebliche Trauperson die Eheschließungserklärungen entgegennimmt, und gerade nicht auf den konkreten

---

12 Vgl. hierzu *von Bar/Mankowski*, Band II: Besonderer Teil, § 4 Rn. 85.
13 BVerfG, Beschluss v. 1.2.2023 – 1 BvL 7/18, ergangen auf Vorlagebeschluss des BGH 14.11.2019 – XII ZB 292/16 = NJW 2019, 464 = NZFam 2019, 65 mAnm *Löhnig*, NZFam 2019, 72; ausführlich hierzu *Coester-Waltjen*, IPRax 2023, 350.
14 Vgl. *Kropholler*, § 44 II 1 b (S. 336); *von Hoffmann/Thorn*, § 8 Rn. 5; *Rauscher*, Rn. 715.
15 Vgl. *von Hoffmann/Thorn*, § 8 Rn. 6; *Kropholler*, § 44 II 2 (S. 338); *Rauscher*, Rn. 717.
16 Zu einer solchen Fallkonstellation vgl. etwa BGH NJW-RR 2022, 293.
17 Vgl. etwa OLG Köln BeckRS 2022, 9613.
18 BGH NJW-RR 2022, 293 (294).

Aufenthaltsort der Eheschließenden. Insbesondere für die Fälle der „Online-Eheschließung" wird dies wegen der hiermit einhergehenden Missbrauchsmöglichkeiten anders gesehen,[19] jedoch lässt sich der Missbrauchserwägung im Einzelfall mittels des Korrekturmechanismus der Gesetzesumgehung Rechnung tragen.

c) Abgrenzung materieller und formeller Eheschließungsvoraussetzungen

Ob eine Eheschließungsvoraussetzung materiell oder formell einzuordnen ist, muss im Wege einer **funktionalen Qualifikation** entschieden werden. Grundsätzlich gilt: Das (nach Art. 13 Abs. 4 bzw. Art. 11 Abs. 1 EGBGB bestimmte) Formstatut erfasst jegliche Fragen der *äußeren Gestaltung des Eheschließungsaktes*,[20] alle sonstigen, die *materielle Eheschließung als solche* betreffenden Fragen unterliegen dem von Art. 13 Abs. 1 EGBGB bestimmten Recht.

395

Besondere Schwierigkeiten kann in diesem Zusammenhang die kollisionsrechtliche Behandlung der – in zahlreichen Rechtsordnungen verbreiteten, jedoch ggf. unterschiedlichen Funktionen dienenden – **Handschuhehe** aufwerfen, in deren Rahmen sich ein bei der Eheschließung persönlich nicht anwesender Verlobter von einer dritten Person vertreten lässt. Insoweit ist nach der konkreten Funktion der Handschuhehe (Handschuh ist ein mittelalterliches Symbol der Vollmacht) zu unterscheiden: Erfüllt die Handschuhehe alleine den Zweck, einen Eheschließenden von dem grundsätzlichen Anwesenheitserfordernis bei der Eheschließung zu befreien (so bspw. Art. 111 des italienischen Codice civile, nach der etwa dienstlich abwesende Soldaten in Kriegszeiten durch einen Vertreter heiraten können), ist die entsprechende Vorschrift als **formelle Eheschließungsvoraussetzung** zu qualifizieren und unterliegt damit dem nach Art. 11 Abs. 1 bzw. Art. 13 Abs. 4 EGBGB bestimmten Formstatut.[21] Voraussetzung für eine formelle Qualifikation ist allerdings stets, dass der Vertreter eine – bereits vorher seitens des vertretenen Eheschließenden gefasste, auf die Schließung der Ehe gerichtete – Erklärung überbringt („Erklärungsbote"), nicht jedoch eine eigene *Auswahlentscheidung* im Hinblick auf die zu heiratende Person treffen kann („Stellvertretung im Willen"). Ist Letzteres der Fall (so etwa im iranischen Recht, vgl. §§ 1071, 1074 iranisches ZGB), liegt eine *materiell* zu qualifizierende, daher Art. 13 Abs. 1 EGBGB unterfallende Regelung vor,[22] der jedoch – zumindest bei hinreichendem Inlandsbezug – die Anerkennung zu versagen ist (Art. 6 EGBGB).

396

Hinweis: Übt der Vertreter seine – seitens der lex causae grundsätzlich zugestandene – „Stellvertretung im Willen" *nicht aus*, weil er im konkreten Fall ausschließlich eine bereits vorher gefasste Erklärung des vertretenen Eheschließenden überbringt, soll dieser Umstand nach teilweise vertretener Auffassung zur Folge haben, dass die entsprechende Regelung *formell* zu qualifizieren sei.[23] Richtigerweise führt dieser rein tatsächliche Umstand jedoch zu keiner *nachträglichen* Abänderung der Qualifikationsentscheidung, sondern ist ausschließlich im Rahmen der ordre-public-Prüfung zu berücksichtigen: Wirkt sich der ordre-public-widrige Inhalt einer ausländischen Bestimmung *im Ergebnis* nicht aus, weil

---

19 OLG Köln BeckRS 2022, 9613 *(nicht rechtskräftig).* – Diese Frage liegt dem BGH vor (Az. XII ZB 244/22).
20 MüKoBGB/*Coester*, Art. 13 EGBGB Rn. 122.
21 *Von Hoffmann/Thorn*, § 8 Rn. 8; *Kropholler*, § 44 II 3 (S. 339); *Rauscher*, Rn. 721. – Ausführlich hierzu BGH NJW-RR 2022, 293 (294) mAnm *Mayer* IPRax 2022, 593.
22 *Von Hoffmann/Thorn*, § 8 Rn. 8; *Kropholler*, § 44 II 3 (S. 339); *Rauscher*, Rn. 721. – Vgl. auch BGH NJW-RR 2022, 293 (294).
23 So BayObLGZ 2000, 335; dem folgend *Kropholler*, § 44 II 3 (S. 339 Fn. 30).

dieser überhaupt nicht entscheidungserheblich ist, liegt kein ordre-public-Verstoß vor (vgl. Rn. 133 ff.), so dass die entsprechende Regelung – im Rahmen des für diese maßgeblichen materiellen Eheschließungsstatuts – zur Anwendung gebracht werden kann.[24]

d) Rechtsfolgen einer materiell oder formell fehlerhaften Eheschließung

397 Welche Rechtsfolgen mit einem Verstoß gegen – materiell oder formell zu qualifizierende – Ehevoraussetzungen einhergehen (Aufhebbarkeit der Ehe, Nichtigkeit usw), unterliegt dem für diese jeweils maßgeblichen Recht. Bei Verstößen gegen materielle Ehevoraussetzungen entscheidet damit das nach Art. 13 Abs. 1 EGBGB bestimmte Recht (bei Maßgeblichkeit zweier Heimatrechte setzt sich daher das *strengere* Recht durch),[25] bei Verstößen gegen formelle Ehevoraussetzungen das jeweilige Formstatut (ist dieses nach Art. 11 Abs. 1 EGBGB bestimmt, kommt bei Maßgeblichkeit zweier Rechtsordnungen das *mildere* Recht zum Zug).[26]

e) Prüfungsschema Eheschließung

398 **1. Vorrangige Staatsverträge und EU-Verordnungen**

Ggf. vorrangig zu beachten ist

- das *deutsch-iranische Niederlassungsübereinkommen v. 17.2.1929*.

Ansonsten bestehen weder staatsvertragliche noch europäische Rechtsakte.

2. Nationales Recht

a) Die Bestimmung des auf die Eheschließung anzuwendenden Rechts (vgl. Rn. 385 ff.)

- *materielle* Eheschließungsvoraussetzungen: Art. 13 Abs. 1 EGBG
- *formelle* Eheschließungsvoraussetzungen: Bei Eheschließungen im Inland gilt Art. 13 Abs. 4 EBGB, bei Eheschließungen im Ausland Art. 11 Abs. 1 EGBGB (grundsätzlich Gesamtverweisung, vgl. Rn. 70 ff.)

Bei den genannten Anknüpfungen handelt es sich gem. Art. 4 Abs. 1 S. 1 EGBGB um *Gesamtverweisungen*; bei Verweisungen auf einen *Mehrrechtsstaat* ist Art. 4 Abs. 3 EGBGB zu beachten (vgl. Rn. 111, 115).

b) Ergebniskorrektur

- **Anpassung** (unterliegt den allgemeinen Grundsätzen, vgl. Rn. 127 ff.)
- **ordre public-Vorbehalt** (im Rahmen von Art. 13 Abs. 1 EGBGB ist die besondere Regelung des Art. 13 Abs. 2 EGBGB zu beachten, im Übrigen gilt Art. 6 EGBGB; vgl. Rn. 388 ff., 132 ff.)
- **Gesetzesumgehung** (unterliegt den allgemeinen Grundsätzen, vgl. Rn. 143 ff.)

c) Anwendung des berufenen Sachrechts

- **Vorfragen** (sind nach vorzugswürdiger Ansicht *selbstständig* anzuknüpfen, vgl. Rn. 118 ff.)
- **Problem des Auslandssachverhaltes** (vgl. Rn. 147 ff.).

---

24 Vgl. hierzu auch BGH NJW-RR 2022, 293 (296).
25 *Kropholler*, § 44 III 1 (S. 340); *von Hoffmann/Thorn*, § 8 Rn. 11.
26 *Kropholler*, § 44 III 2 (S. 340); *von Hoffmann/Thorn*, § 8 Rn. 10.

2. Ehewirkungen

a) Allgemeine Ehewirkungen (Art. 14 EGBGB)

Vorbehaltlich des *deutsch-iranischen Niederlassungsübereinkommens v. 17.2.1929* unterliegen die allgemeinen Wirkungen der Ehe dem von **Art. 14 EGBGB** bestimmten Recht. Bei dieser Kollisionsnorm handelte es sich – jedenfalls bis zum Inkrafttreten der EuGüVO – um die zentrale Bestimmung des Internationalen Familienrechts, deren Bedeutung jedoch weniger aus ihrem eigentlichen – inhaltlich eng beschränkten – Anwendungsbereich folgte, sondern vielmehr aus dem Umstand, dass andere familienrechtliche Kollisionsnormen (insbesondere Art. 15 und Art. 22 EGBGB aF, nunmehr noch Art. 19 Abs. 1 S. 3 EGBGB) auf die allgemeine Regelung des Art. 14 EGBGB verweisen. Originär beschränkt sich der **Anknüpfungsgegenstand** von Art. 14 EGBGB auf **Folgefragen der Eheschließung**, die weder namensrechtlich (Art. 10 EGBGB), unterhaltsrechtlich (HUP), güterrechtlich (EuGüVO/EuPartVO) noch scheidungsrechtlich (Rom III-VO) zu qualifizieren sind. Von Art. 14 EGBGB erfasst werden damit Fragen nach der **rechtlichen Ausgestaltung der Ehe**, aus deutscher Sicht insbesondere die Pflicht zur ehelichen Lebensgemeinschaft (§ 1353 BGB) sowie Fragen im Hinblick auf die Haushaltsführung und die Berechtigung zur eigenen Erwerbstätigkeit der Ehegatten (§ 1356 BGB).

Nicht (mehr) Art. 14 EGBGB zu unterstellen sind indes die – aus deutscher Sicht grundsätzlich unter Art. 14 EGBGB zu qualifizierenden (vgl. insoweit die 1. Auflage Rn. 399) – **vermögensrechtlichen Folgen der Ehe**, also insbesondere die Schlüsselgewalt (§ 1357 BGB), der Umfang der Sorgfaltspflichten zwischen den Ehegatten (§ 1359 BGB) sowie besondere Eigentumsvermutungen (§ 1362 BGB). Insoweit gilt, wie bereits der Wortlaut von Art. 14 EGBGB („soweit allgemeine Ehewirkungen nicht in den Anwendungsbereich der Verordnung (EU) 2016/1103 fallen") zum Ausdruck bringt, nunmehr die **EuGüVO** (vgl. Rn. 407 ff.).

Hinweis: Soweit die **EuGüVO intertemporal keine Anwendung** findet (Art. 69 Abs. 3 EuGüVO), unterliegen die genannten vermögensrechtlichen Folgen der Ehe weiterhin Art. 14 EGBGB, dies jedoch gem. Art. 229 § 47 Abs. 1 EGBGB in seiner bis zum 28.1.2019 geltenden Fassung.

aa) Rechtswahl (Art. 14 Abs. 1 EGBGB)

Art. 14 Abs. 1 EGBGB gestattet den Ehegatten, das auf die allgemeinen Ehewirkungen anwendbare Recht zu wählen (Sachnormverweisung gem. Art. 4 Abs. 2 S. 2 EGBGB). Anders als Art. 14 aF, welcher einer Rechtswahl noch enge Grenzen setzte (vgl. hierzu die 1. Auflage Rn. 402 ff.), kann nunmehr ohne Einschränkungen gewählt werden entweder

- das Recht des Staates, in dem **beide Ehegatten im Zeitpunkt der Rechtswahl ihren gewöhnlichen Aufenthalt** haben (Nr. 1),
- das Recht des Staates, in dem beide Ehegatten ihren gewöhnlichen Aufenthalt während der Ehe zuletzt hatten, wenn einer von ihnen im Zeitpunkt der Rechtswahl dort noch seinen gewöhnlichen Aufenthalt hat (Nr. 2), oder
- ungeachtet des Art. 5 Abs. 1 EGBGB das Recht des Staates, dem ein Ehegatte im Zeitpunkt der Rechtswahl angehört (Nr. 3).

401 Während die **materiellen Voraussetzungen** für eine Rechtswahl – herkömmlichem Vorgehen entsprechend – dem (hypothetisch) gewählten Recht zu entnehmen sind, ist hinsichtlich der **formellen Anforderungen** die besondere Regelung des Art. 14 Abs. 1 S. 3 und S. 4 EGBGB zu beachten: Hiernach bedarf eine im Inland vorgenommene Rechtswahl der notariellen Form, für eine im Ausland vorgenommene Rechtswahl sind *alternativ* die für einen Ehevertrag geltenden Formerfordernisse entweder des (hypothetisch) gewählten Rechts oder des Rechts des Vornahmeortes der Rechtswahl berufen. Erfüllt die Rechtwahl die jeweiligen formellen Voraussetzungen nicht, ist sie nichtig.

bb) Objektive Anknüpfung der allgemeinen Ehewirkungen (Art. 14 Abs. 2 EGBGB)

402 Liegt keine Rechtswahl (vgl. Rn. 401 f.) vor, unterliegen die allgemeinen Wirkungen der Ehe nach der Anknüpfungsleiter des Art. 14 Abs. 2 EGBGB primär

- dem **Recht des gemeinsamen gewöhnlichen Aufenthalts** (Nr. 1), soweit ein solcher aktuell noch besteht, andernfalls
- dem **Recht des letzten gemeinsamen gewöhnlichen Aufenthalts**, soweit zumindest einer der Ehegatten zum aktuellen Zeitpunkt noch in diesem Staat domiziliert ist (Nr. 2), andernfalls
- dem **Recht der gemeinsamen Staatsangehörigkeit** (Nr. 3; bei Doppelstaatern bleibt Art. 5 Abs. 1 EGBGB zu beachten), andernfalls
- hilfsweise dem Recht desjenigen Staates, mit dem die Ehegatten auf andere Weise **gemeinsam am engsten verbunden** sind (Nr. 4).

403 Bei allen genannten Verweisungen handelt es sich nach vorzugswürdiger, für die Hilfsanknüpfung des Art. 14 Abs. 2 Nr. 4 EGBGB jedoch umstrittener Ansicht (vgl. Rn. 74) entsprechend dem allgemeinen Grundsatz des Art. 4 Abs. 1 S. 1 EGBGB um **Gesamtverweisungen**, so dass etwaige Rück- und Weiterverweisungen zu beachten sind.

b) Besondere Ehewirkungen: Eheliches Güterrecht (EuGüVO)

404 Maßgebliche Rechtsgrundlagen des **ehelichen Güterrechts** stellt nunmehr die **EuGüVO** dar, welche – ebenso wie die Rom III-VO – im Wege der Verstärkten Zusammenarbeit[27] erlassen wurde und in mittlerweile 18 Mitgliedstaaten[28] seit dem 29.1.2019 gilt (zum intertemporalen Anwendungsbereich des güterrechtlichen Kollisionsrechts vgl. noch Rn. 406). Aufgrund der Öffnungsklausel des Art. 62 Abs. 1 EuGüVO weiterhin vorrangig zu berücksichtigen ist indes

- das **deutsch-iranische Niederlassungsübereinkommen** v. 17.2.1929,[29] welches mit Art. 8 Abs. 3 eine spezielle kollisionsrechtliche Regelung zur Bestimmung des Güterstatuts vorsieht.

405 **Hinweis:** Neben der – auf die „ehelichen Güterstände" anwendbaren – EuGüVO wurde zeitgleich die – auf die „Güterstände eingetragener Partnerschaften" anwendbare – **EuPartVO** erlassen, welche aus deutscher Sicht insbesondere für (nicht in eine Ehe umgewandelte) **eingetragene Partnerschaften** iSd deutschen Sachrechts sowie für – nach ausländischem

---

27 Vgl. zu diesem Verfahren etwa *Streinz*, JuS 2013, 892.
28 Vgl. im Einzelnen *Jayme/Hausmann*, Nr. 33 (Fn. 1).
29 Teilweise abgedruckt bei *Jayme/Hausmann*, Nr. 22. – Vgl. hierzu etwa *Schotten/Wittkowski*, Das deutsch-iranische Niederlassungsabkommen im Familien- und Erbrecht, FamRZ 1995, 264.

II. Internationales Eherecht

Recht begründete, einer herkömmlichen Ehe nicht gleichstehende – eingetragene heterosexuelle Partnerschaften anwendbar ist (vgl. hierzu noch Rn. 411 f.). Die beiden Güterrechtsverordnungen stimmen in weiten Teilen inhaltlich überein. Die Aufspaltung des Internationalen Güterrechts in zwei eigenständige Verordnungen war keineswegs sachlichen, sondern vielmehr politischen Gründen geschuldet und diente ursprünglich dem Zweck, die Akzeptanzbereitschaft der Mitgliedstaaten für die EuGüVO durch Ausklammerung der – insbesondere für osteuropäische Staaten politisch brisanten – Frage nach der Behandlung eingetragener Partnerschaften zu erhöhen[30] – eine Hoffnung, die sich angesichts der zahlreichen nichtteilnehmenden Mitgliedstaaten indes nicht erfüllt hat.

Zu beachten ist, dass die Kollisionsnormen der EuGüVO („Kapitel III") gem. Art. 69 Abs. 3 EuGüVO **intertemporal nur anwendbar** sind, wenn die Ehegatten am 29.1.2019 oder danach die Ehe eingegangen sind oder – bei vorheriger Eingehung – eine Rechtswahl des auf ihren Güterstand anzuwendenden Rechts getroffen haben. Damit bleibt das **nationale güterrechtliche Kollisionsrecht** noch lange Zeit zu beachten (vgl. insoweit die Übergangsvorschrift Art. 229 § 47 Abs. 2 EGBGB), so dass dieses unter Rn. 429 ff. weiterhin darzustellen ist. 406

aa) Sachlicher Anwendungsbereich der Güterverordnungen

Literatur zur EuGüVO/EuPartVO: *Andrae*, Der sachliche Anwendungsbereich der Europäischen Güterrechtsverordnung, IPRax 2018, 221; *Döbereiner*, Das internationale Güterrecht nach den Güterrechtsverordnungen, MittBayNot 2018, 405; *Dutta*, Das neue internationale Güterrecht der Europäischen Union – ein Abriss der europäischen Güterrechtsverordnungen, FamRZ 2016, 1973; *Heiderhoff*, Die EU-Güterrechtsverordnungen, IPRax 2018, 1; *Martiny*, Die Anknüpfung güterrechtlicher Angelegenheiten nach den Europäischen Güterrechtsverordnungen, ZfPW 2017, 1; *Weber*, Die Europäischen Güterrechtsverordnungen: Eine erste Annäherung, DNotZ 2016, 659. – *Didaktische Beiträge*: *Heiderhoff/Beißel*, Die EU-Güterrechtsverordnung als neueste Bausteine im Europäischen Familienkollisionsrecht, Jura 2018, 253–263; *Ziereis*, Die neuen Europäischen Güterrechtsverordnungen, JuS 2018, 1040.

(1) Der europäische Güterrechtsbegriff: Abgrenzung zum nationalen Kollisionsrecht

Die EuGüVO ist gem. Art. 1 Abs. 1 EuGüVO auf die **ehelichen Güterstände** anzuwenden. Wie der Legaldefinition des Art. 3 Abs. 1 lit. a EuGüVO zu entnehmen ist, sind unter diesem – wie stets europarechtlich autonom auszulegenden – Begriff **sämtliche vermögensrechtliche Regelungen** zu verstehen, „die im Verhältnis der Ehegatten untereinander sowie zwischen ihnen und Dritten aufgrund der Ehe oder ihrer Auflösung gelten". Der europäische Güterrechtsbegriff ist damit weit. Er erfasst, wie darüber hinaus dem klarstellenden Erwägungsgrund 18 sowie der unselbstständigen Kollisionsnorm des Art. 27 EuGüVO zu entnehmen ist, grundsätzlich *sämtliche* zivilrechtlichen Aspekte des Güterrechts, 407

- angefangen von der – gesetzlichen oder vertraglichen – **Begründung** (einschließlich der materiellen Wirksamkeit eines Ehevertrages, vgl. Art. 27 lit. g EuGüVO) sowie der konkreten Ausgestaltung des Güterstandes (Art. 27 lit. a, lit. b EuGüVO),
- die mit diesem einhergehenden **rechtlichen Folgen** auf die Ehegatten untereinander oder gegenüber Dritten, also insbesondere Fragen der Haftung des Ehegatten für die Verbindlichkeiten des anderen (Art. 27 lit. c EuGüVO), Vorgaben bezüglich der

---

30 *Dutta*, FamRZ 2016, 1973 (1973).

Vermögensverwaltung (Art. 27 lit. d EuGüVO) und etwaige, gegenüber Dritten wirkende Verfügungsbeschränkungen (Art. 27 lit. d, lit. f EuGüVO), sowie
- die **güterrechtliche Auseinandersetzung**, insbesondere infolge der Trennung oder des Todes (Art. 27 lit. e EuGüVO).

408 Güterrechtlich zu qualifizieren sind daher – wie unter Geltung des bisherigen nationalen Rechts (Art. 15 EGBGB aF, vgl. Rn. 434) – **alle materiellen Rechtssätze, die eine vermögensrechtliche Sonderordnung zwischen den Ehegatten schaffen**,[31] in Anbetracht des weiten Wortlauts von Art. 3 Abs. 1 lit. a EuGüVO jedoch darüber hinaus auch *sonstige* vermögensrechtliche Verhältnisse zwischen den Ehegatten sowie zwischen ihnen und Dritten, die *aufgrund der Ehe* bestehen. Dem europäischen Güterrechtsbegriff sind daher – anders als im Rahmen des bisherigen nationalen Rechts – **jegliche vermögensrechtlichen Folgen der Ehe** zu unterstellen, also insbesondere die Schlüsselgewalt gem. § 1357 BGB,[32] der Umfang der Sorgfaltspflichten zwischen den Ehegatten (§ 1359 BGB), die besondere Eigentumsvermutung des § 1362 BGB,[33] zudem sämtliche aus der Ehe resultierende Verfügungsbeschränkungen, unabhängig davon, ob sie – wie im deutschen Recht (§§ 1365, 1369 BGB) – güterrechtlich oder – wie etwa im französischen Recht (Art. 215 Code civil) – eherechtlich bedingt sind.[34]

409 **Hinweis:** Vor diesem Hintergrund verbleibt der nationalen Kollisionsnorm des Art. 14 EGBGB nur noch ein sehr kleiner, auf die *persönlichen* Ehewirkungen beschränkter Anwendungsbereich (vgl. hierzu bereits Rn. 399). Ebenfalls nicht unter Art. 14 EGBGB, sondern unter die Kollisionsnormen der EuGüVO zu qualifizieren ist auch das **Nebengüterrecht**[35] – also Fragen nach einer Ehegatteninnengesellschaft sowie unbedingten Zuwendungen – sowie Verträge, die auf die Auseinandersetzung des – gesetzlich oder vertraglich begründeten – Güterstands gerichtet sind. Zur – güterrechtlich zu qualifizierenden – **Morgengabe** ausführlich Rn. 34 ff.

(2) Der Ehebegriff der EuGüVO

410 Schwierigkeiten bereitet indes die Bestimmung des **Ehebegriffs iSd EuGüVO**. Wie sich aus Erwägungsgrund 17 ergibt, sollte dieser Begriff für die EuGüVO nicht autonom definiert, sondern vielmehr – im Wege einer Qualifikationsverweisung – anhand des nationalen Rechts des jeweils zuständigen Mitgliedstaates bestimmt werden. Eine derartige Ausnahme vom Grundsatz der europarechtlich-autonomen Auslegung begegnet indes Bedenken, weil die Reichweite dieses Rechtsbegriffes nicht nur den sachlichen Anwendungsbereich der EuGüVO einerseits und der EuPartVO andererseits abgrenzt, sondern zugleich auch ihr Verhältnis zum nationalen Recht betrifft, soweit es um Lebensgemeinschaften geht, die weder eine Ehe noch eine eingetragene Partnerschaft im Sinne der Verordnungen darstellen. Eine eindeutige Klarstellung mittels konkreter funktionaler Kriterien ohne Rekurs auf die lex fori wäre daher wünschenswert gewesen.

411 Angesichts des Umstandes, dass zumindest der Begriff der „eingetragenen Partnerschaft" in Art. 3 Abs. 1 lit. a EuPartVO eine autonome Legaldefinition gefunden hat,

---
31 Vgl. *Kropholler*, § 45 IV 2 (S. 353); *von Hoffmann/Thorn*, § 8 Rn. 33.
32 *Weber*, DnotZ 2016, 659 (665); *Dutta*, FamRZ 2016, 1973 (1974).
33 *Dutta*, FamRZ 2016, 1973 (1974).
34 So zu Recht *Weber*, DnotZ 2016, 659 (665).
35 Vgl. auch *Weber*, DnotZ 2016, 659 (666); *Dutta*, FamRZ 2016, 1973 (1975); *Sanders*, FamRZ 2018, 978 (979 ff.); *Heiderhoff*, IPRax 2018, 1 (2).

ist der Ehebegriff der EuGüVO **in einem ersten Schritt** zunächst einmal *negativ* dahin gehend zu präzisieren, dass jegliche Lebensgemeinschaft zweier Personen, die in den Anwendungsbereich der EuPartVO fällt, keine Ehe im Sinne der EuGüVO darstellt; denn insoweit greift der Anwendungsvorrang der EuPartVO. *Konstitutives* Merkmal für das Vorliegen einer Partnerschaft gem. Art. 3 Abs. 1 lit. a EuPartVO ist deren *verbindliche Eintragung* in ein Register[36] nach den betreffenden rechtlichen Vorschriften, und dies – angesichts des insoweit neutralen Wortlauts beider Güterrechtsverordnungen – *unabhängig* davon, ob diese Partnerschaft von gleich- oder verschiedengeschlechtlichen Paaren geschlossen wurde. Als Partnerschaften im Sinne der EuPartVO wird man vor dem Hintergrund der Differenzierung von Ehe einerseits und Partnerschaft andererseits somit stets solche Rechtsinstitute anzusehen haben, die der jeweilige nationale Gesetzgeber als *alternatives* Rechtsinstitut zur Ehe geschaffen hat und die dieser daher gerade nicht gleichwertig sind. Gemeint sind damit zumindest **eingetragene heterosexuelle Partnerschaften**,[37] die zahlreiche Rechtsordnungen – beispielsweise das belgische,[38] französische[39] und niederländische[40] Recht – als Alternative zu einer herkömmlichen Ehe vorsehen und regelmäßig – insbesondere im Hinblick auf ihre Auflösbarkeit – weniger strengen Anforderungen als herkömmliche Ehen unterliegen. Diese scheiden damit aus dem Anwendungsbereich der EuGüVO aus.

Im Übrigen entscheidet die jeweilige mitgliedstaatliche **lex fori**, dies jedoch unter Einschluss des nationalen Kollisionsrechts.[41] Aus deutscher Sicht bedeutet dies, dass **gleichgeschlechtliche Ehen** der EuGüVO zu unterstellen sind (vgl. Art. 17b Abs. 4 S. 2 EGBGB), nicht jedoch (nicht in eine Ehe umgewandelte) **eingetragene Partnerschaften** iSd deutschen Sachrechts, für welche die EuPartVO maßgeblich ist (vgl. Art. 17b Abs. 1 S. 1 EGBGB).

412

Schwierigkeiten bereitet zuletzt die Behandlung **sonstiger, nicht formalisierter Lebensgemeinschaften**, soweit diese – wie etwa im serbischen,[42] kroatischen[43] oder irischen[44] Recht – güterrechtliche Rechtsfolgen begründen. Derartige Rechtsbeziehungen fallen jedenfalls nicht in den Anwendungsbereich der EuPartVO (vgl. insoweit auch Erwägungsgrund 16 S. 2 EuPartVO)[45] und in den Anwendungsbereich der EuGüVO nur dann, wenn das jeweilige nationale Kollisionsrecht diese als Ehe behandelt wissen will.[46] Dies ist im Rahmen des deutschen Kollisionsrechts nicht der Fall, dennoch überzeugt eine – bislang wohl überwiegend in solchen Fällen vertretene, je nach Rechtsgrund differenzierende – vertragliche, gesellschaftsrechtliche oder bereicherungsrechtliche Qualifikation nicht (vgl. hierzu auch Rn. 467 f.), gerade weil derartigen Regelungen eine originär güterrechtliche Funktion zukommt. Erachtet man den Anwendungs-

413

---

36 Auf die Art des Registers kommt es insoweit nicht an. – So zutreffend *Dutta*, FamRZ 2016, 1973 (1976).
37 Ebenso *Weber*, DNotZ 2016, 659 (693); *Dutta*, FamRZ 2016, 1973 (1976).
38 Vgl. Art. 1475 ff. belgischer Code civil („*cohabitation légale*").
39 Vgl. Art. 515–1 ff. Code civil („*pacte civil de solidarité*").
40 Vgl. Art. 80a ff. Burgerlijk Wetboek („*geregistreerd partnerschap*").
41 *Köhler*, in: *Dutta/Weber* (Hrsg.), Die Europäischen Güterrechtsverordnungen, 2017, 147 (153); *Bonomi*, in: *Dutta/Weber* (Hrsg.), Die Europäischen Güterrechtsverordnungen, 2017, 123 (131 f.). – AA *Dutta*, FamRZ 2016, 1973 (1976), der auf das – indes höchst problematische (vgl. etwa MüKoBGB/*v. Hein*, Einl. IPR Rn. 41, Art. 3 EGBGB Rn. 124 ff.) – Anerkennungsprinzip abstellen und daher – unabhängig von den nationalen Kollisionsnormen – stets an den Begründungs- bzw. Registrierungsort anknüpfen will.
42 Vgl. Art. 4 Abs. 2, Art. 191 Abs. 2 Porodični zakon.
43 Vgl. § 258 Obiteljski zakon.
44 Vgl. Sec. 171 ff. Civil Partnership and Certain Rights and Obligations of Cohabitants Act 2010.
45 *Weber*, DNotZ 2016, 659 (693); vgl. auch Grüneberg/*Thorn*, Art. 1 EuPartVO Rn. 2.
46 AA wohl *Dutta*, FamRZ 2016, 1973 (1976).

bereich der EuGüVO nicht für eröffnet, sollte daher zumindest eine **analoge**, im nationalen Recht zu verortende und daher der Prüfungskompetenz des EuGH entzogene **Anwendung der Art. 20 ff. EuGüVO** erfolgen.[47]

(3) Ausnahmen

414 Während Art. 1 Abs. 1 EuGüVO den sachlichen Anwendungsbereich zunächst positiv formuliert, schließt Abs. 2 einzelne, im Zusammenhang mit dem Güterrecht stehende zivilrechtliche Regelungsbereiche vom Anwendungsbereich der Verordnung aus und stellt damit ausdrücklich klar, dass diese nicht von der EuGüVO geregelt werden. Deren rechtliche Beurteilung unterliegt damit grundsätzlich weiterhin dem nationalen Recht der Mitgliedstaaten, sofern keine andere europäische Verordnung vorrangig anzuwenden ist. Aus dem Anwendungsbereich gem. Art. 1 Abs. 2 EuGüVO explizit **ausgenommen** sind insbesondere

- die **Rechts-, Geschäfts- und Handlungsfähigkeit** der Ehegatten (lit. a), die dem von Art. 7 EGBGB bestimmten Recht unterliegt,
- **Fragen nach dem Bestehen, der Gültigkeit oder der Anerkennung einer Ehe** (lit. b), welche anhand des von Art. 13, Art. 11 EGBGB (für heterosexuelle Ehen) bzw. Art. 17 b EGBGB (für gleichgeschlechtliche Ehen und eingetragene Partnerschaften) bestimmten Rechts zu beurteilen sind,
- die **Unterhaltspflichten** (lit. c) welche in kollisionsrechtlicher Sicht dem Haager Unterhaltsprotokoll (vgl. hierzu Rn. 469 ff.) unterliegen,

  Hinweis: Abgrenzungsprobleme stellen sich im Rahmen dieser Bereichsausnahme insbesondere im Hinblick auf einmalige Ausgleichsansprüche bei Beendigung der Ehe, die einerseits auf die Aufteilung der Gütergemeinschaft, andererseits auf die Versorgung eines bedürftigen Ehegatten gerichtet sein können.[48] Auch in solchen Fällen bedarf es einer funktionalen Qualifikation (vgl. hierzu ausführlich Rn. 34 ff.): Charakteristikum einer Unterhaltspflicht ist hiernach, „dass eine Leistung dazu bestimmt ist, den Unterhalt eines bedürftigen Ehegatten zu sichern".[49] Ist dies der Fall, ist der entsprechende Anspruch unterhaltsrechtlich zu qualifizieren, erschöpft er sich in der Aufteilung der Gütergemeinschaft, ist der Anwendungsbereich der Güterverordnungen eröffnet. Bei doppelfunktionalen Regelungen, wie sie insbesondere das englische Recht (konkret bei einer vermögensrechtlichen Scheidungsfolgeentscheidung gemäß dem englischen *Matrimonial Causes Act* 1973) vorsehen kann, muss eine Qualifikationsentscheidung mittels einer Schwerpunktbetrachtung getroffen werden.

- die **Rechtsnachfolge nach dem Tod eines Ehegatten** (lit. d), die mittels der Kollisionsnormen der EuErbVO zu bestimmen ist,

  Hinweis: Schwierigkeiten bereitet in diesem Zusammenhang insbesondere die Qualifikation von § 1371 Abs. 1 BGB (vgl. hierzu im Einzelnen Rn. 507 ff.).

- die **soziale Sicherheit** (lit. e), womit Leistungen bei Krankheit, Alter, Arbeitslosigkeit, Arbeitsunfällen und Berufskrankheiten sowie an Hinterbliebene gemeint sind, die – insoweit rein klarstellend – nicht dem Güterstatut unterliegen,

---

47 *Köhler*, in: *Dutta/Weber* (Hrsg.), Die Europäischen Güterrechtsverordnungen, 2017, 147 (154); vgl. auch *Heiderhoff*, IPRax 2018, 1 (4); *Grüneberg/Thorn*, Art. 1 EuPartVO Rn. 2.
48 Hierzu etwa *Dutta*, FamRZ 2016, 1973 (1974).
49 EuGH 27.2.1997 – Rs. C-220/95 *(van den Boogaard/ Laumen)*.

- **Versorgungsanwartschaften und -rechte** (lit. f),[50] welche damit weiterhin dem nach Art. 17 Abs. 3 bzw. Art. 17b Abs. 1 S. 2, 3 EGBGB bestimmten Recht unterliegen, sowie
- die **Art der dinglichen Rechte an Vermögen** (lit. g), die *durch das Güterstatut selbst* begründet werden.

Hinweis: Die Bereichsausnahme entspricht nahezu wortgleich Art. 1 Abs. 2 lit. k EuErbVO und ist daher entsprechend auszulegen (vgl. Rn. 494 aE). Angesichts ihres insoweit eindeutigen Wortlauts ist die – auch im Hinblick auf den Auslegungsgrundsatz des *effet utile* grundsätzlich restriktiv auszulegende – Ausnahmeregelung auf die Art der dinglichen Rechte beschränkt, erfasst also gerade nicht die Erwerbsmodalitäten und damit die Frage, ob und insbesondere unter welchen Voraussetzungen ein solches Recht begründet wird.[51] Vielmehr unterliegt diese gem. Art. 27 lit. a, b EuGüVO dem Güterstatut, wie zudem der Wortlaut der besonderen Anpassungsregelung des Art. 29 EuGüVO (Geltendmachung eines kraft Güterstatuts entstandenen dinglichen Rechts) sowie der Erwägungsgrund 24 S. 2, nach dem die Verordnungen die Begründung dinglicher Rechte ermöglichen sollen, verdeutlichen. Folglich ist ausschließlich dem Güterstatut die Frage zu entnehmen, ob der jeweils begründete Güterstand eine unmittelbare dinglichen Teilhabe des Ehegatten an den Rechtspositionen des jeweils anderen schafft, also etwa gemeinschaftliches Eigentum, gesetzliche Nießbrauchrechte oder sonstige, dem deutschen Recht möglicherweise unbekannte dingliche Berechtigungen an dem Vermögen des Ehegatten begründet; Erwerbsvoraussetzungen, die das konkrete Belegenheitsrecht vorsehen, sind somit unbeachtlich.[52] Der – insbesondere im Rahmen des Art. 1 Abs. 2 lit. k EuErbVO vertretenen – Gegenauffassung hat der EuGH eine Absage erteilt,[53] so dass der Streit – auch für die EuGüVO – nunmehr entschieden ist.

bb) Die Bestimmung des Güterstatuts

Welches Recht auf die ehelichen Güterstände anzuwenden ist *(Güterstatut)*, bestimmt sich nach den **allgemeinen Kollisionsnormen** der Art. 22, 26 EuGüVO. Vorrangig zu beachten ist gem. Art. 22 EuGüVO stets eine – formell (Art. 23 EuGüVO) und materiell (Art. 24 EuGüVO) wirksame – **Rechtswahl der Ehegatten**, mangels einer solchen ist das Güterstatut objektiv anhand von Art. 26 EuGüVO zu bestimmen. Die **konkrete Reichweite des Güterstatuts** wird durch die unselbstständige Kollisionsnorm des Art. 27 EuGüVO näher bestimmt; Art. 21 EuGüVO konkretisiert insoweit, dass das Güterstatut das gesamte Vermögen unabhängig von dessen konkreter Belegenheit erfasst, postuliert also den **Grundsatz der Einheit des Güterstatuts**. Eine besondere, sach- und kollisionsrechtliche Aspekte vermischende Regelung sieht die EuGüVO für die **Formgültigkeit einer Vereinbarung über den ehelichen Güterstand** (Art. 25 EuGüVO) vor, zudem enthält die EuGüVO gesonderte Anknüpfungen hinsichtlich bestimmter drittwirkender güterrechtlicher Sachnormen (Art. 28 EuGüVO) sowie – erstmalig im Internationalen Familienrecht – hinsichtlich **Eingriffsnormen** (Art. 30 EuGüVO).

415

---

50 *Dutta*, FamRZ 2016, 1973 (1975).
51 Vgl. hierzu *Köhler*, in: *Dutta/Weber* (Hrsg.), Die Europäischen Güterrechtsverordnungen, 2017, 147 (158 f.); ebenso *Grüneberg/Thorn*, Art. 1 EuGüVO Rn. 11; *Dutta*, FamRZ 2016, 1973 (1975); offenlassend *Weber*, DNotZ 2016, 659 (668 f.).
52 Vgl. auch *Grüneberg/Thorn*, Art. 1 EuGüVO Rn. 11; *Dutta*, FamRZ 2016, 1973 (1975).
53 EuGH 12.10.2017 – Rs. C-218/16 *(Kubicka)* = NJW 2017, 3767.

Hinweis: Bei allen kollisionsrechtlichen Verweisungen der EuGüVO handelt es sich gem. Art. 32 EuGüVO um **Sachnormverweisungen**, so dass etwaige Rück- und Weiterverweisungen seitens eines ausländischen IPR unbeachtlich sind. Wird auf das Recht eines **Mehrrechtsstaates** verwiesen, bestimmt sich die maßgebliche Teilrechtsordnung bei einer interlokalen Rechtsspaltung nach Art. 33 EuGüVO, bei einer interpersonalen Rechtsspaltung nach Art. 34 EuGüVO sowie bei einer intertemporalen Rechtsspaltung nach der lex causae (vgl. Rn. 110, 114, 116). Soweit das anzuwendende Sachrecht **Vorfragen** aufwirft (etwa die Frage nach dem Bestehen einer Ehe), sind diese nach vorzugswürdiger Ansicht stets **selbstständig anzuknüpfen** (so ausdrücklich auch Erwägungsgrund 21 EuGüVO; allgemein hierzu Rn. 118 ff.). Verweisen die Kollisionsnormen der Güterrechtsverordnungen auf ausländisches Recht, steht dessen Anwendung unter dem Vorbehalt des **ordre public** (Art. 31 EuGüVO).

(1) Rechtswahl (Art. 22 EuGüVO)

416 Art. 22 EuGüVO gestattet den Ehegatten, das auf ihren ehelichen Güterstand anzuwendende Recht zu wählen. Damit trägt die EuGüVO – ebenso wie die übrigen europäischen Kollisionsrechtsakte – der Parteiautonomie Rechnung (vgl. auch Erwägungsgrund 45 S. 1), allerdings nur in beschränktem Umfang: Gewählt werden kann gem. Art. 22 Abs. 1 EuGüVO alleine

- das Recht desjenigen Staates, in welchem zumindest ein Ehegatte zum Zeitpunkt der Rechtswahl seinen **gewöhnlichen Aufenthalt** hat (lit. a), sowie
- das Recht desjenigen Staates, dessen **Staatsangehörigkeit** zumindest einer der Ehegatten zum Zeitpunkt der Rechtswahl besitzt (lit. b).

Liegt eine wirksame Rechtswahl vor, verdrängt diese die objektive Anknüpfung des Art. 26 EuGüVO.

417 Die Rechtswahl kann nur **für das gesamte Vermögen der Ehegatten** getroffen werden, eine Teilrechtswahl, wie sie Art. 15 Abs. 2 Nr. 3 EGBGB aF im Hinblick auf unbewegliches Vermögen vorsah (vgl. Rn. 430), ist unter Geltung der EuGüVO ausgeschlossen (Art. 21 EuGüVO). Wurde dennoch eine Teilrechtswahl getroffen, ist diese unwirksam. Eine (geltungserhaltende) Auslegung einer Teilrechtswahl als Gesamtrechtswahl dürfte regelmäßig scheitern, die Beantwortung dieser Frage obläge aber der Beurteilung des nach Art. 24 EuGüVO maßgeblichen Rechts.

418 Fragen der **formellen Wirksamkeit der Rechtswahlvereinbarung** unterliegen dem von Art. 23 EuGüVO bestimmten Recht, für die Beurteilung ihrer **materiellen Wirksamkeit** (sowie Auslegung) ist das von Art. 24 EuGüVO bestimmte Recht maßgeblich.

Hinweis: Dem hypothetisch gewählten Recht obliegt grundsätzlich auch die Frage, ob eine **konkludente Rechtswahl** getroffen wurde.[54] Zu beachten ist insoweit die besondere Anknüpfung des Art. 24 Abs. 2 EuGüVO, wonach für die Frage, ob ein Ehegatte der Rechtswahl zugestimmt hat, kumulativ das Recht des gewöhnlichen Aufenthalts zum Zeitpunkt der Anrufung des Gerichts maßgeblich ist. Diese – restriktiv auszulegende – Regelung begegnet Kritik,[55] große praktische Bedeutung dürfte ihr indes angesichts der formellen

---

[54] Zur generellen Zulässigkeit einer konkludenten Rechtswahl vgl. etwa *Weber*, DNotZ 2016, 659 (680 f.); *Martiny*, ZfPW 2017, 1 (19 f.); *Hilbig-Lugani*, DNotZ 2017, 739 (753 f.).
[55] Vgl. hierzu *Hilbig-Lugani*, DNotZ 2017, 739 (755 f.).

II. Internationales Eherecht

Anforderungen des Art. 23 Abs. 1 EuGüVO, nach denen eine Rechtswahl der Schriftform samt Unterschrift beider Ehegatten bedarf, nicht zukommen.[56]

(2) Objektive Bestimmung des Güterstatuts (Art. 26 EuGüVO)

Liegt keine vorrangig zu beachtende Rechtswahl gem. Art. 22 EuGüVO vor, bestimmt sich das auf den ehelichen Güterstand anzuwendende Recht objektiv nach der allgemeinen Kollisionsnorm des Art. 26 EuGüVO. Dieser erklärt im Wege einer **Anknüpfungsleiter**

- primär das Recht des ersten gemeinsamen gewöhnlichen Aufenthalts nach der Eheschließung für maßgeblich (Abs. 1 lit. a), andernfalls
- das Recht der gemeinsamen Staatsangehörigkeit (Abs. 1 lit. b), sowie mangels einer solchen
- das Recht desjenigen Staates, mit dem die Ehegatten zum Zeitpunkt der Eheschließung gemeinsam am engsten verbunden sind (Abs. 1 lit. c).

Für besondere Ausnahmefälle ist zuletzt eine **Ausweichklausel** (Abs. 3) vorgesehen, die jedoch nur auf Art. 26 Abs. 1 lit. a EuGüVO bezogen ist und damit ausschließlich auf der ersten Stufe der Anknüpfungsleiter eingreift; sie trägt „Züge einer konkludenten Rechtswahl"[57] und dient dem Vertrauensschutz.

Gem. Art. 26 Abs. 3 UAbs. 1 EuGüVO kann, soweit die Voraussetzungen von Art. 26 Abs. 1 lit. a EuGüVO erfüllt sind, auf Antrag (zumindest)[58] eines Ehegatten das für Fragen des ehelichen Güterstands zuständig Gericht ausnahmsweise von der Anknüpfung des Art. 26 Abs. 1 lit. a EuGüVO zugunsten des Rechts des letzten gemeinsamen gewöhnlichen Aufenthalts der Ehegatten abweichen, soweit

- dieser gemeinsame gewöhnliche Aufenthalt über einen **erheblich längeren Zeitraum** als derjenige in dem in Art. 26 Abs. 1 lit. a EuGüVO bezeichneten Staat bestand und
- beide Ehegatten auf das Recht dieses anderen Staates bei der Regelung oder Planung ihrer vermögensrechtlichen Beziehungen **vertraut** hatten, also von der Geltung des Güterrechts dieses Staates ausgegangen sind.[59]

Entgegen dem – insoweit missverständlichen – Wortlaut steht dem Gericht bei der Anwendung der Ausweichklausel **kein Ermessen** zu.[60] Vielmehr ist diese mittels der herkömmlichen kollisionsrechtlichen Methode, also anhand der konkret auf den Plan gerufenen kollisionsrechtlichen Interessen zu konkretisieren, ihre Anwendung unterliegt der vollständigen Prüfungskompetenz des EuGH.

Wann ein **erheblich längerer Zeitraum** iSv Art. 26 Abs. 3 UAbs. 1 EuGüVO anzunehmen ist, wird seitens der EuGüVO nicht geregelt. Maßgeblich ist insoweit eine Einzelfallbetrachtung,[61] in deren Rahmen zu ermitteln ist, ob aufgrund der längeren Verweildauer der Ehegatten in dem von Art. 26 Abs. 3 UAbs. 1 EuGüVO bezeichneten

---

56 Vgl. auch *Weber*, DNotZ 2016, 659 (680).
57 So zu Recht *Dutta*, FamRZ 2016, 1973 (1982).
58 Auch ein gemeinsamer Antrag ist möglich, vgl. etwa *Coester-Waltjen*, in: *Dutta/Weber* (Hrsg.), Die Europäischen Güterrechtsverordnungen, 2017, 47 (55).
59 *Döbereiner*, notar 2018, 244 (249).
60 *Coester-Waltjen*, in: *Dutta/Weber* (Hrsg.), Die Europäischen Güterrechtsverordnungen, 2017, 47 (57); vgl. auch *Döbereiner*, notar 2018, 244 (249).
61 Vgl. insoweit auch *Döbereiner*, notar 2018, 244 (249).

Staat eine wesentlich engere Verbindung zu diesem Staat begründet wurde, die ein Abweichen von der Regelanknüpfung des Art. 26 Abs. 1 lit. a EuGüVO rechtfertigen.

Ein Rückgriff auf die Ausweichklausel scheidet gem. Art. 26 Abs. 3 UAbs. 4 EuGüVO aus, wenn die Ehegatten bereits vor ihrem Aufenthaltswechsel eine – nicht zwingend wirksame[62] – Vereinbarung über den ehelichen Güterstand getroffen haben. Ein schutzwürdiges Vertrauen in die Geltung der neuen Rechtsordnung wird somit kraft Gesetzes verneint.

(3) Reichweite des Güterstatuts (Art. 27 EuGüVO)

421 Die Reichweite des – sowohl subjektiv als auch objektiv ermittelten – Güterstatuts wird durch die unselbstständige Kollisionsnorm des Art. 27 EuGüVO näher bestimmt. Regelungstechnisch erfolgt dies mittels einzelner, nicht abschließender Beispiele, so dass bereits regelmäßig anhand des Wortlauts die Reichweite des Güterstatuts bestimmt werden kann. Im Einzelnen unterliegen dem Güterstatut insbesondere

- die **Einteilung des Vermögens eines oder beider Ehegatten in verschiedene Kategorien während und nach der Ehe** (lit. a), also zunächst die Frage, welcher Güterstand maßgeblich ist, zudem die Fragen nach der jeweiligen Ausgestaltung des Güterstands sowie den hiermit eingehenden Wirkungen, insbesondere die – schuldrechtliche oder dingliche – Zuordnung einzelner Vermögenswerte (einschließlich Gesellschaftsanteile)[63] zu den güterrechtlichen Vermögensmassen (Gesamtgut, Eigengut) sowie die Art der jeweiligen Beteiligung (Gesamthands- oder Bruchteilseigentum),
- die **Übertragung von Vermögen von einer Kategorie in die andere** (lit. b), womit insbesondere das Verhältnis von Gesamtgut und Eigengut gemeint ist,[64]
- **Fragen der Haftung** des einen Ehegatten für die Verbindlichkeiten und Schulden des anderen, einschließlich einer etwaigen Ausgleichspflicht der Ehegatten untereinander (lit. c), aus deutscher Sicht also insbesondere die Schlüsselgewalt gem. § 1357 BGB,[65] die Haftung der Ehegatten im Falle einer Gütergemeinschaft[66] sowie Fragen etwaiger Ausgleichspflichten in denjenigen Fällen, in denen ein Ehegatte Verbindlichkeiten des anderen Ehegatten gegenüber Dritten erfüllt,[67]
- die **Befugnisse, Rechte und Pflichten eines oder beider Ehegatten in Bezug auf das Vermögen** (lit. d), also insbesondere Fragen über Vorgaben bezüglich der Nutzung und Verwaltung des ehelichen Vermögens,[68] besondere güterrechtliche Eigentumsvermutungen (§ 1362 BGB) sowie über besondere Verfügungsbeschränkungen, unabhängig davon, ob sie – wie im deutschen Recht (§§ 1365, 1369 BGB) – güterrechtlich oder – wie etwa im französischen Recht (Art. 215 Code civil) – eherechtlich bedingt sind,[69]
- zudem sämtliche **Fragen der Auflösung des ehelichen Güterstands** (lit. e), angefangen von den möglichen Auflösungsgründen (Scheidung, Aufhebung der Ehe, Tod eines Ehegatten etc) bis hin zu deren konkreter Durchführung,

---

62 AA *Döbereiner*, notar 2018, 244 (249).
63 Grüneberg/*Thorn*, Art. 27 EuGüVO Rn. 3.
64 Vgl. PWW/*Martiny*, Art. 27 EuGüVO Rn. 3.
65 *Weber*, DnotZ 2016, 659 (665); *Dutta*, FamRZ 2016, 1973 (1974); Grüneberg/*Thorn*, Art. 27 EuGüVO Rn. 4.
66 PWW/*Martiny*, Art. 27 EuGüVO Rn. 4.
67 Hausmann/*Hausmann*, Internationales und Europäisches Familienrecht, Art. 27 EuGüVO Rn. 366.
68 Hausmann/*Hausmann*, Internationales und Europäisches Familienrecht, Art. 27 EuGüVO Rn. 367.
69 So zu Recht *Weber*, DnotZ 2016, 659 (665).

Hinweis: Das Güterstatut ist insbesondere maßgeblich für Fragen der Vermögensauseinandersetzung der Ehegatten (Teilung, Aufteilung oder Abwicklung des Vermögens einschließlich etwaiger Herausgabe- oder Auskunftsansprüche der Ehegatten),[70] so für die Auseinandersetzung, den güterrechtlichen Zugewinnausgleich (wenngleich § 1371 Abs. 1 BGB nach der – kritikwürdigen – Rechtsprechung des EuGH erbrechtlich zu qualifizieren ist, vgl. Rn. 507 ff.), zudem regelmäßig für die Beurteilung einer Morgengabe (vgl. hierzu Rn. 34 ff.). Auch vorläufige Teilungsregelungen (etwa §§ 1361 a, 1361 b BGB) fallen unter Art. 27 lit. e EuGüVO. Güterrechtlich zu qualifizieren sind zuletzt auch Verträge, die auf die Auseinandersetzung des – gesetzlich oder vertraglich begründeten – Güterstands gerichtet sind.[71]

■ die **Wirkungen des ehelichen Güterstands auf ein Rechtsverhältnis zwischen einem Ehegatten und Dritten** (lit. f), also insbesondere güterrechtliche **Eigentumsvermutungen** (§ 1362 BGB) sowie **Verfügungsbeschränkungen** (§§ 1365, 1369 BGB, Art. 215 Code civil), soweit sie gegenüber Dritten Wirkung entfalten.

Hinweis: Zum Schutz des Rechtsverkehrs kann es in diesen Fällen indes zu einer Sonderanknüpfung gem. Art. 28 EuGüVO kommen, vgl. im Einzelnen Rn. 424.

■ und die **materielle Wirksamkeit einer Vereinbarung über den ehelichen Güterstand** (lit. g), also insbesondere die materielle Wirksamkeit von Eheverträgen.

Hinweis: Das Güterstatut entscheidet damit insbesondere über die Zulässigkeit, die materiellen Voraussetzungen und das Zustandekommen[72] (einschließlich der Auslegung) einer solchen Vereinbarung, zudem über das Vorliegen etwaiger Willensmängel,[73] eine Inhalts- und Ausübungskontrolle entsprechend dem deutschen Recht[74] sowie über die Zulässigkeit und die Voraussetzungen einer Abänderung oder Aufhebung der Vereinbarung.[75] Die formellen Voraussetzungen einer Vereinbarung über den ehelichen Güterstand unterliegen der besonderen Kollisionsnorm des Art. 25 EuGüVO, vgl. Rn. 422.

cc) Sonderfragen

(1) Vereinbarungen über den ehelichen Güterstand

Während die materiellen Anforderungen einer Vereinbarung über den ehelichen Güterstand (insbesondere Eheverträge, vgl. insoweit die Legaldefinition des Art. 3 Abs. 1 lit. b EuGüVO) gem. Art. 27 lit. g EuGüVO dem Güterstatut unterliegen, enthält Art. 25 EuGüVO eine spezielle Regelung hinsichtlich der Formwirksamkeit solcher Verträge. In seiner Regelungstechnik eng an Art. 23 EuGüVO angelehnt, statuiert Art. 25 Abs. 1 EuGüVO zunächst autonom materielle Formerfordernisse, enthält also – kompetenzrechtlich problematisch[76] – eine eigenständige Sachnorm, um in einem zweiten Schritt kumulativ zusätzliche Formerfordernisse im Wege einer herkömmli-

422

---

70 Hausmann/*Hausmann*, Internationales und Europäisches Familienrecht, Art. 27 EuGüVO Rn. 368.
71 Zum bisherigen Recht vgl. etwa Soergel/*Schurig*, Art. 15 EGBGB Rn. 45 mwN.
72 *Weber*, DNotZ 2016, 659 (684); ebenso PWW/*Martiny*, Art. 27 EuGüVO Rn. 8.
73 Hausmann/*Hausmann*, Internationales und Europäisches Familienrecht, Art. 27 EuGüVO Rn. 370.
74 *Weber*, DnotZ 2016, 659 (684); ebenso Hausmann/*Hausmann*, Internationales und Europäisches Familienrecht, Art. 27 EuGüVO Rn. 371; PWW/*Martiny*, Art. 27 EuGüVO Rn. 8.
75 Vgl. auch Hausmann/*Hausmann*, Internationales und Europäisches Familienrecht, Art. 27 EuGüVO Rn. 370; PWW/*Martiny*, Art. 27 EuGüVO Rn. 8.
76 Vgl. hierzu *Weber*, DnotZ 2016, 659 (683); *Süß*, in: *Dutta/Weber* (Hrsg.), Die Europäischen Güterrechtsverordnungen, 2017, 85 (95 f.).

423 **Hinweis:** Welche konkrete Bedeutung Art. 25 Abs. 1 EuGüVO zugesprochen werden kann,[77] ist indes unklar und letztverbindlich seitens des EuGH zu klären. Wendet man diese Regelung ohne Einschränkungen an, müssten sämtliche Vereinbarungen über den ehelichen Güterstand, welche die autonomen Formerfordernisse des Abs. 1 nicht erfüllen, für unwirksam erachtet werden, damit also etwa auch eine – dem Anwendungsbereich der EuGüVO unterfallende (Rn. 409) Ehegatteninnengesellschaft, die im Rahmen des deutschen Rechts auf eine formlose (ggf. konkludente) Vereinbarung der Ehegatten gestützt wird.[78] Ob eine derartige Konsequenz seitens des Verordnungsgebers wirklich beabsichtigt war, erscheint zweifelhaft, sie lässt sich jedoch nur mittels einer entsprechenden – angesichts des klaren Wortlauts freilich problematischen – teleologischen Korrektur von Art. 25 Abs. 1 EuGüVO umgehen. Eine Beschränkung der besonderen Sachnorm auf Fälle mit Auslandsbezug, wie sie durchaus zu Recht gefordert wird,[79] entschärft allenfalls das Problem, löst es jedoch nicht.

(2) Drittschutz (Art. 28 EuGüVO)

424 Wie sich aus Art. 27 lit. f EuGüVO ergibt, unterliegen die Wirkungen des ehelichen Güterstands auf ein Rechtsverhältnis zwischen einem Ehegatten und Dritten grundsätzlich dem Güterstatut. Um dem **Schutz des Rechtsverkehrs**,[80] der mit der Geltung eines ausländischen Güterstatuts und hiermit einhergehender Anwendbarkeit besonderer (drittwirkender) güterrechtlicher Regelungen nicht stets rechnen muss, hinreichend Rechnung zu tragen, schränkt Art. 28 EuGüVO diesen Grundsatz dahin gehend ein, dass das nach den Regelungen der EuGüVO bestimmte Güterstatut dem Dritten nicht entgegengehalten werden kann, „es sei denn, der Dritte hatte Kenntnis von diesem Recht oder hätte bei gebührender Sorgfalt davon Kenntnis haben müssen." Die **Vorschrift entspricht in ihrer Funktion Art. 16 EGBGB aF**[81] (vgl. hierzu Rn. 437). Ebenso wie diese verwirklicht Art. 28 EuGüVO den Schutz des Rechtsverkehrs mittels einer Sonderanknüpfung zugunsten bestimmter[82] (drittwirkender) güterrechtlicher Vorschriften (nach deutschem Recht etwa §§ 1412, 1357, 1362, 1431, 1456 BGB) derjenigen Rechtsordnung, mit deren Geltung der jeweilige Vertragspartner rechnen konnte. Diese Rechtsordnung wird von Art. 28 Abs. 3 EuGüVO bestimmt.

Beispiel: Bildet das Güterstatut eines in Deutschland lebenden Ehepaares kraft Rechtswahl ausländisches Recht, welches keine Eigentumsvermutungen iSd § 1362 Abs. 1 BGB kennt, kann sich ein mit einem der Ehegatten kontrahierender Dritter auf die Eigentumsvermutung des § 1362 Abs. 1 BGB berufen, soweit er keine Kenntnis bzw. fahrlässige Unkenntnis von der Geltung eines ausländischen Güterstatuts hatte. Die entsprechende Vorschrift des deutschen Rechts kommt zur

---

77 Die Nichtigkeit der Vorschrift aufgrund Überschreitung der unionsrechtlichen Regelungskompetenz erwägend *Süß*, in: *Dutta/Weber* (Hrsg.), Die Europäischen Güterrechtsverordnungen, 2017, 85 (96); vgl. hierzu auch *Sanders*, FamRZ 2018, 978 (981).
78 Hierauf zu Recht hinweisend *Süß*, in: *Dutta/Weber* (Hrsg.), Die Europäischen Güterrechtsverordnungen, 2017, 85 (96 f.). – Vgl. hierzu auch *Sanders*, FamRZ 2018, 978 (981 ff.).
79 So etwa *Süß*, in: *Dutta/Weber* (Hrsg.), Die Europäischen Güterrechtsverordnungen, 2017, 85 (96 f.); *Sanders* FamRZ 2018, 978 (981 ff.).
80 *Martiny*, ZfPW 2017, 1 (26); vgl. auch *Grüneberg/Thorn*, Art. 28 EuGüVO Rn. 1.
81 Vgl. auch *Weber*, DnotZ 2016, 659 (685); *Martiny*, ZfPW 2017, 1 (26).
82 Insoweit ist es zumindest missverständlich, wenn von einem – durch Art. 28 EuGüVO bestimmten – „Ersatzgüterstatut" gesprochen wird, so aber etwa *Dutta*, FamRZ 2016, 1973 (1982).

II. Internationales Eherecht

Anwendung, wenn der zwischen Drittem und Ehegatten geschlossene Vertrag deutschem Recht unterliegt (Art. 28 Abs. 3 lit. a EuGüVO) oder der fragliche Vermögensgegenstand in Deutschland belegen ist (Art. 28 Abs. 3 lit. b EuGüVO).

Hinweis: Die Anforderungen an die Kenntnis bzw. insbesondere fahrlässige Unkenntnis iSd Art. 28 Abs. 1 EuGüVO sind europarechtlich-autonom zu bestimmen und unterliegen der Letztentscheidungskompetenz des EuGH. Für die Annahme einer fahrlässigen Unkenntnis wird man jedenfalls zu fordern haben, dass dem Dritten – neben dem Umstand, dass der Vertragspartner verheiratet ist – tatsächliche Sachumstände bekannt sind, die Einfluss auf die Bestimmung des Güterstatuts haben, also etwa Kenntnis von einer ausländischen Staatsangehörigkeit oder eines ausländischen gewöhnlichen Aufenthalts des Vertragspartners;[83] freilich sollten die Anforderungen nicht überspannt werden, eine restriktive Auslegung erscheint insoweit angezeigt.

(3) Eingriffsnormen (Art. 30 EuGüVO)

Art. 30 EuGüVO kodifiziert – ebenso wie Art. 3a Abs. 2 EGBGB aF (vgl. hierzu Rn. 435 f.), zudem Art. 30 EuErbVO (vgl. hierzu Rn. 531 ff.) – einen **Teilbereich der Eingriffsnormenproblematik** und ermöglicht eine gesonderte, also von dem regulär über Art. 22 bzw. Art. 26 EuGüVO bestimmten Güterstatut unabhängige Anknüpfung besonderer, überwiegend öffentlichen Normzwecken dienender Sachnormen (vgl. hierzu bereits ausführlich Rn. 198 ff.). 425

Praktische Anwendungsfälle bilden insbesondere Normen zum Schutz der Familienwohnung (vgl. Erwägungsgrund 53 S. 2), soweit sich deren Zweck nicht in einer vermögensrechtlichen Zuteilung erschöpft, sondern primär von öffentlichen Interessen getragen ist. Anzunehmen ist dies etwa für den – dem Gewaltschutzgesetz entstammenden, die Zuteilung der Ehewohnung bei Getrenntleben regelnden – § 1361 b BGB,[84] so dass die besondere Kollisionsnorm des Art. 17a EGBGB insoweit kraft europäischen Rechts verdrängt wird. Weitere Anwendungsfälle des Art. 30 EuGüVO bilden darüber hinaus Verfügungsverbote,[85] Nichtigkeitsvorschriften im Hinblick auf güterstandsbegründende Eheverträge sowie Sondervermögen begründende Vorschriften, soweit diesen jeweils überwiegend öffentliche Interessen zugrunde liegen und die daher nicht güterrechtlich qualifiziert werden können. **Derartige Normen sind neben dem Güterstatut anzuwenden, wenn ein hinreichender, regelmäßig territorialer Inlandsbezug besteht** (vgl. hierzu bereits Rn. 200). 426

Der Wortlaut von Art. 30 EuGüVO erfasst nur inländische Eingriffsnormen, eine explizite Regelung für **ausländische Eingriffsnormen** ist – ebenso wie von Art. 16 Rom II-VO, allerdings entgegen Art. 9 Rom I-VO und insbesondere entgegen Art. 30 EuErbVO – nicht vorgesehen. Eine „Sperrwirkung" im Hinblick auf die Anwendung ausländischer Eingriffsnormen kann indes – entgegen anderslautender Stimmen[86] – aus diesem Umstand nicht hergeleitet werden, vielmehr sind nach vorzugswürdiger Auffassung sowohl mitgliedstaatliche als auch drittstaatliche Eingriffsnormen zur An- 427

---

83 So *Dutta*, FamRZ 2016, 1973 (1982); *Martiny*, ZfPW 2017, 1 (26); vgl. auch Grüneberg/*Thorn*, Art. 28 EuGüVO Rn. 2.
84 Ebenso *Dutta*, FamRZ 2016, 1973 (1983); vgl. auch *Heiderhoff*, IPRax 2018, 1 (2, 9); Grüneberg/*Thorn*, Art. 30 EuGüVO Rn. 2. – AA *Kroll-Ludwigs*, GPR 2016, 231 (239).
85 Vgl. auch *Dutta*, FamRZ 2016, 1973 (1983); *Weber*, DnotZ 2016, 659 (688).
86 So aber etwa Grüneberg/*Thorn*, Art. 30 EuGüVO Rn. 1.

wendung zu bringen, soweit ein hinreichender räumlicher Bezug zu dem betreffenden Staat besteht (vgl. hierzu Rn. 202 ff., 299).

(4) Anpassung dinglicher Rechte (Art. 29 EuGüVO)

428 Art. 29 EuGüVO enthält eine – mit Art. 31 EuErbVO identische, ebenso wie dort sachrechtlich zu verortende – **Anpassungsregelung** für solche Fälle, in denen das Güterstatut eine dingliche Rechtsposition kreiert, welche der lex fori unbekannt ist. Art. 29 EuGüVO stellt keine abschließende Regelung für die Anpassungsproblematik dar, eine Anpassung in anderen, nicht von Art. 29 EuGüVO erfassten Konstellationen ist daher – nach herkömmlichen Grundsätzen – möglich.

Der **praktische Anwendungsbereich** der Vorschrift ist nach hier vertretener Auffassung **gering**; kein Anpassungsbedarf besteht insbesondere bei einer Legalhypothek[87] des Ehegatten nach französischem Recht sowie bei – ebenfalls im romanischen Rechtskreis verbreiteten – ex lege entstandenen Nießbrauchrechten, welche ohne Weiteres (und insbesondere ohne weiteren rechtsgeschäftlichen Bestellungsakt) anzuerkennen sind. Für weitere Einzelheiten wird auf die Ausführungen zu Art. 31 EuErbVO verwiesen (Rn. 536 ff.).

dd) Alte Rechtslage: Art. 15 EGBGB aF

429 Soweit die EuGüVO **intertemporal** keine Anwendung findet, bestimmt sich das auf die güterrechtlichen Wirkungen der Ehe anwendbare Recht weiterhin nach Art. 15 EGBGB in der bis zum 28.1.2019 geltenden Fassung (vgl. die Übergangsvorschrift des Art. 229 § 47 Abs. 2 EGBGB). Angesichts des Umstands, dass die EuGüVO gem. Art. 69 Abs. 3 EuGüVO nur anzuwenden ist, wenn die Ehegatten am 29.1.2019 oder danach die Ehe eingegangen sind oder – bei vorheriger Eingehung – eine Rechtswahl bezüglich des auf ihren Güterstand anzuwendenden Rechts getroffen haben, wird für den überwiegenden Teil der in der Praxis auftretenden Fälle weiterhin nationales Güterrecht anzuwenden sein, so dass dessen Kenntnis unerlässlich ist.

(1) Rechtswahl (Art. 15 Abs. 2, Abs. 3 EGBGB aF)

430 Das nach bisherigem nationalem Recht ermittelte Güterstatut bestimmt sich – ebenso wie im Rahmen der EuGüVO – vorrangig nach dem von den Ehegatten gewählten Recht. Art. 15 Abs. 2 EGBGB aF gestattet eine – Art. 22 EuGüVO im Wesentlichen entsprechende – **Rechtswahl**

- zugunsten des **Rechts der Staatsangehörigkeit** eines Ehegatten (Nr. 1), wobei bei Doppelstaatern Art. 5 Abs. 1 EGBGB zu beachten bleibt (streitig),[88]
- zugunsten des **Rechts des gewöhnlichen Aufenthalts** eines Ehegatten (Nr. 2) oder
- zuletzt im Hinblick auf unbewegliches Vermögen – abweichend von Art. 22 EuGü-VO – zugunsten des **Rechts des Lageortes** (Nr. 3); Letzteres kann zu einer Spaltung

---

[87] *Martiny* ZfPW 2017, 1 (11); *Weber*, DnotZ 2016, 659 (667); vgl. auch Grüneberg/*Thorn*, Art. 29 EuGüVO Rn. 1.
[88] Ebenso *von Hoffmann/Thorn*, § 8 Rn. 40. – AA (Nichtanwendbarkeit von Art. 5 Abs. 1 EGBGB) *Kropholler*, § 45 IV 4 a (S. 355).

des Güterstatuts führen,[89] die im Rahmen der EuGüVO ausgeschlossen ist (Art. 21 EuGüVO).

Die Rechtswahl konnte bereits vor der Ehe (mit Wirkung ab dem Zeitpunkt der Eheschließung) oder während der Ehe (mit *ex nunc*-Wirkung), nicht jedoch nachträglich getroffen werden; eine *rückwirkende* Rechtswahl ist damit ausgeschlossen.[90] Die materiellen Voraussetzungen der Rechtswahl unterliegen wiederum dem (hypothetisch) gewählten Recht, für die formellen Voraussetzungen gilt Art. 14 Abs. 4 EGBGB aF entsprechend (Art. 15 Abs. 4 EGBGB aF), so dass eine im Inland vorgenommene Rechtswahl der notariellen Form entsprechen muss; für eine im Ausland vorgenommene Rechtswahl sind *alternativ* die für einen Ehevertrag geltenden Formerfordernisse entweder des (hypothetisch) gewählten Rechts oder des Rechts des Vornahmeortes der Rechtswahl berufen. Erfüllt die Rechtswahl die jeweiligen formellen Voraussetzungen nicht, ist sie nichtig. Bei allen Verweisungen des Art. 15 Abs. 2 EGBGG aF handelt es sich gem. Art. 4 Abs. 2 S. 2 EGBGB um Sachnormverweisungen.

431

(2) Objektive Bestimmung des Güterstatuts (Art. 15 aF iVm Art. 14 EGBGB aF)

Haben die Ehegatten **keine Rechtswahl getroffen**, bestimmt sich das Güterstatut gem. Art. 15 Abs. 1 EGBGB aF nach dem bei der Eheschließung für die allgemeinen Wirkungen der Ehe maßgeblichen Recht; verwiesen wird damit auf das nach Art. 14 EGBGB in der bis zum 28.1.2019 geltenden Fassung (objektiv oder subjektiv) zu bestimmende Ehewirkungsstatut, und zwar zum *Zeitpunkt der Eheschließung*. Das (objektiv bestimmte) Güterstatut ist damit – anders als das Ehewirkungsstatut – *unwandelbar*.

432

Soweit für das Ehewirkungsstatut keine – in den engen Grenzen von Art. 14 Abs. 2, Abs. 3 EGBGB in der bis zum 28.1.2019 geltenden Fassung grundsätzlich *mögliche* – Rechtswahl getroffen wurde, unterliegt das Güterstatut gem. Art. 15 Abs. 1 EGBGB aF iVm Art. 14 Abs. 1 EGBGB aF (abweichend von Art. 26 Abs. 1 lit. a EuGüVO) *primär*

433

- dem **Recht der gemeinsamen Staatsangehörigkeit** (bei Doppelstaatern bleibt Art. 5 Abs. 1 EGBGB zu beachten), soweit zumindest einer der Ehegatten diese Staatsangehörigkeit zum aktuellen Zeitpunkt noch besitzt (Nr. 1), andernfalls (und somit erst auf zweiter Stufe)
- dem **Recht des gemeinsamen gewöhnlichen Aufenthalts**, soweit zumindest einer der Ehegatten zum aktuellen Zeitpunkt noch in diesem Staat domiziliert ist (Nr. 2), zuletzt (insoweit wiederum identisch mit Art. 26 Abs. 1 lit. c EuGüVO)
- hilfsweise dem Recht desjenigen Staates, mit dem die Ehegatten auf andere **Weise am engsten verbunden** sind (Nr. 3).

Hinweis: Bei den genannten Verweisungen handelt es sich nach vorzugswürdiger, für die Hilfsanknüpfung des Art. 14 Abs. 1 Nr. 3 EGBGB aF jedoch umstrittener Ansicht (vgl. Rn. 74) entsprechend dem allgemeinen Grundsatz des Art. 4 Abs. 1 S. 1 EGBGB um **Gesamtverweisungen**, so dass etwaige Rück- und Weiterverweisungen zu beachten sind.

---

89 Vgl. hierzu *Kropholler*, § 45 IV 4 c (S. 356). – Zu einem weiteren Fall der Spaltung des Güterstatuts unter alter Rechtslage vgl. Rn. 435 f.
90 *Kropholler*, § 45 IV 4 (S. 355).

(3) Reichweite des Güterstatuts, Art. 3 a Abs. 2 EGBGB aF

434 Das nach Art. 15 EGBGB aF bestimmte Güterstatut erfasst – ebenso wie das nach der EuGüVO bestimmte Güterstatut – alle Fragen, welche die durch die Ehe geschaffene vermögensrechtliche Sonderordnung zwischen den Ehegatten betreffen, nicht jedoch – insoweit anders als die EuGüVO – die **vermögensrechtlichen Folgen der Ehe**, also insbesondere die Schlüsselgewalt (§ 1357 BGB), der Umfang der Sorgfaltspflichten zwischen den Ehegatten (§ 1359 BGB) sowie besondere Eigentumsvermutungen (§ 1362 BGB). Insoweit gilt, soweit der Anwendungsbereich der EuGüVO nicht eröffnet ist, Art. 14 EGBGB in der bis zum 28.1.2019 geltenden Fassung.

435 Eine besondere Problematik wirft zuletzt – der für Altfälle gem. Art. 229 § 47 Abs. 2 EGBGB ebenso weiterhin beachtliche – **Art. 3 a Abs. 2 EGBGB aF** auf, nach dem sich die von Art. 15 EGBGB aF[91] ausgesprochenen Verweisungen *nicht* auf Gegenstände beziehen, die in einem anderen Staat belegen und dort *besonderen Vorschriften* unterworfen sind. Welche konkrete Bedeutung dieser Regelung beizumessen ist, ist streitig.[92] Nach vorzugswürdiger Ansicht behandelt Art. 3 a Abs. 2 EGBGB aF (ebenso wie Art. 30 EuGüVO, vgl. Rn. 425 ff.) einen **Teilbereich der Eingriffsnormenproblematik** und stellt (deklaratorisch) fest, dass in überwiegend öffentlichem Interesse erlassene, güterrechtlich relevante Beschränkungen anordnende **Sachnormen** des jeweiligen Belegenheitsstaates nicht unter Art. 15 EGBGB aF qualifiziert werden können und daher ggf. im Wege einer Sonderanknüpfung zur Anwendung gebracht werden müssen[93] (vgl. hierzu allgemein Rn. 198 ff.). Insoweit entspricht der Regelungsgehalt Art. 30 EuGüVO. Demgegenüber bezieht sich Art. 3 a Abs. 2 EGBGB nach herrschender, insbesondere auch von der Rechtsprechung geteilter Ansicht[94] nicht nur auf besondere *Sach*normen, sondern darüber hinaus auch auf ausländische **Kollisionsnormen**, die zu einer Spaltung des Güterstatuts führen.

436 **Beispiel:** Die deutschen Ehegatten M und F sind Eigentümer einer in dem Staat X belegenen Immobilie, der bewegliches und unbewegliches Vermögen kollisionsrechtlich stets unterschiedlich anknüpft und Letzteres der lex rei sitae unterstellt. Güterrechtliche Fragen unterliegen in casu, die intertemporale Nichtanwendbarkeit der EuGüVO unterstellt, gem. Art. 15 Abs. 1 EGBGB aF iVm Art. 14 Abs. 1 Nr. 1 EGBGB aF deutschem Recht, nach hM jedoch nicht im Hinblick auf die in dem Staat X belegenen Immobilie, da diese aufgrund der kollisionsrechtlichen Sonderbehandlung einer besonderen Vorschrift iSv Art. 3 a Abs. 2 EGBGB aF unterworfen sei; dieser müsse daher Rechnung getragen werden, so dass güterrechtliche Fragen in Bezug auf die Immobilie dem Belegenheitsrecht zu unterstellen wären.[95] Nach der vorzugswürdigen Gegenansicht bleibt es indes bei der einheitlichen Anwendung des deutschen Rechts. Dies entspricht auch der Rechtslage unter Geltung der EuGüVO.

(4) Schutz Dritter (Art. 16 EGBGB aF)

437 Unterliegen die (allgemeinen oder güterrechtlichen) Ehewirkungen der Ehe gem. Art. 14 EGBGB aF oder Art. 15 EGBGB aF ausländischem Recht, ist zuletzt die besondere einseitige Kollisionsnorm des – für Altfälle gem. Art. 229 § 47 Abs. 2 EGBGB

---

91 Die Regelung des Art. 3 a Abs. 2 EGBGB aF beschränkt sich – trotz seines allgemeinen, sämtliche Verweisungen des Dritten Abschnitts des EGBGB (Art. 13-Art. 24 EGBGB) einbeziehenden Wortlauts – im Wesentlichen auf das Ehegüterrecht, vgl. MüKoBGB/*von Hein* (7. Aufl.), Art. 3 a EGBGB Rn. 65.
92 Zur Vertiefung *Solomon*, IPRax 1997, 81.
93 In diesem Sinne auch *Kegel/Schurig*, § 12 II (S. 423–435); *Solomon*, IPRax 1997, 81 (84–86, 87).
94 Vgl. etwa *Rauscher*, Rn. 778; *Grüneberg/Thorn*, Art. 3 a EGBGB Rn. 6; BGH NJW 2004, 3558 (3560).
95 Vgl. *Rauscher*, Rn. 780.

ebenso weiterhin anzuwendende – **Art. 16 EGBGB aF** zu beachten, der einzelne Regelungen des deutschen Rechts (konkret §§ 1412, 1357, 1362, 1431, 1456 BGB) im Wege einer Sonderanknüpfung zum **Schutz des inländischen Rechtsverkehrs** zur Anwendung beruft. Da es sich bei diesem Schutzzweck um einen verallgemeinerungsfähigen Gedanken handelt, ist die Kollisionsnorm *allseitig* zu erweitern.[96] Ihr Pendant findet sie in Art. 28 EuGüVO (vgl. hierzu Rn. 424).

c) Prüfungsschema Ehewirkungen

1. Vorrangige Staatsverträge 438

Ggf. vorrangig zu beachten ist

- das *deutsch-iranische Niederlassungsübereinkommen v. 17.2.1929*.

2. EuGüVO

a) Anwendungsbereich

- **räumlich:** 18 Mitgliedstaaten
- **sachlich:** eheliche Güterstände (Art. 1 EuGüVO; vgl. Rn. 407 ff.)
- **zeitlich:** grundsätzlich ab dem 29.1.2019, für die güterrechtlichen Kollisionsnormen ist die besondere Regelung des Art. 69 Abs. 3 EuGüVO zu beachten (vgl. Rn. 406)

b) Die Bestimmung des Güterstatuts nach der EuGüVO (vgl. Rn. 415 ff.)

Art. 22, Art. 26 EuGüVO; bei Vorliegen einer – formell (Art. 23 EuGüVO) und materiell (Art. 24 EuGüVO) wirksamen – *Rechtswahl* gem. Art. 22 EuGüVO geht diese vor. Die *Reichweite des Güterstatuts* wird durch Art. 27 EuGüVO näher bestimmt. Bei allen Verweisungen handelt es sich gem. Art. 32 EuGüVO um *Sachnormverweisungen*; bei Verweisungen auf das Recht eines *Mehrrechtsstaates* sind Art. 33, 34 EuGüVO zu beachten.

Eine besondere Regelung besteht hinsichtlich der **Formgültigkeit einer Vereinbarung über den gesetzlichen Güterstand** (Art. 25 EuGüVO), im Übrigen bestehen folgende gesonderte Anknüpfungen:

- Art. 28 EuGüVO (hinsichtlich besonderer **drittwirkender güterrechtlicher Bestimmungen**)
- Art. 30 EuGüVO (hinsichtlich **Eingriffsnormen**)

b) Ergebniskorrektur

- **Anpassung** (unterliegt – vorbehaltlich Art. 29 EuGüVO (Rn. 428) – den allgemeinen Grundsätzen, vgl. Rn. 127 ff.)
- **ordre public-Vorbehalt** (Art. 31 EuGüVO; vgl. Rn. 132 ff.)
- **Gesetzesumgehung** (unterliegt den allgemeinen Grundsätzen, vgl. Rn. 143 ff.)

c) Anwendung des berufenen Sachrechts

- **Vorfragen** (sind nach vorzugswürdiger Ansicht *selbstständig* anzuknüpfen, vgl. Rn. 118 ff.)
- **Problem des Auslandssachverhaltes** (vgl. Rn. 147 ff.).

---

[96] *Von Hoffmann/Thorn*, § 4 Rn. 11.

3. Nationales Recht

a) Die Bestimmung des anwendbaren Rechts

Dem nationalen Recht unterliegt weiterhin die kollisionsrechtliche Beurteilung der

- *allgemeinen* Ehewirkungen: Art. 14 EBGB; vorrangig zu beachten ist stets eine Rechtswahl gem. Art. 14 Abs. 1 EGBGB. – Zu beachten ist, dass die **vermögensrechtlichen Folgen der Ehe** vollständig in den Anwendungsbereich der EuGüVO fallen, soweit diese intertemporal anwendbar ist (vgl. Rn. 399, 408 f.).
- *güterrechtlichen* Ehewirkungen, soweit der intertemporale Anwendungsbereich der EuGüVO nicht eröffnet ist: Art. 15 EBGB aF, ggf. iVm Art. 14 EGBGB aF; vorrangig zu beachten ist stets eine Rechtswahl gem. Art. 15 Abs. 2, Abs. 3 EGBGB aF.

Bei allen objektiven Anknüpfungen der Art. 14, Art. 15 EGBGB (aF) handelt es sich nach vorzugswürdiger Ansicht gem. Art. 4 Abs. 1 S. 1 EGBGB um *Gesamtverweisungen* (für eine Rechtswahl gilt Art. 4 Abs. 2 S. 2 EGBGB); bei Verweisungen auf das Recht eines *Mehrrechtsstaates* ist Art. 4 Abs. 3 EGBGB zu beachten (vgl. Rn. 111, 115).

b) Ergebniskorrektur und Anwendung des berufenen Sachrechts

- siehe oben

3. Ehescheidung

a) Rechtsquellen

440 Das Internationale Scheidungsrecht unterliegt vorrangig der **Rom III-VO**, die – ebenso wie die EuGüVO bzw. EuPartVO – im Wege der Verstärkten Zusammenarbeit[97] erlassen wurde und in mittlerweile 17 Mitgliedstaaten[98] – in Deutschland seit dem 21.6.2012 – gilt. Insbesondere für Scheidungsfolgefragen bleibt es jedoch weiterhin bei der Geltung **nationalen Rechts**, soweit keine vorrangigen Staatsverträge (für das Unterhaltsrecht namentlich das HUP) zu beachten sind (vgl. Rn. 470 ff.). Allgemein zu berücksichtigen ist wiederum das *deutsch-iranische Niederlassungsübereinkommen v. 17.2.1929* (vgl. insoweit auch Art. 19 Abs. 1 Rom III-VO).

b) Sachlicher Anwendungsbereich der Rom III-VO

Literatur zur Rom III-VO: *Gruber*, Scheidung auf Europäisch – die Rom III-Verordnung, IPRax 2012, 381; *Hau*, Zur Durchführung der Rom III-Verordnung in Deutschland, FamRZ 2013, 249; *Helms*, Reform des internationalen Scheidungsrechts durch die Rom III-Verordnung, FamRZ 2011, 1765; *Schurig*, Eine hinkende Vereinheitlichung des internationalen Ehescheidungsrechts in Europa, FS v. Hoffmann (2011), 405. – Didaktische Beiträge: *Gade*, Schwerpunktbereich IPR: Die Rom III-VO, JuS 2013, 779.

440 Der sachliche Anwendungsbereich der Rom III-VO ist gem. Art. 1 Abs. 1 Rom III-VO für **Ehescheidungen sowie Trennungen ohne Auflösung des Ehebandes** (also eine Lockerung des Ehebandes als Vorstufe der Ehescheidung,[99] etwa die Trennung von Tisch und Bett nach italienischem Recht) eröffnet. Ausdrücklich aus dem Anwendungsbereich **ausgenommen** sind zunächst insbesondere

---

97 Vgl. zu diesem Verfahren etwa *Streinz*, JuS 2013, 892.
98 Vgl. im Einzelnen *Jayme/Hausmann*, Nr. 34 (Fn. 1).
99 NK-BGB/*Gruber*, Art. 1 Rom III-VO Rn. 7.

- Fragen nach der **Rechts- und Handlungsfähigkeit natürlicher Personen** (Abs. 2 lit. a), die weiterhin unter Rückgriff auf das nationale Kollisionsrecht (Art. 7 EGBGB) zu beantworten sind, sowie
- Fragen nach der **Wirksamkeit der Ehe** (Abs. 2 lit. b) und die **Ungültigkeitserklärung** einer solchen (Abs. 2 lit. c), die jeweils nach dem von Art. 13 EGBGB bestimmten Recht zu beurteilen sind,

daneben jedoch auch sämtliche **Folgefragen der Scheidung**, so

- **namensrechtliche Fragen** (Abs. 2 lit. d), die dem von Art. 10 Abs. 2 EGBGB bestimmten Recht unterliegen,
- die **vermögensrechtlichen Folgen der Ehe** (Abs. 2 lit. e), die – je nach Qualifikation – entweder Art. 22, 26 EuGüVO (güterrechtliche Folgefragen), Art. 17a EGBGB (Zuweisung der Nutzungsbefugnis für die im Inland belegene Ehewohnung oder im Inland befindlichen Haushaltsgegenstände), Art. 17 Abs. 4 EGBGB (Versorgungsausgleich) oder Art. 17 Abs. 1 EGBGB (sonstige vermögensrechtliche Scheidungsfolgen) unterfallen,

  Hinweis: Der Anwendungsbereich von Art. 17 Abs. 1 EGBGB, der vermögensrechtliche Scheidungsfolgen im Wege einer autonomen (daher der Prüfungskompetenz des EuGH entzogenen) Verweisung dem nach der Rom III-VO zu ermittelnden Scheidungsstatut unterstellt, ist sehr schmal und erfasst als **Auffangtatbestand** nur solche Fragen, die nicht in den originären Anwendungsbereich anderer Kollisionsnormen fallen. Als Beispiel sind insoweit insbesondere (dem deutschen Recht unbekannte) Genugtuungs-, Entschädigungs- und Schadensersatzansprüche aufgrund der Scheidung zu nennen,[100] die gem. Art. 17 Abs. 1 EGBGB (jedoch vorbehaltlich eines Eingreifens des ordre public) anhand des nach der Rom III-VO bestimmten Scheidungsstatuts zu beurteilen sind.

- die **elterliche Verantwortung** (Abs. 2 lit. f), die anhand des von Art. 15 ff. KSÜ bzw. Art. 21 EGBGB bestimmten Rechts zu beurteilen ist (vgl. Rn. 487 ff.), sowie
- **Unterhaltspflichten** (Abs. 2 lit. g), die dem seitens des HUP bestimmten Recht unterliegen (vgl. Rn. 470 ff.).

Ob auch sog. **Privatscheidungen** – also Scheidungen, die nicht unter (konstitutiver) Beteiligung einer staatlichen Stelle, sondern alleine mittels eines einseitigen (etwa die *talaq*-Scheidung) oder zweiseitigen Rechtsgeschäfts (so beispielsweise im japanischen Recht, daneben aber etwa auch im französischen oder griechischen Recht)[101] vollzogen werden – in den Anwendungsbereich der Rom III-VO fallen, war lange Zeit umstritten[102] und nach vorzugswürdiger Ansicht zu bejahen:[103] Zwar sind die Regelungen der Rom III-VO ersichtlich auf eine gerichtliche bzw. behördliche (vgl. Art. 3 Nr. 2 Rom III-VO) Scheidung zugeschnitten (vgl. etwa Art. 8 Rom III-VO, der als maßgebli-

441

---

100 Vgl. *Hau*, FamRZ 2013, 249 (251).
101 Vgl. hierzu etwa NK-BGB/*Gruber*, Art. 1 Rom III-VO Rn. 97.
102 Diese Frage wurde dem EuGH seitens des OLG München zur Vorabentscheidung vorgelegt, vgl. OLG München IPRax 2016, 158 = NJW 2015, 3264.
103 Ebenso *Hau*, FamRZ 2013, 249 (250); vgl. auch MüKoBGB/*Winkler von Mohrenfels* (7. Aufl.), Art. 1 Rom III-VO Rn. 10; Grüneberg/*Thorn*, Art. 1 Rom III-VO Rn. 3; *Helms*, FamRZ 2011, 1765 (1766). – Freilich kam auch die Gegenansicht zu einer (allerdings nur *entsprechenden*, daher der Prüfungskompetenz des EuGH entzogenen) Anwendung der Art. 5 ff. Rom III-VO, da das nationale Kollisionsrecht bis zur Kodifikation des Art. 17 Abs. 2 EGBGB nF keine entsprechenden Kollisionsnormen vorsah und die insoweit auftretende Regelungslücke dann iSd Rom III-VO geschlossen werden musste (hierzu etwa *Gruber*, IPRax 2012, 381 (383). Diese Lücke wurde nunmehr mit Art. 17 Abs. 2 EGBGB nF geschlossen.

chen Zeitpunkt für die Bestimmung des Scheidungsstatuts stets auf den Zeitpunkt der Anrufung des Gerichts abstellt),[104] jedoch hindert dieser Umstand nicht, den Begriff der Ehescheidung (zumal er kollisionsrechtlich-autonom zu bestimmen ist) auf jegliche Akte zu beziehen, die funktional auf die Auflösung des Ehebandes gerichtet sind. Dennoch hat der **EuGH** – mit teils wenig überzeugender Begründung[105] – entschieden, dass eine **Privatscheidung nicht in den sachlichen Anwendungsbereich der Rom III-VO** fällt.[106] Damit unterliegt diese den nationalen Kollisionsnormen, in Deutschland Art. 17 Abs. 2 EGBGB, welcher – mit einzelnen Modifikationen (vgl. insoweit Art. 17 Abs. 2 Nr. 1–5 EGBGB – die **Rom III-VO** kraft nationaler (daher der Prüfungskompetenz des EuGH entzogener) Verweisungsnorm für **entsprechend anwendbar** erklärt.

Hinweis: Gem. – des letztlich nur für Privatscheidung[107] geltenden – **Art. 17 Abs. 2 EGBGB** finden die Kollisionsnormen der Rom III-VO mit folgenden Maßgaben entsprechende Anwendung:

- Die nach Art. 5 Abs. 1 lit. d Rom III-VO vorgesehene zusätzliche Wahlmöglichkeit bezüglich des Rechts des angerufenen Gerichts ist ausgeschlossen (Nr. 1).
- In Art. 5 Abs. 2, Art. 6 Abs. 2 und Art. 8 lit. a – c Rom III-VO ist nicht auf den Zeitpunkt der Anrufung des Gerichts, sondern auf den **Zeitpunkt der Einleitung des Scheidungsverfahrens** abzustellen (Nr. 2).
- Abweichend von Art. 5 Abs. 3 Rom III-VO können die Ehegatten die Rechtswahl auch noch im Laufe des Verfahrens **in der durch Art. 7 Rom III-VO bestimmten Form** vornehmen, wenn das gewählte Recht dies vorsieht (Nr. 3).
- Im Fall des Art. 8 lit. d Rom III-VO ist statt des Rechts des angerufenen Gerichts das Recht desjenigen Staates anzuwenden, mit dem die Ehegatten im Zeitpunkt der Einleitung des Scheidungsverfahrens auf andere Weise **gemeinsam am engsten verbunden** sind (Nr. 4).
- Statt Art. 10 und 12 Rom III-VO ist die **herkömmliche ordre public-Klausel** des Art. 6 EGBGB anzuwenden,[108] was im Ergebnis freilich keinen Unterschied macht (vgl. Rn. 132).

Darüber hinaus stellt **Art. 17 Abs. 3 EGBGB** (der eine besondere Ausprägung des ordre public darstellt) klar, dass eine Ehe im Inland nur durch ein Gericht geschieden werden kann. Eine **in Deutschland vollzogene Privatscheidung** ist damit von vornherein *unwirksam*, soweit diese nicht – nach Maßgabe des von Art. 5 bzw. Art. 8 Rom III-VO (iVm Art. 17 Abs. 2 EGBGB) bestimmten Rechts – im Rahmen eines von deutschen Gerichten durchgeführten Scheidungsverfahrens erfolgte.

442 Weiterhin umstritten ist die Frage, ob die Rom III-VO auf die Scheidung von – nunmehr auch in Deutschland anerkannten – **gleichgeschlechtlichen Ehen** Anwendung findet. Während eine verbreitet vertretene Ansicht dies insbesondere mit dem freilich schwachen Hinweis verneint, dass der – im Wege einer rechtsaktübergreifenden Auslegung[109] übertragbare – Ehebegriff der EuEheVO jedenfalls nach der in Deutschland hM nur Ehen zwischen Personen verschiedenen Geschlechts erfasse,[110] ist diese Frage nach vorzugswürdiger Ansicht zu bejahen: Gleichgeschlechtliche Ehen stellen im Hin-

---

104 Ausführlich hierzu NK-BGB/*Gruber*, Art. 1 Rom III-VO Rn. 70 ff.; *ders.*, IPRax 2012, 381 (383).
105 Vgl. hierzu etwa *Coester-Waltjen*, IPRax 2018, 238.
106 EuGH 20.12.2017 – Rs. C-372/16 (*Sahyouni II*) = NJW 2018, 447.
107 Vgl. hierzu BGH NJW 2020, 3592 (3595).
108 Vgl. hierzu BGH NJW 2020, 3592 (3598).
109 Vgl. Erwägungsgrund 10 Rom III-VO.
110 Grüneberg/*Thorn*, Art. 1 Rom III-VO Rn. 4; ablehnend auch *Hau*, FamRZ 2013, 249 (251 f.).

blick auf ihre Wirkungen schlicht Ehen im herkömmlichen Sinne dar, eine Verengung des Ehebegriffs auf heterosexuelle Ehen lässt sich der Rom III-VO gerade nicht entnehmen.[111] Vielmehr gilt zu berücksichtigen, dass die Rom III-VO die Fragen nach dem *Bestehen* einer Ehe aus dem Anwendungsbereich ausklammert (Art. 1 Abs. 2 lit. b) und damit deren Beurteilung (den Kollisionsnormen) der jeweiligen lex fori überlässt. Eine *antizipierte* Einschränkung des Ehebegriffs im Hinblick auf den Anwendungsbereich der Verordnung macht vor diesem Hintergrund wenig Sinn, zumal zahlreiche teilnehmende Mitgliedstaaten (neben Deutschland etwa Belgien, Frankreich, Luxemburg, Portugal und Spanien) die gleichgeschlechtliche Ehe vorsehen. Auch erschließt sich nur bei deren grundsätzlicher Einbeziehung in den Anwendungsbereich der Rom III-VO die Regelung des Art. 13 Var. 2 Rom III-VO, nach der die Gerichte eines teilnehmenden Mitgliedstaates nicht zur Scheidung einer Ehe verpflichtet sind, wenn „dessen Recht […] die betreffende Ehe für die Zwecke des Scheidungsverfahrens nicht als gültig" ansieht.[112] Im Zusammenspiel mit Erwägungsgrund 26 Abs. 2 Rom III-VO, welcher den Anwendungsbereich des Art. 13 Var. 2 Rom III-VO dahin gehend präzisiert, dass „im Recht dieses teilnehmenden Mitgliedstaates eine *solche* Ehe nicht vorgesehen ist", lässt dies nur den Schluss zu, dass **gleichgeschlechtliche Ehen vom Anwendungsbereich der Rom III-VO erfasst** sind[113] und somit – vorbehaltlich der Regelung des Art. 13 Var. 2 Rom III-VO – geschieden werden können (vgl. hierzu Rn. 456 f.). Indes hat der **Streit** jedenfalls aus deutscher Perspektive mit der Neufassung des Art. 17 b EGBGB **keine praktische Bedeutung mehr**, da die Scheidung gleichgeschlechtlicher Ehen gem. Art. 17 b Abs. 4 S. 1 EGBGB der Rom III-VO **kraft autonomer** (im Falle der Nichtanwendbarkeit der Rom III-VO konstitutiver, also nicht nur deklaratorischer) **Verweisungsnorm** zu unterstellen ist; Art. 17 b Abs. 4 S. 1 EGBGB verdrängt – seinen konstitutiven Charakter unterstellt – zudem Art. 17 Abs. 2 EGBGB, so dass die Rom III-VO – entweder unmittelbar oder aufgrund von Art. 17 b Abs. 4 S. 1 EGBGB – ohne Einschränkungen auf die Scheidung gleichgeschlechtlicher Ehen anwendbar ist.

Hinweis: Nicht vom Anwendungsbereich der Rom III-VO erfasst werden hingegen eingetragene Partnerschaften[114] (insoweit gilt Art. 17 b Abs. 1 S. 1 EGBGB).

c) Die Bestimmung des auf die Scheidung und Trennung ohne Auflösung des Ehebandes anwendbaren Rechts

Vorrangig zu beachten ist stets eine Rechtswahl (Art. 5–7 Rom III-VO), mangels einer solchen ist das Scheidungs- bzw. Trennungsstatut objektiv gem. Art. 8 Rom III-VO zu bestimmen. Bei der Umwandlung einer Trennung ohne Auflösung des Ehebandes in eine Ehescheidung ist zudem die besondere Kollisionsnorm des Art. 9 Rom III-VO zu beachten.

443

Hinweis: Bei allen kollisionsrechtlichen Verweisungen der Rom III-VO handelt es sich gem. Art. 11 Rom III-VO um **Sachnormverweisungen**, so dass etwaige Rück- und Weiterverweisungen seitens eines ausländischen IPR unbeachtlich sind. Wird auf das Recht eines **Mehrrechtsstaates** verwiesen, bestimmt sich die maßgebliche Teilrechtsordnung bei interlokaler Rechtsspaltung nach Art. 14 Rom III-VO (vgl. Rn. 108 f.), bei interpersonaler Rechtsspaltung

---

111 Vgl. auch MüKoBGB/*Winkler von Mohrenfels*, Art. 1 Rom III-VO Rn. 7.
112 Hierzu ausführlich NK-BGB/*Gruber*, Art. 1 Rom III-VO Rn. 24.
113 So zu Recht NK-BGB/*Gruber*, Art. 1 Rom III-VO Rn. 24; *ders.*, IPRax 2012, 381 (382); vgl. auch MüKoBGB/ *Winkler von Mohrenfels*, Art. 1 Rom III-VO Rn. 7; *Gade*, JuS 2013, 779.
114 Grüneberg/*Thorn*, Art. 1 Rom III-VO Rn. 4.

nach Art. 15 Rom III-VO (vgl. Rn. 114) sowie bei intertemporaler Rechtsspaltung nach der *lex causae* (vgl. Rn. 116). **Vorfragen** (insbesondere die Wirksamkeit der zu scheidenden Ehe) sind – wie sich aus Art. 1 Abs. 2 Rom III-VO sowie Erwägungsgrund 10 S. 3 zumindest für die Rom III-VO unzweifelhaft ergibt – stets **selbstständig anzuknüpfen** (allgemein hierzu Rn. 118 ff.). Verweisen die Kollisionsnormen der Rom III-VO auf ausländisches Recht, steht dessen Anwendung unter dem Vorbehalt des **ordre public** (Art. 12 Rom III-VO).

aa) Rechtswahl

444 Art. 5 Abs. 1 Rom III-VO gestattet den Ehegatten, das auf die Ehescheidung oder die Trennung ohne Auflösung des Ehebandes anzuwendende Sachrecht zu wählen.[115] Gewählt werden kann entweder

- das Recht des Staates, in dem die Ehegatten zum Zeitpunkt der Rechtswahl ihren **gemeinsamen gewöhnlichen Aufenthalt** *haben* (lit. a), oder
- das Recht des Staates, in dem die Ehegatten ihren **letzten gemeinsamen gewöhnlichen Aufenthalt** *hatten*, sofern einer von ihnen zum Zeitpunkt der Rechtswahl in diesem Staat noch domiziliert ist (lit. b), oder
- das Recht des Staates, dessen **Staatsangehörigkeit** einer der Ehegatten zum Zeitpunkt der Rechtswahl besitzt (lit. c),

Hinweis: Gehört zumindest einer der Ehegatten zwei oder mehr Staaten an **(Doppel- bzw. Mehrstaater)** erstreckt sich die Rechtswahlmöglichkeit nach zutreffender hM – entgegen dem insoweit zu ignorierenden Erwägungsgrund 22 – auf *sämtliche* Staatsangehörigkeiten; Art. 5 Abs. 1 EGBGB ist damit nicht zu beachten.[116]

- oder zuletzt das Recht des Staates **des angerufenen Gerichts** (lit. d).

445 Die Rechtswahl kann *vorprozessual* jederzeit (Art. 5 Abs. 2 Rom III-VO), nach Anrufung des Gerichts (vgl. hierzu Art. 16 EuEheVO, auf den Erwägungsgrund 13 S. 2 Bezug nimmt) jedoch nur nach Maßgabe der jeweiligen lex fori (Art. 5 Abs. 3 S. 2 Rom III-VO) vorgenommen oder abgeändert werden; sind deutsche Gerichte zuständig, muss die Rechtswahl **spätestens bis zum Schluss der mündlichen Verhandlung im ersten Rechtszug** erfolgen (Art. 46 e Abs. 2 EGBGB).

446 Die **materiellen Voraussetzungen** der Rechtswahlvereinbarung unterliegen gem. Art. 6 Abs. 1 Rom III-VO dem (hypothetisch) gewählten Recht, wenngleich für die Frage, ob einer der Ehegatten der Vereinbarung (möglicherweise konkludent)[117] zugestimmt hat, ggf. das Aufenthaltsrecht dieses Ehegatten alternativ zur Anwendung berufen ist (Art. 6 Abs. 2 Rom III-VO). Im Hinblick auf die **formellen Anforderungen** ist danach zu unterscheiden, ob die Rechtswahl *vor* oder *nach* Anrufung des Gerichts erfolgte. Eine **vorprozessuale Rechtswahl** (Art. 5 Abs. 1, Abs. 2 Rom I-VO) ist gem. Art. 7 Abs. 1 Rom III-VO grundsätzlich formgültig, wenn sie die Schriftform wahrt, datiert und von beiden Ehegatten unterzeichnet wurde (S. 1); der Schriftform *gleichgestellt* ist

---

[115] Rechtspolitische Kritik bei *Schurig*, FS v. Hoffmann (2011), 405 (407).
[116] Vgl. etwa MüKoBGB/*Winkler von Mohrenfels*, Art. 5 Rom III-VO Rn. 8; ebenso *Hau*, FamRZ 2013, 249 (252); *Helms*, FamRZ 2011, 1765 (1770 f.); *Gade*, JuS 2013, 779 (780). – Für eine Anwendung des Art. 5 Abs. 1 S. 1 EGBGB (nicht jedoch des – den europäischen Entscheidungseinklang ggf. beeinträchtigenden – S. 2) *Gruber*, IPRax 2012, 381 (385).
[117] Ob eine konkludente Rechtswahl im Rahmen von Art. 5 Abs. 1 Rom III-VO überhaupt möglich ist, wird teilweise bestritten, ist aber angesichts der – andernfalls überflüssigen – Regelung des Art. 6 Abs. 2 Rom III-VO zu bejahen; wie hier BeckOGK/*Gössl* (Stand 1.11.2021), Art. 5 Rom III-VO Rn. 37 f. mN.

die elektronische Übermittlung, sofern sie eine dauerhafte Aufzeichnung ermöglicht (S. 2). Allerdings ist zu beachten, dass die Rom III-VO den teilnehmenden Mitgliedstaaten die Schaffung **strengerer Formvorschriften** gestattet. Soweit solche Vorschriften erlassen wurden (im deutschen Recht **Art. 46 e Abs. 1 EGBGB**, der die Beachtung der *notariellen Form* verlangt), sind diese unter den von Art. 7 Abs. 2–4 Rom III-VO genannten Voraussetzungen vorrangig anzuwenden.

Hinweis: Die besonderen Anknüpfungen des Art. 7 Abs. 2–4 Rom III-VO setzen allesamt voraus, dass

- zumindest ein Ehegatte zum Zeitpunkt der Rechtswahl nach Art. 5 Abs. 1, Abs. 2 Rom III-VO seinen gewöhnlichen Aufenthalt in einem Mitgliedstaat iSv Art. 3 Nr. 1 Rom III-VO hat *und*
- in diesem Staat besondere nationale Formvorschriften hinsichtlich einer Rechtswahl nach Art. 5 Abs. 1, Abs. 2 Rom III-VO erlassen wurden.

Sind diese Voraussetzungen erfüllt, müssen die besonderen Formvorschriften *dieses* teilnehmenden Mitgliedstaates vorrangig zur Anwendung gebracht werden (**Art. 7 Abs. 2, Abs. 4 Rom III-VO**). Eine Besonderheit besteht alleine für solche Fälle, in denen die Ehegatten zum Zeitpunkt der Rechtswahl in zwei *unterschiedlichen* Mitgliedstaaten iSv Art. 3 Nr. 1 Rom III-VO domiziliert sind und *beide* Rechtsordnungen besondere Formvorschriften vorsehen. Ist dies der Fall, sind die entsprechenden Formvorschriften gem. **Art. 7 Abs. 3 Rom III-VO** im Wege einer *alternativen* Anknüpfung zur Anwendung berufen, so dass die Rechtswahl den besonderen Formvorschriften nur *eines* dieser Mitgliedstaaten genügen muss. In allen anderen Fällen bleibt es bei der Grundregel des Art. 7 Abs. 1 Rom III-VO, die daher heranzuziehen ist, wenn

- *keiner* der Ehegatten seinen gewöhnlichen Aufenthalt in einem Mitgliedstaat iSv Art. 3 Nr. 1 Rom III-VO oder
- zumindest ein Ehegatte in einem Mitgliedstaat iSv Art. 3 Nr. 1 Rom III-VO domiziliert ist, der keine besonderen nationalen Formvorschriften hinsichtlich der Rechtswahlvereinbarung erlassen hat.

Wird die Rechtswahl demgegenüber erst **im Rahmen des gerichtlichen Verfahrens** getroffen, bedarf diese gem. Art. 5 Abs. 3 S. 2 Rom III-VO der Protokollierung, die bei Zuständigkeit *deutscher* Gerichte gem. Art. 46 e Abs. 2 S. 2 EGBGB iVm § 127 a BGB sowie § 113 Abs. 1 S. 2 FamFG, §§ 159 ff. ZPO durch Aufnahme in das Verhandlungsprotokoll erfolgt.

bb) Objektive Bestimmung des Scheidungs- bzw. Trennungsstatuts

Liegt keine vorrangig zu beachtende Rechtswahl vor, bestimmt sich das Scheidungs- bzw. Trennungsstatut objektiv nach Art. 8 Rom III-VO. Die von dieser Kollisionsnorm vorgesehene **Anknüpfungsleiter** (Rn. 23) beruft vorrangig

- das Recht desjenigen Staates zur Anwendung, in dem die Ehegatten zum Zeitpunkt der Anrufung des Gerichts ihren **gemeinsamen gewöhnlichen Aufenthalt** haben (lit. a), anderenfalls
- das Recht des **letzten gemeinsamen gewöhnlichen Aufenthalts**, soweit dieser nicht mehr als ein Jahr zurückliegt und einer der Ehegatten zum Zeitpunkt der Anrufung des Gerichts in diesem Staat noch seinen gewöhnlichen Aufenthalt hat (lit. b), anderenfalls

- das Recht der **gemeinsamen Staatsangehörigkeit**, soweit beide Ehegatten zum Zeitpunkt der Anrufung des Gerichts noch dieselbe Staatsangehörigkeit besitzen (lit. c),

   Hinweis: Bei **Doppel- und Mehrstaater** ist insoweit stets auf die *effektive* (gemeinsame) Staatsangehörigkeit der Ehegatten abzustellen, die aufgrund des Erwägungsgrunds 22 wohl gem. Art. 5 Abs. 1 S. 1 EGBGB zu ermitteln ist.[118] Eine Anwendung des – den europäischen Entscheidungseinklang beeinträchtigenden – Art. 5 Abs. 1 S. 2 EGBGB kommt indes nach einhelliger Auffassung nicht in Betracht.

- sowie hilfsweise zuletzt die *lex fori* des angerufenen Gerichts (lit. d).

d) Sonderfragen

aa) Umwandlung einer Trennung ohne Auflösung des Ehebandes in eine Ehescheidung

449 Soll eine Trennung ohne Auflösung des Ehebandes in eine Ehescheidung umgewandelt werden, ist **Art. 9 Rom III-VO** zu beachten. Diese besondere Kollisionsnorm trägt dem Umstand Rechnung, dass die Trennung ohne Auflösung des Ehebandes zumeist als Vorstufe einer (endgültigen) Scheidung der Ehe dient und beide Fragen somit in einem engen (funktionalen)[119] Zusammenhang stehen, die idealerweise anhand *desselben* Rechts zu entscheiden sind. Vorbehaltlich einer – auch in diesen Fällen möglichen – Rechtswahl gem. Art. 5 Rom III-VO erklärt Art. 9 Abs. 1 Rom III-VO daher dasjenige Recht für maßgeblich, das auf die Trennung ohne Auflösung des Ehebandes **tatsächlich angewandt wurde**, ungeachtet des Umstandes, welches Recht gem. Art. 5 bzw. Art. 8 Rom III-VO insoweit anzuwenden gewesen wäre.

Hinweis: Bei der objektiven Bestimmung des auf die Umwandlung anwendbaren Rechts ist damit unerheblich, ob das Trennungsstatut rechtsfehlerfrei ermittelt oder – bei Durchführung des Trennungsverfahrens in einem nicht teilnehmenden Mitgliedstaat oder Drittstaat – abweichend von Art. 5 bzw. Art. 8 Rom III-VO bestimmt wurde.[120] Maßgeblich ist damit dasjenige Recht, welches im Rahmen des Trennungsverfahrens *konkret* zugrunde gelegt wurde.

450 Eine **Ausnahme** gilt insoweit nur, wenn das im Rahmen der objektiven Anknüpfung des Art. 9 Abs. 1 Rom III-VO ermittelte Recht keine Umwandlung der Trennung in eine Ehescheidung vorsieht. In einem solchen Falle findet gem. Art. 9 Abs. 2 Rom III-VO das nach Art. 8 Rom III-VO bestimmte Recht Anwendung, soweit die Ehegatten keine – stets vorrangig zu beachtende – Rechtswahl gem. Art. 5 Rom III-VO getroffen haben.

---

[118] So die ganz herrschende Meinung, vgl. etwa Grüneberg/*Thorn*, Art. 8 Rom III-VO Rn. 4; MüKoBGB/*Winkler von Mohrenfels*, Art. 8 Rom III-VO Rn. 8; *Hau*, FamRZ 2013, 249 (252); *Gruber*, IPRax 2012, 381 (388); *Helms*, FamRZ 2011, 1765 (1771); *Gade*, JuS 2013, 779 (781). – Zu erwägen wäre darüber hinaus die Entwicklung einer entsprechenden Hilfskollisionsnorm mittels verordnungsinterner, also *europäischer* Rechtsfortbildung (vgl. hierzu Rn. 53), was jedoch freilich mit Erwägungsgrund 22 in Konflikt geriete.
[119] NK-BGB/*Budzikiewicz*, Art. 9 Rom III-VO Rn. 1; vgl. auch MüKoBGB/*Winkler von Mohrenfels*, Art. 9 Rom III-VO Rn. 1.
[120] Vgl. NK-BGB/*Budzikiewicz*, Art. 9 Rom III-VO Rn. 14.

II. Internationales Eherecht

bb) Besondere ordre-public Regelung des Art. 10 Rom III-VO

Eine besondere, der allgemeinen Regelung des Art. 12 Rom III-VO vorrangige ordre-public-Regelung enthält Art. 10 Rom III-VO, nach der die Scheidung bzw. Trennung der **lex fori** unterliegt, soweit   451

- das nach Art. 5 bzw. Art. 8 Rom III-VO bestimmte Recht **keine Ehescheidung vorsieht** (Alt. 1 = Konkretisierung des wesentlichen Grundsatzes, konkret der Eheschließungsfreiheit gem. Art. 6 GG, die auch das Recht auf *erneute* Eingehung einer Ehe gewährt)[121]

   Hinweis: Von dieser Variante erfasst sind alleine solche Fallkonstellationen, in denen die lex causae überhaupt keine Scheidung kennt, nicht jedoch solche, in denen eine (grundsätzlich mögliche) Scheidung mangels Vorliegens der Tatbestandsvoraussetzungen scheitert;[122] in diesem Falle kommt daher alleine ein Rückgriff auf die allgemeine ordre public-Klausel des Art. 12 Rom III-VO in Betracht.

- *oder* einem der Ehegatten **aufgrund seines Geschlechts keinen gleichberechtigten Zugang zur Ehescheidung** oder Trennung ohne Auflösung des Ehebandes gewährt (Alt. 2 = Konkretisierung des wesentlichen Grundsatzes, konkret das Diskriminierungsverbot gem. Art. 3 Abs. 2 GG, daneben auch Art. 21, 23 EU-Grundrechtscharta, Art. 14 EMRK).

   Hinweis: Nach vorzugswürdiger, freilich umstrittener Ansicht bedarf diese – sehr weit geratene, letztlich eine abstrakte Normenkontrolle ausländischen Rechts ermöglichende[123] – Regelung im Hinblick auf die allgemeine ordre-public-Dogmatik (vgl. hierzu Rn. 133 ff.) einer **teleologischen Reduktion**, da eine Verletzung des Diskriminierungsverbots – herkömmlichem Vorgehen entsprechend – nur zu bejahen ist, wenn die gleichheitswidrig ausgestalteten ausländischen Regelungen *im konkreten Fall* zu einer Diskriminierung eines der Ehegatten führen.[124] Voraussetzung für eine Anwendung des Art. 10 Rom III-VO ist damit stets, dass die gleichheitswidrig ausgestalteten ausländischen Regelungen zu einer *konkreten*, dh in der Rechtsfolge manifestierten Benachteiligung eines Ehegatten führen (dies etwa, wenn die Scheidung deswegen nicht ausgesprochen werden kann, weil die lex causae der Ehefrau kein eigenes Scheidungsrecht zugesteht, der Ehemann aber in der gleichen Situation die Scheidung herbeiführen könnte).[125] Ist eine Scheidung hingegen – trotz Anwendung gleichheitswidrig ausgestalteten ausländischen Rechts – möglich, kommt ein Rückgriff auf Art. 10 Rom III-VO *nicht* in Betracht; eine Scheidung kann daher insbesondere in solchen Fällen anhand dem von Art. 5 bzw. Art. 8 Rom III-VO bestimmten Recht ausgesprochen werden, wenn dieses zwar nur einem

---

[121] Vgl. hierzu ausführlich BGH NJW-RR 2007, 145 (148 f.).
[122] MüKoBGB/*Winkler von Mohrenfels*, Art. 10 Rom III-VO Rn. 11; Grüneberg/*Thorn*, Art. 10 Rom III-VO Rn. 2; *Gruber*, IPRax 2012, 381 (390); *Helms*, FamRZ 2011, 1765 (1771).
[123] Vgl. MüKoBGB/*Winkler von Mohrenfels*, Art. 10 Rom III-VO Rn. 3; Grüneberg/*Thorn*, Art. 10 Rom III-VO Rn. 3; zudem *Schurig*, FS v. Hoffmann (2011), 405 (409 f.).
[124] So die hM, vgl. etwa *Schurig*, FS v. Hoffmann (2011), 405 (407); Grüneberg/*Thorn*, Art. 10 Rom III-VO Rn. 2; *Hau*, FamRZ 2013, 249 (254); *Helms*, FamRZ 2011, 1765 (1772); ausführlich NK-BGB/*Budzikiewicz*, Art. 10 Rom III-VO Rn. 26 ff. – AA („abstrakte Verwerfungsklausel") MüKoBGB/*Winkler von Mohrenfels*, Art. 10 Rom III-VO Rn. 4 ff.; so auch OLG Nürnberg NJW-RR 2022, 1084.
[125] NK-BGB/*Budzikiewicz*, Art. 10 Rom III-VO Rn. 29; Grüneberg/*Thorn*, Art. 10 Rom III-VO Rn. 4; *Helms*, FamRZ 2011, 1765 (1772).

Ehegatten ein Scheidungsrecht zugesteht, beide Ehegatten jedoch mit der Scheidung einverstanden sind.[126]

452 Herkömmlichem Vorgehen entsprechend setzt auch das Eingreifen der speziellen ordre-public-Klausel des Art. 10 Rom III-VO das Vorliegen eines **hinreichenden Inlandsbezugs** voraus, wenngleich dieser regelmäßig bereits durch die (in den Fällen des Art. 3 EuEheVO entweder an den gewöhnlichen Aufenthalt oder die Staatsangehörigkeit beider bzw. des antragstellenden Ehegatten anknüpfende) **internationale Zuständigkeit** vermittelt wird.[127]

453 Als **Rechtsfolge** sieht Art. 10 Rom III-VO die Anwendung der jeweiligen lex fori vor. In den von Art. 10 Alt. 1 Rom III-VO erfassten Fällen gilt dies – da die nach Art. 5 bzw. Art. 8 Rom III-VO ermittelte lex causae gerade *keine* scheidungsrechtlichen Vorschriften vorsieht – uneingeschränkt, in den von Art. 10 Alt. 2 Rom III-VO erfassten Konstellationen nach vorzugswürdiger Ansicht nur insoweit, als dass dies zur Beseitigung der *konkreten Diskriminierung* erforderlich ist; im Übrigen kann es daher bei der Anwendung des von Art. 5 bzw. Art. 8 Rom III-VO bestimmten Rechts bleiben.

454 **Beispiel:** Versagt etwa das ausländische Recht der den Scheidungsantrag stellenden Ehefrau die Scheidung, dem Ehemann in derselben Situation jedoch nicht, sollte die Scheidung im konkreten Fall nach *den für den Ehemann geltenden* Regelungen erfolgen; eine Anwendung der lex fori bedarf es zur Beseitigung der Diskriminierung nicht, so dass der nach Art. 5 bzw. Art. 8 Rom III-VO bestimmten lex causae weitestgehend Rechnung getragen werden sollte. Demgegenüber wendet die hM die lex fori an.[128]

455 Soweit die Anwendungsvoraussetzungen des Art. 10 Rom III-VO nicht vorliegen, kommt ein Rückgriff auf die **allgemeine ordre-public-Klausel des Art. 12 Rom III-VO** stets in Betracht (zu den Anwendungsvoraussetzungen vgl. Rn. 135).

cc) Unterschiede beim nationalen Recht (Art. 13 Rom III-VO)

456 Besonderer Hervorhebung bedarf zuletzt die Regelung des Art. 13 Rom III-VO, nach der die Gerichte eines teilnehmenden Mitgliedstaats *keine Ehescheidung aussprechen müssen*, soweit

- nach dessen Recht die Ehescheidung nicht vorgesehen ist (Alt. 1) oder
- die betreffende Ehe für die Zwecke des Scheidungsverfahrens nicht als gültig angesehen wird (Alt. 2).

457 Erstere Einschränkung wurde für solche teilnehmenden Mitgliedstaaten aufgenommen, welche die Scheidung als Rechtsinstitut nicht vorsehen (sog. *„Maltaklausel"*). Da Malta jedoch 2011 die Ehescheidung eingeführt hat, ist dieser Vorbehalt des Art. 13 Alt. 1 Rom III-VO nunmehr gegenstandslos. Weiterhin von Relevanz ist indes Art. 13 Alt. 2 Rom III-VO, der zunächst (deklaratorisch) klarstellt, dass im Falle einer **ungültigen Ehe** keine Scheidung ausgesprochen werden muss. Eine *eigenständige* Bedeutung kommt dieser Alternative dann zu, wenn die Scheidung einer – von dem Anwendungsbereich der Rom III-VO nach vorzugswürdiger Ansicht erfassten (vgl. Rn. 442) –

---

[126] Grüneberg/*Thorn*, Art. 10 Rom III-VO Rn. 4; vgl. auch NK-BGB/*Budzikiewicz*, Art. 10 Rom III-VO Rn. 29; *ders.*, IPRax 2012, 381 (391); *Helms*, FamRZ 2011, 1765 (1772); *Gade*, JuS 2013, 779 (782). – Vgl. hierzu auch BGH NJW 2020, 3592 (3598 f.).
[127] Grüneberg/*Thorn*, Art. 10 Rom III-VO Rn. 2; NK-BGB/*Budzikiewicz*, Art. 10 Rom III-VO Rn. 22, 34.
[128] Vgl. etwa NK-BGB/*Budzikiewicz*, Art. 10 Rom III-VO Rn. 30.

gleichgeschlechtlichen Ehe zu beurteilen ist; wird eine solche seitens der lex fori nicht anerkannt, muss diese von den Gerichten dieses Staates nicht geschieden werden.

Hinweis: Für deutsche Gerichte hat Art. 13 Rom III-VO jedenfalls seit Einführung der gleichgeschlechtlichen Ehe keine Bedeutung, vielmehr sind diese unproblematisch auf Grundlage des nach der – entweder unmittelbar oder kraft Verweisungsnorm des Art. 17 b Abs. 4 A. 1 EGBGB anwendbaren (vgl. Rn. 442) – Rom III-VO bestimmten Rechts zu scheiden. Folgeprobleme entstehen alleine dann, wenn das Scheidungsstatut die Scheidung einer gleichgeschlechtlichen Ehe nicht kennt.[129] In diesem Falle sind die entsprechenden *scheidungsrechtlichen* Vorschriften (im Wege einer sachrechtlichen Anpassung) *modifiziert* zur Anwendung zu bringen[130] (was freilich vermieden werden kann, wenn die Ehegatten vor Anrufung des Gerichts gem. Art. 5 Abs. 1 lit. d Rom III-VO deutsches Recht wählen).

e) Prüfungsschema Ehescheidung und Scheidungsfolgen

I. Ehescheidung   458

1. Vorrangige Staatsverträge

Ggf. vorrangig zu beachten ist

- das *deutsch-iranische Niederlassungsübereinkommen v. 17.2.1929.*

2. Rom III-VO

a) Anwendungsbereich

- **räumlich:** 17 Mitgliedstaaten
- **sachlich:** Ehescheidung und die Trennung ohne Auflösung des Ehebandes (Art. 1 Rom III-VO, vgl. Rn. 440 ff.)
- **zeitlich:** anwendbar für gerichtliche Verfahren und Vereinbarungen nach Art. 5 Rom III-VO, die ab dem 21.6.2012 eingeleitet bzw. geschlossen wurden (Art. 18 Rom III-VO)

b) Die Bestimmung des Scheidungs- bzw. Trennungsstatuts (vgl. Rn. 443 ff.)

Art. 5, Art. 8 Rom III-VO; bei Vorliegen einer wirksamen *Rechtswahl* gem. Art. 5 Rom I-VO geht diese vor.

Eine **Sonderregelung** besteht im Hinblick

- auf die **Umwandlung einer Trennung ohne Auflösung des Ehebandes in eine Scheidung** (Art. 9 Rom III-VO, vgl. Rn. 449 f.).

Bei allen Verweisungen handelt es sich gem. Art. 11 Rom III-VO um *Sachnormverweisungen*; bei Verweisungen auf das Recht eines *Mehrrechtsstaates* sind Art. 14 f. Rom III-VO zu beachten (vgl. Rn. 108 f., 114).

c) Ergebniskorrektur

- **Anpassung** (unterliegt den allgemeinen Grundsätzen, vgl. Rn. 127 ff.)
- **ordre public-Vorbehalt** (vorrangig zu beachten ist die besondere Regelung des Art. 10 Rom III-VO, im Übrigen gilt Art. 12 Rom III-VO; vgl. Rn. 451, 132 ff.)
- **Gesetzesumgehung** (unterliegt den allgemeinen Grundsätzen, vgl. Rn. 143 ff.)

---

129 Hierzu ausführlich NK-BGB/*Gruber*, Art. 1 Rom III-VO Rn. 30 ff.
130 So zu Recht NK-BGB/*Gruber*, Art. 1 Rom III-VO Rn. 32.

d) Anwendung des berufenen Sachrechts

- Vorfragen (sind nach vorzugswürdiger Ansicht *selbstständig* anzuknüpfen, vgl. Rn. 118 ff.)
- Problem des Auslandssachverhaltes (vgl. Rn. 147 ff.).

3. Nationales Recht

Zu beachten ist die nationale Sonderregelung zur Scheidung, Art. 17 EGBGB. Für Scheidungen, die nicht in den Anwendungsbereich der Rom III-VO fallen (konkret: die Privatscheidung), gilt die Rom III-VO kraft Anwendungsbefehls des Art. 17 Abs. 2 EGBGB entsprechend, jedoch mit den dort vorgesehenen Maßgaben (vgl. Rn. 441).

II. Scheidungsfolgen

Die (namensrechtlichen, vermögensrechtlichen, sorgerechtlichen sowie unterhaltsrechtlichen) *Scheidungsfolgen* sind aus dem Anwendungsbereich der Rom III-VO ausgenommen und unterliegen dem für sie jeweils maßgeblichen Statut (vgl. hierzu Rn. 440).

4. Eingetragene Lebenspartnerschaften, sonstige Lebensgemeinschaften und Verlöbnis

a) Eingetragene Lebenspartnerschaften (Art. 17 b EGBGB)

459 Eine spezielle, von den allgemeinen Anknüpfungsgrundsätzen der Art. 13 ff. EGBGB abweichende Kollisionsnorm sieht Art. 17 b EGBGB für (nicht in eine Ehe umgewandelte) **eingetragene Lebenspartnerschaften** iSd deutschen Sachrechts vor, die im Hinblick auf

- deren (materielle *und* formelle)[131] **Begründung,**
- die – nicht in den Anwendungsbereich der EuPartVO fallenden – allgemeinen Wirkungen einer eingetragenen Lebenspartnerschaft

    Hinweis: Ebenso wie im Rahmen der EuGüVO fallen die *vermögensrechtlichen* Folgen der eingetragenen Lebenspartnerschaft in den Anwendungsbereich der EuPartVO; die Ausführungen zur EuGüVO sub Rn. 408 f. geltend entsprechend.

- sowie deren **Auflösung**

einheitlich den **Sachvorschriften des Register führenden Staates** unterstellt werden (Art. 17 b Abs. 1 S. 1 EGBGB). Zweck der Registerortanknüpfung ist es, die Begründung einer eigetragenen Partnerschaft auch solchen Partnern zu ermöglichen, deren jeweiliges Heimatrecht ein entsprechendes Rechtsinstitut nicht kennt.[132] Damit verfolgt Art. 17 b Abs. 1 EGBGB einen **Begünstigungszweck** zur Beseitigung der Diskriminierung gleichgeschlechtlicher Partnerschaften.[133]

Hinweis: Die Registerortanknüpfung gilt grundsätzlich auch für den **Versorgungsausgleich** (vgl. Art. 17 b Abs. 1 S. 2 EGBGB), nicht jedoch für unterhaltsrechtliche Fragen (die dem HUP unterfallen) sowie die Zuweisung der Nutzungsbefugnis für die im Inland belegene Ehewohnung oder im Inland befindlichen Haushaltsgegenstände (insoweit bleibt es bei

---

131 BT-Drs. 14/3751, S. 60; vgl. auch Grüneberg/*Thorn*, Art. 17 b EGBGB Rn. 3.
132 Vgl. hierzu BT-Drs. 14/3751, S. 60.
133 Grüneberg/*Thorn*, Art. 17 b EGBGB Rn. 2.

II. Internationales Eherecht

Art. 17 a EGBGB, vgl. Art. 17 b Abs. 2 EGBGB). Namensrechtliche Fragen unterliegen dem von Art. 10 Abs. 2 EGBGB bestimmten Recht (vgl. Art. 17 b Abs. 2 EGBGB).

Wird die Lebenspartnerschaft in verschiedenen Staaten eingetragen, unterliegen die von Art. 17 b Abs. 1 S. 1 EGBGB beschriebenen Wirkungen und Folgen der eingetragenen Lebenspartnerschaft gem. Art. 17 b Abs. 3 EGBGB dem Recht desjenigen Staates, in dem die Lebenspartnerschaft *zuletzt* (wirksam) eingetragen wurde. Auf diese Weise soll eine – ggf. Normwidersprüche hervorrufende – parallele Anwendung mehrerer Rechtsordnungen vermieden werden.[134]

460

Die **güterrechtlichen Wirkungen der eingetragenen Lebenspartnerschaft** unterliegen den Kollisionsnormen der **EuPartVO**, die im Wesentlichen denjenigen der EuGüVO entsprechen; auf die diesbezüglichen Ausführungen kann daher verwiesen werden (Rn. 415 ff.). Hervorzuheben sind jedoch zwei Besonderheiten:

461

- Ebenso wie im Rahmen der EuGüVO unterliegt das auf die güterrechtlichen Wirkungen eingetragener Partnerschaften anwendbare Recht vorrangig einer **Rechtswahl gem. Art. 22 EuPartVO**. Art. 22 EuPartVO entspricht im Wesentlichen Art. 22 EuGüVO, sieht jedoch mit Art. 22 Abs. 1 lit. c EuPartVO eine weitere Rechtswahlmöglichkeit zugunsten des auf die eingetragene Partnerschaft maßgeblichen Rechts vor; hiermit soll ein Gleichlauf mit der – ua nach deutschem Recht vorgesehenen – Registerortanknüpfung erreicht werden. Darüber hinaus stellt Art. 22 Abs. 1 EuPartVO – anders als Art. 22 Abs. 1 EuGüVO – die Rechtswahl unter die weitere Bedingung, dass das gewählte Recht „güterrechtliche Wirkungen an das Institut der eingetragenen Partnerschaft knüpft". Durch diese Bedingung soll vermieden werden, dass die Partner ein Recht wählen, welches das Rechtsinstitut der eingetragenen Partnerschaft nicht kennt. Die Befürchtungen des europäischen Gesetzgebers, dass die Rechtswahl in einem solchen Falle wirkungslos werde und für die Partner dadurch ein rechtsfreier Raum entstünde (vgl. Erwägungsgrundes 44 S. 2 EuPartVO), ist zwar im Hinblick auf die Möglichkeit einer sachrechtlichen Anpassung unbegründet, dennoch ist die vorgesehene Bedingung angesichts der mit einer sachrechtlichen Anpassung einhergehenden Schwierigkeiten bei der Rechtsanwendung – somit also aus Gründen des inneren Entscheidungseinklangs – zu begrüßen.
- Soweit die eingetragenen Lebenspartner keine vorrangig zu beachtende Rechtswahl getroffen haben, bestimmt sich das **Güterstatut objektiv gem. Art. 26 EuPartVO**. Art. 26 EuPartVO entspricht wiederum im Wesentlichen Art. 26 EuGüVO, sieht jedoch als Grundanknüpfung eine akzessorische Anknüpfung an dasjenige Recht vor, **nach dem die eingetragene Partnerschaft begründet wurde**. Wie Erwägungsgrund 48 klarstellt, handelt es sich hierbei um dasjenige Recht, nach dem die verbindliche Eintragung zur Begründung der Partnerschaft vorgenommen wurde. Zu beachten ist wiederrum, dass die Ausweichklausel des Art. 26 Abs. 2 EuPartVO – ebenso wie die Rechtswahl gem. Art. 22 Abs. 1 EuPartVO – nur unter der zusätzlichen Bedingung zur Anwendung kommt, dass das gewählte Recht „güterrechtliche Wirkungen an das Institut der eingetragenen Partnerschaft knüpft". Ist diese Bedingung nicht erfüllt, bleibt es bei der Grundanknüpfung des Art. 26 Abs. 1 EuPartVO.

---

[134] BT-Drs. 14/3751, S. 61.

b) Gleichgeschlechtliche Ehen

462 Wie die **gleichgeschlechtliche Ehe** kollisionsrechtlich zu behandeln ist, war bis zu deren Einführung in Deutschland streitig. Vertreten wurde insoweit[135]

- eine (unmittelbare oder entsprechende) Anwendung der für eingetragene Lebenspartnerschaften maßgeblichen Kollisionsnorm des **Art. 17 b EGBGB**[136] (wohl hM) sowie
- eine unmittelbare oder entsprechende Anwendung der **für die Ehe maßgeblichen Kollisionsnormen**[137] (Art. 13 EGBGB iVm Art. 11 Abs. 1 EGBGB, Art. 14 ff. EGBGB bzw. EuGüVO, Art. 5 ff. Rom III-VO),

wobei letztere Ansicht vorzuziehen war, in Bezug auf Art. 13 EGBGB jedoch mit der Maßgabe, dass Art. 17 b EGBGB als **Hilfsanknüpfung** entsprechend herangezogen wird, wenn das Heimatrecht eines Ehegatten die Eheschließung untersagt (vgl. hierzu im Einzelnen die 1. Auflage Rn. 437).

463 Nunmehr hat der deutsche Gesetzgeber entschieden: Gem. Art. 17 b Abs. 4 EGBGB gelten **Art. 17 b Abs. 1 bis 3 EGBGB** für gleichgeschlechtliche Ehen entsprechend, deren Scheidung unterliegt den Kollisionsnormen der Rom III-VO und deren güterrechtliche Wirkungen den Kollisionsnormen der EuGüVO. Im Übrigen gelten gem. Art. 17 b Abs. 5 EGBGB die Art. 13 Abs. 3, Art. 17 Abs. 1 bis 3, Art. 19 Abs. 1 S. 3, Art. 22 Abs. 1 S. 2 und Abs. 3 S, 1 sowie Art. 46 e EGBGB entsprechend, zudem können die Ehegatten für die allgemeinen Ehewirkungen eine Rechtswahl gemäß Art. 14 EGBGB treffen. Im Ergebnis entspricht der nunmehr gewählte Weg im Wesentlichen der unter alter Rechtslage vorzugswürdigen Auffassung, freilich unter Inkaufnahme einer komplizierten Verweisungstechnik.

c) Eingetragene heterosexuelle Partnerschaft

464 Weiterhin streitig ist die Qualifikation **eingetragener heterosexueller Partnerschaften**, die zahlreiche Rechtsordnungen als Alternative zu einer herkömmlichen Ehe vorsehen (so etwa in Belgien, Frankreich und in den Niederlanden) und zumeist – insbesondere im Hinblick auf ihre Auflösbarkeit – weniger strengen Anforderungen als herkömmliche Ehen unterliegen.[138] Auch insoweit kommt in Betracht, solche Partnerschaften entweder

- **Art. 17 b EGBGB** (hM)[139] oder
- **Art. 13 EGBGB iVm Art. 11 EGBGB, Art. 14 ff. EGBGB**[140]

(jeweils unmittelbar oder analog) zu unterstellen,[141] wobei in Bezug auf die güterrechtlichen Wirkungen einer eingetragenen heterosexuellen Partnerschaft nunmehr unzweifelhaft die **EuPartVO** anwendbar ist (vgl. hierzu Rn. 411).

---

135 Ausführlich hierzu MüKoBGB/*Coester* (6. Aufl.), Art. 17 b EGBGB Rn. 136 ff.
136 *Kropholler*, § 44 V (S. 343); *Looschelders*, Art. 17 b EGBGB Rn. 3; ausführlich MüKoBGB/*Coester* (6. Aufl.), Art. 17 b EGBGB Rn. 139.
137 *Von Hoffmann/Thorn*, § 8 Rn. 73 b; NK-BGB/*Gebauer* (3. Aufl.), Art. 17 b EGBGB Rn. 18; *Röthel*, IPRax 2002, 496 (498).
138 MüKoBGB/*Coester*, Art. 17 b EGBGB Rn. 96.
139 MüKoBGB/*Coester*, Art. 17 b EGBGB Rn. 97 ff.; *von Hoffmann/Thorn*, § 8 Rn. 73 b; *Rauscher*, Rn. 880.
140 *Looschelders*, Art. 17 b EGBGB Rn. 5; vgl. auch *Kegel/Schurig*, § 20 III (S. 796).
141 Ausführlich hierzu MüKoBGB/*Coester*, Art. 17 b EGBGB Rn. 97 ff.

II. Internationales Eherecht

Letztere Ansicht dürfte, auch wenn eine derartige Partnerschaft als *alternatives* Rechtsinstitut zur Ehe dieser gerade *nicht* gleichwertig ist, vorzugswürdig sein. Eine Anwendung von Art. 17 b EGBGB erscheint zweifelhaft, da diese Regelung einer Diskriminierung *gleichgeschlechtlicher* Paare entgegenwirken will, indem sie diesen einen erleichterten Zugang zu einer der Ehe vergleichbaren Partnerschaft ermöglicht (vgl. Rn. 459). Dieser Zweck läuft bei heterosexuellen Paaren freilich ins Leere, da diesen stets das Rechtsinstitut der Ehe offen steht.[142] Auch gilt zu berücksichtigen, dass Art. 6 GG dem deutschen Gesetzgeber die Schaffung von Rechtsinstituten untersagt, die mit einer herkömmlichen Ehe konkurrieren.[143] Eine kollisionsrechtliche *Begünstigung* heterosexueller Partnerschaften erscheint vor diesem Hintergrund kaum begründbar, so dass eine Anwendung von Art. 17 b EGBGB ausscheiden sollte. Maßgeblich sind daher die **für die Ehe geltenden Kollisionsnormen**, jedoch mit Ausnahme des Güterrechts, welches der EuPartVO unterliegt.

465

d) Verlöbnis

Keine spezielle Kollisionsnorm sieht das EGBGB für das Verlöbnis vor. Soweit es um dessen Begründung geht, ist daher Art. 13 Abs. 1 iVm Art. 11 Abs. 1 EGBGB entsprechend anzuwenden.[144] Demgegenüber ist die Qualifikation von Ansprüchen aufgrund einer Auflösung der Verlobung (nach deutschem Recht §§ 1298 ff. BGB) streitig: Während insbesondere der BGH auf das **Heimatrecht** des in Anspruch genommenen Verlobten abstellt,[145] ist nach vorzugswürdiger Ansicht ein – für beide Verlobten *einheitliches* – Verlöbnisstatut entsprechend Art. 14 EGBGB zu bestimmen.[146]

466

e) Nicht formalisierte Lebensgemeinschaften

Schwierigkeiten bereitet zuletzt die kollisionsrechtliche Behandlung nicht formalisierter Lebensgemeinschaften. Soweit aus einer solchen gegenseitige Ansprüche geltend gemacht werden, kommt in Betracht, diese entweder

467

- *einzeln* nach ihrem jeweiligen Rechtsgrund (also vertraglich, gesellschaftsrechtlich, bereicherungsrechtlich usw) **anzuknüpfen**,[147]
- einer *eigenständigen*, rechtsfortbildend entwickelten Kollisionsnorm zu unterstellen[148] oder
- je nach Kontext die **familienrechtlichen Kollisionsnormen** entsprechend heranzuziehen.[149]

Letztere Ansicht ist vorzugswürdig. Auch eine nicht formalisierte Lebensgemeinschaft stellt ein **eheähnliches Verhältnis** dar, deren Besonderheiten das von den familienrecht-

468

---

142 *Looschelders*, Art. 17 b EGBGB Rn. 5.
143 Vgl. BVerfG NJW 2002, 2543 (2549): „Trüge der Gesetzgeber selbst durch Normsetzung dazu bei, dass die Ehe ihre Funktion einbüßte, würde er das Fördergebot aus Art. 6 Abs. 1 GG verletzen. Eine solche Gefahr könnte bestehen, wenn der Gesetzgeber in Konkurrenz zur Ehe ein anderes Institut mit derselben Funktion schüfe und es etwa mit gleichen Rechten und geringeren Pflichten versähe, so dass beide Institute austauschbar wären."
144 *Von Hoffmann/Thorn*, § 8 Rn. 17; *Kropholler*, § 44 IV (S. 341); vgl. auch MüKoBGB/*Coester*, Vor Art. 13 EGBGB Rn. 2.
145 Vgl. etwa BGH NJW-RR 2005, 1089 (1090).
146 Ebenso *von Hoffmann/Thorn*, § 8 Rn. 17; *Kropholler*, § 44 IV (S. 341 f.); *Looschelders*, Art. 13 EGBGB Rn. 84 f.
147 *Grüneberg/Thorn*, Art. 17 b EGBGB Rn. 12; vgl. auch BGH NJW-RR 2005, 1089 (1090).
148 So MüKoBGB/*Coester*, Art. 17 b EGBGB Rn. 113 ff.
149 *Kegel/Schurig*, § 20 III (S. 796); *Kropholler*, § 46 V (S. 376); *von Hoffmann/Thorn*, § 8 Rn. 18.

lichen Kollisionsnormen bestimmte Recht am besten Rechnung tragen kann. Der (rechtsfortbildenden) Entwicklung einer speziellen kollisionsrechtlichen Anknüpfung bedarf es insoweit nicht, da die mit den kodifizierten Kollisionsnormen getroffenen Wertentscheidungen vorrangig durchzusetzen sind. Ausgleichsansprüche, die aus der Auflösung der nicht formalisierten Lebensgemeinschaft resultieren, sind daher dem von der EuGüVO bestimmten Recht (vgl. hierzu bereits Rn. 413), etwaige unterhaltsrechtliche Ansprüche dem seitens des HUP bestimmten Recht zu unterstellen.

Hinweis: Soweit die geltend gemachten Ansprüche *nicht aus der Führung der Lebensgemeinschaft* resultieren, kommt hingegen eine eigenständige (schuldvertragliche) Qualifikation in Betracht.[150]

III. Internationales Unterhaltsrecht

1. Rechtsquellen

469 Das auf Unterhaltspflichten anwendbare Recht bestimmt sich nach dem **Haager Protokoll über das auf Unterhaltspflichten anzuwendende Recht** v. 23.11.2007 (HUP),[151] das seitens der EU ratifiziert wurde und für alle Mitgliedstaaten mit Ausnahme von Dänemark seit dem 18.6.2011 gilt. Nach vorzugswürdiger Ansicht[152] ersetzt das HUP vollständig das *Haager Übereinkommen über das auf Unterhaltspflichten anzuwendende Recht v. 2.10.1973* (HUntÜ)[153] sowie das *Haager Übereinkommen über das auf Unterhaltsverpflichtungen gegenüber Kindern anzuwendende Recht v. 24.10.1956*,[154] nach anderer Ansicht ist zumindest das HUntÜ weiterhin im Verhältnis zu Japan, der Schweiz und der Türkei anzuwenden.[155] Neben dem HUP zu beachten bleibt jedoch das *deutsch-iranische Niederlassungsübereinkommen v. 17.2.1929*,[156] das aufgrund der Öffnungsklausel des Art. 19 Abs. 1 HUP weiterhin für Unterhaltsansprüche zwischen Iranern vorrangig anzuwenden ist.

2. Haager Protokoll über das auf Unterhaltspflichten anzuwendende Recht v. 23.11.2007

a) Anwendungsbereich des HUP

470 Der sachliche Anwendungsbereich des – als *loi uniforme* (Art. 2 HUP) ausgestalteten – HUP ist gem. Art. 1 HUP für Unterhaltspflichten eröffnet, die sich aus Beziehungen der **Familie, Verwandtschaft, Ehe oder Schwägerschaft** ergeben, einschließlich der Unterhaltspflichten gegenüber ehelichen oder nichtehelichen Kindern. Auch unterhaltsrechtliche Ansprüche aus nichtehelichen Lebensgemeinschaften sind von dem Anwendungsbereich erfasst, nicht jedoch solche Unterhaltspflichten, die vertraglich oder außervertraglich begründet wurden; insoweit gilt die Rom I-VO bzw. Rom II-VO.[157]

---

[150] Vgl. Soergel/*Schurig*, Vor Art. 13 EGBGB Rn. 33.
[151] Abgedruckt bei *Jayme/Hausmann*, Nr. 42.
[152] Ebenso *Rauscher*, Rn. 899. – Ausführlich hierzu Kroll-Ludwigs, IPRax 2016, 34.
[153] Abgedruckt bei *Jayme/Hausmann*, Nr. 41.
[154] Abgedruckt bei *Jayme/Hausmann*, Nr. 40.
[155] Vgl. die – äußerst hilfreiche – Fn. 3 bei *Jayme/Hausmann*, Nr. 41. – Zum Meinungsstand ausführlich Kroll-Ludwigs, IPRax 2016, 34 ff.
[156] RGBl. II 1930 S. 1006. – Teilweise abgedruckt bei *Jayme/Hausmann*, Nr. 22.
[157] *Rauscher*, Rn. 904, 906.

b) Die Bestimmung des Unterhaltsstatuts nach dem HUP

Das auf Unterhaltspflichten anzuwendende Recht (zur konkreten Reichweite des Unterhaltsstatuts vgl. Art. 11 HUP) unterliegt vorrangig dem **von den Parteien gewählten Recht**. Die „berechtigte" und die „verpflichtete Person" können zunächst gem. **Art. 7 Abs. 1 HUP** 471

- die *lex fori* des konkret zuständigen Gerichts für ein einzelnes Verfahren wählen,

darüber hinaus gem. **Art. 8 Abs. 1 HUP** jederzeit eine Rechtswahl zugunsten des Rechts desjenigen Staates treffen,

- dem **eine der Parteien** im Zeitpunkt der Rechtswahl **angehört** (lit. a),
- in dem **eine der Parteien** im Zeitpunkt der Rechtswahl ihren **gewöhnlichen Aufenthalt** hat (lit. b),
- dessen Recht auf ihren **Güterstand** kraft Rechtswahl (gem. Art. 22 EuGüVO) anzuwenden ist oder tatsächlich darauf angewandt wurde (lit. c) oder
- dessen Recht auf ihre **Ehescheidung oder Trennung ohne Auflösung der Ehe** kraft Rechtswahl (gem. Art. 5 Abs. 1 Rom III-VO) anzuwenden ist oder tatsächlich darauf angewandt wurde (lit. d).

Die Rechtswahlvereinbarung bedarf vor Einleitung des Verfahrens stets der **Schriftform** (gleichgestellt ist die Speicherung auf einem Datenträger, dessen Inhalt für eine spätere Einsichtnahme zugänglich ist) sowie der **Unterschrift beider Parteien** (vgl. Art. 7 Abs. 2, Art. 8 Abs. 2 HUP), die **materielle Wirksamkeit** ist – herkömmlichem Vorgehen entsprechend – anhand des hypothetisch gewählten Rechts zu beurteilen. 472

Hinweis: Zu beachten ist, dass eine Rechtswahl nach Art. 8 Abs. 1 HUP hinsichtlich unterhaltsrechtlicher Ansprüche von unter 18-jährigen Personen sowie von Erwachsenen, die aufgrund einer Beeinträchtigung oder Unzulänglichkeit ihrer persönlichen Fähigkeiten nicht in der Lage sind, ihre Interessen zu schützen, *ausgeschlossen* ist (Art. 8 Abs. 3 HUP). Eine weitere wichtige Einschränkung ergibt sich zudem aus Art. 8 Abs. 5 HUP, nach der eine Rechtswahl gem. Art. 8 Abs. 1 HUP keine Wirkung entfaltet, wenn mit der Anwendung des gewählten Rechts für eine der Parteien offensichtlich unbillige oder unangemessene (Rechts-)Folgen einhergingen, die dieser nicht vollständig bewusst waren. Eine Einschränkung erfährt die Rechtswahl gem. Art. 8 Abs. 1 HUP zuletzt im Hinblick auf einen etwaigen **Unterhaltsverzicht,** dessen Zulässigkeit sich ungeachtet der Rechtswahl stets nach dem Aufenthaltsrecht der unterhaltsberechtigten Person zum Zeitpunkt der Rechtswahl bestimmt.

Liegt keine (wirksame) Rechtswahl vor, ist das Unterhaltsstatut grundsätzlich anhand der **allgemeinen Kollisionsnorm des Art. 3 Abs. 1 HUP** zu bestimmen; anzuwenden ist hiernach das Recht desjenigen Staates, in dem der Berechtigte seinen **gewöhnlichen Aufenthalt** hat. Wechselt der Berechtigte seinen gewöhnlichen Aufenthalt, findet gem. Art. 3 Abs. 2 HUP ab dem Zeitpunkt des Aufenthaltswechsels das Recht des neuen Aufenthaltsstaates Anwendung; es kommt somit zu einem **Statutenwechsel.** Zu beachten ist darüber hinaus die **Sonderregelung des Art. 4 HUP,** die – neben einer Art. 3 HUP vorrangigen Kollisionsnorm (Art. 4 Abs. 3 S. 1 HUP) – Hilfsanknüpfungen vorsieht, soweit das nach Art. 3 HUP bestimmte Recht keinen Unterhalt gewährt (vgl. Art. 4 Abs. 2, Abs. 3 S. 2, Abs. 4 HUP), sowie die **Sonderregelung des Art. 5 HUP,** nach der im Hinblick auf Unterhaltspflichten zwischen (früheren) Ehegatten das Recht 473 der engsten Verbindung mittels einer Einrede eines Ehegatten zur Anwendung gebracht werden kann.

Hinweis: Bei allen seitens des HUP ausgesprochenen kollisionsrechtlichen Verweisungen handelt es sich gem. Art. 12 HUP um **Sachnormverweisungen**, so dass ein etwaiger Renvoi unbeachtlich ist. Wird auf das Recht eines **Mehrrechtsstaates** verwiesen, bestimmt sich die maßgebliche Teilrechtsordnung bei interlokaler Rechtsspaltung nach Art. 16 HUP, bei interpersonaler Rechtsspaltung nach Art. 17 HUP. **Vorfragen** sind nach vorzugswürdiger, freilich umstrittener Ansicht[158] stets **selbstständig anzuknüpfen** (vgl. hierzu Rn. 118 ff.). Soweit die Kollisionsnormen des HUP auf ausländisches Recht verweisen, steht dessen Anwendung unter dem Vorbehalt des **ordre public** (Art. 13 HUP).

3. Prüfungsschema Internationales Unterhaltsrecht

474   1. Vorrangige Staatsverträge

Vorrangig zu beachten ist ggf.

- das *deutsch-iranische Niederlassungsübereinkommen v. 17.2.1929*, im Übrigen (vgl. Rn. 469) gilt das

2. HUP

a) Die Bestimmung des Unterhaltsstatuts (vgl. Rn. 471 ff.)

Art. 3–5, Art. 7, Art. 8 HUP; vorrangig zu beachten ist stets eine *Rechtswahl* (Art. 7, Art. 8 HUP), im Übrigen ist das Unterhaltsstatut objektiv nach der Grundregel des Art. 3 HUP oder nach den – dieser vorrangigen – Sonderregeln der Art. 4, Art. 5 HUP zu bestimmen.

Bei allen Verweisungen handelt es sich gem. Art. 12 HUP um *Sachnormverweisungen*; bei Verweisungen auf das Recht eines *Mehrrechtsstaates* sind Art. 16, Art. 17 HUP zu beachten.

b) Ergebniskorrektur

- Anpassung (unterliegt den allgemeinen Grundsätzen, vgl. Rn. 127 ff.)
- ordre public-Vorbehalt (Art. 13 HUP; vgl. Rn. 132 ff.)
- Gesetzesumgehung (unterliegt den allgemeinen Grundsätzen, vgl. Rn. 143 ff.)

c) Anwendung des berufenen Sachrechts

- Vorfragen (sind nach vorzugswürdiger Ansicht *selbstständig* anzuknüpfen, vgl. Rn. 118 ff.)
- Problem des Auslandssachverhaltes (vgl. Rn. 147 ff.).

IV. Internationales Kindschaftsrecht

1. Rechtsquellen

475   Das Internationale Kindschaftsrecht wird von zahlreichen **internationalen Übereinkommen** überlagert, auf die in dem jeweiligen Kontext hinzuweisen sein wird. Für *alle* Kindschaftssachen ist jedenfalls das *deutsch-iranische Niederlassungsübereinkommen v. 17.2.1929* vorrangig zu beachten, das bei ausschließlicher Beteiligung von Iranern

---

158 AA *Rauscher*, Rn. 913.

2. Abstammung

Das Abstammungsstatut bestimmt sich nach **Art. 19 Abs. 1 EGBGB**. Zwar ist auf europäischer Ebene der Erlass einer – zum jetzigen Zeitpunkt nur als Kommissionsentwurf v. 7.12.2022 vorliegenden – **Verordnung des Rates über die Zuständigkeit, das anzuwendende Recht, die Anerkennung von Entscheidungen und die Annahme öffentlicher Urkunden in Elternschaftssachen sowie zur Einführung eines europäischen Elternschaftszertifikats**[159] geplant, welche das internationale Abstammungsrecht zum Gegenstand hat, jedoch ist ein Abschluss des Gesetzgebungsverfahrens zum jetzigen Zeitpunkt noch nicht absehbar (vgl. Rn. 26).

Im Einzelnen stellt Art. 19 Abs. 1 EGBGB im Interesse des Kindes **alternativ drei verschiedene Anknüpfungen** zur Verfügung. Maßgeblich ist hiernach

- das **Aufenthaltsrecht des Kindes** (S. 1),
- im Verhältnis zu jedem Elternteil das Recht desjenigen Staates, dem dieser Elternteil **angehört** (S. 2), sowie
- – sofern die Mutter verheiratet ist (was als Erstfrage stets anhand des nach Art. 13 Abs. 1, Art. 11 Abs. 1 EGBGB zu bestimmenden Rechts zu prüfen ist) – das Recht, dem die **allgemeinen Wirkungen ihrer Ehe** gem. Art. 14 Abs. 2 EGBGB zum Zeitpunkt der Geburt oder – soweit einer der Ehegatten bereits vorher verstorben ist – zum Zeitpunkt der Auflösung der Ehe unterliegen (S. 3).

Kann die Abstammung des Kindes nur nach *einer* der von Art. 19 Abs. 1 EGBGB berufenen Rechtsordnungen bestimmt werden oder führen die einzelnen Anknüpfungsalternativen zu mehreren Rechtsordnungen, die allesamt zu *demselben* Abstammungsergebnis führen, wirft das von Art. 19 Abs. 1 gewählte Anknüpfungskonzept keine Probleme auf. Erhebliche Schwierigkeiten bestehen indes, wenn zwei oder mehr Rechtsordnungen gleichzeitig berufen sind, die **zu unterschiedlichen Ergebnissen** gelangen. Dies verdeutlicht

▶ **Fall 45:** Der polnische Staatsangehörige M und die Deutsche F, beide mit gewöhnlichem Aufenthalt in Berlin, lassen sich nach deutschem Recht wirksam scheiden. 200 Tage nach der Scheidung bringt F in Berlin eine Tochter (T) zur Welt, deren Vaterschaft der ebenfalls in Berlin lebende, mit F bereits seit langem liierte D kurze Zeit nach der Geburt anerkennt. Wer ist der Vater der Tochter? ◀

Bearbeitungshinweis: Nach polnischem Sachrecht (Art. 62 § 1 S. 1 des Familien- und Vormundschaftsgesetzbuchs v. 25.2.1964) wird vermutet, dass ein Kind, das vor Ablauf von 300 Tagen seit Beendigung der Ehe geboren wird, vom (ehemaligen) Ehemann der Mutter abstammt. Für die Falllösung ist zu unterstellen, dass das polnische IPR Fragen der Abstammung dem Recht der Staatsangehörigkeit unterstellt.

---

[159] Vorschlag für eine Verordnung des Rates über die Zuständigkeit, das anzuwendende Recht, die Anerkennung von Entscheidungen und die Annahme öffentlicher Urkunden in Elternschaftssachen sowie zur Einführung eines europäischen Elternschaftszertifikats v. 7.12.2022, KOM (2022) 695. – Vgl. hierzu etwa *Mansel/Thorn/Wagner*, IPRax 2023, 109 (121 ff.); *Budzikiewicz/Duden/Dutta/Helms/Mayer*, IPRax 2023, 425.

479 ▶ **Lösung:** Für Fragen der Abstammung verweist Art. 19 Abs. 1 S. 1 EGBGB zunächst auf das Recht des gewöhnlichen Aufenthalts des Kindes. Hierbei ist zu beachten, dass Neugeborene einer eigenen Willensbildung nicht fähig sind und daher keinen eigenständigen *animus manendi* fassen können; ihr gewöhnlicher Aufenthalt richtet sich daher grundsätzlich nach demjenigen ihrer Bezugs- und Obhutspersonen,[160] der vorliegend für alle in Betracht kommenden Personen in Deutschland zu verorten ist. Anzuwenden ist damit deutsches Sachrecht, nach welchem der die Vaterschaft anerkennende D Vater der T ist (§ 1592 Nr. 2 BGB; § 1593 BGB gilt nur bei Auflösung der Ehe durch Tod). Zusätzlich verweist Art. 19 Abs. 1 S. 2 EGBGB im Verhältnis zu M jedoch auf polnisches Recht, das die Verweisung nach dem Sachverhaltshinweis annimmt. Das somit anzuwendende polnische Sachrecht gelangt indes aufgrund des Art. 62 § 1 S. 1 des Familien- und Vormundschaftsgesetzbuchs zu einer Vaterschaft des M, so dass der T im Ergebnis zwei Väter zugeordnet wären. ◀

480 Wie in solchen Fällen zu entscheiden ist, ist streitig. Grundsätzlich vertreten wird

- die **vorrangige Anwendung** des nach Art. 19 Abs. 1 S. 1 EGBGB bestimmten Rechts,[161]

  ▶ **Lösung Fall 45:** Folgt man diesem Lösungsansatz, wäre in casu deutsches Sachrecht vorrangig zur Anwendung zu bringen. Vater der T wäre damit D. ◀

- die Anwendung desjenigen Rechts, das dem Kind **zeitlich zuerst** einen Vater zuordnet[162] (so auch der BGH für den vorliegenden Fall der *post*natalen Vaterschaftsanerkennung)[163]

  ▶ **Lösung Fall 45:** Nach diesem Lösungsansatz ist somit zunächst zu prüfen, welches der beiden berufenen Rechte in zeitlicher Hinsicht zuerst eine Vaterschaft begründet. Da das polnische Sachrecht der T bereits zum Zeitpunkt ihrer Geburt einen Vater zuordnet, das deutsche Recht jedoch erst zum Zeitpunkt der (*nach* der Geburt erfolgten) Vaterschaftsanerkennung, wäre nach dieser Lösung somit polnisches Sachrecht berufen. Vater der T wäre damit M. ◀

- sowie die Anwendung desjenigen Rechts, aus dem sich die – typisiert zu bestimmende – **wahrscheinlichste Vaterschaft** ergibt.[164]

  ▶ **Lösung Fall 45:** Folgt man diesem Lösungsansatz, wäre anhand materieller Kriterien der wahrscheinlichste Vater zu ermitteln und das dessen Vaterschaft begründende Recht anzuwenden. Da F mit D bereits seit langem liiert war und D auch die Vaterschaft *anerkannt* hat, ist die Vaterschaft des D iSd Lösungsansatzes wahrscheinlich. Anzuwenden ist damit deutsches Familienrecht, so dass D Vater der T ist. ◀

481 **Stellungnahme:** Auch wenn der erste Lösungsansatz ein klares, damit der Rechtssicherheit dienendes Entscheidungskriterium zu bieten vermag, kann diesem nach vorzugs-

---

160 Vgl. hierzu ausführlich BGH NJW 2019, 1605 (1606).
161 So *von Hoffmann/Thorn*, § 8 Rn. 132. – Für einen Vorrang von Art. 19 Abs. 1 S. 1 EGBGB auch KG IPRax 2021, 249.
162 MüKoBGB/*Helms*, Art. 19 EGBGB Rn. 21.
163 BGH NJW 2017, 2911 mAnm *Rauscher*; vgl. auch BGH NJW-RR 2022, 508 mAnm *Mayer* IPRax 2023, 264. – Seitens des BGH bislang nicht entschieden wurde hingegen der Fall einer **pränatalen Vaterschaftsanerkennung**, welchen das Prioritätsprinzip nicht zu lösen vermag; vgl. hierzu nunmehr OLG Brandenburg IPRax 2023, 305 mAnm *Mayer* IPRax 2023, 264.
164 *Kegel/Schurig*, § 20 X 2 (S. 910); *Kropholler*, § 48 IV 1 f. (S. 410); Staudinger/*Henrich* (2022), Art. 19 EGBGB Rn. 49 f.

würdiger Ansicht nicht gefolgt werden. Eine Vorrangstellung der ersten Anknüpfungsalternative lässt sich weder aus dem Wortlaut noch dem Zweck des Art. 19 Abs. 1 EGBGB (nämlich der Förderung des *favor legitimationis*) herleiten, vielmehr stehen alle Anknüpfungen des Art. 19 Abs. 1 EGBGB im Verhältnis einer **echten Alternativität** gleichberechtigt nebeneinander,[165] so dass die in casu notwendige Auswahlentscheidung anhand anderer Kriterien getroffen werden muss. Maßgeblicher Gesichtspunkt muss hierbei stets das **Kindeswohl** sein, dem die Alternativanknüpfung des Art. 19 Abs. 1 EGBGB Rechnung tragen will.[166] Diesem materiellen Aspekt wird eine rein schematische Lösung anhand des Prioritätsprinzips nicht gerecht (anders jedoch BGH),[167] da der Umstand, dass eine Rechtsordnung in zeitlicher Hinsicht *zuerst* eine Vaterschaft begründet, kein Ausdruck reflektierter Kindeswohlerwägungen darstellt und damit nicht nur zu zufälligen, sondern auch zu unangemessenen Ergebnissen führen kann. Zudem vermag das Prioritätsprinzip Fälle der *pränatalen* Vaterschaftsanerkennung, die zeitgleich mit Vollendung der Geburt Wirkung entfaltet, in derartigen Konstellationen nicht zu lösen, sodass insoweit ein einheitlicher Lösungsansatz zu suchen ist. Zu folgen ist daher dem letzten Lösungsansatz, der den Interessen des Kindes am besten Rechnung zu tragen vermag.

Hinweis: Eine kollisionsrechtliche Auswahlentscheidung anhand materieller Gesichtspunkte zu treffen, erscheint auf den ersten Blick methodisch fragwürdig.[168] Allerdings gilt zu berücksichtigen, dass im Falle einer alternativen Anknüpfung jegliche Anknüpfungsalternativen kollisionsrechtlich *gleichwertig* sind, die kollisionsrechtliche Interessenabwägung also zu einem „Patt" geführt hat, das in letzter Konsequenz nur anhand materieller Erwägungen aufgelöst werden kann.[169] Denn letztlich handelt es sich bei der beschriebenen Problematik um ein **besonderes Problem der Anpassung** (Normwiderspruch aufgrund Normenhäufung, „zwei Väter"), in deren Rahmen materielle Erwägungen stets vorrangig zu berücksichtigen sind (vgl. hierzu Rn. 127 ff.).

Nach vorzugswürdiger, freilich umstrittener Ansicht sprechen alle Verweisungen des Art. 19 Abs. 1 EGBGB gem. Art. 4 Abs. 1 S. 1 EGBGB grundsätzlich **Gesamtverweisungen** aus.[170] Zu beachten ist jedoch, dass Art. 19 Abs. 1 EGBGB als alternative Anknüpfung den besonderen, für diese Fallgruppe bestehenden Einschränkungen unterworfen ist, so dass einem Renvoi zumindest dann nicht zu folgen ist, wenn er die zur Verfügung stehenden Rechtsordnungen (konkret) verkürzt (Art. 4 Abs. 1 S. 1 Hs. 2 EGBGB, vgl. hierzu Rn. 70 ff.).[171]

Hinsichtlich etwaiger **Zustimmungserfordernisse** zu einer Abstammungserklärung (insbesondere Vaterschaftsanerkenntnisse)[172] ist die besondere, dem Interesse des Kindes dienende Kollisionsnorm des Art. 23 EGBGB zu beachten. Diese unterstellt solche Erfordernisse – zusätzlich zu dem von Art. 19 EGBGB bestimmten Recht, also mittels einer *kumulativen* Anknüpfung – dem Heimatrecht des Kindes (S. 1; Gesamtverwei-

482

483

---

165 Staudinger/*Henrich* (2022), Art. 19 EGBGB Rn. 22; *von Bar/Mankowski*, Band II: Besonderer Teil, § 4 Rn. 955.
166 Insoweit hM, vgl. etwa Staudinger/*Henrich* (2022), Art. 19 EGBGB Rn. 23; MüKoBGB/*Helms*, Art. 19 EGBGB Rn. 16; *Kegel/Schurig*, § 20 X 2 (S. 910); *Kropholler*, § 48 IV 1 f. (S. 410); *von Hoffmann/Thorn*, § 8 Rn. 132.
167 BGH NJW 2017, 2911; BGH NJW-RR 2022, 508.
168 Vgl. insoweit auch die Kritik bei *von Hoffmann/Thorn*, § 8 Rn. 132.
169 Vgl. hierzu *Kegel/Schurig*, § 6 IV (S. 320).
170 Vgl. hierzu ausführlich Staudinger/*Henrich* (2022), Art. 19 EGBGB Rn. 25–27. – AA (Sachnormverweisung) *von Hoffmann/Thorn*, § 8 Rn. 134.
171 Vgl. auch BGH NJW-RR 2022, 508 (510).
172 Grüneberg/*Thorn*, Art. 23 EGBGB Rn. 4.

sung gem. Art. 4 Abs. 1 S. 1 EGBGB), in Ausnahmefällen auch deutschem Recht, soweit dies zum Wohl des Kindes erforderlich ist (S. 2). Für die **Anfechtung der Abstammung** gilt zuletzt die besondere Kollisionsnorm des Art. 20 EGBGB, nach der diese grundsätzlich dem gem. Art. 19 Abs. 1 EGBGB maßgeblichen Recht unterliegt, also akzessorisch dem jeweiligen Abstammungsstatut unterstellt wird. Darüber hinaus kann (nur) das Kind die Abstammung stets nach dem Recht desjenigen Staates anfechten, in welchem es seinen (aktuellen) gewöhnlichen Aufenthalt hat; auch bei dieser Anknüpfungsalternative handelt es sich nach vorzugswürdiger Auffassung grundsätzlich (vgl. hierzu Rn. 70 ff.) um eine Gesamtverweisung.

483a   Schwierigkeiten bereitet zuletzt die rechtliche Behandlung von Fällen der **Leihmutterschaft**. Gemeint sind hiermit solche Konstellationen, in denen eine Frau – die sog. Leih- bzw. Ersatzmutter – im Auftrag der Wunscheltern ein Kind austrägt und dieses nach der Geburt an die Wunscheltern herausgibt.[173] Die Durchführung einer Leihmutterschaft ist zwar nicht in Deutschland, wohl aber in zahlreichen anderen Staaten (etwa in der Ukraine, Serbien, Südafrika, Indien, zudem in einzelnen Bundesstaaten der USA) möglich, so dass sich das deutsche Recht jedenfalls mit den Folgen einer im Ausland durchgeführten Leihmutterschaft auseinanderzusetzen hat. Während nach deutschem Sachrecht stets die gebärende Frau – und damit die Leihmutter – Mutter im rechtlichen Sinne ist (§ 1591 BGB), sehen andere Rechtsordnungen teilweise eine **unmittelbare abstammungsrechtliche Zuordnung des Kindes zu den Wunscheltern** vor, also eine Zuordnung ohne zwischengeschaltete Adoption. Ob ein solches Ergebnis gegen den deutschen **ordre public** verstößt, war lange streitig, wird jedoch seitens des BGH jedenfalls grundsätzlich im Interesse des Kindes (und mit Verweis auf Art. 2 Abs. 1 iVm Art. 6 Abs. 2 GG sowie auf Art. 8 Abs. 1 EMRK)[174] zu Recht verneint.[175]

Liegt eine ausländische Gerichtsentscheidung vor, welche die Elternschaft der Wunscheltern feststellt, ist vorrangig die Frage nach deren **Anerkennung** zu prüfen. Eine solche ist grundsätzlich möglich und verstößt nach Auffassung des BGH jedenfalls dann nicht gegen den anerkennungsrechtlichen ordre public (§ 109 Abs. 1 Nr. 4 FamFG), wenn ein Wunschelternteil – im Unterschied zur Leihmutter – mit dem Kind genetisch verwandt ist.[176] Liegt demgegenüber keine der Anerkennung zugängliche gerichtliche Entscheidung vor (dies etwa in denjenigen Fällen, in denen das Verwandtschaftsverhältnis nur behördlich registriert wurde),[177] muss das anwendbare Recht unter Rückgriff auf **Art. 19 Abs. 1 EGBGB** bestimmt werden. Die Problematik vertieft

▶ **Fall 45 a:** Die nicht verheiratete Südafrikanerin L mit gewöhnlichem Aufenthalt in Südafrika bringt im Auftrag des in Bonn lebenden deutschen Ehepaars M und F in Kapstadt ein Kind zu Welt. Die Eizelle wurde von einer weiteren Person gespendet, mit dem Sperma des M künstlich befruchtet und anschließend der L eingesetzt. Wer sind die Eltern des Kindes? ◀

Bearbeitungshinweis: Nach dem Sachrecht von Südafrika (sec. 40 Abs. 1 lit. a des Children's Act 38 von 2005) gilt das mit Zustimmung beider Ehegatten aus einer künstlichen

---

173 Zur Leihmutterschaft ausführlich *von Bar/Mankowski*, Band II: Besonderer Teil, § 4 Rn. 985 ff.; *Duden*, Leihmutterschaft im Internationalen Privat- und Verfahrensrecht, 2015; vgl. zudem etwa *Helms*, IPRax 2023, 232; *ders.*, IPRax 2020, 379; *Mayer*, RabelsZ 78 (2014), 551; *dies.*, 2014, 57; *Berner*, JZ 2021, 1147.
174 Vgl. hierzu EMRK NJW 2015, 3211.
175 BGH NJW 2015, 479.
176 BGH NJW 2015, 479.
177 Vgl. BGH NJW 2015, 479.

IV. Internationales Kindschaftsrecht

Befruchtung hervorgegangene Kind als Kind beider Ehegatten. Für die Falllösung ist davon auszugehen, dass das südafrikanische IPR eine etwaige Verweisung des deutschen Kollisionsrechts annehmen würde.

▶ **Lösung:** Für Fragen der Abstammung verweist Art. 19 Abs. 1 S. 1 EGBGB im Wege einer Gesamtverweisung (Rn. 482) auf das Recht des **gewöhnlichen Aufenthalts des Kindes**. Wie bereits oben Rn. 478 ausgeführt, richtet sich der gewöhnliche Aufenthalt eines – einer eigenen Willensbildung nicht fähigen – Neugeborenen grundsätzlich nach demjenigen seiner Bezugs- und Obhutspersonen. Stellt man insoweit auf die Leihmutter L ab, gelangte südafrikanisches Sachrecht zu Anwendung mit der Folge, dass M und F unmittelbar Eltern des Kindes geworden wären; eine Korrektur dieses Ergebnisses mittels ordre public kommt angesichts der vorherigen Ausführungen nicht in Betracht. Nach – durchaus zweifelhafter[178] – Rechtsprechung des **BGH** scheidet indes ein Abstellen auf den gewöhnlichen Aufenthalt der Leihmutter stets aus: Vielmehr sei der gewöhnliche Aufenthalt eines im Ausland von einer Leihmutter geborenen Kindes, das entsprechend dem übereinstimmenden Willen aller an der Leihmutterschaft beteiligten Personen alsbald nach der Geburt rechtmäßig nach Deutschland verbracht wird, von Geburt an in Deutschland zu verorten,[179] so dass vorliegend – ebenso wie über die Alternativanknüpfungen Art. 19 Abs. 1 S. 2 und S. 3 EGBGB – deutsches Sachrecht anzuwenden wäre: Hiernach ist die Leihmutter L Mutter (§ 1591 BGB) und M Vater des Kindes, sobald er die Vaterschaft anerkennt (§ 1592 Nr. 2 BGB). Eine verwandtschaftliche Beziehung zu F kann hingegen nur im Wege der Adoption begründet werden. ◀

3. Adoption

Das für die Annahme als Kind maßgebliche Recht unterliegt dem von Art. 22 EGBGB bestimmten Recht. Für die konkrete Anknüpfung ist nach Art. 22 EGBGB in der seit dem 31.3.2020 geltenden Fassung[180] nunmehr entscheidend, ob die Annahme als Kind **im Inland oder im Ausland** erfolgt; in ersterem Falle ist deutsches Recht maßgeblich (Art. 22 Abs. 1 S. 1 EGBGB), in letzterem Falle unterliegt das Adoptionsstatut dem Recht des Staates, in dem der *Anzunehmende* zum Zeitpunkt der Annahme seinen gewöhnlichen Aufenthalt hat (Art. 22 Abs. 1 S. 2 EGBGB; **Gesamtverweisung** iSv Art. 4 Abs. 1 S. 1 EGBGB).

484

Hinweis: Die Anknüpfungsalternative des Art. 22 Abs. 1 S. 2 EGBGB ist praktisch nur im Falle einer **Vertragsadoption** (vgl. hierzu bereits Rn. 94 f.) von Relevanz. Denn erfolgt die Adoption durch *Entscheidung* eines ausländischen Gerichts (sog. **Dekretadoption**), ist ausschließlich die Frage nach deren *Anerkennung* zu beantworten; diese richtet sich vorrangig nach dem *Haager Übereinkommen über den Schutz von Kindern und die Zusammenarbeit auf dem Gebiet der internationalen Adoption v. 29.5.1993 (HAdoptÜ).*[181]

Das **Adoptionsstatut** entscheidet nicht nur über die Zulässigkeit der Adoption (etwa Höchst- und Mindestalter), sondern gem. Art. 22 Abs. 2 EGBGB auch über die Folgen der Annahme in Bezug auf das Verwandtschaftsverhältnis zwischen dem Kind und dem Annehmenden sowie den Personen, zu denen das Kind in einem familienrechtlichen Verhältnis steht.

485

---

178 Vgl. etwa *von Bar/Mankowski*, Band II: Besonderer Teil, § 4 Rn. 993.
179 BGH NJW 2019, 1605. – Vgl. hierzu auch *Wellenhofer*, JuS 2019, 717.
180 Zur Reform vgl. etwa *Magnus* IPRax 2022, 552.
181 Abgedruckt bei *Jayme/Hausmann*, Nr. 223.

Hinweis: Abgrenzungsprobleme können insbesondere zu dem – nach Art. 21, 22 EuErbVO ermittelten – **Erbstatut** auftreten. Insoweit gilt: Da dem Erbstatut gem. Art. 23 Abs. 2 lit. b EuErbVO die Bestimmung des Kreises der an dem Nachlass berechtigten Personen obliegt, hat dieses zumindest über die *Voraussetzungen* eines gesetzlichen Erbrechts des Adoptivkindes zu entscheiden. Werden hiernach bestimmte Anforderungen an die rechtliche Ausgestaltung an das durch die Adoption begründete Verwandtschaftsverhältnis gestellt („starke" oder „schwache" Adoption), ist anhand des Adoptionsstatuts (das als selbstständig anzuknüpfende Vorfrage gem. Art. 22 Abs. 1 EGBGB zu bestimmen ist, soweit keine Dekretadoption vorliegt) zu ermitteln, ob diese Anforderungen konkret erfüllt sind.[182] Insoweit können sich indes Substitutionsprobleme stellen,[183] die nach den diesbezüglichen Grundsätzen des Erbstatuts zu lösen sind. Ist deutsches Recht als Erbstatut berufen, bleibt die Sonderregelung des Art. 22 Abs. 3 EGBGB zu beachten.

486 Etwaige **Zustimmungserfordernisse** zu der Adoption unterliegen nunmehr **ausschließlich** dem Adoptionsstatut. Die von Art. 23 EGBGB aF (Rn. 483) noch vorgesehene Sonderanknüpfung entsprechender adoptionsrechtlicher Vorschriften wurde mit Wirkung zum 31.3.2020 gestrichen.

4. Wirkungen des Eltern-Kind-Verhältnisses, insbesondere KSÜ

a) Allgemeines

487 Für die Wirkungen des Eltern-Kind-Verhältnisses, also den gesamten Bereich der elterlichen Sorge, erklärt **Art. 21 EGBGB** im Wege einer Gesamtverweisung das Recht desjenigen Staates zur Anwendung, in dem das Kind seinen gewöhnlichen Aufenthalt hat. Allerdings wird Art. 21 EGBGB in weiten Teilen von dem **Haager Übereinkommen über die Zuständigkeit, das anzuwendende Recht, die Anerkennung, Vollstreckung und Zusammenarbeit auf dem Gebiet der elterlichen Verantwortung und der Maßnahmen zum Schutz von Kindern v. 19.10.1996 (KSÜ)**[184] verdrängt, das seinerseits an die Stelle des bisherigen *Haager Minderjährigenschutzabkommens v. 5.10.1961*[185] (MSA) tritt (vgl. Art. 51 KSÜ) und für Deutschland seit dem 1.1.2011 gilt.

b) Haager Übereinkommen über den Schutz von Kindern v. 19.10.1996 (KSÜ)

488 Der Anwendungsbereich des KSÜ ist für Maßnahmen zum Schutz minderjähriger (vgl. Art. 2 KSÜ) Kinder eröffnet; solche **Schutzmaßnahmen** beinhalten gem. Art. 3 KSÜ insbesondere Entscheidungen über die elterliche Verantwortung (zum Begriff vgl. Art. 1 Abs. 2 KSÜ), das Sorgerecht, die Vormundschaft bzw. Pflegschaft, Maßnahmen bei Gefährdungen des Kindeswohls sowie die Verwaltung des Vermögens des Kindes. Das auf solche Maßnahmen **anzuwendende Recht** bestimmt sich nach den – als *loi uniform* ausgestalteten (Art. 20 KSÜ) – Regelungen des Kapitels III (Art. 15–22 KSÜ). Die Grundanknüpfung des Art. 15 Abs. 1 KSÜ erklärt die jeweilige *lex fori* der konkret zuständigen Behörde bzw. des Gerichts für anwendbar, schafft also **Gleichlauf** zwischen – regelmäßig durch den gewöhnlichen Aufenthalt des Kindes begründeter (vgl. Art. 5 ff. KSÜ) – Zuständigkeit und anwendbarem Recht. Soweit es der Schutz

---

182 Vgl. etwa MüKoBGB/*Helms*, Art. 22 EGBGB Rn. 40; zum alten Recht *Kegel/Schurig*, § 20 XIII 2c (S. 974); *Kropholler*, § 51 IV 2 b (S. 442).
183 MüKoBGB/*Helms*, Art. 22 EGBGB Rn. 40; *Kropholler*, § 51 IV 2 b (S. 442).
184 Abgedruckt bei *Jayme/Hausmann*, Nr. 53.
185 Abgedruckt bei *Jayme/Hausmann*, Nr. 52.

der Person oder des Vermögens des Kindes erfordert, kann jedoch gem. Art. 15 Abs. 2 KSÜ ausnahmsweise auch das Recht eines anderen Staates zur Anwendung zu bringen sein, zu dem der Sachverhalt eine enge Verbindung hat. Bei einem Aufenthaltswechsel des Kindes in einen anderen Vertragsstaat hat gem. Art. 15 Abs. 3 KSÜ dessen Recht darüber zu befinden, unter welchen Bedingungen die im Staat des früheren gewöhnlichen Aufenthalts getroffenen Maßnahmen angewandt werden; neue Maßnahmen dieses Staates unterliegen gem. Art. 15 Abs. 1 KSÜ wiederum dessen *lex fori*. Im Hinblick auf die Zuweisung, Ausübung sowie das Erlöschen der elterlichen Verantwortung sind die besonderen Regelungen des Art. 16 und Art. 17 KSÜ zu beachten, die für diesbezügliche Maßnahmen ebenfalls das Aufenthaltsrecht des Kindes für anwendbar erklären.

Hinweis: Bei den Kollisionsnormen des Kapitels III handelt es sich gem. Art. 21 Abs. 1 KSÜ grundsätzlich um **Sachnormverweisungen**, (nur) für **Art. 16 KSÜ** ordnet Art. 21 Abs. 1 KSÜ eine – allerdings sehr beschränkte – Beachtlichkeit eines Renvoi an, soweit dieser auf das Recht eines Nichtvertragsstaates verweist. **Vorfragen** sind nach vorzugswürdiger Ansicht stets selbstständig anzuknüpfen (vgl. Rn. 118 ff.). Verweisen die Art. 15 ff. KSÜ ausnahmsweise auf ausländisches Recht, steht dessen Anwendung gem. Art. 22 KSÜ unter dem Vorbehalt des **ordre public**.

5. Vormundschaft, Betreuung und Pflegschaft

Für **Fürsorgeverhältnisse** – konkret: die Vormundschaft, Betreuung und Pflegschaft – enthält Art. 24 EGBGB eine eigenständige Kollisionsnorm. Diese unterstellt die Fragen nach der Entstehung, Ausübung, Änderung und Beendigung derartiger Verhältnisse in ihrer **seit dem 1.1.2023 geltenden Fassung** im Wege einer Gesamtverweisung nunmehr grundsätzlich dem Recht des **gewöhnlichen Aufenthalts des Fürsorgebedürftigen** (Art. 24 Abs. 1 EGBGB). Allerdings wird Art. 24 EGBGB nahezu vollständig von staatsvertraglichen Übereinkommen verdrängt; für die Betreuung von Kindern gilt vorrangig das **KSÜ** (vgl. Rn. 487 f.), für die Betreuung von Erwachsenen das **Haager Erwachsenenschutzübereinkommen v. 13.1.2000**.[186]

489

6. Prüfungsschema Internationales Kindschaftsrecht

I. Abstammung

490

1. Vorrangige Rechtsakte

Vorrangig zu beachten ist ggf.

- das *deutsch-iranische Niederlassungsübereinkommen v. 17.2.1929*, im Übrigen gilt

2. Nationales Recht

a) Die Bestimmung des Abstammungsstatuts (vgl. Rn. 476 ff.)

Art. 19 EGBGB; für etwaige *Zustimmungserfordernisse* gilt kumulativ das von Art. 23 EGBGB bestimmte Recht

Bei den genannten Anknüpfungen handelt es sich nach vorzugswürdiger Auffassung gem. Art. 4 Abs. 1 S. 1 EGBGB um *Gesamtverweisungen*; bei Verweisungen auf einen *Mehrrechtsstaat* ist Art. 4 Abs. 3 EGBGB zu beachten (vgl. Rn. 111, 115).

---

[186] BGBl. 2007 II S. 323.

b) Ergebniskorrektur

- Anpassung (unterliegt den allgemeinen Grundsätzen, vgl. Rn. 127 ff.; die besondere, im Rahmen von Art. 19 Abs. 1 EGBGB auftretende Anpassungsproblematik ist nach vorzugswürdiger Ansicht *sachrechtlich anhand des Kindeswohls* aufzulösen, vgl. Rn. 477 ff.)
- ordre public-Vorbehalt (Art. 6 EGBGB; vgl. Rn. 132 ff.)
- Gesetzesumgehung (unterliegt den allgemeinen Grundsätzen, vgl. Rn. 143 ff.)

c) Anwendung des berufenen Sachrechts

- Vorfragen (sind nach vorzugswürdiger Ansicht *selbstständig* anzuknüpfen, vgl. Rn. 118 ff.)
- Problem des Auslandssachverhaltes (vgl. Rn. 147 ff.).

II. Adoption

1. Vorrangige Rechtsakte

Vorrangig zu beachten ist ggf.

- das *deutsch-iranische Niederlassungsübereinkommen v. 17.2.1929*, im Übrigen gilt

2. Nationales Recht

a) Die Bestimmung des Adoptionsstatuts (vgl. Rn. 484 ff.)

Art. 22 EGBGB

Bei den genannten Anknüpfungen handelt es sich gem. Art. 4 Abs. 1 S. 1 EGBGB um *Gesamtverweisungen*; bei Verweisungen auf einen *Mehrrechtsstaat* ist Art. 4 Abs. 3 EGBGB zu beachten (vgl. Rn. 111, 115).

b) Ergebniskorrektur und Anwendung des berufenen Sachrechts

siehe oben

III. Wirkungen des Eltern-Kind-Verhältnisses (vgl. Rn. 487 f.)

Vorrangig zu beachten ist ggf.

- das *deutsch-iranische Niederlassungsübereinkommen v. 17.2.1929*, im Übrigen gilt insbesondere
- das **KSÜ** (Art. 15 ff. KSÜ; bei diesen Verweisungen handelt es sich gem. Art. 21 Abs. 1 KSÜ grundsätzlich um *Sachnormverweisungen*, im Rahmen von Art. 16 KSÜ kann jedoch ein Renvoi – unter den von Art. 21 Abs. 2 KSÜ genannten Bedingungen – beachtlich sein; einen ordre-public-Vorbehalt sieht Art. 22 KSÜ vor).

Für Restbereiche bleibt es bei der Maßgeblichkeit von

- Art. 21 EGBGB (Gesamtverweisung gem. Art. 4 Abs. 1 S. 1 EGBGB).

IV. Vormundschaft, Betreuung und Pflegschaft (vgl. Rn. 489)

Vorrangig zu beachten ist ggf.

- das *deutsch-iranische Niederlassungsübereinkommen v. 17.2.1929*, im Übrigen gilt insbesondere
- das **KSÜ** (für Kinder) sowie
- das *Haager Erwachsenenschutzübereinkommen v. 13.1.2000* (für Erwachsene).

Soweit hiernach noch ein Anwendungsbereich verbleibt, ist zuletzt auf
- **Art. 24 EGBGB** zurückzugreifen.

G. Internationales Erbrecht

I. Rechtsgrundlagen

491 Maßgebliche Rechtsgrundlage des Internationalen Erbrechts stellt die **EuErbVO** dar, die für alle Mitgliedstaaten mit Ausnahme von Dänemark und Irland seit dem 17.8.2015 gilt. Aufgrund der Öffnungsklausel des Art. 75 Abs. 1 UAbs. 1 EuErbVO weiterhin vorrangig zu berücksichtigen sind indes

- das **deutsch-iranische Niederlassungsübereinkommen** v. 17.2.1929,[1] welches mit Art. 8 Abs. 3 eine spezielle kollisionsrechtliche Regelung zur Bestimmung des Erbstatuts vorsieht,
- der **deutsch-türkische Konsularvertrag** v. 28.5.1929,[2] der mit § 14 der Anlage zu Art. 20 des Nachlassübereinkommens eine besondere Kollisionsnorm enthält, sowie
- der **deutsch-sowjetische Konsularvertrag** v. 25.4.1958,[3] dessen Art. 28 Abs. 3 eine spezielle Kollisionsnorm hinsichtlich unbeweglicher Nachlassgegenstände kennt.

492 Hinsichtlich der **Form testamentarischer Verfügungen** gilt für Deutschland gem. Art. 75 Abs. 1 UAbs. 2 EuErbVO weiterhin

- das **Haager Übereinkommen über das auf die Form letztwilliger Verfügungen anzuwendende Recht vom 5.10.1961 (HTestformÜ)**[4] (vgl. hierzu Rn. 523 ff.).

493 Zu beachten bleiben zudem die – in ihrem Anwendungsbereich sehr beschränkten (vgl. Rn. 494 sowie Rn. 525) – **Art. 25, Art. 26 EGBGB**, welche die Regelungen der EuErbVO ergänzen.

II. Sachlicher Anwendungsbereich der EuErbVO

Literatur zur EuErbVO: *Dörner*, EuErbVO: Die Verordnung zum Internationalen Erb- und Erbverfahrensrecht ist in Kraft!, ZEV 2012, 505; *Dutta*, Das neue internationale Erbrecht der Europäischen Union – Eine erste Lektüre der Erbrechtsverordnung, FamRZ 2013, 4; *ders.*, Die Europäische Erbrechtsverordnung vor ihrem Anwendungsbeginn: Zehn ausgewählte Streitstandsminiaturen, IPRax 2015, 32; *Remien*, Die Europäische Erbrechtsverordnung und die vielen Fragen der europäischen Rechtsprechung – fünf Jahre nach Inkrafttreten, IPRax 2021, 329; *Wilke*, Das internationale Erbrecht nach der neuen EU-Erbrechtsverordnung, RIW 2012, 601. – *Didaktische Beiträge: Staudinger/Friesen*, Leben und sterben lassen in der EU – Europäisches Internationales Privatrecht in Erbsachen nach der Verordnung (EU) Nr. 650/2012, JA 2014, 641; *Zwirlein*, Neues Internationales Erbrecht für Europa – Ein Überblick über die Europäische Erbrechtsverordnung (EU) Nr. 650/12, JuS 2015, 981.

494 Der sachliche Anwendungsbereich der EuErbVO ist gem. Art. 1 Abs. 1 EuErbVO für die gesamte **Rechtsnachfolge von Todes wegen** eröffnet (vgl. insoweit die Legaldefinition des Art. 3 Abs. 1 lit. a EuErbVO). Aus dem Anwendungsbereich gem. Art. 1 Abs. 2 EuErbVO explizit **ausgenommen** sind jedoch insbesondere

- die **Rechts-, Geschäfts- und Handlungsfähigkeit** von natürlichen Personen (lit. b), die dem von Art. 7 EGBGB bestimmten Recht unterliegt,

---

1 Teilweise abgedruckt bei *Jayme/Hausmann*, Nr. 22. – Vgl. hierzu etwa *Schotten/Wittkowski*, Das deutsch-iranische Niederlassungsabkommen im Familien- und Erbrecht, FamRZ 1995, 264.
2 Teilweise abgedruckt bei *Jayme/Hausmann*, Nr. 62. – Vgl. hierzu etwa *Dörner*, Das deutsch-türkische Nachlassabkommen, ZEV 1996, 90.
3 Teilweise abgedruckt bei *Jayme/Hausmann*, Nr. 63.
4 Teilweise abgedruckt bei *Jayme/Hausmann*, Nr. 60.

Hinweis: Demgegenüber unterfällt die **Erbfähigkeit** dem Erbstatut (vgl. Art. 23 Abs. 2 lit. c EuErbVO) und die **Testierfähigkeit** dem Errichtungsstatut (Art. 26 Abs. 1 lit. a, Abs. 2 EuErbVO).

- Fragen betreffend die **Verschollenheit** oder die Abwesenheit einer natürlichen Person oder die **Todesvermutung** (lit. c), für die Art. 9 EGBGB maßgeblich ist,
- **güterrechtliche Fragen** (lit. d), welche der EuGüVO bzw. der EuPartVO unterliegen,

Hinweis: Schwierigkeiten bereitet in diesem Zusammenhang insbesondere die Qualifikation von § 1371 Abs. 1 BGB (vgl. hierzu im Einzelnen Rn. 507 ff.).

- die Formgültigkeit *mündlicher* Verfügungen von Todes wegen (lit. f), die dem von Art. 1 Abs. 1 HTestformÜ bzw. Art. 26 EGBGB bestimmten Recht unterliegen (vgl. Rn. 523 ff.),

Hinweis: Die Formgültigkeit *schriftlicher* Verfügungen von Todes wegen fällt demgegenüber grundsätzlich in den Anwendungsbereich der EuErbVO, wenngleich insoweit regelmäßig das – gem. Art. 75 Abs. 1 UAbs. 2 EuErbVO weiterhin vorrangig zu beachtende – HTestformÜ greift (näher hierzu Rn. 525)

- **Rechtsgeschäfte unter Lebenden** (lit. g), die dem für diese Rechtsgeschäfte maßgeblichen Recht (bei schuldvertraglicher Qualifikation der Rom I-VO, bei sachenrechtlicher Qualifikation Art. 43 ff. EGBGB usw) unterfallen,

Hinweis: In diesem Zusammenhang problematisch sind (schuldrechtliche) **Rechtsgeschäfte unter Lebenden auf den Todesfall**, also solche, die zwar vom Erblasser selbst zu seinen Lebzeiten abgeschlossen werden, deren Wirkungen jedoch gerade mit dessen Tod eintreten sollen (etwa Verträge zugunsten Dritter auf den Todesfall). Soweit es um Fragen geht, die den *schuldrechtlichen* Vertrag als solchen betreffen (Wirksamkeit des Vertrages nach schuldrechtlichen Gesichtspunkten, Vertragsinhalt usw), unterliegen diese Rechtsgeschäfte dem durch die maßgeblichen Kollisionsnormen der Rom I-VO bestimmten Rechtsordnung (Art. 1 Abs. 2 lit. g EuErbVO). Hinsichtlich der *erbrechtlichen Auswirkungen* solcher Rechtsgeschäfte ist der Anwendungsbereich der EuErbVO jedoch eröffnet: Dies gilt nicht nur für die Frage, ob und in welchem Maße solche Rechtsgeschäfte **anzurechnen bzw. auszugleichen** sind (Art. 23 Abs. 1 lit. i EuErbVO), sondern insbesondere auch für die Frage, ob und – wenn ja – **unter welchen Voraussetzungen** solche Rechtsgeschäfte **neben** dem erbrechtlichen Vermögensübergang **zulässig** sind, weil diese zu einer Umgehung der – der EuErbVO unterfallenden (Art. 23 Abs. 1 lit. e EuErbVO) – erbrechtlichen Vermögenszuordnung führen können. Nicht von der Bereichsausnahme des Art. 1 Abs. 2 lit. g EuErbVO erfasst sind hingegen **Schenkung auf den Todesfall** (§ 2301 Abs. 1 BGB), die erbrechtlich zu qualifizieren und daher dem von Art. 21 f. EuErbVO bestimmten Recht zu unterstellen sind.[5]

- die Errichtung, Funktionsweise und Auflösung eines **Trusts** (lit. j), der jedoch zumindest im Hinblick auf seine *erbrechtlichen Wirkungen* dem nach der EuErbVO bestimmten Recht unterliegt,[6] sowie
- die **Art der dinglichen Rechte** (lit. k), die *durch das Erbstatut selbst* begründet werden.

---

[5] Vgl. hierzu etwa MüKoBGB/*Dutta*, Art. 1 EuErbVO Rn. 37 f. – So nunmehr auch EuGH v. 9.9.2021 – Rs. C-277/20 = ZEV 2021, 717.
[6] Vgl. Erwägungsgrund 13.

Hinweis: Die Bedeutung dieser Bereichsausnahme war bislang umstritten. Nach einer Auffassung soll sich Art. 1 Abs. 2 lit. k EuErbVO nicht nur auf die Art der durch das Erbstatut begründeten dinglichen Rechte an dem Nachlass beziehen, sondern vielmehr auch die diesbezüglichen **Erwerbsmodalitäten** erfassen, so dass über die Frage, ob und insbesondere unter welchen Voraussetzungen eine *dingliche Nachlassberechtigung* kraft Erbgang entstanden ist, die lex fori zu entscheiden hätte.[7] Eine solche Ansicht ist indes, wie auch der EuGH in seiner grundlegenden Entscheidung *Kubicka* v. 12.10.2017[8] entschieden hat, abzulehnen:[9] Wie sich aus Art. 23 Abs. 2 lit. e EuErbVO ergibt, unterliegt der Übergang der zum Nachlass gehörenden Vermögenswerte vollständig dem Erbstatut, so dass der Anwendungsbereich der EuErbVO auch für die jeweiligen Erwerbsmodalitäten eröffnet sein muss. Die Bereichsausnahme des Art. 1 Abs. 2 lit. k EuErbVO bezieht sich vielmehr alleine auf die *Rechtswirkungen* einer nach ausländischem Recht *begründeten* dinglichen Rechtsposition, die somit von der lex rei sitae überlagert werden (vgl. hierzu Rn. 536). Bedeutung hat dieser Streit insbesondere für die Frage nach der Anerkennung (dinglich wirkender) **Vindikationslegate**, die nach vorzugswürdiger, seitens des EuGH bestätigter Ansicht auch in ihrer dinglichen Wirkung anzuerkennen und nicht etwa gem. Art. 31 EuErbVO in nur schuldrechtlich wirkende Vermächtnisse iSd deutschen Rechts (vgl. § 2174 BGB) umzudeuten sind (vgl. Rn. 539).[10]

Hinweis: Für (nach autonomen Maßstäben) erbrechtlich zu qualifizierende Fragen, die *nicht* in den Anwendungsbereich der EuErbVO fallen, ordnet Art. 25 EGBGB kraft autonomer Verweisung eine entsprechende Anwendung der Regelungen der EuErbVO an. Damit soll ein „möglichst weitgehende[r] Gleichlauf[] des erbrechtlichen Kollisionsrechts"[11] erzielt werden, wenngleich jedoch in Anbetracht des weiten, *sämtliche* erbrechtlich zu qualifizierende Fragen erfassenden Anwendungsbereichs der EuErbVO zweifelhaft erscheint, ob für Art. 25 EGBGB überhaupt ein Anwendungsbereich verbleibt.

III. Die Bestimmung des auf die Rechtsnachfolge von Todes wegen anzuwendenden Rechts

495 Welches Recht auf die Rechtsnachfolge von Todes wegen anzuwenden ist *(Erbstatut)*, bestimmt sich nach den **allgemeinen Kollisionsnormen** der Art. 21, 22 EuErbVO. Gesonderte Anknüpfungen sieht die EuErbVO jedoch für **Verfügungen von Todes wegen** vor, die im Hinblick auf ihre materiellen Voraussetzungen dem von Art. 24–26 EuErbVO bestimmten Recht *(Errichtungsstatut)*, im Hinblick auf ihre formellen Voraussetzungen dem von Art. 27 EuErbVO bzw. dem (weiterhin gem. Art. 75 Abs. 1 UAbs. 2 EuErbVO vorrangig zu beachtenden) HTestformÜ bestimmten Recht *(Formstatut)* unterliegen.

Hinweis: Anders als die bislang erlassenen europäischen Kollisionsrechtsakte ordnet die EuErbVO gem. Art. 34 Abs. 1 EuErbVO zumindest grundsätzlich eine **Beachtlichkeit ausländischen IPR** an, so dass etwaigen Rück- und Weiterverweisungen ggf. Folge zu leisten ist

---

7 So insbesondere *Dörner*, ZEV 2012, 505 (509).
8 EuGH 12.10.2017 – Rs. C-218/16 *(Kubicka)* = NJW 2017, 3767.
9 Ebenso *Grüneberg/Thorn*, Art. 1 EuErbVO Rn. 15; *Dutta*, FamRZ 2013, 4 (12); *Schmidt*, RabelsZ 77 (2013), 1 (22).
10 Aus der deutschen Rechtsprechung: OLG Saarbrücken, Beschl. v. 23.5.2019 – 5 W 25/19 = ErbR 2019, 645 = ZEV 2019, 640 mAnm *Leitzen* 642; OLG Köln, Beschl. v. 11.12.2019 – 2 Wx 342/19 = ZEV 2020, 218; OLG München, Beschl. v. 29.9.2020 – 34 Wx 236/20 = FGPrax 2020, 265 (266).
11 BT-Drs. 18/4201 S. 66.

(vgl. hierzu ausführlich Rn. 82 ff.). Aufgrund der zahlreichen Ausnahmen (vgl. Art. 34 Abs. 2 EuErbVO) kommt eine Gesamtverweisung jedoch alleine im Rahmen von Art. 21 Abs. 1 EuErbVO (und den auf diese Bestimmungen bezugnehmenden Kollisionsnormen der Art. 24 Abs. 1, Abs. 3 S. 1, Art. 25, Art. 28 lit. a EuErbVO) in Betracht; bei *allen anderen Kollisionsnormen* handelt es sich indes von vornherein um Sachnormverweisungen. Wird auf das Recht eines **Mehrrechtsstaates** verwiesen, bestimmt sich die maßgebliche Teilrechtsordnung bei einer interlokalen Rechtsspaltung nach Art. 36 EuErbVO, bei einer interpersonalen Rechtsspaltung nach Art. 37 EuErbVO sowie bei einer intertemporalen Rechtsspaltung nach der lex causae (vgl. Rn. 110, 114, 116). Soweit das anzuwendende Sachrecht **Vorfragen** aufwirft (etwa die Frage nach dem Bestehen einer Ehe bei der Prüfung eines Ehegattenerbrechts), sind diese nach vorzugswürdiger Ansicht stets **selbstständig anzuknüpfen**[12] (allgemein hierzu Rn. 118 ff.). Verweisen die Kollisionsnormen der EuErbVO auf ausländisches Recht, steht dessen Anwendung unter dem Vorbehalt des **ordre public** (Art. 35 EuErbVO).

IV. Die Bestimmung des Erbstatuts

Zur Bestimmung des Erbstatuts vorrangig zu berücksichtigen ist stets eine **Rechtswahl** (Art. 22 EuErbVO), mittels derer das *Recht der Staatsangehörigkeit* zur Anwendung gebracht werden kann. Unterblieb eine Rechtswahl, ist das Erbstatut objektiv gem. **Art. 21 EuErbVO** zu bestimmen, der primär an den *letzten gewöhnlichen Aufenthalt des Erblassers* anknüpft. Die Reichweite des Erbstatuts wird zuletzt von der unselbstständigen Kollisionsnorm des Art. 23 EuErbVO näher konkretisiert. 496

1. Rechtswahl (Art. 22 EuErbVO)

Art. 22 EuErbVO eröffnet die Möglichkeit, das auf die Rechtsnachfolge von Todes wegen anwendbare Recht zu wählen. Allerdings ist die im Rahmen der EuErbVO gewährte Parteiautonomie von vornherein stark beschränkt, denn gewählt werden kann gem. Art. 22 Abs. 1 S. 1 EuErbVO *ausschließlich* das Recht desjenigen Staats, dem die testierende Person entweder zum Zeitpunkt der Rechtswahl oder zum Zeitpunkt seines Todes **angehört**. Gehört die betreffende Person zwei oder mehreren Staaten an (**Doppel- oder Mehrstaater**), erstreckt sich die Rechtswahlmöglichkeit gem. Art. 22 Abs. 1 S. 2 EuErbVO auf *sämtliche Staatsangehörigkeiten*, die sie besitzt. Wird die Staatsangehörigkeit *nach einer wirksamen Rechtswahl* gewechselt, bleibt diese wirksam. Wird hingegen ein *anderes Recht* als dasjenige der Staatsangehörigkeit gewählt, entfaltet eine solche Rechtswahl nur Wirkung, wenn die gewählte Staatsangehörigkeit später erworben wird *und* noch zum Todeszeitpunkt besteht; andernfalls greift Art. 21 EuErbVO. 497

Beispiel: Wählt der Deutsche D österreichisches Erbrecht, ist diese Rechtswahl grundsätzlich unzulässig. Allerdings stellt Art. 22 Abs. 1 S. 1 EuErbVO hinsichtlich des Vorliegens der Staatsangehörigkeit nicht nur auf den Zeitpunkt der Rechtswahl, sondern zugleich auf den Todeszeitpunkt ab, so dass eine solche Rechtswahl wirksam wird, wenn D die österreichische Staatsangehörigkeit später erwirbt und diese zum Todeszeitpunkt noch besitzt. Ist dies nicht der Fall, bleibt die Rechtswahl unwirksam; anzuwenden ist dann das von Art. 21 EuErbVO bestimmte Recht. 498

Hinweis: Streitig ist, ob eine sog. **„dynamische" Rechtswahl** zugunsten des Rechts der Staatsangehörigkeit ohne Bezeichnung derselben zulässig ist (etwa: *„Ich will nach dem*

---

12 Ebenso *Schurig*, FS Spellenberg (2010), 343 (350 f.). – AA MüKoBGB/*Dutta*, Vor Art. 20 EuErbVO Rn. 50 ff.; *ders.*, IPRax 2015, 32 (36).

Recht beerbt werden, das bei meinem Tod mein Heimatrecht sein wird").[13] Teilweise wird dies mit Verweis auf die Rechtssicherheit[14] verneint, jedoch zu Unrecht, da der Wortlaut des Art. 22 EuErbVO insoweit keinerlei Anforderungen stellt[15] und die Rechtssicherheit aufgrund der – zweifellos gegebenen – *Bestimmbarkeit* der maßgeblichen Rechtsordnung nicht tangiert ist. Dem Interesse des Erblassers an der Maßgeblichkeit seiner (zukünftigen, jedoch möglicherweise noch nicht bekannten) Heimatrechtsordnung ist daher Rechnung zu tragen und eine entsprechende Rechtswahl anzuerkennen.[16]

499 Gewählt werden kann das Erbstatut nur als „Ganzes", eine **Teilrechtswahl** ist im Rahmen von Art. 22 EuErbVO ausgeschlossen.[17] Möglich ist hingegen eine **konkludente Rechtswahl** (vgl. Art. 22 Abs. 2 EuErbVO).

500 **Beispiel:** Die in Freiburg lebende Französin F testiert auf Grundlage französischen Erbrechts (etwa mittels Anordnung eines – dem deutschen Recht unbekannten – Vindikationslegats, vgl. Rn. 539), ohne jedoch eine ausdrückliche Rechtswahl zugunsten französischen Rechts zu treffen. Insoweit kommt eine *konkludente Rechtswahl* in Betracht, deren Vorliegen nach vorzugswürdiger Auffassung anhand des *hypothetisch gewählten Rechts* – im Beispiel anhand des französischen Rechts – zu beurteilen ist.[18] Ein – den europäischen Entscheidungseinklang beeinträchtigender – *Rückgriff auf das deutsche Recht* oder ein – nunmehr auch seitens des BGH vertretener – *verordnungsautonomer Ansatz*, der gemeineuropäische materielle Kriterien für die Annahme einer konkludenten Rechtswahl entwickeln müsste,[19] ist abzulehnen, da die von Art. 22 Abs. 2, 3 EuErbVO ausgesprochenen Verweisungen hinreichend deutlich machen, dass die Frage nach der (formellen und materiellen) Wirksamkeit einer Rechtswahl seitens *existierender, kollisionsrechtlich berufener* materieller Rechtsordnungen beantwortet werden soll.

501 Die materielle Wirksamkeit der Rechtswahl unterliegt gem. Art. 22 Abs. 3 EuErbVO – wie stets – dem **hypothetisch gewählten Recht**, so dass dieses insbesondere über die Auslegung und die Folgen etwaiger Willensmängel zu befinden hat.[20] Für die **formellen Voraussetzungen** der Rechtswahl bestimmt Art. 22 Abs. 2 EuErbVO, dass diese in der Form einer Verfügung von Todes wegen erfolgen muss. Die Formwirksamkeit der Rechtswahl unterliegt damit dem nach Art. 27 EuErbVO bzw. nach den Kollisionsnormen des HTestformÜ (vgl. Rn. 523 ff.) zu bestimmenden Recht.

Hinweis: Eine **Änderung** oder ein **Widerruf** einer bereits getroffenen Rechtswahl kommt grundsätzlich jederzeit in Betracht (vgl. Art. 22 Abs. 4 EuErbVO), unterliegt jedoch – als erneute Ausübung der gewährten Parteiautonomie – den gleichen Anforderungen wie eine erstmals ausgeübte Rechtswahl. Für die materielle Wirksamkeit eines solchen ist daher das nach Art. 22 Abs. 3 EuErbVO bestimmte Recht maßgeblich (im Falle eines einfachen Wider-

---

13 Beispiel von Dörner, ZEV 2012, 505 (511 Fn. 37).
14 Dörner, ZEV 2012, 505 (511).
15 Dies teilweise einräumend Dörner, ZEV 2012, 505 (511): „Gesetzeswortlaut [erlaubt] in diesem Punkt Zweifel".
16 Ebenso MüKoBGB/*Dutta*, Art. 22 EuErbVO Rn. 11.
17 Vgl. auch MüKoBGB/*Dutta*, Art. 22 EuErbVO Rn. 8.
18 Ebenso *Leitzen*, ZEV 2013, 128 (129); wohl auch *Dörner*, ZEV 2012, 505 (511).
19 So jedoch BGH, Beschl. v. 24.2.2021 – IV ZB 33/20 = NJW 2021, 1159; ebenso MüKoBGB/*Dutta*, Art. 22 EuErbVO Rn. 14; *Solomon*, in: Dutta/Herrler (Hrsg.), Die Europäische Erbrechtsverordnung, 2014, 19 (40 f.). – Welche materiellen Kriterien für die Annahme einer konkludenten Rechtswahl Art. 22 EuErbVO (insbesondere in subjektiver Hinsicht) konkret zu entnehmen sein sollen, beantwortet der BGH indes nicht. Vielmehr führt der BGH unter Rückgriff auf Erwägungsgrund 39 S. 2 nur aus, dass es für die konkludente Wahl einer bestimmten nationalen Rechtsordnung insbesondere sprechen können, „wenn der Erblasser Begriffe oder Rechtsinstitute verwendet, die gerade in dieser Rechtsordnung spezifisch sind" (vgl. BGH, Beschl. v. 24.2.2021 – IV ZB 33/20 = NJW 2021, 1159).
20 *Dörner*, ZEV 2012, 505 (511); vgl. auch Erwägungsgrund 40 S. 2.

rufs ist Art. 22 Abs. 3 EuErbVO entsprechend anzuwenden und das *widerrufene*, also das für die ursprüngliche Rechtswahl maßgebliche Recht anzuwenden),[21] in formeller Hinsicht muss wiederum die Form einer Verfügung von Todes wegen gewahrt werden (Art. 22 Abs. 4 EuErbVO).

2. Objektive Bestimmung des Erbstatuts (Art. 21 EuErbVO)

Liegt keine vorrangig zu beachtende Rechtswahl zugunsten des Rechts der Staatsangehörigkeit vor (Art. 22 EuErbVO), bestimmt sich das Erbstatut objektiv nach der Grundregel des Art. 21 EuErbVO. Diese knüpft primär an den **letzten gewöhnlichen Aufenthalt des Erblassers** an und schafft damit regelmäßig *Gleichlauf* zwischen gerichtlicher Zuständigkeit (vgl. Art. 4 EuErbVO) und anwendbarem Recht. Unter den von Art. 34 Abs. 1 EuErbVO genannten Voraussetzungen (vgl. Rn. 82 ff.) handelt es sich bei der von Art. 21 Abs. 1 EuErbVO ausgesprochenen Verweisung um eine **Gesamtverweisung**.

502

Hinweis: Die Bestimmung des gewöhnlichen Aufenthaltes (vgl. hierzu Rn. 49 ff.) kann im Einzelfall Schwierigkeiten bereiten,[22] für die Klausur lassen sich die meisten Fallkonstellationen jedoch anhand der bereits dargestellten Kriterien (tatsächlicher Aufenthalt und Bleibewille, vgl. hierzu Rn. 49) sowie der diesbezüglichen Erwägungsgründe 23–25 lösen.

Neben der Grundanknüpfung an den gewöhnlichen Aufenthalt sieht Art. 21 Abs. 2 EuErbVO eine **Ausweichklausel** vor. Sie greift ein, wenn der Erblasser zum Zeitpunkt seines Todes mit einem anderen Staat „offensichtlich" enger verbunden war als mit demjenigen seines gewöhnlichen Aufenthalts. Ausweislich des Erwägungsgrunds 25 sollen hiermit insbesondere Fälle erfasst werden, in denen der Erblasser erst kurz vor seinem Tode einen neuen, jedoch **noch nicht hinreichend verfestigten gewöhnlichen Aufenthalt** begründet hat. In diesen Konstellationen ermöglicht Art. 21 Abs. 2 EuErbVO eine Anknüpfung der gesamten Rechtsnachfolge von Todes wegen an das Recht des vorletzten oder gar noch weiter zurückliegenden gewöhnlichen Aufenthalts, sofern der Erblasser mit diesem Staat zum Zeitpunkt seines Todes (noch) enger verbunden war als mit dem seines letzten gewöhnlichen Aufenthalts. Hierbei handelt es sich gem. Art. 34 Abs. 2 EuErbVO um eine **Sachnormverweisung**.

503

▶ **Fall 46:** Der Hamburger H verzog kurz nach seinem Ruhestand nach Antibes (Frankreich), um dort seinen Lebensabend zu verbringen. Drei Wochen nach dem Umzug verstarb er jedoch überraschend. Welchem Recht unterliegt die Rechtsnachfolge von Todes wegen? ◀

504

▶ **Lösung:** Mangels Rechtswahl führt die Grundanknüpfung des Art. 21 Abs. 1 EuErbVO zu der Anwendung französischen Sachrechts (wohl im Wege einer Sachnormverweisung, vgl. hierzu Rn. 83), da H mit Vollendung des Umzugs seinen gewöhnlichen Aufenthalt in Frankreich begründet hat (vgl. hierzu Rn. 51). Allerdings ist dieser gewöhnliche Aufenthalt aufgrund der kurzen Zeit noch nicht hinreichend verfestigt, so dass mittels der Ausweichklausel des Art. 21 Abs. 2 EuErbVO deutsches Erbrecht anzuwenden ist. ◀

505

Hinweis: Art. 21 Abs. 2 EuErbVO dient letztlich der Korrektur der der Grundanknüpfung an den gewöhnlichen Aufenthalt immanenten Unzulänglichkeiten: Nicht in jedem Fall stellt

---

21 Ebenso Grüneberg/*Thorn*, Art. 22 EuErbVO Rn. 8; *Solomon*, in: Dutta/Herrler (Hrsg.), Die Europäische Erbrechtsverordnung, 2014, 19 (43); *Dutta*, FamRZ 2013, 4 (9).
22 Ausführlich hierzu *Solomon*, in: Dutta/Herrler (Hrsg.), Die Europäische Erbrechtsverordnung, 2014, 19 (21 ff.).

der – bereits mit tatsächlichem Aufenthalt und Bleibewille begründete – gewöhnliche Aufenthalt ein *angemessenes*, dh den implizierten kollisionsrechtlichen Interessen entsprechendes Anknüpfungsmoment dar, so dass diesen über die Ausweichklausel Rechnung getragen werden muss.[23] Freilich geht mit einem solchen Regelungskonzept eine Einbuße an Rechtssicherheit einher, die alleine durch eine – bereits vom Wortlaut des Art. 21 Abs. 2 EuErbVO angemahnte – **restriktive Handhabung** der Ausweichklausel abgeschwächt werden kann.

3. Reichweite des Erbstatuts

506 Die Reichweite des – sowohl subjektiv als auch objektiv ermittelten – Erbstatuts wird durch die unselbstständige Kollisionsnorm des Art. 23 EuErbVO näher bestimmt: Gem. Art. 23 Abs. 1 EuErbVO unterliegt dem nach Art. 21 EuErbVO oder Art. 22 EuErbVO bezeichneten Recht die gesamte Rechtsnachfolge von Todes wegen, worunter nach der Legaldefinition des Art. 3 Abs. 1 lit. a EuErbVO jedwede Form des Übergangs von Vermögenswerten, Rechten und Pflichten von Todes wegen, sei es im Wege der gewillkürten Erbfolge durch eine Verfügung von Todes wegen oder im Wege der gesetzlichen Erbfolge, zu verstehen ist. Art. 23 Abs. 2 EuErbVO konkretisiert den Umfang des Erbstatuts darüber hinaus mittels zahlreicher, jedoch nicht abschließender[24] Beispiele. Hiernach unterliegen dem nach Art. 21 f. EuErbVO bestimmten Recht insbesondere

- die **Gründe für den Eintritt des Erbfalls**, der für den Eintritt des Erbfalls maßgebliche **Zeitpunkt** (Hirntod, Zeitpunkt der richterlichen Todesfeststellung usw; jedoch unter Ausschluss der aufgrund von Art. 1 Abs. 2 lit. c EuErbVO weiterhin Art. 9 EGBGB unterfallenden Todesvermutungen) sowie der für den Eintritt des Erbfalls maßgebliche **Ort** (lit. a),
- die **Berechtigung am Nachlass**, insbesondere die Bestimmung des Kreises der an dem Nachlass Berechtigten, die Art ihrer Berechtigung (Erbe, Vermächtnisnehmer oder Pflichtteilsberechtigter), die Bestimmung ihrer jeweiligen Anteile (Erbquoten, Höhe der Pflichtteilsberechtigung) und etwaiger ihnen vom Erblasser auferlegter Pflichten (etwa Auflagen) sowie die Bestimmung sonstiger Rechte an dem Nachlass, einschließlich der Nachlassansprüche des überlebenden Ehegatten oder Lebenspartners, soweit diese nicht güterrechtlich zu qualifizieren sind (zu § 1371 BGB vgl. Rn. 507 ff.) sind (lit. b),
- die **Erbfähigkeit** (lit. c), die **Enterbung** und die **Erbunwürdigkeit** (lit. d),
- der **Erbgang**, die Annahme und Ausschlagung der Erbschaft (lit. e),
- die **Erbberechtigung** der Erben, Testamentsvollstrecker und anderer Nachlassverwalter (lit. f), die **Haftung für die Nachlassverbindlichkeiten** (lit. g),
- das **Pflichtteilsrecht**, die Ausgleichung, Anrechnung sowie Nachlassteilung (lit. h-j).

507 Höchst klausurrelevante Qualifikationsprobleme bereitet insbesondere die Regelung des **§ 1371 Abs. 1 BGB**. Stirbt einer der im gesetzlichen Güterstand der Zugewinngemeinschaft lebenden Ehegatten (§ 1363 BGB), wird der Ausgleich des Zugewinns nach dieser Vorschrift dadurch verwirklicht, dass sich der gesetzliche Erbteil des überlebenden Ehegatten (§ 1931 BGB) um ein Viertel der Erbschaft erhöht (**pauschalisierter Zugewinnausgleich**). Bildet deutsches Recht sowohl das Güterstatut als auch das Erb-

---

23 Ähnlich *Dutta*, FamRZ 2013, 4 (8): Gerichte können „über die Ausweichklausel Stabilitätsinteressen des Erblassers wahren"; auch Grüneberg/*Thorn*, Art. 21 EuErbVO Rn. 7.
24 Vgl. auch MüKoBGB/*Dutta*, Art. 23 EuErbVO Rn. 5.

statut, kommt es auf eine genaue kollisionsrechtliche Einordnung dieser Vorschrift nicht an. Ist hingegen ausländisches Recht als Erbstatut neben einem deutschen Güterstatut berufen, muss diese – bislang stark umstrittene – Frage geklärt werden. Als Möglichkeiten kommen in Betracht:

- eine **güterrechtliche Qualifikation**[25] (so dass § 1371 Abs. 1 BGB nur bei deutschem Güterstatut anwendbar ist),
- eine **erbrechtliche Qualifikation**[26] (so dass § 1371 Abs. 1 BGB nur bei deutschem Erbstatut anwendbar ist) oder
- eine **Doppelqualifikation**[27] (so dass die Anwendbarkeit von § 1371 Abs. 1 BGB sowohl deutsches Güterstatut als auch deutsches Erbstatut voraussetzt; bei ausländischem Erbstatut erfolgt der Zugewinnausgleich hiernach stets über § 1371 Abs. 2 BGB).

Nachdem der **BGH** diese Streitfrage im Jahr 2015 zugunsten einer güterrechtlichen Qualifikation entschied,[28] beschritt der **EuGH** nur drei Jahre später den gegenteiligen Weg und sprach sich für eine **erbrechtliche Qualifikation** aus.[29] Auch wenn die Entscheidung des EuGH nicht überzeugt (hierzu gleich), ist der Streit jedenfalls für die Praxis einstweilen entschieden. Zur Verdeutlichung der Problematik dient

▶ **Fall 47:** M ist Österreicher und mit der Deutschen D seit 1990 verheiratet. Ein Ehevertrag wurde nicht geschlossen, auch haben die Ehegatten keine Rechtswahl bezüglich des auf ihren Güterstand anzuwendenden Rechts getroffen. Seit ihrer Eheschließung leben sie gemeinsam in Passau. M stirbt am 11.4.2023, er hinterlässt bewegliches und unbewegliches Vermögen in Deutschland und Österreich. M und F haben zwei Kinder (K 1, K 2). Ein Testament hat M nicht errichtet, in seinem Nachlass findet sich jedoch folgendes – eigenhändig ge- und unterschriebenes – Schriftstück: 508

Passau, 20.8.2015
„Ich, M, erkläre hiermit, dass meine gesamte Rechtsnachfolge von Todes wegen österreichischem Recht unterliegen soll".
M

Frage: Welche Erbquoten würde ein deutsches Gericht F, K 1 sowie K 2 zusprechen? ◀

Hinweis: Es ist davon auszugehen, dass die Rechtswahl nach österreichischem Recht materiell sowie formell wirksam ist.

---

25 BGH NJW 2015, 2185; vgl. auch MüKoBGB/*Dutta* (7. Aufl.), Art. 1 EuErbVO Rn. 22 mwN. – Ausführlich *Mankowski*, ZEV 2014, 121.
26 Staudinger/*Firsching* (12. Auflage), Vorbem zu Art. 24–26 Rn. 227; *Raape*, Internationales Privatrecht, 5. Aufl. 1961, S. 336 f.
27 MüKoBGB/*Birk* (5. Aufl.), Art. 25 EGBGB Rn. 158; der Sache nach auch OLG Stuttgart ZEV 2005, 443 (444) mAnm *Dörner*.
28 BGH NJW 2015, 2185 = FamRZ 2015, 1180 mAnm *Mankowski*.
29 EuGH 1.3.2018 – Rs. C-558/16 *(Mahnkopf)* = ZEV 2018, 205 mAnm *Bandel*. – Aufgrund der „ergebnisorientierten Begründung" des EuGH wird die Entscheidung des EuGH auch als Fall der kollisionsrechtlichen Anpassung (bei grundsätzlich güterrechtlicher Qualifikation von § 1371 Abs. 1) eingeordnet (so explizit Grüneberg/*Thorn* EuErbVO Art. 1 Rn. 8), was indes zweifelhaft erscheint.

509 ▶ **Lösung:**

I. Bestimmung des Erbstatuts

Mangels einschlägiger, grundsätzlich vorrangig zu beachtender Staatsverträge (Art. 75 Abs. 1 EuErbVO) unterliegt die Rechtsnachfolge des M dem von den Kollisionsnormen der (zeitlich anwendbaren, vgl. Art. 83 EuErbVO) EuErbVO bestimmten Recht. Vorrangig zu berücksichtigen ist insoweit stets eine **Rechtswahl gem. Art. 22 EuErbVO**, die M im konkreten Fall auch getroffen hat. Diese ist zunächst *zulässig*, da M zugunsten seiner Staatsangehörigkeit optierte (Art. 22 Abs. 1 S. 1 EuErbVO). Die *materielle Wirksamkeit* einer solchen unterliegt dem *hypothetisch* gewählten Recht (Art. 22 Abs. 3 EuErbVO), mithin österreichischem Recht, nach dem die Wirksamkeit laut Sachverhaltshinweis zu bejahen ist. Für die *formelle Wirksamkeit* verweist Art. 22 Abs. 2 EuErbVO auf Art. 27 EuErbVO bzw. – aufgrund der entsprechenden Öffnungsklausel des Art. 75 Abs. 1 UAbs. 2 EuErbVO – auf Art. 1 HTestformÜ, der im Wege einer alternativen Anknüpfung auf deutsches (Art. 1 Abs. 1 lit. a, lit. c, lit. d HTestformÜ) oder österreichisches (Art. 1 Abs. 1 lit. b HTestformÜ) Sachrecht (vgl. den Wortlaut von Art. 1 Abs. 1 HTestformÜ: „innerstaatliches Recht") verweist; nach beiden Rechtsordnungen ist die Form einer Verfügung von Todes wegen gewahrt (für das deutsche Recht vgl. § 2247 Abs. 1 BGB, für das österreichische Recht vgl. den Sachverhaltshinweis), so dass die **Rechtswahl zugunsten österreichischen Rechts wirksam** ist. Hierbei handelt es sich gem. Art. 34 Abs. 2 EuErbVO um eine Sachnormverweisung, so dass österreichisches Erbrecht über die Rechtsnachfolge von Todes wegen zu befinden hat.

II. Österreichisches Erbrecht

Nach österreichischem Sachrecht stehen F (§ 744 Abs. 1 ABGB), K 1 und K 2 (§ 732 S. 1, 2 ABGB) jeweils 1/3 der Erbschaft zu.

Hinweis: Von der Wirksamkeit der Ehe zwischen M und F kann vorliegend ausgegangen werden; andernfalls wäre diese als – nach vorzugswürdiger Ansicht selbstständig anzuknüpfende – **Vorfrage** (vgl. Rn. 118 ff.) anhand des von Art. 13 EGBGB (materielle Wirksamkeit) sowie Art. 11 EGBGB (formelle Wirksamkeit) bestimmten Rechts konkret zu prüfen.

III. Güterrechtliche Erhöhung des Erbteils der F gem. § 1371 Abs. 1 BGB?

Fraglich ist jedoch, ob die seitens des österreichischen Rechts der Ehefrau zugestandene Erbquote gem. § 1371 Abs. 1 BGB zu erhöhen ist. Dies setzt voraus, dass (1) Güterstatut deutsches Recht darstellt, (2) die fragliche Bestimmung güterrechtlich zu qualifizieren ist sowie (3) die Regelung anwendbar ist.

1) Bestimmung des Güterstatuts

Mangels vorrangig zu berücksichtigender Staatsverträge und mangels intertemporaler Anwendbarkeit der Kollisionsnormen der EuGüVO (vgl. Art. 69 Abs. 3 EuGüVO, hierzu Rn. 406) bestimmt sich das auf güterrechtlich zu qualifizierende Fragen anwendbare Recht weiterhin nach der nationalen Kollisionsnorm des Art. 15 EGBGB aF (iVm § 229 § 47 Abs. 2 EGBGB). Anwendbar ist hiernach das bei der Eheschließung für die allgemeinen Wirkungen der Ehe maßgebliche Recht, so dass insoweit auf Art. 14 Abs. 1 EGBGB in der bis zum 28.1.2019 geltenden Fassung (§ 229 § 47 Abs. 1 EGBGB) verwiesen wird. Da beide Ehegatten zum Zeitpunkt der Eheschließung keine gemeinsame Staatsangehörigkeit besaßen (Art. 14 Abs. 1 Nr. 1 EGBGB aF), ist gem. Art. 14 Abs. 1 Nr. 2 EGBGB aF das Recht des gemeinsamen gewöhnlichen Aufenthalts, mithin deutsches Recht berufen. Da es sich bei Verweisungen auf deutsches Recht stets um Sachnormverweisungen handelt (vgl. insoweit auch den

IV. Die Bestimmung des Erbstatuts

Wortlaut von Art. 4 Abs. 1 S. 1, nach dem der Grundsatz einer Gesamtverweisung nur bei Verweisungen auf das Recht eines *anderen* Staates greift), ist somit deutsches Güterrecht zur Anwendung berufen.

Hinweis: Entsprechendes gilt bei intertemporaler Anwendbarkeit der **EuGüVO**: Gem. Art. 28 Abs. 1 lit. a EuGüVO wäre – mangels vorrangig zu beachtender Rechtswahl bezüglich des auf den ehelichen Güterstand anzuwendenden Rechts – ebenfalls deutsches Sachrecht (Art. 32 EuGüVO) berufen.

2) Güterrechtliche Qualifikation von § 1371 Abs. 1 BGB

Wie die Regelung des § 1371 BGB zu qualifizieren ist, ist seit langem streitig. Als Möglichkeiten werden diskutiert:

- eine **güterrechtliche Qualifikation** (so dass § 1371 Abs. 1 BGB nur bei deutschem Güterstatut anwendbar ist),
- eine **erbrechtliche Qualifikation** (so dass § 1371 Abs. 1 BGB nur bei deutschem Erbstatut anwendbar ist) oder
- eine **Doppelqualifikation** (so dass die Anwendbarkeit von § 1371 Abs. 1 BGB sowohl deutsches Güterstatut als auch deutsches Erbstatut voraussetzt; bei ausländischem Erbstatut erfolgt der Zugewinnausgleich hiernach stets über § 1371 Abs. 2 BGB).

Stellungnahme: Auch wenn der EuGH zugunsten einer erbrechtlichen Qualifikation entschieden hat, überzeugt diese Entscheidung nicht, vielmehr ist die Vorschrift des § 1371 Abs. 1 BGB mit der bisher herrschenden Ansicht **güterrechtlich** zu qualifizieren. Zwar sieht § 1371 Abs. 1 BGB eine erbrechtliche Rechtsfolge vor (konkret: die Erhöhung der gesetzlichen Erbquote), ausweislich seines Wortlauts sowie seiner systematischen Stellung im Güterrecht bezweckt diese Regelung jedoch ausschließlich die *Verwirklichung* des Zugewinnausgleiches. Daher dient die von § 1371 Abs. 1 BGB gewählte Form eines *pauschalisierten* Ausgleichs durch Erhöhung der Erbquote keinen spezifisch erbrechtlichen Zwecken, sondern soll eine konkrete Berechnung des Zugewinnausgleichs gem. §§ 1372 ff. BGB im Interesse des Familienfriedens verhindern.[30] § 1371 Abs. 1 BGB liegen daher ausschließlich güterrechtliche Interessen zugrunde, so dass diese Bestimmung nach vorzugswürdiger Ansicht güterrechtlich zu qualifizieren ist. § 1371 Abs. 1 BGB ist damit *neben* österreichischem Erbrecht zur Anwendung berufen.

Hinweis: Auch eine güter- *und* erbrechtliche Doppelqualifikation kommt angesichts des eindeutig güterrechtlich zu verortenden Normzwecks nicht in Betracht. Die von dieser Ansicht letztlich aufgeworfene Frage nach der **Kombinierbarkeit** des § 1371 Abs. 1 BGB mit einem nach ausländischem Erbstatut begründeten Erbrecht des überlebenden Ehegatten ist methodisch richtigerweise als **Substitutionsproblem** einzuordnen,[31] so dass es insoweit alleine auf eine **funktionelle Gleichwertigkeit** der ausländischen Erbberechtigung ankommt. Eine solche ist zumindest dann gegeben, wenn die ausländischen Sachnormen eine spezifisch erbrechtliche Beteiligung an dem Nachlass gewähren, die aus der ehelichen Verbundenheit resultiert und damit jedenfalls im Schwerpunkt[32] weder unterhaltsrechtli-

---

30 Grüneberg/*Siede*, § 1371 BGB Rn. 1. – Ausführlich BGH NJW 2015, 2185 (2186).
31 Vgl. BGH NJW 2015, 2185 (2187).
32 Dass der ausländischen Regelung ggf. *untergeordnete* unterhalts- bzw. güterrechtliche Zwecke zugrunde liegen, ist unerheblich, solange diese *nicht überwiegen* (so treffend Staudinger/*Dörner* (2007), Art. 25 EGBGB Rn. 36). Erst wenn solche Normzwecke überwiegen, impliziert die fragliche Norm abweichende kollisionsrechtliche Interessen, die zu einer „Disqualifikation" im Hinblick auf die erbrechtlichen Kollisionsnormen führen.

che noch güterrechtliche Zwecke verfolgt[33] (sonst unterhaltsrechtliche bzw. güterrechtliche Qualifikation). Ist dies der Fall, kann auch ein ausländischem Recht unterliegendes Erbrecht mit § 1371 Abs. 1 BGB kombiniert werden.[34]

3) Anwendung von § 1371 Abs. 1 BGB im Falle einer ausländischem Erbrecht unterliegenden Erbquote

Da die Ehegatten im Güterstand der Zugewinngemeinschaft (§ 1363 Abs. 1 BGB) lebten, ist die österreichischem Recht unterliegende Erbquote (die „funktional" einer nach deutschem Recht gewährten Erbquote entspricht und daher mit § 1371 Abs. 1 BGB kombiniert werden kann) gem. § 1371 Abs. 1 BGB um 1/4 zu erhöhen, so dass der Ehegatte 7/12, die Kinder jeweils 5/24 erhalten würden.

Problematisch ist indes, dass bei diesem Ergebnis dem überlebenden Ehegatten ein Erbteil zugesprochen wird, den die beiden beteiligten Rechtsordnungen bei jeweils isolierter Entscheidung so nicht zusprechen würden: Nach deutschem Recht ergäbe sich für diesen eine erbrechtliche Beteiligung zu 1/2 (§§ 1931 Abs. 1, 3, § 1371 Abs. 1 BGB), nach österreichischem Recht zu 1/3 (da eine güterrechtliche Erhöhung nicht vorgesehen ist, vgl. §§ 1233, 1237 ABGB), so dass der Ehegatte bei wortlautgetreuer Rechtsanwendung „zu viel" erhalten würde. Damit liegt ein Fall der **Normenhäufung** vor, der methodisch im Wege der Anpassung zu beseitigen ist.[35] Wie diese konkret durchzuführen ist, ist indes – mangels ausdrücklicher gesetzlicher Vorgaben – streitig. Grundsätzlich kommen insoweit zwei Wege in Betracht: Zum einen kann die notwendige Ergebniskorrektur auf kollisionsrechtlicher Ebene erfolgen, indem die Ursache für den Normwiderspruch – die Maßgeblichkeit zweier, nicht aufeinander abgestimmter Rechtsordnungen – unmittelbar beseitigt und nur eine Rechtsordnung für anwendbar erklärt wird; folglich wären sowohl güterrechtliche als auch erbrechtliche Fragen einem Recht – in casu entweder dem deutschen oder dem österreichischen Recht – zu unterstellen. Ein derartiges Vorgehen führt jedoch zu einem erheblichen Eingriff in das kollisionsrechtliche Regelungsgefüge, der nach vorzugswürdiger Ansicht nur hilfsweise in Betracht zu ziehen ist. Durchzuführen ist daher vielmehr eine sachrechtliche Anpassung, bei der die zur Beseitigung des Normwiderspruchs notwendigen Korrekturen auf der Ebene des anwendbaren Sachrechts erfolgen.[36] Hierbei ist den beteiligten (dh konkret berufenen) Rechtsordnungen weitestgehend Rechnung zu tragen, so dass eine quotale Beteiligung des überlebenden Ehegatten an dem Nachlass in einer Höhe zwischen 1/3 (österreichisches Recht) und 1/2 (deutsches Recht) in Betracht zu ziehen ist. Um dem ursprünglich gefundenen Ergebnis von 7/12 am weitesten entgegenzukommen (Prinzip des „geringsten Eingriffs", vgl. hierzu Rn. 131),[37] erscheint eine Herabsetzung der Erbquote auf 1/2 vorzugswürdig.[38] Im Ergebnis erbt der überlebende Ehegatte daher zu 1/2, die Kinder jeweils zu 1/4.

---

33 So zutreffend Staudinger/*Dörner* (2007), Art. 25 EGBGB Rn. 36; vgl. auch LG Mosbach ZEV 1998, 489 (489). – Enger MüKoBGB/*Birk* (5. Aufl.), Art. 25 EGBGB Rn. 158 (und der Sache nach auch die anderen Vertreter einer „Doppelqualifikation"): Substitution nur, wenn ausländische Erbquote auch der Höhe nach der deutschen Erbquote des gesetzlichen Ehegattens entspricht.
34 Ablehnend MüKoBGB/*Birk* (5. Aufl.), Art. 25 EGBGB Rn. 158 (nur bei gleichen Erbquoten der Höhe nach); ebenso die anderen Vertreter einer „Doppelqualifikation". Folge dieser Ansicht ist in diesen Fällen ein realer Zugewinnausgleich gem. §§ 1373 ff. BGB, vgl. etwa OLG Stuttgart ZEV 2005, 443 (444).
35 Vgl. BGH NJW 2015, 2185 (2187).
36 Ebenso LG Mosbach ZEV 1998, 489 (490).
37 Vgl. auch Soergel/*Schurig*, Art. 15 EGBGB Rn. 40.
38 LG Mosbach ZEV 1998, 489 (490).

IV. Die Bestimmung des Erbstatuts

Hinweis: Ob die sachrechtliche Anpassung im Rahmen des Erbstatuts oder des Güterstatuts zu erfolgen hat, kann – da für die konkrete Lösung unerheblich – letztlich offengelassen werden. Würde man das Erbstatut modifizieren, müsste die österreichischem Recht unterliegende Erbquote von 1/3 teleologisch auf 1/4 begrenzt werden, damit der Ehefrau zusammen mit der (deutschem Recht unterliegenden) güterrechtlichen Erhöhung um 1/4 der Ehefrau insgesamt eine Erbbeteiligung iHv 1/2 zugesprochen werden kann. Würde man demgegenüber die güterrechtlichen Vorschriften korrigieren, müsste man die von § 1371 BGB gewährte Erhöhung der Erbberechtigung auf 1/6 begrenzen, um im Ergebnis der Ehefrau einer Erbbeteiligung iHv 1/2 zukommen zu lassen. ◂

Anmerkung: Lösung bei erbrechtlicher Qualifikation von § 1371 Abs. 1 BGB Folgt man demgegenüber der Auffassung des EuGH und qualifiziert § 1371 Abs. 1 BGB erbrechtlich, wäre in **Fall 47** alleine österreichisches Erbrecht zur Bestimmung der Erbquote berufen; eine Anwendung von § 1371 Abs. 1 BGB über das Güterstatut scheidet (mangels güterrechtlicher Qualifikation) aus. Der überlebende Ehegatte sowie die beiden Kinder erben damit zu je 1/3.

510

Offen bleibt nach der Entscheidung des EuGH die (für die Bestimmung der Erbquoten nicht relevante) Frage, ob neben der erbrechtlichen Beteiligung ein – dann wiederum deutschem Recht unterliegenden – **Zugewinnausgleich** durchzuführen ist, dies – mangels Anwendbarkeit von § 1371 Abs. 1 BGB – jedoch nicht pauschalisiert, sondern *konkret* im Rahmen einer – aufgrund des Bestehens einer Anpassungslage erforderlichen – erweiterten Anwendung von § 1371 Abs. 2 Hs. 1 BGB (iVm §§ 1373 ff. BGB).[39] Dies wird man zumindest in denjenigen Fällen bejahen müssen, in denen die ausländischem Recht unterliegende Erbquote von keinerlei güterrechtlichen Erwägungen getragen ist. Berücksichtigt die Erbquote indes bereits güterrechtliche Aspekte (sei es, dass diese – entsprechend § 1371 Abs. 1 BGB – bereits erhöht ist, sei es, dass der fraglichen Norm explizit zu entnehmen ist, dass neben der erbrechtlichen Beteiligung kein – pauschaler oder konkreter – Zugewinnausgleich erfolgen soll), wird man dem aufgrund der Entscheidung des EuGH Rechnung tragen, die – somit dem Erbstatut zu entnehmende – „güterrechtliche Sperrwirkung" also beachten und einen konkreten Zugewinnausgleich verwehren müssen. Letzteres dürfte bei § 744 Abs. 1 ABGB (vgl. §§ 1233, 1237 ABGB) der Fall sein, so dass eine (erweiterte) Anwendung von § 1371 Abs. 2 Hs. 1 BGB neben der Anwendung österreichischen Erbrechts auszuscheiden hat. Ein konkreter Zugewinnausgleich (der für die Bestimmung der Erbquote und damit für die Fallfrage freilich ohne Bedeutung ist) wäre in der Konstellation des **Fall 47** somit nicht durchzuführen.

Weiterführender Hinweis: Folgt man der Auffassung des EuGH, kommt § 1371 Abs. 1 BGB nur noch zur Anwendung, wenn deutsches Recht Erbstatut ist. Zu beachten ist in diesem Falle, dass die Anwendung von § 1371 Abs. 1 BGB das **Bestehen einer Zugewinngemeinschaft** voraussetzt, so dass **bei Maßgeblichkeit eines ausländischen Güterstatuts geprüft werden muss**, ob der nach ausländischem Recht begründete Güterstand einer Zugewinngemeinschaft iSd deutschen Rechts entspricht. Auch bei dieser Frage handelt es sich um eine Frage der **Substitution**; sie ist zu bejahen, wenn der ausländische Güterstand einer Zuge-

---

[39] *Dörner* ZEV 2018, 305 (309 f.); *Weber* NJW 2018, 1356 (1358); *Grüneberg/Thorn* Art. 1 EuErbVO Rn. 8. – Vgl. hierzu auch *Bendel*, ZEV 2018, 207 (208), der jedoch den Zugewinn bei Anwendung ausländischen Erbrechts weiterhin pauschal iHv 1/4 gewähren will, dies „allerdings nicht als Nachlassbeteiligung, sondern als Zahlungsanspruch in dieser Höhe und damit als Nachlassverbindlichkeit für die Erben".

winngemeinschaft iSd deutschen Rechts funktionell gleichwertig ist (vgl. hierzu allgemein Rn. 152 ff.).⁴⁰

V. Die kollisionsrechtliche Behandlung von Verfügungen von Todes wegen

511 Spezielle Anknüpfungsregeln sieht die EuErbVO für **Verfügungen von Todes wegen** (gem. der Legaldefinition des Art. 3 Abs. 1 lit. d EuErbVO: *Testamente, gemeinschaftliche Testamente* und *Erbverträge*) vor. Hinsichtlich ihrer **Zulässigkeit** sowie ihrer **materiellen Wirksamkeit** unterliegen diese dem von Art. 24, Art. 25 EuErbVO bestimmten **Errichtungsstatut**, dessen Reichweite die unselbstständige Kollisionsnorm des Art. 26 EuErbVO näher konkretisiert (vgl. hierzu Rn. 522). Stets gesondert anzuknüpfen sind demgegenüber Fragen der **Formwirksamkeit**. Zur Bestimmung des **Formstatuts** sieht die EuErbVO mit Art. 27 EuErbVO ebenfalls eine eigenständige Kollisionsnorm vor, die jedoch von dem – gem. Art. 75 Abs. 1 UAbs. 2 EuErbVO weiterhin vorrangig anzuwendenden, allerdings inhaltsgleichen – HTestformÜ weitestgehend verdrängt wird (vgl. hierzu im Einzelnen Rn. 523 ff.).

1. Materielle Wirksamkeitsvoraussetzungen von Verfügungen von Todes wegen (Errichtungsstatut)

a) Verfügungen von Todes wegen außer Erbverträge (Art. 24 EuErbVO)

512 Die spezielle Kollisionsnorm des Art. 24 EuErbVO erfasst herkömmliche Testamente sowie gemeinschaftliche Testamente ohne Bindungswirkung (vgl. hierzu Rn. 517), die im Hinblick auf ihre *Zulässigkeit* sowie ihrer *materiellen Wirksamkeit* gem. Art. 24 Abs. 1 EuErbVO grundsätzlich dem **hypothetischen Erbstatut zum Zeitpunkt der Errichtung** unterstellt werden. Damit verweist Art. 24 Abs. 1 EuErbVO auf Art. 21, Art. 22 EuErbVO, so dass gem. Art. 21 Abs. 1 EuErbVO primär das *Recht des gewöhnlichen Aufenthalts* (ggf. im Wege der Gesamtverweisung, Art. 34 Abs. 1 EuErbVO), in Ausnahmefällen auch das über die Ausweichklausel des Art. 21 Abs. 2 EuErbVO bestimmte Recht der engsten Verbindung oder das nach Art. 22 Abs. 1 EuErbVO maßgebliche Recht (soweit eine – zum Errichtungszeitpunkt – *wirksame* Rechtswahl vorliegt) anzuwenden ist (beides Sachnormverweisungen gem. Art. 34 Abs. 2 EuErbVO).

513 Darüber hinaus gestattet Art. 24 Abs. 2 EuErbVO eine (isolierte) **Wahl des Errichtungsstatuts** unter den von Art. 22 EuErbVO aufgestellten Voraussetzungen; gewählt werden kann daher *alleine* das Recht desjenigen Staates, dem der Erblasser zum Zeitpunkt der Testamentserrichtung angehörte. Ist unklar, ob die Rechtswahl isoliert auf das Errichtungsstatut bezogen ist oder zugleich die Rechtsnachfolge von Todes wegen erfassen soll, muss diese Frage mittels Auslegung – nach Maßgabe des hypothetisch gewählten Rechts (vgl. Rn. 47) – beantwortet werden.

Hinweis: Ein **isolierter Widerruf** bzw. eine **isolierte Änderung** einer *bereits ausgeübten* **Rechtswahl** gem. Art. 24 Abs. 2 EuErbVO kommt nach vorzugswürdiger Ansicht *nicht* in

---

40 Dies ist bei einer nach ausländischem Recht begründeten **Errungenschaftsgemeinschaft** grundsätzlich nicht der Fall (vgl. OLG Frankfurt, Beschl. v. 14.9.2020 – 21 W 59/20 = ErbR 2021, 47, 56; OLG Hamm, Beschl. v. 21.3.2019 – 10 W 31/17 = ZEV 2019, 343, 346), so dass in einem solchen Falle kein pauschalisierter Zugewinnausgleich gem. § 1371 Abs. 1 BGB erfolgen kann. – Generell gegen eine Substitution im Rahmen von § 1371 Abs. 1 BGB *Junker*, § 18 Rn. 37.

V. Die kollisionsrechtliche Behandlung von Verfügungen von Todes wegen

Betracht.[41] Art. 24 Abs. 2 EuErbVO – der die Zulässigkeit einer subjektiven Bestimmung des Errichtungsstatuts abschließend und autonom bestimmt – gestattet nach seinem eindeutigen Wortlaut alleine eine *Rechtswahl*, die gem. Art. 22 EuErbVO terminologisch von einem nachträglichen Widerruf bzw. einer Änderung derselben zu unterscheiden ist. Daher bezieht sich die Verweisung des Art. 24 Abs. 2 EuErbVO alleine auf Art. 22 Abs. 1–3 EuErbVO, nicht jedoch auf Art. 22 Abs. 4 EuErbVO. Einmal gewählt, ist das Errichtungsstatut daher **unwandelbar** und bestimmt abschließend über die Zulässigkeit und materielle Wirksamkeit der Verfügung von Todes wegen.

Wird eine bereits errichtete **Verfügung von Todes wegen geändert oder widerrufen**, liegt eine *neue* Verfügung von Todes wegen vor, deren Zulässigkeit und materielle Wirksamkeit *eigenständig*, jedoch ebenfalls anhand des von Art. 24 Abs. 1 bzw. Abs. 2 EuErbVO bestimmten Rechts zu beurteilen ist (vgl. Art. 24 Abs. 3 EuErbVO). Demgegenüber unterliegt die Frage, ob die erste Verfügung von Todes wegen *überhaupt* abgeändert oder widerrufen werden *kann*, als Frage *ihrer* materiellen (Un-)Wirksamkeit dem auf diese Verfügung von Todes wegen anzuwendenden Rechts, also dem *ursprünglichen* Errichtungsstatut.[42] Zu beachten ist in diesem Zusammenhang zuletzt die besondere Regelung des Art. 26 Abs. 2 EuErbVO, nach der eine einmal erlangte Testierfähigkeit im Hinblick auf die Änderung bzw. den Widerruf einer bereits (wirksam) errichteten Verfügung von Todes wegen erhalten bleibt.

▶ **Fall 48:** Der 16-jährige A mit gewöhnlichem Aufenthalt in Deutschland errichtet ein Testament. Ein Jahr später begründet er einen neuen gewöhnlichen Aufenthalt in dem Drittstaat X, nach dessen Recht erst mit Vollendung des 21. Lebensjahrs testiert werden kann. Kann A das alte Testament mittels einer neuen Verfügung von Todes wegen auch vor Vollendung des 21. Lebensjahrs abändern? ◀

▶ **Lösung:** Die Zulässigkeit und materielle Wirksamkeit einer neuen Verfügung von Todes wegen unterliegt gem. Art. 24 Abs. 3 S. 1 iVm Abs. 1, Art. 21 Abs. 1 EuErbVO dem Sachrecht des Drittstaates X, sofern dessen IPR die Gesamtverweisung (Art. 34 Abs. 1 EuErbVO) annimmt. Auch wenn nach diesem Recht eine Testierfähigkeit zu verneinen ist, bleibt die von A unter Geltung deutschen Rechts bereits erlangte Testierfähigkeit (vgl. § 2229 Abs. 1 BGB) kraft der Sonderanknüpfung des Art. 26 Abs. 2 EuErbVO erhalten, so dass A auch vor Vollendung des 21. Lebensjahrs erneut testieren kann. Für die übrigen materiellen Voraussetzungen bleibt es bei der (ausschließlichen) Geltung des neuen Errichtungsstatuts, das alte (deutsche) Errichtungsstatut entscheidet alleine über die Frage, ob und unter welchen Voraussetzungen das erste Testament wirksam abgeändert werden kann. ◀

b) Erbverträge (Art. 25 EuErbVO)

In Ergänzung zu Art. 24 EuErbVO sieht Art. 25 EuErbVO eine weitere gesonderte Anknüpfung für Erbverträge im Hinblick auf ihre **Zulässigkeit, materielle Wirksamkeit und Bindungswirkung** einschließlich der Voraussetzungen für ihre Auflösung vor.

Hinweis: Unter einem **Erbvertrag** iS dieser Vorschrift sind gem. der Legaldefinition des Art. 3 Abs. 1 lit. b EuErbVO Vereinbarungen, einschließlich einer Vereinbarung aufgrund gegenseitiger Testamente, zu verstehen, die mit oder ohne Gegenleistung *Rechte am künf-*

---

[41] Ebenso *Döbereiner*, MittBayNot 2013, 358 (366). – AA Deixler-Hübner/Schauer/*Fischer-Czermak*, Art. 24 EuErbVO Rn. 21.
[42] Vgl. auch Grüneberg/*Thorn*, Art. 24 EuErbVO Rn. 5; *Dutta*, FamRZ 2013, 4 (10).

tigen Nachlass oder künftigen Nachlässen einer oder mehrerer an dieser Vereinbarung beteiligter Personen *begründen, ändern oder entziehen*. Der kollisionsrechtliche Begriff des Erbvertrages ist damit weiter als derjenige des deutschen Sachrechts, er erfasst nicht nur **Erbverträge iSv §§ 2274 ff. BGB**, sondern etwa auch einen **Erb- bzw. Pflichtteilsverzicht**.[43] Ob hingegen auch **gemeinschaftliche Testamente** unter Art. 25 EuErbVO qualifiziert werden können, ist streitig. Prima facie scheinen solche Testamente Art. 24 EuErbVO zu unterfallen,[44] da dieser mit Ausnahme von Erbverträgen *sämtliche* Verfügungen von Todes wegen erfasst, gem. Art. 3 Abs. 1 lit. d EuErbVO also gerade auch gemeinschaftliche Testamente. Allerdings gilt zu berücksichtigen, dass auch gemeinschaftlichen Testamenten nach manchen Rechtsordnungen **Bindungswirkung** zukommen kann (für das deutsche Recht vgl. §§ 2265 ff. BGB); würde man diese Art. 24 EuErbVO unterstellen, käme eine – nur von Art. 25 EuErbVO vorgesehene – gesonderte Anknüpfung der Bindungswirkung grundsätzlich *nicht* in Betracht, so dass diese Frage dem (wandelbaren) Erbstatut unterläge. Eine solche Ansicht vermag indes nicht zu überzeugen, so dass diese im Wege einer kollisionsrechtlich-autonomen Qualifikation dem von Art. 25 EuErbVO bestimmten Recht zu unterstellen sind.[45]

518 Inhaltlich differenziert Art. 25 EuErbVO zwischen **einseitigen**, alleine den Nachlass einer einzigen Person betreffenden Erbverträgen (Abs. 1) sowie **mehrseitigen**, den Nachlass mehrerer Personen betreffenden **Erbverträgen** (Abs. 2) und knüpft diese im Hinblick auf ihre materielle Wirksamkeit und Bindungswirkung im Rahmen der **objektiven Anknüpfung** unterschiedlich an. Liegt ein **einseitiger**, also nur den Nachlass einer einzigen Person betreffender **Erbvertrag** vor, erklärt Art. 25 Abs. 1 EuErbVO das hypothetische Erbstatut dieser Person *zum Zeitpunkt des Vertragsschlusses* für maßgeblich; verwiesen wird damit – ebenso wie im Rahmen von Art. 24 Abs. 1 EuErbVO – auf Art. 21 Abs. 1, 2 sowie Art. 22 EuErbVO (vgl. Rn. 512). Betrifft der Erbvertrag hingegen den Nachlass mehrerer am Erbvertrag beteiligter Personen (**mehrseitiger Erbvertrag**), so ist zu differenzieren: Hinsichtlich der Frage nach der *Zulässigkeit des Erbvertrags* beruft Art. 25 Abs. 2 UAbs. 1 EuErbVO aus Schutzgründen *kumulativ* das hypothetische Erbstatut (wiederum zum Zeitpunkt des Vertragsschlusses) eines jeden Beteiligten zur Anwendung, dessen Nachlass durch den Erbvertrag *betroffen* ist;[46] ist der Erbvertrag nur nach *einer* der insoweit anzuwendenden Rechtsordnungen unzulässig, ist dieser *als Ganzes unwirksam*.

519 **Beispiel:** A (gewöhnlicher Aufenthalt in Frankreich) und B (gewöhnlicher Aufenthalt in Deutschland) schließen in Freiburg einen mehrseitigen Erbvertrag, dessen Zulässigkeit gem. Art. 25 Abs. 2 UAbs. 1 EuErbVO kumulativ französischen sowie deutschem Erbrecht unterliegt. Da das französische Recht einen solchen Vertrag verbietet (bei diesem Verbot handelt es sich um eine Frage der Zulässigkeit, vgl. hierzu Rn. 522, 529), ist dieser insgesamt unwirksam.

520 Demgegenüber unterliegen die Fragen nach der *materiellen Wirksamkeit und Bindungswirkung* des Erbvertrages einschließlich der Voraussetzungen seiner Auflösung gemäß Art. 25 Abs. 2 UAbs. 2 EuErbVO nur *einer* der gem. UAbs. 1 zu bestimmenden Rechtsordnungen, nämlich derjenigen Rechtsordnung, zu welcher der *Erbvertrag* die engste Verbindung hat.

---

43 Grüneberg/*Thorn*, Art. 25 EuErbVO Rn. 2; NK-BGB/*Looschelders*, Art. 25 EuErbVO Rn. 3.
44 So etwa *Nordmeier*, ZEV 2013, 117 (120); ebenso *Simon/Buschbaum*, NJW 2012, 2393 (2396).
45 Ebenso Grüneberg/*Thorn*, Art. 25 EuErbVO Rn. 3; NK-BGB/*Looschelders*, Art. 25 EuErbVO Rn. 3; vgl. auch BGH, Beschluss vom 24.2.2021 – IV ZB 33/20 = NJW 2021, 1159 (1160); OLG München FGPrax 2020, 283 (285).
46 Vgl. zu dieser Einschränkung auch *Nordmeier*, ZErb 2013, 112 (113).

V. Die kollisionsrechtliche Behandlung von Verfügungen von Todes wegen

Hinweis: Zur Bestimmung der engsten Verbindung dürften – neben einem gemeinsamen Aufenthalt der Parteien – insbesondere die mit dem Vertragsschluss einhergehenden Umstände maßgeblich sein (allen voran der Ort des Vertragsschlusses, insbesondere bei beurkundungsbedürftigen letztwilligen Verfügungen),[47] zudem auch Umstände, die sich aus dem Vertragsinhalt selbst ergeben (Umfang der jeweiligen Verpflichtung, Belegenheit durch den Erbvertrag ausschließlich betroffener Nachlassgegenstände usw.).

Ebenso wie Art. 24 Abs. 2 EuErbVO gewährt auch Art. 25 Abs. 3 EuErbVO eine **beschränkte Rechtswahl des Errichtungsstatuts** unter den von Art. 22 EuErbVO genannten Voraussetzungen, *unabhängig* davon, ob ein einseitiger oder mehrseitiger Erbvertrag geschlossen wurde. Gewählt werden kann aufgrund des Verweises auf Art. 22 EuErbVO alleine das **Heimatrecht** derjenigen Person, deren Nachlass von dem Erbvertrag betroffen wird. Liegt ein mehrseitiger Erbvertrag vor, erstreckt sich die Rechtswahlmöglichkeit auf das Heimatrecht einer *jeden* Person, deren Nachlass durch die Verfügung von Todes wegen betroffen wird, was bei Mehrstaatern zu einer großen Auswahlmöglichkeit führen kann. Maßgeblich ist wiederum der Zeitpunkt des Vertragsschlusses.

Hinweis: Ein **isolierter Widerruf** bzw. eine **isolierte Änderung** der gemeinsamen Rechtswahl kommt hingegen – ebenso wie im Rahmen von Art. 24 Abs. 2 EuErbVO (vgl. Rn. 513) – *nicht* in Betracht:[48] Auch Art. 25 Abs. 3 EuErbVO gestattet nach seinem eindeutigen Wortlaut alleine eine *Rechtswahl*, nicht jedoch zugleich einen (gem. Art. 22 EuErbVO terminologisch hiervon zu unterscheidenden) Widerruf bzw. eine Änderung einer bereits ausgeübten Wahl des Errichtungsstatuts, so dass die Verweisung des Art. 25 Abs. 3 EuErbVO ebenfalls alleine auf Art. 22 Abs. 1–3 EuErbVO bezogen ist. Eine Auslegung gegen diesen Wortlaut kommt bereits deswegen nicht in Betracht, da die Zulässigkeit einer (isolierten) nachträglichen Abänderung der Rechtswahl nicht nur zu einer (nachträglichen) Unwirksamkeit des wirksam errichteten Erbvertrages führen kann (bspw. bei nunmehriger Maßgeblichkeit einer Rechtsordnung mit diesbezüglichen materiellen Verbotsnormen), sondern auch die wirksam entstandenen Bindungswirkungen untergehen lassen könnte. Ein einmal gewähltes Errichtungsstatut ist daher **unwandelbar** und bestimmt abschließend über die Zulässigkeit, materielle Wirksamkeit, Bindungswirkung sowie die Auflösungsvoraussetzungen eines Erbvertrages.

c) Reichweite des Errichtungsstatuts

Welche Rechtsfragen im Einzelnen zu der **materiellen Wirksamkeit** iSd Art. 24 und 25 EuErbVO zu zählen sind, bestimmt die – allerdings nicht abschließende – unselbstständige Kollisionsnorm des Art. 26 Abs. 1 EuErbVO. Zur materiellen Wirksamkeit iSd Art. 24 und 25 EuErbVO gehören hiernach insbesondere

- die **Testierfähigkeit** der letztwillig verfügenden Person (lit. a; bei Statutenwechsel ist Abs. 2 zu beachten),
- die besonderen Gründe, aufgrund derer die letztwillig verfügende Person nicht zugunsten bestimmter Personen verfügen oder aufgrund derer eine Person kein

---

[47] Ebenso Grüneberg/*Thorn*, Art. 25 EuErbVO Rn. 6; NK-BGB/*Looschelders*, Art. 25 EuErbVO Rn. 15.
[48] Ebenso NK-BGB/*Looschelders*, Art. 25 EuErbVO Rn. 21; vgl. auch MüKoBGB/*Dutta*, Art. 25 EuErbVO Rn. 6. – AA Deixler-Hübner/Schauer/*Fischer-Czermak*, Art. 25 EuErbVO Rn. 28; vgl. auch *Nordmeier*, ZErb 2013, 117 (117 f.); *Leitzen*, ZEV 2013, 128 (130).

Nachlassvermögen vom Erblasser erhalten darf (lit. b), also **Testier- und Erbverbote** (etwa §§ 2249 Abs. 1 S. 3, 2250 Abs. 3 S. 2 BGB),

- die **Zulässigkeit der Stellvertretung** bei der Errichtung einer Verfügung von Todes wegen (lit. c), soweit die entsprechenden Normen *materielle*, nicht nur *formelle* Anforderungen stellen,
- die **Auslegung der Verfügung** (lit. d) sowie
- alle Fragen hinsichtlich des Vorhandenseins des **Testierwillens** sowie etwaiger **Willensmängel**, mögen sie auf Täuschung, Nötigung, Irrtum oder sonstigen Gründen beruhen (lit. e).

Hinweis: Soweit einzelne Rechtsordnungen ein **Verbot gemeinschaftlicher Testamente oder Erbverträge** anordnen (so insbesondere die romanischen Rechtsordnungen), das sich *nicht gegen die formale Zusammenfassung in einer Urkunde* (diese unterfallen als Formfrage dem Formstatut, vgl. Rn. 528), sondern *gegen die Bindungswirkung als solche* richtet, handelt es sich nach der von Art. 24, 25 EuErbVO gewählten Terminologie um eine Frage der **Zulässigkeit** einer letztwilligen Verfügung, die ohne Rückgriff auf Art. 26 EuErbVO unmittelbar von den genannten Kollisionsnormen erfasst wird (vgl. den jeweiligen Wortlaut von Art. 24, Art. 25 EuErbVO).

2. Formelle Wirksamkeitsvoraussetzungen einer Verfügung von Todes wegen (Formstatut)

a) Maßgebliche Rechtsgrundlage

523 Die Bestimmung des Formstatuts für Verfügungen von Todes wegen bereitet aufgrund einer **komplexen Rechtsquellenlage** Schwierigkeiten. Grundsätzlich ist der Anwendungsbereich der EuErbVO für Fragen der Formgültigkeit von Verfügungen von Todes wegen eröffnet, jedoch mit Ausnahmen *mündlicher* Verfügungen von Todes wegen (vgl. Art. 1 Abs. 2 lit. f EuErbVO), so dass die besondere Kollisionsnorm des Art. 27 EuErbVO von vornherein nur *schriftliche* Verfügungen von Todes wegen erfassen kann. Da Art. 75 Abs. 1 UAbs. 2 EuErbVO darüber hinaus den Vorrang des – ebenfalls Formfragen betreffenden – HTestformÜ anordnet, ergibt sich *formal* betrachtet folgende Gemengelage der maßgeblichen Rechtsquellen:

- Soweit der Anwendungsbereich des **HTestformÜ** greift (*schriftliche und mündliche*[49] Testamente einschließlich gemeinschaftlicher Testamente, vgl. Art. 1 Abs. 1, Art. 4 HTestformÜ), geht dieses der EuErbVO vor, so dass
- **Art. 27 EuErbVO** aus deutscher Sicht letztlich alleine für Formfragen hinsichtlich – vom Anwendungsbereich des HTestformÜ ausgenommener – *schriftlicher* Erbverträge und Erbverzichte[50] anzuwenden ist.
- Für *mündliche* Erbverträge und Erbverzichte bleibt es hingegen – mangels Eröffnung des Anwendungsbereichs des HTestformÜ und der EuErbVO – bei der **Geltung des nationalen Kollisionsrechts**, welches diese jedoch ebenfalls – kraft autonomer Verweisung – der Regelung des Art. 27 EuErbVO unterstellt (Art. 26 Abs. 2 EGBGB).

---

49 Einen Vorbehalt gem. Art. 10 HTestformÜ hat Deutschland nicht eingelegt.
50 Vgl. Soergel/*Schurig*, Art. 26 EGBGB Rn. 50.

V. Die kollisionsrechtliche Behandlung von Verfügungen von Todes wegen

Hinweis: *Inhaltlich* inkorporiert Art. 27 EuErbVO die maßgeblichen Bestimmungen des HTestformÜ, so dass Art. 27 EuErbVO bereits nach seinem Sinn und Zweck (vgl. Erwägungsgrund 52 S. 1) entsprechend dem Haager Übereinkommen auszulegen, also diesem letztlich **inhaltsgleich** ist. Da die Vorrangfrage *inhaltsgleicher* Bestimmungen bei Lichte betrachtet eine reine Formalität darstellt, kann daher jedenfalls aus Vereinfachungsgründen unmittelbar auf Art. 27 EuErbVO zurückgegriffen werden.[51] **Für die Klausur sollten jedoch stets die insoweit maßgeblichen Bestimmungen zitiert werden,** um nicht dem Vorwurf ausgesetzt zu sein, die beschriebene Normhierarchie missachtet zu haben.

b) Formgültigkeit von Verfügungen von Todes wegen

Art. 27 Abs. 1 UAbs. 1 EuErbVO sowie Art. 1 Abs. 1 HTestformÜ sehen *alternative* Anknüpfungen des Formstatuts vor, um die Formwirksamkeit testamentarischer Verfügungen zu begünstigen (sog. *favor testamenti*). Eine Verfügung von Todes wegen ist daher bereits dann formwirksam, wenn eine der anzuwendenden Rechtsordnungen zur Formwirksamkeit einer solchen gelangt. Alternativ im Wege einer Sachnormverweisung (vgl. Art. 34 Abs. 2 EuErbVO bzw. Art. 1 Abs. 1 HTestformÜ, der auf das *innerstaatliche* Recht abstellt) sind berufen das **Recht desjenigen Staates,**

524

- in dem die Verfügung **errichtet** oder der Erbvertrag geschlossen wurde (lit. a),

  Hinweis: Unter dem **Errichtungsort** ist der Ort zu verstehen, an dem das Testament angefertigt wurde, bei sukzessiver Testamentserrichtung mit Berührung zu mehreren Staaten (Beginn der Anfertigung des Testaments in Staat X, Vollendung des Testaments durch Unterzeichnung in Staat Y) ist der Ort maßgeblich, an dem das Testament (regelmäßig durch Unterschrift) abgeschlossen, also vollendet wurde.[52]

- dem der Erblasser oder mindestens eine der Personen, deren Rechtsnachfolge von Todes wegen durch einen Erbvertrag betroffen ist, entweder im Zeitpunkt der Errichtung der Verfügung bzw. des Abschlusses des Erbvertrags oder im Zeitpunkt des Todes **angehörte** (lit. b),

  Hinweise: Bei **Mehrstaatern** ist alternativ auf jede vorhandene Staatsangehörigkeit abzustellen; eine Beschränkung auf die „effektive" Staatsangehörigkeit kommt vor dem Hintergrund des mit Art. 27 Abs. 1 UAbs. 1 EuErbVO verfolgten *favor testamenti* nach vorzugswürdiger Ansicht nicht in Betracht.[53]

- in dem der Erblasser oder mindestens eine der Personen, deren Rechtsnachfolge von Todes wegen durch einen Erbvertrag betroffen ist, entweder im Zeitpunkt der Errichtung der Verfügung oder des Abschlusses des Erbvertrags oder im Zeitpunkt des Todes den **Wohnsitz** (lit. c) oder den **gewöhnlichen Aufenthalt** (lit. d) hatte,

  Hinweis: Ob ein Wohnsitz in dem nach lit. c bestimmten Staat besteht, ist gem. Art. 27 Abs. 1 UAbs. 2 EuErbVO bzw. Art. 1 Abs. 3 HTestformÜ anhand dessen Recht zu beurteilen.

- in dem sich unbewegliches Vermögen befindet, soweit es sich um dieses handelt (lit. e).

---

51 Für das Verhältnis der Kollisionsnormen des HTestformÜ und seiner deutschen Umsetzungsnorm Art. 26 EGBGB auch *Kegel/Schurig*, § 1 IV 1 a (S. 12 f.); *Grüneberg/Thorn*, Art. 27 EuErbVO Rn. 1.
52 MüKoBGB/*Dutta*, Art. 1 HTestformÜ Rn. 7.
53 So auch Staudinger/*Dörner* (2007), Vorbem zu Art. 25 f. EGBGB Rn. 49, Art. 26 EGBGB Rn. 41.

525 Für – aus dem Anwendungsbereich der EuErbVO gem. Art. 1 Abs. 2 lit. f. EuErbVO ausgenommene – *mündliche* Verfügungen von Todes wegen ist *zusätzlich* die besondere (nationale) Regelung des Art. 26 Abs. 1 EGBGB zu beachten, die eine weitere, neben die bereits genannten tretende **alternative Anknüpfung zugunsten des Erb- bzw. Errichtungsstatuts** vorsieht.

> **Hinweis:** Art. 26 Abs. 1 EGBGB erfasst – trotz seines insoweit missverständlichen Wortlauts – **keine schriftlichen Verfügungen von Todes wegen**. Zwar gestattet Art. 3 HTestformÜ den einzelnen Vertragsstaaten den Erlass weiterer, formbegünstigender Alternativanknüpfungen, jedoch sind diese – das HTestformÜ alleine ergänzende – Kollisionsnormen von *nationaler* Provenienz, so dass diese die Öffnungsklausel des – sich expressis verbis ausschließlich auf Bestimmungen des HTestformÜ beziehenden – Art. 75 Abs. 1 UAbs. 2 EuErbVO nicht „passieren" können;[54] Art. 26 Abs. 1 EGBGB wird daher insoweit teilweise von Art. 27 EuErbVO derogiert. Ebenso wenig von Art. 26 Abs. 1 EGBGB erfasst werden **mündliche Erbverträge und Erbverzichte**, die als „andere Verfügungen von Todes wegen" gem. Art. 26 Abs. 2 EGBGB ausschließlich dem Regelungsgehalt des Art. 27 EuErbVO unterstellt werden, so dass die alternative Anknüpfung des **Art. 26 Abs. 1 EGBGB alleine für mündliche Testamente einschließlich gemeinschaftlicher Testamente greift.**

c) Änderung oder Widerruf einer Verfügung von Todes wegen

526 Wird eine frühere Verfügung von Todes wegen geändert oder widerrufen, unterliegt die Frage nach der **Formwirksamkeit der Änderung bzw. des Widerrufs** ebenfalls der nach Maßgabe des Art. 27 Abs. 1 EuErbVO bzw. Art. 1 Abs. 1 HTestformÜ bestimmten Rechtsordnung (vgl. Art. 27 Abs. 2 S. 1 EuErbVO bzw. Art. 2 Abs. 1 HTestformÜ). Darüber hinaus ist insoweit *zusätzlich* das Recht derjenigen Rechtsordnung maßgeblich, nach der die geänderte oder widerrufene Verfügung von Todes wegen gem. Art. 27 Abs. 1 EuErbVO bzw. Art. 1 Abs. 1 HTestformÜ) gültig war (Art. 27 Abs. 2 S. 2 EuErbVO bzw. Art. 2 Abs. 2 HTestformÜ).

527 **Beispiel:** Ein Deutscher mit gewöhnlichem Aufenthalt in Österreich errichtete dort ein allografes Testament (ein in Anwesenheit von Zeugen von einem Dritten geschriebenes, sodann vom Erblasser eigenhändig unterschriebenes Testament) gem. § 579 ABGB. Begründet der Erblasser sodann seinen neuen gewöhnlichen Aufenthalt in Deutschland, kann der Widerruf des Testaments gem. Art. 2 Abs. 2 HTestformÜ in § 579 ABGB entsprechender Form erklärt werden.

d) Reichweite des Formstatuts

528 Art. 27 Abs. 3 EuErbVO bzw. Art. 5 HTestformÜ sehen eine das Formstatut konkretisierende (Hilfs-)Kollisionsnorm vor, deren Detailgenauigkeit indes nicht an Art. 23 EuErbVO sowie Art. 26 EuErbVO heranragt und nur einige problematische Fälle ausdrücklich erfasst. Als **Formvorschriften zu qualifizieren** sind demnach regelmäßig solche Bestimmungen, die eine *bestimmte äußere Gestaltung des Rechtsgeschäfts* vorschreiben und mit dieser insbesondere eine Warn-, Beweis-, Beratungs- oder Kontrollfunktion verfolgen;[55] sie sind samt ihrer konkreten Rechtsfolgen anzuwenden.[56] Art. 27 Abs. 3 EuErbVO bzw. Art. 5 HTestformÜ konkretisieren insoweit, dass Bestimmun-

---

[54] Vgl. auch MüKoBGB/*Dutta*, Art. 27 EuErbVO Rn. 7. – AA BeckOGK/*Schmidt* (Stand 1.2.2023), Art. 27 EuErbVO Rn. 14.
[55] Vgl. Staudinger/*Dörner* (2007), Vorbem zu Art. 25 f. EGBGB Rn. 85.
[56] Staudinger/*Dörner* (2007), Art. 26 EGBGB Rn. 36, Vorbem zu Art. 25 f. EGBGB Rn. 86; Soergel/*Schurig*, Art. 26 EGBGB Rn. 25.

V. Die kollisionsrechtliche Behandlung von Verfügungen von Todes wegen

gen, welche die Form letztwilliger Verfügungen von Todes wegen aus Gründen des Alters, der Staatsangehörigkeit oder anderer persönlicher Eigenschaften (Analphabetismus, Blind-, Stumm- oder Taubheit, Geistesschwäche[57] usw) beschränken, grundsätzlich als Formvorschriften qualifiziert werden können, unabhängig davon, ob diese Eigenschaften bei dem Erblasser bzw. einer Person, deren Rechtsnachfolge von Todes wegen durch einen Erbvertrag betroffen ist, oder bei den (für die Gültigkeit einer Verfügung von Todes wegen möglicherweise erforderlichen) Zeugen vorliegen. Die **Testierfähigkeit** einer Person ist demgegenüber materiellrechtlich zu qualifizieren (vgl. Art. 26 Abs. 1 lit. a EuErbVO) und unterliegt damit *nicht* dem Formstatut, sondern dem Errichtungsstatut. **Verbote gemeinschaftlicher Testamente oder Erbverträge** fallen unter das Formstatut, soweit sie zumindest *überwiegend* Formzwecke verfolgen.[58] Richtet sich das Verbot indes *gegen die materielle Bindungswirkung als solche*, handelt es sich um eine Frage der *materiellen Wirksamkeit* (Zulässigkeit), welche dem gem. Art. 25 bzw. Art. 26 EuErbVO zu bestimmenden Errichtungsstatut unterliegt (vgl. hierzu bereits Rn. 522).

3. Beispielsfall

▶ **Fall 49:** Der emeritierte Professor P (deutscher Staatsangehöriger) genießt zusammen mit seiner Ehefrau F (französische Staatsangehörige) den Ruhestand auf ihrem gemeinsamen Anwesen bei Cagnes-sur-Mer (Frankreich). Beide statten Deutschland, wo sie jahrzehntelang gelebt und gearbeitet haben, zwar noch regelmäßig Besuche ab, um ihren gemeinsamen Sohn S sowie Freunde und Bekannte zu besuchen, in den letzten 5 Jahren verlagerte sich jedoch der Schwerpunkt ihres Lebens immer mehr nach Südfrankreich, wo sie mittlerweile den größten Teil des Jahres verbringen. P verstirbt am 3.4.2023. In seinem Nachlass finden sich folgende Gegenstände:

1. Dokument (Text handschriftlich geschrieben von F, handschriftlich unterschrieben von beiden Ehegatten):

Cagnes-sur-Mer, 23.8.2015

Unser letzter Wille

Wir, die Eheleute P und F, setzen uns hiermit gegenseitig als Alleinerben ein. Schlusserbe unseres gemeinsamen Nachlasses soll unser gemeinsamer Sohn S sein.
P und F

2. Videoaufzeichnung vom 15.1.2016, gespeichert auf einer CD mit folgender (handschriftlich von P ge- und unterschriebener) Erklärung:

Carson City, 15.1.2016

Bestätigung

Ich, P, habe am 15.1.2016 in Carson City, Nevada (USA), mein Testament mittels dieser Videoerklärung errichtet.
P

529

---

57 Beispiele von Staudinger/*Dörner* (2007), Vorbem zu Art. 25 f. EGBGB Rn. 87.
58 Soergel/*Schurig*, Art. 26 EGBGB Rn. 23.

In der Videoaufzeichnung erklärt P nach einigen allgemeinen Floskeln: *„Ich, P, vermache die Hälfte meines Nachlasses meiner Frau. Die andere Hälfte soll mein Sohn S erhalten. Meine gesamte Rechtsnachfolge von Todes wegen soll deutschem Recht unterliegen."*
Frage: Wer ist Erbe des P geworden? Güterrechtliche Fragen sowie Fragen hinsichtlich eines etwaigen Pflichtteils sind nicht zu behandeln. P hinterlässt neben seinem Sohn S keine weiteren Abkömmlinge. ◀

Bearbeitungshinweis: Das französische **Erbrecht** verbietet die Errichtung gemeinschaftlicher Testamente. Es ist davon auszugehen, dass sich das Verbot nicht nur gegen die formelle Zusammenfassung in einer Urkunde wendet, sondern auch der Sicherung der Testierfreiheit und der Verhinderung einer unerwünschten Beeinflussung des Testierenden dient, sich also *gegen die Bindungswirkung* als solche richtet. Rechtsfolge des Verbotes ist die Nichtigkeit des Testaments. Das Recht von Nevada gestattet die Errichtung eines **„electronic will"** (Art. 133.085 Nevada Revised Statutes). Es ist zu unterstellen, dass das von P errichtete Videotestament den hiernach bestehenden Formerfordernissen entspricht.

530 ▶ **Lösung:**

I. Bestimmung des Erbstatuts

Mangels vorrangig zu beachtender Staatsverträge (Art. 75 Abs. 1 EuErbVO) unterliegt die Rechtsnachfolge des P dem von den Kollisionsnormen der (zeitlich anwendbaren, vgl. Art. 83 EuErbVO) EuErbVO bestimmten Recht. Vorrangig zu berücksichtigen ist insoweit stets eine **Rechtswahl gem. Art. 22 EuErbVO**, die P am 15.1.2016 getroffen hat. Diese ist zunächst *zulässig*, da P zugunsten seiner Staatsangehörigkeit optierte (Art. 22 Abs. 1 S. 1 EuErbVO), sowie nach deutschem Recht (als *hypothetisch* gewähltes Recht, vgl. Art. 22 Abs. 3 EuErbVO) *materiell wirksam*. Hinsichtlich der *formellen Wirksamkeit* verweist Art. 22 Abs. 2 EuErbVO auf Art. 27 EuErbVO bzw. – aufgrund der entsprechenden Öffnungsklausel des Art. 75 Abs. 1 UAbs. 2 EuErbVO – auf Art. 1 HTestformÜ, der im Wege einer alternativen Anknüpfung ua auf das innerstaatliche Recht von Nevada (*Errichtungsort* gem. Art. 1 Abs. 1 lit. a HTestformÜ) verweist; da hiernach die Form gewahrt wurde (vgl. Bearbeitungshinweis), ist die Rechtswahl wirksam. Erbstatut ist demnach deutsches Sachrecht (Art. 34 Abs. 2 EuErbVO).

II. Deutsches Erbrecht

Da die gewillkürte Erbfolge die gesetzliche ausschließt (§ 1937 BGB), ist zunächst zu prüfen, ob P ein wirksames Testament errichtet hat. Vorliegend hat P zweimal testiert, so dass die (materielle und formelle) Wirksamkeit beider Testamente zu untersuchen ist.

1. Wirksamkeit des Testaments v. 23.8.2015

Da es sich bei dem Testament v. 23.8.2015 um ein gemeinschaftliches Ehegattentestament mit wechselbezüglichen Verfügungen handelt, das Bindungswirkung entfalten kann, ist dessen Zulässigkeit sowie materielle Wirksamkeit nach der für Erbverträge im unionsrechtlichen Sinne maßgeblichen Kollisionsnorm des **Art. 25 EuErbVO** zu beurteilen (*streitig*, vgl. hierzu Rn. 517). Bei diesem Testament handelt es sich um eine mehrseitige, den Nachlass *zweier* Personen betreffende Verfügung von Todes wegen, so dass die *Zulässigkeit* einer solchen gem. Art. 25 Abs. 2 UAbs. 1 EuErbVO für *jeden Beteiligten* separat zu bestimmen ist. Maßgeblich ist insoweit stets das *hypothetische Erbstatut zum Zeitpunkt der Verfügung* (23.8.2015).
Mangels – zu diesem Zeitpunkt bereits getroffener – Rechtswahl bestimmt sich das Errichtungsstatut für P gem. Art. 21 EuErbVO; anzuknüpfen ist daher an das Recht seines

gewöhnlichen Aufenthalts zum Zeitpunkt der Verfügung. Dieser ist in Frankreich zu lokalisieren; zwar lebte P jahrelang in Deutschland und unterhielt dort bis zu seinem Tod soziale Kontakte, doch hat sich sein Lebensmittelpunkt bereits zum Zeitpunkt der Verfügung nach Südfrankreich verlagert, so dass dieser dort seinen gewöhnlichen Aufenthalt begründet hat. Anzuwenden ist daher französisches Sachrecht (wohl im Wege einer Sachnormverweisung, vgl. hierzu Rn. 83), eine Korrektur dieser Anknüpfungsergebnisses über Art. 21 Abs. 2 EuErbVO scheidet nach vorzugswürdiger Ansicht aus *(aA bei entsprechender Argumentation vertretbar)*. Gleiches gilt für E, so dass auch das für diese maßgebliche Errichtungsstatut gem. Art. 21 Abs. 1 EuErbVO französischem Sachrecht unterliegt.

Bei der Anwendung französischen Sachrechts ist zu beachten, dass dieses die Errichtung eines gemeinschaftlichen Ehegattentestaments untersagt (vgl. den Bearbeitungshinweis). Dieses Verbot richtet sich nicht alleine gegen die *formelle Zusammenfassung zweier Testamente in derselben Urkunde*, sondern vielmehr *unmittelbar* gegen die Bindungswirkung als solche, so dass dieses als Frage der Zulässigkeit zu qualifizieren ist (vgl. auch Rn. 522), also dem *Errichtungsstatut* – und nicht etwa dem (alternativ zu bestimmenden) Formstatut – unterliegt. Das gemeinschaftliche Testament ist damit *unwirksam*.

2. Wirksamkeit des Testaments v. 15.1.2016

Fraglich ist jedoch, ob P mittels des Testaments v. 15.1.2016 wirksam testiert hat. Dessen *Zulässigkeit und materielle Wirksamkeit* beurteilt sich gem. Art. 24 Abs. 1 EuErbVO iVm Art. 22 Abs. 1 EuErbVO nach deutschem Recht, wonach die Verfügung als wirksam anzusehen ist. Demgegenüber unterliegt die *formelle Wirksamkeit* des Testaments dem – Art. 27 EuErbVO vorrangigen (Art. 75 Abs. 1 UAbs. 2 EuErbVO) – **HTestformÜ**, nach dessen Art. 1 Abs. 1 lit. a insoweit ua das Sachrecht von Nevada Anwendung findet. Da nach diesem Recht die Formvorschriften gewahrt wurden (vgl. wiederum den Bearbeitungshinweis), entfaltet das Testament im Rahmen des Erbstatuts Wirkung. Damit erben die Ehefrau F und der Sohn S aufgrund gewillkürter Erbfolge zu gleichen Teilen. ◀

VI. Sonderfragen

1. Eingriffsnormen (Art. 30 EuErbVO)

Art. 30 EuErbVO kodifiziert – ebenso wie Art. 3a Abs. 2 EGBGB aF (vgl. hierzu Rn. 435 f.), zudem Art. 30 EuGüVO (vgl. hierzu Rn. 425 ff.) – einen Teilbereich der Eingriffsnormenproblematik[59] (vgl. hierzu bereits Rn. 198 ff.) und enthält eine kollisionsrechtliche **Generalklausel** zugunsten solcher (in- und ausländischer) Sachnormen, welche die Rechtsnachfolge von Todes wegen in Bezug auf unbewegliche Sachen, Unternehmen oder andere besondere Arten von Vermögenswerten aus wirtschaftlichen, familiären oder sozialen Erwägungen beschränken oder berühren. Prominentestes Beispiel hierfür sind Bestimmungen, die ein Sondervermögen konstituieren und dieses außerhalb der regulären Erbfolge im Wege der Singularsukzession übergehen lassen, wie insbesondere das **Höferecht** (in Deutschland die HöfeO, in Österreich etwa das Kärntner Erbhöfegesetz, das Tiroler Höfegesetz sowie das für die anderen österreichischen Bundesländer geltende Anerbengesetz)[60] oder – heute weniger relevant – Fideikommisse, Lehen-, Renten-, Stamm- und andere Güter konstituierende Regelungen.[61]

531

---

59 Vgl. etwa MüKoBGB/*Dutta*, Art. 30 EuErbVO Rn. 1; Grüneberg/*Thorn*, Art. 30 EuErbVO Rn. 1; Deixler-Hübner/Schauer/*Schwartze*, Art. 30 EuErbVO Rn. 1.
60 Vgl. etwa Deixler-Hübner/Schauer/*Schwartze*, Art. 30 EuErbVO Rn. 17.
61 *Kegel/Schurig*, § 12 II 2 b (S. 427); *Kropholler*, § 26 II 2 a (S. 184).

Solche besonderen Regelungen sind *unabhängig* von dem regulär über Art. 21 bzw. Art. 22 EuErbVO bestimmten Erbstatut im Wege einer **gesonderten Anknüpfung** zur Anwendung zu bringen,[62] so dass der Erbgang bezüglich der von Art. 30 EuErbVO erfassten Vermögenswerte einem von dem Erbstatut verschiedenen Recht – nämlich der lex rei sitae – unterliegt. Art. 30 EuErbVO führt damit zu einer **kollisionsrechtlichen Nachlassspaltung** und durchbricht das von Art. 21 f. EuErbVO grundsätzlich vorgesehene Prinzip der Nachlasseinheit. Verdeutlicht werden soll dies anhand

532 ▶ **Fall 50:** Der Österreicher A mit mehrjährigem gewöhnlichem Aufenthalt in München verstirbt. Er war Eigentümer mehrerer Wohnhäuser in Österreich und Deutschland sowie eines in Kärnten belegenen landwirtschaftlichen Betriebs. A hinterlässt eine Ehefrau und zwei Kinder, ein Testament wurde nicht errichtet. Welchem Recht unterliegt die Rechtsnachfolge von Todes wegen? ◀

Hinweis: Es ist davon auszugehen, dass es sich bei dem landwirtschaftlichen Betrieb um einen Erbhof iSd Kärntner Erbhöfegesetz handelt. Dieses sieht spezielle erbrechtliche Regelungen vor (vgl. etwa § 5 Kärntner Erbhöfegesetz, nach dem ein Erbhof nur einem von mehreren gesetzlichen Erben zufallen kann), um den landwirtschaftlichen Betrieb als wirtschaftliche Einheit zu erhalten.

533 ▶ **Lösung:** Grundsätzlich unterliegt die *gesamte* Rechtsnachfolge des A gem. Art. 21 Abs. 1 EuErbVO dem Recht des letzten gewöhnlichen Aufenthalts und damit deutschem Recht. Zu berücksichtigen ist jedoch, dass es sich bei den Vorschriften des Kärntner Erbhöfegesetzes aufgrund ihrer besonderen materiellen Zwecksetzung um Eingriffsnormen handelt, die nicht unter das Erbstatut qualifiziert werden können, sondern vielmehr im Wege einer gesonderten Anknüpfung gem. Art. 30 EuErbVO *neben* dem Erbstatut zur Anwendung gebracht werden müssen. In kollisionsrechtlicher Hinsicht führt dies zu einer **Nachlassspaltung**, so dass die Rechtsnachfolge von Todes wegen im Hinblick auf den Erbhof dem (österreichischen) Kärntner Erbhöfegesetz unterliegt. Für das übrige Nachlassvermögen – also für die in Deutschland und Österreich belegenen Wohnhäuser – bleibt es jedoch bei der Anwendung deutschen Erbrechts. ◀

534 Zu beachten ist, dass Art. 30 EuErbVO nach seinem Wortlaut nur solche Eingriffsnormen erfasst, die ein Sondervermögen konstituieren und besondere Regelungen hinsichtlich der Rechtsnachfolge von Todes wegen vorsehen. Ob darüber hinaus auch *andere* Eingriffsnormen, die diese Voraussetzungen nicht erfüllen, angewandt werden können, ist streitig, sollte aber – herkömmlichem Vorgehen entsprechend (vgl. Rn. 202 ff.) – bejaht werden.[63]

Hinweis: Folgt man dieser Ansicht, kann insbesondere **§ 14 HeimG**, der aus öffentlichen Interessen ein Testierverbot für Verfügungen zugunsten Heimen bzw. deren Mitarbeiter anordnet,[64] im Wege einer – rechtsfortbildend im Rahmen der EuErbVO auszubildenden

---

62 Ebenso Deixler-Hübner/Schauer/*Schwartze*, Art. 30 EuErbVO Rn. 21.
63 Ebenso NK-BGB/*Looschelders*, Art. 30 EuErbVO Rn. 6. – AA („Sperrwirkung") MüKo-BGB/*Dutta*, Art. 30 EuErbVO Rn. 11 (der jedoch zumindest Eingriffsnormen des Forumsstaates „kraft ihres eigenen Anwendungsbefehls oder jedenfalls über den ordre public-Vorbehalt des Art. 35 EuErbVO" durchsetzen will, was der hier vertretenen Ansicht zumindest im Ergebnis entspricht); vgl. auch Deixler-Hübner/Schauer/*Schwartze*, Art. 30 EuErbVO Rn. 9.
64 Vgl. hierzu BVerfG NJW 1998, 2964 („Das Testierverbot dient legitimen Gemeinwohlzielen").

– gesonderten Anknüpfung *neben* dem nach Art. 24, Art. 25 EuErbVO zu bestimmenden Errichtungsstatut zur Anwendung gebracht werden.[65]

2. Anpassung

Für die im erbrechtlichen Kontext besonders wichtigen Anpassungsfragen sieht die EuErbVO mit Art. 31 EuErbVO (Anpassung dinglicher Rechte), Art. 32 EuErbVO (Kommorienten) sowie Art. 33 EuErbVO (erbenlose Nachlässe) erstmals spezielle Anpassungsregelungen vor, die den allgemeinen Anpassungsgrundsätzen (vgl. hierzu Rn. 127 ff.) stets vorgehen.

535

a) Anpassung dinglicher Rechte (Art. 31 EuErbVO)

Wie bereits erwähnt (vgl. Rn. 494 aE), unterliegt dem Erbstatut nicht nur die vermögensrechtliche Zuordnung der zum Nachlass gehörenden Rechte, sondern nach vorzugswürdiger Ansicht auch die Frage, ob und insbesondere unter welchen Voraussetzungen ein dingliches Recht kraft Erbgangs entstanden ist. Der Ausschlussgrund des Art. 1 Abs. 2 lit. k EuErbVO bezieht sich demgegenüber alleine auf die *Rechtswirkungen* einer nach ausländischem Recht begründeten dinglichen Rechtsposition, welche in dem Belegenheitsstaat geltend gemacht wird; nur *insoweit* wird der lex rei sitae Vorrang eingeräumt. Die hiermit einhergehende **Anpassungsproblematik** ist Gegenstand von Art. 31 EuErbVO.[66] Demnach erfasst diese Regelung die besondere Konstellation, dass das **Erbstatut selbst** ein dingliches Recht an dem Nachlass schafft, welches der lex rei sitae *unbekannt* ist; solche dinglichen Rechte können nach Art. 31 EuErbVO – soweit erforderlich und möglich – im Wege der **Transposition** an ein der lex fori „am ehesten vergleichbaren" Rechtsinstitut angepasst werden, so dass der sachenrechtliche *numerus clausus* des Mitgliedstaats, in welchem die dingliche Rechtsposition geltend gemacht wird, durch die EuErbVO nicht beeinträchtigt wird.[67]

536

Hinweis: Der Sache nach entspricht Art. 31 EuErbVO der besonderen Regelung des Art. 43 Abs. 2 EGBGB (vgl. hierzu Rn. 344 ff.). Ebenso wie im Rahmen dieser Vorschrift sollte auch bei der Anwendung des Art. 31 EuErbVO eine **Transposition** im klassischen Sinne – also die formelle Überleitung eines ausländischen Sachenrechts in funktionsäquivalente Typen der lex fori[68] – zumindest bei **beweglichen Sachen** ausscheiden, zumal der Wortlaut von Art. 31 EuErbVO („soweit erforderlich") ebenfalls zur Zurückhaltung mahnt. Zur Wahrung des sachenrechtlichen numerus clausus genügt es vielmehr, wenn das fremde, nach seinem Inhalt anzuerkennende Recht im Sinne der **Hinnahmetheorie** alleine in seinen *Wirkungen* einem funktionsäquivalenten inländischen Sachenrechtstyp gleichgestellt wird (vgl. hierzu Rn. 349 f.);[69] nur diese Vorgehensweise stellt sicher, dass ein durch das Erbstatut wirksam begründetes Recht erhalten bleibt und ggf. zukünftig – bei einem erneuten Statutenwechsel – seine volle Rechtswirkung entfalten kann (etwa durch Verbringung der Sache in den Staat, nach dessen Recht die dingliche Rechtsposition begründet wurde). Sind indes unbe-

---

[65] Ebenso NK-BGB/*Looschelders*, Art. 30 EuErbVO Rn. 6. – AA (erbrechtliche Qualifikation) MüKoBGB/*Dutta* (6. Aufl.), Art. 25 EGBGB Rn. 208; hierzu tendierend auch *Kegel/Schurig*, § 7 II 3 (S. 335 Fn. 52).
[66] Vgl. auch NK-BGB/*Looschelders*, Art. 31 EuErbVO Rn. 1 f.; Deixler-Hübner/Schauer/*Schwartze*, Art. 31 EuErbVO Rn. 5.
[67] Vgl. hierzu Erwägungsgrund 15 und 16.
[68] Vgl. *Looschelders*, Art. 43 EGBGB Rn. 50; Soergel/*Lüderitz*, Art. 38 EGBGB Anh. II Rn. 50.
[69] Vgl. auch NK-BGB/*Looschelders*, Art. 31 EuErbVO Rn. 10; Deixler-Hübner/Schauer/*Schwartze*, Art. 31 EuErbVO Rn. 16.

kannte dingliche Rechtspositionen an **unbeweglichen Sachen** entstanden, ist ein erneuter Statutenwechsel, der eine zukünftige Ausübung der dinglichen Rechtsposition ermöglichen könnte, von vornherein ausgeschlossen; (allein) in diesen Fällen sollte den Verkehrsinteressen des Belegenheitsstaates durch eine Transposition im klassischen Sinne Rechnung getragen werden.

537 Im Hinblick auf die kollisionsrechtliche Behandlung unserer Rechtsordnung unbekannter dinglichen Rechte sind **zwei verschiedene Konstellationen** zu unterscheiden. Möglich ist zunächst, dass zum Nachlass selbst ein der lex fori unbekanntes dingliches Recht gehört, aus deutscher Sicht etwa ein (besitzloses) französisches Registerpfandrecht an einem KFZ, eine Autohypothek nach italienischem Recht oder ein Lösungsrecht des gutgläubigen Käufers nach schweizerischem Recht. Ob ein solches Recht wirksam begründet wurde bzw. bei einem Statutenwechsel weiterhin besteht, obliegt (als selbstständig anzuknüpfende Vorfrage) dem weiterhin nach nationalem Kollisionsrecht (Art. 1 Abs. 2 lit. g EuErbVO) zu bestimmenden Sachstatut (Art. 43 ff. EGBGB). Wurde hiernach ein solches Recht begründet, ist dieses grundsätzlich *anzuerkennen* (vgl. hierzu Rn. 344 ff.), so dass dieses in seiner ursprünglichen Form auf die Erben übergehen kann. Der **Anwendungsbereich des Art. 31 EuErbVO** ist hingegen erst eröffnet, wenn das über den Nachlassübergang entscheidende Erbstatut *selbst* dingliche Rechte an dem Nachlass kreiert, die der lex rei sitae unbekannt sind. Zu nennen sind hier insbesondere **Trusts** des anglo-amerikanischen Rechtskreises (der nur im Hinblick auf seine Errichtung, Funktionsweise und Auflösung aus dem Anwendungsbereich der EuErbVO ausgenommen ist, vgl. Art. 1 Abs. 2 lit. j EuErbVO) sowie – vor allem im romanischen Rechtskreis verbreitete – **Vindikationslegate**.

538 Wird ein – testamentarisch oder ex lege entstandener – **Trust** nach dem Erbstatut wirksam begründet, bedarf es hinsichtlich der *in Deutschland belegenen* Nachlassgegenstände einer Anpassung, weil die mit einem Trust einhergehende Aufteilung der Eigentümerstellung zwischen *beneficiary* und *trustee* nach wohl einhelliger Auffassung gegen den *numerus clausus* des deutschen Sachenrechts verstößt.[70] Dieser Normwiderspruch ist daher im Rahmen von Art. 31 EuErbVO – auf der Ebene des Sachrechts – zu beseitigen. In Betracht kommt insoweit, die Einsetzung des *trustee* in eine Einsetzung als Treuhänder[71] oder Testamentsvollstrecker[72] umzudeuten und den *beneficiary* als herkömmlichen Erben zu behandeln, der für in Deutschland belegene Nachlassgegenstände das Volleigentum erwirbt.

539 Höchst umstritten war demgegenüber bislang (vgl. Rn. 494 a.E.), ob ein (dingliche Wirkungen entfaltendes) **Vindikationslegat** in Deutschland anzuerkennen ist[73] oder in ein dem deutschen Recht (allein) bekanntes, nur schuldrechtliche Wirkungen entfaltendes Vermächtnis iSv §§ 2147, 2174 BGB (sog. Damnationslegat) transformiert werden muss.[74] Nach vorzugswürdiger Ansicht bedarf es Letzteres indes nicht: Wurde nach dem Erbstatut ein dinglich wirkendes Vindikationslegat wirksam begründet, ist im Rahmen von Art. 31 EuErbVO ausschließlich die *Verträglichkeit* dieses dinglichen Rechts mit der deutschen Belegenheitsrechtsordnung zu prüfen; da ein Vindikations-

---

70 Grundlegend hierzu BGH IPRax 1985, 221 (223 f.); vgl. auch NK-BGB/*Looschelders*, Art. 31 EuErbVO Rn. 15. – AA *Schurig*, IPRax 2001, 446 (447).
71 So BGH IPRax 1985, 221 (224).
72 LG München I IPRax 2001, 459 (461).
73 So etwa MüKoBGB/*Dutta*, Art. 31 EuErbVO Rn. 8; NK-BGB/*Looschelders*, Art. 31 EuErbVO Rn. 12; Grüneberg/*Thorn*, Art. 1 EuErbVO Rn. 15.
74 Für Letzteres etwa *Dörner*, ZEV 2012, 505 (509); zum alten Recht auch BGH NJW 1995, 58.

legat jedoch zum *Volleigentum* an dem vermachten Gegenstand führt, welches der deutschen Rechtsordnung freilich bekannt ist, liegt **kein Verstoß** gegen den *numerus clausus* des deutschen Sachenrechts vor.[75] Eine Transformation in ein nur schuldrechtliche Wirkungen entfaltendes Vermächtnis nach deutschem Recht kommt daher *nicht* in Betracht.

Hinweis: Die Anerkennung eines Vindikationslegats verstößt im Übrigen auch nicht gegen den *ordre public*, da jedenfalls *im Ergebnis* kein wesentlicher Grundsatz des deutschen Rechts verletzt wird. Denn diesem ist die Singularsukzession als solche keineswegs fremd (so etwa bei einer Sonderrechtsnachfolge in den Gesellschaftsanteil des Erblassers),[76] darüber hinaus besteht auch nach deutschem Erbrecht die Möglichkeit, eine (dann unmittelbar dinglich wirkende) Erbeinsetzung auf einen bestimmten Gegenstand kraft letztwilliger Verfügung herbeizuführen. Eine Verletzung eines wesentlichen Grundsatzes des deutschen Rechts kommt vor diesem Hintergrund nicht in Betracht.

b) Kommorienten (Art. 32 EuErbVO)

Hängt die rechtliche Beurteilung der Rechtsnachfolge von Todes wegen von der *zeitlichen Reihenfolge des Versterbens* zweier oder mehrerer Personen ab, die jedoch aufgrund tatsächlicher Umstände (etwa bei einem gemeinsamen Verkehrsunfall)[77] nicht mehr aufgeklärt werden kann, muss diese Frage mittels gesetzlicher Vermutungsregelungen gelöst werden (sog. *Kommorientenvermutungen*, für das deutsche Recht § 11 VerschG). Die Ermittlung der insoweit maßgeblichen Rechtsordnung unterliegt als selbstständig[78] anzuknüpfende Vorfrage – mangels Eröffnung des Anwendungsbereichs der EuErbVO (Art. 1 Abs. 2 lit. c EuErbVO) – weiterhin *nationalem* Kollisionsrecht, so dass gem. Art. 9 EGBGB insoweit das jeweilige Heimatrecht maßgeblich ist. Da die gesetzlichen Regelungen der Kommorientenvermutung in den einzelnen nationalen Rechtsordnungen teilweise sehr unterschiedlich ausgestaltet sind, kann die kumulierte Berufung von Todesvermutungen verschiedener Rechtsordnungen im Rahmen ein und desselben Sachverhaltes indes zu einem *Normwiderspruch* führen, den Art. 32 EuErbVO mittels einer weiteren, ebenfalls **sachrechtlich zu verortenden Anpassungsregel** aufzulösen bezweckt.

Hinweis: Art. 32 EuErbVO trägt dem Umstand Rechnung, dass im Bereich der Todesvermutung keine europäisch-vereinheitlichte *materielle* Rechtsgrundlage existiert, auf welche im Rahmen einer sachrechtlichen Anpassung zurückgegriffen werden kann. Zur Sicherstellung des europäischen Entscheidungseinklangs bedarf es daher insoweit einer eigenen *materiellrechtlichen* Regelung, die sich als „Sachnorm im europäischen IPR" bezeichnen lässt (vgl. hierzu Rn. 131).

Anwendungsvoraussetzung für Art. 32 EuErbVO ist eine **Anpassungslage**, die konkret aus der kumulierten Anwendung *sich widersprechender*[79] *Todesvermutungen* verschie-

---
[75] So zu Recht (wenn auch mit anderer Schlussfolgerung) *Dörner*, ZEV 2012, 505 (509); vgl. auch *Schmidt*, RabelsZ 77 (2013), 1 (19, 21 f.).
[76] BGH NJW 1957, 180 (180 f.); vgl. hierzu Grüneberg/*Weidlich*, § 1922 BGB Rn. 17.
[77] Grüneberg/*Thorn*, Art. 32 EuErbVO Rn. 1.
[78] Ebenso NK-BGB/*Looschelders*, Art. 32 EuErbVO Rn. 5. – AA Grüneberg/*Thorn*, Art. 32 EuErbVO Rn. 2, so dass insoweit die entsprechende Kollisionsnorm der lex causae anzuwenden wäre und Art. 9 EGBGB daher alleine bei deutschem Erbstatut zur Anwendung gelangte.
[79] Ebenso Grüneberg/*Thorn*, Art. 32 EuErbVO Rn. 2; Deixler-Hübner/Schauer/*Fischer-Czermak*, Art. 32 EuErbVO Rn. 5. – AA *Dutta*, FamRZ 2013, 4 (11) (unterschiedliche, also sich *nicht* notwendigerweise widersprechen-

dener Rechtsordnungen resultiert. Entgegen dem Wortlaut ist daher *nicht* entscheidend, dass die *Rechtsnachfolge von Todes wegen* unterschiedlichen Rechtsordnungen unterliegt, alleine die **Frage nach der Todesvermutung muss *verschiedenen* Rechtsordnungen zugewiesen sein,**[80] da nur in diesem Falle ein entsprechender Normwiderspruch auftreten kann. Als Rechtsfolge sieht Art. 32 EuErbVO (entsprechend der deutschen Sachnorm des § 11 VerschG) vor, dass *keiner* der verstorbenen Personen einen Anspruch auf den Nachlass des jeweils anderen hat. Verdeutlicht werden soll die Problematik anhand

542 ▶ **Fall 51:**[81] Vater V und Tochter T (er Franzose, sie Engländerin, beide mit gewöhnlichem Aufenthalt in Deutschland) sterben bei einem gemeinsamen Verkehrsunfall. Der konkrete Todeszeitpunkt lässt sich in beiden Fällen nicht feststellen. Beide bestimmten in Form einer Verfügung von Todes wegen den jeweils anderen zum Alleinerben und setzten je einen Ersatzerben ein – der Vater Freund A, die Tochter Freundin B. Wer ist Erbe geworden? ◀

Hinweis: Sowohl das französische als auch das englische Recht sehen für einen solchen Fall Todesvermutungen vor. Während das französische Recht gem. Art. 725–1 Code civil – entsprechend § 11 VerschG – den gleichzeitigen Tod von V und T vermutet, nimmt das englische Recht gem. Sec. 184 Law of Property Act 1995 ein Überleben des jeweils Jüngeren und damit der Tochter an.

543 ▶ **Lösung:** Gemeinsames Erbstatut von V und T ist gem. Art. 21 Abs. 1 EuErbVO deutsches Recht, nach welchem nur derjenige erben kann, der den Erblasser überlebt (§ 1923 Abs. 1 BGB). Da der jeweilige Todeszeitpunkt im Beispielsfall nicht feststellbar ist, muss insoweit auf gesetzliche Vermutungsregelungen zurückgegriffen werden. Diese Vorfrage unterliegt gem. Art. 9 EGBGB im Hinblick auf den Vater französischem Recht (das gem. Art. 725–1 Code civil den gleichzeitigen Tod vermutet), im Hinblick auf die Tochter englischem Recht (das gem. Sec. 184 Law of Property Act 1995 ein Überleben des jeweils Jüngern und damit der Tochter vermutet). Da sich beide in casu anzuwendenden Todesvermutungen inhaltlich widersprechen (der vorverstorbene Vater kann nicht zugleich zeitgleich mit seiner Tochter verstorben sein), tritt ein *Normwiderspruch* auf, der gem. Art. 32 EuErbVO sachrechtlich dahin gehend aufzulösen ist, dass keiner der beiden verstorbenen Personen Anspruch auf den Nachlass des jeweils anderen hat. Damit liegen die Anwendungsvoraussetzungen von § 2096 BGB vor, so dass A den Vater und B die Tochter jeweils als Ersatzerben beerben können. ◀

c) Erbenlose Nachlässe (Art. 33 EuErbVO)

544 Eine besondere – auf kollisionsrechtlicher Ebene zu verortende – Anpassungsregelung[82] sieht zuletzt Art. 33 EuErbVO hinsichtlich **erbenloser Nachlässe** vor. Hintergrund dieser Bestimmung ist die teils sehr unterschiedliche Behandlung solcher Fälle in den nationalen Sachrechtsordnungen:[83] Teils sehen diese ein subsidiäres *gesetzliches Erbrecht des Staates* vor (vgl. etwa § 1936 BGB), teils besteht ein *sachenrechtliches*

---

de Todesvermutungen für Anwendung des Art. 32 EuErbVO ausreichend); ebenso NK-BGB/*Looschelders*, Art. 32 EuErbVO Rn. 6.
80 Vgl. auch NK-BGB/*Looschelders*, Art. 32 EuErbVO Rn. 5; im Ergebnis zudem Grüneberg/*Thorn*, Art. 32 EuErbVO Rn. 2 (jedoch vom Standpunkt einer unselbstständigen Vorfragenanknüpfung). – AA MüKoBGB/*Dutta*, Art. 32 EuErbVO Rn. 1.
81 Fall nach Kegel/Schurig, § 8 III 3 (S. 370 f.).
82 Vgl. etwa MüKoBGB/*Dutta*, Art. 31 EuErbVO Rn. 1.
83 Vgl. hierzu Erwägungsgrund 56.

Aneignungsrecht des Staates hinsichtlich solcher Nachlässe. Daher ist es möglich, dass ein (erbrechtlich zu qualifizierendes, daher dem Erbstatut gem. Art. 23 Abs. 2 lit. b EuErbVO unterliegendes) gesetzliches Erbrecht eines Staates mit einem (sachenrechtlich zu qualifizierenden, daher dem gem. Art. 43 Abs. 1 EGBGB bestimmten Sachstatut unterliegenden)[84] staatlichen Aneignungsrecht *zusammentrifft*. In diesen Fällen ordnet Art. 33 EuErbVO ausnahmsweise den *Vorrang des Sachstatuts vor dem Erbstatut* an, soweit Gläubigerrechte nicht beeinträchtigt werden. Zu beachten ist jedoch, dass das anzuwendende Sachrecht selbst den Vorrang des Erbstatuts bestimmen kann.

Beispiel: Hinterlässt ein erbenloser Erblasser mit gewöhnlichem Aufenthalt in Deutschland unbewegliches Vermögen in England und Österreich, ist der deutsche Staat grundsätzlich als Erbe berufen (Erbstatut ist gem. Art. 21 Abs. 1 EuErbVO deutsches Recht, so dass § 1936 BGB Anwendung findet). Neben dem deutschen Recht ist aufgrund von Art. 33 EuErbVO auch englisches und österreichisches Sachrecht im Hinblick auf die dort belegenen Vermögensgüter berufen (Art. 43 Abs. 1 EGBGB, die Gesamtverweisung wird jeweils angenommen). Nach englischem und österreichischem Recht setzt das jeweilige staatliche Aneignungsrecht indes voraus, dass *kein Erbe* vorhanden ist. Diese Frage obliegt als selbstständig anzuknüpfende Vorfrage wiederum gem. Art. 21 Abs. 1 EuErbVO deutschem Recht, nach dem jedoch ein Erbe (nämlich der deutsche Staat) vorhanden ist, so dass die sachrechtlichen Tatbestandsvoraussetzungen des jeweiligen Aneignungsrechts nicht erfüllt sind. Der Nachlass wäre in diesem Falle daher trotz der Regelung des Art. 33 EuErbVO vollständig dem deutschen Staat zuzusprechen.

545

VII. Exkurs: Das Europäische Nachlasszeugnis

1. Allgemeines

Für die Praxis bedeutsam ist das in Art. 62–73 EuErbVO näher geregelte **Europäische Nachlasszeugnis** (ENZ), welches ausweislich des Erwägungsgrunds 67 S. 1 eine „zügige, unkomplizierte und effiziente Abwicklung einer Erbsache mit grenzüberschreitendem Bezug innerhalb der Union" ermöglichen soll. Mit diesem – grundsätzlich einem deutschen Erbschein vergleichbaren – Zeugnis wird den durch den Erbfall berechtigten Personen (Erben, Vermächtnisnehmer, Testamentsvollstrecker oder Nachlassverwalter) ein **Nachweis ihrer jeweiligen Rechtsstellung** erteilt. Das ENZ tritt jedoch *nicht* an die Stelle des nationalen Erbscheins, vielmehr handelt es sich bei diesem um ein **fakultatives Instrument** zur grenzüberschreitenden Nachlassabwicklung innerhalb der Union, dessen sich der Antragsteller bedienen kann, jedoch nicht muss.

546

2. Wirkungen des Zeugnisses

Welche Wirkungen das ENZ entfaltet, ergibt sich im Einzelnen aus Art. 69 EuErbVO. Diese Wirkungen treten, wie Art. 69 Abs. 1 EuErbVO explizit feststellt, ohne ein besonderes Verfahren, also ipso iure, ein. In der Sache entsprechen die Wirkungen des ENZ im Wesentlichen denjenigen eines deutschen Erbscheins. Hierzu im Einzelnen:

547

a) Vermutung der Richtigkeit

Vergleichbar einem Erbschein nach deutschem Recht (§ 2365 BGB) wird die **Richtigkeit des Inhalts eines ENZ** (sowohl zugunsten als auch zulasten des Antragstellers) **vermutet**. Diese Vermutung bezieht sich gem. Art. 69 Abs. 2 S. 1 EuErbVO zunächst

548

---

[84] Für eine öffentlich-rechtliche Qualifikation hingegen MüKoBGB/*Dutta*, Art. 33 EuErbVO Rn. 1; NK-BGB/*Looschelders*, Art. 33 EuErbVO Rn. 2.

auf den festgestellten Sachverhalt, der im Nachlasszeugnis auszuweisen ist. Weiter wird gem. Art. 69 Abs. 2 S. 2 EuErbVO vermutet, dass die im ENZ als Erbe, Vermächtnisnehmer, Testamentsvollstrecker oder Nachlassverwalter ausgewiesene Person die in dem Zeugnis genannte Rechtsstellung bzw. die in dem Zeugnis aufgeführten Rechte oder Befugnisse hat (*positive* Vermutung) und dass diese Rechte oder Befugnisse keinen anderen als den im Zeugnis genannten Bedingungen bzw. Beschränkungen unterliegen (*negative* Vermutung).

549 Die Vermutungswirkung des Art. 69 Abs. 2 EuErbVO tritt mit Ausstellung des ENZ (Art. 67 EuErbVO) in allen Mitgliedstaaten automatisch ein (vgl. Art. 69 Abs. 1, Art. 62 Abs. 3 S. 2 EuErbVO). Sie endigt jedenfalls mit Ablauf der Gültigkeitsfrist des Art. 70 Abs. 3 EuErbVO (grundsätzlich 6 Monate, in Ausnahmefällen auch länger), sie kann jedoch auch zu einem vorherigen Zeitpunkt entfallen, wenn die Wirkungen des ENZ gem. Art. 73 EuErbVO ausgesetzt wurden oder eine Berichtigung, Änderung oder ein Widerruf des ENZ gem. den Verfahren nach Art. 71 und Art. 72 EuErbVO erfolgte[85] (vgl. insoweit auch Erwägungsgrund 71 S. 6). Wurden **sich widersprechende Erbscheine** erteilt, entfällt – wie im Rahmen des deutschen Rechts[86] – die Vermutungswirkung des Art. 69 Abs. 2 EuErbVO im Hinblick auf den *konkreten* Widerspruch ebenfalls.[87] Auch wenn der Wortlaut des Art. 69 Abs. 2 EuErbVO diesbezüglich keinerlei Hinweise enthält, ist die Vermutung des Art. 69 Abs. 2 EuErbVO – ebenso wie im Rahmen von § 2365 BGB – **widerlegbar**.[88]

b) Öffentlicher Glaube des ENZ

550 Ebenfalls vergleichbar einem Erbschein nach deutschem Recht (§§ 2366, 2367 BGB) kommt dem ENZ **öffentlicher Glaube** zu. Leistet ein Nachlassschuldner an einen im ENZ als zur Entgegennahme der Leistung ausgewiesenen Scheinberechtigten, gilt dieser gem. Art. 69 Abs. 3 EuErbVO (entsprechend § 2367 BGB) als zur Entgegennahme der Leistung berechtigt. Positive Kenntnis des leistenden Nachlassgläubigers von Unrichtigkeit des ENZ schadet jedoch, ebenso wie – anders als im Rahmen von §§ 2366, 2367 BGB – grob fahrlässige Unkenntnis. Sind die Voraussetzungen von Art. 69 Abs. 3 EuErbVO erfüllt, kann der Nachlassgläubiger demnach mit befreiender Wirkung an den Scheinberechtigten leisten.

551 Verfügt hingegen der im ENZ als Berechtigter ausgewiesene Scheinberechtigte selbst über Nachlassvermögen, gilt dieser gem. Art. 69 Abs. 4 EuErbVO als zur Verfügung berechtigt. Auch hier schaden jedoch wiederum positive Kenntnis und grob fahrlässige Unkenntnis von der Unrichtigkeit des ENZ.

552 Entsprechend dem deutschen Recht richtet sich der öffentliche Glaube des Art. 69 Abs. 4 EuErbVO ausschließlich nach dem Umfang der von Art. 69 Abs. 1 aufgestellten Vermutung, hilft also nur über eine nicht bestehende *erbrechtliche Berechtigung* hinweg.[89]

---

85 So auch *Volmer*, Rpfleger 2013, 421 (432). – AA *Süß*, ZEuP 2013, 725 (746 f.: Wirkungen des Art. 69 EuErbVO bleiben auch in den Fällen eines Widerrufs bzw. einer Änderung erhalten).
86 Grüneberg/*Weidlich*, § 2366 BGB Rn. 3.
87 AA *Buschbaum*, ZEV 2012, 525 (528: vollständiges Entfallen der Vermutungswirkung).
88 Dutta/Weber/*Fornaiser*, Art. 69 EuErbVO Rn. 7; vgl. auch *Dutta* FamRZ 2013, 4 (15); *Kleinschmidt* RabelsZ 77 (2013), 723 (726).
89 Vgl. auch *Buschbaum*, ZEV 2012, 525 (528).

Beispiel: Der im ENZ zu Unrecht als Erbe des X ausgewiesene Scheinberechtigte S verfügt in Deutschland über einen sich im Nachlass des X befindlichen, jedoch vor kurzem einem Dritten gestohlenen Gegenstand.

Der sachenrechtliche Erwerbsvorgang unterliegt gem. Art. 43 Abs. 1 EGBGB deutschem Recht. Im Rahmen der Prüfung von § 929 BGB fingiert Art. 69 Abs. 4 EuErbVO indes alleine das tatsächlich nicht bestehende Erbrecht des S, er gewährt jedoch keine darüber hinausgehende Rechtsmacht, so dass ein gutgläubiger Erwerb gem. § 932 BGB an § 935 Abs. 1 S. 1 BGB scheitert.

VIII. Prüfungsschema Internationales Erbrecht

1. Vorrangige Staatsverträge 553

Gem. Art. 75 Abs. 1 EuErbVO weiterhin vorrangig zu beachten sind:

- das *deutsch-iranische Niederlassungsübereinkommen v. 17.2.1929*,
- der *deutsch-türkische Konsularvertrag v. 28.5.1929*,
- der *deutsch-sowjetische Konsularvertrag v. 25.4.1958*

sowie – hinsichtlich der Form testamentarischer Verfügungen –

- das HTestformÜ.

2. EuErbVO

a) Anwendungsbereich

- **räumlich:** alle Mitgliedstaaten mit Ausnahme von Dänemark und Irland
- **sachlich:** Rechtsnachfolge von Todes wegen (Art. 1 EuErbVO, vgl. Rn. 494)
- **zeitlich:** anwendbar auf die Rechtsnachfolge von Personen, die am 17.8.2015 oder danach verstorben sind (Art. 83 Abs. 1, Art. 84 EuErbVO)

b) Die Bestimmung des auf die Rechtsnachfolge von Todes wegen anzuwendenden Rechts

- **Erbstatut:** Art. 21, Art. 22 EuErbVO, bei Vorliegen einer wirksamen *Rechtswahl* gem. Art. 22 EuErbVO geht diese vor; die *Reichweite des Erbstatuts* wird durch Art. 23 EuErbVO näher bestimmt (vgl. Rn. 494 ff.).
- **Errichtungsstatut** *(Zulässigkeit, materielle Wirksamkeit und ggf. Bindungswirkung letztwilliger Verfügungen)*: Art. 24, Art. 25 EuErbVO; die *Reichweite des Errichtungsstatuts* wird durch Art. 26 EuErbVO näher bestimmt (vgl. Rn. 511 ff.).
- **Formstatut** *(Formwirksamkeit letztwilliger Verfügungen)*: Art. 27 EuErbVO bzw. das (weiterhin gem. Art. 75 Abs. 1 UAbs. 2 EuErbVO vorrangig zu beachtende) **HTestformÜ** (vgl. Rn. 523 ff.)

Bei Art. 21 Abs. 1 EuErbVO (sowie bei Art. 24 Abs. 1, Abs. 3 S. 1, Art. 25, Art. 28 lit. a EuErbVO) handelt es sich unter den von Art. 34 Abs. 1 EuErbVO genannten Voraussetzungen um eine *Gesamtverweisung* (vgl. Rn. 82 ff.), bei den übrigen Kollisionsnormen um *Sachnormverweisungen* (Art. 34 Abs. 2 EuErbVO), bei Verweisungen auf das Recht eines *Mehrrechtsstaates* sind Art. 37, Art. 38 EuErbVO zu beachten (vgl. Rn. 110, 114).

Sonderregelungen bestehen insbesondere für

- die Formgültigkeit einer Annahme- oder Ausschlagungserklärung (Art. 28 EuErbVO)
- die Bestellung und Befugnisse eines Nachlassverwalters (Art. 29 EuErbVO) sowie
- für Eingriffsnormen (Art. 30 EuErbVO; vgl. Rn. 531 ff.)

c) Ergebniskorrektur

- **Anpassung** (vorrangig zu beachten sind die besonderen Anpassungsregelungen der Art. 31–33 EuErbVO, vgl. Rn. 535 ff.; im Übrigen gelten die allgemeinen Grundsätze, vgl. Rn. 127 ff.)
- ordre public-Vorbehalt (Art. 35 EuErbVO, vgl. Rn. 132 ff.)
- **Gesetzesumgehung** (unterliegt den allgemeinen Grundsätzen, vgl. Rn. 143 ff.)

d) Anwendung des berufenen Sachrechts

- **Vorfragen** (sind nach vorzugswürdiger Ansicht *selbstständig* anzuknüpfen, vgl. Rn. 118 ff.)
- **Problem des Auslandssachverhaltes** (vgl. Rn. 147 ff.)

3. Nationales Recht

Zu beachten: Art. 25, Art. 26 EGBGB (vgl. Rn. 494, 525)

H. Wiederholungs- und Vertiefungsfragen

1. Was ist IPR?

IPR ist nach der entsprechenden Legaldefinition des Art. 3 Hs. 2 EGBGB die Gesamtheit derjenigen Vorschriften, die bei Sachverhalten mit einer Verbindung zu einem ausländischen Staat das anzuwendende Recht bestimmen. Vgl. hierzu Rn. 1.

2. Ist IPR international?

IPR stellt grundsätzlich nationales Recht dar, wenngleich es nicht nur im EGBGB, sondern auch in zahlreichen europäischen und staatsvertraglichen Rechtsakten geregelt ist. International ist jedoch der *Gegenstand* des IPR, da es unter den zahlreichen Rechtsordnungen der Welt diejenige bestimmt, die auf den konkreten Sachverhalt anzuwenden ist. Vgl. hierzu Rn. 1.

3. Was ist das internationale Zivilverfahrensrecht?

Das internationale Zivilverfahrensrecht hat die prozessuale Seite internationaler Zivilrechtssachverhalte zum Gegenstand, insbesondere die *internationale Zuständigkeit* von Gerichten sowie die Anerkennung und Vollstreckbarkeit ausländischer Entscheidungen.

4. Welche Bedeutung hat die internationale Zuständigkeit bei der Beurteilung internationaler Sachverhalte?

Die internationale Zuständigkeit bestimmt denjenigen Staat, dessen Gerichte über den konkreten Rechtsstreit zu befinden haben. Da jedes Gericht stets sein eigenes (Kollisions-)Recht anwendet, entscheiden die Regelungen über die internationale Zuständigkeit stets auch mittelbar über das konkret anzuwendende Recht. Vgl. hierzu Rn. 25.

5. Warum brauchen wir überhaupt IPR? Wäre es nicht einfacher, bei internationaler Zuständigkeit deutscher Gerichte stets das deutsche Sachrecht anzuwenden?

Einfacher ja, aber nicht in jedem Falle gerecht. Da deutsche Gerichte aufgrund der Vorschriften über die internationale Zuständigkeit auch über Sachverhalte mit Auslandsbezug zu entscheiden haben, das deutsche Sachrecht jedoch grundsätzlich zur Entscheidung typischer Inlandssachverhalte erlassen wurde *(räumliche Relativität des Rechts)*, müssen wir zumindest in bestimmten Fällen auch ausländische Rechtssätze zur Anwendung berufen. Hierfür benötigen wir allseitige Kollisionsnormen, die darüber entscheiden, *welche* Rechtsordnung den konkret in Frage stehenden Sachverhalt angemessen beurteilen kann. Der Grund für das IPR lässt sich damit schlicht auf die „praktische Notwendigkeit" zurückführen, einen zivilrechtlichen Sachverhalt mit Auslandsbezug materiell stets „gerecht" zu entscheiden. Vgl. hierzu Rn. 2 ff.

6. Was ist die internationalprivatrechtliche Gerechtigkeit? Was sind Rechtsanwendungsinteressen?

Die internationalprivatrechtliche Gerechtigkeit ist das Gerechtigkeitsideal des IPR. Sie wird durch Rechtsanwendungsinteressen konstituiert, die *für und gegen* die Anwendung einer bestimmten Rechtsordnung sprechen. Letztere lassen sich einteilen in Partei-, Verkehrs- und Gemein(wohl)interessen einerseits und Ordnungsinteressen (Interesse an innerem und äußerem Entscheidungseinklang) andererseits. Sie liegen den kodifizierten Kollisionsnormen zugrunde und sind für deren (teleologische) Anwendung von Relevanz. Vgl. hierzu Rn. 8 ff.

7. **Wie ist eine Kollisionsnorm aufgebaut? Was ist ein Statut?**

Auf Tatbestandsseite einer Kollisionsnorm sind zwei Elemente zu unterscheiden: Zum einen der *Anknüpfungsgegenstand*, welcher die von der Kollisionsnorm erfassten Sachnormen mittels materieller Rechtsbegriff beschreibt (Vertrag, unerlaubte Handlung, Ehescheidung, Rechtnachfolge von Todes wegen usw), zum anderen das *Anknüpfungsmoment*, welches die für diese Sachnomen angemessene Anknüpfung bestimmt (Staatsangehörigkeit, gewöhnlicher Aufenthalt, Belegenheitsort usw). Als Rechtsfolge sind die von Anknüpfungsgegenstand und Anknüpfungsmoment bestimmten Normen kraft eines *kollisionsrechtlichen Anwendungsbefehls* zur Anwendung berufen. Die Gesamtheit der hiernach konkret anzuwendenden Sachnormen nennt man *Statut* (Vertragsstatut, Deliktsstatut usw). Vgl. hierzu Rn. 13 ff.

8. **Erläutern sie das Begriffspaar „allseitige Kollisionsnorm – einseitige Kollisionsnorm"**

Eine allseitige Kollisionsnorm bringt *in- und ausländisches* Recht unter *denselben* Voraussetzungen zur Anwendung. Demgegenüber beruft eine einseitige Kollisionsnorm nur einzelne Normen einer bestimmten Rechtsordnung (regelmäßig, jedoch nicht notwendigerweise der lex fori). Soweit sich einseitigen Kollisionsnormen jedoch ein verallgemeinerungsfähiger Gedanke entnehmen lässt, können diese ggf. (rechtsfortbildend) allseitig erweitert werden. Vgl. hierzu Rn. 15 ff.

9. **Das IPR ist in zahlreichen Rechtsakten unterschiedlicher Herkunft geregelt. Welche Rechtsakte gehen jeweils vor?**

Vorrangig zu prüfen sind stets Staatsverträge, obwohl diese ihrer Rechtsqualität nach „nur" einfaches Bundesrecht darstellen (Art. 59 Abs. 2 S. 1 GG) und daher grundsätzlich von dem Anwendungsvorrang europäischer Kollisionsrechtsakte betroffen sind. Allerdings sehen diese regelmäßig Öffnungsklauseln zugunsten bestehender staatsvertraglicher Übereinkommen vor (Art. 25 Rom I-VO, Art. 28 Rom II-VO, Art. 19 Rom III-VO, Art. 75 EuErbVO), so dass diese Übereinkommen im Ergebnis dennoch europäischem Recht vorgehen. Auf letzter Stufe zu prüfen bleibt nationales Kollisionsrecht. Vgl. hierzu Rn. 26 ff.

10. **Welche Besonderheiten sind bei der Auslegung europäischer und staatsvertraglicher Rechtsakte zu beachten?**

Sowohl das europäische als auch das staatsvertragliche IPR sind aufgrund ihres rechtsvereinheitlichenden Zwecks stets *autonom*, also unabhängig von dem nationalen Begriffsverständnis der einzelnen Mitglied- bzw. Vertragsstaaten auszulegen. Nur auf diese Weise kann sichergestellt werden, dass das vereinheitlichte Recht auch einheitlich angewandt wird. Vgl. hierzu Rn. 28 ff.

H. Wiederholungs- und Vertiefungsfragen

11. Was versteht man unter Qualifikation?

Bei der Qualifikation geht es um die Bestimmung der *Reichweite des kollisionsrechtlichen Anknüpfungsgegenstands*, also konkret um die Frage, welche einzelnen Sachnormen von der jeweiligen Kollisionsnorm erfasst werden. Vgl. hierzu Rn. 34 ff.

12. Welche theoretischen Qualifikationsansätze kennen Sie?

Im Laufe der Zeit wurden verschiedene Qualifikationsansätze vertreten, so namentlich die *lex-fori-Qualifikation*, die *lex-causae-Qualifikation* oder die *rechtsvergleichende Qualifikation*. Demgegenüber besteht heute im Ergebnis Einigkeit, dass der kollisionsrechtliche Anknüpfungsgegenstand *kollisionsrechtlich autonom*, also unabhängig von den materiellen Rechtsbegriffen der lex fori oder der lex causae zu bestimmen ist. Maßgeblich ist insoweit alleine der Sinn und Zweck der jeweiligen Kollisionsnorm, also die *kollisionsrechtlichen Interessen*, welche den Anknüpfungsgegenstand (teleologisch) begrenzen. Vgl. hierzu Rn. 38 ff.

13. Beschreiben Sie den Qualifikationsvorgang.

Ausgangspunkt für die Qualifikation bilden die *Normzwecke* der konkret in Frage stehenden Sachnormen, die bestimmte kollisionsrechtliche Anwendungsinteressen implizieren. Entsprechen diese denjenigen kollisionsrechtlichen Interessen, die einer kodifizierten Kollisionsnorm zugrunde liegen, kann die Sachnorm *erfolgreich* unter diese qualifiziert werden. Ist dies der Fall, bestimmt diese Kollisionsnorm abschließend über die kollisionsrechtliche An- oder Nichtanwendbarkeit der fraglichen Sachnorm. Vgl. hierzu Rn. 34 ff.

14. Muss der Qualifikationsvorgang immer erfolgreich sein?

Nein. Lässt sich die in Frage stehende Sachnorm unter *keine* der kodifizierten Kollisionsnormen qualifizieren *(„Disqualifikation")*, liegt ggf. eine *Regelungslücke* im IPR vor, die im Wege systemkonformer Rechtsfortbildung zu schließen ist. Beispiele hierfür bilden etwa Eingriffsnormen sowie die rechtsgeschäftliche Stellvertretung vor Kodifikation des Art. 8 EGBGB. Vgl. hierzu Rn. 42 ff.

15. Angenommen, unsere Kollisionsnormen verweisen auf das Recht eines ausländischen Staates. Ist dessen Sachrecht stets anzuwenden?

Nein. Welches konkrete Sachrecht anzuwenden ist, hängt davon ab, ob die fragliche Kollisionsnorm als *Sach- oder Gesamtverweisung* ausgestaltet ist. Nur in ersterem Falle ist das Sachrecht des ausländischen Staates unmittelbar berufen, im zweiten Fall muss zunächst dessen IPR geprüft werden, ob dieses unsere Verweisung annimmt. Vgl. hierzu Rn. 59 ff.

16. Was ist ein Renvoi?

Ein Renvoi ist eine Rück- bzw. Weiterverweisung. Zu einer solchen kommt es, wenn der ausländische Staat unsere kollisionsrechtliche Gesamtverweisung nicht annimmt, sondern das Recht eines *anderen* Staates für anwendbar erklärt. Ist dieser andere Staat Deutschland, spricht man von einer Rückverweisung, handelt es sich hierbei um einen dritten Staat, von einer Weiterverweisung. Vgl. hierzu Rn. 59 ff.

H. Wiederholungs- und Vertiefungsfragen

17. Wann ist ein Renvoi beachtlich?

Ein Renvoi ist zu beachten, wenn dies gesetzlich angeordnet ist. Für das nationale IPR gilt der Grundsatz der *Gesamtverweisung* (vgl. Art. 4 Abs. 1 S. 1 EGBGB), so dass etwaigen Rück- und Weiterverweisungen zu folgen ist. Anders ist dies im europäischen und staatsvertraglichen IPR, das grundsätzlich *Sachnormverweisungen* ausspricht. Ausnahmen stellen aber insoweit etwa Art. 34 Abs. 1 EuErbVO sowie Art. 21 Abs. 2 KSÜ dar. Vgl. hierzu Rn. 59 ff.

18. Art. 4 Abs. 1 S. 1 EGBGB stellt die Annahme einer Gesamtverweisung unter die Bedingung, dass dies nicht dem Sinn der Verweisung widerspricht. Wann ist dies der Fall?

Grundsätzlich ist eine Sinnwidrigkeit iSd Vorschrift zu bejahen, wenn die fragliche Kollisionsnorm ein bestimmtes *materielles Interesse* fördern will, das im Falle einer Gesamtverweisung vereitelt werden würde. Im Einzelnen ist vieles streitig. Diskutiert wird das Vorliegen einer Sachnormverweisung bei Alternativanknüpfungen, akzessorischen Anknüpfungen sowie (Hilfs-)Anknüpfungen an die engste Verbindung. Vgl. hierzu Rn. 68 ff.

19. Was passiert, wenn wir im Wege einer Gesamtverweisung auf ausländisches IPR verweisen, das auf deutsches Recht zurückverweist?

Im Anwendungsbereich des EGBGB ist eine solche Rückverweisung autonom abzubrechen (vgl. Art. 4 Abs. 1 S. 2 EGBGB), so dass deutsches Recht Anwendung findet. Bei Art. 34 Abs. 1 EuErbVO fehlt indes eine entsprechende Abbruchregelung, so dass diese rechtsfortbildend entwickelt werden muss. Vorzugswürdig erscheint auch hier, *jede* Rückverweisung auf ein mitgliedstaatliches Recht autonom abzubrechen und dessen Sachrecht zur Anwendung zu bringen. Vgl. hierzu Rn. 62, 84 f.

20. Was ist eine „versteckte" bzw. „hypothetische" Rückverweisung?

Eine „versteckte Rückverweisung" kann anzunehmen sein, wenn das im Wege einer Gesamtverweisung berufene Recht eines ausländischen Staates keine herkömmlichen allseitigen Kollisionsnormen kennt, sondern vielmehr stets anhand der lex fori entscheidet, soweit seine Gerichte international zuständig sind. Da dieser Staat bei Lichte betrachtet eine *einseitige kollisionsrechtliche Entscheidung* zugunsten seiner lex fori in den von den Zuständigkeitsnormen erfassten Konstellationen trifft, lässt sich dieser kollisionsrechtliche Gehalt allseitig erweitern, also gedanklich zu einer allseitigen Kollisionsnorm ausbauen. Verweist diese Kollisionsnorm auf deutsches Recht zurück, wird diese *hypothetische* (da von dem betreffenden Staat real nicht getroffene), zudem in den Zuständigkeitsnormen *„versteckte"* Rückverweisung auf deutsches Recht autonom abgebrochen und daher deutsches Sachrecht angewandt. Vgl. hierzu Rn. 93 ff.

21. Wann ist ein solches Vorgehen zulässig?

Dies ist streitig. Teilweise wird verlangt, dass deutsche Gerichte aus Sicht des ausländischen Staates ausschließlich zuständig sein müssen, teilweise wird auch eine konkurrierende Zuständigkeit für ausreichend erachtet. Vgl. hierzu Rn. 97 f.

H. Wiederholungs- und Vertiefungsfragen

22. Ist auch eine „versteckte" bzw. „hypothetische" Weiterverweisung" auf das Recht eines dritten Staates zu beachten?

Auch dies ist streitig. Da in solchen Fällen jedoch niemals Entscheidungseinklang mit dem Staat, auf den unsere Kollisionsnormen erstmalig verweisen, hergestellt werden kann, ist dies nach vorzugswürdiger Ansicht abzulehnen. Vgl. hierzu Rn. 99.

23. Was passiert, wenn unsere Kollisionsnormen auf das Recht eines Mehrrechtsstaates verweisen?

In diesen Fällen muss die maßgebliche Teilrechtsordnung bestimmt werden, was entweder mittels des entsprechenden Kollisionsrechts des Mehrrechtsstaates, also mittels der lex causae, oder mittels einer autonomen Hilfskollisionsnorm erfolgen kann. Das geltende Recht sieht insoweit unterschiedliche Lösungen vor. So bestimmt etwa die Rom I-VO im Falle einer interlokalen Rechtsspaltung die maßgebliche Teilrechtsordnung autonom (vgl. Art. 22 Rom I-VO), die EuErbVO in Übereinstimmung mit der lex causae (vgl. 36 Abs. 1 EuErbVO). Vgl. hierzu Rn. 104 ff.

24. Was ist eine Vorfrage?

Eine Vorfrage ist ein präjudizielles Rechtsverhältnis, das im Tatbestand einer Norm vorausgesetzt wird und dessen Vorliegen daher stets „vorab" geprüft werden muss. So setzt bspw. ein Ehegattenerbrecht voraus, dass eine Ehe besteht – will man ein solches Erbrecht zusprechen, muss daher zuerst die Frage geklärt werden, ob eine wirksame Ehe bestand. Vgl. hierzu Rn. 118 ff.

25. Wie sind Vorfragen anzuknüpfen?

Dies ist streitig. In Betracht kommt, Vorfragen entweder anhand der herkömmlichen (deutschen) Kollisionsnormen zu beurteilen *(selbstständige Vorfragenanknüpfung)* oder hierfür auf die Kollisionsnormen des für die Hauptfrage maßgeblichen Rechts abzustellen *(unselbstständige Vorfragenanknüpfung)*. Vgl. hierzu Rn. 121.

26. Warum können Vorfragen nicht anhand des materiellen Rechts der lex causae entschieden werden?

Ein (unmittelbarer) Rückgriff auf das materielle Recht der lex causae scheidet aus, da die entsprechenden Normen nicht von der für die Hauptfrage maßgeblichen Kollisionsnormen erfasst werden. So berufen die erbrechtlichen Kollisionsnormen nur erbrechtlich zu qualifizierende Bestimmungen – ist etwa über das Vorliegen eines Ehegattenerbrechts zu entscheiden, das als Tatbestandsmerkmal eine wirksame Ehe voraussetzt, sind die maßgeblichen eherechtlichen Sachnormen daher nicht zugleich mitberufen. Welche hierfür maßgeblich sind, muss sich aus den eherechtlichen Kollisionsnormen ergeben. Vgl. hierzu Rn. 118.

27. Was spricht für eine selbstständige, was für eine unselbstständige Anknüpfung?

Traditionelles Hauptargument für eine selbstständige Vorfragenanknüpfung stellt der innere Entscheidungseinklang dar, der beeinträchtigt wird, wenn dieselbe Rechtsfrage in unterschiedlichem Kontext unterschiedlich beantwortet wird. Demgegenüber verweisen die Vertreter einer unselbstständigen Vorfragenanknüpfung auf den äußeren

Entscheidungseinklang, der verwirklicht werden kann, wenn man die Hauptfrage in völliger Übereinstimmung mit der für die Hauptfrage maßgeblichen Rechtsordnung entscheidet. Vgl. hierzu Rn. 121 ff.

28. **Bestehen Besonderheiten bei der Vorfragenanknüpfung im Rahmen des europäischen sowie staatsvertraglichen IPR?**

Würde man hier unselbstständig anknüpfen, führte dies zu einem größeren Vereinheitlichungseffekt, da auch nicht vereinheitlichte Rechtsbereiche für alle Mitglied- bzw. Vertragsstaaten einheitlich – nach Maßgabe des für die Hauptfrage anzuwendenden Rechts – angeknüpft werden könnten. Nach vorzugswürdiger Ansicht sollte die Vorfragenanknüpfung aber auch hier stets selbstständig erfolgen. Vgl. hierzu Rn. 122 ff.

29. **Muss der Streit, ob eine Vorfrage selbstständig oder unselbstständig anzuknüpfen ist, stets entschieden werden?**

Nein. Bei bestimmten Vorfragen besteht Einigkeit, dass diese stets selbstständig anzuknüpfen sind. Es handelt sich hierbei um Teilfragen, für die ausdrückliche Kollisionsnormen kodifiziert wurden, sowie um Erstfragen, die sich bereits auf der Ebene einer Kollisionsnorm stellen und daher zwingend selbstständig beantwortet werden müssen. Offengelassen werden kann der Streit auch dann, wenn auf deutsches Recht verwiesen wird (insoweit kommen von vornherein nur deutsche Kollisionsnormen zur Beurteilung der Vorfrage in Betracht) oder die Kollisionsnormen der lex fori und der lex causae aufgrund Rechtsvereinheitlichung (durch europäische oder staatsvertragliche Rechtsakte) identisch sind. Vgl. hierzu Rn. 121.

30. **Was versteht man unter Anpassung?**

Die Anpassung ist ein Korrekturmechanismus, mittels dessen Normwidersprüche beseitigt werden können. Solche Normwidersprüche können auftreten, wenn auf einen Sachverhalt unterschiedliche Rechtsordnungen anzuwenden sind *(dépeçage)*. Vgl. hierzu Rn. 127 ff.

31. **Welche Lösungsmöglichkeiten kommen bei einem Normwiderspruch in Betracht?**

Die Anpassung kann entweder auf der Ebene des Sachrechts – mittels einer Modifikation der konkret anwendbaren Sachnormen – oder auf kollisionsrechtlicher Ebene – mittels einer Modifikation des Kollisionsrechts – durchgeführt werden. Vgl. hierzu Rn. 129.

32. **Ist die Anpassungsproblematik gesetzlich geregelt?**

Überwiegend nicht. Allerdings finden sich in der EuErbVO spezielle Anpassungsregelungen für im erbrechtlichen Kontext besonders häufig auftretende Konstellationen eines Normwiderspruchs. Diese ordnen teilweise eine sachrechtliche Anpassung an (Art. 31, Art. 32 EuErbVO), teilweise eine kollisionsrechtliche (Art. 33 EuErbVO). Vgl. hierzu Rn. 535 ff.

H. Wiederholungs- und Vertiefungsfragen

33. Auf welche Anpassungsmethode ist außerhalb der gesetzlich geregelten Fälle zurückzugreifen?

Dies ist streitig. Teilweise wird ein genereller Vorrang der kollisionsrechtlichen Anpassung postuliert, teilweise ein genereller Vorrang der sachrechtlichen Anpassung. Bei der Auswahl der konkret angemessenen Anpassungsmethode sollte jedoch beachtet werden, dass *jede* Form der Anpassung zu einer Modifikation *geltender* gesetzlicher Regelungen führt, die als solche stets unter besonderem Rechtfertigungszwang steht. Hieraus folgt, dass die Anpassung mittels derjenigen Methode durchzuführen ist, die im konkreten Fall den geringsten Eingriff in das konkret anzuwendende Recht bedeutet. Vgl. hierzu Rn. 130 f.

34. „Es gilt bei uns das Grundgesetz, und nicht die Scharia" (Bundeskanzlerin a. D. *Angela Merkel*) – wie bewerten Sie diese Aussage im Hinblick auf das IPR?

Die Aussage ist unpräzise. Da die Scharia in manchen Staaten als staatliches Recht gilt, kann diese auch von deutschen Gerichten anzuwenden sein, wenn unsere Kollisionsnormen auf das Recht eines solchen Staates verweisen. Freilich steht jegliche Normanwendung unter dem Vorbehalt des ordre public, so dass bei einer Verletzung wesentlicher Grundsätze des deutschen Rechts – die sich insbesondere aus den Grundrechten ergeben können – entsprechendes ausländisches Recht nicht angewandt wird. Das Grundgesetz setzt sich also insoweit stets „durch". Vgl. hierzu Rn. 132 ff.

35. Was ist der ordre public-Vorbehalt?

Bei dem ordre public-Vorbehalt handelt es sich um ein kollisionsrechtliches Korrektiv, mittels dessen wesentliche Grundsätze des deutschen Rechts gegen ein konkret berufenes, ausländisches Recht durchgesetzt werden können. Vgl. hierzu Rn. 132 ff.

36. Was sind wesentliche Grundsätze einer Rechtsordnung?

Hierbei handelt es sich um die fundamentalen Gerechtigkeitsprinzipien, die sich regelmäßig aus höherrangigen Rechtssätzen – insbesondere Grundrechte, EMRK, Charta der Grundrechte der Europäischen Union oder auch europäische Grundfreiheiten – ergeben. Vgl. hierzu Rn. 133.

37. Was sind die Voraussetzungen für eine Korrektur ausländischen Rechts mittels des ordre public?

Eine ordre-public-Korrektur setzt zweierlei voraus: Zum einen die Verletzung eines wesentlichen Grundsatzes des deutschen Rechts, zum anderen ein hinreichender Inlandsbezug, der für den konkreten Fall stets zu bestimmen ist. Vgl. hierzu Rn. 134 f.

38. Wann sind wesentliche Grundsätze der deutschen Rechtsordnung verletzt? Reicht es hierfür aus, dass eine ausländische Norm abstrakt gegen die Grundrechte verstößt?

Eine Verletzung wesentlicher Grundsätze des deutschen Rechts kann nur angenommen werden, wenn das *konkrete* Rechtsanwendungsergebnis gegen deutsche Grundsätze verstößt. So ist etwa ausländisches Erbrecht im Rahmen des ordre public zu korrigieren, wenn dieses *im konkreten Fall* weiblichen Erben geringere Erbquoten zugesteht als männlichen Erben (Verstoß gegen Art. 3 Abs. 2 GG, daneben auch Art. 21, 23 EU-Grundrechtscharta, Art. 14 EMRK). Demgegenüber scheidet ein ordre public-Verstoß aus, wenn es auf die abstrakt-gleichheitswidrige ausländische Regelung bspw. deswegen nicht ankommt, weil nur weibliche Erben vorhanden sind und diese daher auch nach dem ausländischen Recht Erbteile in gleicher Höhe erhalten. Eine abstrakte Normenkontrolle ausländischen Rechts kommt im Rahmen des ordre public nicht in Betracht. Vgl. hierzu Rn. 133 ff.

39. Kennen Sie neben der Anpassung und dem ordre public noch einen weiteren kollisionsrechtlichen Korrekturmechanismus.

Ein weiterer Korrekturmechanismus stellt die Gesetzesumgehung dar. Deren praktische Bedeutung ist jedoch gering und ihr Anwendungsbereich auf extreme Ausnahmefälle beschränkt. Vgl. hierzu Rn. 143 ff.

40. Was ist unter dem Problemfeld des Auslandssachverhalts zu verstehen?

Dieses Problemfeld beschreibt den Umstand, dass bei der Beurteilung eines Auslandssachverhaltes tatsächliche, im Rahmen eines Inlandssachverhaltes regelmäßig nicht vorliegende Besonderheiten auftreten können, die im Rahmen des konkret anwendbaren *Sachrechts* nach dessen Maßgabe zu bewerten sind und ggf. eine – im Hinblick auf einen reinen Inlandssachverhalt – modifizierte Rechtsanwendung erforderlich werden lassen. So ist etwa bei der Bemessung eines – an den konkreten Bedarf gekoppelten – Unterhaltsanspruchs von Relevanz, dass die unterhaltsberechtigte Person nicht in Deutschland, sondern in einem Land mit geringerem Lebenskostenindex lebt. In einem solchen Falle kann der unterhaltsberechtigten Person weniger Unterhalt zugesprochen werden als einer in Deutschland domizilierten. Vgl. hierzu Rn. 147 ff.

41. Was versteht man unter Substitution?

Die Substitution ist eine besondere Ausprägung des Auslandssachverhaltes. Es geht hierbei um die Frage, ob ein von einer Sachnorm vorausgesetzter Rechtsbegriff durch einen entsprechenden Rechtsbegriff einer anderen Rechtsordnung ausgefüllt werden kann, also etwa um die Frage, ob die notarielle Form iSv § 128 BGB auch dann eingehalten ist, wenn ein ausländischer Notar beurkundet hat. Eine derartige Substitution ist grundsätzlich dann möglich, wenn der ausländische Rechtsbegriff dem inländischen *funktionell vergleichbar*, also *gleichwertig* ist. Vgl. hierzu Rn. 152 ff.

42. Was bedeutet Parteiautonomie?

Parteiautonomie ist die Freiheit der Rechtswahl, also konkret die Rechtsmacht, das auf einen Sachverhalt anwendbare Recht zu wählen. Sie ist das kollisionsrechtliche Gegenstück zur sachrechtlichen Privatautonomie.

43. Gilt die Parteiautonomie uneingeschränkt?

Nein. Zwar kann die Rechtswahl wie im Vertragsrecht potenziell auf jegliche Rechtsordnung bezogen sein (Art. 3 Abs. 1 Rom I-VO), zumeist unterliegt ihre Zulässigkeit jedoch weiteren Einschränkungen. So ist etwa im Rahmen der Rom II-VO grundsätzlich nur eine *nachträgliche* Rechtswahl möglich, in anderen Rechtsbereichen ist die

Anzahl der wählbaren Rechtsordnungen von vornherein beschränkt (so etwa im Rahmen von Art. 5 Rom III-VO und insbesondere im Rahmen von Art. 22 EuErbVO). Aber auch im Internationalen Vertragsrecht, in dessen Rahmen der Parteiautonomie umfassend Rechnung getragen wird, erfährt die Rechtswahl in zahlreichen Fällen eine Einschränkung aufgrund einzelner Sonderanknüpfungen (so aufgrund von Art. 3 Abs. 3, Abs. 4, Art. 6 Abs. 2 S. 2, Art. 8 Abs. 1 S. 2 Rom I-VO, Art. 46 a EGBGB sowie Art. 9 Rom I-VO). Vgl. hierzu Rn. 176.

44. Können die Parteien kraft Rechtswahl die UNIDROIT-Grundsätze zur Anwendung berufen?

Nein. Mittels einer Rechtswahl kann nur *geltendes* staatliches Recht zur Anwendung gebracht werden. Vereinbaren die Parteien jedoch die Geltung eines *nichtstaatlichen* Rechts, etwa die UNIDROIT-Grundsätze, kann diese „Wahl" jedoch ggf. als privatautonome Vereinbarung betrachtet werden („materiellrechtliche Verweisung"). Als solche ist sie indes stets an die zwingenden Grenzen des Vertragsstatuts gebunden. Vgl. hierzu Rn. 173 ff.

45. Was ist eine Eingriffsnorm?

Eine diesbezügliche Legaldefinition findet sich in Art. 9 Abs. 1 Rom I-VO. Bei solchen Normen handelt es sich um überwiegend öffentlichen Zwecken dienende Bestimmungen, die zwar zivilrechtliche Rechtsfolgen setzten (etwa Vertragsnichtigkeit), jedoch aufgrund ihrer besonderen Normzwecke *nicht* unter die herkömmlichen Kollisionsnormen qualifiziert werden können und daher vor dem Hintergrund konkurrierender Rechtsordnungen einer gesonderten Anknüpfung neben dem herkömmlich berufenen Recht bedürfen. Beispiele hierfür stellen etwa kartellrechtliche, ein- und ausfuhrrechtliche, devisenrechtliche oder kulturgüterschutzrechtliche Normen dar. Vgl. hierzu Rn. 198 ff.

46. Unter welchen Voraussetzungen sind inländische Eingriffsnormen durchzusetzen?

Inländische Eingriffsnormen sind zur Anwendung zu bringen, wenn ein hinreichender Inlandsbezug besteht. Vgl. hierzu Rn. 200 f.

47. In welchen Fällen sind ausländische Eingriffsnormen zu beachten?

Ob und unter welchen Voraussetzungen ausländische Eingriffsnormen zur Anwendung gebracht werden können, ist umstritten. So wird teilweise vertreten, dass solche Normen generell nur auf materiellrechtlicher Ebene berücksichtigt werden können (in diese Richtung auch der EuGH), was jedoch nach vorzugswürdiger Ansicht nur dann in Betracht kommt, wenn von diesen faktische Auswirkungen ausgehen (dies etwa aufgrund von drohenden Sanktionen bei Verletzung der entsprechenden Norm). In *allen anderen Fällen* sind ausländische Eingriffsnormen hingegen *anzuwenden*. Voraussetzung hierfür ist zunächst, dass ein *hinreichender räumlicher Bezug* zu dem betreffenden Staat besteht sowie ein – gesondert festzustellendes – *Anwendungsinteresse* zu bejahen ist; Letzteres ist der Fall, wenn wir aufgrund vergleichbarer Regelungen mit dem entsprechenden Regelungsanliegen „sympathisieren" und der Erlassstaat diese Norm auch im konkreten Fall anwenden würde. Ob eine ausländische Eingriffsnorm darüber hinaus zwingend die von Art. 9 Abs. 3 Rom I-VO genannten Kriterien erfüllen muss (Unrechtmäßigkeit des Vertrages als Rechtsfolge, Eingriffsnorm des Erfüllungsortes), ist streitig, nach vorzugswürdiger Ansicht (allerdings entgegen dem EuGH) jedoch zu verneinen. Vgl. hierzu Rn. 202 ff.

48. Handelt es sich bei Normen des Sonderprivatrechts um Eingriffsnormen?

Grundsätzlich nicht, da solche Bestimmungen nicht überwiegend öffentlichen Normzwecken Rechnung tragen. Allerdings kommt zumindest eine Sonderanknüpfung der Bestimmungen des sozialen Mietrechts in Betracht, da insoweit keine spezielle, Art. 6 bzw. Art. 8 Rom I-VO entsprechende Kollisionsnorm existiert. Vgl. hierzu Rn. 214 f.

49. Was ist die Kernaussage der „Ingmar-Entscheidung"?

Nach dieser Entscheidung des EuGH soll es sich bei den Regelungen hinsichtlich eines Ausgleichsanspruchs des Handelsvertreters bei Vertragsbeendigung (§ 89 b HGB) um **international zwingende Normen** handeln. Zwar ist diese Entscheidung fragwürdig, jedoch muss ihr im Rahmen einer richtlinienkonformen Auslegung Rechnung getragen werden, so dass die betreffenden Normen entsprechend anzuknüpfen sind. Vgl. hierzu Rn. 218 ff.

50. Welchen Kollisionsnormen unterliegen deliktische Ansprüche aus Persönlichkeitsrechtsverletzungen?

Art. 40–42 EGBGB, da dieser Bereich aus dem Anwendungsbereich der Rom II-VO ausgenommen wurde (vgl. Art. 1 Abs. 2 lit. g Rom II-VO). Vgl. hierzu Rn. 307 ff.

51. Wie ist bei Persönlichkeitsrechtsverletzungen mit mehreren Erfolgsorten zu verfahren, wenn der Geschädigte für das Erfolgsortrecht optiert?

Dies ist streitig. Vertreten wird zum einen eine *Mosaikbetrachtung*, nach der alle Erfolgsortrechte kumuliert zur Anwendung berufen werden, jedoch jeweils beschränkt auf diejenigen Schäden, die in dem jeweiligen Staat aufgrund der dort eingetretenen Rechtsgutverletzung entstanden sind. Nach der Gegenauffassung ist demgegenüber an *ein Erfolgsortrecht* anzuknüpfen, das überwiegend mittels einer Schwerpunktbetrachtung bestimmt wird. Regelmäßig lässt sich der Schwerpunkt einer Persönlichkeitsrechtsverletzung im Aufenthaltsstaat des Geschädigten lokalisieren, so dass das Recht dieses Staates anzuwenden ist. Vgl. hierzu Rn. 318 ff.

52. Können im Ausland wirksam begründete dingliche Rechte, die unserer Rechtsordnung unbekannt sind (bspw. ein besitzloses KFZ-Pfandrecht), in Deutschland geltend gemacht werden?

Auch uns unbekannte dingliche Rechte sind in Deutschland grundsätzlich anzuerkennen. Allerdings besteht aufgrund der Regelung des Art. 43 Abs. 2 EGBGB eine Einschränkung dahin gehend, dass solche dinglichen Rechtspositionen nicht *im Widerspruch* zu der Belegenheitsrechtsordnung ausgeübt werden können. Tritt ein solcher Widerspruch auf, sind die Wirkungen der dinglichen Rechtsposition iSd herrschenden Hinnahmetheorie dahin gehend beschränkt, dass diese nur diejenigen Rechtswirkungen entfalten kann, die einem entsprechenden dinglichen Recht der Belegenheitsrechtsordnung zukämen. Insoweit bedarf es daher einer Zuordnung zu einem funktions-

H. Wiederholungs- und Vertiefungsfragen

äquivalenten inländischen Recht, so dass etwa ein KFZ-Pfandrecht einem besitzlosen Pfandrecht iSd deutschen Rechts gleichzustellen wäre. Vgl. hierzu Rn. 344 ff.

53. Wie ist die Wirksamkeit einer Ehe in kollisionsrechtlicher Hinsicht zu beurteilen?

Insoweit ist zwischen materiellen und formellen Eheschließungsvoraussetzungen zu unterscheiden: Erstere unterliegen Art. 13 Abs. 1 EGBGB, der für jeden Eheschließenden *distributiv* an das jeweilige Heimatrecht anknüpft; die materielle Ehewirksamkeit kann daher nur bejaht werden, wenn *beide* berufenen Rechtsordnungen die Eheschließung gestatten. Im Hinblick auf die formellen Voraussetzungen der Eheschließung ist zwischen einer im In- und im Ausland geschlossenen Ehe zu unterscheiden: Im ersten Fall gilt das von Art. 13 Abs. 4 EGBGB bestimmte Recht, im zweiten Fall das von Art. 11 EGBGB bestimmte. Vgl. hierzu Rn. 385 ff.

54. Wie ist eine Handschuhehe einzuordnen?

Bei der Handschuhehe erfolgt eine Eheschließung mittels eines Vertreters. Soweit dies den Zweck hat, einen Eheschließenden von dem grundsätzlichen Anwesenheitserfordernis bei der Eheschließung zu befreien, ist die Handschuhehe als *formelle* Eheschließungsvoraussetzung zu qualifizieren und unterliegt damit dem nach Art. 11 Abs. 1 bzw. Art. 13 Abs. 4 S. 2 EGBGB bestimmten Formstatut. Handelt es sich hierbei jedoch um eine „echte" Stellvertretung, in deren Rahmen der Vertreter eine *eigene* Auswahlentscheidung im Hinblick auf die zu heiratende Person treffen kann („Stellvertretung im Willen"), handelt es sich um eine *materiell* zu qualifizierende, daher Art. 13 Abs. 1 EGBGB unterfallende Eheschließungsvoraussetzung, die jedoch regelmäßig gegen den ordre public verstößt. Vgl. hierzu Rn. 396.

55. Angenommen, die Alternativanknüpfung des Art. 19 Abs. 1 EGBGB führt zu der Anwendung mehrerer Rechtsordnungen, die dem Kind unterschiedliche Väter zuordnen. Wie ist dieser Normwiderspruch aufzulösen?

Dies ist streitig. Vertreten werden insoweit ein *Vorrang der Anknüpfungsalternative des Art. 19 Abs. 1 S. 1 EGBGB*, die Anwendung desjenigen Rechts, das dem Kind *zeitlich zuerst einen Vater zuordnet*, sowie die Anwendung desjenigen Rechts, aus dem sich die *wahrscheinlichste Vaterschaft* ergibt. Vgl. hierzu Rn. 477 ff.

56. Angenommen, der Stuttgarter S zieht nach Südfrankreich, um dort seinen Lebensabend zu verbringen, verstirbt jedoch kurze Zeit danach. Welchem Recht unterliegt die Rechtsnachfolge von Todes wegen?

Grundsätzlich untersteht die Rechtsachfolge von Todes wegen mangels Rechtswahl (Art. 22 EuErbVO) dem Recht des letzten gewöhnlichen Aufenthalts (Art. 21 Abs. 1 EuErbVO), der hier in Frankreich zu lokalisieren wäre. Allerdings besteht bei einem noch nicht hinreichend verfestigten gewöhnlichen Aufenthalt des Erblassers die Möglichkeit, das Recht des letzten gewöhnlichen Aufenthalts mittels der Ausweichklausel des Art. 21 Abs. 2 EuErbVO zur Anwendung zu bringen. Daher ist im vorliegenden Fall deutsches Erbrecht berufen. Vgl. hierzu Rn. 502 ff.

H. Wiederholungs- und Vertiefungsfragen

57. Wie ist § 1371 Abs. 1 BGB zu qualifizieren?

Dies ist streitig. Als Möglichkeiten kommen eine güterrechtliche oder erbrechtliche Qualifikation, zudem eine Doppelqualifikation in Betracht. Der BGH entscheid diese „klassische", höchst umstrittene Streitfrage im Jahr 2015 zugunsten einer güterrechtlichen Qualifikation, der EuGH nur drei Jahre später für die EuErbVO zugunsten einer erbrechtlichen Qualifikation (Entscheidung *Mahnkopf* v. 1.3.2018). Vgl. hierzu Rn. 507 ff.

58. Welchem Recht unterliegen Verfügungen von Todes wegen?

Bei der kollisionsrechtlichen Beurteilung von Verfügungen von Todes wegen ist zu differenzieren: Hinsichtlich ihrer Zulässigkeit und materieller Wirksamkeit unterliegen diese dem von Art. 24 EuErbVO (Testamente und gemeinschaftliche Testamente ohne Bindungswirkung) bzw. dem von Art. 25 EuErbVO (Erbverträge und gemeinschaftliche Testamente mit Bindungswirkung) bestimmten Recht. Ihre Formwirksamkeit unterliegt Art. 27 EuErbVO bzw. dem HTestformÜ. Vgl. hierzu Rn. 511 ff.

59. Die Bestimmung des Formstatuts für Verfügungen von Todes wegen kann Schwierigkeiten bereiten. Warum?

Aufgrund einer komplexen Rechtsquellenlage. Vorrangig zu beachten ist insoweit stets das HTestformÜ, das für die kollisionsrechtliche Beurteilung der Formwirksamkeit schriftlicher und mündlicher Testamente einschließlich gemeinschaftlicher Testamente greift. Ergänzt wird dieses mittels der nationalen Regelung des Art. 26 Abs. 1 EGBGB, der eine weitere, *neben* die Bestimmungen des HTestformÜ tretende alternative Anknüpfung zugunsten des Erb- bzw. Errichtungsstatuts vorsieht. *Schriftliche* Erbverträge und Erbverzichte unterfallen demgegenüber Art. 27 EuErbVO, *mündliche* Erbverträge und Erbverzichte nationalem Recht, das wiederum kraft autonomer Verweisung (Art. 26 Abs. 2 EGBGB) Art. 27 EuErbVO für maßgeblich erklärt. Vgl. hierzu Rn. 523 ff.

60. Kann ein nach dem Erbstatut wirksam begründetes Vindikationslegat an einem in Deutschland belegenen Gegenstand samt seinen dinglichen Wirkungen anerkannt werden?

Dies war bislang streitig. Teilweise wird verlangt, dass ein Vindikationslegat in ein nur schuldrechtliche Wirkungen entfaltendes Vermächtnis iSv §§ 2147, 2174 BGB (sog. Damnationslegat) transformiert werden müsse, nach der vorzugswürdigen, seitens des EuGH (Entscheidung *Kubicka* v. 12.10.2017) geteilten Gegenansicht ist dieses samt seiner dinglichen Wirkungen anzuerkennen; der mit einem Vindikationslegat bedachte Vermächtnisnehmer kann daher unmittelbar Eigentum an dem vermachten Gegenstand erwerben, auch wenn dieser in Deutschland belegen ist. Vgl. hierzu Rn. 539.

61. Was ist das Europäische Nachlasszeugnis?

Das Europäische Nachlasszeugnis ist in Art. 62–73 EuErbVO geregelt. Es dient gem. Art. 63 Abs. 2 EuErbVO insbesondere als *Nachweis* über die Rechtsstellung bzw. Rechte der an dem Nachlass Berechtigten, über die Zuweisung einzelner Vermögensgegenstände an die Erben (dinglich wirkende Teilungsanordnungen) oder Vermächtnis-

H. Wiederholungs- und Vertiefungsfragen

nehmer (Vindikationslegate). Dem Europäischen Nachlasszeugnis kommt – ebenso wie dem Erbschein nach deutschem Recht – die Vermutung der Richtigkeit sowie öffentlicher Glauben zu. Vgl. hierzu Rn. 546 ff.

Literaturverzeichnis

Baetge, Auf dem Weg zu einem gemeinsamen europäischen Verständnis des gewöhnlichen Aufenthalts – Ein Beitrag zur Europäisierung des Internationalen Privat- und Verfahrensrechts, in: FS Kropholler 2008, 77
von Bar/Mankowski, Internationales Privatrecht – Allgemeine Lehren (Band 1), 2. Auflage 2003
von Bar/Mankowski, Internationales Privatrecht – Besonderer Teil (Band 2), 2. Auflage 2019
Bonomi, Fragen des Allgemeinen Teils: Qualifikation, Vorfrage, Renvoi und ordre public, in: Dutta/Weber (Hrsg.), Die Europäischen Güterrechtsverordnungen, 2017, 123
Coester-Waltjen, Die objektive Anknüpfung des Ehegüterstatuts, in: *Dutta/Weber* (Hrsg.), Die Europäischen Güterrechtsverordnungen, 2017, 47
Deixler-Hübner/Schauer (Hrsg.), EuErbVO – Kommentar zur EU-Erbrechtsverordnung, 2. Auflage 2020
Eichel, Interlokale und interpersonale Anknüpfungen, in: *Leible/Unberath* (Hrsg.); Brauchen wir eine Rom 0-Verordnung? Überlegungen zu einem Allgemeinen Teil des europäischen IPR, 2013, 397
Erman, Bürgerliches Gesetzbuch, 16. Auflage 2020
Gebauer/Wiedmann (Hrsg.), Europäisches Zivilrecht, 3. Auflage 2021
Grüneberg, Bürgerliches Gesetzbuch, 82. Auflage 2023
Hausmann, Internationales und Europäisches Familienrecht, 2. Auflage 2018
Hay, Entschädigung und andere Zwecke, in: FS Stoll 2001, 521
Heinze, Bausteine eines Allgemeinen Teils des europäischen Internationalen Privatrechts, in: FS Kropholler 2008, 105
von Hoffmann/Thorn, Internationales Privatrecht einschließlich der Grundzüge des Internationalen Zivilverfahrensrechts, 9. Auflage 2007
Hopt, Handelsgesetzbuch, 42. Auflage 2023
Jayme/Hausmann (Hrsg.), Internationales Privat- und Verfahrensrecht, 21. Auflage 2022
Junker, Internationales Privatrecht, 5. Auflage 2022
Kahn, Gesetzeskollisionen – Ein Beitrag zur Lehre des internationalen Privatrechts, in: *Lenel/Lewald* (Hrsg.): Abhandlungen zum internationalen Privatrecht (Band 1), 1928, 1
ders., Die Lehre vom ordre public (Prohibitivgesetze), in: *Lenel/Lewald* (Hrsg.): Abhandlungen zum internationalen Privatrecht (Band 1), 1928, 161
ders., Über Inhalt, Natur und Methode des internationalen Privatrechts, in: *Lenel/Lewald* (Hrsg.): Abhandlungen zum internationalen Privatrecht (Band 1), 1928, 255
Kegel, Internationales Privatrecht, 7. Auflage 1995
ders., Der Gegenstand des Internationalen Privatrechts in: FS Raape 1948, 13
ders., Begriffs- und Interessenjurisprudenz im Internationalen Privatrecht, in: FS Lewald 1953, 259
ders., Die selbstgerechte Sachnorm, in: GS Ehrenzweig 1976, 51
Kegel/Schurig, Internationales Privatrecht, 9. Auflage 2004
Köhler, Eingriffsnormen – Der „unfertige Teil" des europäischen IPR, 2013
ders., Die Berücksichtigung ausländischer Eingriffsnormen im Europäischen Internationalen Vertragsrecht, in: *Binder/Eichel* (Hrsg.), Internationale Dimensionen des Wirtschaftsrechts, 2013, 199
ders., Der sachliche Anwendungsbereich der Güterrechtsverordnungen und der Umfang des Güterrechtsstatuts, in: *Dutta/Weber* (Hrsg.), Die Europäischen Güterrechtsverordnungen, 2017, 147
Kropholler, Internationales Privatrecht einschließlich der Grundbegriffe des Internationalen Zivilverfahrensrechts, 6. Auflage 2006
Looschelders, Internationales Privatrecht – Art. 3–46 EGBGB, 2004
Mann, Sonderanknüpfung und zwingendes Recht im internationalen Privatrecht, in: FS Beitzke 1979, 607

Mäsch, Ein Vollmachtsstatut für Europa, in: Liber amicorum Schurig 2012, 147
MüKoBGB, Münchener Kommentar zum Bürgerlichen Gesetzbuch, *Säcker/Rixecker/Oetker/Limperg* (Hrsg.), mehrere Bände: Band 12 (Internationales Privatrecht I, Europäisches Kollisionsrecht, Einführungsgesetz zum Bürgerlichen Gesetzbuche, Art. 1–26 EGBGB), von Hein (Red.), 8. Auflage 2020 – Band 12 (Internationales Privatrecht I, Europäisches Kollisionsrecht, Einführungsgesetz zum Bürgerlichen Gesetzbuche, Art. 1–26 EGBGB), von Hein (Red.), 7. Auflage 2018 – Band 10 (Internationales Privatrecht I, Europäisches Kollisionsrecht, Einführungsgesetz zum Bürgerlichen Gesetzbuche, Art. 1–24 EGBGB), von Hein (Red.), 6. Auflage 2015 – Band 10 (Internationales Privatrecht, Rom I-Verordnung, Rom II-Verordnung, Einführungsgesetz zum Bürgerlichen Gesetzbuche, Art. 1–24 EGBGB), Sonnenberger (Red.), 5. Auflage 2010.
NK-BGB, NomosKommentar BGB, *Dauner-Lieb/Heidel/Ring* (GesamtHrsg.), mehrere Bände: Band 1 (Allgemeiner Teil, EGBGB), *Heidel/Hüßtege/Mansel/Noack* (Hrsg.), 4. Auflage 2021 – Band 1 (Allgemeiner Teil, EGBGB), *Heidel/Hüßtege/Mansel/Noack* (Hrsg.), 3. Auflage 2016 – Band 6 (Rom-Verordnungen, EuErbVO, HUP), *Hüßtege/Mansel* (Hrsg.), 3. Auflage 2019
PWW, BGB Kommentar, *Prütting/Wegen/Weinreich* (Hrsg.), BGB Kommentar, 17. Auflage 2022
Rauscher (Hrsg.), Europäisches Zivilprozess- und Kollisionsrecht, Band 3 (Rom I-VO, Rom II-VO), 5. Auflage 2023
Rauscher, Internationales Privatrecht, 5. Aufl. 2017
Rentsch, Krisenbewältigung durch konstitutionalisiertes Kollisionsrecht, oder: Eingriffsrecht als integraler Bestandteil des europäischen IPR, in: *Bauerschmidt/Fassbender/Müller/Siehr/Unseld* (Hrsg.), Konstitutionalisierung in Zeiten globaler Krisen, 2015, 255
RGRK, Das Bürgerliche Gesetzbuch mit besonderer Berücksichtigung der Rechtsprechung des Reichsgerichtes und des Bundesgerichtshofes, Band 6 (Internationales Privatrecht, Teilband 1 und 2), 12. Auflage 1981
Roth, Der Grundsatz der loyalen Zusammenarbeit in der Europäischen Union und das Internationale Privatrecht, in: FS Dause 2014, 315
ders., Handelsvertretervertrag und Rom I-Verordnung – Eine Skizze, in: FS Spellenberg 2010, 309
Rühl, Rechtswahlfreiheit im europäischen Kollisionsrecht, in: FS Kropholler 2008, 187
Schurig, Kollisionsnorm und Sachrecht – Zu Struktur, Standort und Methode des internationalen Privatrechts, 1981
ders., Ein ungünstiges Günstigkeitsprinzip – Anmerkungen zu einer misslungenen gesetzlichen Regelung des internationalen Deliktsrechts, GS Lüderitz (2000), 699
ders., „Ingmar" und die „international zwingende" Handelsvertreter-Richtlinie oder: die Urzeugung einer Kollisionsnorm, in: Festschrift Jayme 2004, S. 837–847;
ders., Das internationale Erbrecht wird europäisch – Bemerkung zur kommenden europäischen Verordnung, in: FS Spellenberg 2010, 343
ders., Eine hinkende Vereinheitlichung des internationalen Ehescheidungsrechts in Europa, in: FS von Hoffmann 2011, 405
ders., Das Fundament trägt noch, in: *Mansel* (Hrsg.), Internationales Privatrecht im 20. Jhdt., 2014, 5
Soergel, Bürgerliches Gesetzbuch mit Einführungsgesetz und Nebengesetzen: Band 10 (Einführungsgesetz), 12. Auflage 1996
Solomon, Die Anknüpfung von Vorfragen im Europäischen Internationalen Privatrecht, in: FS Spellenberg 2010, 355
ders., Die Renaissance des Renvoi im Europäischen Internationalen Privatrecht, Liber amicorum Schurig 2012, 237
ders., Die allgemeine Kollisionsnorm (Art. 21, 22 EuErbVO), in: *Dutta/Herrler* (Hrsg.), Die Europäische Erbrechtsverordnung, 2014, 19
Sonnenberger, Randbemerkungen zum Allgemeinen Teil eines europäisierten IPR, in: FS Kropholler 2008, 227
Staudinger, Kommentar zum Bürgerlichen Gesetzbuch, mehrere Bände: Art. 3–6 EGBGB (IPR – Allgemeiner Teil), *Henrich* (Red.), Neubearbeitung 2013 – Einleitung zur Rom I-VO; Art. 1–

Literaturverzeichnis

10 Rom I-VO (Internationales Vertragsrecht 1), *Magnus* (Red.), Neubearbeitung 2021 – Art. 11–29 Rom I-VO; Art. 46 b-d EGBGB (Internationales Vertragsrecht 2), *Magnus* (Red.), Neubearbeitung 2021 – Wiener UN-Kaufrecht (CISG), *Kaiser* (Red.), Neubearbeitung 2018 – Art. 19–24 EGBGB; ErwSÜ (Internationales Kindschaftsrecht, Erwachsenenschutzübereinkommen), *Henrich* (Red.), Neubearbeitung 2022 – Internationales Verfahrensrecht in Ehesachen 1 (Europäisches Recht: Brüssel II a-VO), *Henrich* (Red.), Neubearbeitung 2015 – Internationales Privatrecht, Band IV (Art. 24–26 a.F., Art. 5, 6 n.F. EGBGB), 12. Auflage 1990 – Art. 25, 26; Anhang zu Art. 25, 26, *Kropholler* (Red.), Neubearbeitung 2007 – Art. 38–42 EGBGB, *Kropholler* (Red.), Neubearbeitung 2001 – Art. 43–46 EGBGB (Internationales Sachenrecht), *Henrich* (Red.), Neubearbeitung 2015

Süß, Sonderanknüpfung von Eheverträgen und der Schutz Dritter, in: *Dutta/Weber* (Hrsg.), Die Europäischen Güterrechtsverordnungen, 2017, 85

Weller, Der „gewöhnliche Aufenthalt" – Plädoyer für einen willenszentrierten Aufenthaltsbegriff, in: *Leible/Unberath* (Hrsg.); Brauchen wir eine Rom 0-Verordnung? Überlegungen zu einem Allgemeinen Teil des europäischen IPR, 2013, 293

Stichwortverzeichnis

Die Angaben verweisen auf die Randnummern des Buches.

Abgrenzung Kollisionsrecht und Sachrecht 1
Abstammung 476 ff.
- Anfechtung 483
- Anpassung 478 ff.
- Kommissionsvorschlag für eine Verordnung des Rates über die Zuständigkeit, das anzuwendende Recht, die Anerkennung von Entscheidungen und die Annahme öffentlicher Urkunden in Elternschaftssachen sowie zur Einführung eines europäischen Elternschaftszertifikats 26, 476
- Leihmutterschaft 483a f.
- Zustimmungserfordernisse 483

Abtretung 233 ff.
- Drittwirkung von Abtretungen 236a ff.
- Kommissionsvorschlag für eine Verordnung über das auf die Drittwirkung von Forderungsübertragungen anzuwendende Recht 26, 236a ff.

Adoption
- Bestimmung des Adoptionsstatuts 484
- Reichweite des Adoptionsstatuts 485
- Zustimmungserfordernisse 486

Akzessorische Anknüpfung
- Rom I-VO 184 ff.
- Rom II-VO 267 ff.

Akzessorische Anknüpfungen
- Renvoi 73

Allseitige Kollisionsnormen 15 ff.
Alpenhof-Entscheidung 195
Alternative Anknüpfungen 22
- Renvoi 70 ff.

animus manendi 49
Anknüpfungen an die „engste Verbindung"
- allgemein 57 f.
- Art. 4 Abs. 3 Rom I-VO 183 ff.
- Art. 4 Abs. 3 Rom II-VO 264 ff.
- Art. 4 Abs. 4 Rom I-VO 190 f.
- Art. 21 Abs. 2 EuErbVO 503
- Art. 41 EGBGB 324 ff.
- Art. 46 EGBGB 367 ff.
- Renvoi 74

Anknüpfungsleiter 23
Anknüpfungsmomente 46 ff.
- Anknüpfung an die „engste Verbindung" 57 f.
- Belegenheitsort 56

- Erfolgsort 55
- gewöhnlicher Aufenthalt 48 ff.
- Handlungsort 54
- Rechtswahl 47
- Staatsangehörigkeit 52 f.

Anpassung
- allgemein 127 ff.
- Anpassung dinglicher Rechte (Art. 31 EuErbVO) 536 ff.
- Art. 43 Abs. 2 EGBGB 346 ff.
- erbenlose Nachlässe (Art. 33 EuErbVO) 544 f.
- Kommorienten (Art. 32 EuErbVO) 540 ff.
- Lösungsmöglichkeiten 129 ff.
- Normwiderspruch 127 f.
- „Prinzip des geringsten Eingriffs" 131
- Sachnormen im IPR 131
- spezielle Anpassungsregelungen (EuErbVO) 535 ff.
- spezielle Anpassungsregelungen (EuGüVO) 428
- Transposition 349 f., 536 ff.
- Trust 538
- Vindikationslegat 539

Anpassung dinglicher Rechte (Art. 31 EuErbVO) 536

Anscheinsvollmacht 231d
Arbeitskampfmaßnahmen 293
Aufrechnung 244 f.
Auslandssachverhalt
- allgemein 147 ff.
- Art. 12 Abs. 2 Rom I-VO 197
- Art. 17 Rom II-VO 300
- Art. 43 Abs. 3 EGBGB 353
- faktische Berücksichtigung von Eingriffsnormen 207
- „Handeln unter falschem Recht" 150 f.
- methodische Verortung 149
- Substitution 152 ff.

Auslegung
- effet utile 29
- europäische Rechtsakte 29
- rechtsvergleichende Auslegung 32
- staatsvertragliche Rechtsakte 31

Ausweichklausel
- Art. 4 Abs. 3 Rom I-VO 183 ff.
- Art. 4 Abs. 3 Rom II-VO 264 ff.
- Art. 21 Abs. 2 EuErbVO 503

- Art. 41 Abs. 1, Abs. 2 EGBGB 324 ff.
- Art. 46 EGBGB 367 ff.

Ausweichklauseln 24

Autohypothek 345 ff.

Beförderungsverträge 192

Bereicherungsstatut
- Bestimmung (Rom II-VO) 294
- Bestimmung (EGBGB) 329
- Rechtswahl (Rom II-VO) 251 ff.
- Rechtswahl (EGBGB) 308
- Reichweite 298

besondere Vorschriften iSv Art. 3 a Abs. 2 EGBGB aF 435 f.

Betreuung 489

Binnenmarktsachverhalt
- Art. 3 Abs. 4 Rom I-VO 176
- Art. 14 Abs. 3 Rom II-VO 255

Bündelungsmodell 15 ff.

Bürgschaft 188

„Bystander" 285 ff.

Deliktsfähigkeit 298

Deliktsstatut
- akzessorische Anknüpfung 267 ff.
- Bestimmung (Rom II-VO) 256 ff.
- Bestimmung (EGBGB) 309 ff.
- Persönlichkeitsrechtsverletzungen 307 ff.
- Rechtswahl (Rom II-VO) 251 ff.
- Rechtswahl (EGBGB) 308
- Reichweite 298

Deutsch-iranisches Niederlassungsübereinkommen 383, 385, 399, 404, 439, 469, 475, 491

Deutsch-sowjetischer Konsularvertrag 491

Deutsch-türkischer Konsularvertrag 491

Dienstleistungsverträge 178, 196

Direktklage gegen den Versicherer (Art. 18 Rom II-VO) 303 ff.

„Disqualifikation" 42

Distanzdelikte 258 ff.

Distributive Anknüpfungen 22

Duldungsvollmacht 231d

dynamische Rechtswahl 498

Ehehindernisse
- einseitige 387
- ordre public 388 ff.
- zweiseitige 387

Ehemündigkeit
- ordre public 391a ff.

Ehescheidung
- Rechtsquellen 439 ff.
- Scheidungsfolgen 440

Eheschließung 385 ff.
- Abgrenzung materieller und formeller Eheschließungsvoraussetzungen 395 f.
- Ehehindernisse 387
- formelle Voraussetzungen 392 ff.
- Handschuhehe 396
- materielle Voraussetzungen 386 ff.
- Online-Eheschließung 394a f./ff.
- Rechtsfolgen fehlerhafter Eheschließungen 397

Ehewirkungen 399 ff.
- allgemeine Ehewirkungen 399 ff.
- eheliches Güterrecht 404 ff.
- Rechtswahl 400 ff.

Ehewirkungsstatut
- Bestimmung 399 ff.
- objektive Bestimmung 402 f.
- Rechtswahl 400 ff.

Eigentümer-Besitzer-Verhältnis 340

Eigentumserwerb 339 ff.
- Konsensualprinzip 339
- „titulus-modus"-Prinzip 339
- Traditionsprinzip 339
- Trennungs- und Abstraktionsprinzip 339

Eingetragene heterosexuelle Partnerschaften
- Qualifikation 464

Eingetragene Lebenspartnerschaften 459 f.
- EuPartVO 461
- Güterrecht 461

Eingriffsnormen
- Anwendungsinteresse an ausländischen Eingriffsnormen 208
- Anwendungsvoraussetzungen ausländischer Eingriffsnormen 211
- Art. 3 a Abs. 2 EGBGB aF 435 f.
- ausländische Eingriffsnormen 202 ff.
- Eingriffsnormen der lex causae 213
- EuErbVO 531 ff.
- EuGüVO 425 ff.
- faktische Berücksichtigung von Eingriffsnormen 207 ff.
- Ingmar-Entscheidung 218 ff.
- inländische Eingriffsnormen 200 f.
- Interessensympathie 208
- materiellrechtliche Berücksichtigung von Eingriffsnormen 205 ff.
- mitgliedstaatliche Eingriffsnormen 216 f.
- Rom I-VO 198 ff.
- Rom II-VO 299
- shared value approach 208

Stichwortverzeichnis

- Sonderprivatrecht 214 f.
- soziales Mietrecht 214 f.
- Sperrwirkung von Art. 9 Abs. 3 Rom I-VO 209
- „Sympathieprüfung" 208
- Verortung der Eingriffsnormenproblematik 199

Einseitige Kollisionsnormen 19
Elementkollisionsnorm 15 f.
Eltern-Kind-Verhältnis 487 f.
- KSÜ 488

Erbenlose Nachlässe 544 f.
Erbfähigkeit 494
Erbstatut
- Bestimmung 496 ff.
- objektive Bestimmung 502 ff.
- Qualifikation von § 1371 Abs. 1 BGB 507 ff.
- Rechtswahl 497 ff.
- Reichweite 506
- unbekannte dingliche Rechte 536 ff.

Erbverträge
- Bindungswirkung 517 ff.
- einseitiger Erbvertrag 518
- materielle Wirksamkeitsvoraussetzungen 517 ff.
- Verbot 519, 522, 528
- Zulässigkeit 517 ff.
- zweiseitiger Erbvertrag 518

Erfolgsort
- Art. 4 Abs. 1 Rom II-VO 258
- Art. 40 Abs. 1 EGBGB 313 ff.
- Persönlichkeitsrechtsverletzungen 314 ff.
- Streudelikte 316 ff.

Ergebniskorrektur 126 ff.
- Anpassung 127 ff.
- Gesetzesumgehung 143 ff.
- ordre public 132 ff.

Errichtungsstatut
- Erbverträge 517 ff.
- Rechtswahl 513, 521
- Reichweite 522
- Verfügungen von Todes wegen 512 ff.

Erstfragen 121
EuErbVO 494 ff.
- Anpassung dinglicher Rechte (Art. 31 EuErbVO) 536 ff.
- Anwendungsbereich 494
- Art. 34 EuErbVO 82 ff.
- Bestimmung des anwendbaren Rechts 495 ff.
- Bestimmung des Erbstatuts 496 ff.

- dingliche Berechtigung an dem Nachlass 494, 536
- dynamische Rechtswahl 498
- Eingriffsnormen 531 ff.
- erbenlose Nachlässe (Art. 33 EuErbVO) 544 f.
- Erbverträge 517 ff.
- Errichtungsstatut (Erbverträge) 517 ff.
- Errichtungsstatut (Verfügungen von Todes wegen) 512 ff.
- Formstatut (Verfügungen von Todes wegen) 523 ff.
- gemeinschaftliche Testamente 517
- interlokale Rechtsspaltung 110
- interpersonale Rechtsspaltung 114
- intertemporale Rechtsspaltung 116 f.
- Kommorienten (Art. 32 EuErbVO) 540 ff.
- konkludente Rechtswahl 499 f.
- objektive Bestimmung des Erbstatuts 502 ff.
- Qualifikation von § 1371 Abs. 1 BGB 507 ff.
- Rechtsgeschäfte unter Lebenden auf den Todesfall 494
- Rechtswahl 497 ff.
- spezielle Anpassungsregelungen 535 ff.
- Testierfähigkeit 515 f.
- Verfügungen von Todes wegen 511 ff., 512 ff.
- Vindikationslegate 494, 539

EuGüVO 404 ff.
- Anwendungsbereich 407 ff.
- Ausweichklausel 420
- Bestimmung des anwendbaren Rechts 415 ff.
- Drittschutz 424 ff.
- Ehebegriff 410 ff.
- Eheverträge 422 f.
- eingetragene heterosexuelle Partnerschaften 411
- eingetragene Partnerschaften iSd deutschen Rechts 412
- Eingriffsnormen 425 ff.
- gleichgeschlechtliche Ehen 412
- Güterrechtsbegriff 407 ff.
- Güterstatut 415 ff.
- intertemporaler Anwendungsbereich 406
- nicht formalisierte Lebensgemeinschaften 413
- objektive Bestimmung des Güterstatuts 419 ff.
- Qualifikation von § 1371 Abs. 1 BGB 507 ff.
- Rechtswahl 416 ff.

Stichwortverzeichnis

- Reichweite des Güterstatuts 421
- spezielle Anpassungsregelungen 428
- Teilrechtswahl 417
- Vereinbarungen über den ehelichen Güterstand 422 f.

EuPartVO 405, 461

Europäisches Nachlasszeugnis 546 ff.
- öffentlicher Glaube 550 ff.
- Richtigkeitsvermutung 548 ff.
- Wirkungen 547 ff.

Europarechtlich-autonome Auslegung 29

EuErbVO
- Europäisches Nachlasszeugnis 546 ff.

EWG-Übereinkommen über das auf vertragliche Schuldverhältnisse anzuwendende Recht v. 19.6.1980 157

Formstatut (Verfügungen von Todes wegen)
- Bestimmung 524 f.
- Rechtsgrundlage 523
- Reichweite 528

Formwirksamkeit
- einseitige Rechtsgeschäfte 223
- immobilienbezogene Verträge (Art. 11 Abs. 5 Rom I-VO) 224
- sachenrechtliche Rechtsgeschäfte 381
- schuldrechtliche Verträge 221 ff.
- Verbraucherverträge (Art. 11 Abs. 4 Rom I-VO) 224
- Verfügungen von Todes wegen 524 f.

Franchiseverträge 178

fraus legis 143 ff.

Gemeininteressen 11, 199

gemeinschaftliche Testamente 517
- Verbot 522, 528

Genfer UN-Abkommen über die Rechtsstellung der Flüchtlinge 53

Gerechtigkeitsideal des IPR 8 ff.

Gesamtschuldnerausgleich
- Rom I-VO 242 f.
- Rom II-VO 306

Gesamtverweisungen
- Art. 34 EuErbVO 82 ff.
- Begriff 59
- europäisches IPR 77 ff., 82 ff.
- nationales IPR 62 ff.

Geschäftsfähigkeit 227

Geschäftsführung ohne Auftrag
- Bestimmung des anwendbaren Rechts (Rom II-VO) 295

- Bestimmung des anwendbaren Rechts (EGBGB) 329
- Rechtswahl (Rom II-VO) 251 ff.
- Rechtswahl (EGBGB) 308
- Reichweite des Statuts 298

Gesetzesumgehung 143 ff.
- Leslie Caron-Fall 146
- Simulation 146

Gesetzlicher Forderungsübergang
- Rom I-VO 237 ff.
- Rom II-VO 306 ff.

Gewinnzusagen 168

Gewöhnlicher Aufenthalt 48 ff.
- animus manendi 49
- EuErbVO 502 ff.
- Voraussetzungen 49 f.

Gleichgeschlechtliche Ehen 462 f.
- Anwendungsbereich Rom III-VO 442
- Qualifikation 462 f.
- Scheidung nach der Rom III-VO 457

Grund für ein allseitiges IPR 2 ff.

Grundstücksimmissionen 377 ff.

Güterstatut 415 ff.
- besondere Vorschriften iSv Art. 3 a Abs. 2 EGBGB aF 435 f.
- objektive Bestimmung 419 ff.
- Qualifikation von § 1371 Abs. 1 BGB 507 ff.
- Rechtswahl 416 f.

Haager Abkommen zur Regelung des Geltungsbereiches der Gesetze auf dem Gebiet der Eheschließung 385

Haager Erwachsenenschutzübereinkommen 489

Haager Minderjährigenschutzabkommen 487

Haager Übereinkommen über das auf Straßenverkehrsunfälle anzuwendende Recht 78 f.

Haager Übereinkommen über das auf Unterhaltspflichten anzuwendende Recht 469

Haager Übereinkommen über das auf Unterhaltsverpflichtungen gegenüber Kindern anzuwendende Recht 469

Haftungsausschlüsse 298

„Handeln unter falschem Recht" 150 f.

Handelsvertreterrichtlinie 218

Handelsvertreterverträge 176
- Ingmar-Entscheidung 218 ff.

Stichwortverzeichnis

Handlungsort
- Art. 40 Abs. 1 EGBGB 310 f.
- Persönlichkeitsrechtsverletzungen 312

Handschuhehe 396

HTestformÜ 523

HUP 470 ff.
- Anwendungsbereich 470
- Bestimmung des anwendbaren Rechts 471 ff.
- objektive Bestimmung des anwendbaren Rechts 473
- Rechtswahl 471 f.

„Hypothetische" Rück- und Weiterverweisungen 93 ff.
- Begründung 96
- Voraussetzungen 97

„Hypothetische" Weiterverweisung 99

Individualarbeitsverträge 192
- Sonderanknüpfung 176

Ingmar-Entscheidung 218 ff.

Inlandssachverhalt
- Art. 3 Abs. 3 Rom I-VO 176
- Art. 14 Abs. 2 Rom II-VO 255

Interesse an äußerem Entscheidungseinklang 12
- Bedeutung für den Renvoi 61
- Bedeutung für die Vorfragenanknüpfung 121

Interesse an innerem Entscheidungseinklang 12
- Bedeutung für die akzessorische Anknüpfung 184
- Bedeutung für die Vorfragenanknüpfung 121

Interlokale Rechtsspaltung 105 ff.
- EuErbVO 110
- europäisches IPR 106 ff.
- nationales IPR 111
- Rom I-VO 106 f.
- Rom II-VO 106
- Rom III-VO 108 f.

Internationales außervertragliches Schuldrecht 247 ff.
- nationales Recht 307 ff.
- Rechtsgrundlagen 247
- Rom II-VO 248 ff.

Internationales Eherecht 384 ff.
- Ehescheidung 439 ff.
- Eheschließung 385 ff.
- Ehewirkungen 399 ff.

- eingetragene heterosexuelle Partnerschaften 464
- eingetragene Lebenspartnerschaften 459 f.
- gleichgeschlechtliche Ehen 462 f.
- nicht formalisierte Lebensgemeinschaften 467 f.
- Verlöbnis 466

Internationales Erbrecht 491 ff.
- EuErbVO 494 ff.
- Rechtsgrundlagen 491 ff.

Internationales Familienrecht 383 ff.
- Betreuung 489
- Eherecht 384 ff.
- Ehescheidung 439 ff.
- eingetragene heterosexuelle Partnerschaften 464
- eingetragene Lebenspartnerschaften 459 f.
- gleichgeschlechtliche Ehen 462 f.
- Güterrecht 404 ff.
- Kindschaftsrecht 475 ff.
- nicht formalisierte Lebensgemeinschaften 467 f.
- Pflegschaft 489
- Unterhaltsrecht 469 ff.
- Verlöbnis 466
- Vormundschaft 489

Internationales Güterrecht
- alte Rechtslage 429 ff.
- Art. 15 EGBGB aF. 429 ff.
- EuGüVO 404 ff.
- EuPartVO 405

Internationales Kindschaftsrecht 475 ff.
- Abstammung 476 ff.
- Adoption 484 ff.
- Eltern-Kind-Verhältnis 487 f.
- KSÜ 488
- Rechtsquellen 475

Internationales Sachenrecht 331 ff.
- Bestimmung des Sachstatuts 333 ff.
- Eigentümer-Besitzer-Verhältnis 340
- Eigentumserwerb 339 ff.
- Grundstücksimmissionen 377 ff.
- Konsensualprinzip 339
- Rechtsgrundlagen 331
- Rechtsverwirklichungsansprüche 340
- Reichweite des Sachstatuts 337 ff.
- res in transitu 370 ff.
- Statutenwechsel 341 ff.
- „titulus-modus"-Prinzip 339 ff.
- Traditionsprinzip 339
- Transportmittel 365 f.
- Transposition 349 f.
- Trennungs- und Abstraktionsprinzip 339

277

- Überblick 332
- unbekannte dingliche Rechte 344 ff.

Internationales Unterhaltsrecht 469 ff.

Internationales Vertragsrecht 157 ff.
- Rechtsgrundlagen 157
- Rom I-VO 168 ff.
- UN-Kaufrecht 158 ff.

Internationale Zuständigkeit 25

Internationalistische Schule 3

Internationalprivatrechtliche Gerechtigkeit
- Bestimmung der maßgeblichen Rechtsanwendungsinteressen 11 f.
- Gerechtigkeitsideal 8 ff.
- kollisionsrechtliche Interessen 9 ff.
- Zusammenhang zwischen international- und materiellprivatrechtlicher Gerechtigkeit 10

Interpersonale Rechtsspaltung 112 ff.
- EuErbVO 114
- europäisches IPR 113 f.
- nationales IPR 115
- Rom I-VO 113
- Rom II-VO 113
- Rom III-VO 114

Intertemporale Rechtsspaltung 116 f.

IPR
- Abgrenzung Kollisionsrecht und Sachrecht 1
- Anerkennung ausländischen Rechts als „Recht" 2
- Anpassung 127 ff.
- Auslandssachverhalt 147 ff.
- Begriff 1
- Bestimmung der maßgeblichen Rechtsanwendungsinteressen 11 f.
- Bündelungsmodell 15 ff.
- Ergebniskorrektur 126 ff.
- Gesetzesumgehung 143 ff.
- Grund für ein allseitiges IPR 2 ff.
- internationalistische Schule 3
- internationalprivatrechtliche Gerechtigkeit 8 ff.
- kollisionsrechtliche Interessen 8 ff.
- Normhierarchie 27
- Notwendigkeit 2 ff.
- ordre public 132 ff.
- Qualifikation 34 ff.
- räumliche Relativität des Rechts 4 ff.
- Rechtsgrundlagen 26
- Rechtsspaltung 104 ff.
- Substitution 152 ff.
- theoretische Begründung 2 ff.
- völkerrechtliche Begründungsansätze 3

- Vorfragen 118 ff.
- Zusammenhang zwischen international- und materiellprivatrechtlicher Gerechtigkeit 10

ius gentium 7

Kartellrechtsverstöße 288

Kaufmännisches Bestätigungsschreiben 197

Kaufverträge über bewegliche Sachen 178

„Kegel'sche Leiter" 23

Klausel-Richtlinie 176

Kollisionsnormen
- allseitige Kollisionsnormen 15 ff.
- alternative Anknüpfungen 22
- Anknüpfungsleiter 23
- Anknüpfungsmomente 46 ff.
- Aufbau 13 f.
- Ausweichklauseln 24
- Bündelungsmodell 15 ff.
- distributive Anknüpfungen 22
- einseitige Kollisionsnormen 19 f.
- Elementkollisionsnorm 15 f.
- kumulative Anknüpfungen 22
- Mehrfachanknüpfungen 22
- selbstständige Kollisionsnormen 13
- unselbstständige Kollisionsnormen 13

Kollisionsrechtliche Interessen
- Bedeutung für die Anknüpfungsentscheidung 11 ff.
- Bedeutung für die Qualifikation 39 ff.
- Bedeutung für die Rechtsfortbildung 42 ff.
- Bedeutung nach dem Bündelungsmodell 17 ff.
- Übersicht 11

Kommissionsvorschlag für eine Verordnung des Rates über die Zuständigkeit, das anzuwendende Recht, die Anerkennung von Entscheidungen und die Annahme öffentlicher Urkunden in Elternschaftssachen sowie zur Einführung eines europäischen Elternschaftszertifikats 26, 476

Kommissionsvorschlag für eine Verordnung über das auf die Drittwirkung von Forderungsübertragungen anzuwendende Recht 26, 236a ff.

Kommorienten (Art. 32 EuErbVO) 540 ff.

Konsensualprinzip 339

KSÜ 488

Kumulative Anknüpfungen 22

law merchant 7

Stichwortverzeichnis

Legalzession
- Rom I-VO 237 ff.
- Rom II-VO 306

Leihmutterschaft 483a f.
Lizenztausch 182
Lösungsrecht 345, 348
„Maltaklausel" 456 f.
Materielles Recht für den Auslandssachverhalt 7
Materiellrechtliche Verweisung 173 ff.
Mehrfachanknüpfungen 22
Mehrrechtsstaaten 104 ff.
Mietverträge 178
- soziales Mietrecht 214 f.

Morgengabe 35 ff.
Mosaikbetrachtung
- Persönlichkeitsrechtsverletzungen 318 ff.
- Wettbewerbsrecht 288

New Yorker UN-Übereinkommen über die Rechtsstellung der Staatenlosen 53
Nicht formalisierte Lebensgemeinschaften 467 f.
Nigerianischer-Maskenfall 206
Normhierarchie IPR 27
Normwiderspruch 127 f.
Online-Eheschließung 394a f./ff.
Ordnungsinteressen
- Interesse an äußerem Entscheidungseinklang 12
- Interesse an innerem Entscheidungseinklang 12

ordre public 132 ff.
- Art. 10 Rom III-VO 451 ff.
- Art. 13 Abs. 2 EGBGB 388 ff.
- Art. 13 Abs. 4 EGBGB 391a ff.
- Art. 40 Abs. 3 EGBGB 326 ff.
- Diskriminierung 142, 451 ff.
- Ehemündigkeit 391a ff.
- Eheschließung 142, 388 ff.
- Einzelfälle 137 ff.
- Erbrecht 142
- fundamentale Gerechtigkeitsprinzipien 133
- Grundsatz der Einehe 139
- Handschuhehe 396
- im Rahmen von Vorfragen 140
- Inlandsbezug 134
- Methodik 133
- negative Funktion 133
- Pflichtteilsrecht 142
- positive Funktion 133
- Prüfungsprogramm 135
- Religionsverschiedenheit 142
- Scheidung 142, 451 ff.
- Strafschadensersatz 142, 326 ff.
- Verletzung wesentlicher materieller Grundsätze 134
- Vindikationslegate 539
- Zweck 133

Pachtverträge 178
Parteiinteressen 11
Pauschalisierter Zugewinnausgleich 507 ff.
Pauschalreise-Richtlinie 196
Persönlichkeitsrechtsverletzungen 307 ff.
- Erfolgsort 314 ff.
- Handlungsort 312
- Mosaikbetrachtung 318 ff.
- Shevill-Entscheidung 318, 319
- Streudelikte 316 ff.

Pflegschaft 489
Platzkauf 183
Prinzip der charakteristischen Leistung 179
Privatscheidung 441
Produkthaftung 272 ff.
- „Bystander" 285 ff.
- Inverkehrbringen 274
- Produkt 277 ff.

Prüfungsschema
- allgemeines Prüfungsschema 156
- außervertragliches Schuldrecht 330
- Ehescheidung und Scheidungsfolgen 458
- Eheschließung 398
- Ehewirkungen 438
- Erbrecht 553
- Kindschaftsrecht 490
- Sachenrecht 382
- Unterhaltsrecht 474
- Vertragsrecht 246

Qualifikation 34 ff.
- autonome Qualifikation 39
- lege causae 38
- lege fori 38
- Lösungsansätze 38
- Morgengabe 35 ff.
- Qualifikationsentscheidung 40
- rechtsvergleichende Qualifikation 38
- Tennessee-Wechsel-Fall 36 ff.

Qualifikationsverweisungen 102 f.
Räumliche Relativität des Rechts 4 ff.

Rechtsfähigkeit 227
Rechtsfortbildung
- „Disqualifikation" 42
- europäische Rechtsakte 29
- im IPR 42 ff.
- staatsvertragliche Rechtsakte 31
Rechtsgeschäfte unter Lebenden auf den Todesfall 494
Rechtsgrundlagen
- Normhierarchie 27
Rechtsgrundlagen IPR 26
Rechtsspaltung 104 ff.
- interlokale 105 ff.
- interpersonale 112 ff.
- intertemporale 116 f.
Rechtswahl
- allgemein 47
- Ehewirkungen 400 ff.
- Errichtungsstatut 513, 521
- EuErbVO 497 ff.
- Güterrecht 416 ff.
- HUP 471 f.
- internationales außervertragliches Schuldrecht 251 ff., 308
- internationales Vertragsrecht 171 ff.
- Renvoi 75
- Rom I-VO 171 ff.
- Rom II-VO 251 ff.
- Rom III-VO 444 ff.
- Wahl nichtstaatlichen Rechts 173 ff.
relativ-wirkender Eigentumsvorbehalt 345, 363 f.
Renvoi 59 ff.
- akzessorische Anknüpfungen 73
- Alternativanknüpfungen 70 ff.
- Anknüpfungen an die engste Verbindung 74
- Art. 34 EuErbVO 82 ff.
- Ausnahmen (europäisches IPR) 77 ff., 82 ff.
- Ausnahmen (nationales IPR) 68 ff.
- europäisches IPR 76 ff.
- foreign-court-Theorie 84
- Grundsatz (europäisches IPR) 76 ff.
- Grundsatz (nationales IPR) 62 ff.
- „hypothetische" Weiterverweisung 99
- nationales IPR 62 ff.
- Qualifikationsverweisungen 102 f.
- rechtspolitische Erwägungen, Interessen 61
- Rechtswahl 75
- Sinnwidrigkeitsklausel des Art. 4 Abs. 1 S. 1 Hs. 2 EGBGB 69 ff.

- staatsvertragliches IPR 91 f.
- „versteckte" oder „hypothetische" Rück- und Weiterverweisungen 93 ff.
- Verweisung kraft abweichender Qualifikation 100 f.
res in transitu 370 ff.
Richtlinie über den Fernabsatz von Finanzdienstleistungen 176
Rom I-VO 168 ff.
- Abtretung 233 ff.
- Anwendungsbereich 168 f.
- Aufrechnung 244 f.
- Bestimmung des Vertragsstatuts 170 ff.
- Drittwirkung von Abtretungen 236a ff.
- Eingriffsnormen 198 ff.
- Einschränkungen der Rechtswahl 176
- Formwirksamkeit von Verträgen 221 ff.
- Gesamtschuldnerausgleich 242 f.
- gesetzlicher Forderungsübergang 237 ff.
- interlokale Rechtsspaltung 106
- interpersonale Rechtsspaltung 113
- intertemporale Rechtsspaltung 116
- Kommissionsvorschlag für eine Verordnung über das auf die Drittwirkung von Forderungsübertragungen anzuwendende Recht 236a ff.
- Legalzession 237 ff.
- objektive Bestimmung des Vertragsstatuts 177 ff.
- Rechts- und Geschäftsfähigkeit 227 ff.
- Rechtswahl 171 ff.
- Reichweite des anwendbaren Rechts 197
- Stellvertretung 230 ff.
Rom II-VO 248 ff.
- allgemeine deliktische Kollisionsnorm 257 ff.
- Anwendungsbereich 248 f.
- Arbeitskampfmaßnahmen 293
- Bereicherungsstatut 294
- besondere deliktische Kollisionsnormen 271 ff.
- Bestimmung des Deliktsstatuts 256 ff.
- Direktklage gegen den Versicherer (Art. 18 Rom II-VO) 303 ff.
- Eingriffsnormen 299
- Einschränkungen der Rechtswahl 254 ff.
- Gesamtschuldnerausgleich 306
- Geschäftsführung ohne Auftrag 295
- gesetzlicher Forderungsübergang 306 ff.
- interlokale Rechtsspaltung 106
- interpersonale Rechtsspaltung 113
- intertemporale Rechtsspaltung 116
- Kartellrechtsverstöße 288

Stichwortverzeichnis

- Legalzession 306
- Produkthaftung 272 ff.
- Rechtswahl 251 ff.
- Reichweite des anwendbaren Rechts 298
- Sicherheits- und Verhaltensregeln (Art. 17 Rom II-VO) 300 ff.
- Umweltschädigungen 289 ff.
- unlauterer Wettbewerb 288
- Verletzung von Rechten des geistigen Eigentums 292 f.
- Verschulden bei Vertragsverhandlungen 296 f.

Rom III-VO 440 ff.
- Anwendungsbereich 440 ff.
- besondere Regelung des ordre public (Art. 10 Rom III-VO) 451 ff.
- Bestimmung des Scheidungs- bzw. Trennungsstatuts 443 ff.
- gleichgeschlechtliche Ehen 442
- interlokale Rechtsspaltung 108 f.
- interpersonale Rechtsspaltung 114
- intertemporale Rechtsspaltung 116
- „Maltaklausel" 456 f.
- objektive Bestimmung des Scheidungs- bzw. Trennungsstatuts 448 ff.
- Privatscheidung 441
- Rechtswahl 444 ff.
- Umwandlung einer Trennung ohne Auflösung des Ehebandes 449 f.

Rückverweisungen
- Begriff 59
- nationales IPR 62

Sachnormverweisungen
- Begriff 59
- europäisches IPR 76 ff.
- nationales IPR 68

Sachstatut
- Anknüpfung an die les rei sitae 334 ff.
- Ausweichklausel 367 ff.
- Bestimmung 333 ff.
- Eigentümer-Besitzer-Verhältnis 340
- Eigentumserwerb 339 f.
- Rechtsverwirklichungsansprüche 340
- Reichweite 337 ff.
- res in transitu 370 ff.
- Statutenwechsel 341 ff.
- Transportmittel 365 f.
- Transposition 349 ff.
- unbekannte dingliche Rechte 344 ff.

Scheidungsfolgen 440

Scheidungsstatut
- Bestimmung 443 ff.
- objektive Bestimmung 448 ff.

- Rechtswahl 444 ff.

Schenkungen auf den Todesfall 494

Schockschäden 265 f., 298

Selbstständige Kollisionsnormen 13

Shevill-Entscheidung 318, 319

Sicherheits- und Verhaltensregeln (Art. 17 Rom II-VO) 300 ff.

Sicherungsübereignung 338

Sinnwidrigkeitsklausel des Art. 4 Abs. 1 S. 1 Hs. 2 EGBGB 69 ff.
- akzessorische Anknüpfungen 73
- Alternativanknüpfungen 70 ff.
- Anknüpfungen an die engste Verbindung 74

Staatsangehörigkeit
- allgemein 52 f.
- Besonderheiten bei der Vorfragenanknüpfung 121
- effektive Staatsangehörigkeit 53
- Flüchtlinge 53 f.
- mehrfache Staatsangehörigkeit 53
- Staatenlose 53

Statutenwechsel (internationales Sachenrecht) 341 ff.
- abgeschlossene Tatbestände 342 ff.
- nicht-abgeschlossene Tatbestände 351 ff.

Stellvertretung 43 ff., 230 ff.
- Anscheinsvollmacht 231d
- dingliches Rechtsgeschäft 381a
- gesetzliche Stellvertretung 232
- gewillkürte Stellvertretung 231 ff.
- objektive Anknüpfung 231b f.
- Rechtswahl 231a
- Reichweite Vollmachtsstatut 231d
- Vertretung ohne Vertretungsmacht 231d
- Vollmacht 231 ff., 231d

Substitution 152 ff.
- methodische Verortung 154
- Voraussetzung 154

Teile der Hauptfrage 118

Teilfragen 121

Teilzeitnutzungs-Richtlinie 176, 196

Tennessee-Wechsel-Fall 36 ff.

Testierfähigkeit 494

„titulus-modus"-Prinzip 339

Traditionsprinzip 339

Transposition
- Art. 43 Abs. 2 EGBGB 349 f.
- EuErbVO 536

Trennung ohne Auflösung des Ehebandes 440
Trennungsstatut
- Bestimmung 443 ff.
- objektive Bestimmung 448 ff.
- Rechtswahl 444 ff.
- Umwandlung in eine Ehescheidung 449 f.

Trennungs- und Abstraktionsprinzip 339
Trust 538

Umwandlung einer Trennung ohne Auflösung des Ehebandes 449 f.
Umweltschädigungen 289 ff.
Unbekannte dingliche Rechte
- internationales Erbrecht 536 ff.
- internationales Sachenrecht 344 ff.

UNIDROIT-Übereinkommen über das internationale Factoring 157
UN-Kaufrecht 158 ff.
- Anwendungsbereich 159 ff.
- interne und externe Regelungslücken 167
- Regelungsbereich 166 f.

Unlauterer Wettbewerb 288
Unselbständige Kollisionsnormen 13
Unterhaltsstatut
- Bestimmung 471 ff.
- objektive Bestimmung 473
- Rechtswahl 471 f.

Verbraucherkredit-Richtlinie 176
Verbraucherverträge 193 ff.
- Ausrichten iSv Art. 6 Abs. 1 lit. b Rom I-VO 195
- Sonderanknüpfung 176, 193 ff.
- verbraucherschützendes Richtlinienrecht 176

Verbrauchsgüterkauf-Richtlinie 176
Verfügungen von Todes wegen 511 ff.
- Änderung 514, 526 f.
- Bestimmung des Formstatuts 523 ff.
- formelle Wirksamkeitsvoraussetzungen 523 ff.
- materielle Wirksamkeitsvoraussetzungen 512 ff.
- Widerruf 514, 526 f.

Verkehrsinteressen 11
Verletzung von Rechten des geistigen Eigentums 292 f.
Verlöbnis
- Qualifikation 466

Verlöbnisstatut
- Bestimmung 466

Verschulden bei Vertragsverhandlungen
- Bestimmung des anwendbaren Rechts 296 f.
- Rechtswahl 251 ff.
- Reichweite des Statuts 298

Versicherungsverträge 192
„Versteckte" Rück- und Weiterverweisungen 93 ff.
- Begründung 96
- Voraussetzungen 97

Verträge über ein dingliches Recht an unbeweglichen Sachen 178
Vertragsakzessorische Anknüpfung
- Voraussetzungen 184 f.

Vertragsstatut
- Bestimmung 170 ff.
- Eingriffsnormen 198 ff.
- objektive Bestimmung 177 ff.
- Rechtswahl 171 ff.
- Reichweite 197
- spezielle Kollisionsnormen 192
- Verbraucherverträge 193 ff.

Vertretung ohne Vertretungsmacht 231d
Vertriebsverträge 178
Verweisung kraft abweichender Qualifikation 100 f.
Vindikationslegate 494, 539
Vollmachtsstatut 231 ff.
Vorfragen 118 ff.
- Begriff 118
- Erstfragen 121
- europäisches IPR 124
- selbstständige Anknüpfung 121 ff.
- Staatsangehörigkeit 121
- staatsvertragliches IPR 125
- Teile der Hauptfrage 118
- Teilfragen 121
- unselbständige Anknüpfung 121 ff.

Vormundschaft 489

Wahl nichtstaatlichen Rechts 173 ff.
Weiterverweisungen
- Begriff 59
- nationales IPR 62 ff.

Zessionsgrundstatut
- Rom I-VO 237
- Rom II-VO 306